U0136312

勞榦學術研究叢書1

勞榦先生

學術著作選集（三）

蘭臺出版社

勞榦先生學術著作選集總目

第一冊

前言　4

勞榦學術論文集甲編—自序　6

古代中國的歷史與文化—自序　13

勞榦先生照片　22

勞氏源流　26

一、歷史與政治研究

中國歷史的週期及中國歷史的分期問題　37

戰國七雄及其他小國　52

戰國時代的戰爭　105

戰國時代的戰爭方法　133

論齊國的始封和遷徙及其相關問題　162

秦的統一與其覆亡　172

秦漢九卿考　193

從儒家地位看漢代政治　199

霍光當政時的政治問題　206

對於〈巫蠱之禍的政治意義〉的看法　217

論漢代的內朝與外朝　231

漢代尚書的職任及其與內朝的關係　272

漢代政治組織的特質及其功能　290

禮經制度與漢代宮室　312

漢代的西域都護與戊己校尉　333

漢代的豪彊及其政治上的關係　345

戰國秦漢的土地問題及其對策　368

關於「關東」及「關西」的討論　375

兩漢郡國面積之估計及人口數增減之推測測　378

兩漢戶籍與地理之關係　404

象郡牂柯和夜郎的關係　441

雲南境內的漢代縣治　457

漢晉閩中建置考　469

漢武後元不立年號考　480

論魏孝文之遷都與華化　483

北魏後期的重要都邑與北魏政治的關係　493

北魏州郡志略　534

北魏洛陽城圖的復原　592

第二冊

二、漢簡研究

居延漢簡考釋序目　11

居延漢簡考證　22

居簡考證補正　203

釋漢簡中的烽　217

釋漢代之亭障與烽燧　228

論漢代玉門關的遷徙問題　250

兩關遺址考　263

漢代兵制及漢簡中的兵制　273

「侯」與「射侯」後紀　306

論漢代的衛尉與中尉兼論南北軍制度　309

從漢簡所見之邊郡制度　324

漢代郡制及其對於簡牘的參證　346

漢簡中的河西經濟生活　379

簡牘中所見的布帛　394

秦漢時代的長城　399

三、漢代制度研究

兩漢刺史制度考　402

漢代察舉制度考　424

漢代奴隸制度輯略　475

與嚴歸田教授論秦漢郡吏制度書　486

漢代的雇傭制度　488

漢朝的縣制　499

漢代的亭制　512

再論漢代的亭制　523

漢代的軍用車騎和非軍用車騎　543

關於漢代官俸的幾個推測　555

論「家人言」與「司空城旦書」　567

第三冊

四、思想史研究

《鹽鐵論》所表現的儒家及法家思想之一班　11

釋《莊子·天下篇》惠施及辯者之言　23

記張君勱先生並述科學與人生觀論戰的影響　32

論儒道兩家對於科學發展的關係　36

評余英時《論戴震與章學誠》　45

論佛教對於將來世界的適應問題　53

五、地理與邊疆史研究

從歷史和地理看過去的新疆　61

秦郡的建置及其與漢郡之比較　70

中國歷史地理——戰國篇　79

論北朝的都邑　87

中韓關係論略　96

六、曆法研究

金文月相辨釋　101

商周年代的新估計　144

論周初年代和〈召誥〉〈洛誥〉的新證明　174

周初年代問題與月相問題的新看法　193

修正殷曆譜的根據及其修訂　219

上巳考　268

七、古文字、古文獻及文學研究

中國文字之特質及其發展　289

古文字試釋　309

釋「築」　324

釋武王征商簋與大豐簋　330

評唐蘭古文字學導論　336

六書條例中的幾個問題　343

漢代的「史書」與「尺牘」　358

史記項羽本紀中「學書」和「學劍」的解釋　366

鹽鐵論校記　378

論西京雜記之作者及成書時代　418

春秋大事表列國爵姓及存滅表譔異中篇跋　434

北宋刊南宋補刊十行本史記集解後跋　440

大學出於孟學說　446

古詩十九首與其對於文學史的關係　454

說拗體詩　465

崑崙山的傳說　478

八、碑刻研究

粘蟬神祠碑的研究　489

孔廟百石卒史碑考　492

論魯西畫像刻石三種一朱鮪石室，孝堂山，武氏祠　509

敦煌長史武斑碑校釋　544

跋高句麗大兄冉牟墓誌兼論高句麗都城之位置　549

第四冊

九、秦漢文化研究

秦漢時期的中國文化　11

漢代文化概述　24

中國古代的民間信仰　46

漢代社祀的源流　69

玉佩與剛卯　81

六博及博局的演變　95

十、其他

論漢代的游俠　116

論漢代陸運與水運　132

漢代黃金及銅錢的使用問題　155

漢代常服述略　204

漢晉時期的帷帳　211

論中國造紙術之原始　225

中國丹砂之應用及其推演　237

黃土與中國農業的起源跋　250

關東與關西的李姓和趙姓　261

古書重印問題　275

《中國古代書史》後序　277

出版品概況與集刊的編印　283

十一、英文論著

Six-Tusked Elephants on A Han Bas-relief　300

City Life and The Chinese Civilization　305

On the Inscription of Che Ling Tsun(矢令尊)　312

From Wooden Slip to Paper　318

The Division of Time in the Han Dynasty as Seen in The Wooden Slips　333

Frescoes of Tunhuang　353

The nineteen old poems of the Han Dynasty and some of Their Social Implications 397

A Review of Joseph Needham's "Science and Civilization in China"Vol. 4, Part 3.　423

The Early Use of Tally in China　428

The Corruption under the Bureaucratic Administration in Han Times　438

The Capital of Loyang; a Historical Survey　446

The Periodical Circles in the Chinese History　453

A View of History and Culture of China　474

On the Chinese Ancient Characters　497

勞榦先生著作目錄　542

後記　562

第三冊

思想史研究

地理與邊疆史研究

曆法研究

古文字、古文獻及文學研究

碑刻研究

《鹽鐵論》所表現的儒家及法家思想之一斑

　　漢代是一個雜霸的時代，也就是說，漢代朝廷的政策是一個儒法並容的時代。這種儒法並容的政策，當然在朝廷方面有其存在上必要的原因。假如回溯到漢朝創立帝國的初期，這是一個承繼暴秦，而思有以改革的時代。當其時姬周及六國之制，盡隨秦火以俱亡，在事實上不得不採用秦制。如何取從純法家立場的制度，取消法家的弊害，其中要包含高度之技巧。這種技巧是現實而非理論的。儒家以理論爲先，勢難於完全辦此，於是黃老之主張盛極一時。誠然，自高后文帝以還，用黃老之術而使天下承平。但黃老之術，亦只是「術」而已，其中之「術」並無禮樂刑政之內容。於是仍不得不求之於儒，亦不得不求之於法。尤其是儒家比法家的內容更爲豐富。觀漢文之世，用黃老之理想已達高峰，而實際上賈生之儒，張釋之之法，亦不得不用。

　　這種儒法並用之制，是由於中國的政治傳統，就是一個儒法並用的。在中國傳統政治之下，施政的人要折衷於二者之間以取得平衡。這種平衡儒法兩家的技術，就叫雜霸。漢宣帝時，漢元帝爲太子，元帝建議採用儒術，宣帝稱：「漢家自有制度，本以王霸道雜之；奈何純任德教，用周政乎？」其實王霸相參，是漢制，也是周政。只是周爲封建之世，漢爲郡縣之世，周爲貴族政治，漢爲官僚政治，所採取的方向略爲不同罷了。《漢書・雋不疑傳》曰：「武帝末，郡國盜賊群起，暴勝之爲直指使者，衣繡衣，持斧，逐捕盜賊，督課郡國，東至海，以軍興誅不從命者。……勝之開閣延請，……登堂坐定，不疑據地曰……『凡爲吏太剛則折，太柔則廢，威行施之以恩，然後樹功揚名，永終天祿。』」這幾句話，還是一種雜霸之術。這種雜霸之術的使用，當然不止於漢代，但對於漢代，卻是表現得更爲明顯。

但是儒家和法家，雖各有其基本之主張。基本主張以外的政策，仍然是隨時而異。尤其顯明的法家對於商業的政策，商君及韓非都是主張壓制的，管子卻是主張扶持。漢代的法家是武帝時主張壓制，到了昭帝時對於商人卻比儒家還要重視，這一點在《鹽鐵論》中就表現得很清楚。

《鹽鐵論》是漢宣帝時廬江郡丞桓寬所寫成的，記錄昭帝時有關鹽鐵問題的會議狀況及言論。桓寬爲人，正史所記簡明，不知其一生行跡如何。但看他的記錄，他並不是一個參加會議的人，只是因爲「當時相詰難，頗有其議文」，桓寬「推衍鹽鐵之議，增廣條目，極其論難，著數萬言」。照桓寬《鹽鐵論》的〈雜論〉(即後序)說：

> 余觀鹽鐵之義，觀乎公卿、文學、賢良之論，意指殊路，各有所出，或上仁義，或務權利，異哉吾所同。……始汝南朱子伯爲予言，當此之時，豪俊並進，四方輻湊，賢良茂陵唐生，文學魯萬生之倫，六十餘人，咸聚闕庭。舒六藝之諷，論太平之原，智者贊其慮，仁者明其施，勇者見其斷，辯者陳其詞；闒闒焉，侃侃焉，雖未能詳備，斯可略觀矣。然蔽於雲霧，終廢而不行，悲夫！……中山劉子雍言王道，矯當世，復諸正，務在返本，直而不繳，切而不燋，斌斌然斯可謂宏博君子矣。九江祝生奮由路之意，推史魚之節，發憤懣，刺譏公卿，介然直而不撓，可謂不畏強禦矣。桑大夫據當世，合時變，推道術，尚權利，辟略小辯，雖非正法，然巨儒宿學，惡然大能自解，可謂博物通士矣。然攝卿相之位，不引準繩以道化下，放於利末，不師始古，《易》曰：「焚如，棄如」，處非其位，行非其道，果隕其性，以及厥宗。車丞相即周魯之列，當軸處中，括囊不言，容身而去，彼哉彼哉。

所以此書是搜集當時與會諸人的記憶，貫串成文，其中諸人的立場及其言論，當然是有根據的。不過此書並非當時會議席上的實際記錄，而是「推衍鹽鐵之議，增廣條目」，因而其中不免多少有些戲劇成分。現在所可貴的，不是保存眞相有多少，而是桓寬是生於西漢昭宣之世，他搜集的正反兩方面的言論，當然代表著昭宣時代的儒家和法家的意見。

《鹽鐵論》因爲桓寬力求發揮儒家的理論，所以除去討論鹽鐵問題辯論之外，其中頗多支蔓之言。就鹽鐵問題的本身言，大部分是不必需的；而就儒家的立場言，卻都是必要的。現在《鹽鐵論》的傳本，已由桓寬潤節過，看不出何者爲原有，

何者爲後增。今只就幾個中心問題，就本書中加以采擇。

一、對外問題

以下就《鹽鐵論》對外問題的爭論，加以比較：

文學曰：孔子曰，有國有家者，不患寡而患不均，不患貧而患不安；故天子不言多少，諸侯不言利害，不言得喪，畜仁義以風之，廣德行懷之，是以近者親附而遠者悅服。故善克者不戰，善戰者不師，善師者不陳。修之於廟堂而折衝還師，王者行仁政，無敵於天下，惡用費哉？（〈本議〉第一）

文武受命，伐不義以安諸侯，大夫未聞弊諸夏以役夷狄也。昔秦當舉天下之力以事胡越，竭天下之財以奉真用，然眾不能畢，而以百萬之師好一夫之任，此天下所共聞也。且數戰則民勞，久師則兵弊，此百姓所苦，而拘儒之所憂也。（〈復古〉第六）

夫治國之道，由中及外，自近者始。近者親附，然後來遠。百姓內足，然後卹外。故群臣論或欲田輪臺，明主不許，以為先救近務，及時本業也。故下詔曰：「當今之務，在於禁苛暴，止擅賦，力本農，公卿宜承意，請減除不任以佐百姓之急。」今中國弊落不憂，務在邊境。意者地廣而不耕，多種而不耨，費力而無功。《詩》云：「無田甫田，維莠驕驕」，其斯之謂歟？（〈地廣〉第十六）

王者崇禮施德，上仁義而賤怪力。故聖人識而不言。孔子曰：「言忠信，行篤敬，雖蠻貊之邦，不可棄也。」今萬方絕國之君，奉贄獻者，懷天子之盛德，而欲觀中國之禮儀，故設明堂辟雍以示之。揚干戚昭雅頌以風之。今乃玩好不用之器，奇蟲不畜之獸，角抵諸戲炫耀之物陳參之，殆與周公之待遠方殊。（〈崇禮〉第三十七）

匈奴之地廣大而戎馬之足輕利，其勢易騷動也。利則虎曳，病則烏折，辟鋒銳而牧罷極，少發則不足以更適，多發則民不堪其役。役煩則力罷，用多則財乏，二者不息，則民遺怨，此秦之所以失民心而隕社稷也。

古者天子封畿千里，縣役五百里，勝聲相聞，疾病相恤，無過時之師，無踰時之役。內節於心而事適其力，是以行者勤務，而止者安業。今山東之戎馬甲士戍邊郡者絕殊遼遠，身在胡越心懷老母，老母垂絃，室婦悲恨，推其飢渴，念其寒苦。《詩》云：「昔我往矣，楊柳依依，今我來思，雨雪霏霏，行路遲遲，載渴載飢，我心傷悲，莫知我哀。」故聖人憐其如此，自其久去父母妻子，暴露中野，居寒苦之地，故春使使者勞賜，舉失職者，所以哀遠民而慰老母也。（〈備胡〉第三十八）

往者匈奴結和親，諸夷納貢，即君臣內外相信，無胡越之患，當此之時，上求寡而易贍，居安樂而無事。耕田而食，桑麻而衣，家有數年之稿，縣官饒餘財，閭里耆老，或及其澤，自是之後，退文任武，苦師勞眾，以略無用之地，立郡沙石之間，民不能自守，發屯乘城，輓輦而贍之，愚見其亡，不者見其成。……故以大御小者王，以強凌弱者亡；聖人不困其眾以兼國，良御不困其馬以兼道，故造父之御不失和，聖人之治不倍德，秦攝利銜以御宇內，執脩箠以笞八極，……皆內倍外附而莫為用，此高皇帝所以仗劍而取天下也。夫兩主好合，內外交通，天下安寧，世世無患，士民何事，三王何怒焉。（〈結和〉第四十三）

綜上面儒生的主張來看，是完全否定戰爭者。這一點是武帝時代以後的反動，與漢代初年的儒生，如賈誼，如終軍，是完全不同的。和後來有獨特思想的儒生如劉向，以及當政的儒生如王莽，也不完全相同。至於在王莽以後，鑒於王莽的失敗，而趨向另一方面的儒生，如光武帝，倒有幾分類似。這種非戰的主張，在西漢晚期已經成為有力的輿論。最可以代表的是《漢書·賈捐之傳》的言論。賈捐之為賈誼曾孫，但其主張卻正和賈誼相反。其主張棄珠崖之言曰：

臣聞堯舜，聖之盛也。禹入聖域而不優。故孔子稱堯曰大哉，韶曰盡善，禹曰無間。以三聖之德，地方不過數千里，被流沙，東漸于海，朔南暨聲教，訖於四海。……武丁成王，殷周之大仁也，然地東不過江黃，西不過氐羌，南不過蠻荊，北不過朔方，是以頌聲並作，視聽之類，咸樂其生，越棠氏重九譯而獻，此非兵革之所致。及其衰也，南征不返，齊桓救其難，孔子定其文。以至乎秦，興兵遠攻，貪外虛內，務欲廣地，不慮其害，然地南不過閩越，北不過太原，而天下潰畔，卒在於二世之末，長城之歌，至今未絕。賴聖漢初興，為百姓請命，平定天下，至孝文皇帝，閔中國未安，

偃武行文。……故諡為孝文，廟稱太宗。……至孝武皇帝……錄冒頓以來數為邊害，籍兵厲馬，因富民以攘服之……民賦數百，造鹽鐵酒榷之利以佐用度，猶不能足……今天下獨有關東，關東大者獨有齊楚，民眾久困，連年流離。……此社稷之憂也。（《漢書》64下）

此後甘延壽和陳湯誅郅支單于，立功甚大，當時丞相匡衡、御史大夫繁延壽都不贊成賞賜，直到劉向說了公道話，才把甘延壽封侯，陳湯封關內侯。同理，西漢可以棄珠崖，東漢也當然可以棄涼州。這一種輕視立功的主張，雖然未成為國策，但卻形成了堅強的輿論。東漢時主張因羌禍而放棄涼州的人，也和他們是一樣的。到了唐代，白居易的〈新豐折臂翁〉尚稱：「君不見開元上相宋開府，不賞邊功防黷武」，而明代嘉靖年間的棄河套，顯然也是在這種理論的根據上。

從另外一方面看，當時御史大夫桑弘羊，也自有其理論的根據。當然《鹽鐵論》作者桓寬是不贊成大夫方面的，但為辯論資料起見，也將大夫的論據盡量的放在書中，其中如：

匈奴背叛不臣，數為寇盜於邊鄙，備之則勞中國之士，不備則侵盜不止。先帝哀邊人久患苦為虜所係獲也，故備障塞，飭烽燧，屯戍，以備之。（〈本議〉第一）

先帝計外國之利，料胡越之兵，兵敵弱而易制，用力少而功大，故因勢變以主四夷，地濱山海以屬長城，北略河外開路匈奴之鄉。功未率善，文王受命伐崇，作邑於豐，武王繼之，載尸以行。破商擒紂，遂成王業。曹沫棄三北之恥而後侵地，管仲負當世之累而卒霸功。故志大者遺小，用權者遺俗，有司思師望之計，遂先帝之業，志在絕胡貉，禽單于，故未遑拓局之義，而錄拘儒之論。（〈復古〉第六）

王者包含並覆，普愛無私，不為近重施，不為遠遺恩。今俱是民也，俱是臣也，安危勞佚不齊，不當調耶。不念彼而獨計此，斯亦好議矣。緣邊之民，處寒苦之地，距強胡之難，烽燧一動，有沒身之慮，故邊民百戰而中國為臥者，以邊郡為蔽扞也。《詩》云：「莫非王事，而我獨勞」，判不均也。是以聖王懷四方，獨苦興師，推卻胡越遠寇，國安災散。中國肥饒之餘，以調邊境。邊境強則中國安，國安則晏然無事，何求而不默也。（〈地廣〉

第十六）

湯武之伐，非好用兵也。周宣王辟地千里，非貪侵也。所以除寇賊而安百姓也。故無功之師，君子不行，無用之地，聖王不貪。先帝舉湯武之師，定三垂之難，一面而制敵。匈奴遁逃，因河山以為防，故去沙石鹹鹵不食之地，故割斗辟之縣，棄造陽之地以與胡，省曲塞，據河險，守要害，以寬徭役，保士民，由是言之，聖主用心，非務廣地以勢眾而已矣。（〈地廣〉第十六）

大夫曰作世明主，憂勞萬人，思念北邊之未安，故使使者舉賢良文學高第，詳延有道之士，將欲觀殊議異策。虛心傾耳以聽，庶幾云得，諸生無能出奇計，遠圖匈奴，安邊境之策，明枯竹，守空言，不知趨舍之宜，時世之變，議論無所依，如膝癢而搔背，辯訟公門之下，言訩訩不可勝聽，如品即口以成事，此豈明主所願聞哉？（〈利議〉第二十七）

鄙語曰：「賢者客不辱」，以世俗言之，鄉曲有桀，人當辟之。今明天子在上，匈奴公為寇，侵擾邊境，是仁義犯而藜藿不採，昔狄人侵太王，匡人畏孔子，故不仁者仁之賊也。是以縣官屬武以討不義，設機械以備不仁。（〈備胡〉第三十八）

匈奴無城廓之守，溝池之固，脩戟強弩之用，倉廩府庫之積。上無義法，下無文理，君臣嫚易，上下無禮，織柳為室，旃席為蓋。素弧骨鏃，馬不粟食。內則備不足畏，外則禮不足稱。夫中國天下腹心，賢士之所總，禮義之所集，財用之所殖也。夫以智謀愚，以義伐不義，若因秋霜而振落葉。春秋曰，桓公之與戎狄，驅之爾，況以天下之力乎？（〈論功〉第五十二）

在此所引大夫方面的論據。是 (1) 爲中國的光榮必須征討胡人。(2) 爲邊郡的安全必須征討胡人，有邊郡的安全，才有內郡的安全。(3) 中國討匈奴，有制勝的把握。(4) 在國策上征討匈奴並非出於貪慾的野心，而是自衛上的必要。(5) 諸生對於匈奴的擾亂，並不能提出有效的方法。

就辯論的方式上來說，大夫及賢良文學，並非集中幾個中心問題去討論，而

是彼此之間，都是說一說就說到支蔓的問題上面去，似乎不像一個對於一件事情論爭的正當方式。原來大夫這幾條理由還可說得更充分，但在《鹽鐵論》中卻未曾發揮盡致。這也似乎桓寬雖引用大夫的論據，又因爲他內心中不喜歡這種言論，自然也在有意識與無意識之間，把它省略下去了。關於對匈奴的問題，針鋒相對而爭論的，也見於《漢書・韓安國傳》，韓安國和王恢爭論伐匈奴事，雖然也是這一類的意見，但比較《鹽鐵論》的討論，集中多了。這就證明了《漢書》只是敍事實，而《鹽鐵論》卻夾雜了主見。班固在《漢書》中爲顧及輿論的力量，表現是反戰的。但他也是作〈燕然山銘〉的人，所以他反戰的主張，也不是強硬到底、不能改變的。

本來，和平與戰爭的抉擇，在中國傳統精神下，與儒家政策下，是一個不好解決的事。因爲按照「萬物並育而不相害，道並行而不相悖」，以及「各正性命」的原則之下，是不應當鼓勵戰爭的。但這只是一個最高的理想，而這個理想的達到，必須全世界的人都能夠達到一種文明的標準。這種標準顯然對於匈奴並不適用。因此對於匈奴究竟採取和平，還是採取戰爭；究竟應當攻擊，還是應當防禦？其中還牽涉到對於漢朝自己受到經濟方面及社會方面的影響，而成爲一個複雜問題。在這複雜影響之下，對於一般人目前的利益是相反的，因而就形成了反戰的輿論。

二、對內問題

再就經濟思想方面來說，我們知道除去管子以外，自商鞅以下，凡是法家，都是反商業的。但從《鹽鐵論》的官方看來卻不是反商業的。這一點在大夫方面，很清楚的表現他的立場，他說：

> 余結髮束脩，年十三，幸得宿衛給事輦轂之下，以至卿大夫之位，獲祿受賜，六十餘年矣。車馬衣服之用，妻子僕養之費，量入爲出，儉節以居之。奉祿賞賜，一二籌策之積，浸以致富成業。故分土若一，賢者能守之；分財若一，智者能籌之。夫白圭之廢箸，子貢之三致千金，豈必賴民哉？運之六寸，轉之息耗，取之貴賤之間耳。

這一點正是大夫對於他自己經濟地位的自白，他是富人，憑自己的經驗，看

出了資本的重要性。所以一方面管制鹽鐵，爲的是富國，另一面獎勵籌策，爲的
是富民。所以在大夫方面，他主張如下：

（一）以工商富民

古之立國家者，開本末之途，通有無之用，市朝以一。其求致士民，聚萬
貨。農商工師，各得所欲，交易而退。《易》曰：「通其變使民不倦」，
故工不出則農用乖，商不出則寶貨絕，農用乏則穀不殖，寶貨絕則財用匱，
故鹽鐵均輸，所以通委財而調緩急，罷之不便也。（〈本議〉第一）

自京師東西南北，歷山川，經郡國，諸殷富大都，無非街衢五通，商賈之
所臻，萬物之所殖者。故聖人因天時，智者因地財，上士取諸人，中士勞
其形。長沮桀溺無百金之積，蹠蹻之徒無狡頓之富。宛周齊魯，商徧天下。
故乃萬（商）賈之富，或累萬金，追利乘羨之所致也。富國何必本農，足
民何必力田也。（〈力耕〉第二）

燕之涿薊，趙之邯鄲，魏之溫軹，韓之榮陽，齊之臨淄，楚之宛丘，鄭之
陽翟，三川之二周，非有助之耕其野而田其地者也。居五諸侯之通衢，跨
街衝之路者也。故物豐者民衍，市近宅者家富，富在術數，不在勞身，利
在勢居，不在力耕也。（〈通有〉第三）

工商梓匠，邦國之用，器械之備也。自古有之，非獨於此。弦高飯牛於周，
五羖賃車於秦，公輸子以規矩，歐冶之鎔鑄。語曰：「百工居肆以成其事。」
農商交易以利本末。山居澤處，蓬蒿墝埆，財物流通，有以均之。是以多
者不獨衍，少者不獨饉。若各居其處，食其食，則是橘柚不鬻，胊鹵之不出，
旃罽不市，而吳唐之材不用也。（〈通有〉第三）

（二）以工商富國

賢聖治家非一室，富國非一道，使治家養生必於農，則舜不甄陶而伊尹不
爲庖。故善爲國者，天下之下我高，天下之輕我重。以末易其本，以虛易
其實。今山澤之財，均輸之藏，所以御輕重而役諸侯也。汝漢之金，纖微
之貢，所以誘外國而釣羌胡之寶也。中國一端之縵，得匈奴累金之物而損
敵國之用。是以贏驢橐駝，銜尾入塞，驒騱騵馬，盡爲我畜，鼲貂狐貉，

采旄文蠙，充於內府，而璧玉，珊瑚，琉璃，咸為國之寶。是則外國之物
內流，而利不外泄也。異物內流則國用饒，利不外泄則民用給矣。《詩》曰：
「百室盈止，婦子寧止。」（〈力耕〉第二）

昔太公封於營丘，辟草萊而居焉。地薄人少，於是通利末之道，極女工之
巧。是以鄰國交於齊，財畜貨殖，世為強國。管仲相桓公，襲先君之業，
行輕重之變，南服強楚而霸諸侯。今大夫各修太公桓管之術，總一鹽鐵，
通山川之利而萬物殖，是以縣官用饒足，民不困乏，此籌計之所致，非獨
耕桑農業也。（〈輕重〉第十四）

內郡人眾，水泉薦草，不能相贍。地勢溫濕，不宜牛馬。民蹠末而耕，負
擔而行。勞罷而寡功，是以百姓貧苦，而衣食不足，老弱負輅於路。而列
卿大夫，或乘牛車。孝武皇帝平百越以為園圃，卻羌胡以為宛囿。是以珍
怪異物，充於後宮；駃騠駃騠，實於外廄。匹夫莫不乘堅良，而民間壓橘柚。
由是言之，邊郡之利亦饒矣。（〈未通〉第十五）

（三）主張統制經濟

交幣通施，民事不及，物有所併也。計本量委，民有餓者，穀有所藏也。
智者有百人之功，愚者不更本之事，人君不調，民有相妨之富也。此其所
以或儲百年之餘，或不厭糟糠也。民太富則不可以祿使也，太強則不可以
威罰也。非散聚均利者不齊。故人主積其食，守其用，制其有餘，調其不足，
禁溢羨，厄利塗，然後百姓可家給人足也。（〈錯幣〉第四）

今夫越之具區，楚之雲夢，宋之鉅野，齊之孟諸，有國之富而霸王之資
也。人君統而守之則強，不禁則亡。齊以其腸胃予人，家強而不制，枝大
而折幹。以專巨海之富，而擅漁鹽之利也。勢足以使眾，恩足以卹下，是
以齊國內倍而外附。權移於臣，政墮於家。公室卑而田宗強。轉穀游海者
蓋三千乘，失之於本而末不可故。今山川海澤之原，非獨雲夢孟諸也。鼓
金煮鹽，其勢必深居幽谷，而人民所罕至，姦猾交通山海之際，恐生大姦。
乘利驕溢，敦樸滋佔，則人之貴本者寡，大農鹽鐵丞咸陽孔僅等，上請願
募民自給費，因縣官器煮鹽予用，以杜浮偽之路。由此觀之，令意所禁微，
有司之意亦遠矣。（〈刺權〉第九）

水有猵獺而池魚勞，國有強禦而齊民消。故茂林之下無豐草，大塊之間無美苗。夫理國之道，除穢鋤豪，然後百姓均平，各安其宇。（〈輕重〉第十四）

從以上諸則看來，在當時的法家，已經明白了工商之可貴，並不輕視商業。但因為怕資本蓄積太大了，可能成為和國家抗衡的力量，因此就主張開發工商業，卻由國家加以統制。顯然的，漢代的法家是一種國家資本主義的立場。另外一方面，漢代的儒家卻是重農主義的立場。

三、鹽鐵論所表達的儒家及法家思想的一斑

儒生的身世，當然是和桑弘羊不同的。《漢書·霍光傳》云：

諸儒多竄人子，遠客飢寒，喜妄說狂言，不避忌諱。大將軍常讎之。

因為諸儒多出於貧苦之家，也就是多原為農戶，因而他們的主張也就成為重農主義者。他們說：

古者當力務本而種樹繁，躬耕趣時而衣食足。故衣者民之本，稼穡者，民之務也。二者修，則國富而民安。（〈力耕〉第二）

他們是主張以節儉為基本原則的。當然，商業資本的蓄積，也從節儉而來。

《孟子》曰：「不違農時，穀不可勝食。蠶麻以時，布帛不可勝衣也。斧斤以時入，材木不可勝用。田漁以時，魚肉不可勝食。」若則飾宮室，增臺榭，梓匠斲巨為小，以圓為方，上成雲氣，下成山林，則木不足用也。男子去本為末，雕文刻鏤以象禽獸，窮物究變，則穀不足食也。婦女飾微治細以成文章，極技盡巧，則絲布不足衣也。庖宰烹殺胎卵煎炙齊和，窮極五味，則魚肉不足食也。當今世非患禽獸不損，材木不勝，患奢侈之無窮也；非患無旃罽橘柚，患無狹盧糟糠也。（〈通有〉第三）

古者采椽不斲，茅屋不剪，衣布褐，飯土硎，鑄金為鋤，埏埴為器，工不造奇巧，世不寶不可食之物，各安其居，樂其俗，甘其食，使其器。是以

遠方之物不交，而昆山之玉不至。今世俗壞而競於淫靡，女極纖微，工極
技巧。雕素樸而尚珍怪，鑽山石而求金銀；沒深淵，求珠璣；設機陷，求
犀象；張網羅，求翡翠；求蠻貉之物以眩中國，徙邛笮之貨致之東海，交
萬里之財。曠日費功，無益於用。是以褐夫匹婦，勞疲力屈，而衣食不足也。
（〈通有〉第三）

他們批評「不加賦而國用足」，以爲這是不可靠的，他們說：

利不從天來，不從地出，一取之民間，謂之百倍，此計之失者也。無異於
愚人反裘而負薪，愛其毛，不知其皮盡也。夫李梅實多者，來年為之衰，
新穀為之虧。自天地不能兩盈，而況於人事乎？故利於彼者必耗於此，猶
陰陽之不並曜，晝夜有長短也。（〈非鞅〉第七）

基於「藏富於民」的原則，他們反對以國家力量去經營商業以增加財政收入的
方法，他們認爲於農人是有害的。他們說：

山海者，財用之寶也。鐵器者，農夫之死生也。死生用則仇讎滅，仇讎
滅則田野闢，田野闢而五穀熟。寶路開則百姓贍而民用給，民用給則國
富。……夫秦楚燕齊，土力不同，剛柔異勢，巨小之用，居局之宜，黨俗
殊宜，各有所便。縣官籠而一之，則鐵器失其宜，而農夫失其便。器用不便，
則農夫罷於野而草萊不闢。草萊不闢，則民困乏。故鹽冶之處，大傲皆依
山川，近鐵炭，其勢咸遠而作劇。郡中卒踐更者，多不勘責取庸代，縣邑
或以戶口賦鐵，而賤平其準，良家以道次發僦運，鹽鐵煩費，邑或以戶，
百姓疾苦之。（〈禁耕〉第五）

農，天下之大業也。鐵器，民之大用也。器用便利則用力少而得作多，農
夫樂事勸功。器用不具則田疇荒。穀不殖，用力鮮，功自半。器便與不便，
其功相什而倍也。縣官鼓鑄鐵器，大抵多為大器，務應員程，不給民用。
民用鈍弊，割草不痛。是以農夫作劇，得獲者少，百姓苦之矣。（〈水旱〉
第三十六）

「務應員（員額）程（工程進度），不給民用」，在一般社會主義下，官營事業成
爲普遍的事實。這種事實屬於一個非常複雜的問題。並且後來王莽及王安石的失

敗，也和這個問題有很大的關係。儒家的議論，有許多點是非常迂腐的，也有許多點是精闢的。在二千年以前的漢代，經濟學知識非常有限，對於這種艱深問題，當然是不夠來決定的。

至於對於均輸平準的看法，他們說：

> 古之賦稅於民也，因其所工，不求所拙。農人納其獲，女工效其攻。今釋其所有，責其所無，百姓賤賣貨物以便上求，間者郡國或令民作布絮，吏留難與之為市。吏之所入，非獨齊陶之縑，蜀漢之布也，亦民間之所好耳。農夫重苦，女工再稅，未見輸之均也。縣官猥發，闔門擅市，則萬物並收。萬物並收則物騰躍，物騰躍則商賈侔利。自市則吏容姦豪，而富商積貨物以待其急，輕賣姦利收賤以取貴，未見準之平也。（〈本議〉第一）

「釋其所有，責其所無，百姓賤賣貨物以便上求，間者郡國或令民作布絮，吏留難與之為市」，很像今日統制經濟的必然現象。這種相類的事實，也發生在王安石新法之時。王安石之時，有些人說是「幹部」未曾準備好。但一般統制經濟的「幹部」卻是準備多年了，仍然所有的措施，都是不合理的。所以「官」與「民」的利益，如何調節，確是值得注意的大問題。

我們在《鹽鐵論》的爭論中，看到當時儒生及御史大夫的見解，雖然偶有精闢之處，但以現代經濟學方法來評判，可以看出他們都有不少的錯誤。但是所提供的事實，卻為二千年前非常重要的史料。

釋《莊子・天下篇》惠施及辯者之言

　　《莊子・天下篇》所記惠施和辯者之言，是戰國名家言遺失以後幸能僅存的一部分，所稱惠施的五車書，雖然不能判明所用的方法是怎樣的，但就這一點遺說來看，確是需要相當名理及數學的基礎的，晚近以來解釋的已不只一二家，但因爲原來詞意不免有雙關之處，很容易把現代思想的意義加進去，就不一定和原意接近了。所有古代的注解，應以晉司馬彪的爲最好，現在即以司馬彪《注》爲注，加以申釋，司馬《注》闕，即用成玄英《疏》文，使得更明瞭一點，非不得已，不破司馬《注》及成《疏》，也許免得加進去近代的思想。

一、惠施學說

至大无外，謂之大一；至小无內，謂之小一。

> 司馬曰：「無外不可一，無內不可分，故謂之一也。天下所謂大小，皆非形，所謂一二，非至名也。至形無形，至名無名。」

　　一者單位的意思，與數目的一二不同，依照推理的結果，最大的單位可以到沒有外界，這當然就是宇宙的本身。最小的單位，是分到不可分爲止。這個不可分的單位是什麼，當時無法知道，不過依照推理，應當在宇宙中存在著這種單位。

无厚不可積也，其大千里。

> 司馬曰：「物言形為有，形之外為無。無形與有，相為表裡。故形物之厚，盡於無厚，無厚與有，同一體也，其為厚大者，其無厚亦大，高因廣立，有因無積。則其可積因其不可積者，苟其可積，何但千里乎？」

　　這也是依照推理的結果，凡物皆有寬長及厚，寬長之積爲面，加厚爲體。假

如厚度盡量減少，減至於無，但寬長未減，則寬和長仍舊存在，如寬和長尚在，寬長之積仍然可以大至千里的。

天與地卑，山與澤平。

成《疏》曰：「夫物情見者，則天高而地卑，山崇而澤下。今以道觀之，山澤均平，天地一致矣。〈齊物〉云，莫大於秋毫，而泰山為小，即其義也。」

此依齊物之義為訓，齊物雖為莊義，但依後文惠施「氾愛萬物，天地一體也」之義，以齊物釋「天與地卑，山與澤平」自然也不算錯。按「高岸為谷，深谷為陵」的話，曾見於《詩經》，是對於天地間一切變化，古人未始不知道，就長時期來論，宇宙有形之物都是無常，那就一切高下，也就是相對的。

日方中方睨，物方生方死。

成《疏》曰：「睨側視也，居西者呼為中，處東者呼為側，則無中側也，日既中側不殊，物亦生死無異也。」

依照成《疏》，此地之睨卽彼地之中，故日可以不沒。物之生死，則就萬物新陳代謝而言，因而都非絕對的。再就「中」和「生」的含義來說，「中」內已包含「睨」，「生」內已包含了「死」。如求不「睨」，只有不現出「中」來；如求不「死」，只有不現出「生」來。所以「中睨不殊，生死無異」。

大同而與小同異，此之謂小同異；萬物畢同畢異，此之謂大同異。

成《疏》曰：「物情分別，見有同異，此小同異也。死生交謝，寒暑遞遷，形性不同，體理無異，此大同異也。」

依照成《疏》的意見，凡物的同異，都是小有區別，這都是小同異。其中比較顯著的，如寒暑的不同，死生的變化，仍然未有根本上的不同。根本不同才是大同異。成《疏》說「形性不同，體理無異」，那就不是畢異了，不免有詞不達意的地方。依照惠施原意，誠如成《疏》前段所指，萬物無有全同，亦無有全異，任何兩者之前都是「小同異」，所謂「畢同，畢異」，推理之極，可如此說，而事實上卻不存在。

因而更可證明「天地一體」了。

南方无窮而有窮。

司馬曰：「四方無窮也。」

此言「四方無窮」，是說向任何一方用直線的伸張，都是無窮遠，南方只是作
爲代表。有窮，就人所能達到的來說是有限的。

今日適越而昔來。

成《疏》曰：「夫以今望者，所以有今，以昔望今，所以有昔，而今自非今，
何能有昔，昔自非昔，豈有今哉？既其無昔無今，故曰今日適越而昔來，
可也。」

這是說「今」和「昔」是相對的，是不定的。「昔」的「今」，也就是「今」的「昔」，「適越」
指出發的時候，「來」指到越的時候。適越固然在前，來固然在後，但都可以叫做
昔，也都可以叫做今，所以今日適越而昔來也就可以這樣的說。

連環可解也。

司馬曰：「夫物盡於形，形盡之外則非物也，連環所貫，貫於無環，非貫
於環也。若兩環不相貫，則雖連環，故可解也。」

依照司馬彪的意思，是說環與環間都有空隙，既有空隙，當然可以解開。這
在推理上是可通的。此外，連環所以成爲連環，就是因爲「連」的關係，連和解是
相應，既然能連，也就能解。至於如何去解，那是技術的問題，非原理的問題，
不在推理上可能性範圍之內。

我知天下之中央，燕之北越之南是也。

司馬曰：「燕之去越有數，而南北之遠無窮。由無窮觀有數，則燕越之間，
未始有分也。天下無方，故所在爲中，循環無端，故所在爲始也。」

按司馬彪的意見共有幾點：（一）宇宙是無際的，燕越的距離在無際中比例
甚小，故燕越可作一點算，因而燕之北越之南都可算爲天下的中點。（二）宇宙

是無際的，一個無限大直線之上，隨處可以為中，所以燕之北可以為中；越之南也可以為中。(三)宇宙可能是循迴的圓周，在圓周上任何一點都可以作為起點或中點。若認為宇宙是無限的，那就「無限」並不是一個數目，其中不可能有中點，也可以說任何一處都可以作中點。

氾愛萬物，天地一體也。

成《疏》曰：「萬物與我為一，故氾愛之二儀與我並生，故同體也。」

這是根據以上各點所得的結論。因為(一)宇宙是一致的，(二)宇宙是無邊際的，(三)宇宙中一切事物沒有全同全異，(四)宇宙的一切都是互相對應的。所以萬物都是一體的，而人應當氾愛萬物。

二、辯者的問題

辯者或惠施之間是有些分別的，惠施是道家的別派，其中辯論問題，有一個最後主張，雖然莊子之徒批評他舛駁(雜亂不純)，有些後來雜家呂不韋、劉安等人的味道，但他究竟有他的人生哲學及政治學的主張，辯者就是為辯而辯，其主張是看不大出來的，但卻對於名理還有可觀的啟發。其曾被〈天下篇〉作為舉例的有：

卵有毛

司馬云：「胎卵之生必有毛羽，雞伏鵠卵，卵不為雞，則生類於鵠也，毛氣成毛，羽氣成羽，雖胎卵未生，而毛羽之性已著矣，故鳶肩蜂目，寄感之分也，龍顏虎喙，威靈之氣也，神以引明，氣以成質，質之所剋如戶牖明暗之懸以晝夜，性相近，習相遠，則性之明遠有習於生。」

這是說鳥的質在卵中已備具，初生之鳥不增於卵，鳥有毛，則卵亦有毛。

雞三足

司馬曰：「雞兩足所以行而非動也，故行由足發，動由神御，今雞雖兩足，須神而行，故曰三足也。」

司馬彪解釋兩足以外有神爲別一足，雖然在「理」大略可通，而在「名」仍然未洽。因爲神自神，足自足，神雖可以命名爲足，則足便應改稱，究不得與神同名，也就不能相加爲三足。爲解除這種困難，只有認爲雞之爲雞，乃經人耳目之助，到人心臆，而後始命名爲雞。則心中之雞與心外之雞實有二雞。雞本有二足，加入人心中命名之足，即爲三足。此可與下文「黃馬驪牛三」可以互證。也就是說，「雞有二足，加足之名爲三」，所加的是「名」，卻不是「神」。（從來釋《莊》此條多用司馬說，當改正。）

郢有天下

成《疏》曰：「郢楚都也，在江陵北七十里，夫物之所居者皆有四方，是以燕北越南可謂天中，故楚都於郢，地方千里，何妨即天下者耶？」

按郢本爲天下之一部，郢既然有天下之一部，自然可以說有天下，因爲天下之全體固然可稱爲天下，天下之一部也可以稱爲天下。

犬可以爲羊

司馬云：「名以名物而非物也，犬羊之名非犬羊也，非羊可以名羊，則犬可以名羊，鄭人謂玉未理者曰璞，周人謂鼠臘亦曰璞，故形在物，名在於人。」

這是說凡物的命名都是隨意的(arbitrary)，呼犬爲羊、呼羊爲犬都是一樣可以的。

馬有卵

成《疏》曰：「夫胎卵溼化，人情分別，以道觀者，鳥卵既有毛，獸胎何妨名卵也。」

這也是另一隨意命名的例子，鳥可呼爲馬，那就是馬有卵了，胎可呼爲卵，那也是馬有卵了。

丁子有尾

成《疏》曰：「楚人呼蝦蟆爲丁子也，夫蝦蟆無尾，天下共知，此蓋物情，

非關至理，以道觀之者，無體非無，非無當得稱無，何妨非有可名尾也。」

按辯者之辯，名重於理，在此似不必以有無之玄理爲釋，大抵丁字在殷墟甲骨爲無尾，而在周代多已有尾，蝦蟆既以丁爲名，丁字有尾，那就蝦蟆有尾了。

火不熱

司馬曰：「木生於水，火生於木，木以水潤，火以木光，金寒於水而熱於火，而寒熱相兼無窮。水火之性當盡，謂火熱水寒是偏舉也，偏舉則水熱火寒可也。」

按司馬此注，最爲固陋，不可信從，成《疏》謂：「南方有食火之獸，聖人則入水不濡，以此而言，固非冷熱也。」亦甚不切當。其實火之於熱，猶石之於堅，公孫龍子曰：「物白焉，不定其所白，物堅焉，不定其所堅。」是堅於石不定必相依附。火與熱本二物，亦不定必相依附，故言「火不熱」。

山出口

司馬曰：「形聲氣色合而成物，律呂以聲兼形，茲黃以色兼質，呼於一山，一山皆應。一山之聲入於耳，形與聲並行，是山有口也。」

按司馬以回聲爲說，說自可通。但口指人口而言，山中有人，亦卽山中有口，人自山出，亦卽山出口，就名的本身，已可說明，不必再假借回聲立說。

輪不輾地

成《疏》曰：「夫車之運動，輪轉不停，前迹已過，後塗未至，徐卻前後，更無輾時，是以輪雖運行，竟不輾於地也，猶《肇論》云：『旋風偃嶽而常靜，江河競注而不流，野馬飄鼓而不動，日月歷天而不周。』復何怪哉，復何怪哉。」

按輪，指全輪而言，輪若輾地，常爲全輪輾地，但全輪同時輾地爲不可能之事，故言輪不輾地。成《疏》略有此意，但不從輪的全體及一部的不同設想，僅就動言，既不免墮入理障。後引《肇論》，更與中國思想相異，於解釋上並無補益。

目不見

司馬曰：「水中視魚，必先見水，光中視物，必先見光，魚之濡鱗以非曝鱗，異於曝鱗則視濡也，光之曜形異於不曜，則視見於曜形，非見形也，目不夜見非暗，晝見非明，有假也，所以見者，明也，目不假光而後明，無以見光，故目之於物，未嘗有見。」

此說就光而言，稍有支蔓，宜就「目」與「見」之關係闡明，則較為直接，否則就外界而言，終無是處。「見」指對於物象從視覺上所得之感知而言。「目」只能傳達外界的物象，至於感知的結果，並非由目。所以說「目不見」。其中關鍵，在「目」與「見」的定義問題，這正是名家的工作。

指不至，至不絕。

司馬云：「夫指之取物不能自至，要假物故至也。然假物由指不絕也。一云，指之取火以鉗，刺鼠以錐，故假於物是指不至也。」

按司馬以指為手指之指，非《公孫龍・物指篇》：「物莫非指，天下非指。物無可以謂物非指者。天下無物，可謂指乎。」此所謂「指」與「指不至」之「指」同。所以「指」是說人類對於萬物的敍述。「指不至」謂無法敍述得明白。「至不絕」是說即令敍述明白，也不可能沒有遺漏。

龜長於蛇

司馬曰：「蛇形雖長，而命不久，龜形雖小，而命甚長。」

按此說雖然俞曲園先生不贊同，以為即莫大於秋毫之末，而泰山為小之意，不過這是名家言，不必亦莊周言為比附。「長」「短」本來可以以形言，也可以以壽言，這對名理是無妨的，所以還應當以司馬說為是。

矩不方，規不可以為圓。

司馬曰：「矩雖為方而非方，規雖為圓而非圓。譬繩為直而非直也。」

司馬言凡規矩所為圓方皆有差誤，並非絕對的圓和方，這也是一種名實之

辯，和名家原則相合。

飛鳥之景，未嘗動也。

司馬曰：「鳥之蔽光，猶魚之蔽水，魚動蔽水而水不動，鳥動影生光亡，亡非往，生非來。墨子曰：『影不徒也』。」

依司馬彪的意見，鳥飛光不飛，所以在鳥飛的時候，所成的影是前影接後影。有無限個影，而非同一影，所以說影未嘗動。至於成玄英《疏》曰：「過去已滅，未來未至。過未之外，更無飛時。唯鳥與影，凝然不動。是知世間即體皆寂，故論云然。」這是佛教思想，非名家思想，不如司馬所釋爲好。因爲這個命題的中心問題是「影」的問題，而不是世界的存在問題。司馬就影論影，正適合於「影」的名實，成《疏》討論到過去未來，就不免氾濫了。

鏃矢之疾而有不行不止之時（郭慶藩以為鏃為鏃之誤字，是。）

司馬曰：「形分止，勢分行，形分明者行遲，勢分明者行疾。目明無形，分無所止，則其疾無閒。矢疾而有閒者，中有止也；質薄而可離者，中有無及者也。」

這是對於「時」的討論，假如把時分到最小，那就矢會看不見動，而其實在動，故曰：「不行不止。」

狗非犬

司馬曰：「狗犬同，實異名。名實合，則彼所謂狗，此所謂犬也。名實離，則彼所謂狗，異於犬也。」

《爾雅》：「犬未成豪曰狗。」所以狗是小犬(有句聲的具有小意，小馬曰駒，與此同例)，犬爲總名，狗爲犬的一部分，所以狗非犬(此據胡適之先生《中國古代哲學史》)。

黃馬驪牛三

司馬曰：「牛馬以二為三，曰牛，曰馬，曰牛馬，形之三也。曰黃，曰驪，

曰黃驪，色之三也。曰黃馬，曰驪牛，形與色為三也。故曰一與言為二，二與一為三也。」

司馬之說「牛」與「馬」為實質的牛與馬，而「牛馬」則為形象的「牛馬」，「黃」與「驪」為客觀存在的黃色和驪色，而「黃驪」則為人心中認知的色彩。黃馬及驪牛客觀上是存在的，但必須人心中構成意象。因而黃馬、驪牛，加上人認知的意象就成為三事了。

白狗黑

司馬曰：「狗之目眇，謂之眇狗。狗之目大，不曰大狗。此乃一是一非。然則白狗黑目，亦可為黑狗。」

按「白」之為「白」猶是泛稱，白中仍有黑白無數等次。白狗較之黑狗，則白；較之白雪則黑。故白狗非至白，即白狗黑。

孤駒未嘗有母（成《疏》及司馬《注》闕）

按孤駒本無母之稱，有母便非孤駒，孤駒雖曾有母，其時不得稱孤駒也。

一尺之捶，日取其半，萬世不竭。

司馬曰：「捶，杖也，若其可折，則常有兩。若其不可折，其一常存，故曰萬世不竭。」

按此為一無窮級數，故曰萬世不竭。

就以上所說，惠施是道家的別派，用辯論的方法以期表達他的理想，所以注意到宇宙的全部。而其他辯者並非要表達一個理想，只是為辯論而辯論，所以注意到的只是名實的相互問題。雖然許多命題好像是常識以外的詭辯，但就名實問題的闡發上，卻有一些貢獻。只可惜古人著書過於尚簡，並經秦火之災，只有一個結論或舉例，並未曾把方法詳細說出來，這就使歷來注家困惑了。以上所解釋的，也和古今注家區別不大，只是解釋辯者方面，偏重在命題上的名實問題，盡量的避免照一般的解釋那樣，只當作一些詭辯問題。也許對於戰國辯者或名家的了解上有點用處。

記張君勱先生並述科學與人生觀論戰的影響

關於科學與人生觀學論戰一件事，當時是中華民國十二年，我還是一個中學生，不僅我自己沒有資格參加這個論戰，卽使在同學之中，也很少討論過。只是我對於兩方論戰的文字，卻是一篇一篇的閱讀過。當時我內心對於張君勱先生以及梁任公確有一些同情。自然科學不能完全解決人類的社會問題自是事實，但科學方法也是正確的方法，而且張君勱先生以生機主義來反對自然科學也並不能打動人的心弦。就當時中國的客觀需要而言，當國家受列強重重壓制之下，科學確實是一個翻身的工具，討論科學的弊害已落在第二義。科玄之爭的勝負，已超過了理智的問題而落在一般青年人情感問題之上。

但我對於張君勱先生的景仰，一直未曾稍衰，直到抗戰時期，在重慶傅孟眞先生處，才看到了君勱先生。當時君勱先生是國家社會黨的黨魁，和孟眞先生談到的是他關於民主自由的政見。我對於君勱先生的印象是堅毅、沉著，言辭犀利，只是非常可惜的，沒有機會再見第二次，也沒有機會談我想問的人生觀論戰的問題。一直到我來到美國，在趙元任先生處看到了君勱先生，卻未曾談到這個敏感問題，這是一個非常遺憾的事。

現在去論戰時已五十多年，情勢大變，當時衆人以爲是的，未必是；衆人以爲非的，未必非。並且撫今追昔，對於世道人心的副作用，也深深的值得惋惜。但是如其檢討一下當時論戰的範圍，科學與人生觀以及科學與形而上學(當時把形而上學叫做「玄學」)都不是對立的，如其把科學與人生觀對立起來，一定會讓人們對「人生觀」引起誤解，而把科學當成唯物主義的典型。這就對於正在萌芽的中國思想界有損失的。

　　君勱先生的立場，是非常令人同情的。但他的基本思想，卻是第一次大戰後流行的，倭伊鏗和杜里舒的思想。這在當時爲顯學，而在西洋哲學中卻是旁支。就思想深度言，不僅不是「玄學」，而且還不免有些「每下愈況」的感覺。及今觀看，終覺有些「先生之志則大矣，先生之號則不可」。哲學不是投取時尚的工作，卽使真理找不到，也多少會有一個「雖不能至，心嚮往之」的境界。哲學不是反科學，而是要超科學。科學猶如渡舟，上岸以後總不能背上渡舟到處去跑。但沒有渡舟，這一個津渡還是過不去。流行哲學，不論時流把它捧得怎麼樣，但是哲學不是「時勢粧」，本於學術良心，自不能輕易屈從時尚。

　　本來「天地之大德曰生」，人生於宇宙之中，自然沒有不重視「生」的理由。只是「生」並非宇宙存在的關鍵問題，而科學本來是討論宇宙的法則而創立的。人生本來和宇宙是一回事，自無排科學於人生以外之理。宇宙中的萬事萬物本來息息相關，若把人生和宇宙分成兩橛，必將使人生不是人生，科學不是科學，頗有「戕賊杞柳，以爲仁義」的感覺。對於人生的了解不見得有多大好處。

　　宇宙的現象，應當是「一元的」而非「二元的」，「一元」亦卽孟子所支持的「一本」，但非常不幸的，一元主義卻被一個極端唯物論者赫克爾（Earnest Haechel）所提出，許多非唯物論者，也只好有意無意的承認二元論，把精神和物質劃開，這樣，精神世界就成了偏安的小朝廷，至多只能自保，卻無反攻的實力。

　　人類的知識無疑的要完全憑藉科學的，我們一定要信賴科學，而科學是多少支持唯物主義的優勢的，不過，這種支持究屬可恃而不可恃。水能載舟，亦能覆舟；趙孟之所貴，趙孟能賤之。科學的發展和唯物主義在二十世紀中已顯出了分離的跡象。如其不贊成唯物主義，卻不必把科學推而遠之。自高能物理發展以後，質能互變的事實，早已成爲家喻戶曉的常識。卽就這一點來說，唯物的「物」究屬什麼，已不似十九世紀時代一般人的想像，甚至不似赫克爾生存到二十世紀初期時所想像。

　　質能互變一事已經給唯物主義一些損失，而其中更大的疑點還是出在「時間」的性質這一個問題上。今假定時間是獨立的（卽「古往今來」與「上下四方」是兩個系統，不相干涉），並且時間是絕對直線式無限的伸展的，也就是數學中的無限大。但數學中的無限大，是從比較中得來的一個不定的數值，因而不能在其中包含任

何眞的數值。也就是「無限大分」的任何數，都是等於零的。如其時間的全部數值等於無限大，則時間中任何一部分都應當是零。這就與實際情形不合了。所以時間必需是有限的，而不應當是無限的。如其時間是有限的，那時間之流也和一般天體有點類似，環行著一個圓形的軌道。這個觀念當然具有相當重的離奇性，而不易爲科學家及哲學家所接受。因「時間無限」這一個觀念，雖然不合理，但在目前人類的經驗科學中，尚未遇見什麼困難，所以寧可支持這個不合理的假設。但是過去在自然科學中，許多重要的進展，都是先從設法解決不合理現象或矛盾現象而引出的。這樣一個重大的不合理問題，自然不應當放到這裡不去過問。

最近六十年來，空間有限的理論已經被公認爲正確。時間爲空間的一部分，空間是有限的，那時間也是有限的。只是時間是否有限，對於目前的科學方面影響較少，在目前問題中，可能接觸不到，但對於哲學問題上來說，卻是非接觸到不可的，因此站在哲學的立場，就不得不加以討論。

先從直線說起。直線因爲空間有限，其極限延伸下去，仍然成爲有限的圓周。直線是在弧面進行的，直線看來仍永爲直線，其彎曲的部分是在第二度空間。在第一度空間說來，仍然不可能測到有限的。再就面來說，面布滿了一個球面，是有限而無邊界的，但其成爲有限，要從球體才能測到。也就是說面是二度空間的，而其成爲有限，就涉及了三度空間的了解。再進一層，宇宙所以是有限而無邊界，是因爲宇宙在三度空間中，測不出其有限，要等到涉及第四度空間，才能得到一個「有限」的了解。更進一層，時間是屬於四度空間的，但無法擺脫第五度空間，所以時間也非是「有限」不可。至於五度空間是什麼，那是因爲它是「超經驗的」，人類的知識可能永遠無法觸到這「超經驗」事物的邊緣，也就永遠無法了解這「五度空間」。

再拿「反物質」的問題來說，當宇宙突然形成之時(所謂 big bang)，反物質應當和物質數量相當。但現今自然界中，卻尚未發現存在中的反物質。天象中的黑洞，有人以反物質來解釋，理由也不充分。只有一種解釋，卽反物質的一切方向都是負的。物質循時間正流，反物質則循時間倒流。等到反物質和物質相會之時，也就是宇宙的終結。這樣，在時間中所含有的萬景萬物，都可能成爲預定的(或必然的)，這就更增加宇宙本身的神祕性，而非人類的知識所能了解。

近年來生物化學的進展，確使生物和無生物的界線更為沖淡，而使倭伊鏗和杜里舒的哲學立場也黯澹無光。但從另一方面看，科學所代表的唯物觀點卻也相對的減弱，甚至於在基本上動搖了唯物主義的信念。所以對於張君勱先生的立場來說，卻又是收穫方面大於損失方面。本來中國傳統思想的主流是非唯物的，而西洋十九世紀的思想，唯物主義是屬於顯性的，這自然和中國人的性格無法相容。王國維曾經一度致力於哲學，而結果厭倦了哲學，就是因為近於唯心主義的是「可信而不可愛」，而非唯物主義的是「可愛而不可信」。這個矛盾也就成為王國維一生思想中不可挽救的矛盾，這種矛盾也正是中國思想界的矛盾，除非等待科學從唯物思想解放出來，那就是一個無可如何的事。

牛頓曾自比於海濱拾貝殼的小孩，這實在值得深思的，自十九世紀工業技術的發展，使得狂妄的人認為「人類可以征服自然」，而人類技藝的進展不會有一個止境。這當然不是的。三十年以前經濟學家熊比得就對於科技的進展認為終究有一個止境的。到了最近幾年，月球的登陸，以及從火星及金星從火箭回來的消息，已聲明了太陽系除去地球以外，任何星球都不會有生物。也就對於科技的希望帶來了悲觀。而且能源的危機及環境問題，更打破了過去一些人士對於科技無窮發展的幻想。現在科技萬能的觀念雖然已不會存在，但人類知識的發展，還會有一定的限制，卻還未曾普遍的注意到。

人類知識的歷程仍是一天一天的進展的，總有一天確實普遍的明瞭，超經驗的世界實在太廣太大了，而人類憑感官所及的世界，實在太渺小得可憐。總有一天通過了科學的大道而走到非心非物的一天。君勱先生已從倭伊鏗而回到康德了，這條似解決而非解決的路途，當然也是科學與人生觀論戰中大家應當深思的道路。

論儒道兩家對於科學發展的關係

　　中國各家思想，儒家最為平實，除去切會人情之外，很難找到驚人的地方。法家和墨家比較走極端一些。但是要想去作更深一步的追求，也會發現他們都是氣味索然，在形而上學方面反而尚不如儒家的深度。只有道家思想卻是離奇閃爍，耐人尋味。對於國外學者來說，道家思想是最容易被欣賞的一種。譬如英國近代哲學家羅素，就對道家思想有所偏愛，而對儒家思想就加以批評。李約瑟對於中國科學史的創作成就甚大，他對中國和中國人是相當友善的。若就他對於中國思想的看法，卻和羅素差不多，比較上對於道家偏好，和作為一個中國人對儒家特別尊重的不同。就這一點來說，不能不指出來對於中國的文化和歷史方面，還需要再加檢討。科學本來也是文化整體的一部分，文化的進展一定也靠禮樂刑政來支持的。本來這是一個歷史上的謎，為什麼中國科學技術的發展確達到一個相當高的標準，為什麼就不能產生工業革命，為什麼要很困難的才能變成一個現代的國家？這個問題只能從歷史的背景來解答。而歷史背景卻又是十分錯綜複雜的，所以不必完全替儒家把責任推得一乾二淨，但儒家也不能全部擔負這個耽誤中國科學進步的那樣重大責任。

　　李氏認為道家對於科學是有貢獻的，而儒家就很少貢獻，由於儒家是入世的哲學，入世的哲學當然會把重點放在人事方面，這樣下去，儒家就變成了俗學的俗思。反之道家著眼在自然方向，他們不看重社會中的組織和習慣，而專致力到自然界，自然容易走入科學之路。

　　他認為孔子誠然有「無固無必」的客觀態度，也有「知之為知之，不知為不知」的求真觀念，可是孔子不重實務，例如樊遲請學稼，孔子說：「吾不如老農。」樊遲出，孔子竟對弟子說：「小人哉樊須也。」這種不重實務的態度，相當阻礙科學的發展。

　　孔子和道家都談到「道」，但孔子所說的道，例如：「君子所貴乎道者三：動容貌，斯遠暴慢矣；正顏色，斯近信矣；出辭氣，斯遠鄙倍矣。籩豆之事則有司存。」這都是對於社會上的事，與自然界無關。又說：「君子之道有三，仁者不憂，智者不惑，勇者不懼。」也只是講修養方面。甚至於籩豆之事都不必去管，何況自然界的事。

　　他認爲道家方面就完全不同。例如《莊子・知北遊》一段：「東郭子問於莊子曰：『所謂道惡乎在？』莊子曰：『無所不在。』東郭子曰：『期而後可。』莊子曰：『在螻蟻。』曰：『何其下邪？』曰：『在稊稗。』曰：『何其愈下邪？』曰：『在瓦甓。』曰：『何其愈甚邪？』曰：『在屎溺。』東郭子不應。」以爲還是郭象的「明道不逃物」，解釋最好。卽是說抽象離開實物，就不存在，所以道在任何一種的實物上面。道既然不會離開實物，所以任何一種物都含有道，都可以做研究的對象，也都是知識。從這裡可以得到純科學的結論，不論如何眇小事物，都無不在研究範圍之內。所以可以導出現代形式的科學，儒家及其隨從的人都是認爲不值得去理會的。

　　從這個出發點不同來引伸，儒家就會造成一種治人而勞心的士大夫階級，道家卻無欲，講小國寡民無階級的國家。儒家只講先王之道，仁者的政治（王充的學說也被忽視），朝著修德方向走，而忽略自然界的知識。再說儒家不談怪力亂神，似乎很科學，道家引出了方士，燒丹鍊藥，似乎很不科學，不過科學史中，照例科學是從鍊金術、巫師發展出來的，這一點道家又近於科學了。

　　他又以爲儒家和道家從戰國以來就處在對立的地位，尤其在東漢到魏晉那個段落最爲明顯。當時把持權力的統治者，卽令是貪權的篡奪者，凶暴奢侈，可是無不自以爲是支持先聖之道的人，甚至於大大的提倡孝道。當時嵇康因爲「非湯武而薄周孔」便被處死。當時又大講門弟，設立「九品中正」，把社會上的人分成等級，這不能不說是從儒家等級政治而來。

　　只有魏晉時代相信老莊的知識分子，能夠反抗禮教，因而求仙鍊丹的方法也大爲盛行。他們並不做官，只依從老莊的學說，隱逸山林。而且他們也做儒家看輕的事，例如嵇康的鍛鐵。並且五石散一類的仙丹，也出於他們生活之中，這卻不是儒家所做的事，而爲科學的研究作一階梯。

　　以上這些責備孔子及儒家的話，許多是近代學者說過的，李氏不過援用他們的意見。當然他們的意見有時是頗爲新奇可喜，不落一般陳腐的窠臼，在行文方面是有用處的。但是若就客觀的事實來分析，卻顯而易見，都不眞實。歷史是求眞的，如其讓假的歷史，假的見解，流傳下去，就成爲歷史的不幸。所以就不得不做一番訂正的工夫。

　　孔子對瑣屑的事不是不知道的，不過孔子自己說：「吾少也賤，故多能鄙事，君子多乎哉？不多也。」只爲在孔子那個時代，孔子是一個職業的教師，而教學的內容，是爲著當時社會上的需要，教給一些行政的知識和禮樂的節文。這是那時求職上的一種客觀的要求，沒有什麼對不對。既然爲的訓練一些公務員(當時稱做士大夫的)，即令「因材施教」，也不能超出公務員需要的範圍。樊遲當然也是一個學做公務員的人，他本來不曾預備做農夫，其學稼只是當做招徠百姓的一個手段。孔子認爲拿學稼學圃當手段不對，只有從事禮義才是正途，不必轉彎抹角去弄別的謀略。

　　在儒家傳統之中，絕對沒有輕視農人的意思。照孟子的意思，所以不能「並耕」的原因只爲了「分工」的方便。士的祿只爲了「代耕」，所以士的地位和農夫地位是相等的，並無階級上的分別。《孝經》(也許是戰國晚期作品)說到庶人是「敬天之道，分地之利，謹身節用，以養父母。」在政治地位上和士大夫不同，在社會地位上，並無分別。換言之，在舊的傳統，原則上除去罪人有奴隸身分外，其餘完全都是公民。(只是當日未曾演變出投票權一項，但如其用投票權，那就全國的人，原則上並無分別的。)即使對於被沒入的奴隸，依照孟子「罪人不孥」的理想，任何犯罪都不及家屬，都是及身而止。雖然在許多朝代的法律未曾實行，這是不合於儒家的理想的。從以上來說，儒家的原則實未曾輕視農人，再依照歷朝服官及考試的法律來看，沒有任何一個朝代，曾經對農人子弟歧視過。只有些朝代，對商人子弟有些歧視，但這絕對不是儒家的觀念(是出於法家的觀念)，孔子弟子子貢就是一個商人，孔子只說「賜不受命，而貨殖焉，億則屢中。」對於他毫無貶辭。換句話說，孔子是縱容他去做商人。因爲他做商人可以解決了他的生活問題，也就並不責備他，勉強他，一定要去做公務員才算高貴。

　　誠然，儒者只對於技術看到「利用厚生」爲止，並未曾對於純科學特別重視，

這是儒。(當然儒家也從未輕視科學。揚雄所說的「雕蟲小技，壯夫不爲」，是辭章，不是科學，至於僞《古文尚書》中作「奇技淫巧以悅婦人」，下面有「以悅婦人」四字，更與科學技術毫無關係，有些人斷章取義，更是非常荒謬的。)

再看道家的理論，「絕聖棄智」就是棄絕一切智慧和文化，不可以認爲專對儒家的道德及制度來說。試看《老子》中小國寡民那一段，明明說到：「使民復結繩而用之」，結繩而用之明明說一切書籍、一切文化都是無用的，豈是專對儒家而發。這是一個不可能的事，一群人志在發展科學技術，卻會發表一個廢棄已有的文字，建議「使民復結繩而用之」這種毀棄文化的建議，儒家是不會有的。

至於《莊子 ・ 知北遊》的道在矢溺那段的解釋，是不確定的，因爲可以同時做幾種不同的涵義。這只有找別處道家的理論比較來看。郭象「道不逃物」的注解，僅看這段，當然沒有問題，但是看一看《老子》「有物混成，先天地生」的命義，就知道郭象解釋得不對。《老子》這兩句明說道在天地之先，亦卽天地毀滅，道仍然可抽離天地而存在，這是表示道可逃物，而非道不逃物。

〈知北遊〉這段的命意，可以〈天下篇〉中所說：「古之道術果烏乎在？曰『無乎不在』『神何由降，明何由出？』『聖有所生，王有所成，皆原於一。』那一段來解釋。第一，《莊子》的命意，還是內聖外王，出發點和儒家一樣，是政治的。第二，道是「無乎不在」的，可以隨物，也可以逃物。道不限於物，而物必含有道。第三，《莊子 ・ 知北遊》中每下愈況的舉例，是表示任何物都是同等的，這就是齊物，這就是壹死生、齊彭殤。他的主要命意是把物質做研究對象或者不把物質做研究對象也會認爲是一樣的，這是莊子「不譴是非」的立場，和科學家研究物質完全不是一回事。

道家理論在哲學上有卓越的成就，是不必懷疑的，宋元後的儒家在理論方面要借用道家的思想才能完具，更是一個顯明的事實。不過道的貢獻究竟在哲學方面而不在科學方面這也不必諱言。(今後科學理論是否還會借由道家的理論來啓發，那又是另一回事。因爲現在的論點是討論過去，不時討論將來。)

對於科學技術，道家的理論最明顯的莫過於《莊子 ・ 天地篇》，他認爲抱甕而汲的原始辦法才是人生的眞義，而後起的桔橰卻是一種「機心」，是不值推薦的。

這一點正和老子「使民復結繩而用之」的主張是一致的。桔槔是一種簡單的槓桿，莊子都認為是「有機械者必有機事，有機事者必有機心」而應當去除的，用這種基本主張來發展技術來研究科學，那真是走的是相反的道路。

在先秦諸子之中，道家可以說是反科學和技術的。儒家對科學和技術，未曾有特別的鼓勵，也未曾有特別的反對。墨家是崇儉和非樂的，在事實上對於發展科學和技術極為不利，不過墨家是極端重實用的，為針對當時的戰爭，所以在《墨子》中(實際上是墨家的叢書)保存了〈備城門〉以下各篇戰國時的兵書(軍事技術)。至於《墨經》三篇，又是針對名家而作，可惜名家的書最大部分都亡失，只靠從《墨經》看出一點。其實墨子學派決不是發起名理之論的人們。所以真正對於物的研究的，可以說還是名家。惠施的著作很多，在《莊子‧天下篇》中，只舉出一點少數的例子，其餘都亡失了。但是就道家立場來批評名家，是說「逐萬物而不反，悲夫」。逐萬物而不反，正是科學的精神，可惜道家就是看不起這樣做。

封建式的階級制度，在周秦諸子中沒有人明白反對過的。道家的別派如同陳仲子之類是有些無政府主義的傾向，但他所反對是反統治，不是反階級。不過參看一下春秋到戰國思想的發展，確實是「君」的看法及階級的看法，是越到後來越減輕。老子是顯然主張有君的，莊子就覺著君對於個人並不重要。孔子是很講名分的，到孟子就發揮了湯武革命的思想，而公開的說民為貴，社稷次之，君為輕的理論(但儒家另一派荀卿卻又不這樣的主張)。大致說來，儒家的主張大率是相當現實的。在一個封建的階級社會之中，因為舊的秩序是維持社會和平和治安的工具，所以不主張讓它急速的崩潰。在那時人經驗之中，是無法預料其後果的。但是到了封建的階級制度，真的已經崩潰，儒家的原則上，也沒有幫助其再現的理由。最顯著的是《公羊傳》的「譏世卿」，世卿是封建社會的一個重要原則，到公羊高時代，世卿已無用，他也就不再支持了。不錯，中國從東漢到魏晉，形成了世族把持的政治，但這是豪門勢力自然發展的結果，並非儒家的哲學在後面指導才形成的。到了隋唐建立，也是採用儒家思想，居然創立了科舉制度來打擊南北朝的世族。正表示儒家思想並非要像印度教一樣有意的要把人分成階級，讓他們世代如此，不能改變。相反的，儒家卻是要消滅社會中固定的階級的。不然，「白屋公卿」一辭在中國社會中也不成為美談了。

神仙黃白術出於戰國時燕齊的方士，和道家並無特殊的關係。反之，儒家的別派鄒衍，對於燕齊方士倒有若干淵源。方士和道家拉上關係，應當是從漢代的淮南王安才開始。依照《漢書・淮南王安傳》：「招致賓客方術之士數千人，作爲內書二十一篇，外書甚衆，又有中篇八卷，言神仙黃白之術，亦二十餘萬言。」又〈劉向傳〉：「上復興神仙方術之事，而淮南有枕中鴻寶苑祕書，書言神仙使鬼物爲金之術及鄒衍重道延命方，世人莫見，而更生父德武帝時治淮南獲得其書。」淮南王書道家氣息極濃，又他也喜愛方士之術。等到淮南王安失敗，徒衆除去被殺的以外，都分散到民間。從此以後就成由道家和方士糅合的情勢，一直等到道教的創立，還是這個傳統。照陳寅恪先生的主張，天師道和濱海地區有關，這個濱海地區，正是淮南王餘黨所能分布之處。所以談到中國的鍊金方士，和信道家的淮南王有關確實不錯，從淮南王時代以後鍊金方士混入道家也是不錯的，只是向戰國以前推溯，方士的親屬是鄒衍，卻不是莊周，更與老子無任何關係。

至於東漢時代的儒者，並非掌權力的人，東漢一代的權力是掌握在外戚和宦官的手裡。儒者不惜身家性命，和惡勢力奮鬥，做出來不少可歌可泣的事。雖然儒者的奮鬥不曾成功，卻代表一種正氣。反之，在東漢時代就未曾有相信黃老之學的人做過和惡勢力奮鬥的事。只有變節的儒者馬融，本來是願意主持正義的，到了他發現他無力反抗時，就向一個作惡的外戚梁冀投降，還用道家「生重於天下」的理論來爲自己辯護。到了東漢將亡，曹操爲著怕儒者奮鬥，故意破壞儒家的原則來改換東漢的風氣，以圖對他自己有利，於是下令徵求：「負汙辱之名，見笑之行，不忠不孝，而有治國經世之略者。」這個命令果然成功，使得曹操的後人建立了一個不太長的篡奪朝代。

晉朝政權雖然是司馬氏建立的，但在意識形態上，卻是曹氏的繼承者。就魏晉清談的情形來說，談老莊也只是因爲老莊的解釋富於彈性，談起來方便，並非說他們都是忠實的老莊信仰者。那時的政治是世族把持的政治，能有資格參加清談的人，也正是把持政局的世族。如其把魏晉清談之士統計一下，立刻可以看出，極少隱逸之士，他們都是在朝的官吏。從這裡不能說只讓孔子之說負這個責任的，尤其不可以就是這一班人，凡是好的事都歸於老莊，而壞的事就諉過於孔子。再就當時清談家中的佼佼者嵇康和阮籍來說，嵇康之死並非由於出言不愼，菲薄湯

武，而是由於他是一個曹氏政權的支持者，阮籍走的同一路線，因此阮籍就不能不佯狂。但他們兩個都不是百分之百的道家，嵇康的兒子是後來晉朝殉國的忠臣，而阮籍卻告誡他的兒子說「叔瞻已預吾此流，汝輩不得復爾」。可見當時人對老莊的清談，只是當作餘興玩一玩罷了，其立身處世還是儒家本位。東晉的陶淵明那是一個真的隱逸之士，他的思想中道家成分占極大的比例。但他的詩卻明白說「先師有遺訓，憂道不憂貧」，先師明明白白指孔子。這是一個標準清高的隱逸，決非那班鬥豪富或者終日「持籌握算」的清談家可比，但他對於孔子還是非常尊崇的，可知孔子對於中國社會的重要了。

原書在老莊以外，還引了不少例子，來證明《列子》中有更多的有關科學的思想。這是很要商討的。因為現存《列子》書中，除去極少數可能出於戰國時佚文以外，絕大多數是魏晉時期編造的。最顯著的，例如《列子》中的「終北之國」故事，就取自佛經中的「北俱盧洲」，毫無疑義。《列子》既然可以截取佛經，也當然可以襲取後起的科學思想了。也就是說《列子》一書，不能引為證據。

這是毫無疑問的，儒家思想從漢代以來占著絕對的優勢。所有有思想的人，除去特別標明參雜有某種別的思想以外(例如竹林七賢及陶淵明的道家思想，王維、柳宗元、白居易的佛教思想等等)，其未曾標明有特殊思想的學者，可以說都是儒家思想。在這種優勢儒家思想籠罩之下，中國，這個在世界半隔絕的區域，還是在人類科學史的發展上，有很大的貢獻。卽就對於科學有貢獻的人來說，例如張衡、蔡邕、馬鈞、祖沖之以至於後來的朱載堉、李時珍、吳其濬等等，再加上清代的《疇人傳》所記諸人，可以說沒有例外，都是屬於儒家思想的人。(甚至於王充，除去〈問孔〉〈非孟〉兩篇屬於懷疑思想以外，其餘的還是儒家的思想方式。)這些人的貢獻，都未曾受過任何儒家思想的阻塞。拿中國科學的發展去比古代西方甚至比文藝復興以後的西方都顯然的落後，原因固然十分複雜，可是中國的地理環境所影響到中國的恐怕比什麼原因都大。就全世界人類文化的發展來說，除去馬雅和阿孜泰克以外，中國恐怕要算一個最偏僻的地區了。所以西方文化是綜合的文化，中國文化在比較上是可以算單線的文化。若加上諷刺的語句，中國地域是「坐井觀天」的地域，有這個不利的條件當然不能和近世西洋的交通狀況相比。

中國的語言文字，就美的觀點來說，在世界上要名列前茅，可是就實用的觀

點說，卻不是一個最適合於科學上表達的語言文字。直到現在，對於科學上的敍述，總是不如用印歐語系的語言表達的那樣清楚，再加上古人著書的體例不好，譬如諸史的〈律歷志〉以及古算書，如其不先學過現在的歷法及數學，根本就無法看懂，這就對於科學進展的阻礙，遠在儒家思想之上，甚至於還遠在道家思想之上。

但是更大的阻礙，恐怕要算隋唐以後新發展的禪學了。中國禪宗佛學的創建，在哲學上確實放一異彩。只是專對科學發展上的關係說，禪學無論爲何是非科學的，甚至於是反科學的。禪宗的精神是不立文字，不立經像，直指心性，所以禪學的寺院卽令有《大藏經》也等於一個裝飾品，無人去看。高僧進修的方法是打坐，是面壁，是閉關好幾年，不看一個字，不說一句話。這種進修的辦法不僅深深影響到佛教，也影響到道教。道教中主要求仙的辦法是「燒鉛鍊汞」，可是禪學盛行以後，道教中靜坐導引的辦法也形成了主流。《周易參同契》這部書本來是純然鍊金術的書，但唐宋以後，也變質了，朱熹的《參同契注》，就明白的把外丹(鉛汞)解釋爲內丹(導引)，這種變遷的意義是不尋常的，因爲自唐宋以後，道教的寺院因爲燒鍊鉛汞，結果是相繼中毒，就逐漸的減少燒鍊的設備了。

這裡並非完全否定「主靜無過」的功用。尤其道教的靜坐給人一種幻覺，使人期望成仙。如其不「走火入魔」到了修練成「眞」，就可控制自己的夢境，使得平安而愉快。黃粱初熟，日上三竿，萬物都是澄清的，這不是在格林尼治街頭，跟任何 DRUG 的人所能比擬。倘若使用到退休的人，也可以消除不少寂寞與煩悶，這都是對於社會問題上，可能有不少的貢獻。但從發展科學的立場來看，這究竟是非科學的，這些行動把希望鍊製黃金或鍊製哲人石的人拉到別的方向去，使得「鍊師不鍊」，不能不算科學進展上一個損失。

科學的發展，是出於無意的安排，不論中國或西方，都是一樣。只是中國的特殊環境，特殊歷史因素，使得中國科學的進展期中，在政府任職的人，有他們的責任(除非有意放棄責任，故作清高，如魏晉清談人物)，不能有機會做科學研究(只有極小部分有特殊職守的，如欽天監，這種職務很少)。準備到政府任職的人，隋唐及宋初誦文選、背辭章，等到考試經義以後，又整天看墨卷，模仿墨卷，也不會有工夫。只有和尚道士可以無心世事，向自然界去努力，又被閉關面壁、

服氣導引，把時間精力完全消耗了。除了極少數的人去做，還做到不少的貢獻。這只能歸咎於環境，而不可以歸咎於儒家哲學的。當然，中國五千年的專制政體，是中國進步的大阻礙。要負責任的各家都一樣，包括「黃老」在內。

中國人的宗教信仰不夠，人與人的相互關係只靠儒家的觀念來維持。這一點在魏晉清談之士當中，仍然承認儒家的「名教」的地位。中國的科學發展的確非常重要，不過中國的名教，誠然有小部分過時，但其中絕大部分並未喪失其意義。所可惜的近百年來中國在國際局面上的不幸事件，中國人自己爲著要改革，先諉過於孔子，接著國際間也就跟著說。李氏雖同情中國，但對於儒教的某些關係上，仍採取流行的論點，討論中國科學問題，李氏書在國際上已具權威性，仍有偏差，影響甚大。爲著持論公平，不得不把眞相好好的討論一下，來澄清世人對於諸子百家的誤解。

評余英時 《論戴震與章學誠》

　　清代中期學術的發展，有兩個人算得高峰的，一個是戴震，代表著考證學方向的新轉變；一個是章學誠，代表著史學方法論的新興起。而這兩個人的學術，還有一個連貫的性質，但是一般學術論著，未曾特別注意到他們關係中的意義，這是對於此書應當格外注意的。其次，尤其是章學誠，在清朝一代總是晦而不彰，甚至《清史稿》中給他立傳時，把姓名都弄錯了，直到民國初年，才漸次被學術界看重起來。但是他的學術地位，還是被認為劉知幾和鄭樵以下系統中的繼承人，並未曾把他的地位特別提高。在這部書中把他的見解和二十世紀史學方法論權威的柯靈烏(Robin George Collingwood, 1889-1943)來比擬，這才算真正了解章學誠的地位。

　　本書分為內外二篇：內篇先談章實齋的史學觀點與清代學風，再談戴東原對於義理、考證兩項的徬徨歧路，然後再歸宿到義理。外篇談戴東原經學路逕的轉變，再比較戴東原與伊藤仁齋、章實齋與柯靈烏，然後再對於章實齋與童二樹一條重要史料加以辨證。最後係附錄：有戴震《孟子私淑錄》，錢穆的〈記鈔本孟子私淑錄〉，戴震與段玉裁〈論理欲書〉附胡適跋，章學誠〈章氏遺書逸篇〉計十四種，這都是不常見的文獻，對於本書的了解都是非常重要的。

　　戴東原和章實齋雖然只是兩個人的關係，實際上卻是千頭萬緒。因為中國學問的發展，自漢代以來都是多少帶著宗教性的，即是一切傳道受業的方向，除去了釋道兩家以外，差不多都是為著儒家的聖賢之道，成為一個直線下去的。所以不僅《六經》為著明道，就是史學和文學也一樣為著載道。在本書中明白的指出來，清代考證之學，也就是所謂漢學，實際上還是宋學的延伸。例如：

> 清代的考證學應該遠溯至明代晚期的程、朱和陸、王兩派的義理之爭。由義理之爭折入文獻考證，即逐漸引導出清代全面整理儒家經典的運動。（頁

15）

在書中指出來，朱學的根據是《大學》中的「格物致知」，而王學的根據是所謂《古文尚書》中的「人心惟危，道心惟微，惟精惟一，允執厥中」，也就是所謂「十六字心傳」。這兩條嚴格說來，都有問題的。王學者攻擊《大學》，起於晚明劉宗周的《大學古文參疑》，而其弟子陳確的《大學辨》更爲完備，證明了《大學》爲秦漢時代的作品(也就是起於後儒，並非曾子的手述)，這就是使說《大學》爲孔門「一貫之道」的，黯然失色。

但是《大學》一篇雖然被證明爲秦或西漢儒生所作，究竟還不算十分嚴重，因爲反正總是儒生的作品。這些儒生作品，卽使是東漢時所完成的《白虎通義》，也不是沒有一顧的價值。如其一個重要根據被證明爲非儒家的，情形就十分嚴重了。然而「十六字心傳」就居然有這種情形。閻若璩著《古文尚書疏證》，是清初學術史震撼一時，並且也是中國學術史上一個劃時代的著作，在經學史上的地位，是非常重要的。可是，他著此書的背景，卻不是爲考證而考證，而是出於程、朱派的立場，要打擊王學十六字的心傳證明出於《道經》的。至於做《尚書古文冤詞》的毛奇齡，雖然反駁閻若璩失敗了，但他的立場卻又是站在王學的立場來反對朱熹。這個考證公案，實際上還是出於宋學中朱、王兩派爭執的動機上。

漢學的宗師，要溯源到清初的顧炎武，而顧炎武的立場，又是程、朱之學。但是漢學進展下的考證之學，到了清代的乾、嘉時代，所表現的程、朱立場，也就減弱了。清初是朱學和王學的對立，而乾、嘉時代就變爲考證和義理的對立。其中最爲明顯的，是主持《四庫全書》修纂的紀昀。但是考證和程、朱學派的關聯，仍然還有一點殘存的遺跡。其中江永就是服膺程、朱的。戴原東在早期似乎也受到了江永等人的影響，除考證以外，也追隨程、朱義理的途徑。

除去了紀昀以外，當時經學大師惠棟，也是反宋學的。在他的《松崖筆記》曾說過「宋儒之禍，甚於秦火」。戴東原在到北京的次年(1755)，卽就館在紀昀家，而他在1757年遊揚州，又看到了惠棟，談論甚爲相得。在此以前，戴東原還是追隨宋儒義理的，到此以後，才轉變起來，可見和紀昀及惠棟的主張應當有關的。但是戴東原對於「義理」卻不曾完全放棄。他知道不論程、朱，不論陸、王，都攪

雜了道、釋的成分。他要做一個沒有道、釋成分的「義理」。這就是他的《原善》、《諸言》、《孟子私淑錄》以及《孟子字義疏證》等書寫作的來源。

戴東原這種「義理」上的見解，是有十分自信的。但就客觀環境上來說，卻是孤立無援的。這種見解在考證派來說，是不值得去做，就義理派來說，這是異端。也就造成了由程、朱派來看，比陸、王派更爲異端，由陸、王派來看，比程、朱派更爲異端。他在北京時期一直不敢明白的宣布，所有的措辭都保持一個分寸。他也很想早點在本籍找一個書院，藉此傳播他的義理心得，但是還未來得及回籍，他就逝世了。他把他的看法交給他的得意學生段玉裁。段玉裁原封不動的刻出他的《孟子字義疏證》，但段玉裁一生中，除了繼續做考證工作之外，對於他的義理方面不再繼續去管。直到民國初年，方始有胡適之先生及梁任公等人加以表揚。

章實齋看到戴東原，正在戴東原看到紀曉嵐的十年以後，這一年是乾隆三十一年（丙戌，1766），在同一年中戴東原完成了他的《原善》三篇的擴大本。章實齋入京以後，受到了朱筠的影響很深，朱筠是主張不可以不加徵實而空談義理的。這時候錢大昕和戴震是考證方面領導人物，章實齋當然要看一看他們，一談究竟。等到章實齋看到了戴東原，戴東原把有關《孟子》性命的問題說給他，他受到了影響是非常巨大的，最先他還一直想走戴氏的路，以後他幫畢沅作《史籍考》，他又把這種義理的方法，採用到史學方法上去，這就形成章氏的《文史通義》的路。

在戴東原卒後，章實齋有〈答邵二雲（邵晉涵）書〉（見余書頁6引），書中言：

> 來書於戴東原自稱《原善》之書欲希兩廡牲牢等語，往復力辯，決其必無是言。足下不忘死友，意甚可感！然謂僕為浮言所惑，則不然也。戴君雖與足下相得甚深，而知戴之深，足下似不如僕之早。丙戌春夏之前，僕因鄭誠齋太史之言，往見戴氏休寧館舍，詢其所學，戴為粗言崖略，僕即疑鄭太史言不足以盡戴君。時在朱先生之門，得見一時通人，雖大擴生平聞見，而求能深識古人大體，進窺天地之純，惟戴可以幾此。而當時中朝荐紳負重望者，大興朱氏，嘉定錢氏實為一時巨擘。其推重戴氏亦但云訓詁名物，六書九數，用功深細而已。及見《原善》諸篇，則群惜其有用精神耗於無用之地。僕當時力爭朱先生前，以謂此說似買櫝而還珠。而人微言輕，不足以動諸公之聽。周旋嘉定、大興之間，亦未聞有所抉擇，折二公言，許為乾隆學者第一人也。惟僕知戴最深，故勘戴隱情亦微中，其學問心術，

實有瑕瑜不容掩者。

這一段實在是對於章實齋與戴東原的關係以及章實齋對於戴東原的看法，一個非常重要的史料。這一部書根據這一段重要史料，做一個很透徹的分析，反映出清朝一代學術的變化與消長。真可以做一個新史學方法的示範。作者自己未嘗聲明用的是柯靈烏的方法，實際上是很成功的用了柯靈烏的方法。

本書討論章實齋的史學觀點及史學思想，也是本書的非常精采部分。其中如內篇第四章〈章實齋的史學觀點之建立〉以及外篇第三章〈章實齋與柯靈烏的歷史思想〉，都是專討論章實齋的。在中國過去討論史學方法一層，已有長遠的歷史。但專門討論史學的，實從劉知幾《史通》開始，再經過鄭樵的〈通志序〉，然後再到章學誠。其中參加這種著作的，實在寥寥可數。章實齋從考證之中解放出來，確實受到了戴東原的啓發。但他從考證轉爲史學，卻仍不爲戴東原所欣賞。他們雖然應有討論，可是不會有結果的。所以他在〈記與戴東原論修志〉（引見本書 31 頁）說：「戴君經術淹貫，名久著於公卿間，而不解史學。與余言史事，輒盛氣凌之。」他說戴東原「不解史學」是相當重的話，這是章實齋已有他的特識才敢這樣說。憑他堅強的個性，卓絕的心得，給予史學以獨立的地位。所提出來的「六經皆史」說，誠然和一般人看法不同。專就史學家立場來說，雖然是章實齋故作驚人之語，但就歷史在學術地位的廣大領域來說，認爲「六經皆史」在邏輯上是沒有甚麼不可以的。史學既然具有學術上獨特的地位，所以史學可以「成一家言」。章實齋曾爲梁任公所推重的，但其「六經皆史」論，梁任公也不盡理會，他認爲改爲「六經皆史料」更好些。其實章氏的原意絕不是把《六經》看做史料，而是由於《六經》代表中國的人文傳統。而這個人文傳統，歷史卻可以充分表達。他在《文史通義》中的〈詩教〉、〈書教〉等篇正是發揮這個意思。

就劉子玄、鄭漁仲和章實齋三人的造詣來說，劉子玄的《史通》的體裁很像清末葉昌熾的《語石》，可以算一部分類的史學史，而不是一部史學方法論。至於鄭漁仲，他本人是一個絕頂聰明的人，但卻也相當油滑，時常有「英雄欺人」的行爲。若就他的〈通志序〉來說，不論他說的他自己是否真能做到，可是他卻能夠抉出史的真原，發前人所未發，這就使章實齋不得不在某種程度之下推崇他，認爲他是一個千秋知己。但實際上章實齋的造詣，卻非劉子玄及鄭漁仲所能企及。他真的

樹立一個新史學的系統。這個史學思想的系統，是從「六經皆史」這個文化整體觀出發，而集中於《尚書》中「疏通知遠」的意義。引申起來，也就不能承認「記言」和「記事」有任何的分別，和柯靈烏意見是一致的。柯靈烏認爲內在的思想乃是核心，外在的事實反爲次要，歷史家探討事物，必須深入當年人們思想之中，而探索到歷史的過程，所以歷史也就是思想的歷史。從秉筆的歷史家來說，就成爲筆削，也就是在柯靈烏所說的「史料取捨」、「歷史建設」和「歷史批評」三步驟上面。

以上的敍述，只是一個概略，其中的重要考證，不能一一指出。無論如何，此書確是一部很值得推薦的書。從另外一方面說，我也有一點補充的意見。第一，章實齋本人雖然不是一個宋學家，但他的生活態度，卻受到理學的影響很重。他自己是一個謹飭而誠篤的人，對於袁子才的「文士作風」就很看不上。章實齋對於戴東原一直是欽佩的，他心目中的戴東原是一個學行都可以做人師表的人，但結果他以《春秋》責備賢者的原則來看戴東原，就不免失望了。本來在一個社會之中，完人很少，以品格來論，其中優劣比例，是一個常態曲線。眞是拿定主意，「造次必如是，顛沛必如是」的人，究竟不多。宋儒中如程伊川那樣壁立千仞，理欲分明，也只有伊川自己能做到，而不可以期望全社會都是聖賢。章實齋以聖賢來期望戴東原，那是錯了主意。章實齋本人確是一個信仰堅定的人。他在鄉試雖久困場屋，可是在會試中就連捷成進士。一般進士如其不入翰林，最常見的出路是即用知縣。在分發行省以後，很快就可以補缺，而且在進士班中補到的都是繁缺，這在生活上補助很大。後來以進士資歷監修方志，也可以勞績保舉州府。但他一直沒有去做，他一直專心做他自己想做的事。他是這種態度，也希望戴東原也是這種態度，等到他發現了戴東原的人格不是他所想像那樣完整時，就不免情見乎辭，以爲「心術」上有問題了(這一點和「狐狸」「刺蝟」不同的理論仍是一致的)。

第二，戴東原雖然學殖深厚，究竟基本上還是一個利祿中人。他希冀的「兩廡牲牢」也可以說是具有身世之感以後，一種心理上的發洩。戴東原本來才智過人，但除去到京以後，享有高名以外，在事業上並不得意。他本來久困場屋，等到鄉試捷後，會試的門坎一直無法超過，等到從《四庫》館的勞績，經過紀曉嵐的力薦，得到欽賜翰林一個殊榮以後，身體已經壞了下來，即使想在事業上有所樹立，已經來不及了。戴東原是南方人(這一點和紀曉嵐是北方人習慣不同，即使

戴氏住在紀家，也不習慣)，在飲食上吃白米的，北京煮飯的習慣是先煮一次，棄掉米湯再蒸，只剩下殘餘澱粉，這可能是他足疾不能痊癒的最大原因。假若不能接受北方的飲食習慣，卽使吃肉，吃「珍饈」，也無濟於事。尤其可以注意的，是戴氏得病在五十三歲以後，亦卽入翰林以後，生活較優裕，而身體反而壞了起來。這就表示吃米更爲精細了。至於章實齋也是南方人，卻未患戴氏的病。或由在京的日子少於戴氏，也可能兩人生活習慣不同，現在雖不能詳悉，但戴氏的健康影響到他的思想，應是一個事實。

第三，就戴震的性論來說，就考證的立場來說，可以說是無懈可擊；若就義理的立場來說，還是處處是漏洞。戴震所以能夠想到這個地方，是因他還是考證出身，章實齋所以能夠欣賞戴震的性論，是因爲他還是在周圍的考證的環境中，用考證的方法去想。不錯，假如不看孟子以後的書專就孟子的思想來發揮，是可以形成《孟子字義疏證》這一個系統的。但孟子以後，諸家所以不同於孟子的原因，實緣在孟子學說之中，遇到了不可排除的困難，才有以後各家的新說。這些新說對孟子原始性的學說，不僅是一些修正，而且是一些進步。戴氏依照考證的方法，追求原來的孟子思想，完全不顧董仲舒「性」與「情」的分別，爲甚麼要提出；李翱的復性論爲甚麼要做；宋儒爲甚麼要加強天理和人欲的區分；那是很不實際的。就哲學史來說，這是一個逆流。

誠然，董仲舒的思想，是多少有一點受荀子的影響(當然他的基本思想還是孟子的，只是受了荀子的影響，才有這基本的修正)，而宋明理學不論是程、朱，不論是陸、王，也都受到了佛老的影響。這都是不容諱言的。不過還是要更完整的哲學系統呢？還是只需停留在孟子的階段就算滿足呢？這在清代尙古學風之下，是不能明白承認的。但在談到這個問題時，在良知上卻不能遷就的。(孟子確是最先言性的人，孔子實在未講過。「性相近，習相遠」一句，意義不明，不能算。因爲孟子最先講，還未曾發現困難問題。所以孟子雖有大貢獻，卻不能以孟子所言自限。)所以理論上是一件事，實用上又另是一件事。戴氏是一個反宋明理學的人，以引入異端攻宋明理學，確使宋明理學者無辭可對。但破壞易而建設難。戴氏對自己系統一直未曾建立到成熟地步。他所講的一直是講善而不曾講到惡。只說「偏」、「私」、「蔽」等泛泛的字，對於罪惡的了解太不夠。尤其把「欲」包入「性」

內，就更爲困擾。如其對罪惡來源不能得到妥善的解決，那就除去最後還是承認「性無善惡」以外，更無他法。但如承認「性無善惡」，那就又不是孟子的思想了。

第四，本書中揭明了當時極端揚漢抑宋的人，一個是紀昀，一個是惠棟，這兩個人確實是當時學術界的領袖。所以需要再向深推究一下。紀曉嵐和惠定宇的立場，本不是想像中那麼簡單，和范縝那樣，屬於物質主義者。紀曉嵐的《閱微草堂筆記》中，誠然有譏諷宋學的地方，但講「因果報應」的，更觸處都是。在〈灤陽消夏記〉中，就有這樣一句話：「案輪回之說，儒者所闢，而實則往往有之，前因後果，理自不誣。」這不是擺著面孔來說話，可以代表出他的心聲。至於惠定宇的《太上感應篇注》，處處表現他尊重《太上感應篇》，篤信《太上感應篇》，顯然他是很誠篤的，出於他的宗教信仰。此外尙有錢大昕，他對於趙翼的《二十二史劄記》的稱讚，出於眞誠，但趙翼的《劄記》中談因果報應的，不可勝數，這一點錢大昕就顯著沒有甚麼不可以承認的。至於程、朱學派的彭紹升，更不用說，是一個虔誠的佛教徒。這是一個十分値得注意的事。從明代中葉以來，中國社會已成爲一個以中國固有的道德傳統和道教及佛教並容的社會，也可以說這就是一種「中國教」。（現在的「印度教」就是一種雜糅的宗教，爲甚麼中國並容的宗教，就不許稱爲「中國教」？）這個「中國教」，正是維持中國社會的安定的一個極大因素。曾國藩〈討洪秀全檄〉：

> 自古生有功德，沒則爲神。王道治明，神道治幽。雖亂臣賊子，窮凶極惡，亦往往敬畏神祇。李自成至曲阜，不犯聖廟；張獻忠至梓橦，亦祭文昌。……佛寺、道院、城隍、社壇，無廟不焚，無像不滅；斯又神鬼所共憤怒，欲一雪此憾於冥冥之中者也。

曾氏這一段是眞心話，決不是表面上的宣傳。自從近六十年來，先後許多當政者以及學術人士的積極反宗教行動，使得在中國社會上固有宗教的虔誠，僅餘殘影。但無論如何，宗教在社會的功能方面，仍居十分重要的地位。中國人究竟是中國人，對於中國人的前途來說，中國民族文化的傳統是無可替代的。過去在清代漢學運動之中，漢學的研究，只是一種職業，其安身立命之處，還可有別的因素在。這也可以看到清代學者在相異之中，還有其一個共同點。

第五，章實齋的史學思想，不僅是在中國思想史上的一個創新的境界，而且

和近世的柯靈烏思想竟相暗合，可見凡是有價值的思想，其脈絡是可以達到一致性。在此，柯靈烏和章實齋殊途同歸，這一個很有趣的事實，是可以敍說一下的。柯靈烏受到哲學家，尤其是克羅齊(Benedetto Croce, 1866-1952)的影響，是顯然的，在柯靈烏的著作中也常常引到克羅齊。克羅齊對於史學的見解，認為歷史遠於科學而近於藝術，這和柯靈烏頗有出入。但克羅齊認為歷史的方法也就是哲學的方法，這卻為柯靈烏所採取。克羅齊的書是一般都認為很難看懂的，因為其方法都是哲學的思辯方法。柯靈烏的方法，是以思辯為主，也就是西洋傳統的哲學方法，一步一步的推進，這和中國思想單刀直入，直指微玄的，全然異致。章實齋的學術造詣誠然獨到，但不拿柯靈烏的史學方法來比較，來解釋，也就無法了解。因此章實齋的見解縱然獨到，但章氏同時代的人把章氏思想認為是「陳腐取憎」。為著得到讀者的了解，為著學說本身進一步的發展，我們過去傳統的辦法，如同章氏所用的表現方法，確實尚有要加以注意再求改進的必要。

這些意見，可以說完全由於這部書所啓發。如其看不到這部書，以上的意見即使和本書不一定全部有關，也是無法想到的。

論佛教對於將來世界的適應問題

　　宗教到了現階段的世界，面臨著最嚴肅的考驗。當十九世紀時期，法國的奧格斯特・孔德(August Comte, 1798-1857)，曾經指出人類文化的三個段落：宗教時期、哲學時期和(實證)科學時期，這是長時期以來被學者所引用和接受的。他的話當然值得警惕；不過他的話包括的範圍和應用的範圍，究竟到什麼程度？還值得詳細的分析和考慮。是否到了科學時期，宗教就漸次歸於消失？還是到了科學時期，科學成了一個重要的尺度？而其他不屬於科學範圍的，如哲學、宗教等等，將會受到科學的影響，而逐漸調整其幅度和方向，結合成爲社會結構的新因素？這就成爲文化史上的重要課題。

　　近代大社會學家德國的馬克斯・韋伯(Max Weber, 1864-1920)，對於社會學貢獻極大。他拿社會的效果來觀察宗教，他分析近代基督新教與資本主義發展的因果關係，而指出了加爾文派的入世態度，促進了德國近世產業的發展。這種用社會學的觀點來處理宗教功能的方法，確實開一個對於宗教問題處理的新路線。他是六十五年前逝世的，在近六十五年社會上發生的新問題，他未曾接觸到。不過，宗教的功能對於社會結構的重要性，是不容忽略的。所要更加注意的，是近六十五年來，科學的新發展給予宗教的搖撼性，更會移動對於宗教前途的展望。

　　文藝復興的意義是人們發現，是對人類的重新認識。文藝復興所代表的，是表明了人類的存在並非上帝的工具，現世的意義，並非天國的附庸，而是人格的自覺。這種尊重人格自覺的設想，和儒家天地人三才並重的理想相符合，也和佛理不相違背。

　　在歐洲，從中世紀以來，科學一直是和宗教衝突的。在人類知識發展當中，哥白尼首先樹立了以太陽爲中心的理論，達爾文開闢了生物的生成是由於演化的結果，以至於近代邏輯實證論的推演，更樹立了堅固不拔的基礎，使過去許多哲

學派別黯然失色。科學是一個整體,其中任何部分對於鄰近的科學部門,彼此皆有呼應。在科學的領域裡,不論其為大的問題或者是一個極小的問題,都是經過了嚴密的搜集、比較、實驗、審核、批判的種種程序,已經到了無懈可擊的程度,然後才可以算做臨時的定論。所以科學的成為科學,一點神秘性也沒有,而是成千成萬的人把成千成萬的問題,用客觀的證據,一點一滴的累積起來,才構成科學的新領域。這當然不是根據舊有的傳統和信念所能推翻的。

上文說科學實驗的成果,一般是算做臨時的定論,其中的意思是這樣的:因為人類的知識是會一天一天增進的,後出的理論是以往時已有的理論為基礎而推得更遠的。因為推進不已,所以一種理論是不會停留在現存的階段的。其中哥白尼的太陽中心說是一個最明顯的例子。當哥白尼用科學的方法測得「地動」的原則,首先是給世人以驚奇,最後成為真理。但後來的發展,在近世以來,首先發現太陽不過是銀河系數以億計恆星中的一個恆星而已。然後再發現太陽在銀河系中,不過旋轉性銀河中一臂的邊緣(銀河系的中心可能就是目前成問題的「黑洞」)。再進一步,除去我們這個銀河系外,在宇宙中還有以億計的銀河系。至於各銀河間的關係究竟怎樣?有沒有相關的組織?我們一點也不知道。只是從我們的銀河為基點來觀察,發現遙遠的各銀河系,都以同等的高速度離這個銀河而遠去,這就是我們所在的宇宙!所在的大千世界!

在這個超天文數字的大千世界之中,一切生物的發生,以及一切生物的演變,也只有憑著科學方法,尋求合理的答案。其中達爾文無疑的是生物學中的巨人、先知。達爾文(Charles Darwin, 1809-82)雖然他所處的時代較早,是在十九世紀,但二十世紀以來,不論天文學、生物學以及地質學上的新發現,沒有一件不是支持達爾文理論的,而卻沒有一件和達爾文的演化論原則衝突的。尤其現代遺傳「基因」理論的發展,推進了人與其他動物的關聯性,更證明達爾文學說的正確性。所以,從宇宙的起源和開展,以及生物中的關聯和演變,凡是任何虛心而沒有成見的人,一定只有憑著科學方法,認為是由種種的「機緣」(或因緣)湊合而成的。而絕不可能相信有一個體形和人類相似並且具有人格性的上帝,創造這個大千世界和地球上一切的生物。

這種世界創造說的由來,只能溯源於古代的神話。在古代時期,人類對於許

多無法解釋的事物，都會設法去作某種解釋，其中當然不只是創造宇宙以及創造人類這一部分。只是創造宇宙說為某些民族的宗教所接受，就保留在某些民族的經典裡。古代宗教中的先知們卻無從預料後來科學的發展，證明了完全不是那一回事，因而形成了宗教與科學所不能解決的矛盾。因為西方科學和西方宗教有了這種無法解決的矛盾，所以孔德才會預料：到了科學時代，宗教會歸於消失。

但是這種「創造說」的內容和強度，隨著各民族的民族性和歷史因素而有極大的差異。以色列民族是極端的、堅決的、明顯的提出了唯一的神。這個神是在未有宇宙以前先已有神，由神來創造宇宙、創造人類。並且以這個唯一的、完全「人格化」的神的信仰，作為基礎，來演繹出所有的教條、經典及生活方式。這種執一馭萬的辦法，就宗教上的應用來說，效率是非常高的。可惜沒有迴旋的餘地，如其和科學衝突時，就只好排斥科學來處理，這和佛教的教理有基本上的歧異。

至於中國的民族傳統，根本就沒有這個以具有人格神為主來創造宇宙的這種假設。雖然有「天生萬物」的成語，但這個「天」就等於「自然」，對於「宇宙」未生成以前，只有一個「理在物先」這種觀念。這個「理」是抽象的原則，如同幾何學上所謂「公理」一樣，其背後絕對沒有一個神在裡頭。《周易·繫辭傳》有「天地絪縕，萬物化醇」，《疏》：「絪縕相附著之義，言天地無心，自然得一，唯二氣絪縕，共相和合，萬物感之，變化而精醇也。」這裡面最可注意的是「天地無心」一語的明確含義，既然「天地無心」，天地就不會具有人格性，也就是並沒有一個神祇有意的創造宇宙。在中國神話之中如同第一個人「盤古」就是自然生成的，而不是另外有一神創造的；至於摶土為人的女媧，她是造人的，卻沒有一個神造女媧。在中國傳說中最高的神雖然有帝、上帝、天帝、天皇泰一等等不同的名稱，實際上只是管理宇宙的神而不是創造宇宙的神，這和道教中的玉皇大帝，及佛教中的帝釋，並沒有什麼分別。翻遍中國經籍，實在找不出「神造宇宙」、「神造萬物」這種想法的痕跡。

因為「創世」這種設想並非每一個民族的傳統一定具有的，所以科學和宗教衝突的一個最重要因素，也不是每一個民族、每一個宗教，都具有這種衝突的死結。只因以色列系統下的宗教在世界許多地方流行，才會引起這種問題。其宗教和科學的衝突到了表面化的，當以美國南方有幾處禁止教進化論，甚至在教科書中涉及進化論的部分都在刪除之列。這件事最為顯著，但是這種封閉辦法，不見得長

期有效，只能算是衝突中的一個小插曲。

耶穌基督是一個偉大的宗教改革家，他具有「守死善道」的堅強人格，的確可以使貪廉懦立。猶太傳統中的上帝還有些地方是相當不講理的，但耶穌傳達下的上帝，就講理得多了。譬如《舊約·撒母耳記》上，撒母耳傳達耶和華的命令給以色列王所羅，要把亞瑪力不的人民和牲畜完全毀滅，不憐惜他們。所羅留了一部分，沒有照耶和華的意思，因此就觸怒了耶和華。這種雞犬不留的辦法，實在和越戰時著名的米來故事一樣。這就和《新約》中耶穌要寬宥敵人不相同了。他更指示「愛人如己」的真義，和我們先聖意旨相符，更是一個了不得的貢獻。只是本來出於猶太教，自然而然的需要保存猶太民族的神話，這些神話又都是和教理相結合，根本無法剔除。對於學習科學、相信科學的西方人，就根本是一個精神上的負擔。在這種雙重信仰的標準之下，就免不了會引起人們的人格分裂。對於我們具有五千年文化負擔的中國人，我們在道義上有尊重祖先、尊重自己民族文化的傳統，遇見了充分富有「排他性」的猶太傳統，再遇見了不容不信的科學事實，就變成了精神上的三重壓迫，如其是一個「有心人」，那是絕對無法忍受的。「君子創業垂統，為可繼也」。為了要對未來的世界負責任，就不能不認為是一個嚴重的問題。

不管怎樣說，宗教對於人生的旅途上，還是十分需要的。只是要怎樣才能保持民族文化的連續性，而不受外力的傷害；又如何才能保持科學人格的完整性，不讓它趨於分裂，在這種夾攻之中，我只能想到諾貝爾物理獎金得主湯川茂樹的名言，他認為他能夠在物理學上的成功，是由於佛教教理的啟發。在這裡我們對於湯川在佛學上的看法，可見佛教可以和科學調和以至互為補助，是一個不容否定的事實。

佛教和其他宗教有一些最大不同之點，其他任何宗教都是靠「他力」，而佛教則是靠「自力」；不少其他宗教採用「原罪」說，佛教卻採用「宿業」說。「永生」說是希求最後能到「天堂」去享福，佛教卻認為「長生」及「永生」還都是暫時性的。佛教並不否認「天堂」，但仍強調「天堂」的無常性，除非求真正的解脫才算到達最後的究竟。這些佛教的論點都是更深一層的論點。即使一個凡夫，只要他能夠好學深思，也一定會領會這些論點的。（至於對此進一步的解釋，不是本篇所能盡，只

好就說到此爲止。）

　　惟有佛教的教理能夠深入，所以只有佛教才能做到圓融；惟其佛教的教理能夠達到圓融，所以對於科學才不至於互相衝突。至於佛教和中國思想以及中國禮俗根本是沒有什麼衝突的，尤其在禪宗把佛教用中國形式簡化以後，更和中國思想及禮俗融爲一體。儒家誠然有排斥佛教的人（但也有不排佛的人），其立場並非在理論和佛理絕不相容，而是出於狹隘的民族主義，凡是外來的成分，不論好壞，一律排斥。在宋明理學之中，大家都採取禪理，只有多少的不同，並無基本的歧異。偶爾也有人闢佛，只是面子上的事。這和對於「原罪說」在基本上不是一回事，就完全不一樣了。已故的方東美先生談儒而不諱言佛，這個態度是眞誠而坦白的。

　　在現代西方，基督教在社會中供給了維持道德的功效，這是事實。但不幸基督教在西方，走向退潮的路，也是事實。三十年以前在美國各城市中，在星期日不論買任何東西都買不到，卽使想吃一頓中飯也不容易，現在那就不一樣，各超級市場、各藥店、各飯館沒有一個不開門的，只有美國南部教會勢力太大，不許各超級市場售賣食品以外的雜貨。但仍是非常勉強的，能維持多久就很難說。這還是社會上的走向，至於在美國領導重學術的幾個著名大學，其中的教授和學生，絕大多數是自由主義者。在這些自由主義者之中，除去少數歸依佛教以外，仍然是無神論者占大多數，新舊基督教徒也只能做到抱殘守缺罷了。這個趨勢以人類進化史的經驗來衡量，是很難加以改變的，爲了補充這個思想的大空檔，佛教的信徒有此責任，卽使在萬分困難中，也應當加以塡補的，這是毫無疑問的，這個塡補工作持續到一千年以後，一萬年以後，也預期可以達到全部成功的路。

　　「海闊從魚躍，天空任鳥飛」，這是自由，這也是儒家和佛教徒的胸襟；「萬物並育而不相害，道並行而不相悖」，這是協調，這也是儒家和佛教徒的度量。佛菩薩慈悲爲本，憐憫爲懷，悲憫六道，凡對於蒼生之屬，無不等量齊觀，既無仇恨，亦無怨尤。在佛教的教理中，外道修行也可以達到「天人」的境界，其中理智高超、修行純正的最高的成就，還可以達到諸天中的「無色界」。只是「天人」道還是由「因緣」得來，到了「因緣」盡時，仍回到六道輪迴之內。當然再入塵寰，還有相當地位，不過生生死死、死死生生，是否沈淪，仍然會有多番冒險，只有悟成正覺，方可免墮輪迴，但佛菩薩只能指示迷津，升沈離合，其決定還在宿緣。

這和外道認爲順我者生，逆我者死；順我者超昇、逆我者入罪，其中「容忍性」的差距是相當大的。古往今來，由於時代不同，古代可容許一教專橫，現代應當容許信仰自由。對於中世紀宗教的權威主義，至今想來仍然覺得十分可怕。雖然，十字軍之役和三十年戰爭都已成爲過去，但目前的黎巴嫩戰事，愛爾蘭衝突，錫克教的擾亂，以至於柯梅尼的野心，仍然是世界上紛亂的淵源。爲了將來世界的長期和平，只有向今日全世界的人，顯示還有一個和平與自由的佛教。

在許多宗教的經典中，是具有濃厚的排他性的，這是因爲過分的強調一元論，把善惡看得過於分明。對人類將來的處理，只有天堂和地獄兩個極端的路，其間並無中道。推演下去，就可能只有自己是對的，別人都是錯的；自己是眞的，別人都是假的了。實際上社會上的行爲，個體的智慧，以及各個人的人格都是屬於常態曲線。在常態曲線表達之下，人的智慧只有極少數人是天才，也只有極少數人是白癡，最大多數都是常人；同理，人的品德只有極少數勉強算得上聖賢，也只有極少數勉強算得上窮兇極惡，絕大多數都是不好不壞的常人。舊的文藝作品，其中的人物往往只有好人與壞人兩種，這只能在童話中這樣做，對於眞的社會情形，是不切實際的。自從巴爾札克以後就已經改變，看出了人類行爲的矛盾性。在人類社會之中，不可能找出一個純潔無疵的好人，也不可能找出十惡不赦的壞人。在這種情形之下，倘若認爲只有天堂地獄兩種區分，是非常不公平的。除非依照佛教的看法，處理這種問題才可以，這是只有極少數自然的生天，只有極少數歸入地獄和餓鬼，其餘的最大多數仍然依其宿業浮沈上下於人獸之間。這些繼續浮沈的衆生，爲了一切隨宿業轉移，就長期而言，都是毫無保障的。卽在生存時間較長的「天人」說來，也不例外。就佛教來說，凡是三界的一切「有情」都可以修成「正覺」，但每一個的個體，都有複雜的「因緣」，事實上是一言難盡的。淨土宗雖有念佛的方便法門，但對於一個有了解的人來說，正確的認識，應當認爲淨土是超越迷津的渡筏，而不是追求享樂的天堂。世界上一切印象原都是虛僞的，只有經長途跋涉，向「正覺」的方向走去，才是正當的途徑。大千世界本來就是荊棘叢生，衆苦不止，除非能以「自覺而覺人」，並沒有一個廉價的「永生」在前面等待著。這裡再談到「永生」這個問題，依佛教理論的原則，凡大千世界中一切的「存在」都要依照「成、住、壞、空」四個階段來衍進其生命歷程，連「大千世界」的本身也不屬於例外。現在宇宙中「存在」的事物，其留置時間長的，卽使可以達

到天文數字，但總有個終結，不是無限期的。所以「永生」這個觀念，在許多外道都是祈求和希冀的，但以佛教的觀點來看，卻都屬於不能實現的空想。所以樹立這一個「淨土」的觀念，不應當認爲是追求「永生」，而只是尋找迷津的出路。這才是向「覺悟」之途去走。

宗教存在的意義，雖是由於個人修養上的需要，更重要的還是對於社會安定上的需要。宗教的基礎，是樹立在對於個人及社會的功能上，而不應當著重在迷信上。當然，凡是一種宗教，總得保留一些超物質的看法，如其將這些看法放棄，也就不成爲宗教。但是不論怎樣，宗教和科學的衝突，還是越少越好。只有佛教對於信徒最高的成就，卻是「覺悟」而不是僅僅靠「順服」，這是和其他外道的不同點，也是和科學一個最容易接近之點。因此佛教也就成爲最富彈性的宗教，比較更容易隨時代而迎接新的環境，以適應當前人類的需要。

我們所盼望的宗教，第一，是人間的宗教，而非遁世的宗教；第二，是合理的宗教，而非迷信固執，反科學的宗教；第三，是能容許修訂，而非極端和偏頗的宗教；第四，是趨向和平而非鼓勵戰爭的宗教；第五，是容忍的而非猜忌的，專來排斥異己的宗教。這是寄望於佛教的，以合理而寬大的襟懷，來推進全人類以及一切衆生的福祉。

五、地理與邊疆史研究

從歷史和地理看過去的新疆

一、河西及新疆一般狀況

在這裡所要討論的，即大西北的一部分，也就是大西北中間的一個重要部分——河西新疆地帶。一般人所認爲西北區域的，是包括著陝西、甘肅、青海、寧夏、綏遠、蒙古、西藏和新疆。但河西和新疆地帶，在地理的環境上相關頗切，所以在此作爲一個區域來看待。在這一個題目範圍之下，大致包括幾個自然區域：第一，是甘肅西部的涼州、甘州、肅州、安西的附近，把他算作「河西走廊」；第二，是新疆的天山山脈一帶，把他算作「天山山區」；第三，是新疆的天山北路一帶，把他算作「準噶爾盆地」；第四，是新疆的天山南路，塔里木河灌注的地方，把他算作「塔里木盆地」。

河西走廊南北兩側均有山地，東南有烏鞘嶺和甘肅高原分隔，成爲一個狹長的地帶。凡是烏鞘西北的河流，都成爲內陸的河流而沒入沙漠。這些河流之中，只有武威附近的白辛河、張掖附近的額濟納河、安西附近的疏勒河，在下游匯成了一個湖泊，其餘許多的河流，都是沒於沙漠之中。河西走廊地帶，大多雨量很少，只有南面的祈連山中，才有比較充足的雨量。尤其是在冬天的時候，常有積雪。這些積雪到暖天溶化了，便增加了河流的流量，在山下平坦的地區，便利用這些河流來灌漑。河流的水量究竟是有限的，因此灌漑到的區域便成了水草田，灌漑不到的區域，就成了荒漠。

所謂荒漠，並不是全部都是一望無際的黃沙，大略說來，至少可有三種：第一種可叫做礫板，完全是堅固的，平舖著碎石；第二種可叫做乾原，完全是土壤，只是缺乏水水分，只有些駱駝草、檉柳、白草之類稀稀的分布著；第三種才是沙丘，都是很細的沙子一堆一堆的遍布在全部的地面，沒有草和水。一般說來，河

西和蒙古沙丘都不太多，只有新疆的天山南路中央，塔克拉馬干沙漠，才有一串幾百里的這種現象。

新疆中、南、北三區，因爲地形的不同，所以就形成了三種不同的區域，北部是準噶爾盆地，以草原爲主；中部是天山山區，以山地爲主；南部是塔里木盆地，以荒漠和水草田爲主。

中部的天山山地，和俄屬吉爾吉斯斯坦山地及伊斯色爾湖附近盆地是一個不可分的區域。這些地方本來是中國地方；清末被俄國強占去的，所以情況很不自然(伊犁河流域，中國只有上游，阿克蘇河卻在俄國)。就大體而言，海拔在一千公尺以上至五千公尺以上，高峰大率積雪，上面是終年積雪的，稱爲永久雪線，下面到冬季才積雪，夏季溶化，稱爲臨時雪線。在臨時雪線中的積雪，便是盆地中的水源。一般說來，山中比較平地雨量爲多，甚至可以高出二三倍以上，成爲森林區。並且兩山間的谷地有溪流灌注，成爲很好的草場作爲牧地之用。其中並且有若干小盆地，如吐魯番盆地、焉耆盆地、鎮西盆地、伊斯色克庫爾盆地，皆爲較好之區。

準噶爾盆地及伊犁河平原，北方比較開展，北冰洋的潮濕空氣可以深入，雨雪較多，大部分成爲連續的草原，而不是孤立的水草田，並且愈向西方情況愈佳，伊犁河沿岸爲新疆的精華所在，而阿拉木圖尤爲中央亞細亞有數的大城市(阿拉木圖本名伊犁碼頭，俄人改爲阿拉木圖，取名爲「蘋果父親」之意)。在這個盆地之中，向來爲游牧民族居住之所，但清代開發之後，情況頗佳。只有東部情況差些，有一個較小的荒漠，名叫古爾班通古特沙漠。

新疆的氣候，古今大致有相當的差異，古代要冷些，現代要暖些，所以從先只能做牧地的天山北路，現在可以開墾了。而天山南路的山峰積雪卻因爲天熱關係，一天一天的縮小，以致水源也漸漸的減少。據斯坦因的調查，原來天山南路在崑崙山下的城市，古時比現在要靠北些，因爲水源不足，現在都南遷了，以致古城都沒入沙漠之中，成了本地人搜索寶物之所。

塔里木河盆地是世界距海最遠的盆地，也是一個廣大而閉塞的盆地。四面的濕空氣不容易吹到，氣候最爲乾燥。在盆地的中央，爲一個極大的流沙沙漠，名

為塔克拉馬干沙漠，都是流動的沙丘，中無滴水。在盆地的四周，因為有積雪的高峰，雪溶以後，成為河流，所以尚有若干孤立的水草田。比較大的河流，大都在西部，西部的昆阿立克河、葉爾羌河、和闐河、克里雅河，匯流而成塔里木河，再匯成一個湖泊——羅布泊。但水源漸少，河流無定。從前羅布泊旁的大城——樓蘭城，後來也因為水源不足，河流改道而被放棄了。現在山頂的冰河，仍在退縮之中，不過要照斯坦因所說，現在仍在靠消耗太古的冰，那也不盡然。因為山中冬季的雪線，還比夏天的雪線低得多，冬水夏用，還不是沒有。並且水的利用亦不是恰到好處，將來還有再加開發的希望。

新疆及河西多為盆地的地形，所以石油礦非常有希望。玉門、烏蘇、庫車都已經發現了油田，並且都相當豐富。塔里木河盆地最大而且結構最完全，所以石油礦的希望也最大。甚至現在荒漠流沙之中，將來都可能是好的礦區。

二、上古時代的新疆

河西及新疆地區，誠然，在現在看來比較長江流域及黃河流域為荒涼。但從過去來看，卻並不完全是這樣的。現在長江流域及黃河流域，經濟價值較高之地區多在平原，但現今的平原卻大多是往古的沼澤。向前推兩千年，即西漢時代，那時經濟中心是圍繞著泰山的半月形平原，而長江下游的經濟狀況，還落後得多。再向前推三千年，即距今五千年以前，那就可能山東半島的經濟狀況也很落後，而文化較高之區，卻在甘肅的洮河流域及青海的湟河流域。至少依照現在不完全的材料來判斷，可以得到這樣的結論。

農業的發展，應當和沙漠中水草田有若干關係的。就這一點來說，世界大文明最先發展的地方，埃及和米索布達米亞，塔里木河流域卻有若干近似之處。埃及和米索布達米亞都是少雨之區，水一定要從河裡放出來，需水最迫切的時候，也就是水最多的時候。尼羅河的水每年氾濫時期，因為上游雨季的關係，有一定的規律，塔里木河因為山頂雪溶的關係也有一定的規律。這些地方亢旱和淫雨的損害都比較少，只要改進一次生產技術，增加灌溉及開闢田畝，比較可以有把握得到更多的收穫。並且沙漠中的土壤，只要有水分，也很便於種植。因此照環境的狀況來分析，假如我們允許用埃及來比較，那麼塔里木河流域的農業發展，可

能不僅在天山附近之前，並且還有可能甚至在洮河和湟河流域之前。

　　塔里木河沿岸最早的住民，依照我們現在的假定，最早是西藏人種，以後再來了亞利安人，到了有史時期，再來了說突厥話的人。西藏人種在漢代西域三十六國中，尚有存在的。《漢書·西域傳》說：蒲犂、依耐、無雷等國，和西夜相同，都是氐羌一類。並且原來居住在河西廊子的大月氏，按照後來留存下的小月氏來看，也是氐羌人種。在這種情形之下來說，與其說他們是西藏高原下來的，不如說西藏高原的人是他們上去的，比較更恰當些。因為西藏是被極高的山所包圍，對外的交通只靠幾個險要的山口，中部雖有若干谷地，但都是零零碎碎的。這種情況，不宜於一個大民族的發育，卻宜於一個民族的避難。我們看氐羌民族的這一種，歷史上發展是很大的，要說是從西藏高原發育出來，那是一個不可想像的事。所以他的發育地方必須另找。可以設想的，是四川盆地、印度平原和塔里木河盆地。從四川盆地到西藏，人們要經過了許多橫斷山谷，太困難了。印度平原中，並無西藏民族發育的痕跡。所以假若西藏民族不應該就是在西藏高原發育出來的，那就還以塔里木河盆地為最恰當。

　　我們再看一看塔里木河流域南部的大城——和闐，從先在此建過于闐國，據《魏書·西域傳》于闐條云：「自高昌以西，諸國人多深目高鼻，惟此一國不甚胡，頗類華。」但據斯坦因《古代和闐》(Ancient Khoant)說，在尼雅古城所發現的古文書，其中所用稱號名詞，多出於西藏語。而在安得悅(Endere)發現的文書亦含有西藏語的成分。又據白鳥庫吉所說(《東洋學報》三卷二號)，西藏呼玉為GYU，呼村落為TONG，則和闐在西藏語中為玉城之意。若此說可信，那就和闐的國名也是用的西藏字。

　　在原始而粗放的農業社會，農人和牧人的分別，並不像後來那樣嚴格，《舊約》中的猶太人，便是農人，也是牧人。農人和牧人職業上的不同，只是對於環境上的適應。也就是在水草田住著的人們，已經開始他的半農業生活，而住在草原上的同族，卻仍然是隨著牲畜在那兒流浪著。甚至還可這樣說，同是一族的人，在初期的農業社會，地位低的人們，他們留在農田上來勞動，而地位高的，他們有勢力，有奴隸，並且有大群的牲畜，他們寧可兼營牧人的生活。因為牧人的生活不必要費太大的勞力，並且富於變化，這對於貴族是更要適宜些。雖然我們對於

商代君主爲甚麼要常常到外邊去，知道的尙不夠清楚。但對於遼金元皇帝的「捺鉢」「行帳生活」，以及淸代皇帝要在一年費很多時候來做「木蘭秋狩」，卻知道這種生活確有他們相當的愉快，凡是出身牧人皇帝的生活，都不是歷代的南朝士族所能了解的。

從先「中國民族西來說」盛行時期，曾經根據「崑崙」的傳說，來斷定中國民族的西來。但是「崑崙」地位的決定，是出於《史記》「天子按古圖書，名河所出曰崑崙云」。河源在古代就是一個謎，崑崙當然也就不可依據了。至於用中國民族四字來指「華夏」，也當然有語病。但比起後來有些人認爲中國民族從北京人而下就是這一支未曾變化的，荒唐性還要稍遜些。誠然，中國這一個地方數十萬年以後，可能是總有「人」住著。但是華夏文明，以及代表華夏文明的若干民族，卻不定每一個都是居於本地，無一從外面來者。在這裡，我們不敢多說，不過「姬」、「姜」族姓，卻很有外來的可能。

依照傅孟眞先生的「夷夏東西說」，認爲夷東而夏西，夏族所代表的是夏和周，這是對的。又〈姜原〉篇中，認爲姜卽是羌，這也是對的。假如從這一點來推論，則在上古的中國，東起渭水，西至葱嶺，有一個兼以農業和游牧爲生的廣大民族。這一個民族不論稱呼做「夏」或稱呼做「羌」，實際上還是一樣的。在紀元前二三十世紀以前的時候，塔里木河是分爲南北兩支，河中的水比現在多，而塔里木河流域的任何一個水草田都比現在大。在這種狀態之下，塔里木河流域，便可能成爲東方民族中最重要的搖籃，而洮河流域則爲其副區，其後其中的一支從洮河流域而渭河流域，更和沿海的文明相接觸，更形成了高度的文化。

農業的發展是人類進化中的一件大事。據古代的傳說，發明農業的祖師，一個是神農，一個是后稷，神農姜姓，后稷姬姓，姬和姜的關係，正像後代契丹的耶律氏和蕭氏，差不多是不可分離的。誠然關於古代發明的傳說是不能輕於相信的，不過兩種不同的農業發明的傳說，都歸於西方的部族，似乎不是偶然的事。后稷的「稷」就是從五穀中的稷而得名。五穀中的稷，照程瑤田的考證爲「高粱」，也已經成爲無疑的定論。但據最近于景讓先生說，中國的高粱可能從印度半島移來，這誠然是一個謎，但假如設想姬姜之族是從西而東的，那就史前時代對於印度植物的傳播，也許不是一個絕對不可能的事。

三、二千年來的新疆

這是很明顯的，中國被西方人稱做「支那」一字的語源是從「秦」字得來。照著伯希和(Paul Pelliot)的證明，所舉的《漢書》〈匈奴傳〉和〈西域傳〉，匈奴人及西域人稱中國人為「秦人」的證據，是堅強不拔。一般人的猜度，認為是由於秦始皇的秦。但是從秦始皇即位到二十六年，所注意到的只是平定東方諸侯。而秦始皇二十六年到二世三年只有十四年，若說在這十四年中就樹立了對於西域的聲威，並不是一個盡情入理的事。但假如從秦穆公用孟明圖霸西戎算起(圍鄭之次年，紀元前629)，至秦始皇即位為止(紀元前246年)，尚有三百八十二年。在這個期間，尤其是秦惠王時取蜀(前316年)和取義渠的二十五城(前314年)尤為重要。所以秦的聲威應當是秦始皇即位以前的一百年左右樹立起來的，而西域的間接交通，也在張騫奉使之前已經有了。我們知道有時商人的冒險精神是很大的，張騫看見從身毒(印度)傳到西域的蜀布和邛竹杖，現在雖然尚不知道是如何去的，不過中國的貨物在張騫之前走過這樣遠，卻是事實。那在戰國時期，秦的聲威已經播到西域，就不足為奇了。

漢時的西域尤其是天山南北路一帶，和大漢帝國是唇齒相依的，因為蒙古高原正是國防的缺口所在，按照當時生產方法和交通狀況，實在沒有辦法將土謝圖汗及唐努烏梁海一帶作為郡縣。而居住這一帶的匈奴，又以天山南路的收入為財源，所以必須控制天山南路才可以打擊匈奴的經濟。並且從長城出塞，全是正面作戰，也只有從天山北路方面烏孫作側面的攻擊，才可致全勝。所以有天山南北路，國防才能得到保障，如其不然，那北方邊地就無寧日了。中國對於西域的控制，最遠時曾經達到裡海。但是就經營的情況來說，中國和匈奴卻完全不同，匈奴以西域為財源，而中國除去屯田地方最多能做到自給自足以外，大致總是要從內地協餉的。然而中國的中央政府決不愛惜這些軍費，因為倘若沒有新疆，也就沒有蒙古，沒有蒙古，也就沒有東北，而中國勢必變成北宋時代的可憐狀況了。

中國的漠北一帶，在春秋戰國以前，可能是分布了許多游牧的部落。這若干的部落，就是所謂「苦方」、「鬼方」、「昆吾」、「獫狁」，以及若干種的「狄」。但是他們和華夏的分別，與其說是種族上的關係，不如說是文化上的關係。到了戰國時期，他們一部分變成了中夏，一部分會合而成為匈奴。三國時南匈奴入居中國，

漢北就爲鮮卑占據。東晉後鮮卑入居中國，漠北爲柔然占據。等到柔然被北魏擊潰，漠北柔然的部衆歸於突厥，於是漠北成立了突厥帝國。及突厥被唐所破，一部分西徙，一部分歸於回紇，於是漠北又成爲回紇的勢力。後來漠北先後入於契丹和女眞，而最後歸於蒙古。在這個漫長的時期之中，西漢、東漢、唐和明代，不僅中國的軍隊曾經到達，而中國也曾經統治過這裡。尤其在清代將近三百年中，漠北和內地更樹立了不可分的關係。在同類的例證下，北魏、遼、金也是廣義的漢人王朝（因爲都是中國文化集團的王朝。就政治學的觀點來看，一國領袖的祖先，屬於某個來源，並不重要），所以漠北不和中原成爲一個政治單位的時期也就不太多。

西域自從漢武帝開始和中國交通之後，再加上李廣利的征服大宛，就深深的受到中國的影響，和接受中國的控制。到了宣帝神爵二年（西元前 60 年），鄭吉威震西域，在今庫車附近設置都護府，從此西域在政治上正式成爲中國的屬國。此後僅有王莽時代一個短時期的背叛，到光武時期又再歸屬。一直到安帝永初元年（107 年）西域反叛，遣班勇平定西域，後置伊吾屯田（在今哈密），雖然帕米爾高原以西不再屬漢，而帕米爾以東卻一直在控制之中。到了西晉的晚期，還是一樣，而玉門關也在西晉時仍然和漢武帝晚期在同一的地址。到了十六國時期前涼張駿遣沙州刺史楊宣及部將張植率兵西進，西域歸順到張氏。苻堅滅前涼，西域歸於苻堅，苻氏的聲威遠播。及苻堅敗潰，西域又前後入於呂光及沮渠蒙遜，後魏滅沮渠，西域又歸入後魏。後魏太武帝太延元年（435 年）遣使至西域，西域數十國咸來朝貢，此後經北周至隋，內屬不絕，至隋煬帝大業時，且設西域校尉管理西域事務。此後中國大亂，西域中絕。到唐太宗時西域才又歸到中國。

北魏擊破柔然之後，漠北及天山北路均爲突厥占據。唐太宗時突厥分爲東西，在貞觀九年（635 年）平東突厥，擒頡利可汗。八年破吐谷渾（在青海），十四年滅高昌（在吐魯番，爲漢人麴氏所建的國家），十九年定焉耆（在喀喇沙爾），二十二年定龜茲（在庫車），設安西都護府。從此天山南北路及昭武諸國（撒馬爾罕及布哈爾一帶），以及阿姆河及錫爾河流域均內屬。西方各族共尊唐太宗爲天可汗，爲萬王之王。到了唐高宗時，又滅西突厥。《唐會要》七十三：

龍朔元年（661 年），六月十七日吐火羅道置州縣，使王名遠進西域圖記，

並請于闐以西波斯以東十六國分置都督府及州八十一，縣一百一十，軍府一百二十六。乃於吐火羅立碑，以記聖德。詔從之。以吐火羅國葉護居「過換城」置月氏都督府，……波斯王居「疾凌城」置波斯都督府。各置縣及折衝府，並隸安西都督府。

可見唐代聲威傳播的區域已經遠過帕米爾之西了。但唐朝實際的勢力，還是到裡海之東爲止。因爲這時薩拉森帝國(大食)已經開始強大，波斯帝國已經被薩拉森侵入，唐的政令並不能推行到伊朗高原的。到了天寶九年(西元 750 年)唐軍援薩馬爾汗，與大食戰，不利，唐軍盡沒。至此中亞細亞逐漸淪陷。

到了玄宗天寶十四年(755 年)，安史之亂突然起來，使得大唐帝國趨於崩潰。於是河西隴右被吐蕃占據，和西域隔絕。回紇的勢力便伸張到西域。直到宣宗大中二年(848 年)，張義潮收復河湟，才和西域恢復交通，但唐代控制力量已經不如從前了。文宗時回紇大亂，漠北被頡戛斯占據，回紇餘眾占據了河西一部分及天山南路之地，後來長期服屬於遼和夏。

在中央亞細亞的大草原中，民族相當複雜。但因爲游牧民族彼此交通和分合比較頻繁，最後便使用了互相接近的語言，卽烏拉阿爾泰語(主要的是通古斯語、蒙古語、突厥語和芬蘭語)，而烏拉阿爾泰語系之中，尤以突厥語使用最廣。突厥語的本身就是一個具有複雜來源的語言(可能還含有古代漢語或藏語的成分)，文法結構相當容易學習。最後使得天山南路許多水草田中許多言語不同的城市，都採用了回紇人用的突厥語，作爲共同的語言。這時天山南路都是佛教的虔誠信徒，而回紇人也一樣的是佛教的虔誠信徒。當時彼此之間宗教上也是不成問題的。

宋時伊斯蘭教的勢力在中央亞細亞擴張甚速。花剌子模已成爲伊斯蘭教國家。天山南北伊斯蘭的教義也漸漸的傳入了。等到元代平定西域，在天山南北路的蒙古貴族，因爲對於西方的婚姻以及大量的錄用阿拉伯的知識階層，於是傳統相承的佛教徒終於被壓抑下去，而天山南北的住民也都成爲穆斯蘭的分子。

元代的天山南北路，始終是大汗帝國的一部分，明朝代替元朝，在西域方面的地位，也被人看做元朝大汗的當然承繼者。哈密城長期被認爲明代的軍事據點。一直到嘉靖七年(1528 年)才棄哈密城，而嘉峪關之西，便淪爲異域了。

　　清康熙三十六年(1697年)平噶爾丹，漠北西域均來內屬。至康熙五十四年，命肅縣總兵駐防哈密；五十五年，築布隆吉爾城。乾隆二十二年(1757年)，平天山北路的準噶爾部。二十四年，又平天山南路的回部。二十五年，開始在烏魯木齊屯田。二十七年，設伊犁將軍，於是天山南北路更正式內屬。到光緒四年(1878年)左宗棠平定阿古柏及白彥虎之亂，新疆又進一步和內地密切起來。光緒十年設甘肅新疆巡撫，下設兩布政使，是爲建省之始。光緒十八年正式設新疆省城於烏魯木齊，更奠定了新疆政治的基礎。只可惜在同治十年時巴爾喀什湖以南地區被俄人占去了(由曾紀澤去交涉，只收回其中的一小部分)，後來成爲俄國土西鐵路沿線的大部分。

　　兩千年以來，中原和新疆始終是不可分的，只有明清間一個一百多年的時期，和中原有一個比較長期的分隔。但這只是因爲明朝皇帝大都是歷代最荒謬的皇帝，所以生出這樣離奇的現象。今後的世界，只要有中國，就應當有新疆。我們今後應當力求民族平等和宗教自由。我們愛護我們祖先的聖地，我們也愛護現在新疆的弟兄。雖然現在說著不同的方言，我們相信只有眞誠團結，才可以共同向上。

秦郡的建置及其與漢郡之比較

　　秦三十六郡是不應當將內史算入的，因為內史為中央官吏，掌畿內之地，與外郡制度本不相同。秦之內史本春秋時秦之舊疆，而外郡實為陸續擴張而成。秦漢畿內皆不蒙郡稱，自亦不得稱為郡。自裴駰作《史記集解》，不得三十六郡之數，而將內史作為三十六郡之一，於是秦郡數目愈益糾紛。

　　言秦郡當以班固《漢書‧地理志》為主，因秦代舊籍作〈漢志〉時尚有存者，可以為據。至於裴駰的時代，舊時文獻一亡於董卓之亂，再亡於五胡之禍，無論如何是不能和班固相比的。所以裴駰也只能就《漢書》所記，加以補充。

　　《史記‧秦始皇本紀》：「二十六年，分天下為三十六郡，郡置守、尉、監。」照《史記》原意，顯然的三十六郡是在二十六年時初置的，這一點前人大率承認，無甚問題。所成問題是三十六郡的分畫。

　　在前人之中，大致以全祖望《漢書地理志稽疑》之說最為核實，但也不是沒有可以商酌之處。在幾年之前，我曾作〈秦漢帝國的領域及其邊界〉一文，現在更加修正，列其名稱如次：

　　一、隴西　秦故封，《漢書‧地理志》曰「秦置」。

　　二、蜀郡　惠文君後九年滅蜀，十四年置。〈漢志〉曰「秦置」。

　　三、巴郡　故巴子國，當與蜀郡同置，〈始皇本紀〉：始皇即位，秦地已並巴蜀漢中。〈漢志〉曰「秦置」。

　　四、北地　故義渠大荔諸戎，昭襄王時置，《史記‧匈奴列傳》言秦昭襄王時有隴西、北地、上郡，築長城以拒胡。〈漢志〉曰「秦置」。

以上四郡是秦地和秦國在邊界上的擴張。

五、上郡　〈秦本紀〉:「惠文君十年,魏始納上郡十五縣,秦於是有上郡。」〈漢志〉:「秦置。」

六、河東　昭襄王二十一年入秦,〈漢志〉:「漢置。」

七、河內　《史記・六國表》秦昭王二十一年「魏納安邑及河內」。〈漢志〉失記,但在河內下云:「高帝元年爲殷國。」

八、東郡　始皇五年入秦,〈漢志〉:「秦置。」

九、碭郡　見於〈項羽本紀〉及〈高祖本紀〉,其地即在魏國都城大梁,〈漢志〉:「梁國,故秦碭郡。」

以上五郡是魏國的領土,被秦改置爲郡。

十、三川　莊襄王九年滅周,並韓地置,〈漢志〉:「河南,故秦三川。」

十一、潁川　始皇十七年滅韓所置,〈漢志〉:「秦置。」

十二、上黨　莊襄王四年置,〈漢志〉:「秦置。」

以上三郡是韓的領土。

十三、太原　〈六國表〉:莊襄王四年置。〈漢志〉:「秦置。」

十四、雲中　始皇十三年置,〈漢志〉:「秦置。」

十五、邯鄲　始皇十九年滅趙置,〈漢志〉:「趙國故秦邯鄲郡。」

十六、河間　始皇初年置,〈漢志〉失載。《戰國策・趙策》:「秦下甲攻趙,趙賂以河間十二縣。」又:「甘羅說趙,令割五城以廣河間。」《國策》語未可盡信,但其書出於戰國,是戰國時固有河間一郡,《史記・樊噲傳》:「從擊秦軍出亳南,河間守軍於杠里,破之。」可見秦時確有河間郡,但〈漢志〉失載。

十七、鉅鹿　始皇十九年滅趙置,〈漢志〉:「秦置。」

十八、代郡　始皇二十五年滅代置,〈漢志〉:「秦置。」

十九、雁門　始皇二十年滅代置,〈漢志〉:「秦置。」

以上七郡是趙的領土，此外尙有九原一郡，趙滅後爲匈奴所據，始皇三十三年收回，不在三十六郡之內。

> 二十、漢中　〈秦本紀〉惠文君後十三年「攻楚漢中，取地六百里，置漢中郡。」〈漢志〉：「秦置。」

> 二十一、南郡　〈秦本紀〉昭襄王二十九年「大良造白起攻楚取郢爲南郡」。〈漢志〉：「秦置。」

> 二十二、東海　見《史記・陳涉世家》，〈漢志〉下失記。

> 二十三、黔中　〈秦本紀〉昭襄王三十年「蜀守若伐取巫郡及江南爲黔中郡」。〈漢志〉武陵郡下失注。

> 二十四、南陽　〈秦本紀〉昭襄王三十五年「初置南陽郡」。〈漢志〉：「秦置。」

> 二十五、長沙　楚故地，〈漢志〉：「長沙國，秦郡。」

> 二十六、九江　楚故地，〈漢志〉：「秦置。」

> 二十七、泗水　楚故地，〈漢志〉：「沛郡，故秦泗水。」《史記・高帝本紀》亦作泗水郡。

> 二十八、薛郡　楚故地，〈漢志〉：「魯國，故秦薛郡。」

> 二十九、楚郡　〈楚世家〉：「秦將王翦蒙武遂破楚國，虜楚王負芻，滅楚，名爲楚郡云。」時楚王都陳，楚郡應在漢淮陽國附近，〈漢志〉失載。

> 三十、會稽　楚故地，秦滅楚置，〈漢志〉：「秦置。」

以上十郡是楚國的故地。

> 三十一、齊郡　始皇二十六滅齊置，〈漢志〉：「秦置。」

> 三十二、琅琊　始皇二十六年滅齊置，〈漢志〉：「秦置。」

以上兩郡是齊國的故地。

> 三十三、漁陽　燕國都城所在，當包括漢廣陽國在內，秦滅燕置，〈漢志〉：「秦置。」

三十四、上谷　燕故地，〈漢志〉：「秦置。」

三十五、右北平　燕故地，〈漢志〉：「秦置。」

三十六、遼東　燕故地，始皇二十五年置，見〈秦本紀〉，〈漢志〉：「秦置。」

三十七、遼西　燕故地，始皇二十五年置，見〈秦本紀〉，〈漢志〉：「秦置。」

以上五郡是燕國的故地。

這三十六郡之中，見於《漢書・地理志》的：隴西、蜀郡、巴郡、北地、上郡、河東、東郡、碭郡、三川、潁川、上黨、太原、雲中、邯鄲、鉅鹿、代郡、雁門、漢中、南郡、南陽、長沙、九江、泗水、薛郡、會稽、齊郡、琅琊、漁陽、上谷、右北平、遼東、遼西。共三十二郡，尚少四郡。這四郡的決定，就是歷來考證秦郡的人爭執之點。在〈秦漢帝國領域及其邊界〉一文中，我所主張增加的為河間、黔中、楚郡和東海。這四郡中，黔中郡在《史記・秦本紀》有明文，顯然為《漢書》的失記，最為不成問題。裴駰以來都曾加入此郡。秦郡中應有黔中，已成定論。河間郡的設置，據《史記・樊噲傳》可以證明二世時確有此郡，再根據《戰國策》及《史記・甘茂傳》也可知道河間是戰國時舊名，則置郡當不始於二世。所以始皇二十六年時很可能就有河間一郡。

楚郡在〈楚世家〉有明文，應當也是不成問題。在〈秦漢帝國領域及其邊界〉中，我覺到楚的都城有好幾處，不如陳郡為確當。《史記・陳涉世家》：「行收兵北至陳，車六七百乘，騎千餘，卒數萬人攻陳，陳守令皆不在。」據此，應有陳郡。不過我現在覺得「陳守令」，應為「在陳的守和令」，郡治在陳，郡名仍應為楚郡。「楚郡」二字有明文，「陳郡」二字無明文，所以我現在覺到仍宜用「楚郡」二字。

以上的郡數，已經有三十五郡了，大致都有明文可據，不應當成太大的問題。只是除此三十五郡之外，應當還有一郡，但是現在卻有了二郡。這已經超過了秦始皇二十六年設置了三十六郡的數目。但是要斷定那一個郡是二十六年以後分置的，現在卻還是一個不可能的事。

除此以外，在置三十六郡之後，繼續開闢的，尚有以下的各郡：

一、閩中　在併天下以後設置，《史記・東越列傳》：「秦已並天下，皆廢為

君長，以其地爲閩中郡。」或在三十三年與南海、桂林等縣同置。但亦可能在二十五年與會稽郡同置。

二、南海　《史記・秦始皇本紀》：「三十三年，發諸嘗逋亡人、贅壻、賈人，略取陸梁地，爲桂林、象郡、南海，以適遣戍。」〈漢志〉曰：「秦置。」

三、桂林　始皇三十三年置，〈漢志〉曰：「秦置。」

四、象郡　始皇三十三年置，〈漢志〉曰：「秦置。」

五、九原　《史記・秦始皇本紀》三十三年：「西北斥逐匈奴，自楡中，並河以東，屬之陰山，以爲三十四縣。」三十五年，「除道通九原」，當在其時設置。〈漢志〉：「五原，故秦九原。」

連以前的三十七郡以外，應當共爲四十二郡。自然這只就現存的材料來看，秦郡的數目可能有這些個，而並非這就是一個不可移的確數。

前人成績之中，王國維的〈秦郡考〉是一篇值得注意的文章，他的材料有些是可用的；他的意見，也可給予人以若干的啓示。不過他的方法，也不是沒有可批評的地方。他說：

> 錢氏大昕……以班氏爲後漢人，其言較可依據。余謂充錢氏之說，則以《漢書》證《史記》，不若以《史記》證《史記》。夫以班氏較裴氏，則班氏古矣，以司馬氏較班氏，則司馬氏又古矣。細繹《史記》之文無一與〈漢志〉相合者，始知持班裴二說者，皆未嘗深探其本也。

這話實在有些誇張，他說「無一與〈漢志〉相合」的始皇初年三十六郡之中，只在《史記》找到了三十一郡，這三十一郡之中，便有隴西、蜀郡、巴郡、北地、上郡、河東、東郡、三川、潁川、上黨、太原、漢中、南郡、南陽、會稽、雲中、雁門、代郡、上谷、漁陽、右北平、遼西、遼東二十三郡，是《漢書》和《史記》共有。而《史記》中所無的，又在《漢書》中湊了邯鄲、鉅鹿、碭郡、長沙、九江、泗水、薛郡、齊郡、琅琊九郡。所以和《漢書・地理志》有關的，已經有三十二郡了。其《漢書》所無的，有黔中、陶郡、河間、閩中，再加上去，共爲三十六郡。所以這種三十六郡的算法，名爲要脫離開《漢書》，專據《史記》，實際上仍然把《漢書》當作主要的根據。其中

陶郡太小，應當在始皇初年併入東郡，不得爲郡（《漢書》濟陰郡下，亦無故秦郡之語），而閩中本邊地，漢代亦只置有治縣，置郡之時也決不會太早，不會在始皇未全定天下之時便有閩中。這兩郡是不宜列入的。所以不如列入河內、東海、楚郡三郡中的二郡比較好些。

　　至於楚漢時代的分郡，如東陽、涿郡、吳郡、鄣郡、膠東、膠西、濟北、博陽、城陽、臨淄、衡山、廬江、豫章等郡皆非秦舊，不能算入秦郡之列。

　　六國都城所在都曾置郡，魏的都城大梁所在應爲碭郡，韓的都城陽翟所在爲潁川郡，趙的都城在邯鄲爲邯鄲郡，楚的都城陳縣所在爲楚郡，齊的都城臨淄所在爲齊郡。只有燕的都城所在略有問題。全祖望《漢書地理志稽疑》以爲：

> 〈漯水注〉：「秦始皇二十一年滅燕，以爲廣陽郡。」案漁陽、上谷、右北平、遼東、遼西五郡，皆燕所置，以防邊也。漁陽四郡在東，上郡在西，而其國都不與焉。自薊至涿三十餘城，始皇無不置郡之理，亦無所併內地於邊郡之理，且始皇併六國，其國都……無不置郡，何以燕獨無之，道元之言，當必有據。

今案秦代距酈道元時太遠，與《漢書》不同之處，不敢太相信。《漢書》廣陽國，下言高帝燕國，不言秦廣陽郡，酈注涉此而誤。此處並非脫落。爲謹愼起見，只宜以《史記》、《漢書》爲斷，不再取別的書中材料，以畫一體例，故不從全氏之說。至於都城所在，六國都城只有燕國靠近邊區，距漁陽最近。而漁陽在秦代亦是一個重地，陳勝即因遣戍漁陽，失期而反。若謂無併內地於邊郡之理，也不成爲一個理由，邊郡往往過分的貧瘠，爲注重邊郡，正要將內地中一部歸併上去，歷史中亦自不乏其例。所以燕的都城正應在漁陽，而涿郡一帶三十餘城也應當和燕趙間的平原廣澤分屬鉅鹿及河間，秦的郡區不會全然依照舊時的國界的。

　　其次是九江郡所在及郡治所在的問題。九江郡的命名當然是利用古代「九江」之舊稱。〈禹貢〉：「江漢朝宗於海，九江孔殷。」歷來注家，無不釋爲在彭蠡附近大江之南北。《漢書‧地理志》廬江郡：「故淮南，文帝十六年別爲國。金蘭西北有東陵鄉。」

　　王先謙《補注》云：

周壽昌曰:「志無金蘭縣,疑轉寫脫漏,綜郡國領縣核之,較〈百官表〉及本〈志〉後序之數尚少九縣,此蓋其一也。」先謙曰:〈禹貢山水地澤篇〉,「東陵地在金蘭縣西北」,與〈志〉合。〈決水注〉:「灌水導源金蘭縣西北東陵鄉,大蘇山。」據此,大蘇山即東陵也。今商城縣東南五十里。又〈江水注〉:「利水出廬江郡之東陵鄉,江夏有西陵縣,故是言東。《尚書》云:『江水過九江至於東陵』者是也。」先謙案,《注》雖未言金蘭縣,然與〈決水注〉符合,則知縣隸金蘭不誤。後世言東陵者,紛紛意揣,未足據也。阮元《浙江圖說》云:「灌水利水同出東陵一地,金蘭附註郡下,則在郡治,蓋後改為舒也。廬江治舒,據續〈志〉舒縣有桐鄉,劉《註》鵲岸在縣,今桐城在漢屬舒。《通典》:宣城郡,南陵。有鵲洲,即鵲岸,是漢舒地直達大江洲渚。〈禹貢〉江水過九江,至於東陵東迤,實指至此東迤為南江也(《說文》:迤,邪行也)。江之南岸正丹陽之石城,與班〈志〉石城受江,其義一也。」

所以九江實當長江北岸,安慶附近的長江沿岸一帶。以這一處為中心,便南領豫章,北達淮水。也就是湖北、安徽、江西三省交會之處,即為九江。自九江建為淮南國,國都移到楚的故都壽春,到淮南國再改九江郡,九江郡的區域限於壽春一帶,和古代九江的區域便不相關涉了。

秦的郡界也不會同於漢的郡界,但為方便起見,也不妨大致做一個比較,這樣來做也許更清楚些。

一、內史——京兆、左馮翊、右扶風。

二、隴西——隴西、天水、武都、金城。

三、蜀郡——廣漢、蜀郡。

四、巴郡——巴郡。

五、北地——北地、安定。

六、上郡——上郡、西河。

七、河內——河內、魏郡。

八、東郡——東郡、東平、濟陰、山陽。

九、碭郡——陳留、梁國。

十、三川——河南、宏農。

十一、潁川——潁川。

十二、上黨——上黨。

十三、太原——太原。

十四、雲中——雲中、定襄。

十五、邯鄲——趙國、廣平、常山、眞定。

十六、河間——河間、涿郡、勃海。

十七、鉅鹿——鉅鹿、清河、信都。

十八、代郡——代郡、中山。

十九、雁門——雁門。

二十、漢中——漢中。

二十一、南郡——南郡、江夏。

二十二、東海——東海、臨淮、廣陵。

二十三、黔中——武陵、牂牁。

二十四、南陽——南陽。

二十五、長沙——長沙、桂陽、零陵。

二十六、九江——廬江、九江、六安、丹陽、豫章、江夏、南郡。

二十七、泗水——沛郡、楚國、泗水，及臨淮西北一部。

二十八、薛郡——魯國、泰山。

二十九、楚郡——淮陽、汝南。

三十、會稽——會稽、丹陽東部。

三十一、齊郡——齊郡、甾川、千乘、濟南、平原、北海。

三十二、琅琊——琅琊、城陽、高密、東萊、膠東。

三十三、漁陽——廣陽、漁陽、涿郡之北部。

三十四、上谷——上谷。

三十五、右北平——右北平。

三十六、遼東——遼東。

三十七、遼西——遼西。

三十八、閩中——會稽南部。

三十九、南海——南海、合浦。

四十、桂林——鬱林、蒼梧。

四十一、象郡——交趾、九眞、日南。

四十二、九原——五原、朔方。

以上秦郡和漢郡的比較，只能算作一個假設。因爲秦的郡數尙成問題，何況秦郡的邊界。不過假如照漢郡所在大致分畫一下，也就可以更容易得到一個較明瞭的概念。這樣多少可以有些益處的。

中國歷史地理──戰國篇

　　孔子作《春秋》，起於平王四十九年，終於獲麟，凡二百四十二年（西元前722年至西元前481年），但事實上的春秋時代，應當起於周平王元年，至威烈王二十三年（西元前770年至西元前403年），凡三百六十七年。自威烈王二十三年，周王正式承認韓趙魏三國為諸侯，然後始步入戰國時代。

　　春秋時期，晉國最強，凡滅二十國（見顧棟高《春秋大事表》），除山西省雁門關以南全境之外，又有河北省平漢鐵路南部沿線諸縣境，自柏鄉縣以南，得柏鄉、臨城、欒成、藁城、冀縣、趙縣、晉縣、堯山、任縣、邢臺、永年、清河、邯鄲、成安、大名諸地。更有河南省的黃河以北的沁陽、濟源、汲縣、修武、孟縣、溫縣、武陟、博愛、獲嘉諸地，以及河南省黃河以南的陝縣、靈寶、閿鄉、新安、澠池、鞏縣、滎陽、密縣、登封、禹縣、郟縣、臨汝、嵩縣、宜陽、洛寧、盧氏、襄城、許昌、臨潁、郾城，及開封市附近各地。更東有山東省恩縣、臨清、館陶、冠縣、朝城、觀城、范縣各地。再西渡河有陝西省的綏德、延川、膚施、洛川、白水、澄城、蒲城、朝邑、華縣、潼關各地。這一個非常大的地盤，後來就成為魏、趙和韓國的基礎。

　　在三家分晉之時，晉國應當分為中部、北部及南部三部分。中部是魏，北部是趙，南部是韓。魏國在中部，承繼了晉國的主要部分，所以魏國為最強。魏國建都安邑，山西霍縣以南的地方，陝西省的晉國領土，河南省黃河以北的晉國領土，今開封市附近的領土，以及山東省的晉國領土，這樣的一個大的國家，所以在戰國初期發生的力量非常大。

　　山西中部、北部及河北省的晉國屬地，是盡歸趙國的。因此趙國原都晉陽，遙領河北省一帶的平原地區。在過去晉國時期，晉國之中曾經雜居了很多歸順晉國的戎狄。後來其中一部戎狄，並且還在河北定縣附近，建立了一個強大的中山

國，自從趙被承認爲諸侯之前，趙襄子已經滅代國，趙國的北境也就越過了山西的雁門關，到了趙惠文王時，又正式翦滅中山國。

在三晉分立各國之中，韓國的領土爲最小。但是到了春秋晚期，楚勢不競，河南西部方城以外的楚國地方，大率已入於晉國之手（甚至可能南陽，卽宛縣，也已歸於韓）。晉國原來已據有周之西部虢國地方，所以韓國領土比起魏國雖然不如，但一方面很占形勢，一方面仍然相當完整。韓原都陽翟（今河南禹縣），及滅鄭之後，便遷都到鄭國的都城新鄭，這樣形勢就更爲改善了。

魏國的特占優勢，在韓趙兩國的人看來，當然是不能心服的。但政治是現實的，只要眞能有充分的力量，韓趙兩國亦無可如何。不過魏國在地區的分畫上，卻有了先天的缺憾。魏國自東而西地方很長，但是交通的路線並不多。最東部和最西部發生了事，從另一方面入援非常困難，國力自然會減削。更由於魏國之南及北方，均被韓趙所夾，尤其是趙國對魏國的發展，妨礙最大。魏不攻趙，國勢不能擴張，魏攻趙，卽冒天下之大不韙，這就形成了魏國的悲劇。

從魏文侯被承認起（西元前 403 年），經過了魏文侯、魏武侯，到魏侯罃（卽魏惠王）元年（西元前 370 年），又有三十三年了。從魏侯罃卽位起，就成爲魏國由盛而衰的關鍵。正當這個時期，西面的秦國，新立了他們的君主——秦孝公，是一個勵精圖治的人，魏國正應當好好對付。但魏侯卻並不如此。他一方面是一個好大喜功的人，一心想對外發展，一方面他又是主張向東方發展的人。從前一方面看，他引起了東方國家韓、趙、齊、楚的妒忌，從後一方面看，他疏忽了強秦。

魏國在這些時候，做出了許多錯誤：

（一）魏六年（西元前 365 年）夏，魏自安邑遷都大梁（意在注意東方）。

（二）魏十七年，魏伐趙，克趙都邯鄲，齊伐魏救趙，魏軍敗，仍還邯鄲於趙。

（三）魏三十年，魏伐韓，齊又伐魏以救韓，敗魏軍於馬陵，殺魏將龐涓。
　　　 次年，秦乘魏空虛伐魏，取黃河以西之地。

（四）魏三十三年秦孝公卒，商鞅從秦逃至魏，魏王恨商鞅，不納，秦殺商鞅，
　　　 魏失一可以利用抗秦之人才。

此後魏三十六年，與齊會於徐州，互尊爲王，這實在是一個對齊妥協的辦法，只可惜太遲了，已經失去了攻擊別人的力量了。

這以後就成爲東面的齊，和西面的秦，各自發展的時代。

周愼靚王元年（西元前318年），除去楚齊魏以外，秦、韓、燕、宋、中山也都稱王。孟子稱爲方千里者九。此時七雄局面尚未完全形成。

愼靚王五年，秦取蜀（西元前316年），過了兩年，周赧王元年（西元前314年）齊取燕。赧王九年（西元前306年），趙武靈王北略胡地，赧王二十九年（西元前286年），齊滅宋，秦師取魏安邑。

這三十三年中爲齊、秦各占優勢的時代。齊的領土包括了全部的山東（除去魯國境域以外），全部的河北（除去了西南角的中山和趙國的領土），及江蘇北部，安徽北部的淮河以北地方，並且還可能兼有河南商邱附近地方。秦國包括了全部陝西，黃河以東的甘肅（卽蘭州以東的甘肅），以及山西西南部一小部分，及河南西部宜陽附近的地方。就形勢的完整說，是秦比較好些，就經濟的收入說，是齊國好些。此時作戰已經需要很大的消耗，所以經濟收入，也是重要的，只可惜齊人未曾安定下來。到了周赧王三十一年（西元前284年）就完全向另外一個方向發展。而戰國的地圖，到此又要重新再畫了。

齊國以全力滅「千乘之勁宋」（語見《戰國策》），力量損失太大了。同時齊國雖然滅燕，但燕國的塞外，可能未被齊國所據。燕王卽藉此興復。於是乘齊國疲敝之際，燕人約秦、趙、韓、魏之師共伐齊。入臨淄，齊湣王出走，爲齊相淖齒所弒。及赧王三十六年，齊再興復，已經不是從前的局面了。

齊燕的互鬥是戰國間的一件大事，也是戰國間的一個關鍵。最先齊滅了燕。齊的領土，北至燕山，照《孟子》所記，齊宣王確已取燕。但按照《史記》情形看來，燕昭王尚有一部分國土。可知齊國確已占有燕的都城，而燕國舊疆還有一小部分，仍爲燕昭王占據。這裡因爲記載不夠，我們不知是那些地方，不過就可能性比較大的來說，應爲遼東或上谷。燕國當被秦國滅時，曾退經遼東，不過秦國在燕的西南，而齊國在燕的東南，則退守上谷的可能，也許更大些。在這種情況下，燕的興復，本來是一個很難的事。不過齊的野心太大了，因爲攻宋，以致變換了全

部的局面。

宋國本是相當大的國家，在春秋戰國之間，宋國似乎是擴充了不少的領土。彭城東海一帶，大都已在宋國疆土之中。戰國初期稱王的國家，除去相傳的七雄而外，再加上宋及中山，共爲九國。宋國向來本善守禦。春秋時期，楚屢伐宋，而宋則堅守。後來戰國初期，墨子以善守著稱，亦是代宋國守禦。齊湣王以戰勝餘威，南來伐宋，宋國本有守禦傳統，再加上墨子的基礎，齊雖滅宋，軍力損傷當然很大。於是爲列國所乘，兵潰於外，國亂於內。不過燕國雖然下齊七十餘城，燕昭王的勢力，仍然不能和齊的威宣相比擬。因爲燕的基礎不如齊，何況齊的領土之中，還有許多爲別的國家所分據。

一直到燕昭王死後，莒及卽墨未下。燕兵攻二城不下，反助成了齊國的復興。在齊國復興之後，就完全轉變了他的國策。在湣王以前，齊國與山東諸侯一直發生了許多和平與戰爭的關係。齊國聲勢浩大，並且還占了不少的便宜。可是結果落得一個全盤崩潰。因是齊國復興以後的當政者——君王后及后勝一類人，決定了齊國的政策。專務齊國的繁榮，對於東方諸侯，一概不管，既不侵略，亦不援助，完全處於孤立的形勢。這種態度對於秦當然是有利的。但按照《戰國策》說完全由於秦的外交手腕，使后勝多受秦間金，不修戰備，卻也不一定盡然。因爲后勝已經相齊，齊本來有錢，后勝不見得就完全以秦國的賄賂爲轉移。齊國過去的崩潰，出於東方諸國之手，在齊國看來，誰也是敵人，並無一個朋友，因此在齊國復興之後，便取了孤立的姿態。並且齊國因爲對外發展而失敗，不想再對外爭取領土，也因此取了孤立的姿態。就政策的影響來講，當然政策本身是錯誤的，但這個政策，也給齊國帶來了繁榮及財富。要知道四十餘年不受兵，是在歷史上一個大事件。

在齊國的「自了」政策之下，當然給東方其他各國更大的不安，楚國的都城，逐漸向東遷移，到了陳，到了壽春。韓、魏兩國的疆土，也逐漸縮小。韓、魏兩國本來想大量的互易疆土，使其都變成爲完成的形勢，易守易攻。當時計畫爲魏國全包括二周，魏成爲南進的局面，而韓成爲北進的局面。當然周君感到脅迫，利用楚、趙二國來制止計畫的全部實現。但實際上還互易了一部分地方。上黨一帶本爲趙、魏兩國分有，但易地結果，還將上黨給韓。只是二周附近，卻未分割。

這種不完全的互易疆土，也自然影響到防禦計畫。

昭襄王四十七年，秦將白起攻韓，韓國的上黨和韓本國失了聯絡，於是韓上黨守馮亭降趙。趙國接受了韓國的上黨，於是秦國移兵伐趙。趙先遣廉頗抗秦，廉頗主守，師久無功。於是更易趙括爲大將，終於在長平（今山西高平）被秦兵包圍，趙括出戰，突圍不克而死，趙四十萬衆降秦，悉被秦兵所坑（大約是打死以後再埋的，不一定就是活埋），馮亭亦死於此役。於是趙國的實力大損，幾乎有不能再戰之勢。趙國向魏國求救（此時齊國仍然不管，也可見齊國當政的人，眼光短淺），魏王遣晉鄙爲將，率兵援趙，但秦國兵勢很盛，晉鄙不敢前進。此時魏公子信陵君無忌，利用魏王姬妾，竊到了魏王的兵符，用力士把晉鄙椎死，率兵破秦，使趙國得到了一時喘息的機會。

此時秦國的疆域，東邊界線已經以太行山爲界，而東邊界線的南部，也占有了湖北的大部。除去二周一隅以外，及趙的太原郡以外，差不多盡有了平漢鐵路以西之地。適白起因爲功高震主，被宰相范睢所讒而死。昭襄王五十一年，秦取西周。到了呂不韋當政之時，再滅了東周，並且完全攻取了太原郡。於是平漢鐵路以西成爲完整的秦國。而且山東西北的一部地方，也成爲呂不韋的封國。在這種狀況之下，到了秦始皇當政，就一步一步的吞併了韓、趙、燕、魏、楚、遼東、代，最後到了齊國，齊國在無抵抗狀態之下被秦占有，於是秦始皇就統一了整個的中國。

關於戰國時代各區域的物產和風俗，在《史記·貨殖傳》中，有一個很好的敘述：

> 關中自汧雍以東，至河華，膏壤沃野千里，自虞夏之貢以爲上田，而公留適邠，太王王季在岐，文王作豐，武王治鎬，故其民猶有先王之遺風，好稼穡，殖五穀，地重重爲邪，及秦文、孝、繆居雍隙，隴蜀之貨物，而多賈，獻、孝公徙櫟邑。櫟邑北卻戎翟，東通三晉，亦多大賈，武、昭治咸陽，因以漢都長安，諸陵四方，輻輳並至而會，地小人衆，故其民益玩巧而事末也。

> 南則巴蜀，巴蜀亦沃野，地饒巵（即紅花）、薑、丹沙、石、銅、鐵、竹木之器。南御滇僰、僰僮。西近邛筰，筰馬旄牛。然四塞，棧道千里，無

所不通,唯褒斜綰轂其口,以所多易所鮮。

天水、隴西、北地、上郡與關中同俗,然西有羌中之利,北有戎翟之畜,畜牧為天下饒,然地亦窮險,唯京師要其道。故關中之地,於天下三分之一,而人眾不過什三,然量其富什居其六。

昔唐人都河東,殷人都河內,周人都河南,夫三河在天下之中,若鼎足,王者所更居也。建國各數百千歲,土地小狹,民人眾,都國諸侯所聚會,故其俗纖儉習事,楊、平陽、陳,西賈秦翟,北賈種代。

種代石北也,地邊胡數被寇,人民矜懻忮,好氣任俠為姦,不事農商,然迫近北夷,師旅亟往,中國委輸,時有奇羨,其民羯羠不均,自全晉之時,固已患其慓悍,而武靈王益厲之,其謠俗猶有趙之風也。……

溫軹西賈上黨,北賈趙中山,中山地薄人眾,猶有沙丘,紂淫地餘民,民俗懁急,仰機利而食,丈夫相聚游遊戲悲歌慷慨,起則相隨椎剽,休則掘冢作巧姦冶,多美物,為倡優,女子則鼓鳴瑟跕屣,游媚貴富,入後宮,諸侯,然邯鄲亦漳河之間一都會也,北通燕涿,南有鄭衛。

鄭衛俗與趙相類,然近梁魯,微重而矜節,濮上之邑徙野王,野王好氣任俠,衛之風也。

夫燕亦勃碣之間一都會也,南通齊趙,東北邊胡,上谷至遼東,地踔遠,人民希,數被寇,大與趙代俗相類,而民雕捍少慮,有魚鹽棗栗之饒,北鄰烏桓夫餘,東綰穢貉朝鮮真番之利。

洛陽東賈齊魯,南賈梁楚,故泰山之陽則魯,其陰則齊,齊帶山海,膏壤千里,宜桑麻,人民多文綵、布帛、魚鹽,臨淄亦海岱之間一都會也,其俗寬緩闊達而足智,好議論,地重難動搖,怯於眾鬥,勇於持刺,故多劫人者,大國之風也。其中具五民。──而鄒魯濱洙泗,猶有周公遺風,俗好儒,備於禮,故其民齪齪,頗有桑麻之業,無林澤之饒,地小人眾,儉嗇,畏罪遠邪,及其衰,好賈趨利,甚於周人。

夫自鴻溝以東，芒碭易以北，屬巨野，此梁宋也，陶、睢陽，亦一都會也。
昔堯作游成陽，舜漁於雷潭，湯止於亳，其俗猶有先王遺風，重厚，多君子，
好稼穡，雖無山川之饒，能惡衣食致其畜藏。

越楚則有三俗：

夫自淮北、沛、陳、汝南、南郡，此西楚也。其俗剽輕易發怒，地薄，寡
於積聚。江陵故郢都，西通巫巴，東有雲夢之饒，陳在楚夏之交，通魚鹽
之貨，其民多賈。徐、僮、取慮，則清刻矜已諾。

彭城以東，東海、吳、廣陵，此東楚也，其俗類徐僮朐，繒以北俗則齊，
浙江南則越。夫吳自闔廬、春申、王濞三人，招致天下喜游子弟，東有海
鹽之饒，章山之銅，三江五湖之利，亦江東一都會也。

衡山、九江、江南、豫章、長沙，是南楚也，其俗大類西楚，郢之後徙壽
春，亦一都會也。而合肥受南北潮，皮革，鮑木輸會也。與閩中千越雜俗，
故南楚好辭巧說少信。江南卑濕，丈夫早夭，多竹木，豫章出黃金，長沙
出連錫，然菫菫，物之所有，取之不足以更費。九疑、蒼梧以南至儋耳者，
與江南大同俗，而揚越多焉。番禺亦其一都會也，珠璣、犀、瑇瑁、果、
布之湊。

潁川南陽，夏人之居也。夏人政尚忠朴，猶有先王之遺風。潁川敦愿，秦
末世遷不軌之民於南陽，南陽西通武關、鄖關，東南受漢、江淮，宛亦一
都會也。俗雜好事業，多賈，其任俠交通潁川，故至今謂之夏人。

夫天下物所鮮所多，人民謠俗，山東食海鹽，山西食鹽鹵，領南沙北，固
往往出鹽，大體如此矣。總之楚越之地，地廣人希，飯稻羹魚，或火耕而
水耨。果隋、蠃蛤，不待賈而足，地勢饒食，無飢饉之患，以故呰窳偷生，
無積聚，而多貧。是故江淮以南，無凍餓之人，亦無千金之家，沂泗水以北，
宜五穀桑麻六畜，地小人眾，數被水旱之害，民好畜藏，故秦、夏、梁、魯，
好農而重民，三河宛陳亦然，加以商賈，齊趙設智巧，仰機利，燕代田畜
而事蠶。

到了班固作《漢書‧地理志》，更據成帝時潁川朱贛的條奏來序論，但是漢代風俗仍和戰國的風俗有不可相承之處。

我們看到了司馬遷的地理分區法，我們看出來在戰國時期物產人文與地理的關係，已經被司馬遷注意了，其分畫的區域應爲：

（一）秦蜀區域——應分爲兩部分：

　　1. 秦本國，農業爲主。

　　2. 蜀地，農業之外，還有別的資源。

（二）三河區域——以農業爲主，雜以工商。

（三）齊趙區域——以工商爲主，因此風俗也變得駁雜。

（四）梁宋區域——雖有都會，而仍以農業爲主。

（五）邊地——包括趙國北部及燕國，是和游牧民族接近的區域。

（六）楚國——再分爲：

　　1. 東楚再分爲南方及北方，北方同於梁宋，南方爲越俗。

　　2. 西楚，以農業爲主，但生活容易，所以少蓄積。

　　3. 南楚，以江南爲主，略同西楚，其南部則入於越地，番禺又爲南海交通中心。

所以戰國風俗一直到漢，只是大體和戰國時立國有關，但國境大的，國內風俗又自不同，楚國便是一個顯明的例子。

論北朝的都邑

　　中國的都邑，論經濟的地位，南重於北。論軍事和政治的地位，北重於南。北方重要都邑很多，南方只有南京。所有全部中國歷史之中，只有洪武元年八月（1368）至建文四年六月（1402）南京做過統一都城整整三十四年。再加上中華民國十五至二十六年整整十年，又中華民國三十五年至三十七年整整三年，共計南京前後作過全國統一的都城四十七年整。所有統一的朝代，夏、商、周、秦、漢、西晉、隋、唐、宋、元、明（成祖以後）、清，都是建都在黃河流域。其他分立的時代，第一個時期是五胡到北周，第二個時期是五代，第三個時期是金朝，及元代初期，大致也是北方的政府取攻勢，而南方的政府取守勢。所以就中國歷史上的因素來說，黃河流域的形勢，更值得我們的特別注意。

　　就北方的都邑來說，在古代大致不出於三輔和三河兩個區域以外。在三輔的是豐、鎬、咸陽和長安。在三河的，是河東的平陽、蒲阪和安邑；河內的安陽和鄴，河南的洛陽。就中顯然的秦漢以來是一些大一統的局面，因而長安和洛陽尤其被讀歷史的學者所注意。長安是西漢的都城，洛陽是東漢的都城。班固是深深的了解西漢的盛世而生於東漢的人，因而在他〈兩都賦〉中對於長安和洛陽都有出力的描述。

　　班固的〈西都賦〉說：

> 漢之西都，在於雍州，實曰長安。左據函谷二崤之阻，表以太華終南之山。右界褒斜隴首之險，帶以洪河涇渭之川。眾流之隈，汧涌其（間），華實之毛，則九州之上腴焉。……是故橫被六合，三成帝畿，周以龍興，秦以虎視。及至大漢受命而都之也。仰悟東井之精，俯協河圖之靈，奉春建策，留侯演成，天人合應，以發皇明，乃眷西顧，實非作京。

於是晞秦嶺，睨北阜，挾灃灞，據龍首。圖皇基於億載，度宏規而大起。肇自高而終平，世增儉以崇麗。歷十二之延祚，故窮泰而極侈。建金都而萬雉，呀周池而成淵。披三條之廣路，立十二之通門。內則街衢洞幾，閭閻且千，九市開場，貨則隧分。人不得顧，車不得旋，闐城溢郭，旁流百廛。紅塵四合，煙雲相連。

於是既庶且富，娛樂無疆，都人士女，殊異乎五方。游士擬於公侯，列肆侈於姬姜。鄉曲豪舉，游俠之風，節慕原嘗，名亞春陵，連交合從，馳騁乎其中。若乃觀其四郊，浮游近縣，則南望杜霸，北眺五陵，名都對郭，邑居相承，英俊之域，紱冕所興。冠蓋如雲，七相五公。與乎州郡之豪傑，五都之貨殖，三選七遷，充奉陵邑，蓋以強幹弱枝，隆上都而觀萬國也。

這裡所說的，在長安方面，所有形勝、經濟和富源，以及人物，都有其顯明的特質。這在洛陽方面，是都比不上的。班固在這方面，用盡了心思，把東京方面崇尚儒術的政策，拿來相比。但只要仔細的想一想，一個朝代的政策，和都城位置，並無一定相關的因素。東漢洛陽時代固然是崇尚儒術的，但西漢的元成以後以至於王莽，又何嘗不是崇尚儒術的？所以班固的〈東都賦〉實際全部都是不相干的話，洛陽的精采部分，比起長安來，實在是一無所有。

但是洛陽卻仍然有洛陽的特點。在中國所有的都邑中，幾乎都是自然發展而成的。而洛陽所以成為重要都邑，卻是出於人工的選擇。第一個選擇洛陽，建設成為中國朝會的中心地點的是周公。到了平王便將這個朝會的中心地點做成為周王居住所在。東漢建都洛陽，又是利用東周時舊有的都市規模。等到北魏孝文帝再建都洛陽時，舊有的建設早已不復存在，一切是重新做起的。到了隋煬帝時，又作一次全新的建構。不論如何，自從周代奠定洛陽以後，洛陽就成為術數上的「天地中心」，這是對洛陽一個非常有利的重要因素。

北朝自然生成的都邑，最重的要算鄴、長安，和平城。這三個都邑形成了一個三角形，這一個三角形的重心所在，大致相當於晉陽的位置。因而晉陽又和以上三個都邑並立為第四個都邑。

長安的重要由於周秦兩代根據長安附近而奄有天下，因此長安便水到渠成，作成了全國性的首都。西漢一代又由高帝的明智選擇，使西漢一朝成為多采多姿

的朝代。當然，長安是有其缺點的。主要的一點就是關中的平原並不算大，糧食的供給是要靠黃河三角洲的出產。若想控制黃河三角洲，一定要通過洛陽。換言之，洛陽本身雖然並無獨立作成領導區域的資格，但凡是建都長安的朝代，一定需要洛陽作爲主要的助手。長安有了洛陽，才能供應無缺，其中相依爲命的狀況，不下於北平對於天津，南京對於上海，以及台北對於基隆。所不同的，是天津、上海和基隆，都靠海運，而洛陽只靠黃河的漕運，其運輸的分量和運輸的性質都不能互相比擬的。

在經濟上比較可以自給自足的，當然是黃河三角洲，要比關中平原或者洛陽盆地好得多。在這個三角洲上，因爲是一片平川，可以發展成爲許多重要的都邑。而在傳統衍進的結果，在南北朝時期，當然要算鄴，即今河南安陽附近，最爲重要了。

就黃河三角洲來說，因爲黃河時常氾濫的關係，太行山麓及山東半島有些地方在海拔五十公尺以上，水患較輕。安陽就是屬於太行山麓區域。再加上殷商以來人工的經營，成功了中國東區領導的都邑。這一個地區地土肥沃，灌漑便利，再經過戰國時魏國的經營，所以漢代的魏郡，仍然是一個富庶之區。漢光武平定天下，以河內爲重要的基地，三國初年，這個地區就更爲重要。

關於安陽地區從後漢到北朝，其中重要的變化，可列如次：

漢獻帝初平二年(191)袁紹奪韓馥冀州，自爲冀州牧，鎭鄴。

建安九年(204)曹操定鄴，自爲冀州牧，鎭鄴。

建安十五年(210)曹操築銅雀臺於鄴。

建安十八年(213)曹操爲魏公，以鄴爲魏國都城。

建安二十一年(126)曹操爲魏王。

魏文帝黃初元年(220)曹丕篡漢爲魏，建都洛陽，以鄴爲五都之一。

晉惠帝太安二年(303)成都王穎鎭鄴，據鄴以叛。

晉元帝太興二年(318)石勒稱趙王，都襄國。

晉成帝咸和五年(330)石勒自襄國遷於鄴。

晉成帝咸和六年(331)石勒營鄴都宮殿。

僞晉穆帝升平元年(357)前燕慕容　定都於鄴。

晉安帝隆安元年(397)南燕慕容德稱帝於鄴。

晉安帝隆安二年(398)北魏道武帝拓跋珪入鄴，置行臺。

從此以後，在北魏時代，一直爲東方重鎮。

在拓跋珪克鄴以後，便修治自望都到平城的道路，這可見北魏對於河北平原的重視。《魏書·道武本紀》：

> 天興元年（398），春正月，慕容德走滑臺，（拓跋）儀克鄴。收其倉庫，
> 詔賞將士各有差。儀追德至河，不及而還。庚子，車駕自中山行幸常山，
> 之眞定，次趙郡，之高邑，遂幸於鄴。民有老不能自存者，詔郡縣振恤之。
> 帝至鄴，巡登臺榭，遍資宮城，將有定都之意，乃置行臺。以龍驤將軍日
> 南公和跋為尚書，與左丞賈彛率部吏及兵五千人鎮鄴。車駕自鄴還中山。
> 所過問百姓。詔大軍經州郡，復賞租一年。除山東民租賦之半。車駕將北
> 返，發卒萬人治直道。自望都、鐵關、鑿恆嶺至代五百餘里。

平定慕容氏的燕，是拓跋珪的建國工作中一件最大的事。因爲從此以後得到了富裕的河北平原，並且得到了許多士大夫和工匠，使得拓跋魏從一個游牧的國家變成一個有文化的國家。當然慕容燕的都城——鄴，是值得重視的，所以拓跋珪有意遷都到鄴。只是他的基本勢力還在平城，當時東方初定，自然不能草率遷移。他只建行臺，修道路，加強平城和鄴的關係，未立卽遷往。到了明元時代，鄴仍舊是一個東方的軍事重鎮。在泰常七年和泰常八年(422-423)兩年之中，和劉宋作了一次主力戰，結果占據了宋人的司、豫兩州。這時魏方的作戰根據地就是鄴。

魏太武時期，國土的面積大爲增長，形成了中國北部唯一的帝國。當時太武帝曾屢次到東方巡幸，也曾經在鄴縣住過。不過最常去的地方，還是定州。這是很明顯的，鄴在當時雖然是黃河三角洲的經濟和軍事的中心，但是太武帝的基本力量還在平城附近。爲著和平城聯絡的方便，在河北平原北部的定州，就更受到

太武帝的注意。這個原因和遼、金、元、清的重視北平，是具有相同的因素。（至於明成祖雖然不是起自朔漠，不過北平是他原有的根據地，所以也一樣重視北平。）其實除去遼只有中原的燕雲區域以外，金、元和清，地域都相當廣，當時黃河流域的經濟高度發展地區，應當是德州、濟寧一帶。就用兵而言，安陽、德州、濟寧也是更近於前方，指揮上更爲便利。但他們仍然選擇北平，推究其中的原因，應當不出這幾點：（一）北平在河北平原是最北的地帶，和他們的根據地聯絡上最爲方便。（二）北平的氣候較爲涼爽，適宜於他們居住的習慣。（三）北平出去不遠，就是草原地帶，適宜於他們「春水秋山」式打獵的生活。——以上這些原因，不會爲中原人士所想到的，倘若由中原人士設計一個新的都城，決無從考慮到這許多條件。

魏太武帝以後，文成帝還是屢次巡幸定州。獻文帝沖齡踐位，還受制於馮太后，只在平城附近旅行。不過魏朝到了這個時代華化的進展，一天一天迅速。終於形成孝文的徹底華化和遷都洛陽。

魏孝文的遷都洛陽，完全表現著他是一個理想主義者，並未曾顧及到現實的問題。就基本力量來說，拓跋氏的根據地仍在平城，和洛陽並不生任何的關係。就對於黃河三角洲的控制來說，洛陽並不屬於這個平原的一部分。就對於南方用兵的便利來說，洛陽並非處於南北兩方的交通要點上。所以可以說對於軍事及經濟上毫無意義。他的建都洛陽只有一點，就是出於政治上理論的考慮。洛陽是東漢、曹魏及西晉的舊都，代表著當時中原正統的標記。在東晉時代，許多北伐中原的人士，都是以指向洛陽爲目標。桓溫克復洛陽，並且請求仍然都洛陽。魏孝文的建都洛陽，對於漢人來說，的確有心理方面的意義。但他卻忽略了地理位置上的客觀條件。魏代自從建都洛陽以後，就對於北方六鎮原有的鮮卑貴族子弟的生活與前途，漠視不顧。到了胡后當政時期，北方的六鎮叛變，引起了北魏的滅亡，不能說他選擇都城位置的錯誤，不是其中主要的原因。

洛陽傾覆以後，從六鎮人士出身的高歡，當然不再留戀於洛陽。他就把都城遷到鄴，成爲東魏。他自己爲著和北方聯絡方便，藉以遙制鄴城，同時也爲著身當防守西方宇文氏勢力的前進地帶，他自己就常川駐在晉陽。這種狀況一直在東魏、在北齊，鄴和晉陽並成爲北朝的兩大中心。朝廷上行政的首都是在鄴，國家

領袖住居地和軍事指揮的中心是在晉陽。當然還有一個因素,就是兩個以上的政治中心,是漠北胡人游牧時代的經常習慣。

在東魏西魏並立的時代以後,宇文氏以梟傑之才領導關中來對抗東方的高氏,其實力實在遠不如高氏。此時高氏在鄴城控制下的漢人,以及在晉陽控制下的胡人,其經濟力量及軍事力量都非常雄厚。宇文氏所以能夠抵抗的,全靠政治的清明和組織能力的強固。幸虧高氏自從高洋以後,沒有一個君主可以夠得上「守成令主」的標準,才能夠使宇文氏終於平定北齊。所以談到周齊的興亡,人事的因素實在遠在地理的因素以上。就此來討論長安與鄴的得失,實在是一個多餘的事。不過北周既然以關中之眾平定東方,隋代更在北周的基礎上平定天下,長安的地位自然成為超過一切的重要。再加上唐代的盛世,為中國歷史上所罕有。漢唐並稱而漢唐俱建都長安,其中雖有若干地理上的因素在內,但其中也有偶然的因素在內。

長安地區的特殊意義,是接近草原地區中的富裕地帶。因為接近草原區,所以可以成為國防的前哨。當它作成為一個朝代的都城時,就表示這個朝代是前進的而非退守的,是具有國際性而非純粹閉關自守的,是富於活力的而非停頓的。所以西漢時代就比東漢時代有生氣的多。其次就所謂「關中四塞,有險可守」,在內戰時期比較上可以有安全感。不過這兩種的意義在北方的都邑中,如晉陽、定州以及北平,是同樣具有的。北平的地理價值,在近來七、八百年中,已經得到了歷史上的證明,並不下於長安。晉陽及定州雖然因為歷史上偶然的因素,未曾得到歷史上的證明;不過就一切條件而言,也並不遜於長安,只是無法加以實驗罷了。

長安的缺點,是附近平原雖然遠比洛陽附近為好,但供給糧食,仍然有限,必須向遠處的東方經常搬運糧食,才能維持大都市的需要,而維持東方糧食的要道卻是險阻而水量並不一定的黃河。尤其在都邑內戰時期,東方阻隔,則長安的情形,更為艱窘。苻堅的滅前燕,北周武帝的滅北齊,都是利用特殊的機會,才能辦到。所以長安和鄴來比,還是互有得失。

因為北周平定北齊是憑藉偶然的機會而非必然的趨勢;所以對於鄴城一定要加以毀滅而防東方再有人興起,這是魏太武帝平定鄴城時未曾有的事。《周書‧

武帝紀》，建德六年(577)正月辛丑(27日)詔曰：

> 僞齊叛渙，竊有漳濱，世縱淫風，事窮雕飾。或穿池運石，為山學海，或
> 層臺累構，槪日凌雲。以暴亂之心，極奢侈之事。有一於此，未或弗亡。
> 朕菲衣薄食，以安風聲，追念生民之費，常想力役之勞。方當易茲敝俗，
> 率歸節儉。其東山南園及三臺，可並撤毀，瓦木諸物，凡入用者盡賜下民，
> 山園之田，各歸本主。

這個詔書表面看來是冠冕堂皇，去奢入儉。實際上是毀滅已成之物，把無數
的工料都給浪費了。尤其瓦木諸物，盡賜下民，好像是「仁政」，其實撤毀以後，
便不適用。鄴中老百姓的生活，是靠經濟繁榮，才得到較好的生活標準，既然把
鄴城的繁榮毀掉了，那就殘磚破瓦的使用價值也就非常有限了。但是周武帝把鄴
城毀滅，還未徹底，到了周靜帝大象二年(580)周尉遲迥討楊堅失敗，楊堅爲避
免再有人利用鄴城，於是「移相州於安陽城，鄴城及邑居皆毀之」。從此以後，鄴
的繁榮移到了安陽城，而安陽城從此代替了鄴的地位。這個商代舊都安陽，又重
新成爲北方的重鎮。

但是到隋唐以後，因爲運河成爲中國的大動脈。沿運河的都市，從此繁榮起
來。其中尤其重要的是汴州(開封)，唐亡以後，開封成爲中國的都城，因而鄴城
在黃河三角洲的重要地位，才爲開封所代替；不僅宋、金都曾以開封爲都城。明
太祖平定全國後，也有以開封爲北京，把京城自南京移至開封的擬議。如果此項
擬議成功，那就後來「靖難」之變，也許不會發生。不幸明太祖因循誤事，「本欲
遷都，年老力倦，興廢有定，惟有聽天。」(明太祖〈祭竈文〉)從此中州名邑，對
於全國的領導地位，便長此廢棄，而成爲長期的「北平時代」了。到了現代，因爲
運輸道路的改變，黃河三角洲大平原區的重心，已經不是安陽、不是開封，而爲
新興的大都市鄭州所代替。今後鄭州的地位，可能成爲全國主要的關鍵地帶。不
過歸根溯源，在主要的意義上，還是鄴與開封的延伸。

在北朝時期，晉陽也是一個非常重要的都邑。晉陽和長安有類似之點，第一、
是同樣的「四塞之區」，第二、是同樣的「瀕戎之地」，至於利用靈丘道或井陘口來
隨時監視河北平原以至於海上交通，那就似乎還在長安區域的形勢之上。北魏所以
能吞併北方，雖然溯源於平城，但也是利用整個山西高地，才能得到充分的成就。

顧祖禹《讀史方輿紀要》云：

> 太原府控帶山河，踞天下之肩背，為河東之根果，誠古今必爭之地也。周
> 封叔虞於此，其國日以強盛，狎齊主盟，屏藩周室二百年。迨後趙有晉陽，
> 猶足以距塞秦人為七國雄。秦莊襄王二年，蒙驁擊趙定太原，此趙亡之始
> 矣。……漢置并州於此，以屏藩兩河，聯絡幽冀。……及晉室顛覆，劉琨
> 拮据於此，猶足以中梗劉石，及琨敗，而大河以北無復晉土矣。拓跋世衰，
> 爾朱榮用并肆之眾，攘竊魏權，芟滅群盜。及高歡、爾朱兆，以晉陽四塞，
> 建大丞相府而居之。及宇文侵齊，議者皆以晉陽為高歡創業之地，宜從河
> 北，直指太原，傾其巢穴，便可一舉而定。周主用其策，而高齊果覆。……
> 大業十三年，李淵以晉陽舉義，遂下汾晉，取關中。……其後建為京府，
> 復置大鎮，以犄角朔方，捍禦北狄。李白云：「太原襟四塞之要衝，控五
> 原之都邑」是也。及安史之亂，匡濟之功多出河東。最後李克用有其地以
> 與朱溫為難。……迨釋上黨之圍，奮夾河之戰，而梁亡於晉矣。石敬塘留
> 守晉陽，遂易唐祚，而使劉知遠居守關道，知遠果以晉陽代中原。劉崇以
> 十州之眾保固一隅，周世宗宋太祖之雄武而不能克也。宋太宗太平興國四
> 年始削平之，亦建為軍鎮。劉安世曰：「太祖太宗嘗親征而得太原，正以
> 其控扼二邊（謂遼夏），下瞰長安，棄太原，則長安京城不可都也。」

顧祖禹講山西省地區的重要，都是事實。在《讀史方輿紀要》中所講的形勢，
有些地方確實不免有些誇張，但在太原府一段卻是無一字虛設，由此可見晉陽地
區確實有其重要性。

在魏孝文帝遷都洛陽以後，晉陽是聯絡平城與洛陽兩地的中樞。《魏書 · 神
元平文字孫元丕傳》：

> 詔以丕為都督，領并州刺史。丕父子大意不樂遷洛，高祖之發平城，留太
> 子恂於舊京，及將返洛，隆與超密謀留恂。……時丕以老君并州，雖不預
> 其計，而隆、超皆以告丕。……及高祖幸平城，推穆泰首謀，隆兄弟並是黨。
> 隆、超與元業兄弟並以謀逆伏誅。……詔以丕應連坐，但以先許不死之詔，
> 躬非染逆之身，聽免死為太原百姓。

所以太原、平城的關係較深，而與洛陽的較為疏遠。及建都洛陽，不僅平城
被忽視，晉陽也被忽視，當然，從洛陽到晉陽，是比晉陽到平城要遠些，不過人

為的忽視，還是一個重要原因。

這種狀況到了北魏的末期，才有顯著的變更。最先爾朱榮自肆州入洛陽，竊取政權，並且以晉陽為根據地。到了爾朱榮被殺，爾朱氏崩潰，高歡再以晉陽為根據地。《北齊書 • 高洋紀》：

> 武定八年，夏五月，辛亥，帝如鄴。戊午，乃即皇帝位於南郊。其日大赦，改武定八年為天保元年。詔曰：「冀州之渤海、長樂二郡，先帝始封之國，義旗初起之地，并州之太原，青州之齊郡，霸業所在，王命是基。君子有所，貴不忘本。思深恩洽，蠲復田租。齊郡、渤海可並復一年，長樂復二年，太原復三年。」九月，庚午，帝如晉陽，拜辭山陵（高歡葬在晉陽）。是日皇太子入居涼風堂，監總國事。冬十月，己亥，備法駕，御金輅，入晉陽宮，朝皇太后於內殿。辛巳，曲赦并州太原郡晉陽縣及相國府內獄囚。十一月，周文帝（宇文泰）率眾至陝城。甲寅。帝親戎出次城東。周文帝聞帝軍容嚴盛。歎曰：「高歡不死矣。」遂退師。庚午，還宮。秋七月，癸巳，帝如趙定二州，因如晉陽。冬十月，戊申，起宣光、嘉福、仁壽諸殿。三年六月，丁未，帝至自晉陽。乙卯，帝如晉陽。

這裡顯示著齊主住在晉陽的時候，實在較住在鄴的時候為多。在《北齊書》各主的本紀中，可以統計出來，北齊每一個皇帝都是同樣的情形，不僅高洋是這樣的。到了周、隋兩代，對於晉陽並未加毀滅，唐代還時有增修，天子巡幸晉陽的時候卻不常有了。一直到宋滅北漢，才把晉陽毀掉。不過晉陽區域的形勝，仍然存在著，以後繼晉陽而起的陽曲城（即今太原市），在宋以後的歷史上，仍然顯出重要的地位。這個都邑的地點，還是非常值得注意的。

附　記

本篇只是一個導論，其中的考證參見《中央研究院歷史語言研究所集刊外編 • 慶祝董作賓先生六十五歲論文集》：〈北魏後期的重要都邑與北魏政治的關係〉。

中韓關係論略

中國民族與大韓民族，自上古以迄於近世，時常構成了兄弟之邦，今後展望前途，應當日益敦睦。東亞前途一定可以因爲中韓兩民族對於和平及文化上的努力而日益光輝燦爛。中韓兩民族，在體質上是極少有區別的，尤其韓民族對於華北的中國人更爲接近，就語言來說，韓國語言和現在通行於中國的漢語，並非一個系統，就一般文化來說，中韓二民族，卻仍然可以算得一個單位，這一種理由，應當就東亞歷史的發展來解釋。

現在的中國大陸，在民族上、語言上，以及一切文化上，已經成爲一個集體，但這是歷史發展而成的，先在三四千年以前，當然不一定是這個狀況。在上古時期的中國，主要的文明，是發生在黃河流域，而黃河流域，也就不是一個民族。至少在東方爲夷族，在西方爲夏族，是很顯著的。而東方的黑陶文化與西方的彩陶文化，顯然不同，尤其在考古學上找到了堅強的證據。

華夏民族文化構成的中心是夏商周三代；夏代始於禹，據傳禹興於西羌；商代祖先出於有娀氏之女，周的祖先出於姜嫄，有娀即有戎，姜即羌，因此和西方的戎或羌，關係比較上深遠。從這個關係來說，華夏之族用著與西藏族接近的漢語，也是有辭可解的。但從另外一點來說，在夏禹以前的伏羲風姓之族，太皞及少皞之族，以及和夏禹同時的伯益(嬴姓)之族，都不屬於西方系統。再還有高陽氏及祝融氏的後人，後來成爲春秋戰國的楚國，也不屬於西方系統。所以就中國文化系統來說，中國文化中的華夏文化，雖然光輝燦爛，雖然因爲夏商周三代相承，成爲中國文化的代表。但是在三代以前，在東方系統之中，還會有別的文化。因此就要認定中國文化在漢語文化之外，還曾在東方有可能屬於非漢語的文化，存在於更早的時期。譬如我們常常把東方的人稱爲東夷，而夷字和仁字是通用的。仁字和人字也是出於一源，那麼漢語中「人」的稱謂，甚至於還有出於東方的可能。

因爲在若干原始部族之中，全人類自己部族名稱是用的一個字，假若夷人先成爲文化的先進，夷人先用了「人」字，作爲全人類的名稱，西方後起的部族，可能再爲借用的。

這一點已經可以作爲中國文化不是出於單獨一元的一個例子。假若再爲尋覓，還可以找出一些來。我們無論如何的說，中國文化的構成，東方和西方，應當並重，而東方的一支，就地理方位來說，它的中心，是在山東半島。山東半島的地理環境，卻是海重於陸。〈禹貢〉上的青州，就是跨有遼東半島和山東半島，這也可以表示古代的海上交通和聯繫，在山東沿海，比陸上還要重要。因此，山東半島、遼東半島，和朝鮮半島應當是一個古代文化中心，而不能互相隔絕的。從這一點來推論，朝鮮半島對於中國古代的文化，確實有其重要性。

中國是一個大陸，包含的成分太多了，民族的轉移，猶如後浪推前浪。沿渤海的各半島文化，雖然在東方文化的構成中，有其貢獻，但是華夏各族文化習慣的巨浪，終於掩蓋了中國大陸的全部。只有朝鮮半島保存了渤海各半島文化的特質，而形成了特殊的語言成分，並且發展了本地的文化。

朝鮮開國的檀君雖然是一個神話的人物，而朝鮮史上的箕朝也還沒有法子證明所從來，不過箕朝在朝鮮政治機構的建立上，是有其貢獻的。箕朝的地理位置，應當在平壤一帶，但箕朝的來源，還有若干的可能，不能以一語來決定。箕子封於朝鮮，是中國一個較早的傳說，不過在紂政暴虐之時，箕子如何曾一度爲奴，又如何到了朝鮮而發生了開化朝鮮的事實，更如何到了周武王時，一度入朝而獻了〈洪範〉一篇，都還含著有若干的傳奇性。箕朝的後來，是箕子之後代，還是當地部落因有箕子的傳說，而託爲箕子之後，也都無從證實。在中國四方各國，例如匈奴和越，都號稱爲大禹之後，便很有可疑之處，而吳國是姬姓之邦，卻有不少的證據，用不著懷疑。箕朝是那一種情形，我們是一無所知。不過不論是否箕子之後，箕朝所用的語言爲朝鮮語，或者可以不成問題。

除去箕朝的朝鮮而外，東南方面的辰韓，也是非常可以注意的。辰韓亦稱秦朝，原爲中國移民所居住。我疑心這個地方就是徐福所到的「平原廣澤」，後來才誤傳徐福到了日本。不論如何，大量的秦人到了這一個地方，對於文化上的意義是很大的，因爲不僅影響了朝鮮及諸韓族，並且也影響了日本。從此以後，日本

更進一步深深吸收了中原的文化。

戰國時代衛氏的朝鮮，當然也是朝鮮史上一件大事。不過看來還是箕氏朝鮮的繼承者，對於朝鮮的地位並無多大的改變。衛氏侵入朝鮮，猶如丹麥人侵入英國，朝鮮在政治上並未曾失卻其獨立性。直到了衛氏之亡，才有若干轉變。

但是朝鮮的統一文化還是繼續不斷的涵育著、形成著。在這一個時期，移入了大量的漢人，後來也成為朝鮮建國的骨幹。而漢代形成的都市，也成為朝鮮繁榮的中心。此後樂浪帶方的進退，慕容燕的勝負，高麗、新羅及百濟的發展，都成為朝鮮國史中的重要因素。尤其重要的，是七世紀後期新羅的統一朝鮮半島，給朝鮮人帶來安定和繁榮，使韓民族的文化更為提高。而此後的王氏高麗及李氏朝鮮，都成為安定、和平而統一的國家，不再有分爭割據的形勢。對於韓民族的蒸蒸日上，大有貢獻。

自新羅以後，韓民族與中國始終維持友好的關係。其中尤以李朝和明清兩代的關係，最為密切。這種關係亦可稱為「事大」的關係。「事大」的關係，是中韓兩國相互誠懇的合作，中韓兩國共同承認在北京的皇帝為名義上的天子，但決不干涉韓國的內政，不妨害韓國的獨立，不損傷韓國的自尊。這種關係實在導源於周孔以來的儒家哲學，彼此都涵泳於儒家哲學甚深，才能了解互助而互不干涉的意義和價值。北京皇帝的地位，就其世界性而言，不過相當於周天子，十三布政使司或十八省，不過等於天子的畿內，對於世界任何一部分，其關係只有在名分上的維持，為的保存和平上的需要，而不需強烈的干涉。換言之，當時國際間的天子，並非一個行政中樞，而只是國際間維持和平機構的代表。這也就是天子六璽，「天子之璽」與「皇帝之璽」不同點之所在。

中韓的關係，到了明神宗時，更表現出來高度的合作。中國為著維持韓國的獨立，不惜披髮纓冠，劍及履及，毫無保留的傾全國之師來救助，終於韓國獲得了自由，而中國未嘗索一文的酬報，這種仗義的精神，在人與人之間可能有，而國與國之間不常見。所以韓國一直到清代中葉，百餘年間，還有不少地方用明代的正朔。這件事可以證明中韓的關係，完全是道義的關係，沒有利害的成分在內。因為就清韓的關係來說，清廷甚至希望不用任何的年號而不用明代的年號。

　　今後中韓兩國都是民主的國家，政權從基層建立起來，彼此都不再有從先的封建關係。但是道義上的合作精神，還應當保持與擴大，以重建東亞的和平。目前中韓都是在偏安狀態之下，將來還得各自完成統一，彼此成為近鄰。互相合作、互相尊重，將來當較目前更為重要。我們還得承認，中韓兩國目前的邊界是永遠的邊界，彼此都當認為神聖不可侵犯。今後中韓兩國可能還有僑民的問題，也一定會在和衷共濟之下，得到合理的解決。至於兩國間的文化合作，經濟合作，今後更一定可以達到圓滿的理想。

六、歷法研究

金文月相辨釋

　　金文月相計有初吉、既生霸、既望、既死霸四種名稱。至於這四種名稱指的是什麼？那就各家的解釋很不一致。最近幾十年中，討論這個問題的，有兪樾、劉師培、王國維、吳其昌、新城新藏、岑仲勉、陳夢家、黃盛璋各家。一直到目前還停留在聚訟的階段，這不僅對於金文本身的解釋無法處理，而且還牽涉到古歷法的問題，以及商周年代的問題。如其依照不正確的解釋，那就討論古歷法時，以及商周年代時，也就跟著錯。

　　到目前爲止，雖然沒有更好的史料出現，來直截了當的斷定這個糾紛中的正誤。不過在方法上，當然還可以做得更爲精密一點。至於前人所未討論到的地方，如其再推廣一些，深至一些，多少還可以把疑問作一個正確的解決，在這裡重要的一點是我們不可以具有任何的成見，一定要站在完全客觀的立場，把眼光推廣，要顧到一切相關的問題，然後再一步一步的推進到本問題的中心裡。因爲宇宙中沒有一件事是孤立發生的，月相問題也是一樣。

一、什麼是「月」

　　要討論月相的問題，最先接觸到的，就是有關古人「月」的觀念及其內容。如其對古人所指的月，觀念是模糊的，那這個討論就成了「無的放矢」。現在第一步要澄清的，就是要把古人所說的月，所指的範圍規定清楚，才能做進一步的討論。否則討論的是月，而實際並不是月，那在這個討論中的結論，自然無法認爲是「有效的」。如其在前人著作中遇見了這種情形，那這一種看法，就應當被剔除掉，這才會初步澄清問題。

　　月亮的「月」和歷法中太陰月的「月」，在現在看來，是兩回事。可是在古人的觀念中，這兩種不同的「月」，並沒有什麼不一樣。所以《禮記・鄉飲酒義》說：

月者三日則成魄，三月則成時。

前一個「月」是月亮的月，也就是星象的月；後一個「月」是曆法的「月」，也就是大
月小月的月。魄是指月亮看見的部分，所以三日成魄，也就是生魄。時是指四時，
即春、夏、秋、冬四時。這兩個「月」字含意不同，但在《禮記》這篇的作者看來，
並沒有什麼不同。這種古人的觀念，可以說是一個原始的觀念，和後來人們的想
法，是不一樣的。所以《楚辭‧天問篇》說：

夜光何德，死則又育，厥利為何，而顧菟在腹。

依照王逸《注》：「夜光，月也，育，生也。言月何德死而復生也。」死而復生也就
是說月亮是每月死一次，死過了到下月又重生一次。所以月亮每一個月就是「一
世」，正月月晦，月已死了，到了二月初一，月亮已到了「求生」。因此正月的月
是屬於正月的一個完整的生命單位，到了二月，就又成了二月的再一個完整的生
命單位了。

　　因為每個月的開始就是一個月的生命的開始，所以每一個月的第一天「朔」是
具有重生的意義的。《說文解字》：

朔，月一日，始蘇也。

桂馥《說文解字義證》說：「《廣雅》：朔，蘇也；又曰朔，始也。《釋名》：朔，月
初之名也；朔，蘇也，月死復生也。《樂記》：蟄蟲昭蘇。《戰國策》：勃然乃蘇。《喪
大記》：復而後行死事，《注》云：復而不蘇，可以行死事。《尚書大傳》：朔者蘇也，
革也。《白虎通》：朔之言蘇也。明清更生，故言朔。《漢書》元朔元年，應劭曰：朔，
蘇也。皇侃《論語疏》：月旦為朔，朔者蘇也，生也，言前月已死，此月復生也。」
所以朔的字義，顯然的，是新生、重生。在朔的這時候，還不能看到月，這是無
害於朔字認為月已經生出來的。因為照古人的想法，天象的月和曆法的月本來就
是同一的一件事。曆法的新月既然已經到來，天象的新月當然已經出生。雖然人
眼還看不出，但事實上是存在的。所以每月初一這一天，是新月的新生與舊月並
無關涉，這點根據任何史料，都是一個確然無疑的事。

《山海經　·　大荒南經》：

> 有羲和之國，有女子名曰羲和，方浴日於甘淵。羲和者，帝俊之妻，生十日。

又《山海經　·　大荒西經》：

> 有女子方浴月。帝俊妻常羲生月十二，此始浴之。

十日是一旬的日；從甲到癸，十二月是一年的月，從正月到十二月。從甲到癸，每天都有一個不同的太陽，互相交替；從正月到十二月，每月各有一個月亮，舊月既死，新月方生。所以甲日就是甲日，乙日就是乙日，甲日不會存在到乙日。正月就是正月，二月就是二月，正月不會存在到二月。決無這麼一天，既是甲日，又是乙日；也沒有這麼一月，既然叫做二月，又叫做正月。

一日之中，從日出到日沒，不涉他日；一月之中從月盈到月虧（或從月生到月死），不涉他月；這是最基本的常識，除非一個精神失常的人，才是混淆到不能辨別。《淮南子　·　天文篇》：

> 日出于湯谷，浴于咸池，拂于榑桑，是謂晨明。登于榑桑，爰始將行，是謂朏明。至于曲阿，是謂旦明。臨于曾泉，是謂旦食。次于桑野，是謂晏食。臻于衡陽，是謂禺中。對于昆吾，是謂正中。靡于鳥次，是謂小遷。至于悲谷，是謂哺時。迴于女紀，是謂大遷。經于淵虞，是謂高舂。頓于連石，是謂下舂。至于悲泉，爰止羲和，爰息六螭，是謂懸車。薄于虞淵，是謂黃昏。淪于蒙谷，是謂定昏。日入崦嵫，經于細柳，入虞淵之汜，曙于蒙谷之浦。日西垂，景在樹端，謂之桑榆。

這是把一日按日的出沒升降，分爲十五個節段。其每個節段，相當於後來十二時中某一個部分，那是另外一個問題。不過這些節段，一定要限於一日之內，那是不容置疑的。

管東貴〈中國古代十日神話之研究〉（《史語所集刊》33本），是用文化人類學的的方法來討論古代神話的一篇論文。他提出證據證明中國古代十個太陽的神話，是和一旬十日各具特有的名稱，是出於同一的民俗來源的。從他的研究顯示出來，在古代中國人思想之中，每一天也就等於每一個特殊的太陽，每一天各具

完整的生命歷程，彼此不能移易。同理的，每一個曆法的月也就等於每一個天象的月，各具完整的生命歷程，彼此不能移易。月的盈虧，或月的生死，只能限於在本月之內，既不可能移到上月，也不可能移到下月。

在任何以太陰月爲標準的曆法系統之下，凡是本月中的月相，當然記入本月之內，不應該記到上月，也不應該記到下月，這是不必爭論的常識。何況古代的中國民俗，認爲每一個太陰月，都有完整的、獨立的生命，更不可能把月相牽連到上月或者牽連到下月。所以樹立一個「斷限的原則」，是必要的。在這個原則之下，凡是本太陰月內月相的記載，只能記入在本太陰月之內，不可以氾濫到上月或下月。只有適合於這個原則的解釋，才有眞的可能；否則一定是虛僞的，這樣才可以把不合情理的解釋剔除掉，而達到澄清這個問題的目的。

二、對於月相問題曲解的糾正

在太陰月之內，月初是朔，月中是望，月尾是晦，這是不成問題的。所以成問題的是除去了朔、望和晦三個日期的名以外，在《古文尚書》和現存《尚書》中(以及《佚周書》中)有一些「生霸」(或作生魄)和「死霸」(或作死魄)的名稱。這些生霸或死霸在月中的地位，就有不同的解釋。有這些不同的解釋，以及「霸」字指什麼？也就成了問題。大致說來，爭論的焦點應當是：

(一) 生霸和死霸究竟那一個在前半月，那一個在後半月？

(二) 霸究竟指月亮有光的部分(明分)，還是指陰暗的部分(暗分)？

如其依照常識的看法，或者用文化人類學的方法來分析，都應當毫無問題的，第一，生霸當然屬於前半月，而死霸屬於後半月；第二，霸或月魄，應當屬於被人容易注意到的部分，也當然屬於明分而不應當屬於暗分。但在目前許多家解釋之中，卻成了一個混亂的現象，而這個混亂現象的成因，卻應當從《漢書·律歷志》所引的劉歆說法算起。《漢書·律歷志》下(21 下，藝文本 446)：

> 三統上元伐紂之歲……《周書·武成篇》：「(惟)月壬辰，旁死霸，若翌日癸巳，武王迺朝步自周，于征伐紂。」序曰一月戊午歸度于孟津，至庚申，二月朔日也。四日癸亥至牧野，夜陳；甲子昧爽而合矣。故外傳曰：

「王以二日癸亥夜陳。」〈武成篇〉曰：「粵若來三月既死霸，粵五日甲子，咸劉商王紂。」是歲也，閏數餘十八，正大寒中，在周二月己丑晦，明日閏月庚寅朔，三月二日庚申，驚蟄，四月己丑朔，死霸，死霸朔也，生霸望也，是月甲辰望，乙巳旁之。故〈武成篇〉曰：「惟四月既旁生霸，粵六日庚戌，武王燎於周廟，翌日辛亥，祀于天位，粵五日乙卯，乃以庶國祀馘於周廟。」文王五十而生武王，受命九年而崩，崩後四年而武王克殷，克殷之歲，八十六矣，後七歲而崩。

劉歆在這裡指出來的「死霸朔也，生霸望也」，可以說他個人想出來的一個走偏鋒的解釋，和一般經師的解釋，不論今文或古文的立場，都是不一樣的。《漢書》九十九〈王莽傳〉上，元始四年：「今安漢公起于第家，輔翼陛下，四年于茲，功德爛然。公以八月載生魄庚子，奉使朝用書，臨賦營築。越若翊辛丑，諸生庶民大和會，十萬衆並集。」據長歷，元始四年八月己亥朔，庚子為八月二日，辛丑為八月三日。八月二日為生魄部分，不是死魄這部分，是不用劉歆三統術的理論的。王莽和劉歆關係極深，在此王莽都不肯用劉歆朔為死魄的看法。可見劉歆這個看法，只能專為三統曆法解釋之用，對經學上並未發生任何的影響。漢代人治經的方法，只是就經言經，只要謹守師法，並不涉師法以外的事。把朔認為死魄，除去不合今文和古文的師承以外，對於古代中國的民俗，都顯然不合。不過劉歆不會計較到這個地方，只就不合師承一點，也就不能被王莽所採用。

三統曆本身確實是一個龐大的工作。雖然三統曆的歲實還比四分曆疏闊，而武王伐紂的年載（西元前 1122 年），也定得過早，這些劉歆當然不知道。因而他就完全充滿了自信，認為三統曆是完全正確的。縱然生魄死魄的月相，和傳統的解釋不符，他也會認為只有傳統的解釋錯，他的三統曆決不會錯。甚至於後代受到三統曆影響較深的學者也會這樣想。所以以朔為死魄（死霸）之說實際上是一個曲解，但當著三統曆證明是錯誤的，而前 1122 年伐紂也被證明只是一個臆測的，那朔為死魄一說如其不能被立刻清除，那就是工作做得不夠深至。

從以上各點來看，「朔為死魄」一說，即使本身是合理的，也因為失掉了理論的根據，不可以採用。何況此說還是一個本身矛盾而不合理的，那就形成了雙重矛盾，不應當再採用下去，使古曆的整理，多一層障礙。

我們再看一看甲骨文以及金文，月字都是寫作　或　，從來沒有人把月寫作　形。這是顯而易見的，古人都只把月亮的明部當做月，從來沒有人理會月亮的暗部的(今人也沒有人把「月亮」叫做「月暗的」)。劉歆因為自己的私見，把月亮的暗部看得比明部重要，無疑的，這是決不合於古人的原意。

現在再來印證上一章，上一章證明了每一個月都有完整的生命歷程，成為一個專有的單位。在現在一世的生命歷程之中，既然不可能涉及過去的「前生」，也不可能涉及未來的「來世」。雖然生生死死下去無限的周環，但是在任何一世之中均先有生而後才有死，乃是鐵定的規律。朔是每個生命歷程的開始，在古代中國人思想或中國民俗之中，不可能把月的另外一世的歷程放進去。認朔為死魄，無論如何是謬妄的。依任何方向去觀察，「朔為死魄」這一說必需盡先的剔除掉。

這是一個十分淺顯的常識，只要是一個人，不需要任何的知識，不需要任何的學問，都可以領會。但是劉歆為什麼要這樣說？後世的學者為什麼還要用劉歆之說？當然的，並非劉歆一愚至此。而是劉歆非用這種不經之論不能自圓其說。後世的學者採用劉歆之說的也都一定是從三統曆下手，先入為主，為三統曆所蔽，無法把自己解放出來。

這是沒有例外的，在自然科學研究之中，凡是能夠成為定則的，必需在有關事項之中，都能通過而不發生矛盾的現象。如其發生矛盾現象之時，就表示這個假定的定則有問題；或者這個做定的定則，根本要放棄；或者是要從這個矛盾現象之中，找出新的領域。決不允許在擺不平時候，勉強用不合理的事態來曲解。劉歆「朔為死魄」之說既然只是一個詭說，一個曲解，正表示劉歆的年歷大有問題。而後世學者凡是採用劉歆之說的，也根本上都有問題，需要徹底的修攻。

三、對於劉歆算法的討論

劉歆對於月相的解釋，並非從月相談月相，而是在他完成三統術的理論，並且把前 1122 年決定了為武王伐紂之年以後，才就他所認為那一年月相的情況，用對於他最方便的解釋，再來解釋上去的。劉歆在《世經》中所根據的真《古文尚書》的材料，當然是千真萬確的，劉歆沒有這個能力，也沒有這個可能，來篡改真《古

文尙書》，他只有設法改變傳統的解釋。在《古文尙書》中明白的指出伐紂那一天
的月相是：「粵若來三月旣死魄，粵五日甲子。」依照傳統的解釋，旣死魄應在下
弦月範圍之內，粵五日就在二十三四以後了。如其劉歆推定了前1122年的月相
合於這個條件，他一定毫不懷疑的採用傳統的解釋。無奈他所推定的年代並不適
合這種月相。他決不能因爲〈武成〉月相的問題去廢棄他三統曆已成的系統，那就
只有就他所需要的來重新訓釋月相。雖然這只是曲解，並非作僞，向來漢儒好曲
解經文，在五經訓詁中，到處都可找出來，原不僅僅劉歆這一處。只是這一處影
響太大了，才變成了一個糾結不淸的疑點。

爲著將這個問題疏理淸晰，現在先把劉歆對於前1122年冬至前1121年春
幾個月中的月相及其有關問題，重新的表列如下：

周正一月小(建子月)　辛卯朔　二日壬辰小雪　十六日丙午大雪
辛卯　朔旣死霸　二日壬辰旁死霸翌日癸巳

周正二月大(建丑月)　庚申朔旣死霸　一日庚申冬至　十六日乙亥
小寒　四日癸亥　五月甲子　己丑晦大寒

周正閏二月小　庚寅朔旣死霸　十七日甲辰旣旁生霸立春　二十三
日庚戌

周正三月大(建寅月)　己未朔旣死霸　二日庚申旁死霸雨水　十七
日乙亥旁生霸驚蟄

周正四月大(建卯月)　己丑朔旣死霸　二日庚寅旁死霸春分　十五
日甲辰旣生霸　十六日乙巳旁生霸穀雨　二十一日庚戌　二十二日
辛亥　二十六日乙卯

以上三統曆的推算，是不切合商末周初的天象的。所以和當時實際採用的年月日
完全不符。董作賓先生的中國年譜是採用了近代推算的成果，來製成的曆譜。其
中商周年代及各王年代，雖然尙有爭論，但其可以作爲一個合天曆譜，來作爲標
尺，是不必懷疑的。以下將董表所載合天的月相列入，作爲比較。

周正十二月小(建亥月)　戊子朔　辛卯在四日　辛卯小雪　壬辰在

五日　十八日乙巳大雪

周正二月大(建子月)　丁巳朔　五日辛酉冬至　二十一日丙子小寒
七日癸亥　八日甲子　此月無辛卯及壬辰

此月董表認爲係閏月，因爲這一年應當有一個閏月，依照「年終置閏」
的方法，這個月應當算爲商正十三月，所以是閏月。但這個月內兼
有冬至和小寒，就表示眞的閏月已經閏過了。若以周正來說，「十三
月」是建子月以前的那個月，卽董表的「十一月」，朔日在戊子的那
個月。所以丁巳朔的月應爲周正一月，丁亥朔的月，則爲周正二
月。

周正二月小(建丑月)　丁亥朔　五日庚寅大寒　十九日乙巳立春
此月無癸亥及甲子

周正三月大(建寅月)　丙辰朔　四日己未雨水　十九日甲戌驚蟄
此月無庚戌無辛亥無乙卯

周正四月大(建卯月)　丙戌朔　四日己丑春分　十九日穀雨
二十五日庚戌　二十六日辛亥　三十日晦乙卯

一經比較之下，劉氏所算的，朔月先天三日，而節氣先天一日。因而在周正二月
以後，三統術可以具有一個閏月，而眞的合天曆法，就不可能排上一個閏月。也
就是依照三統術的推算，在庚寅朔的那個月，全月之中，只有在十七日立春這個
節氣，而大寒或雨水都不在這個月內。這就成爲一個沒有「中氣」之月，當然的是
一個閏月。但實際上這個月是丁亥朔，五日大寒，十九日立春，在這一月具有中
氣和節氣。當然就不是一個閏月。一定要作爲周正三月。在此年從一月開始，沒
有一個月是閏月。

依照《古文尙書》的記載。從甲子日到乙卯日，一共有五十二日。並且明明記
載著，甲子是在二月。庚戌、辛亥、乙卯都是在四月。清清楚楚，明明白白的，
只有把甲子日排在上半月，四月之中才能有庚戌、辛亥、乙卯三日，若把甲子排
在下半月，這三日在四月中就放不進去。但劉歆的月相法，是認爲甲子在下半月
的，只有一種特殊狀況，有一個「閏二月」，才能把這三天擺到四月內。但現在已
經證明了這個「閏二月」是根本不曾存在的，劉歆月相的理論也就根本不能成立。

董作賓先生基於思古之幽情，很清楚的知道前 1122 年說，完全失了根據，但內心中還不想把劉歆的理論全部推翻。因此另外找出一年，卽前 1111 年，代替前 1122 年。

> 周正十二月大（殷正十一月大，建亥月）　庚寅朔　十日己亥大雪　二十五日甲寅冬至　二日壬辰旁死霸　四日癸巳　二十八日戊午

> 周正一月大（殷正十二月大，建子月）　庚申朔　十日己巳小寒二十四日癸未大寒　四日癸亥　五日甲子

> 周正二月小（殷正一月小，建丑月）　庚寅朔　九日戊戌立春二十四日癸丑雨水　三日壬辰　四日癸巳　二十一日庚戌　二十二日辛亥　二十三日壬子　二十六日乙卯

> 周正三月大（殷正二月大，建寅月）　己未朔　十日戊辰驚蟄二十六日癸未春分　六日甲子

> 周正四月小（殷正三月小，建卯月）　己丑朔　十日戊戌清明二十五日癸丑穀雨　二十二日庚戌　二十三日辛亥　二十四日壬子二十七日乙卯

這一年周正一月庚申朔，正是劉歆所要求的，而他在眞的天象中不能得到的。現在在此處得到了。對於循劉歆舊法來推算，確有其方便之處。但是別的困難也隨著來。第一，劉歆設計，需要有一個閏月，但此年並無閏月。第二，〈武成〉原文壬辰和癸巳，在一月，此則在十二月（殷正在十一月也不對），甲子在〈武成〉三月，此則在一月（殷正在十二月），庚戌、辛亥和乙卯，〈武成〉在四月，此則在三月（殷正在二月），和〈武成〉原文完全不合，只有向後再推，在周正二月（殷正一月）是三日壬辰，四日癸巳。又在周正三月（殷正二月）是六日甲子。又是周正四月（殷正三月）是二十二日庚戌，二十三日辛亥，二十七日乙卯。這樣只是勉強符合。其中的問題仍然十分嚴重，不能不加以核實[1]。

1　依長曆，前 1026-1025 年，其中干支若按照建子月為準計算，則應為下列的形式：

　　一月（建子）辛未朔　二十二日壬辰　二十三日癸巳

這一處的日期，和〈武成〉比附，只是用殷正月份按周正月份，等於油和水相參雜，還是十分勉強，而不是使人滿意的辦法。此處比附〈武成〉所用的曆法，是先用殷的正朔，一月的壬辰、癸巳，二月的甲子，都是殷正，到四月的庚戌、辛亥和乙卯又改用周正。用兩種不同的曆法相接，才能和〈武成〉配合上。雖然在古代文獻之中，儘可在一個國家中，同時兼用兩種曆法(周代書時夏正和周正兼用，但殷正和周正兼用卻從來未見過)。但在一篇之中兼用兩種，一點不加區別，卻從來所未有。《詩經‧豳風‧七月》確兼用周正和夏正，但周正用「一之日」，「二之日」，夏正用「一月」，「二月」，從未混亂相稱過。倘若說古文〈武成〉在一篇之中並用兩種曆法，不加分別，這是史無前例，不能使人相信的事。

再看殷周曆法的不同，決不可能屬於一個臨時發生的事，而是基於殷和周本為不同的民族，各人有各人傳統的風俗習慣。決不是周人在伐紂之前尚用殷曆，等到克殷以後，一個月之中，就創造了一個建子曆，立刻施用起來。周對殷的獨立情況，是溯於文王的「受命稱王」，武王不過是繼文王而登王位。依照《尚書‧牧誓》篇的記載，武王在牧野之戰以前已是周王，並未承認自己是殷的諸侯。既然已是周王，斷斷不可能在伐紂之時，在牧野宣誓時，在甲子與殷會戰時，還是恭順的奉殷正朔。甚至於史官作〈武成〉篇時，還是要奉殷的正朔，使武王對於殷的地位，不是平等的國家，武王只算得一個殷的叛臣。這樣無論如何去解釋，不能認為是合理的。

〈武成〉篇是周史官所記，而決非殷史官所記。周史官對於殷周的關係，只能把周對於殷推遠，決不會把殷周的關係拉近，這是尋常的人情。試看一看明清的關係，就知道清人是極端偽飾對於明代君臣的關係的。清人的事明，本有其事，清人尚要偽飾，武王本來不曾事紂，周的史官怎能把未曾事紂的武王，算做奉殷正朔的諸侯？何況在周代的記事法，各國的史紀年用各國自己的年，曆法用自己

二月（建丑）庚子朔　二十五日甲子

三月（建寅）庚午朔

四月（建卯）己亥朔　十二日庚戌

依《漢書‧律曆志》引古文〈武成〉，一月壬辰旁死霸，翌日癸巳。二月既死霸，粵五日甲子，四月既旁生霸，粵六日庚戌。按照本篇擬定辦法，都能符合，若是別的辦法，都有問題的。

通行的曆法(如同魯用周曆，《春秋》也用周曆用魯公紀年；晉國用夏曆，《竹書紀年》也用夏曆，前半用晉國來紀年後半用魏國來紀年)，此是史官秉筆的通則，所以〈武成〉參用殷代正朔來記，是無此可能的。因而前1111年也沒有和〈武成〉的日月有互相符合的地方。

前1122年和前1111年的日月，既然都和《古文尚書・武成》不相符合，所以劉歆系統下的月相解釋，用〈武成〉來比附的，也就不必再爲考慮了。

四、怎樣才是合理的月相解釋

依照〈武成〉的紀日，甲子必需在二月，庚戌必需在四月。從甲子到庚戌，共有四十七日。一般來說二月和三月，其中有一個大月，一個小月，那就甲子日一定要在二月十二日以後，庚戌日才能推到四月。若甲子日在十一日以前，庚戌日就到三月，四月無庚戌，就不能與〈武成〉相合了。〈武成〉的月相，是「粵若來三月既死霸，粵五日甲子」，依照劉歆以外各家的解釋，既死霸一定在下半月，甲子也一定在下半月，庚戌日在四月，而辛亥乙卯也都在四月，都是十分通順，沒有問題的。

自從劉歆提出他個人的新解釋，於是甲子從後半月提到前半月的五日。這樣庚戌、辛亥、乙卯等日，在四月內是不可能出現的。其對於〈武成〉適應的可能，大爲減低。只有在一個特殊情形之下，二月有一個閏月，四月才能合有庚戌、辛亥和乙卯日。劉歆利用當時的天文知識，推算出前1122年正合於這個條件，他就很有自信的認爲武王伐紂就在這一年。但是到了近世，合於天象的曆譜出現，1122年就被確實證明，二月既非庚申朔，也沒有閏二月。因而劉歆的假設全然失效。董作賓先生雖然在前1111年找到了一個二月庚申朔，但卻沒有閏二月，也提不出合理的解釋，仍然不可以用。若再向後找，直找到前987年，只有兩個二月庚申朔兩個二月辛酉朔，卽前1070年，二月辛酉朔(閏在前一年三月)，前1044年，二月辛酉朔(閏在這一年五月)，前1013年，二月庚申朔(閏在前一年四月)，前987年，二月庚申朔(閏在這一年六月)，都在這些年中，沒有一個閏二月。也就是在這附近的一百多年之內，找不出來有一年之中，二月庚申朔或辛酉朔再加上閏二月。所以劉歆朔爲死魄的解釋，卽使不問是否合理，專就事實來

說，也是一個不可能的假設。

劉歆這一個系統下的解釋，凡是和別家不同之點言，沒有一處是站得住的，既然全然不可用，那就只有取經於劉歆以外各家系統的一個辦法了。劉氏以外其他各家對於月相的解釋，計有：

《禮記‧鄉飲酒義》：「月者三日則成魄，三月則成時。」

《漢書‧王莽傳》上：「太保王舜奏，公以八月載生魄庚子奏使朝用書，臨賦營築。」（元始四年）

揚雄《法言‧五百篇》：「月未望則載魄於西，既望則終魄於東。」（載即〈王莽傳〉載生魄的載，師古《注》「載，始也」，即十五以前為始生魄。終有死義，所以十五以後為死魄。）

《白虎通‧日月篇》：「月三日成魄，八月成光。」（成有「生成」之義，即每月初三日始生魄，至每月初八日始見光耀於地上。）

靈《說文解字‧月部》：「霸，月始生霸然也。承大月二日，小月三日。從月，　聲。」（此處明指始生霸，即始生魄，在月初，非月中，亦非月尾。承大月二日，小月三日，是說上月為大月，始生霸在月初二日；若上月為小月，始生霸是初三日。）

〈康誥〉「載生魄」《經典釋文》引《尚書》馬融《注》：「魄，朏也，謂月三日始生非朏，名魄。」（此處也指明始生魄在初三日）

以上各家之中，《白虎通》為今文學家總集，馬融卻是一個古文學家。所以不論漢代的今文經說，或者古文經說，都一致以為生魄在每月十五以前，而死魄在每月十五以後，絕對不生問題。只有劉歆的「死霸，朔也；生霸，望也。」完全和別人立異的。但和劉歆同時，王莽就不曾採用劉歆的說法，到了劉歆以後，東漢所有的經師，也不曾採用劉歆的說法。只有在《漢書‧律歷志》師古《注》引孟康說：「月二日以往，明生魄死，故言死魄，魄月質也。」孟康本來是專釋《漢書》，在

此只爲劉歆說做解釋，並不涉及東漢經學。所以孟康說與劉歆說，還只是一個來源。如其劉歆說不能成立，那孟康的解釋，當然的，沒有一顧的必要[2]。

從以上所說的來看，一方面是漢儒傳統的意見，另一方面是劉歆個人的意見，誰對誰錯，是明白無疑的。我們如其不講古代月相問題，也就罷了。如其還要講月相問題，至少要有以下的認識：

（一）曆法的月和月相的月是一致的，不會有雙重標準，所以既生霸必在月初，既死霸必在月尾。

（二）霸（或魄）卽是朏，是指月亮可見的部分（亦卽明的部分），而不是不可見的部分（亦卽暗的部分）。

五、對於各家解釋的批判

俞樾在《曲園雜纂》第十，作生霸死霸考，他說：「以古義言之，則霸者，月之光也，朔爲死霸之極，望爲生霸之極。以三統術言之，則霸者月之無光處也，朔爲死霸之始，望爲生霸之始，其於古義，翩其反矣。」他依據文字聲韻的知識，確認爲魄字的本字是霸字，霸是月光，而不是月的暗處，因此劉歆以爲十五日是「載生霸」是錯誤的。也就是他採用了一部分東漢經師之說，把每月三日認爲「載生霸，亦謂之朏」，這當然是向著正確的路徑走了一大步，但是還採用了劉歆一部分的說法，認爲「一日」（朔）還是「既死霸」，而「十五日」（望）還是「既生霸」。這只是想做「調人」，並不能了解每一月就是一個月的月亮生命歷程。在任何一個生命之中，是不可能「死在生先」的，就不免構成混亂，自相矛盾。結果，他的新說在漢經師系統之中，或者在劉歆系統之中，都無法做到融洽的地步，嚴格論來，形成「兩無所取」，而變成「自我作故，無所憲章」。就本身系統一貫性，以及對於一般漢經師和劉歆兩個不同的系統做一個擇善而從的取捨，不拖泥帶水，這兩點來說，王國維的〈生霸死霸考〉（《觀堂集林》卷一）就可以說眞正的首次走到正確的

2　蘇內精〈關於殷曆的兩三個問題〉，根據「史頌敦」和「頌鼎」，這兩器當為一人所作，史頌敦作「惟三年五月丁巳」，頌鼎作「惟三年五月，既死霸甲戌」，是同年同月造的。丁巳到甲戌有十八天，不管丁巳是月初或十一、二，既死霸非在後半月不可，這是一個十分堅強的，既死霸決不是朔的一個證明。

方面。他提出了「初吉」、「既生霸」、「既望」和「既死霸」四個段落，依照所有金文的紀錄，也是確然無誤，比較兪氏忽略了「初吉」以及「既望」兩個段落，也進步得很多了。只是因爲王氏發現了這四個段落，就在一月之中，把一月的日子平均分配一下，形成了四分之一月論，即七日一個階段，這當然不合於中國的習慣，因而很受批評，不可信據。但不論如何，雖然王氏的四分之一月或七日一段的分法，尚有爭論。王氏的整個系統的樹立，仍然有十分重大的功績和意義的。

岑仲勉先生的〈何謂生霸死霸〉是一篇分量相當重的文字。主要的目的是強調中國月相說受到了印度的影響，這一點證據不足，並不能成立。而且他對於月相的看法，也不夠切當，他以爲「以梵文解之，得爲光分，亦得爲黑分，兩義可以並存。漢代經生，各傳師說，僅得其一知半解，末路逐愈歧異」，仍是一個不辨是非，強作調停的看法。其實《白虎通》及馬融的論點，才是傳自師說，劉歆的論點，是三統曆的觀點，並非師說，以經學系統的觀點來說，兩者是不能相提並論的。這一點他可惜不曾闡明。不過他這篇用的功力很深，值得參考的地方還是不少。他在〈金文所見之材料〉一章，綜合當時能看到的銅器銘辭，歸納結果，有關月相的，只有初吉、既生霸、既望和既死霸四種。計爲初吉一〇三例，既生霸三〇例，既望二十五例，既死霸九例。此外只有陳簠的「唯王五月元日丁亥」稱元日不稱初吉一個特例，再沒有別的有關月相的名稱。他的這個工作是切實的，證明了王國維的月相分類法，雖然每段的日數，是不是七日，問題非常大，但不管一段日數是多少，每月分爲四個階段，藉此得到更確實的證明。

岑仲勉先生的工作，因爲他沒有積極的意見，只有參考的價值，卻也不曾對於年曆方面構成混亂的因素。至於董作賓先生的〈周金文中生霸死霸考〉（中央研究院史語所《傅斯年先生紀念專號》），那就完全不同了。董先生的《殷曆譜》，董先生的《中國年曆譜》，都是功力之深，一時鮮對。就原則方面來說，董先生主張先用一個眞正合天的曆譜做基礎，再把擬定的古代曆年配上去，以及認爲中國的六十甲子的干支紀日，從古至今未曾中斷過，應當當作爲考訂中國古代曆法的基礎，這兩個基本觀念都是十分正確的。縱然還有人不贊成，但決不妨害他主張的正確性。但從別一面來看，他不能把劉歆主張的包袱棄掉，不僅對於他的年曆成爲一個重大的妨礙，構成了一些漏洞，而且還影響到不少的學人。如其不對於

這一點做一個澄清的工作，那就錯誤相沿，使中國古曆無法做正確的研討。

董先生理論的第一點就是不承認初吉、既生霸、既望、既死霸是四種不同的月相，而是只有兩種月相。亦卽是，（甲）初吉卽既死霸（也就是朔），（乙）既望卽既生霸。這樣就發生了一個問題，金文時代只有兩個月相標準，爲什麼要用四個不同的名稱？這是何所取義？如說其金文時代，月相名稱用法本來不嚴，可以這樣用，又可以那樣用，爲什麼金文月相名稱只限於四種，沒有五種、六種、七種、八種？爲著實際上對於異同的區別，宇宙中的萬事萬物各有定名。人就是人，獸就是獸，樹就是樹，草就是草，既不可呼獸作人，亦不可稱樹爲草。爲著正名起見，寧可以分判朔爲朔，望爲望，生霸爲生霸，死霸爲死霸，不可以輕易把朔和死霸混淆，也不可以把望與生霸混淆。如其眞可以這樣混淆，那金文上有既死霸就夠了，何必還用初吉和既望兩個稱謂？而且四個不同的名稱，顯然各有範圍，並非幾個特例。把四個月相歸併成兩個月相，顯然不合金文原來應用的習慣。

當然，依照董先生的解釋，董先生所用的是「定點」辦法，和王國維的「四分月法」基本全然不同。董先生認爲王國維的「四分月法」範圍太寬，在初吉、既生霸、既望、既死霸每種分類之下，可以包括七天，甚至八天，所以比較容易把它放入年代裡。董先生的「定點」是比較嚴格的，每月只有兩個定點，而每個定點(卽朔或死霸，望或生魄兩個定點)的日數不過三天，兩個定點總共不過六天，這就可以精密得多了。不過照這樣定，一個嚴重的問題就隨著來。因爲每月只有兩個定點，那就只有在定點內才能鑄器，在定點以外就不能鑄器。這件事在文獻上是無法找到證據的，不可以輕易的採用。如其說定點以外也可以鑄器，那就等於把定點擴展到十五天，豈不比王國維所擬的七天或八天更要寬？如其說定點以外也可以製器，不過只能用距定點爲近的日子，那就干支只許用朔望兩日的，爲什麼距朔望近的干支可用，而距朔望遠的不能用？

董先生所以要用「定點」辦法，自然不僅以爲王國維「四分月法」範圍太廣，要加以糾正。而是董先生自己的立場，非用「定點」法不可。董先生雖然沿襲劉歆「朔爲死魄」的看法，卻也發現了劉歆把「霸」認爲月的黑暗部分，亦卽是把月相著重在不見的部分，而不著重在能見的部分，是不合理的。所以董先生又接受了「霸」卽「朏」的漢代經師說法，把霸確實證爲月的明部，而不是月的暗部。照這個原則

引申，即使把朔認爲既死霸，到初三以後，月亮已沉，就不可能再算做既死霸了，所以董先生理論中的初吉是包括「既死霸」、「旁死霸」和「載生霸」的，包括初一、初二和初三，不再到初四。這就成爲一個定點。同樣範圍，從十五日的望(「既生霸」)再推到十七日不再到十八日也就成了第二個定點。除去初吉和既望，其餘的日子，就不必放在定點之內。照這樣來說，兩點只有六天，有初吉和既望兩個名稱已經很夠了，若再用「既生霸」和「既死霸」兩個怪名稱，實在一點也代表不出意義來，爲什麼金文上還要用？這是可以了解的，依照董先生的思想系統一步一步的衍進，確實可以發展到每月初一、初二和初三，仍爲「生霸」的結論。並且如果依照民族文化和歷史發展的線索來追尋，也會發現修正的結論。

六、對於董說幾個證明的討論

董先生爲著要徵信，因此就找了幾個證明，以下再就這幾個證明討論一下。

第一、「既死霸即初吉」之證，董先生舉了「師晨簋」、「師艅簋」和「頌鼎」。師晨簋和師艅簋均作：「惟三年三月初吉甲戌，王在周師彔宮，旦，王格王室，即位。」以下師晨鼎作「司馬洪右師晨入門，立中廷，王呼作冊尹冊內史冊命」，師艅文意全同，自是同時所作的器不必懷疑。不過除去了一個「三年三月初吉甲戌」以外，沒有其他資料來斷這是那一個王的時代所作。依照器形字體自是中周時代，但中周時不只一厲王，郭氏斷爲厲王時，雖屬可能，當無確實證據。並且厲王三年在那一年，也是成問題的。依董氏歷譜，在前855年，三月癸酉朔，二日爲甲戌，在初吉限內；又前876年，三月甲戌朔。只有此兩年可能是厲王三年。若以前855年爲厲王三年，那就厲王到共和元年爲十七年；若以前876年爲厲王三年，那就厲王到共和元年爲三十八年。董先生是同意後者的，依照《史記・周本紀》，「厲王即位(三十年)好利近榮夷公」，「國人謗王，召公諫曰，民不堪命矣，王怒，得衛巫，使監謗者，以告則殺之。其謗鮮矣，諸侯不朝。(三十四年)王益嚴，國人莫敢言，道路以目。厲王喜，告召公曰，吾能弭謗矣，乃不敢言。召公曰，是鄣之也……。王不聽，於是國莫敢出言，(三年)乃相與畔襲厲王。」這裡面文字是一直相承下去的，把年歲加進去，顯然十分勉強，文氣不接。這裡加入年歲一層，在《集解》、《索隱》和《正義》中，都沒有解釋，決不是《史記》原文，而是爲後

人竄入，至於晚到那個時候才加入的，卻不知道。瀧川資言考證說：「芮良夫諫用榮夷公，與召公諫監謗二事，《國語》不記其年，他書亦無所徵，此云即位三十年，下云三十四年，未知何據。」這個懷疑是可注意的。只要細看一看，便知「即位三十年」一句，重複繁贅，不是《史記》常見的行文法。在《史記》中，書即位的，下一段便是即位以後的事，不再書年，若這種事件從即位後某一年開始，便只書若干年，不再標出「即位」二字。此處書「即位」，就表示用榮夷公是即位以後的事，其「三十年」三字，按著文義來看，顯然是後人竄入的。若「三十年」三字是後人竄入，那就「三十四年」四字也是後人竄入。照文義來看「諸侯不朝，王益嚴，國人莫敢言，道路以目」，「諸侯不朝」和「王益嚴」是一氣相承，中間夾一句「三十四年」完全不是司馬遷原意，其痕跡是非常顯著的。

司馬遷作《史記》，只有〈魯世家〉別有根據，所記各公的年代可以上推到伯禽之子考公，其餘〈周本紀〉及各國世家，對於共和以前的年代，無從知悉，均置之不記。在〈十二諸侯年表〉，就在共和元年庚申年開始，不始於厲王，就是因為厲王的年數司馬遷也不知道。如其能知道〈周本紀〉中加入的所謂「三十七年」，那就〈十二諸侯年表〉中早把厲王的年載加進去了。這個三十七年的數目，至早是六朝時期皇甫謐一類的古文學者推算出來的，甚至於是唐人推算出來的，推算的基礎是從劉歆的前 1122 年起，所以可以分配這麼多。但是《史記》的注家一直到張守節都未曾看到。因而各注家不曾討論，直到瀧川資言才加以提出。這一點還是非常值得注意的。

厲王在位三十七年一事，其不可信據，應當沒有多少疑問的。第一，倘若厲王能夠在位三十七年，那就連上共和十四年，厲王就有五十一年的在位時間。(因為厲王出居於彘，其法律上地位，和魯昭公居於乾侯一樣。共和改元，不過周召二公為著應付民變，塗飾耳目之用，周召的地位不過和昭公時三家一樣。既然未立新君，厲王當然仍是法定的君王。)在君主之中，超過五十年的，實在太少。其中只有秦昭襄王五十六年，周赧王五十九年，漢武帝五十三年，清聖祖六十一年，清高宗六十年。既然在歷史上的或然率不大，也就是實現的可能性不大。

其次，依照周代的習慣，未曾有沖年來居王位的事。周公輔成王，實際上是稱王居攝(同理，魯隱公攝魯桓公執政，仍用了「公」的名義)，厲王沒有別人居攝

的事，也就是即位時已經成年。設厲王以二十歲即位，而居位五十一年，那就厲王死時已經七十一歲。宣王爲厲王嫡子，並且還有一個母弟鄭桓叔。若以厲王年歲來算，宣王即位時已經應當四十歲到五十歲。但實際不然，共和元年宣王還不到十歲，到即位時不過二十歲才出頭。所以厲王在位的年數應當至少減去二十年才合理(亦即厲王在位年數，連共和在內，不可能超過三十年，而厲王死時也不過五十歲左右)。三十七年這個數目，是不可靠的。

其次，司馬遷因爲諸侯史記都被焚燒，惟一得到的數目字是〈魯世家〉，但到西晉時期幸脫秦火的諸侯史記，《竹書紀年》被發現了。紀上的西周共和以前年數，約爲一百八十餘年。這一百八十餘年，除去了厲王三十七年，再除去穆王五十五年，不過尙餘九十年，這九十年的數目，除去「刑措四十餘不用」的成康時代只剩四十餘年。而這四十餘年，要包括昭王、共王、懿王、孝王及夷王，每個王分不到十年時間，那麼，可想像的，如其原因就在後世的估計，對於厲王的年數估計得太多。而估計太多的原因，是大家都根據劉歆的算法，比眞的年代差不多提前一百年。

更次，假設厲王眞有三十七年，那第三十七年應當卽是共和元年。共和元年是絕對不可能「逾年改元」的。在春秋之世，魯國一直是謹守逾年改元之制的。但在特殊狀況之下，就不能從容等待去逾年改元。魯昭公於三十三年六月逝世，魯定公即位，就立刻改元。顯然是三家怕引起混亂，才做這非常的舉措。厲王被逐，國內已經起了混亂，周召改元，是因爲時勢緊急，藉此來一新耳目，以圖安撫混亂，不能還好整以暇，依照常規等待明年。所以即使厲王眞有三十七年，厲王元年也要在前 877 年而不是前 878 年。厲王三年就應當在前 875 年而不是 876 年。前 875 年的三月朔是己亥並非甲戌。

更重要的是牧簋，牧簋的原文是：

佳王七年十有三月，既生霸甲寅。王在周，在師游父宮。格大室，即位。公爲組入右牧，立中廷。王呼內史吳冊命牧。王若曰，牧，昔先王既命汝作嗣土（司徒），今余唯或敦取。命汝辟百寮有司事。包（浮）迺多辭，不用先王作刑，亦多虐庶民，厥訊庶有㗊（㗊與喦通，指多言），不刑不中，斯疾之菑（災），以今既司匐（服）厥辠召故。王曰牧，汝毋敢弗帥

用先王作明刑，用于厥訊。庶有𠱞毋敢不中不刑，乃毋政事。毋敢不尹（尹指治理）不中不刑。……敬夙夕勿廢朕命。

這個器的銘文，是說衆庶多言，是由刑罰不中的原因，指示要嚴加治理，不要寬縱。這和厲王時國人謗王的情況，完全符合。所以此器爲厲王時器，沒有太多的問題的。厲王在位的年數，依照劉歆說來推定爲三十七年，其不可靠已見前。另一說爲李兆洛推《紀年》說，厲王在位十二年。若依宣王的年歲來看，十二年說是合理些。現在就姑且用十二年說，試一試看。

依照十二年說，厲王元年在共和以前的十二年，也就是前852年（因爲共和元年爲前841年，也就是厲王十二年。因爲事起倉卒，不會逾年改元的），順數七年，卽是846年。這一年有閏月，所以十二月卽是十三月，十三月爲丙午朔，甲寅是初九日，正符「旣生霸」的條件。不論今本《竹書紀年》對於古本《竹書紀年》保存下來多少，其厲王在位十二年，這一點還是可據的。因爲厲王是與共和正相銜接，照說來厲王的年數是最容易保存下來的，並且十三月旣生霸甲寅，這個日期在附近的許多年中，也確實找不到。譬如依照厲王三十七年說，厲王七年爲前872年，這一年沒有閏月，也就不可能有十三月。這年十二月丁丑朔（就算把十二月當作十三月）無甲寅，所以就不能適合。

就牧簋銘文內容看，牧簋是適合於厲王政局的。就師晨鼎和師兪簋銘文內容看，那一個王都可以的，並無一定屬於厲王時期的必要。董先生對於師晨鼎和師兪簋已承認「這雖不是堅強的證據」，也就是說如有更堅強的證據，師晨鼎和師兪簋的證據就得放棄。現在牧簋的證據要堅些，所以厲王的年代，應當從十二年說。

還有一個十分重要的證據，要在此說一下，這就是「兮甲盤」的月相。兮甲盤是宣王時器，依照器形及文辭，都是沒有問題的。其中言及征代玁狁的事，時在五年，與宣王初年征伐玁狁的史事完全符合。其中月相是「惟五年三月旣死霸庚寅」。此年三月二十五日，正得庚寅，和我的月相說可以「密合無間」，若以旣死霸爲朔，就完全衝突。金文中能完全斷定絕對的年代的本來很少，這一個器的證明價值，可以說在任何一器之上。

師晨簋和師兪簋對於這個問題只算做了一半，對於厲王三年三月初吉的時日

問題已經構成了上述的糾紛，但是此二器並不涉及所稱的「初吉卽旣死霸」一事。若想再證「初吉卽旣死霸」還得用「頌鼎」來和師晨簋和師餘簋相依附。頌鼎有關的文字是：

> 惟三年五月旣死霸甲戌，王在周康邵宮。旦，王格大室，卽位。宰弘入右頌門立中廷。氏受王命書，王呼史虢生冊命頌。

此器雖然也是中周時代的，不過時、地、人均和前兩簋不一致。若前兩簋是厲王時，此器卻無法證明爲厲王時的。因爲此器和前兩簋毫不相干，難以在銘文中互相牽附。董先生因爲這年三月爲甲戌朔，三月和四月連大月，則五月亦爲甲戌朔（其實三月和四月不是連大月，五月爲癸酉朔，甲戌亦在初吉限內）。旣然五月爲甲戌朔，依董先生的理論，認爲「朔」爲「死霸」，所以此甲戌朔爲死霸，旣然甲戌朔爲死霸，所以「朔爲死霸」這理論是對的。這個論證的方式，實在是一個循環論證。用同樣的公式套進去，我們也可以說，五月雖是甲戌朔，但頌鼎所說的是旣死霸，朔不是旣死霸，所以頌鼎的甲戌不在這個甲戌，所以朔爲死霸的理論是不對的。由這裡來看，用頌鼎的文字，並不能證明頌鼎和師晨簋及師餘簋的關係，也不能對生霸或死霸問題做任何的證明。

認爲頌鼎在厲王時代是沒有證據的，認爲在宣王時代卻大有可能。宣王三年三月丁未朔，甲戌是二十八日。依照合理的月相解釋，正是旣死霸時期。這是絕對的年代，絕對的年代月相都相合，正可證明旣死霸是在月尾不在月初。

第二、「旣生霸爲望之證」，董先生以舀鼎爲證，舀鼎的原銘是：

第一節　惟王元年六月旣望乙亥。

第二節　惟王四月旣生霸，辰在丁酉。

第三節　昔饉歲，匡及願臣廿夫，寇舀禾十稱。

第一節「記王命舀司卜事及作器紀念」，第二節「記與小臣允訟事」，第三節「記匡償還所寇禾事」。董先生以爲：「一二節當是後兩年中事，三節又追記昔年事。則作器當在二年或三年間。主要爲紀元年受王命作器，所以列在首段。因附記二年

訟事及償禾事。作重器是一件大事，非必立刻辦到的，因此過了若干年，改朝換帝了。『趞曹鼎』一稱王，一稱龔王，就是此例，舀鼎非當年所作，可爲旁證。」

這裡包括了幾個意思：(一) 第三節是過去數年的事，第一節比第三節稍後，第二節又比第一節更後，至少一年。(二) 因爲重器不能立即鑄成，而還禾事較簡，所以第二節事必在第一節事之後。(三) 第一節稱「惟王元年」，第二節只稱「王四月」而不稱年，依「趞曹鼎」一稱龔王，一稱王之例，所以第一節和第二節不在一王時期之內。

這三點都有問題的，就第一點說：第三節時間比第一、第二節爲早，確實不錯；但第二節卻沒有理由說，比第一節爲晚，也就是第二節的四月，正應當比第一節的六月早兩個月。所以把六月寫到開始，是因爲作器的目的，在六月接受王的榮寵，四月得到「匡」的還禾，只是附帶的事。吉金的慣例，如有王的榮寵，還是以王的榮寵爲基本。先寫第一節，並不代表六月時間在前，四月時間在後。

就第二點來說：重器不能立即鑄成，自是事實。不過這是普遍情形，不是只此一器是這樣。凡是重器，銘文都是鑄上去的，不是刻上去的。也就銘文和器形是同時設計的，在做模型時，銘文也已經做好。此鼎即令是二年，或甚三年鑄成的，銘文的擬定仍是元年時做好。所以第二節不可能是後來加上的。

就第三點來說，舀鼎的「惟王元年六月」和「惟王四月」是省去「元年」二字，和趞曹鼎中一稱「王」，一稱「龔王」情況不同。在語句之中，「王」是人稱，「年、月」是時間，兩者的文法地位迥然不同，是不可以互相比較的，顯然的「四月」正是「元年四月」，元年二字蒙前文而省，而六月因尊重王命提前，四月就變成倒裝法。文中倒敘前事，史籍中常見，一點也不必稀奇。只因董先生有一個「生霸即望」成見在心中，總覺得有資料可填進去就填進去，這樣成爲偏蔽，而不管合理與否了。

在舀鼎內，望和既生霸明明是兩個不同的名稱，就應當是兩種不同的月相，既無混雜互稱的可能，亦無混雜互稱的必要。這裡是先有一個望即生霸的成見，然後盡量作解釋放進去的。應用這個方法，不僅「望爲生霸」可以，若想解釋「望爲初吉」，以及「望爲死霸」，或者「朔即望」也一樣辦得到。

董先生假定四月在第二年，排出元年各月朔日及二年各月朔日，並且要假定

元年六月望日在十七，才能得到四月既生霸在十五，這是非常迂曲的。其實望日依照標準算法，當然要在十五日，放在十七日就成爲曲解了。現在照我的看法，仍用董先生的假設表格，把六月望日改放在十五日，全部的日子都提早兩日，丁酉日也提早到四月十三日，這當然是合理的，四月十三日正是在「既生霸」限內。可是照董先生算法，十三日是不在「定點」之內就不能記錄上的。

其實把四月丁酉日算到元年也可以講通。六月乙亥望，是六月十五日，則六月朔爲辛酉，五月朔爲辛卯，四月朔爲壬戌，此月內無丁酉，必需有一個閏月(王國維〈生霸死霸考〉也假定四月至六月之中必有一閏月。董先生假設的元年六月至二年四月，其中有一閏月，否則二年四月中亦無丁酉)。因而四月當爲壬辰朔，丁酉爲四月初六日，也恰在我所認爲「既生霸」的限內，卻不在董先生認爲「既生霸」(十五至十七)，也不在王國維認爲「既生霸」(八日至十四日)的限內，在王國維的〈生霸死霸考〉中把這個器中的「六月既望」也和董先生一樣，認爲是六月十七日。總之，十七日算做望，都遠不如把十五日算做望好[3]，因爲十五爲望是標準的，也當然比較正確。如其不能提出來十五日當作望，以十七日爲標準，就不免有些勉強了。

「死霸爲朔」和「生霸爲望」是董先生〈周金文中生霸死霸考〉中立說的基礎。最重要的部分還是這兩段證明。這兩段證明既然不可信據，其他幾個證明都是根據這兩個條件發展出來的，當然不必再一個一個的詳爲討論了[4]。

3　黃盛璋的〈釋初吉〉，認爲初吉可以一直到初十日，其不可信當在後章談到。倘以曶鼎來證，照董作賓的算法，若認爲十五日爲望，則既生霸爲十三日，黃氏之說，尚可說通。不過此處董說不如王國維說爲合理。若按王氏的算法，再認爲十五日是望，那就既生霸在六日，黃氏之說就不可通了。

4　除上舉兩證以外，董先生又舉「大𣪘」和「大鼎」兩器的比較，來同時證明「既生霸爲望，既死霸爲朔」。此二器是相關的，是有相互條件的，亦即「若既生霸爲望，則既死霸爲朔」以及「若既死霸爲朔，則既生霸爲望」。反之亦可證明：「若既生霸不是望，則既死霸不是朔」以及「若既死霸不是朔，則既生霸不是望」。不錯，他所舉的曆譜是可以用的。問題在他舉的是十二年三月大，癸酉朔，十五日「既生霸」丁亥，所以得到了十五年二月大丁巳朔，三月小丁亥朔「既死霸」的答案。只需全部提早一日，就成了「十二年三月大，壬申朔，十四日成霸」的結論。也就是「三十日丁亥既死霸，三月小戊子朔」的答案。現在知道既望爲既生霸一定不對，所以既死霸爲朔也一定不對。

至於「師虎鼎」的「惟元年六月既望甲戌」和「曶鼎」的「惟王元年六月既望乙亥」這兩器是否同時，證據還不夠。即使是同時的，董先生認爲甲戌爲十六日，乙亥爲十七日，爲什麼甲戌非在十六日不可？爲什麼不可在十五日？因爲曶鼎牽涉到既生霸的問題，非把乙亥放在十七日不可，若乙亥在十六日，既生霸就只能在十四，仍然不是「既望」

　　以上各處，對於董彥堂先生的駁議實在太多了，現在就停止於此。實際上董先生對於中國古曆法上的貢獻，是十分重要，而且是不應該磨滅的。（自從董先生發表《殷曆譜》以來，我一直完全採用他的結論，後來在台灣大學授課時，凡是有關周初年代的也一直採用他前 1111 的看法。直到近年我自己做一點，才有我自己的看法，但是對於他的功績，還是要承認的。）在董先生未做《殷曆譜》以前時期，除去想拿三統曆勉強適合於殷代的人以外，就多數是走劉朝陽「一甲十癸」的路。中國人用合理方法，用功來整理殷曆的，董先生是第一個人。但是董先生究竟只是蓽路藍縷的一個人，我們不可以責備董先生每一件事都完全無缺。他雖然從三統曆解脫出來，但月相一層仍免不了受三統曆的束縛。這一點我本來想做我自己的，不要管董先生怎樣說。不過這是極難辦到的。在我做〈周初年代問題與月相問題的新看法〉那篇的時候，已感覺到有些地方，除申述自己意見以外，對於前人錯誤的地方，如其不加指明，自己的意見也無從表達，但是仍盡量的避免觸及別人。到了這篇發表以後，有些朋友前來討論時，仍不免引證董先生這篇〈周金文中生霸死霸考〉當成權威性的著作，作爲一個權衡的標準。我當然原諒這些朋友，實在不可以責備每一個人都要把這種問題重新細細的檢討一下。不過董先生這篇接觸到是中國古代年曆的關鍵部分，想繞彎子走也繞不過去，爲著不背學術的良知，爲著對於眞理的負責，我一直想逃避而無法逃避。也就不能不對於是非加以辨明，以免錯誤相沿下去，使天下學者走冤枉路。

七、對於「初吉」的新解釋

　　有關鑄器的日子，顯然的，初吉占絕對的多數，依照岑仲勉先生的統計，初

了。

再次董先生又舉「大𣪘」和「去𣪘」的證據是：

大𣪘「惟十有二年，三月既生霸丁亥。」

去𣪘「惟王十有二年，三月既望庚寅。」（庚寅在丁亥後三日）

　這兩器是被認爲同時的。董先生定庚寅爲十八日（此與原定既望爲十五日到十七原則不合）。因爲若在十七日，則丁亥爲十四日，若十四日爲既生霸，那就董先生系統就生問題了。若庚寅爲十五日，則丁亥爲十二日，更不對了。以上所有的證據，只要把既望嚴格一點，定爲十五，就證明我的看法對。

吉爲一百三十條，既生霸爲三十條，既望爲二十五條，既死霸爲九條，雖然沒有把以後出土的器物放進去，但其比例也不至於有太大的變動的。用這個數目求它們的百分比，那就初吉爲 67.1%，既生霸爲 15.1%，既望爲 12.1%，既死霸爲 4.6%。這就表示著初吉部分對於鑄器方面最爲重要。

但是初吉的問題也不少。第一，在金文月相的四個段落中，其他三個段落都是月相，而這個段落卻似乎和月亮無關，爲什麼？第二，初吉兩字按字面解釋，是月初的吉日，甚至可以說是每月初旬的吉日，若初吉包括所有的月初，那就可以多至十日，若只限於月未發光以前就只有兩日。如其初吉的期限可能從二日到十日，究竟應當有多長才對？第三，初吉牽涉到的是定點問題，也許就沒有可能安排一個「定點」；如其定點說不能成立，那就屬於七日期的段落，五日期的段落，十日期的段落或者屬於其他形態的段落？

以下對於這三個問題，再做討論和分析。第一，關於「初吉」是不是月相中的一種的問題。一個基本上的答覆是：「初吉應當算在月相之內。」因爲除去「初吉」以外，其他三個段落：既生霸、既望和既死霸都是月相。初吉是不是指月相，不大清楚。只因同是月內的段落，既然別的段落都以月相爲標準，初吉不可能除外，當然也是以月相爲標準的，不必有太多的疑義。

現在的問題只是：如其初吉是以月相爲標準，那初吉所根據的月相是一種什麼樣的月相，亦即在什麼月相之下才算初吉？基本的觀念可以這樣來斷定，即：每個曆法中的「月」是代表這一次「月亮」的一生，初吉既是這一次月亮一生的開始，自然指這一次月亮的生命中，新生而未成長的時期。至於看見或還未看見月亮，那是次要的問題。古人的觀念中，這一月的時間既已開始，就意識到月亮已經復生，到初三日出現的「蛾眉月」，只是被人初次看到罷了。所以月朔的朔字，就從月得形，正表示從初一開始，新的月亮已經有了。從朔日起已經開始有月亮，所以朔日包括在月相之內。初吉比朔範圍更廣，所以初吉也當然算在月相的一部分之內。在任何一個段落裡，月亮都是隨時在變化，並不固定在一種形態之下的，初吉也是一樣，從無變有，從暗變亮。這種變化要一直到初五日，月光更明亮了，照地見影，才會形成了新的段落，既生霸那一部分。

對於有關初吉的第二問題，初吉究竟應當有多長，最正確的算法，應當含有

多少天？這的確是一個非常糾紛的問題。以前各章對於「初吉不是既死霸」以及「既望不是既生霸」這兩問題的證明，我們可以得到自信，這是絕對正確的。卽使將來有更好的新史新發見，也一定是支持這個證明，絕不可能和這個證明相反的。但是對於初吉所包括日期的問題，我現在有下面的看法，只能說是一個嘗試，我希望能夠做的是多少能更正式一點，就多少有一點的用處。

黃盛璋的〈釋初吉〉是一篇比較好的文章，但他把初吉一直下推到整個的上旬，這就把金文的月相弄成混亂。這篇中對於「既生霸」和「既死霸」兩個名稱他不再理會，這也使他對於初吉解釋，無法明確的原因。實際上如其把初吉定爲整個的上旬，那就生霸和死霸都變爲很難安置。本來初吉和既望、既生霸、既死霸，四個名稱同屬一組，如其不同時討論，那所得的結論總是靠不住的，而況他討論「初」和「吉」，總是分開來說，並不曾顧到初吉是一個專用名稱。其中許多泛泛解釋，並不曾觸到初吉的中心問題。

這篇最重要的證據，還是唐蘭給他的那封信，說：

> 關於蔡侯墓（1955發現）的年代，我也認爲是蔡昭侯墓。但墓中遺物除吳王光鑑外，我認爲是有蔡侯「𦱀」名的，都是蔡悼侯「東」的遺物。主要的證據如您所指的「元年正月初吉辛亥」，是一個關鍵性問題。元年應該是周敬王元年，辛亥大概是初九日或初十日。（可由日食推算，如據長曆，壬寅朔，辛亥是十日。）關於初吉的說法，我的意見正和您暗合，這是很高興的。蔡是同姓諸侯，還說到「肇佐天子」，不可能不奉周正朔。遠比𤉐羌鐘尚用周五年可證。大孟姬器之所以留在蔡悼侯三年正月開始作器，六月悼侯死了，七月蔡國參加了雞父之役，吳國大勝，吳蔡之間不可能聯繫了。

這裡表示唐蘭和黃盛璋都認爲「蔡侯盧」是蔡悼侯時器，唐蘭並且在《五省出土文物展覽圖錄》的序言中，依照《穀梁傳》的說法，認爲蔡侯　卽蔡悼侯。這一段的主張也和序言相同，其中主要證據係《穀梁傳》昭公二十年，冬「蔡侯東奔楚。東者東國也。何爲謂之東也。王父誘而殺焉，父執而用焉。奔而又奔之，曰東惡而貶之也。」這一段記載，經陳夢家的〈蔡器三記〉指出來，認爲這一段是錯誤的。蔡侯東並無奔楚一事，依照《春秋》經文和《左傳》，奔楚的是蔡侯朱。並且《左傳》

詳細的記出來，費無極向蔡侯朱索賄，蔡侯朱不與，東國賂費無極。費無極向蔡人聲明楚師將圍蔡，蔡人懼，逐蔡侯朱。蔡侯朱奔楚，而蔡人立東國。比較之下，《穀梁傳》的記載顯然是錯誤的，不足爲據。所以這個蔡侯不是「蔡侯東」。

何況蔡悼侯的正名是「東國」不是「東」，卽依《穀梁傳》所說的，「東」是貶辭，豈有自己鑄器而貶辭的道理？陳夢家主張蔡侯▨是蔡昭侯申，申是一個誤寫的字（因爲蔡文侯及蔡昭侯都名申，必有一個是誤寫的）。問題是這只是可能，而並非必然，必需還要找別的證據才可以。蔡昭侯以敬王二年卽位，敬王二十九年死，其中沒有一個周王的元年，而蔡昭侯元年一月是丁酉朔，辛亥在十五日，是望，不是初吉，和蔡侯▨器是不相合的。

把這個時期前後各蔡侯元年及周王元年細細的再檢查一下，只有蔡平侯元年一月是丁未朔，辛亥爲一月初五日，正合於初吉的條件。諸侯在國內用國君紀年，不用天子紀年，是一個經常的事，不足爲異。《春秋》據魯史而作，十二公都是用國君紀年，不曾用周王紀年。魯國蔡國同爲周的同姓，而且魯國更是一個標準的採用周禮的國家。至於瓜羌鐘的製作，出於並非華夏之邦，其對於天王的尊敬，有時可能超過了周同姓之國，但卻不能說這就是本於「周禮」，這就是周室同姓諸侯經常的制度。

再看一看蔡平侯的名字，蔡平侯照《史記》所記是名盧[5]，而 字從甫，當讀如甫。盧和甫的古音都在魚部，所以韻部是相通的。至於甫字讀音，應當和呂字可以通轉，除去呂字亦在魚部以外，其聲紐亦是有關的，所以《書經》「呂刑」亦可作「甫刑」。《詩經 · 揚之水》，「戍甫」卽「戍呂」。《禮記 · 中庸篇》：「人道敏政，地道敏樹，夫政者蒲盧也。」蒲盧卽是蘆，緩讀爲蒲盧，急讀就成爲蒲，亦卽蘆。所以甫字盧字在讀音可以通轉，是沒有什麼大問題的。比較唐蘭用好幾個轉彎才把東字和 字連到一塊，要直捷得多了。

如其「蔡侯盧」這個銅器證明爲蔡平侯之器，而蔡平侯元年爲周景王十五年，

---

5 蔡平侯為楚平王所立，蔡國已滅於楚，楚平王為爭取諸侯，使蔡復國。據《史記 · 十二諸侯年表》，蔡平侯元年為周景王十四年時，名為「蔡公」。楚平王實際上已控制了陳蔡一帶地方，他並不貪圖這塊封地，而是希冀陳的民眾支持他做楚王，所以控制了這些地方以後，立即使陳蔡復國，兩年後他才即楚王王位。這就是蔡平侯元年反在楚平王元年以前的原因。

此年一月，丁未朔，初吉辛亥爲初五日（還有初四的可能），那是非常平淡無奇的，一點驚人的地方也沒有。但卻是對於黃盛璋想把初吉推到十日的，一點幫助也沒有。不過就一般情形來說，眞的事實往往都是平常的事實。不要希望奇蹟出現，如其勉強去求奇蹟，就時常陷於曲解的境地而不能擺脫了。

第三，關於初吉牽涉到的所謂定點問題，以及牽涉到其他段落，即和既生霸、既望和既死霸相關的問題。這是應當一起拿來討論的。因爲初吉決不是一個定點而是一個段落。如其講定點，「朔」已經夠用了。把朔來改成初吉，自然有其意義，這是很明白的。

朔和望本來是兩個定點，但朔變成初吉，望變爲既望，就不應當認爲定點了。這是一個基本觀念的問題，「朔」和「望」決不可延伸到第二天，但是「初吉」和「既望」卻都是可以延伸的。如其沒有「既生霸」，「初吉」就可以下伸到十四。如其沒有「既死霸」，「既望」也可以延伸十六天，一直到月底爲止。

董作賓先生把「既死霸」歸併到「初吉」，而把「既生霸」歸併到「既望」，「初吉」和「既望」各有少數日子，其餘就是空檔。這些少數日子的小段，把它叫做「定點」，其中問題很多，在前第五章已說到了。現在可以理解的，即朔日一定可以算做吉[6]，而吉日如「丁亥」之類，卻不定便在朔日。不在朔日而在月內任何吉日，也一樣可以鑄器，因而定點也就無法可定。如其把所有的吉日，硬來嵌在月初及月中兩個小段落之內，這種鑲嵌工作也一定可以做到，只是和原有史實並不相符。不過吉金之中，依岑仲勉先生的統計數字，初吉鑄的還是絕大多數。照定點方法計算，初吉和既望兩項，地位不會放得太錯，只在既生霸和既死霸兩項完全錯誤，其差誤率約爲 15.1% ＋ 4.6% ＝ 19.7%，100%–19.7% ＝ 80.3%。就是說，如採用董先生的定點說，所得結果，最高限度還可能有百分之八十是可用的，所以還不能把用定點說工作的結果，全部推翻。從另一方面說，黃氏的初吉說，把初吉算得太寬，那麼應用時附會的機會也加多，也不算實際的。

王國維提示出來四種不同的月相，其次序是完全正確的。只是把每月平均四

6　這一點黃盛璋的意見倒是可以參考。凡是朔日，尤其是一月朔日是應當算是吉日的。朔日在初吉範圍內，所以也算初吉。只是黃氏以爲凡是初旬的吉日都是初吉，那就不對了。

分,每分七日,並不正確。各家對於王氏的批評是對的。在中國古代記日法之中,「甲子」和「月相」顯然是兩個系統。金文之中,這兩個系統的合併應用,其中有相當複雜的安排。把一月分爲上、中、下三旬不再用月相記日,這是後起的簡化辦法。黃氏採用了一月三旬的原則,把初吉延長到十日,這就使得「既生霸」一段,沒有位置可以放得下,變成了應用後代通用的方式,勉強使用在金文時代。爲著對於眞實事實的追求,也就需要在此以外,另找方式。

從商朝的祭祀來看(參看董作賓《殷歷譜》的祀譜部分),祭祀的系統是只從甲子一個一個的推下去,不涉月份。所以六十天甲子是單獨應用的。商代先公先王的名字,是有上、中、下、大、小等字作爲分別的。既不涉及月份,也就決不是指各月的上旬、中旬、下旬,也不是指大月和小月。甲骨中的旬,從癸日卜旬一事來看,商代的旬是專指從甲日到癸日這個週期,和後代的所謂旬,從初一到初十,十一到二十,二十一到三十(或二十九),完全是兩種絕不相同的算法。商代誠然在曆法中有年和月,但以旬爲主的祭祀,無法嵌進在日數不等的月份之內。所以商代先公先王的名,雖有上、中、下、大、小,卻都與月份或月份中某一部分無關。其中最顯明的是上甲,甲骨中的上甲,就是表明上甲祠堂的地位(上甲祠堂是在上方的石室,此事當別爲考訂),也就是說上下等字,只表示祠堂或神主所在,和月中日期不生任何關係的。

董作賓先生的〈周金文中生霸死霸考〉,其中涉及「望爲死霸」的意見,誠然不敢苟同。不過其中的「月日關係的演進」一章,把六十甲子記日,和月份關係的衍進,在從商代到漢代,月和日的關係逐漸加強,到了最後,月中只記日數,連甲子也不用了。在這裡他的意見還是十分正確的。其中尤其可以注意的,是記日方法逐漸轉變的一層。因爲是逐漸轉變的,所以商的月日關係不同於周初,周初的月日關係不同於春秋,春秋的月日關係不同於戰國,甚至於兩漢也各有不同。因而金文時代卽周初到春秋(春秋的金文用法比較保守些,但社會習慣就已經變了),月日的關係,對於前代和後代的情形只能做參考,卻決不和前代或後代一樣。

〈武成〉所述的月相,是比較金文所述的月相要複雜的。〈武成〉中有戴生霸、旁生霸、既生霸、旁死霸和既死霸,因爲〈武成〉不曾涉及全月各點,所以還應有朔和望。也就是每月是有朔、戴生霸、旁生霸、既生霸、望、旁死霸和既死霸,

共有七個定點。所以必需認爲是定點制的，因爲〈武成〉說明：「壬辰旁死霸，若翌日癸巳」「三月旣死霸，粵五日甲子」「四月旁生霸，粵六日庚戌，翌日辛亥，粵五日乙卯」。這都是從一個定點再說「過幾天」。和金文中決不說「過幾天」的辦法，是很不一樣的。

若就衍進的情形來說，當然〈武成〉的記載應該在前，而金文四段方式，是就〈武成〉方式簡化的，應當在後。所以〈武成〉式是原始型的而金文式是進步型的。但是有了原始型的存在，才可以把進步型的因素分析得更清楚一些。

〈武成〉月相的分配，可能是這樣的。

> 朔初一日，載生霸初三日，旁生霸初四日，旣生霸初五日，望十五日，旁死霸十八日，旣死霸二十日。

照此看來，這種定點法是完全取資於實在月相，不是平均分配的。在上弦時期，月出較早，被人看到的時候多，所以名稱較多。而且上弦時期，是月亮的「盛年」，也認爲是吉利的兆，被取來應用做事的可能也較多。到了下弦，較少被人看到，也較少被人用這個時期做事了，因而對於這時的月相也就疏忽些。

朔字從月，雖然朔日看不到月，但古人確實想到是月的開始的。從載生霸以後，更眞是月光的出現了。不過古人記日，有時只用一個定點延伸下去，卽令跨過了其他定點，也不再把別的定點說出來。其中「四月旁生霸，粵六日庚戌，翌日辛亥，粵五日乙卯」一段，就超過了兩個定點，「旣生霸」和「望」。如其旁生霸是四日（不可能再早了），那就是乙卯是望後一日，卽十六日了。西漢文書中，只用朔日的干支，再加上行文日的干支，和〈武成〉這個辦法還是相似的，只是漢代只用朔日，再不用其他的月相。

金文顯然不用定點辦法，可能因爲定點辦法寫「越幾日」太麻煩，占了銘辭中太多的位置，所以簡化了。上弦把「朔」、「載生霸」、「旁生霸」一齊合併了成了一個「初吉」，「旣生霸」留下來了，但是形成了望以前的一個段落，而不是定點。「望」也加上了「旁死霸」，變成了「旣望」一個段落，「旣死霸」留下來了，不過所代表的也只是一個段落，不再認做一個定點。所以金文上的用法，雖然可以從〈武成〉中找到源流，卻和〈武成〉的用法是完全不一樣的。

金文的段落既然是從不規則的定點制衍變而成的，因此金文中的各段落的日子也不是平均整齊的。也就是可能成爲如以下的情況：

（一）初吉：包括從一日到四日或五日。

（二）既生霸：包括從五日或六日到十四日。

（三）既望：包括從十五日到十九日或二十日。

（四）既死霸：包括從二十日或二十一日到二十九日或三十日。

不錯，初吉是每月開始時吉日的意思。不過這裡就形成了一個專用的名稱，來稱朔和其他兩個定點合併後那一段的日子。這是不難了解的。朔只有一天，當然不便爲朔，但包括在內，也不便用別的月相的名稱來借用。朔和載生霸、旁生霸合併的名稱，只有初吉二字最爲合適。既有特殊的用場，也就不宜純用字面來解釋了。

附 記

本篇作成以後，我又把西周的金文按照這個標準做一個初步的排列，這當然還要感謝故董作賓教授，因爲我現在所用的方法，也就是他從前所用的方法(他過去告訴過我的)，只是他所用的標準不對，所以未曾做成功，這裡只算一個初步的嘗試，不過幾個重點大致可以放上去了。雖然對於眞實也許還有一段距離，但至少可以成爲一個整理過的系統。其次還要感謝林祖思君，因爲他搜集了一百多張器形和拓片的複印本，不僅可以再參酌郭陳葉氏的時代排列，還可以在拓片上看出來原器漫漶之處，來斷定出土後洗剔時數字或干支及錯誤，對於排列時的幫助很大。

依照我的〈周初年代問題與月相問題的新看法〉，武王克商在 1025B.C.，周公攝政可能在 1022B.C.，而周公歸政就可能在 1016B.C.。據令彝(令尊)的敍述，是伯禽承繼周公的政務，並且謁周公廟，其干支日月和 1007B.C. 相合，這一年八月癸未朔，甲申爲初二日，丁亥告周公廟爲初五日。十月壬午朔，癸未爲十月初二日，正是在「月吉」或「初吉」限內，再根據《史記·魯世家》，伯禽卒當在 999B.C.，也卽是周公卒後，再後九年伯禽卒，於情理上也沒有什麼不合。

有關成王、康王和昭王的年數，現在還未能做有效的整理。

穆王元年可能在965B.C.，下到915B.C.爲共王元年，穆王應當是在位五十年。

師虘簋：十二年(954B.C.)正月既望甲午。此年正月己卯朔，甲午爲十四日。

無簋：十三年(953B.C.)正月初吉壬寅。此年正月壬寅朔。

剌鼎：隹五月，辰在丁卯，王啻，用牡於大室啻邵王。按942B.C. 五月丁卯朔，應當爲穆王二十四年，禘祀昭王。共王元年當爲915B.C.。

趞觶：二年三月初吉乙卯。按914B.C. 三月爲乙卯朔。

師遽簋：惟王三祀，四月，既生霸辛酉。按913B.C.，四月己酉朔，辛酉爲四月十三日，正當「既生霸」。

𢼸伯簋：九年九月甲寅。按915B.C.(假定爲共王九年)九月壬寅朔，甲寅爲十三日。

趞曹鼎(此器銘標明爲龔王時)：十五年五月既生霸壬午。按901B.C. 五月爲己巳朔，壬午爲十四日。

懿王元年應當爲900B.C.。

匡簋(是器銘標明爲懿王時)：四月初吉甲午。按900B.C. 四月甲午朔，正和此器銘相合。

永盂：十有一年初吉丁卯(原器被剔成十二年，應以十一年爲是)。按890B.C. 正月爲丁卯朔。

師釐簋：十有二年九月初吉丁亥。按889B.C. 九月丁亥朔與此相合。

孝王元年應當是883B.C.。

師兌簋：元年五月初吉甲寅。按883B.C. 五月甲寅朔，正與此相合。

師𣸑簋：三年三月甲戌。

師晨簋：三月初吉甲戌。

康鼎：三月初吉甲戌。按此三器據內容看爲同時的器。也就都是三年三月初吉甲戌的事。孝王三年應爲 881B.C. 四月癸酉朔，甲戌爲初二日，在初吉限內。因爲這一年當閏五月，西周用十三月辦法，所以正月提到去年成爲十三月，二月變成一月，四月就變成了三月了。

夷王各年現在尚未及整理。

厲王元年應當是 852B.C.，也就是厲王到共和元年時共爲十二年。本篇原來假設厲王有十六年，現在把材料整理一下，還是應當以十二年爲是。現在再把厲王和宣王時的金文日月，在以下再討論一下。

鼻簋：二年正月初吉，王在周康邵宮，丁亥。按這一年(851B.C.)正月辛巳朔，丁亥爲初八日，這並非說丁亥是初吉，而是說丁亥是過了初吉以後的幾天。

靜簋：八月初吉庚寅。按厲王五年(848B.C.)八月庚寅朔，所以靜簋應當是這時候作。如其此器爲厲王時器，那就「靜」還可能即是宣王。當我作〈周初年代問題與月相問題的新看法〉時，認爲頗有疑點，不應該屬於宣王。因爲第一，宣王那時年歲很小，不應該「司射學宮」，第二，所謂「文母」即是王后，爲什麼太子還會和王后去做器。現在看來，此器確是厲王時，那就應當別作解釋了。在厲王五年時，宣王年歲至大不過五六歲，在學宮正式習射是不可能的。也不過用玩具的弓矢來表演一下。結果表演得不錯，厲王大悅，就居然把兒戲的事來鑄重器。一方面表揚太子，另一方面也把這個重器送給王后。此事當然是荒唐的，非禮的，不過在事實上卻可以這樣存在著。

吳彝：二月初吉丁亥。按 847B.C. 當爲厲王六年，此年二月丁亥朔，與此器相合。

牧簋：七年十有三月既生霸甲寅。按 846B.C. 當爲厲王七年。這一年應當閏八月，閏八月成爲九月，那就十二月成爲十三月了。這個月是丙午朔，甲寅爲初九日，正在既生霸限內。

宣王元年爲 847B.C. 這是已經確定的年代，不成問題的。現在的工作，只是把可能屬於宣王時代的器，來求合於宣王時年月及日的干支。其中有些器是可以做到的。

　　宣王時器最重要的是「兮甲盤」，伐玁狁和撫淮夷都正是宣王時事，不屬於以前或以後各王。宣王五年三月丙寅朔，庚寅為二十五日，與器中的既死霸正合。宣王征玁狁撫淮夷，見於《詩經》。但指明為五年，僅見於今本《竹書紀年》。兮甲盤清末始發見，今本《竹書紀年》為明代據殘本補充而成，不能見到兮甲盤。所以五年決非偶合，而是《竹書》舊文。此器王國維的〈生霸死霸考〉曾經提到過，在董先生的各文中也並無駁議，可見董先生承認依劉歆說對於兮甲盤是一個不能解決的困難問題。以下再討論其他宣王時各器。

　　頌鼎：惟三年五月既死霸甲戌。按宣王三年(825 B.C.)五月丁未朔，甲戌為二十八日。

　　師虎簋：惟元年六月既望甲戌。按宣王元年(827 B.C.)六月己未朔，甲戌為十六日，正在月圓之後。

　　召伯虎簋：惟五年正月己丑。按宣王五年(823 B.C.)正月丁卯朔，己丑為二十二日既死霸。

　　大簋：十有二年三月既生霸丁亥。按宣王十二年(816 B.C.)三月丙戌朔，丁亥為初二日(即既生霸與初吉可以互稱)。

　　同簋：十有二月初吉丁丑。按宣王十三年(815 B.C.)十二月丙子朔，丁丑為初二。

　　無惠鼎：九月既望甲戌。按宣王十六年(814 B.C.)九月庚申朔，十五日甲戌。

　　伯克壺：十有六年七月既生霸乙未。據宣王十六年(814 B.C.)十月己丑朔，初七日乙未。七月應為十月之誤(被剔時致誤)。

　　鬲比盨：二十五年七月既望壬寅。按此器第一行甚為漫漶，「壬」字係勉強剔出。壬寅實係甲寅。宣王二十五年(803 B.C.)七月己亥朔，十六日甲寅。

　　寰盤：二十九年五月既望庚寅。此器第一行亦甚漫漶，九字被剔成八字，經辨認應為九字。宣王二十九年(799 B.C.)五月丙子朔，十五日庚寅。

　　鬲攸從盤：三十二年三月初吉壬辰。按宣王三十二年(796 B.C.)三月庚寅朔，三日壬辰。

善夫山鼎：三十有九年正月初吉庚戌。九字被剔成七字（金文中出現九字不多，其中多被剔錯），宣王三十九年（789 B.C.）正月正爲庚戌朔。

此外還有兩件可能屬於宣王時代而其中尙有疑點的：（一）虢季子白盤，（二）休盤。關於虢季子白盤，是「惟十有二年正月初吉丁亥」，宣王十二年正月確是丁亥朔。但到了平王十二年也是正月丁亥朔，這就無法從月日來斷定了。不過這個盤銘提到玁狁的活動，是在宣王時代，平王時代活動的是犬戎等，不是玁狁了。而且銘文所談「于洛之陽」應爲今陝西境內的北洛水，不可能爲今河南境內洛陽附近。若在陝西境內，則平王時虢國的力量就不可能達到了。所以仍以認爲宣王時代爲是。至於休盤，那就做盤的風氣是西周晚期的，盤銘稱「王在周康宮」，所以一定是西周的器，西周晚期就只有宣王過了二十年。但宣王二十年正月辛未朔，甲戌是正月初四，怎麼可以稱望？也許「望」是從目從月，表示人目可以見月，不必一定是十五。只是十五還是望月最清楚時候，狹義的望是十五，廣義的望是見月就可以了。因而在「既生霸」段落中，也可能允許兼稱「既望」，只是在習慣上還是用「既生霸」是標準用法，用「既望」只算特例。不過這些說法，還會多少構成混亂，仍以謹愼使用爲是。

不過無論如何，「既生霸」與「既死霸」兩個名稱和「初吉」與「既望」兩個名稱，性質上還是略有差異的。「既生霸」與「既死霸」是兩個確定的長段。「既生霸」是從上半月開始，直到月圓以前。「既死霸」是從下半月月缺開始，直到不見月爲止。「初吉」和「既望」是兩個小段，初吉以朔爲標準，初二及初三當然在初吉的限內，廣泛的引申，還可以多幾天。既望以十五爲標準，十四及十六也在既望限內，廣泛的引申，也許可以早幾天或晚幾天。這種引申應用當然是不規矩的用法，不過事實上也可能有人偶然的喜歡，這樣去用，就不免形成不夠標準了。

這種特例究竟還是特例，並且絕對的標準也還是有的。卽「初吉」和「既生霸」絕對不可能算到下半月，而「既死霸」也絕對不可能到了上半月。有了這個絕對的標準，周初的金文月相還是可以採用的。（在本附記中，所用的只以合於標準者爲限，所有特例都不加採用，以資愼重。）

此文已付印，又接到了嚴一萍先生來信，提到三個問題：

（一）商代有月食記錄下來。如討論商代曆譜不能不顧及月食的事實。

（二）丁驌先生作有〈歲鶉火與武王伐紂〉（見《華學月刊》第七十一期），用推算的方法，說明 1113B.C.，鶉火與大火相合，最爲特殊，以證 1111B.C. 爲武王伐紂之年，極爲有力。

（三）最近出土之「何尊」，所記「唯王五祀四月丙戌」與董作賓先生歷譜成王五年四月相合。

這三個問題確實是非常值得討論的問題。關於第一個問題，在《殷曆譜》指出的共有五個月食是比較重要的，其中是：

（一）壬子月食，應爲 1361B.C.。

（二）甲午月食，可能在 1352B.C.、1342B.C.、1296B.C. 和 1275B.C.。

因爲有武丁初期貞人的名字，董先生認爲屬於 1342B.C. 最爲合適。

（三）壬申月食，可能爲 1333B.C.、1328B.C.、1313B.C.、1289B.C.。

（四）庚申月食，這個月食，甲版上的記載頗詳，是十二月的月食，其後還有十三月。這就只有一個可能，屬於 1311B.C.。

（五）癸卯月食應屬於 1304B.C.。

董先生算出的年載，確是不可移易的。只是雖然決定了甲骨的年代，卻未能和商代王年相聯繫。其中最重要的一版是庚申月食。年載確是毫無疑問，只是董先生所定爲武丁二十九年，卻是董先生編好了殷王年代，1311B.C. 在武丁二十九年，而不是在甲版上有什麼證據。甲午月食依照貞人的名字，自然是武丁初期的卜文。只因爲有四個可能，可以有八十年游移的餘地，究竟屬於那一年，還是無法證明。

對於認爲 1025B.C. 爲伐紂之年，最大的問題是比 1111B.C. 移後太多。壬子月食確在 1361B.C.，就從這一年算起，到 1025B.C. 已經有三百三十六年。盤庚遷殷以後，不可能有這樣多的年載。若照《史記 · 殷本紀 · 正義》引《竹書紀年》「自盤庚徙殷至紂之滅，七百七十三年，更不徙都」一說來看，就多出了五十三年。（因爲從朱右曾校定《竹書》以來，就改爲二百七十三年，七百七十三年是不可能的。）在二百七十三年中排列王年已經感到太多，非常困難，三百三十六年更無

辦法。不過這可以解釋的。因為盤庚遷殷，是搬家，不是亡國。不會像衛文公遷到楚丘那樣的，一無所有。那就把過去的卜版帶到安陽並非意外的事。所以這是不必加以懷疑的。

比較上難以解決的疑點，不在卜辭上，而是《逸周書‧小開篇》：「維三十五祀，王志日多□，正月丙子，拜望，食無時，汝開後嗣謀。」在《殷曆譜》中，董先生據文王在位五十年，武王十二年伐紂，從 1111B.C. 算起，文王三十五年是前 1136B.C.，此年建丑月正月十六日乙亥夜月全食。丙子為乙亥次日，所以丙子用幣祭社。這就成為伐紂在 1111B.C. 的一個積極證明，比卜辭還切實有力。

只是《逸周書》是一個問題太大的書，除去真偽雜糅以外，其中脫文誤字，到處都是。把《逸周書》作為補充證據當然可以，若用《逸周書》當作主要證據顯然不夠。商代月食，如月食在後半夜，照後世算法是後一日，商代卻算到前一日。如庚申月食，是後半夜的，後代要算辛酉，商代仍算庚申。同理，丙子月食可以作為乙亥月食，乙亥月食卻不應算為丙子。況且乙亥晚如有月食，祭神伐鼓應即在當時，不至於到第二天再來「拜望」。

不錯，依照董先生所算，依照三統法，文王三十五祀當 1148B.C.，是年因殷曆一月均無月食，望日既非丙亦非子。今本《竹書紀年》文王三十五祀當 1077B.C.，也是一樣的一月均無月食，望日亦非丙非子。所以都不能相合。但用 1025B.C. 當伐紂之年，文王三十五祀為 1051B.C.，這一年周曆一月可能有一個月食（照三統曆，依 1118B.C. 為基準，向下推）。這一個月是辛未朔，丙戌是十六日。《逸周書》錯字極多，丙戌誤為丙子，是相當容易的。因為《逸周書》是一個問題太多的書，我在此提出的，只預備一個參考，決不把它當做可用的證據。

在此因為盤庚至商亡為七百七十三年，這個數目有問題，若不能提出證據就改為二百七十三年，亦屬臆斷。所以在此再分析一下。今按此數並非商代遷殷以後年載。《史記正義》原文應只是「自盤庚徙殷，至紂之滅，更不徙都」，不僅以下各文「紂時稍大其邑，南距朝歌，北據邯鄲，及沙印官皆為離宮別館」二十三字，經王國維指出只是張守節釋文，非《紀年》本文以外，其「七百七十三字」六字，亦是後人在《正義》旁面添注，非《正義》本文。因為「七百七十三年」是《紀年》所述自武王伐紂到幽王（之末）二百五十七年，再加上平王元年到秦遷東周於狐聚，尚

有五百十六年。共爲七百七十三年。這只是昔人據《紀年》核算的周年，非《紀年》原文所有。可能有人附注在《紀年》，再被人抄入《史記正義》旁，於是輾轉抄錯，以致不可究詰。此數字既不是一個沒有意義的數字，所以不可輕改。但卻有一個用處，卽此數字和《紀年》「二百五十七年」相符，便可以證明其二百五十七年確爲《紀年》原文。當然《紀年》的年數不一定就對，不過《紀年》原文是這樣的，就不必懷疑了。

關於第二個問題，丁驌先生的〈歲在鶉火與武王伐紂〉是一篇好文章，其中對於殷周之際歲星位置的考訂，非常有用。只有他支持的是 1111B.C. 一說，這就問題相當的大。這裡我要和丁先生致歉意的，因爲在 1974 年我作成〈周初年代問題與月相問題的新看法〉後，一直未曾想到把單行本寄給丁先生，以致丁先生覺著 1111B.C. 說是最後的定論。從我的看法說，我認爲目前還未到下最後結論的時候，1025B.C. 說，不一定就可以成爲最後結論，但 1111B.C. 說，卻絕對不是最後結論。《國語》卷三「昔武王伐紂，歲在鶉火」，丁山和陳夢家都以爲此爲武王伐紂的那一年。不過「鶉火」的解釋，卻有歧義。鶉火可以作子丑寅卯系統下的歲次解，那就鶉火應當在午；鶉火也可以作木星所在的位置解，那就在周初時應當在子。因爲歲次的方向是按時鐘方向走的，木星的位置卻是按反時鐘方向走的。所以兩者不能相合，而鶉火一辭就可能至少有兩個解釋。

在《左傳》和《國語》中，對於「星次」的用法，原則上是以木星的位置爲主的（當然也不敢說絕無例外）。其中涉及星次的有：

《國語》：昔武王伐紂歲在鶉火。（卷一）

歲在壽星及鶉尾。（卷十）

歲在大火。（卷十，凡兩見）

歲在大梁。（卷十）

《左傳》：歲在星紀。（襄二十八）

歲在諏訾之口。（襄三十）

歲在鶉火。（昭八）

載五及鶉火。（昭九）

歲在豕韋。（昭十一）

丙子旦，日在尾，月在策，鶉火中，必是時也。（僖五年）

其中說到「鶉火」的都特別多。因爲鶉火是周的分野，歲星所在的主吉祥，這就不免在習慣上對於鶉火多所附會。其中僖公五年一條，不僅歲星不在鶉火（此年爲丙寅年），日月的位置亦不在鶉火，也一定要把日月之間找出鶉火來。如其武王伐紂之年不是鶉火，有人用舉附方法找出鶉火來，亦不足爲異。

《漢書‧律歷志》，《世經》：「文王受命九年而崩，再期在大祥而伐紂。故《書序》曰，惟十有一年，武王伐紂。〈太誓〉，八百諸侯會，還歸，二年，乃遂伐紂，克殷，以箕子歸，十三年也。故《書序》曰，武王克殷，以箕子歸，作〈洪範篇〉。〈洪範篇〉曰，惟十有三祀王訪于箕子。自文王受命，而至此十三年，歲亦在鶉火。故《傳》曰，歲在鶉火，則我有周之分墓也。」《國語》韋《注》：「歲，歲星也；鶉火，次名，周分野也。」其中時日因爲要牽就「鶉火」的關係，各家又照各家的算法，至爲紛歧，前人辯論的意見，互相矛盾。這就是因爲「鶉火」說的來源，本是出於周時的附會。本來是一個無從清理的問題。卽使加以疏通，因爲來源有問題，也只能作爲參考，而不能算作可用的有力的證據。

1113B.C. 這一年，歲居大火，年在鶉火，兩火相合，確實不容易碰到的，只是從《世經》引證的目的來看，主要的是爲的牽就「鶉火」，這是周的分野。至於和大火相合或與大火不相合，並非必要條件。在周人特別看重「鶉火」這個原則之下，只要是「鶉火」就夠了，至於是否與大火相合，或未曾與大火相合，看來是完全一樣的，不會有所分別。

照我臨時決定的算法，以 1025B.C. 爲武王伐紂之年，此年爲武王十一年，到「王訪於箕子」是武王十三年，相當於 1023B.C.。這年是戊午年，歲建是鶉火。

依照丁先生的看法,「歲在鶉火只解爲年在鶉火歲建,未免平平無奇」,這也是正確的。在我的看法,周人重視鶉火,不管是星次,是歲建,甚至於此日日月相會的中央,只要能扯上鶉火,就要利用鶉火!如其武王元年及訪箕子之年,只要能夠牽扯上鶉火,當然就可以利用一下,甚至於把伐紂之年也移到武王十三年。這就是《世經》所記,再加上《國語》所記,互相矛盾,糾紛不窮。遠不如《荀子・儒效篇》之「武王之誅紂也,東面而迎歲」,其中不附會鶉火,可靠性較大。東面而迎歲,如其歲指歲星,那就歲星可能在壽星,大火或析木之津,根本與鶉火無干了。

其實《國語》所說「武王伐紂歲在鶉火」也只是各家衆說之一,並非是一個絕對權威的說法。並且丁先生的排列,也不是指1111B.C. 伐紂,而是指1113B.C. 觀兵孟津之年。古本《竹書》的1027B.C. 伐紂,其前二年1029B.C.,歲建在壬子,原來是孟津觀兵之年,也卽是歲星在鶉火之年,依照丁先生說,自然也是可通。雖然只有1113B.C. 是鶉火與大火相並。但我在上面已證明周人注意鶉火,是鶉火代表周的分野,是鶉火本身的重要性,與大火無關。所以1113B.C. 和前1029B.C. 兩年,在「鶉火」的意義上,完全一樣。因而《國語》的根據,也有與古本《竹書》同出一說的可能。

關於第三點,在我作〈周初年代問題與月相問題的新看法〉時,已經假定武王伐紂以後三年或四年而崩。如其伐紂後四年而崩,那就成王元年應當爲1021B.C.,成王五年應當爲1017B.C.。這一年四月癸未朔,何尊所記的「惟王五祀四月丙戌」是四月初四日,正相符合,並且作重器的比例,以前半月爲多。對於這一點也符合。

在此要特別謝謝嚴一萍先生,因爲他提出這三條的要點,才能作進一步的討論,使一切的進度更成熟些。

續 記

這篇〈金文月相辨釋〉是在民國六十七年六月(1978)發表的(在《中央研究院五十周年論文集》中),到現在已有十五年了。在這十五年中,當然會有新的進展,

其中最重要的一件事，是對於殷歷譜中月食問題的重新檢討，而發展的結果就變成殷歷上的關鍵問題，而動搖了全部殷歷的基本根據。

董作賓先生在甲骨文中發現了月食的記載，而董先生也就想到利用月食的日期來做歷譜的重點。這一個原則，在殷歷的研究上，的確是卓越的貢獻。所可惜的，董先生有此重要的發現，也有正確的認識，對月食十分重視，只是當把月食當作最重要的「驗算」工具時，發現了命題錯誤，竟然不肯放棄錯誤的命題，卻想出別的辦法，來「曲解」真相，以致愈陷愈深，不能自拔。後來研究的人要來重新糾正，還要費許多周折，那就太可惜了。

為了殷歷譜的牽涉太廣，當時首先注意到的是劉歆月相說的不合理。其次才注意到「無節置閏說」的證據不足，不堪應用。至於月食問題，雖然知道這是殷歷譜存在的重要基礎，因只求對於「前1025說」還有共存的空間，所以也不願多為深入的批判。在前文中致嚴一萍先生的信函中，還說過：

> 董先生算的年數，確是不可移易的。

這一句話當時雖然是對於嚴一萍先生多少要客氣一些，盡量的力求「不為己甚」，不過當時確也不曾嚴格的追求，只要對於「前1025說」的主張，有點空隙，就這樣的把舊說維持下去。

不過事實的發展，並不是這樣簡單而輕易的。因為事實的真相還是整個的，是即是，非即非，如其注意到真相，推求到真相，往往是牽一髮而動全身，無法中途停頓的。我對於月食問題，對於有關「前1111說」的關係一直未曾深為留意，等到看到民國七十六年(1987年)的《史語所集刊》，張秉權先生的〈甲骨文中的甲午月食問題〉[7]，看到甲午月食在殷歷譜中始終未放平，嚴一萍先生雖然提議將甲午改為壬午，這個辦法也不正確，因此這一個困難問題，也就無法解決。就這一點出發，其他幾個月食，是否也要重新檢討，變成了當前的課題。

我在《史語所集刊》發表的〈從甲午月食討論殷周年代的關鍵問題〉才開始檢討殷歷中幾個月食現象，以下再簡略的舉出來：

7　《中央研究院史語所集刊》58本4分，張秉權的〈甲骨文中的甲午月食問題〉，頁743-754。

(1) 壬子月食。甲骨中所顯示的應當是癸卯月食，但此係武丁時代的，而在殷歷譜系統中，在盤庚至祖庚，並無癸卯月食，所以改爲壬子月食，定在前1361年，亦卽小辛十年，八月十五日壬子，二十一點四十八分，月食。比武丁元年（前1339年）早二十二年，只有這樣安排，才能有所交代。

(2) 壬申月食。殷歷譜定爲前1328年（董先生系統爲武丁十二年），五月十六日癸酉，早四點正，月偏食。（董先生認爲應當以日出爲一日的開始，所以癸酉早四點仍屬壬申。）

(3) 庚申月食。這個月食實際上是辛酉月食，在前1311年（被認爲武丁二十九年），十二月十六日，早零點四十七分的月全食。董先生也用癸酉月食同樣的原則，凡屬於日出以前的，都算做前一天。所以認爲庚申月食。這一個月食因爲甲骨上的資料比較完整，所以董先生特別重視這一次月食，並引申出來若干基本看法。問題是以「日出」作爲一日的開始，這個假設是否可靠？如其不可靠，也就不能輕用。還有一點更爲重要的，原甲骨記有月份，爲十三月，表示這一年有閏月的，舊標準定爲前1311年。按舊標準「無節置閏法」，能有閏月。但按新標準不承認「無節置閏法」，此年沒有閏月。所以這個用辛酉月食改成的庚申月食，也就根本不符甲骨上的記錄了。

(4) 乙酉月食。殷歷譜排在前1304年（被認爲武丁三十六年），一月十六日，下午六時二十一分。不過這是兩片完全不能銜接的殘破龜甲雜湊而成的。其中揣測的成分過於顯著，與這一次月食根本無關。因爲證據太過薄弱，根本不堪採用，所以不應列入。

從上面的引據看來，這四個月食在殷歷譜中的解釋都有問題，再加上甲午月食，一共有五個月食，一律都有問題。這五個月食除去乙酉月食是一個虛構的月食，加以除掉外還有四個，以下再分析其眞實問題：

(1) 壬子月食。甲骨中根本無壬子月食，應改爲癸卯，所以壬子月食也是根本無存在的理由。

(2) 甲午月食。這個月食在「前1111系統」中早已成問題，無法作妥善的安排，

嚴格來說，也無法計入。

(3) 壬申月食和 (4) 庚申月食。這兩個月食雖然甲骨上有，而在天象上卻找不到。所以殷歷譜只好用了「移山倒海」的方法，將癸酉月食改爲壬申月食，將辛酉月食改爲庚申月食。照這樣把問題算解決了。不過中國的傳統歷法從來都是以夜半爲一日的開始，不論正式歷法，甚至於民間習慣(在古代民間習慣可能有以雞鳴，即丑時，爲一日之始的)，這個拿日出作爲一日開始的看法，在任何一種文獻上，包括甲骨及金文的記載，都找不到確實的根據。因爲證據不足，所以這個以日出爲一日之始的假設不能成立。

所以就以上的分析看來，甲骨中所有的月食，嚴格說來，沒有一個月食是可以符合殷歷「前 1111 說」的證明條件的。

最先要提到的是一直大成問題，迄未放平的甲午月食。這一個月食如其採用「前 1025 說」，就輕輕鬆鬆的解決。查殷歷譜〈交食表〉甲午月食在前 1198 年，十一月十五日，二十二點十八分，有一個月偏食。在新標準的武丁十八年。一切條件都十分合適，也就不需爭論，即可解決。

其次在殷歷譜無法安置下的癸卯月食(因爲不能排入而改爲壬子月食)，也可以不費事的查出線索，即依新定辦法，找到前 1194 年八月十六日午前一點三十七分(在新標準的武丁二十二年)。照董先生看法，癸卯的上午一時是屬於壬寅，現既不用以日出爲一日之始說，所以仍應屬於癸卯。

其次是壬申月食。爲了在「前 1111 說」系統中，在武丁時代沒有壬申月食，就只好把癸酉日食提爲壬申月食，究竟是不妥的。若按照新標準，那就在前 1189 年十月十五日，二十一時三分，日值壬申，在武丁二十七年，確有月食，問題也就輕易的解決了。

再次爲庚申月食。這個月食還牽涉到「置閏」問題，是一個重要的月食記載，也就變成殷歷譜中一個重要的據點。所可惜的，是董先生還是用把辛酉月食提前的辦法，證據不足。按新標準是在前 1212 年二月十六日庚申，有一個月食(當爲武丁四年)。一切條件都很相合，只是時間是十四點四十七分初虧，十六點食甚，到十七點十六分復圓。(此爲請丁驌先生代查劉寶林月食表所得，謹此志謝。)按

董先生的安陽日出日入表，二月十六日，當爲十七點四十三分日沒。所以安陽看到，只是一個「臨界」的時間。所以還不是完全看不見，還是可以做參考的。

總之，在日落以前二十幾分鐘就有的月食，卽使在安陽未曾見到，但殷商控制下的境域仍非常遼闊，甲骨的月食有時也是根據方國的報告。所以這個證據還是可用的。

此外，還有一個補充的說明。卽依新標準設計的武丁年代，是可能有兩次庚申月食，一次爲前 1212 年，另一次爲前 1166 年八月十六日，是一個月全食，食甚在五點三十八分，在安陽可以看見。這一年應當有閏月，所以十三月也可以用得上。只是八月距十三月還有一段時間。除非認爲這一塊牛胛骨曾經在卜月食後就擱置未用，到年終才再啓用。那就八月已卜，剩下的到十三月再卜，也不妨事。這個月食算來在新標準武丁五十年，如其不用前 1212(武丁四年)那個月食，這個前 1166 的月食仍然可用的。

在此，就「前 1025 系統」和「前 1111 系統」從月食現象來比較，就顯然的知道「前 1111 系統」證據不足，而非改弦易轍不可了。

商周年代的新估計

一、緒言

商周年代的問題是研究商周兩代歷史必需加以解決的問題。如其不能做一番有效的整理，那就對於金文及甲骨文的正確時代毫無辦法，同樣也更不可以走上錯誤的路線，以至謬誤相承，更增加整理上的困難。在此，必需對於一切的史料詳加分析，卽使一個非常微小的漏洞，也不可加以疏忽。過去對於商周年代有許多假設，結果都不曾做到可信的程度，就是因為下結論的時候，忽視了小的漏洞。等到結論成功以後，就對於不利的材料，或者置而不顧，或者多方曲解，以致把問題弄得更複雜、更紛擾。

對於商周年代問題，這是絕對需要了解的，是一個科學性質的問題，而不是一個哲學性質的問題。屬於科學性質的問題，只允許有一個正確的答案，如其不能做到正確的答案，就都是錯誤的答案。屬於科學性質的問題，當進行工作的時候，首先要認定的，是基本觀念是否正確，主要材料是否可靠。倘若這兩點不能做到，那就以後所有的工作，除去不是從這兩點演繹出來的以外，都將成為浪費。

當然如其基本觀念或者主要材料不是正確可靠的，在以後工作的過程中，也會發現進行中的困難、疑問，甚至於不合理。這就需要對於基本假設做一個徹底檢討，就不可以把這一點基本的假設當作哲學的信念。倘無正確的認識，還是一直的演繹下去，使得工作越深透，而陷溺越深透。尤其忌諱的，是工作上遇到難以克服的障礙，就採用上了一些不真實與不合理的假設，來幫助解釋通。這樣下去，是可以「自圓其說」的，並且還可以組成了一個完整的系統，使讀者目迷五色，非接受不可。問題就在商周年代不是哲學，如其是哲學，朱陸之爭可以千年不決，以至於再從此爭下去。商周年代「是」就是「是」，「非」就是「非」，其中沒有猶豫的

餘地。眞實性既然客觀的存在著，眞相遲早總會大明。除去客觀的求是以外，其中不允許有感情成分存在的餘地。

在商周年代問題的中間，武王伐紂的年代是其中最重要的關鍵。在傳統的年歷表上，都以西元前 1122 年作爲武王伐紂的那一年。所有年歷上的許多問題也都出在這一點上面。

這一個年代是西漢晚年劉歆根據《古文尚書》用他自己創造出來的三統曆推算出來的。《古文尚書》是一部有價值的史料，這是不必懷疑的，只是劉歆的三統曆，所用的歲實（一年中的日數）和朔策（一月中的日數）都算錯了，還不及漢武帝時所用的四分曆精密，因此，他用他的三統曆來推算，所得的結果也就不可據信。何況他的算法在《漢書‧律歷志》也大致敍述出來，他也只是一個估計，找到這一年對於他的理論合適，也就用了這一年，並沒有什麼堅強的精密的考訂，作爲基礎。只因爲劉歆具有學術上的權威性，而且以後長期中也沒有人再做這個工作，所以後來曆譜也就以此爲歷年的基礎。

金履祥的《通鑑前編》和劉恕的《通鑑外紀》這兩部補充《資治通鑑》遠古時代的書，是歷來歷史年表所根據的，《通鑑前編》以西元前的 1766（乙未）爲商代的開始，《通鑑外紀》以西元前 1751（庚戌）爲商代的開始，兩書不同處只在商代的總年數，至於武王伐紂之年，完全是用劉歆說，以西元前 1122（己卯）爲標準。

因爲劉歆所定的西元前 1122 這個基礎，其根據是相當薄弱的，過去所以相信，只是因爲劉歆的三統曆已具有權威性，基於一種盲從的心理，未曾經過思辨的結果。其實劉歆說和《史記》所記也是互相衝突的。《史記‧周本紀》雖然對於周室年代的史料無法採取完整，只能追溯到共和元年（西元前 841 年），但在〈魯世家〉中因爲得到魯國的材料較爲完整，可以上溯到伯禽以後，魯公的第二代。現在從共和元年上溯，計爲考公四年，煬公六年，幽公十四年，魏公五十年，厲公三十七年，獻公三十二年，眞公十四年，共有一百五十七年。但西元前 1122 年到共和元年，卻爲二百八十一年。也就是伯禽在位要有一百二十四年才可以，這是一個不可能的事。所以在《漢書‧律歷》中引劉歆說便將煬公的年數從六年改爲六十年（煬非美諡，普通一般年數長的君主，是不大會有惡諡的），才能把剩下的六十年留給伯禽。在目前有關劉歆的材料來看，說劉歆作僞，那是「證據不足」

的。而且以新發現的材料來看，更證明了劉歆作偽說，不堪採信。但劉歆在自己的寫作中，輕易改動舊材料中的數字，也犯了歷史方法上的大忌。幸虧劉歆還不曾改動《史記》原文(如同崔適《史記探源》中所誣指的)，還給後人一個寶貴的校正資料。

在劉歆歷法系統已成為正統情況之下，很少人能逃出他的影響，而能別樹一幟的。唐代開元時僧一行作大衍歷，就歷法本身來說，是一個大的突破，而成為中國歷法史上的一個里程碑，但是僧一行的貢獻，也只在計算的精確性方面，而整個的歷法系統，仍然為三統術所籠罩。其月相的認定，仍然背棄漢代一般經師通用的詮釋，而只依從劉歆一家之言。(這一家之言，實是劉歆文過飾非的一些曲解，正宗的經師，無人信從的，包括古文學家在內。)在這種半受控制情況之下，僧一行雖然憑著他精密計算的方法，找出了前 1122 這一年，不適合於認作武王伐紂之年；他還是逃脫不了劉歆的系統，把前 1122 年，改作前 1111 年，這一年只是對於前 1122 年是一個不太大的修正，一切有關的條件是差不多的。

在《新唐書 · 歷志》中，僧一行的〈歷議〉說：

> 其明年武王即位，新歷孟春，定朔丙辰於商為二月。故《周書》曰：「維王元祀，二月丙辰朔，武王訪於周公。」《竹書》十一年，庚寅，周始伐商，而《管子》及《家語》以為十二年，蓋通成君之歲也。

僧一行以為西元前 1111 年為武王伐紂之年，證以〈歷議〉此段以後的敍述中，是他計算出來，認為應當是這一年，可以說無甚問題。不過看得出來是他計算的結果，而不是別有所據。在此一段中《周書》「維王元祀」以下一節三句，是直接引用原文。《竹書》以下各句，只是他敍述之辭，並非引用原文，可以看得很清楚。用校勘的原則來衡量，直接引用的語句和間接引用的語句，其價值是不能同等看待的。

在僧一行的間接敍述中，「十一年，周始伐商」其中只有「十一年」三字應當屬《竹書》的原文。至於「周始伐商」也是一行由自己的習慣，來變動《竹書》的原文。在《竹書》中凡涉及商代之處，均稱作「殷」而不稱作「商」。此處獨作「商」，顯然是一行自己的話，而不是引用《竹書》的原文。如其「周始伐商」是一行自己的話，那就「庚寅」

二字也是一行自己的話。用干支來紀年，本來自東漢以後方才開始，《竹書》成於戰國，是不可能用干支來紀年的。（我們現在也可以用一行的原意，把一行的話改爲「《竹書》西元前 1111 年，周始伐商」，其「庚寅」或「西元前 1111 年」決非《竹書》原文所應有。）此句本來是一行自己的話，其中庚寅二字本來是一行用自己的意思來敍述，來解釋。一行本未曾把「庚寅」二字當作《竹書》的原文。後人把「庚寅」二字當作《竹書》的原文，顯然是一個不必犯的錯誤。

在此不妨再細細的探索一下，原來僧一行在這篇主要的目的，只是推行他的新算法，而從他新算法的運用，也修正了劉歆所設計武王伐紂之年由前 1122 年變爲前 1111 年。前 1111 年本來是一行用劉歆的基礎，再加上他自己的算式，一個合倂應用的新產品，根本與《竹書》無涉。一行也從未曾介意《竹書》的年數，這不是他所需要留意的問題。在他的〈歷議〉中只提了一處《竹書》，而且還不是在重要地方。他所提到《竹書》，重點並不是關切到《竹書》眞的認爲武王伐紂在那一年，而只是認爲《竹書》所記，武王伐紂在武王十一年，和其他的書有所出入，拿這一個作爲比較罷了。

本來僧一行在歷法上的成就，在中國科學史上確是曠代中有數的人物，他的自信和自負當然也不足爲奇。他對於他的西元前 1111 年這個年代，他有充分自信，認爲必然是正確的。所以他也不再詳細勘照《竹書》所說的確實年數，只找到《竹書》中武王十一年伐紂這件事，和他的算法相合，他便引用出來，並且把他算出來的庚寅二字，也加上去，這裡當然是層次不明，構成了一種混亂的情況。不過是原來一行就寫得不明不白，或者是歐陽修在修著《新唐書》時，爲了簡化文辭，才變成這樣不明不白，現今是無法知道的。無論如何，〈歷議〉中這一節是敍述得非常不淸不楚，其不堪作爲科學性考證之用，那是毫無問題的。

〈歷議〉中的「《竹書》十一年，庚寅，周始伐商」這一句之中，賓主不分，交代不淸，而「庚寅」二字，又確切的，必然的，決非《竹書》原文所能具有。所以除去只能證明《竹書》中武王伐紂是在武王十一年這一點以外，其史料價值是非常低的。如其要追溯《竹書》武王伐紂之年，正當的辦法只有這樣，卽：如其沒有別處的記錄可以參考，那就只能認爲《竹書》所記無可追溯；如其有別處的記錄可以參考時，那就寧可相信別處的記錄，而不應當採取這裡的記錄。

　　另外一段《竹書》中有關周朝年代的紀錄,是見於《史記 · 周本紀》裴駰《集解》中所引用的,說:

　　　　汲冢《紀年》曰:「自武王滅殷,以至幽王,凡二百五十七年也。」

這裡是說明引據原文(照古代箋注的常例,可能有刪減,卻不致變動語句),是一個直接引用式的敘述法,比間接引用式的敘述法,當然可靠。其次這裡的引用,其重點在「二百五十七年」,和一行的那段,其重點在武王十一年,來和其他各處的武王十二年來比較,完全不同。從各方面來看,裴駰的引據對於《竹書》是忠實的,一行的引據,對於《竹書》卻不忠實。這兩段文字既有衝突,依照嚴謹的史學方法來處置,只允許用《史記集解》來駁斥《新唐》的〈歷議〉,絕對不允許用《新唐》的〈歷議〉來駁斥《史記集解》。

　　〈歷議〉的材料雖然不能駁斥《竹書》中的周代在西周期中為二百五十七年的可靠性,但卻保存了武王十一年伐商的這個紀錄。這個紀錄保存下來還是有用的。因為武王伐紂原來在武王十一年,或者在武王十二年,已成爭論。這個爭論在《竹書》編纂的時候即已存在。《竹書》的編輯人在兩說之中採取了十一年這一說,只是他的史裁,卻不見得就是真相。如其他的判斷錯了,那西周的年數,將不是二百五十七年而應當是二百五十六年。也就是說商代的亡,晚了一年,西周的開始,也晚了一年。也就是說,正確的西周年代的開始,不一定是西元前 1027 年,也同樣的,可能是西元前 1026 年。這兩個年份怎樣決定,就要看別的證據了。

　　董作賓先生受了僧一行的影響,把僧一行計算的西元前 1111 年,當作武王克商之年,以這一年為基礎,來推定殷周的年代,當然錯了。不過董作賓先生用的基點雖然必須另外再換一個,但他以合於古代天象的歷法,來計算商周的年歷,擺脫三統,以及所謂「顓頊歷」、「殷歷」、「魯歷」等等戰國以至漢代歷算家種種設計的糾纏,這個原則是絕對正確的。因此他所著的《中國年歷譜》或《中國年歷簡譜》也當然可以採用,他的貢獻我們今後還是要繼續承認的。我們所需要的是修正他的歷譜,而不是廢棄他的歷譜。

　　據《漢書 · 律歷志》引《古文尚書》的〈武成篇〉,其中武王伐商的月日是:

惟一月壬辰旁死霸，若翌日癸巳。武王廼朝步自周，于征伐紂。粵若來三
月（三月誤，當作二月。王引之《讀書雜志‧附記》曰：「三當為二，此
引書以證上文之二月朔日，明為二月明矣。〈武成‧正義〉引此文正作「越
若來二月」，《逸周書‧世俘》同。」案《史記‧周本紀》引〈泰誓〉
舊文亦作二月。王引之的證據是極端堅強的。並且上文一月有癸巳，下文
四月有庚戌，也就是三月沒有甲子，甲子非在二月不可。）既死霸，越五
日甲子，咸劉商王紂。

惟四月既生霸，粵六日庚戌，武王燎于周廟，翌日辛亥，祀于天位。粵五
日乙卯，乃以庶祀馘于周廟。

這裡面記到的是，一月、二月，和四月。當然第一步先要澄清武王當時所用的歷，
是殷歷（建丑）或者是周歷（建子）。在三統歷算出的《漢書‧律歷志》以及一行算
出的在《新唐書‧歷議》，他們所認爲的，都以爲武王伐商時用的是殷歷，以丑
月爲正月。董作賓先生的出發點是以僧一行爲依據的，所以董先生也認爲武王所
用的是殷歷，即是武王用的是殷的正朔。這是有疑問的。若想解決這個問題，爭
論是沒有用的。關鍵在武王伐紂時，武王是稱王？還是自稱周侯或西伯？在現在
所有的證據看來，武王當時是稱王，不是別的稱呼。武王的稱王是從文王稱王沿
襲而來，武王從來不曾稱過周侯，武王既然從來未曾自認爲商的諸侯，也從來未
奉過商的正朔。如其武王不曾奉過商的正朔，那就在武王伐商的時候，所用的是
周人的建子歷，不是商人的建丑歷。所以〈武成〉的干支要用建子歷來算，不可以
用建丑歷來算。

　　以下是根據董作賓先生的《中國年歷簡譜》，將西元前 1026 年前後各年，以
周人建子歷爲主，所有的一月、二月和四月的朔日列下，並對《古文尚書‧武成》
的月日，加以比較：

前 1030- 前 1029	正月	甲子朔	戊寅望	無壬辰
	二月	癸巳朔	丁未望	無甲子
	四月	壬辰朔	丙午望	二十二日庚戌
前 1029- 前 1028	正月	戊午朔	壬申望	無壬辰

	二月	戊子朔	壬寅望	無甲子
	四月	丁亥朔	癸卯望	無庚戌
前 1028- 前 1027	正月	壬午朔	丙申望	十一日壬辰
	二月	壬子朔	丙寅望	十三日甲子
	四月	辛亥朔	乙丑望	無庚戌
前 1027- 前 1026	正月	丙子朔	庚寅望	十七日壬辰
	二月	丙午朔	庚申望	十九日甲子
	四月	乙巳朔	己未望	六日庚戌
前 1026- 前 1025	正月	辛未朔	乙酉望	二十二日壬辰
	二月	庚子朔	甲寅望	二十五日甲子
	四月	己亥朔	癸丑望	十二日庚戌
前 1025- 前 1024	正月	乙未朔	己酉望	無壬辰
	二月	甲子朔	戊寅望	一日甲子
	四月	癸亥朔	丁丑望	無庚戌
前 1024- 前 1023	正月	己丑朔	癸卯望	無壬辰
	二月	己未朔	癸酉望	無甲子
	四月	戊午朔	壬申望	無庚戌

　　在以上各年之中，只有西元前1027-1026和西元前1026-1025兩個段落具有〈武成〉所記的各月干支。但西元前1027-1026之中，甲子在十九日，十九日五日以前是十四日，十四日是月圓時，無論那一家的解釋，都不能算作既死霸，所以這一年不能用。惟一的可能，是西元前1026-1025年這一年。

　　西周最後一年是前772-771年，若連此年算到第二百五十七年，就應當為前1028-1027年，較前1026-1025要早兩年。如其要用1026-1025年，就需要對於發生兩年差誤的原因，要加以檢討才可以。這裡面情形複雜，是可能產生出

若干錯誤的[1]。

主要的原因，歷法的換算比較最易產生錯誤。而武王伐紂正在周歷二月，在殷歷爲正月，夏歷爲十二月，其中就可能差誤一年。就《竹書》所記的周代來說，《竹書》是用建寅歷來記事的，和周代所用的建子歷差兩個月。武王伐紂那年，在周歷二月卽已克殷。若就《竹書》所用建寅歷來說，是前一年的十二月克殷。所以克殷的那年，《竹書》要算做兩年，而依照周人的算法，只算一年，這種情況之下，周朝的年數自然會多出一年。

這種調整辦法可以說是合理的，但也只能把西周年數調整爲二百五十六年，比需要調整到合於天象的干支，還多一年。

其次我們還可以把《竹書》認爲武王伐商在十一年，比《管子》等書認伐商在十二年的，要早一年，這就又可以再有一件《竹書》早一年的證據。兩者相加，就可早出兩年。不過這個證據並非一個最好的證據。因爲《竹書》如其採用建寅歷，把伐商的二月變成十二月，提早一年，當然也就可以把武王十二年的記錄換算成爲十一年。這就是說兩件事情的提早一年，實際上仍可能是一件事情的兩面，那就不可以做兩年計算。如其要找出來晚兩年的原因，還得去搜尋其他的材料。

武王克商一事除去被認爲是在十一年或是在十二年以外，還有在十三年一說。這是出於《尚書・洪範篇》的。〈洪範篇〉說武王十三年「王訪於箕子」。武王造訪於箕子，當然是在殷而不是在周。就時間來說也當然在牧野之戰以後，武王入殷，就去造訪箕子，而不可能隔得時間太久。所以依據這一項史料，武王克商應當是武王十三年。十三年比《竹書》所用的十一年晚兩年。如其合於天象的日子干支要比《竹書》所指的西元前 1028-1027 晚兩年，也就是西元前 1026-1025 合於這個條件。那就武王克商的年份，〈洪範篇〉所說是正確的。因而西周一朝的總年數是二百五十五年。

1　《逸周書・世俘篇》：「惟四月乙未日，武王成辟，四方通殷命有國。」乙未原作己未，朱右曾《集訓校釋》，改爲乙未，這是對的。其下面「惟一月丙午 (原作丙辰) 旁生魄，若翼日丁未 (原作丁巳)，亦是朱右曾改正的，其丙午及丁未兩處的改正，更是絕對正確的。不過在一行中居然有三處的干支錯誤，顯然是原簡漫漶，過錄時看不清楚的原故，這種情形在我居延讀簡釋文時，時常有此經驗。此處既然不可據，故今不取乙未、丙午、丁未等日。

二、《殷歷譜》的修正與古殷代年歷的新估定

這一個定點西元前 1026-1025 規定以後，就可以上溯殷商，下推周代。周代的材料是靠金文，而以《尚書》爲輔，大致可以規定出來。商代的材料仍然要依靠甲骨文。關於採用甲骨文來推斷殷商各年的工作，董作賓先生已經有幾十年的辛勤來完成《殷歷譜》和《中國年歷總譜》。這種精心構思下的工作，當然是「功不唐捐」。最可惜的是他採用了僧一行假設下的西元前 1111 年作爲他的基本定點，這一個定點一錯，雖然絕不至於前功盡棄，但其中許多部分就要做大幅的修正。

在此要特別加以申述的，就是現在的修正，是處於不得已。因爲基本定點一改，其他許多附帶的條件，也隨著不能適用，所以要改的，都是因更換定點而不得不改的。如其能保存《殷歷譜》原有的設計，就盡量的保存其原有的設計。《殷歷譜》中有兩個附帶條件，是必需要改的。第一點是董先生新創的「無節置閏法」，第二點是董先生假定的帝辛年數。

關於「無節置閏法」這一層，可以說從來講歷法的人未曾提到過的。從來的歷法，只要有閏月，都是用的是「無中置閏法」。就是說在二十四氣之中，冬至、夏至、春分、秋分，以及其他另外八個距離相等約三十日的日子，叫做中氣。至於立春、立夏、立秋、立冬，以及其他另外八個和它們距離相等約三十日的日子叫做節氣。中氣十二個，和節氣十二個是兩個獨立的系統。

在孔子作《春秋》的時候，還沒有節氣這一說的。甲骨文時代更不可能有節氣這一說了。「無節置閏法」要先有節氣，才能說到有一個無節的月，如其當時建「節氣」的創置還沒有，無節置閏更談不到[2]。

在甲骨及《春秋》中均有冬至的記載，當時冬至卻不叫做「冬至」而叫做「日長至」。這個名稱不同是具有重要意義的。所以不叫做「冬至」，就是日的長短，和春、夏、秋、冬，並不在一個系統之中。日的長短，是屬於陽歷性時日系統的；而春、夏、秋、冬，現在是歸入陽歷系統，而在商代或周初，卻是屬於陰歷系統的。春、夏、秋、冬和建子、建丑等月份相干，卻和「日長至」這一類陽歷節氣並不相干，

---

2 《逸周書》有〈周月〉及〈時訓〉兩篇，〈時訓〉即出於《呂氏春秋》或《淮南子》，當爲漢世補入。〈周月〉有「中氣」無「節氣」，但十二中氣與後世同，亦不當太早。

也就是說商及周初，至多只有四分(冬至、夏至、春分、秋分)，並無四立(立春、立夏、立秋、立冬)，一直到春秋時代。

《春秋經》開始就說「春王正月」，王正月是指周的正月，周正建子，正月按後世的辦法來算，還未立春。此處指實正月爲春，顯示著春秋時代，正月以後就是春，並無立春這一個節氣。一年中的春夏秋冬，只是表示著四個段落，這四個段落，只是依照月份來算。到了正月初一，不論距離冬至有多少日子，就是春天的來臨。並非在正月初一以外，還特定一天算做春天的開始，與頒定的歷朔沒有關係。

古代農業因爲沒有定格的「二十四氣」，所以農人對於觀星，比後世重要得多。《詩經》「七月流火」，流火的火指心宿中大紅星，這在後代的農夫早已不注意了。〈夏小正〉寫作的時代，是比〈月令篇〉爲早的。〈夏小正〉只強調天文和農業的關係，到〈月令篇〉就開始講立春、立夏、立秋、立冬了。〈月令篇〉是從《呂氏春秋》來的，《呂氏春秋》出於呂不韋的門客，已到戰國晚期，其中包括了許多戰國時代學術研究的成果，四立的擬定，也是其中的一種。至於殷商時代，根本不曾有四立，其他的「節氣」更談不上。所以「無節置閏」，根本是一個不可能的事。

不僅如此，卽使精密的「無中置閏」也是不大可能的。在甲骨文中，只有十三月，以及很少的閏三月、閏六月，以及閏九月。並未發現有閏其他各月的記載。這就表示著，商代只知道冬夏兩至，至多也只知道春秋兩分。其他所有人爲的按月分派其他的中氣，並未曾創造出來，至於節氣，就更不用說了。

商代所以建丑，是冬至以後的那個月爲正月，周代所以建子，是把冬至所在的那一個月爲正月。如其以冬至以後那個月爲正月，倘若發現冬至不在十二月時，就將冬至所在的那個月爲十三月，正月仍在以後的那個月。這是非常單純的，也是較爲原始的。至於「無節置閏」的構想，那就必需把這種簡單的置閏法，逐步的變成爲「無中置閏」，再從「無中置閏」更進一步再轉化爲「無節置閏」。若認爲商代已有「無節置閏」，那是和人類文化逐漸進步的原則背馳的，是不合理的。「無節置閏」既然是一個絕對不曾存在的事，那麼《殷歷譜》中凡是採用「無節置閏」設想的部分，就必然要加以修正。

其次在《殷歷譜》中及《中國年歷總譜》中，董先生對於帝辛年數的認定是六十三年，這個年數失之於太長，商代各王年數較長的是武丁，共五十九年。這是《尙書‧無逸篇》特別提出來的。董先生也用武丁五十九年之說，若帝辛達到了六十三年，那就比武丁的年數還多出四年，周公作〈無逸篇〉特別把武丁提出來，就沒有什麼實質的意義。既然有這一個不可解決的矛盾存在著，也就是顯示了帝辛的年數，決不可能達到六十三年。

董先生既然認爲前1111年武王伐商之說是出於《竹書》，不論是否眞的出於《竹書》，董先生的信念中，當然認爲出於《竹書》的。依照董譜，武丁五十九年，祖庚七年，祖甲三十三年，廩辛六年，康丁八年，武乙四年，文武丁十三年，帝乙三十五年，帝辛六十三年。武丁至帝乙各年數，是參酌〈無逸篇〉及甲骨卜辭來設計的。再看董先生對於周朝文武兩王，也承認文王在位五十年，而武王是在十二年伐商，總計文王元年到伐商共爲六十二年。

這就表示著文王卽位在帝辛二年。文王在位時不能溯到帝乙時期。但《竹書》卻明說「文丁殺季歷」。本來《竹書》喜用戰國雜說，此說眞實性尙有問題。只是《竹書》中的紀年，文王卽位必在文武丁晚期，比帝乙至少早一年，最晚文王元年卽在帝乙元年，決不能再晚，這是毫無疑問的。如其文王元年卽在帝乙元年，那就文王三十六年爲帝辛元年。再加上武王十二年，則武王伐商的時候，當爲帝辛二十六年，而不是六十三年。其中因爲周正建子，商正建丑，王年的算法自然會略有出入。不過無論如何，依照董先生《殷歷譜》的排比法認爲帝辛有六十三年，是不很合理的。這個原因還是由於以西元前1111年爲基本出發點。對於甲骨年月的排比，也以此爲基準。如其不勉強用「無節置閏」說，並且不認定帝辛年數爲六十三年，就一切都排不進去。其實倘若修正董先生西元前1111年這一基點，雖然不是立卽就可以成爲定論。但比較用前1111年爲基準的，總可以得到更滿意的結論。這當然是一種進步，只要有進步，就應當前去做。

董先生《殷歷譜》的最主要基礎是「祀譜」。有了祀譜才可以把其他種的排列一一的做下去。所以「祀譜」對於殷代年歷的貢獻是非常巨大的。這裡當然並非說「祀譜」並無更正的餘地，不過要更正祀譜，就得費極大的時間再做一次重排的工作。現在並無此時間及精力去做，也就不能校正祀譜的排法，只好認爲祀譜是

全然無誤的。如其後人發現祀譜有錯，那就不僅原有《殷歷譜》要大改，卽使本篇這次的工作也要大改。現在只有希望不至於有這種大改的可能。不過卽使大改，也只會牽涉到殷代各王的年數。基本原則不會大改的。

以祀譜爲基礎來整理，從其中引用的甲骨文，由西元前 1111 年爲基準的，改以西元前 1025 年爲基準，只要放棄「無節置閏」制並把帝辛的年數從六十三年改爲二十五年(因爲帝辛二十六年已是武王克商之年，當算作周年了)，所有材料就可全部適用。以下將其中最重要部分，祖甲時代各年(附閏月)及帝乙帝辛時代各年(附閏月)將董先生原訂以及新改正的具列於下來做比較，至於證明一項，因爲太繁，當另文發表。

董 譜 原 定 祖 甲 紀 年

元 年	前 1273	正月庚午朔	十二月乙未朔	
二 年	前 1272	正月甲子朔	十二月己丑朔	
三 年	前 1271	正月己未朔	閏九月乙酉朔	十二月癸丑朔
四 年	前 1270	正月癸未朔	十二月戊申朔	
五 年	前 1269	正月丁丑朔	十二月壬寅朔	
六 年	前 1268	正月辛未朔	閏六月己巳朔	十二月丙寅朔
七 年	前 1267	正月乙未朔	十二月庚申朔	
八 年	前 1266	正月庚寅朔	十二月乙卯朔	
九 年	前 1265	正月甲申朔	閏三月癸丑朔	十二月戊寅朔
十 年	前 1264	正月戊申朔	十二月癸酉朔	
十 一 年	前 1263	正月壬寅朔	十二月丁卯朔	閏十二月丁酉朔
十 二 年	前 1262	正月丙寅朔	十二月辛卯朔	
十 三 年	前 1261	正月辛酉朔	十二月乙酉朔	
十 四 年	前 1260	正月乙卯朔	閏九月辛巳朔	十二月己酉朔

十 五 年	前 1259	正月己卯朔	十二月甲辰朔	
十 六 年	前 1258	正月癸丑朔	十二月戊戌朔	
十 七 年	前 1257	正月戊辰朔	閏五月乙未朔	十二月壬戌朔
十 八 年	前 1256	正月丙辰朔	十二月丙辰朔	
十 九 年	前 1255	正月丙戌朔	十二月庚戌朔	
二 十 年	前 1254	正月庚辰朔	閏正月庚戌朔	十二月乙亥朔
二 十 一 年	前 1253	正月甲辰朔	十二月己巳朔	
二 十 二 年	前 1252	正月己亥朔	閏十月甲午朔	十二月癸巳朔
二 十 三 年	前 1251	正月壬戌朔	十二月丁亥朔	
二 十 四 年	前 1250	正月丁巳朔	十二月壬午朔	
二 十 五 年	前 1249	正月辛亥朔	閏八月丁未朔	十二月丙午朔
二 十 六 年	前 1248	正月乙亥朔	十二月庚子朔	
二 十 七 年	前 1247	正月己巳朔	十二月甲午朔	
二 十 八 年	前 1246	正月甲子朔	十二月己巳朔	閏十二月戊午朔
二 十 九 年	前 1245	正月戊子朔	十二月癸丑朔	
三 十 年	前 1244	正月壬午朔	十二月丁未朔	閏十二月丙子朔
三 十 一 年	前 1243	正月丙午朔	十二月辛未朔	
三 十 二 年	前 1242	正月辛丑朔	十二月乙丑朔	
三 十 三 年	前 1241	正月乙未朔	閏九月辛酉朔	十二月己丑朔

改 訂 後 祖 甲 紀 年

| 元 年 | 前 1149 | 正月庚午朔 | 十二月乙未朔 | |
| 二 年 | 前 1148 | 正月甲子朔 | 十二月己丑朔 | |

三　　年	前 1147	正月己未朔	閏六月丙辰朔	十二月癸丑朔
四　　年	前 1146	正月壬午朔	十二月丁未朔	
五　　年	前 1145	正月丁丑朔	十二月壬寅朔	閏十二月辛未朔
六　　年	前 1144	正月辛丑朔	十二月丙寅朔	
七　　年	前 1143	正月乙未朔	十二月庚申朔	
八　　年	前 1142	正月庚寅朔	十二月甲寅朔	閏十二月甲申朔
九　　年	前 1141	正月癸丑朔	十二月戊寅朔	
十　　年	前 1140	正月戊申朔	十二月癸酉朔	
十 一 年	前 1139	正月壬寅朔	閏六月己亥朔	十二月丁酉朔
十 二 年	前 1138	正月丙寅朔	十二月辛丑朔	
十 三 年	前 1137	正月庚申朔	十二月乙酉朔	
十 四 年	前 1136	正月甲寅朔	閏三月癸未朔	十二月己酉朔
十 五 年	前 1135	正月戊寅朔	十二月癸卯朔	
十 六 年	前 1134	正月癸酉朔	閏九月戊戌朔	十二月丁卯朔
十 七 年	前 1133	正月丙申朔	十二月辛酉朔	
十 八 年	前 1132	正月辛卯朔	十二月丙辰朔	
十 九 年	前 1131	正月乙酉朔	閏六月壬午朔	十二月庚辰朔
二 十 年	前 1130	正月己酉朔	十二月甲戌朔	
二 十 一 年	前 1129	正月庚卯朔	十二月戊辰朔	
二 十 二 年	前 1128	正月戊戌朔	閏三月丙寅朔	十二月壬辰朔
二 十 三 年	前 1127	正月壬戌朔	十二月丁亥朔	
二 十 四 年	前 1126	正月丙辰朔	十二月辛巳朔	閏十二月丁亥朔

二 十 五 年	前 1125	正月庚辰朔	十二月乙巳朔	
二 十 六 年	前 1124	正月甲戌朔	十二月己亥朔	
二 十 七 年	前 1123	正月己巳朔	閏九月乙丑朔	十二月癸亥朔
二 十 八 年	前 1122	正月癸巳朔	十二月丁巳朔	
二 十 九 年	前 1121	正月丁亥朔	十二月壬子朔	
三 十 年	前 1120	正月壬午朔	閏三月庚戌朔	十二月丙子朔
三 十 一 年	前 1119	正月丙午朔	十二月庚午朔	
三 十 二 年	前 1118	正月庚子朔	十二月乙丑朔	閏十二月甲午朔
三 十 三 年	前 1117	正月甲子朔	十二月己丑朔	

以上這兩種曆法的算法因爲用的置閏標準不同，其中許多地方不盡相同。（但是如以前1149爲祖甲元年，用「無節置閏法」，再就和以前1273爲祖甲元年，也用「無節置閏法」來比較，所有祖甲各年月份的相互差異，比前1273的系統與前1149系統用簡式「無中置閏法」的差異更大。）幸虧董先生在甲骨文中所用各材料，對於這兩種辦法，都不衝突。因而其中不盡相同的地方，並未發生任何排列的困難。

　　以下再用同樣方法，列出帝乙和帝辛時代的年數作爲比較。現在先把帝乙時代列下，其中先列董氏所擬，後再列入新訂正的。

董 譜 中 的 帝 乙 年 歷

元 年	前 1209	正月戊子朔	十二月癸丑朔	
二 年	前 1208	正月癸未朔	閏三月辛亥朔	十二月丁丑朔
三 年	前 1207	正月丁未朔	十二月壬申朔	
四 年	前 1206	正月辛丑朔	十二月丙寅朔	閏十二月乙未朔
				（當閏未閏）
五 年	前 1205	正月乙未朔	十二月庚申朔	
六 年	前 1204	正月庚寅朔	十二月乙卯朔	

七　　年	前 1203	正月甲申朔	閏十月庚戌朔	十二月己酉朔
				（當閏未閏）
八　　年	前 1202	正月己卯朔	十二月癸卯朔	閏十二月癸巳朔
九　　年	前 1201	正月壬寅朔	十二月丁卯朔	閏十二月丁酉朔
十　　年	前 1200	正月丙寅朔	閏六月甲子朔	十二月辛酉朔
十 一 年	前 1199	正月庚寅朔	十二月乙卯朔	
十 二 年	前 1198	正月乙酉朔	十二月己酉朔	
十 三 年	前 1197	正月己卯朔	閏二月戊寅朔	十二月癸酉朔
十 四 年	前 1196	正月癸卯朔	十二月戊辰朔	
十 五 年	前 1195	正月丁酉朔	閏十一月壬戌朔	十二月壬辰朔
十 六 年	前 1194	正月辛酉朔	十二月丙戌朔	
十 七 年	前 1193	正月丙辰朔	十二月庚辰朔	
十 八 年	前 1192	正月庚戌朔	閏七月丁丑朔	十二月甲辰朔
十 九 年	前 1191	正月甲戌朔	十二月己亥朔	
二 十 年	前 1190	正月戊辰朔	十二月癸巳朔	
二十一年	前 1189	正月癸亥朔	閏八月己未朔	十二月庚辰朔
二十三年	前 1187	正月辛巳朔	十二月丙午朔	
二十四年	前 1186	正月乙亥朔	十二月庚子朔	
				（當閏未閏）
二十五年	前 1185	正月庚午朔	十二月甲子朔	
二十六年	前 1184	正月癸巳朔	閏九月己未朔	十二月戊子朔
二十七年	前 1183	正月丁巳朔	十二月壬午朔	

二十八年	前 1182	正月壬子朔	十二月丁丑朔	
二十九年	前 1181	正月丙子朔	閏五月甲戌朔	十二月辛丑朔
三十年	前 1180	正月庚午朔	十二月乙未朔	
三十一年	前 1179	正月甲子朔	十二月己丑朔	
三十二年	前 1178	正月己未朔	閏正月戊子朔	十二月癸丑朔
三十三年	前 1177	正月癸未朔	十二月丁未朔	
三十四年	前 1176	正月丁丑朔	閏十月壬申朔	十二月辛未朔
三十五年	前 1175	正月辛丑朔	十二月丙寅朔	

改訂後的帝乙紀年

元　年	前 1085	正月戊子朔	十二月癸丑朔	
二　年	前 1084	正月壬子朔	十二月丁丑朔	
三　年	前 1083	正月丁未朔	十二月壬申朔	
四　年	前 1082	正月辛丑朔	十二月丙寅朔	
				（此年失閏）
五　年	前 1081	正月乙未朔	十二月庚申朔	
六　年	前 1080	正月庚寅朔	十二月乙卯朔	
七　年	前 1079	正月甲申朔	十二月乙酉朔	
				（此年失閏）
八　年	前 1078	正月己卯朔	十二月癸卯朔	補閏十二月癸酉朔
九　年	前 1077	正月壬寅朔	十二月丁卯朔	閏十二月丙申朔
十　年	前 1076	正月丙寅朔	十二月辛卯朔	補閏十二月辛卯朔
十一年	前 1075	正月庚寅朔	十二月乙卯朔	

十 二 年	前 1074	正月乙酉朔	閏六月壬午朔	十二月己卯朔
十 三 年	前 1073	正月己酉朔	十二月癸酉朔	
十 四 年	前 1072	正月癸卯朔	十二月戊辰朔	
十 五 年	前 1071	正月丁酉朔	閏三月丙寅朔	十二月壬辰朔
十 六 年	前 1070	正月辛酉朔	十二月丙戌朔	
十 七 年	前 1069	正月丙辰朔	閏九月壬子朔	十二月庚戌朔
十 八 年	前 1068	正月己卯朔	十二月甲辰朔	
十 九 年	前 1067	正月甲戌朔	十二月己亥朔	
二 十 年	前 1066	正月戊辰朔	閏九月甲午朔	十二月癸亥朔
二十一年	前 1065	正月壬辰朔	十二月丁巳朔	
二十二年	前 1064	正月丁亥朔	十二月辛亥朔	
二十三年	前 1063	正月辛巳朔	閏六月戊寅朔	十二月丙午朔
				（當閏未閏）
二十四年	前 1062	正月乙亥朔	十二月庚子朔	
二十五年	前 1061	正月庚午朔	十二月甲午朔	補閏十二月甲子朔
二十六年	前 1060	正月癸巳朔	十二月戊午朔	閏十二月戊子朔
二十七年	前 1059	正月丁巳朔	十二月壬午朔	
二十八年	前 1058	正月壬子朔	閏九月戊申朔	十二月丙午朔
二十九年	前 1057	正月丙子朔	十二月庚子朔	
三 十 年	前 1056	正月庚午朔	十二月乙未朔	
三十一年	前 1055	正月甲子朔	閏六月壬戌朔	十二月己未朔
三十二年	前 1054	正月戊子朔	十二月癸丑朔	

三十三年	前 1053	正月癸未朔	十二月丁未朔	
三十四年	前 1052	正月丁丑朔	十二月壬寅朔	閏十二月丁未朔
三十五年	前 1051	正月辛丑朔	十二月丙寅朔	

以上爲對於帝乙時代的年歷，用兩種不同的計算方法，依照甲骨文的材料，都可以沒有問題的排進去。所不同的，倘若以前 1111 年爲基點，必須採用「無節置閏法」來規定閏月，才能把甲骨文的材料放進去，若用「無中置閏法」或「簡式無中置閏法」就不能適合。反之，若改用前 1025 年爲基點，就必須採「無中置閏法」或「簡式無中置閏法」，如用「無節置閏法」就不可以適合。這一點和以前所舉的祖甲時代年歷完全相同。再上推到武丁時代，也是一樣適用，不生問題的。

帝乙時代對於置閏，似乎有意的把它廢止，在帝乙早期，置閏情形是很零亂的，找不到原則出來。到了晚期，似乎主張置閏的一派，在爭論上得到勝利，因而又重新恢復如期置閏的舊制。這種情形，在董先生作《殷歷譜》時，已經發現。用他的方法來安置，可以順利的排妥。現在新的修正，只在置閏原則方面，至於董先生發現的帝乙時代屢次失閏的事實，和怎樣去置閏，並無關係。現在重新排列一下，是沒有任何困難的(關於詳細排列，將另文發表)。

帝辛時代的置閏，沒有什麼問題。其中最大的問題，是董先生把甲骨文的材料依照六十三年來排，現在新修正的歷譜，只有二十五年，當然比較上要困難得多。不過董先生對於這個時代研究上的大貢獻，要算「征人方」一件事，修正的時候，只要把「征人方」的月日都放進去，別的月日也就可以設法安排了。以下就是兩種不同的歷表，用來比較。不過董譜只用到二十五年爲止，以後各年因爲用不到，不再徵引。

董 譜 中 的 帝 辛 年 歷

元　　年	前 1174	正月乙未朔	十二月庚申朔	
二　　年	前 1173	正月庚寅朔	閏七月丙辰朔	十二月甲申朔
三　　年	前 1172	正月甲寅朔	十二月戊寅朔	
四　　年	前 1171	正月戊申朔	十二月癸酉朔	

五 年	前 1170	正月壬寅朔	閏五月辛未朔	十二月丁酉朔
六 年	前 1169	正月丙寅朔	十二月辛卯朔	
七 年	前 1168	正月辛酉朔	閏十一月乙酉朔	十二月乙卯朔
八 年	前 1167	正月乙酉朔	十二月己酉朔	
九 年	前 1166	正月己卯朔	十二月甲辰朔	
十 年	前 1165	正月癸酉朔	閏九月乙亥朔	十二月戊辰朔
十一年	前 1164	正月丁酉朔	十二月壬戌朔	
十二年	前 1163	正月辛卯朔	十二月丙辰朔	
十三年	前 1162	正月丙戌朔	閏六月癸未朔	十二月庚辰朔
十四年	前 1161	正月庚戌朔	十二月乙亥朔	
十五年	前 1160	正月甲辰朔	十二月己巳朔	
十六年	前 1159	正月己亥朔	閏十二月戊戌朔	十二月癸巳朔
十七年	前 1158	正月壬戌朔	十二月丁亥朔	
十八年	前 1157	正月丁巳朔	十二月癸丑朔	
十九年	前 1156	正月辛亥朔	閏二月壬午朔	十二月乙巳朔
二十年	前 1155	正月乙亥朔	十二月庚子朔	
二十一年	前 1154	正月己巳朔	閏七月丙申朔	十二月甲子朔
二十二年	前 1153	正月癸巳朔	十二月戊午朔	
二十三年	前 1152	正月戊子朔	十二月壬子朔	
二十四年	前 1151	正月壬午朔	閏四月庚辰朔	十二月丙子朔
二十五年	前 1150	正月丙午朔	十二月辛未朔(二十五年以後不計入)	

改 訂 後 的 帝 辛 紀 年

元　　年	前 1050	正月乙未朔	十二月庚申朔	閏十二月己丑朔
二　　年	前 1049	正月己未朔	十二月甲申朔	
三　　年	前 1048	正月癸丑朔	十二月戊寅朔	
四　　年	前 1047	正月戊申朔	閏九月癸卯朔	十二月壬寅朔
五　　年	前 1046	正月壬申朔	十二月丁酉朔	
六　　年	前 1045	正月丙寅朔	十二月辛卯朔	
七　　年	前 1044	正月辛酉朔	閏六月戊午朔	十二月乙卯朔
八　　年	前 1043	正月甲申朔	十二月己酉朔	
九　　年	前 1042	正月己卯朔	十二月甲辰朔	閏十二月甲戌朔
十　　年	前 1041	正月癸卯朔	十二月戊辰朔	
十 一 年	前 1040	正月丁酉朔	十二月壬戌朔	
十 二 年	前 1039	正月壬辰朔	閏九月戊午朔	十二月丁亥朔
十 三 年	前 1038	正月丙辰朔	十二月辛巳朔	
十 四 年	前 1037	正月庚戌朔	十二月乙亥朔	
十 五 年	前 1036	正月甲辰朔	閏六月辛丑朔	十二月己亥朔
十 六 年	前 1035	正月戊辰朔	十二月癸巳朔	
十 七 年	前 1034	正月壬戌朔	十二月丁亥朔	
十 八 年	前 1033	正月丁巳朔	閏三月乙酉朔	十二月辛亥朔
十 九 年	前 1032	正月辛巳朔	十二月丙午朔	
二 十 年	前 1031	正月乙亥朔	閏九月辛丑朔	十二月己巳朔
二十一年	前 1030	正月己亥朔	十二月甲子朔	
二十二年	前 1029	正月癸巳朔	十二月戊午朔	

二十三年　　　　前 1028　正月戊子朔　閏九月癸丑朔　十二月壬午朔

二十四年　　　　前 1027　正月壬子朔　十二月丙子朔

二十五年　　　　前 1026　正月丙午朔　十二月辛未朔

以上兩種排法的帝辛年代和帝乙年代都是銜接的。只因爲兩種排法的年數不同，因此祀譜就需要修改一下。

　　就《殷歷譜》中的材料來說，凡董先生當時可以找到的材料，都可以全部放進去了，其中一點也沒有困難。只將那帝辛祀譜比較，就會很容易的看出來，在帝辛祀譜中空檔太多，給看到的人一個不必列排這許多年的感覺。帝辛祀譜的排列，實在遠不如帝乙祀譜緊湊。董先生因爲以前 1111 爲基本紀年，爲著要把材料放進去，當然也有不得不這樣排的苦衷。不過換一個別的基本紀年，如其不需要排這麼多的年份，也許就更好些。

　　董譜中有一個日食，董先生說：

> （十一祀正月一日，丁酉朔）此正月丁酉朔，值定朔。日食周期可推證。
> 爲本譜中帝辛在位年數，及殷正建丑之重要基點。

這一年是西元前 1164，建丑月正月初一日食是不錯的。因此若按西元前 1111 爲基點，就非把帝辛十一祀推到西元前 1164 不可，雖然帝辛祀譜之中，空檔太多，也是無法避免的。不過如其不用西元前 1111 爲基點，而改用西元前 1025 爲基點，帝辛的十一祀是西元前 1040 年，這一年也同樣的有正月初一日丁酉的日食。在同一可能的條件之下，若西元前 1040 年更爲合理，也就應用採用西元前 1040 年爲佳了。

　　又董先生採用了《歷代鐘鼎彝器款識》的「兄癸彝」。原文是；

> 丁子（丁巳）王錫雋关貝，在寒。用作兄癸彝，在九月。惟王九祀、協日、丙。

這個器是絕對是眞的，不過其中卻有一個問題。卽此器是商代晚期的，不屬於帝乙時期，卽屬於帝辛時期。帝乙九年九月有丁巳日，卻無協祭，帝辛九年九月有

協祭卻無丁巳日。董先生認為日子有誤記,可能把癸巳誤為丁巳。不過這個器為什麼可把日干寫錯?只有仍然認為是帝乙時的器,比較合理些。因為記錯日子,太離譜了。但對於殷代典禮來說,目前所知的實在太少,臨時特殊的協祭,不屬於整個祭祀系統的,我們無法否定其存在。

此外,帝辛十一祀,是一個關鍵的年代,而十一祀七月,更是帝辛從征人方返回的那個月。在董譜中依照例行排列,有一個長期甲骨的空檔。但是若將帝辛年代從六十三年換為二十五年,這個甲骨空檔必需補上的。補上的辦法,是帝辛在十一祀七月,可能把祭祀的系統(工典)再來一個新的開始。也就是說從乡祭起再新來一次,以示隆重的慶祝。這和後代各王,如魏惠王的改元,以及漢文帝、漢景帝的改元,漢武帝改了許多元,同一道理。在這一種重排的原則之下,才可以使帝辛時代的甲骨和帝乙時代的甲骨,排列得一樣緊湊。否則商代後期的甲骨怎樣可以亡失得那樣多,就成為一個不可理解的事了。

三、對於周代各王年數的估計

以西元前 1025 為一個基本的年代,是可以向前推殷的各王年代,向後可以推周的各王年代的。推殷代所用的材料及許多研究成果,多數是根據董作賓先生的,只是換了一個簡式「無中置閏」法(卽遇到十二月不見冬至,三月不見春分,六月不見夏至,九月不見秋分,方才置閏。不管其他的中氣),來代替董先生特創的「無節置閏」法。至於周代的推算,當然也是以西元前 1025 為基本的年代。只是採用的月相說,根據漢代一般所有今文及古文經師的解釋,來代替董先生專取劉歆一家之說以及完全取法於劉歆的唐代僧一行之說。照這樣的解釋大部分的金文可以相合,不至於像董先生的所排金文年代,大部分都是不合的。

依照漢代今古文兩家傳統的說法,是前半月大致屬於生魄的範圍,後半月屬於死魄的範圍,而以望為中點(大致如此,當然尚有詳細的分法)。依照劉歆的解釋而為一行及董先生所承用的,則以朔為死魄,望為生魄,也就等於說前半月為死魄的範圍,後半月為生魄的範圍。這兩說是完全相反的。

自偽古文《尚書 · 武成》傳用劉歆說,經過一行,一直到俞樾,都無法擺脫

劉歆說的陰影，直到王國維四分月相說開始，才算精心構思，使傳統古義，復明於世。主要的是王氏是一個從事邏輯方法來作爲他治學開始的一個人。他既不是專爲尊經，也不是專去辨僞。他只是客觀的用邏輯方法來處理材料，尋求合理的結論。誠然他把一月分爲四部分來星期化中國的月，多少有些附會，但這不是他重要的一點，他最重要的貢獻，是尋求月相解釋的合理化 [3]。在二千年中，月相解釋的陰霾中，他找到了一條光明的出路。沒有深厚的學術修養以及卓越的智慧是辦不到的。

董先生不接受王國維的理論，並非王氏的理論上有什麼缺點，而是這個理論和董先生用的西元前 1111 年的基點不能相通。董先生雖然是採用合天歷法使用在商周年歷中的先覺，不幸被這個不確實的基點所拖累，以致陷溺得越來越深而不能自拔。反之故師範大學教授魯實先先生，他是非常固執，堅決的主張研究古歷只能用古法的一個人。這個基本觀點，當然是錯的，他批評董先生也是用這個基本觀點，也當然不足以折服董先生。而且他對於歷法，並無他根據的「年代基點」，他只是一個取消派。他的學力極深，卻建樹不多，也是這個原故。因爲他自己沒有計算年歷的基點，也就不受基點的糾纏。在他的〈四分一月說辨正商榷〉[4]所論到的，其中基本看法當然很有問題（他據「朔非初吉」駁董氏亦大誤）。但他批評董先生的朔爲死魄，望爲生魄說，的確十分精闢，盡情盡理。不能因爲他是一

3　董先生的「定點說」實際上是為駁王國維的「四分月相說」而創立的。當然，如其確有堅強的證據，那也可以使人確信。可惜這個「定點說」只是想求勝人而作的臆斷，本無其事而作繭自縛，實可以不必如此的。幸虧古代作器以初吉為多，而初吉又的確多指月朔，尚留有不少通融餘地，否則更難與器銘干支月日相合了。董先生的定點每月只有兩點，即朔與望，而又認為朔即死魄，望即生魄。這就只有兩個可能，一為除定點外決不製器，二為在朔時稱「初吉」或「既死魄」，在望時稱「既望」或「既生魄」，其他日子製器則不標月相，只有干支。前者當然不近情理，可不論。後者就需要一個證據，即金文所標年月日，一定有固定的程式，決不改變。現在依董先生的假設，「初吉」與「既死魄」可互稱，「既望」與「既生魄」可互稱，已說明並無固定的程式。再分析金文銘刻，其中「王」「年」「月」「日」「月相」「干支」這六項在一個器中完全列舉的極少，一般都是略去幾項。至於略去那一項，都是寫銘的人隨意增減，並無定例。譬如師艅簋稱「三年三月甲戌」，師晨簋稱「三月初吉甲戌」，康鼎也稱「三月初吉甲戌」，或寫年，或不寫年，或寫「初吉」，或不寫「初吉」。足徵周室並未定出來一個「金文寫作程式」。所以也不能認為不標月相的，就是不在定點上，也就表示「定點」還是一個不曾證明的假設。

4　東海大學出版《歷術！言甲集》，頁185-229。其中斥責董氏，頗涉意氣，難以得人同情。不過平心靜氣去讀他所說的話，有時也有堅強的根據，為董氏無法回答的。

個有成見的人而棄置不顧。

做古年代的工作，一下手就得承認這是一種自然科學而不是哲學。只許用做自然科學的方法去做，而不許用做哲學的方法去做。對就是對，錯就是錯，其間絕不容許有任何「回護」的觀念存在下去。需要證明某一種自然科學的設想，做出來就是做出來，做不出來就是做不出來。做出來當然有做出來的意義，做不出來仍然工作不算浪費。董先生的殷周年代研究，下的工夫深，不論做出來的或者做不出來的，還是都有其存在的價值，不必爭執也不必回護。

基於客觀事實的分析，以及正確的邏輯推理，「無節置閏說」，「死魄在朔，生魄在望說」以及金文的「定點說」，都是錯誤的、無效的。不過採用這些原則來規定甲骨金文的年代，雖然一定是錯的，但現在以西元前 1025 爲基點，不必採用這些原則來附會，卻不見一定是對的。因爲不需要採取錯誤的原則的，還有別的可能。我們現在做的工作，只能說更向前走了一步，並不能完全證明一定確實無誤。

以下是對於西周初年，即武王克商以後至共和元年的各王年數的估計。主要的根據是《尙書》的〈召誥〉、〈洛誥〉、〈顧命〉，以及金文中的各器。各王年數大致可以估計出來，不過以後如有新的金文發現，也許還要重新更定。

武王十三年(前 1025) 克商，到十六年(前 1022)，共計克商以後在位四年。

成王在位二十一年(前 1021- 前 1001)，其中前六年爲周公攝政(周公攝政從武王崩年開始，所以周公攝政共有七年)。

據〈召誥〉、〈洛誥〉、〈顧命〉及何尊[5]，又師旬簋「元年二月既望庚寅」，與成王元年月日合。

康王在位十九年(前 1000- 前 982)。

5 　參照《中央研究院史語所集刊》50 本 1 分，〈論周初年代和召誥洛誥的新證明〉(頁29-45)。據〈顧命〉「惟四月，哉生魄，王不懌。甲子，王乃洮"水。……越翼日，乙丑，王崩。」依董氏《中國年歷譜》，此年四月庚戌朔，既生魄當爲癸丑，甲子爲十五，仍相合。

據〈顧命〉康王元年當爲顧命次年，即前1000年，則康王十二年爲前989年。《漢書 · 律歷志》引〈畢命〉，康王的「十有二年六月庚午月出」，據董氏《中國年歷譜》此年六月己巳朔，庚午爲次日。古代用平朔。早一日或遲一日，仍然相合。也就是表示著〈畢命〉和〈召誥〉、〈洛誥〉、〈顧命〉及何尊都是相符合的。

昭王在位十六年(前981-前966)。

據《初學記》卷七引《竹書紀年》:「昭王十六年，伐楚荊，涉漢，遇大兕。」與《初學記》卷七引《竹書紀年》「(昭王)十九年，天大曀，雉兔皆震，喪六師於漢」本是一件事，另一處，誤十六爲十九，以康王及穆王年推，昭王只可有十六年。

大簋「十又二年三月既生霸丁亥」。昭王十二年(前970)三月庚辰朔，丁亥爲初八日，正爲既生霸，與此器合。

至於大鼎「十又五年三月既霸丁亥」，霸前脫一字。昭王十五年(前967)三月無丁亥，惟穆王十五年(前951)三月庚申朔，丁亥二十八日爲既死魄。

穆王在位五十年(前965-前915)。

和金文可以相合的，計有：

師虘簋「十二年正月既望甲午」。穆王十二年(前954)正月己卯朔，甲午爲十四日。

無𠳭簋「十三年正月初吉壬寅」。穆王十三年(前953)正月壬寅朔，與此合。

剌鼎「隹五月，辰在丁卯，王啻，用牡於大室啻邵王」。穆王二十四年(前942)五月丁卯朔，與此相合。

共王在位十六年(前915-前900)。

趩觶「二年三月初吉乙卯」。共王二年(前914)三月乙卯朔，與此相合。此器依董先生設計，無各王年月可以相合。

師遽簋「隹王三祀，四月，既生霸辛酉」。共王三年(前913)四月己酉朔，

辛酉爲十三日，正爲旣生霸，與此合。

<ruby>兢</ruby>伯簋「九年九月甲寅」。共王九年九月壬寅朔。甲寅爲十三日，與此合。

趞曹鼎(此器銘文標明爲共王時)，「十五年五月旣生霸壬午」。共王十五年(前901)五月己巳朔，壬午爲十四日，尚未到望，仍屬旣生霸(魄)範圍，與此器合。

懿王在位十九年(前900-前882)。

匡簋(此器標明爲懿王時)，「四月初吉甲午」。懿王元年(前900)四月甲午朔，與此器相合。

永盂「十有一年初吉丁卯」(此器十一年被誤剔爲十二年，應以十一年爲是)。懿王十一年(前890)正月爲丁卯朔，與此相合。

師<ruby>釐</ruby>簋「十有二年九月初吉丁亥」。懿王十二年(前889)九月丁亥朔，與此相合。

孝王在位十八年(前883-前866)。

師兌簋「元年五月初吉甲寅」。孝王五年(前883)五月甲寅朔，與此器相合。

師<ruby>艅</ruby>簋「三年三月甲戌」。

師晨簋「三年三月甲戌」。

康鼎「三月初吉甲戌」。

依器中所述。此三器爲同時的事。也就是在三年三月初吉甲戌的事。孝王三年(前881)四月癸酉朔，甲戌爲初二日，在初吉限內。因爲這年應當閏五月，此時又用了十三月的辦法，把閏月提到二年年底，因而四月也提前一月變爲三月了。

夷王在位十二年(前865-前854)。

黃伯思《東觀餘論》引史伯碩父鼎「隹六年八月初吉己巳」。夷王六年(前860)八月己巳朔，正與此器相合。

厲王在位十二年(前853-前842)。若再加上共和十四年(前841-前828)，則厲

王紀元前後共爲二十六年。

鼻簋「二年正月初吉，王在周康邵宮，丁亥」。屬王二年（前851）正月辛巳朔，丁亥爲初八日，與此合。

靜簋「八月初吉庚寅」。按屬王五年（前848）八月庚寅朔，與此器合。不過當時太子雖然名靜，一般不避太子諱，所以靜可能爲另外的人，不是宣王。這個人要等宣王卽位才會避諱改名。

吳彝「二月初吉丁亥」。屬王六年（前847）二月丁亥朔，與此器相合。

牧簋「七年十有三月既生霸甲寅」。屬王七年（前846）應當閏八月，若用十三月制，閏八月成爲九月，十二月成爲十三月了。此年十二月丙午朔，甲寅爲初九日，正在既生霸的範圍內，與此器合。

宣王在位四十六年（前827-前782）。

這個年代是不成問題的，現在舉出幾個合於年歷的銘文，來作示例。可以看出生霸在上弦，死霸在下弦，是沒有問題的。

頌鼎「隹三年五月既死霸甲戌」。宣王三年（前825）五月丁未朔，甲戌爲二十八日，與此器銘相合。

師虎簋「隹元年六月既望甲戌」。宣王元年（前827）六月己未朔，甲戌爲十六日，與銘文合。

召伯虎簋「隹五年正月己丑」。宣王五年（前823）正月丁卯朔，己丑爲二十二日。

兮甲盤「五年三月既死霸庚寅」。宣王五年（前823）三月丙寅朔，庚寅爲二十五日，正合既死霸的條件。此器言征伐玁狁事，其爲宣王時事無問題，不可移動的。

同簋「十有二年二月初吉丁丑」。宣王十三年（前815）三月丙戌朔。

無惠鼎「九月既望甲戌」。宣王十六年（前812）九月十五日甲戌，與銘文合。

伯克壺「十又六年十月，既生霸乙未」。宣王十六年（前812）十月己丑朔，

十月初七日乙未，與銘文合。十月被剔時誤作「七」字，按金文七字亦作十不作七，此作七，顯然爲剔壞致誤。

鬲比盨「二十五年七月旣望壬寅」。宣王二十五年(前 803)七月己亥朔，十六日甲寅，壬字顯然爲甲字未剔出全文，因此器鏽太多，字已浸瀘。

寰盤「二十九年五月旣望庚寅」。宣王二十九年(前 799)五月丙子朔，十五日庚寅。此器「九」字誤剔爲「八」字。

鬲攸从盤「三十二年三月初吉壬辰」。宣王三十二年(前 796)三月庚寅朔，初三日壬辰，與銘文合。

善夫山鼎「三十九年正月初吉庚戌」。宣王三十九年(前 789)正月庚戌朔，與此器合。「九」字誤剔爲「七」字。

以上宣王時器因爲年代方面沒有問題，綜合來比較，可以證明「初吉」、「旣生霸」、「旣」和「旣死霸」在每月中的地位，大致和王國維說相去不遠。當然，王國維說不夠精密，今後還得依新的資料去修正。但此說的大致方向是不錯的。

附　記

本篇對於西周年代，根據金文(其實尚有更多金文可以符合，現在只舉出幾個重要的)，對於各王年代的斷定，總是十分謹愼的來處理，還不曾發現嚴重不合理的地方。其中最令人不安的問題，是《史記》所述周穆王五十歲卽位，又在位五十五年一件事，無論怎樣也排不進去。因此只好檢討一下《史記》中周穆王的年代，才覺得這一個記載，確實很有問題。其中疑點如同：(一)《史記‧周本紀》對於成康在位年數都不知道，對於穆王不僅記在位年數，還加上卽位時年齡，這是不尋常的，如其不是根據雜說，就是後人竄入的，非司馬氏原作文。(二)和穆王在位及其年齡有關的只有《尚書‧呂刑》「王享國百年，耄荒，度作刑以詰四方」。除此以外，再無別的材料。

建立一個「法」的觀念，是很不容易的事。當春秋晚期，鄭的刑書，晉的刑鼎，都是有人反對的，不可能在周穆王時期就有「五刑之屬三千」那樣詳細的成文法。〈呂刑篇〉的寫成，一定在李悝《法經》通行之後。當時著者信筆寫成，不曾詳考

歷史事實，一經引申沿用，就可能對歷史年代引起誤解出來。其實穆王確不曾享國百年，《左傳》僖公十二年：「穆王欲肆其心，周行天下，將皆必有車轍馬跡焉，祭公謀父作〈祈招〉之詩，以止王心，王是以獲沒於祗宮。」所以穆王崩年，估計不過六十餘歲；豈有百歲老人，尚能周行天下？所以〈呂刑〉所記穆王年歲，決不可信。

再就〈呂刑〉，《僞孔傳》說「穆王即位，過四十矣」，孔穎達《疏》說：「穆王即位過四十者，不知出於何書也。〈周本紀〉云，穆王即位，春秋已五十矣。」此處顯示著作《僞孔傳》的人，未看到《史記·周本紀》說穆王五十歲即位這一條。《僞孔傳》作於魏晉時，當時《史記》本無此一條，到唐時孔穎達才看到。則穆王有關的年歲以及即位年數，都可能是南北朝時才被竄入，可以說僞中出僞。因此也就不可以用作周代紀年的參考。此外〈本紀〉尚有厲王三十年一條，與金文不合，今只好存疑。

論周初年代和〈召誥〉〈洛誥〉的新證明

一

武王伐紂的年代是上古年代中的一個最重要關鍵。把這個年代確定以後,才可以向上溯殷商的年代,向下推定周初各王的年代。如其這個關鍵的年代不能正確的找到,那就對商和周歷史討論的安排,都是非真實的。在討論武王伐紂的年代各論著之中,從西元前 1122 年起到西元前 1000 年止,在這一百二十多年之內,可能做出種種不同的安排。但簡單說來,還只有兩個可能。第一種是從劉歆的西元前 1122 年這個系統下演變出來的,第二種是從《竹書紀年》的西元前 1027年這個系統下演變出來的。周法高先生擬定的西元前 1018 年確是出於《竹書紀年》的系統。至於董作賓先生所擬定的前 1111 年以及李兆洛《紀元篇》的前 1051 年,雖然號稱也出於《竹書紀年》,但實際上還是劉歆擬定年代的修正,所說的「古本《竹書紀年》」仍只是一個調停的用法。

《竹書紀年》記周初的年代,只有一處可據,卽:

> 自武王滅殷,以至幽王,凡二百五十七年。(《史記 · 周本紀 · 集解》)[1]

至於董作賓先生的根據,是在《新唐書 · 歷志》[2],開元時僧一行議曰:

---

1 《史記 · 周本紀 · 集解》,幽王以下,稱為「《汲冢紀年》曰,自武王滅殷,以至幽王,凡二百五十七年也」(《史記會注考證 · 周本紀》,頁 65)。王國維《古本竹書輯校》(《王忠慤公遺書》本,頁 9 上),亦引此文,又加注云:「《通鑑外紀》三引《汲冢紀年》西周二百五十七年」,與此文稍異,可能仍是轉引自《史記集解》,只是把文字簡化了一下。因為《竹書紀年》到了宋代已不用「汲冢紀年」這一個書名,此處稱為《汲冢紀年》,和《史記集解》所用的書名相同,那就仍舊是從《史記集解》轉引出來的。

2 《新唐書》卷 27 上,開明二十五史本,頁 3689。

其明年武王即位，新曆孟春，定朔丙辰，於商為二月。故《周書》曰：「維
王元祀，二月丙辰朔，武王訪於周公。」《竹書》十一年（庚寅）周始伐商，
而《管子》及《家語》以為十二年，蓋通成君之歲也。先儒以為文王受命，
九年而崩，至十年，武王觀兵盟津，十三年，復伐商。推元祀二月丙辰朔，
距伐商日月，不為相距四年，所說非是。武王十年，夏正十月戊子，周師
始起。……又三日，得周正月庚寅朔，日月會南斗一度，……其明日，武
王自宗周次於師。

　　按《新唐書‧歷志》，在僧一行〈歷議〉的前面已說過：「〈歷議〉所以考古今得
失也，其說皆足以爲將來折衷，略其大要，著於篇者十有二。」這裡說「略其大要」，
就表示著〈歷志〉中的〈歷議〉並非僧一行的原文，而是經過歐陽修手下的史官修改
過的。其中《竹書》十一年庚寅，周始伐商」，此處決不可能是《竹書》原文，因爲：（一）
在中國商周時代，只用干支紀日，從來沒有人用來紀年的，直到東漢順帝時期，
才開始用干支做紀年的用處。顯然的，戰國時期的《竹書》不可能用干支紀年，所
以「庚寅」二字決不是《竹書》的原文[3]。（二）「周始伐商」四字也不像《竹書》原文，
因爲照《水經注‧清水注》引《竹書》是「王率西夷諸侯伐殷，敗之於牧野」[4]，此是《竹
書》原文。若此是《竹書》原文，《竹書》是說的「伐殷」，不是「伐商」。那就「伐商」
二字，又只是僧一行敍述的話，而未曾忠實的引用原文。和對於《管子》，對於《家
語》，不曾採用原文，完全一樣。——所以在僧一行原議之中，關於武王伐紂的事，
只有「十一年」三字是出於《竹書》的原文，其他部分都是不可以輕易採用的。

　　僧一行在天文歷法上的造詣，可以說是非常特出的。他在經典上的知識也
是極端淵博。不過任何人都一定有「百密一疏」、「千慮一失」之處，僧一行當然
也不會例外的。他擬定的「大衍歷」確實在中國科學史上，形成了一個劃時代的貢
獻。但從武王伐紂的年代來說，他不可能有這個時間和精力顧及到，所以他仍然
依從劉歆的擬定。本來劉歆的擬定，只是用他的三統歷，來推算《古文尚書‧武

3　庚寅二字的由來，其中當然有許多種的可能。又因為《新唐書‧歷志》所載的僧一行
　　〈歷議〉，也是刪改以後的節本，不是〈歷議〉的原文，使得追溯原文更加困難。不
　　過無論如何，「庚寅」二字，非《竹書》原文所能具有，是可以絕對肯定的，參看下
　　文注6。

4　商務印書館《國學基本叢書》本《水經注》，卷2，頁61。

成》的時日，得出來這個結果，並無別的文獻上的根據[5]。但是因爲載於《漢書‧律歷志》，在傳統的年代表上，取得了正統的地位。僧一行時代在後，而在治歷的方法上，也遠比劉歆爲精。如其用大衍歷推算前 1122 年的月日，當然可以發現劉歆採用三統歷時所引出的錯誤。但他仍然顧及到劉歆論據在傳統上的權威性，不敢作大幅的修改。他只做了一個較小的修改，把武王伐紂從劉歆認定的前 1122 年改爲前 1111 年。這就是《新唐書‧歷議》中「庚寅」二字的由來，在僧一行以前絕無人提到「庚寅」這兩個字和武王伐紂的關係的[6]。

5　劉歆用三統歷推算，還可以算到別的年代，不一定非是前 1122 年不可，其前 1122 年的決定，還是具有任意性 (random) 的意味，只因爲在習慣上已取得權威地位，不會再有人做邏輯上的追索了。其實這個擬定，把武王伐紂差不多早算了一百年。與《孟子‧公孫丑》「由周以來七百有餘歲矣」(孟子爲此言時，在孟子去齊，即前 314 年以後，則距前 1122 年爲八百十五年，距《竹書》的前 1027 年爲七百十一年) 不合，與《史記》的〈魯世家〉年代不合，當然與《竹書》的年代亦不合，在僧一行時代沒有人特別重視此一問題，所以僧一行雖見到《竹書》，對於這個疑點，也失之於眉睫。

6　劉歆三統歷在中國歷法的系統上，自有其重要地位，三統歷最大的疏失是所擬的歲實比四分歷還不準確，而大衍歷卻是一直到唐，一個最進步的歷法，但他仍然繼承三統歷的系統，也不能完全避免三統歷的影響。其中最重要的校正部分，是在歲實 (以至於月策) 方面。至於對三統歷關於月相的解釋，以既死霸爲朔就未曾校正。本來這只是劉歆一家之言，和漢代今文家和古文家的解釋都不符合。但其應用範圍只作爲考訂古史之用，和歲實及月策的數字，並無關涉，所以僧一行還是把劉歆的曲解沿襲下去了。他的確也沒有時間及精力再理會到漢代經師和劉歆差異上的問題。在《新唐書‧歷志》中〈歷議〉所載，僧一行把劉歆擬定的前 1122 年改爲前 1111 年 (所謂庚寅年)，在方法上就是根據劉歆的月相說，利用《古文尚書‧武成》月日，適應到大衍歷歷譜裡面。大衍歷的算法和實際天象相差極小，如其用一個現代算出的合天歷譜，完全採用一行以劉歆月相爲基準的方法，也當然可以採用他這個前 1111 年的擬定的，對於歷法本身還不會有什麼立刻看出的矛盾。

董作賓先生是接受了劉歆月相系統的，所以他對於武王伐紂這一個基本年代，也可以採用僧一行的前 1111 年的擬定。所不同的是僧一行用《竹書》說，認爲武王伐紂在武王十一年，而董作賓先生仍然用武王十二年說。這只是董先生把武王元年提早一年，在基本原則上並沒有太大的區別。在僧一行〈歷議〉所說的庚寅二字，雖然決不可能是《竹書》原文，但出於僧一行的敘述 (因爲宋人作志時省略了幾個字，以致被誤認爲《竹書》原有)，或者出於宋人作志時的添加解釋，或者甚至是種種可能下加入的附注，被鈔錄時移入正文 (這種情形，在校勘中常會出現的，其中《水經注》及《洛陽伽藍記》更是著名的顯例)，都是有可能的。不同和僧一行原意相符，決無問題。若再就這幾個可能性來比較，還是「庚寅」二字出於僧一行原文，被刪改後，以致原意不明，其可能性爲較大。僧一行的原文，可能是：「《竹書》武王十一年，是年今考定爲庚寅年，周始伐商」這一類的敘述，經過了歐陽公修史的「事增文省」原則之下，加以「略其大要」，這就只留下「庚寅」二字，把這個「庚寅」二字怎樣出來的都略去了。此處原只當作大衍歷的附屬解釋，依修史重簡的原則說，本不必非議。但是要從這裡追索《竹書》的原文，那歐陽公就不免貽誤後學了。這一段顯示著僧一行確只是劉歆舊說的修正者，他並未十分重視《竹書》。從〈歷議〉中有關月相一項說，他的武王伐

在兩種或兩種以上互相矛盾的記載中，要加以判斷，只有從審核史料的工作下手，才能解決問題。在審核史料時，至少下列幾點是必須注意的：

（一）直接史料或間接史料，必須判別清楚。間接史料不能和直接史料相比，決不可以用間接史料來推翻直接史料。

（二）卽使在同樣直接史料或同樣間接史料裡面，其保存原來面目的程度，也不是完全一樣，如其有矛盾時，也應當加以分別。

（三）史料中如有確實可疑部分（例如僧一行〈歷議〉中的「庚寅」二字），要將其確實來源追索出來。如其追索不出來，就必須加以剔除，不能算作證據。

拿《史記集解》和《新唐書》中的僧一行的〈歷議〉來比較，《史記集解》是一種史書的箋注，〈歷議〉卻是一種刪改以後的論著。就體例來說，史書的箋注是史書的附屬品，作箋注的人主要的是以保存史料為目的，所以引書時多用直接引用的語氣，除可能稍有刪節以外，在習慣上決不輕改原文。至於一般論著，都是發揮自己的意見，「六經皆我注腳」，所以引書時也多是用間接引用的語氣，原意並不在於保存史料，何況再加上歐陽修（或劉義叟）的有意刪改。此處不是說不可以引用論著中的資料，作為證據，而是決不可以根據論著中的孤證來駁更為直接引用的任何材料。更何況「庚寅」二字以干支紀年的方法，絕對不可能在編纂《竹書紀年》的戰國時代出現，更不可以拿一個必須剔除的部分，來駁斥其他任何部分。

就以上分析的結果，認為武王伐紂在西元前 1111 年確切是唐代僧一行推算的結論，和《竹書紀年》並無任何的關係。如其只推溯到劉歆為止，這個修正的年代是可以用的。倘若眞要根據古本《竹書紀年》，就只有根據《史記集解》的材料，不可以《新唐書》為據。這是應當特別小心的。

《新唐書・歷志》中的那一條，既然不能作為武王伐紂年代的證據，剩下來就只有《史記集解》中那一條可用。也就是古本的《竹書紀年》中，有關武王伐紂年

紂年代，確是西元前 1111 年。這點董作賓先生是對的，而李兆洛就錯了。

在我過去寫〈周初年代問題與月相問題的新看法〉（香港，1974 年）時，認為僧一行也許可能把庚寅指的前 1051 年，現在細看《新唐・歷志》的原文，看出確是指前 1111 年，今在此附記一下。不過僧一行只取《竹書》武王「十一年伐紂」一點，並不取《竹書》的西周總年數，而仍保守的用劉歆說，這也是很明顯的。

代的只有一處。毫無疑問的,《竹書紀年》所指的武王伐紂的那一年,推算起來就是西元前 1027 年。

二

把西元前 1027 年認為是武王伐紂的那一年,從各方面史料去看,除去和劉歆的西元前 1122 年衝突以外,對於其他古代的史料都是可以符合的。這也就是國內的雷海宗,國外的高本漢,都一致主張應用這一個年代。其中最大的困難是西元前 1027 年的干支,不論採用何種標準,都不能與《古文尚書》武王伐紂的月日相合。一定要把這個困難解決,才能把這條史料做有效的利用。

為著解決這一個問題,在 1974 年《香港中文大學中國文化研究所學報》發表的〈周初年代問題與月相問題的新看法〉,就是為的把西元前 1027 年和〈武成〉干支設法配合。其中所用的歷譜底子是董作賓先生的《中國年歷總譜》[7],在前 1027 附近各年只有前 1026 年、前 1025 年以周歷建子月為一月(用中國陰歷算),最為合適,其結果為:

前 1026- 前 1025(按後代干支紀年推溯,為丙辰年)

一月　辛未朔　二十二日壬辰

二月　庚子朔　二十五日甲子

四月　己亥朔　十二日庚戌

所以武王伐紂應在此年二月二十五日,若以西歷計算當為前 1025 年一月,但以陰歷算,若用建寅的夏歷算,仍為丙辰前一年,即癸卯年十二月。《竹書紀年》是用夏歷的,所以還應當用癸卯年去算,不過若照癸卯算,到西周幽王十一年(西元前 771 年)只有二百五十六年,不是二百五十七年。

為了弄清這個問題,還得從《竹書紀年》本身去找[8]。《新唐書‧歷志》所載

7　董先生雖然不用前 1027 說,但其年歷譜的底子卻仍是一個合天的歷譜,仍然可用的。據說董先生歷譜對於晦朔有時憑當前需要改定,不過這種情形,究竟只是一小部分,而且差異不過一天,還是可以應用的。

8　武王只一次伐紂,就戰於牧野,沒有兩次,《竹書》也應只有一次,僧一行是據《史記》

刪節過的僧一行〈歷議〉，雖然對於《竹書》只是間接引用法，其中庚寅二字也不是《竹書》原有，不過他認爲《竹書》說武王「十一年」伐商，其「十一年」三字，卻是唯一保存《竹書》原文之處。武王伐商各家認爲是十二年，只有《竹書》認爲是十一年，這是《竹書》誤算之處。因爲《竹書》把伐紂早記了一年，也就使得西周自伐紂以後，總年多了一年。換言之，如其伐紂在癸卯的建丑月（周歷武王十二年二月），誤記在壬寅的建丑月（周歷武王十一年二月）了。這一年以西歷算是西元前 1026 年一月，但普通算來認爲是西元前 1027 年，所以可能變成了兩年的差誤。

因爲武王伐紂這一個甲子日，正在兩年交替之際，再加上武王是用周人的建子歷，殷商是用商朝的建丑歷，《竹書》是用晉國通用的建寅歷，再加上西歷（不以月的圓缺做基準的歷法），就一共有四種不同的算法，也就是：

周歷這一天是在武王十二年二月二十五日

商歷這一天是在　　　一月二十五日

夏歷這一天是在　　　十二月二十五日（在年前，所以要算做頭一年，因而武王十二年只有五天了）

西歷這一天是紀元前 1025 年一月三十日

按照商歷、周歷，以至於西歷，這個日子都在年初，若按照夏歷，就到了年尾。按照夏歷，周武王伐紂以後，就據有天子之位。這一年武王雖只有五天是周天子，也要算做一年，因而依夏歷算來，武王就天子位要早一年，西周的總年數也多出一年。再看武王克紂本在武王十二年，《竹書》卻又認爲是十一年，因而周的年數又再提早了一年。這就形成了提早了兩年的局面，所以西周的開始本來應該是西元前 1025 年，若按照《竹書》的算法就成爲西元前 1027 年。

自西周覆亡，文獻殘缺，西周史料本來存在的不多。《竹書》也只是戰國中期編纂成的，對於西周史事，也無法像春秋戰國時期一樣，每年都有事可記。這就不能避免有些年只是些空檔。在這種情況之下，依照《竹書》用建寅歷的原則，西周年代從武王克殷算起，總共是二百五十六年，但是多加了一年進去，也完全不會看得出來。除非核對歷譜，才能發現不符之處，但是從來幾個人核對歷譜呢？

的誤記，分爲兩次的，今本《竹書》也就沿照舊說，分爲兩次。

三

在〈周初年代問題與月相問題的新看法〉本文和其中注第十四,對於武王克殷以後在位的數年,我曾經加以討論,說:

因為鎬京傾覆,文獻無徵,不僅武王伐紂在武王幾年有異說,武王在位之年也是眾說紛紜的。武王年壽多少,《禮記‧文王世子篇》言文王九十七,武王九十三,只能算做物語式的記載,遠不如《路史發揮》引《竹書紀年》說,武王年壽五十四為可信。不過武王在位年數卻還不能決定。《尚書‧金縢篇》稱武王伐紂後二年而病,周公祈代武王之死,可見病不輕。《史記‧封禪書》就認為武王伐紂以後二年而崩。《淮南要略》認為三年,《毛詩‧豳風‧譜》中鄭玄推定為四年,《史記‧周本紀‧集解》引皇甫謐說為六年,《管子‧小問篇》為七年。依照武王健康情形看,再就周初情形,周公攝政時還未能安定的客觀情勢看,不大可能武王伐紂後,還能在位六七年。應當以三年或四年為近於事實。

鄭玄推定的基本數字中,還用到〈文王世子篇〉,其數字當然不足取。不過我也曾試過一下,如其仍用鄭玄的方法,設文王年壽不是九十七而是六十,武王年壽不是九十三而是五十四,仍然可以得到差不多的答案。今假定武王十二年初伐紂,到十三年得重病,過兩年在十五年逝世(共計伐紂以後在位四年),那就武王是四十歲時嗣立,文王逝世時,武王年三十九歲。上推武王生時,文王二十一歲,可能伯邑考生時,文王十九歲,這些數字都是合理的。[9]

所以武王克殷後在位的年數,最可能的是四年。也就是武王逝世應當在西元前 1022 年,成王即位是在西元前 1021 年,拿這個年代來配合〈召誥〉和〈洛誥〉,其結果也是合理的。

〈召誥〉說:

惟二月既望,越六日乙未,王朝步自周,則至於豐。惟太保先周公相宅。越若來三月,惟丙午胐,越三日戊申,太保朝至於洛,卜宅。厥既得卜,則經營。越三日庚戌,太保乃以庶殷攻位於洛汭,越五日甲寅,位成。若

翼日乙卯，周公朝至於洛，則達觀於新邑營。越三日丁巳，用牲於郊，牛二。越翼日戊午，乃社於新邑，牛一，羊一，豕一。越七日甲子，周公乃朝，用書命庶殷侯甸男邦伯。厥既命殷庶，庶殷丕作。太保乃以庶邦冢君，出取幣，乃復入，錫周公曰，拜手稽首，旅王若公。誥告庶殷，越自乃御事。嗚呼，皇天上帝，改厥元子，茲大國殷之命。惟王受命，無疆惟休，亦無疆惟恤。嗚呼，曷其奈何弗敬。天既遐終大邦殷之命，茲殷多先哲王在天，越厥後王後民茲服厥命，厥終智藏瘝在。……今時既墜厥命，今沖子嗣，則無遺壽者。……今王嗣受厥命，我亦惟茲二國命，嗣若功。王乃初服，嗚呼，若生子罔不在厥初生，自貽哲命。今天其命哲，命吉凶，命歷年。知今我初服，宅新邑，肆惟王其疾敬德。王其德之用，祈天永命。[10]

這一篇誥命，依照字句中含義來看，如「今沖子嗣」、「今王嗣受厥命」、「王乃初服」，以及「今我初服」，再從上下文來探討，無一處不是表示是成王初嗣位時的情況。但依今傳所謂《孔氏傳》，卻說：「周公攝政七年，二月十五日」，孔穎達《正義》說：「〈洛誥〉云，周公誕保文武受命，惟七年。〈洛誥〉是攝政七年事也。〈洛誥〉周公云，予惟乙卯朝，至於洛師，此篇云，乙卯周公朝至於洛，正是一事，知此二月是周公攝政七年之二月也。」《正義》此處因為替傳本《孔傳》作注，也就當然為傳本《孔傳》辯護。因而「今沖子嗣」、「今王嗣受厥命」、「王乃初服」等，也解釋為周公新歸政於王，不是成王新即位。但〈召誥〉在前，周公歸政在後，〈召誥〉在二月，周公歸政在十二月，太保召公不應當在周公尚未歸政，即作周公已歸政的辭句。《正義》的辯護辭還是解釋不通的。孔穎達雖然用〈召誥〉和〈洛誥〉都記有周公以乙卯日入洛之事，認為〈召誥〉和〈洛誥〉同時，但這一個記載，仍不是〈召誥〉和〈洛誥〉同時的證據。因為商周時代，重視記日的干支。尤其重要的國家大事，以干支代表即足，往往不需再繫年月。武王克殷，日在甲子，凡周代言甲子之言會戰的，一望而知為殷周會戰，決不限於武王十二年那年。周公以乙卯入洛，並且得到吉卜，因而決定了建都，這是一個大日子，成王元年可以說乙卯入洛，到七年也一樣無礙於說乙卯入洛。如其非與〈洛誥〉同時不可，那就照孔穎達所說，只是那年二月的事，到那時已經隔了十個月，中間存在了五個乙卯日。說是「同時」的事，也是不可通的。

10 藝文影印《十三經注疏》，218-224。

　　傳本《孔傳》是在魏晉時期寫成的，不免有出於臆斷，故意與漢人舊說相異之處，依《隋書·儒林傳》引《尚書大傳》說：

　　　　周公攝政，一年救亂，二年伐殷，三年踐奄，四年建衛侯，五年營成周，
　　　　六年制禮樂，七年致政成王。[11]

　　這是保存先秦舊說，非常珍貴的材料。周公營成周既然是在成王五年，依照新發現的「何尊」，說：

　　　　惟王初遷，宅於成周，復禀武王豐福自天，在四月丙戌，……惟王五祀。

彼此正相符合，周公營建洛陽既然在成王五年，不在成王七年，所以傳本《孔傳》以及孔穎達的《正義》認爲是成王七年，顯然是錯的。更重要的，在成王五年，周公正在攝政，距離歸政，尚有兩年。《正義》以爲「今沖子嗣」、「今王嗣受厥命」、「王乃初服」等認爲係指周公歸政，成王蒞政而言，不必多爲分析，就一望而知是錯的。如其〈召誥〉不可能在成王七年，那就只有一個可能，即〈召誥〉是在成王元年，西元前 1021 年。

　　《史記·周本紀》說：「武王……營周居于雒邑而後去。」「成王長，周公反政成王，北面就群臣之位。成王在豐，使召公復營洛邑，如武王之意。周公復卜，申視，卒營築居九鼎焉。」[12]瀧川資言考證說：「采《周書·度邑》解文」，又說：《書·召誥·序》云，成王在豐，欲宅洛邑，使周公相宅，作〈召誥〉，〈洛誥·序〉云，召公既相宅，周公往營成周。使來告卜，作〈洛誥〉。崔述曰，《左傳》宣公三年云，成王定鼎于郟鄏，卜世三十，卜年七百，則遷鼎於洛者，成王也。而桓二年《傳》云，武王克商，遷九鼎於洛邑。與此異者，蓋古人之文，多大略言之。遷鼎由於克商，克商，武王之事，不可云成王克商，遷九鼎於洛邑，故統之於武王耳。」[13]

　　就以上的材料來看，武王、周公以及成王三個周室的領導人物，都是和營建

11　此段是首先在嚴一萍先生通信中說到，又「何尊」亦是嚴先生提到，特此說明謝意。
　　此尊爲民國五十二年在陝西寶雞出土，並看藝文，《董作賓先生逝世廿四周年紀念刊》
　　附圖。

12　《史記會注考證》卷 4，頁 39。

13　《史記會注考證》卷 4，頁 36、40。

洛陽以至於遷都洛陽這一件事有關的。爲了「何尊」發現，有新史料的利用，使得這件周室的大事，更爲顯明。遷洛是武王的遺志，在《逸周書‧度邑篇》14 說得很清楚，《史記‧周本紀》也是根據《逸周書》的；《左傳》在此，因爲牽涉了武王，也牽涉了成王（實際上是成王在位，周公攝政時的事），在文句中交代並不十分明白。崔述的《豐鎬考信錄》，對於這個複雜的問題，也無法做一個各方都能顧到的判辨。自有了「何尊」來做標準，究竟容易著手得多了。

現在看來，《逸周書》和《尚書大傳》都是可信的。從各方面消息的綜合，武王在位時確已經開始有建都洛陽的準備。只因武王沒有來得及營建就逝世，這就變成了周初政策中的一件大事。到了下年，成王卽位，周公攝政 15。一月改元，爲了繼承武王遺志，二月就請召公到洛陽去實地觀察，決定一個宮室城郭的地方。等到後來建置好了，就成爲一個在都市計畫設計下的新都市，並且還可能爲中國第一個用都市計畫建立的都市 16。這種設計的計畫卻不見得是武王擬定的，而應該屬於周公制禮作樂一套計畫之內。

從〈召誥〉來看，可以知道成王卽位以後，對於準備遷洛的這一件事，是如何的重視。但據《尚書大傳》：「周公攝政，一年救亂，二年伐殷，三年踐奄，四年建衛侯，五年營成周」這一段看來，雖然元年二月就對於成周做勘查計畫，卻一直到五年，才算開始遷居。再據〈洛誥〉到七年才算正式遷定，周公歸政。這就表示著召公勘查新居不久，東方就已擾亂了。因此就來不及再做營建的工作，只有用全力去救亂。《尚書大傳》所說「一年救亂」是很合理的。

14　《逸周書‧度邑篇》，據四部備要本，卷5，頁3-4。

15　此處有攝政和攝位兩種不同說法。武王崩，成王立，紀元是成王的元年，這是不生問題的。問題在《尚書‧康誥》「王若曰，孟侯，朕其弟，小子封。」此處的「王」確是周公，不是武王，也不是成王。不過對於周公攝政，並不衝突，此係周初，尚餘殷制，王的稱呼不是那樣神聖，此時成王雖居王位，但一個代理的王仍可稱王，猶之乎一個代主席也可以稱主席一樣，並不覺得怎樣的嚴重。周代自從周公建立了立嫡立長之制，名分既定，情形才大不同。詳參看王國維《殷周制度論》（藝文影密韻樓《觀堂集林》10，頁110）。

16　周代的洛陽確實是採用了都市計畫的，後來這種規模，一直影響到漢代的洛陽以及唐代的長安。甚至影響到日本的平城京和平安京。後代的北平城也一樣的影響到。目前已知最早的城，是鄭州，還看不出計畫的痕跡，至於安陽的小屯一帶，也看不出計畫的痕跡。

在武王諸弟之中，只有周公是一個不世人才，周公不僅有過人的能力，還能夠有公心、有抱負，「可以託六尺之孤，可以寄百里之命」。在人類歷史上，有才無德的人，到處都是，但是有才有德的人，簡直是曠古難逢了。武王諸弟之中，管叔長於周公，但武王的左右，舍管叔而用周公，可見武王生時，已經詳密的觀察過，深切的考慮過許多問題。管叔的才能不知道怎樣，但流言一播，東方到處聽從，其領導的才能，應當不小。真正「不利於孺子」的，實是管叔而不是周公了。

這一次東方的轉變，當然和武王及周公的改革有些關係。按照殷代傳統，一般是兄終弟及，以次相序。這當然會引起爭執，如王國維《殷周制度論》所指。後來宋宣公想恢復殷制，也引起宋國的不寧。但就管、蔡來說，這種殷制對他們有利，所以他們決不願立成王而由周公攝政。等到東方叛變，一定蔓延得相當廣，周公東征應當就是在成王元年開始，到了成王三年方始平定。四年周公才罷舊的殷墟改建衛國，當然，對於洛陽的營建，也就在此時恢復。到了成王五年，宮室粗定，才開始遷移。「何尊」中所說的，在成王五年四月，是非常合於當時情實，而是後世史家不能僅憑臆想來編次的。

四

以下再就〈召誥〉及何尊來核對一下所記的干支。

〈召誥〉是在成王元年。成王元年，今設為西元前 1021 年，這一年周歷二月和三月的干支，是：

二月丁丑朔　十五日辛卯望

三月丙午朔　十五日庚申望

依照〈召誥〉所說的「惟二月既望，越六日乙未」，十四日庚辰，越六日乙未，是在十九日。而望越六日，是在二十日，比較早了一天。可能是古代歷法本來難以準確，朔日比天象早一日或晚一日是常事，不足為異 [17]。現在要討論的，是二

---

17 把朔日弄錯，變成前一天或後一天，在現代的中國，也可能發生，在中華民國六十七年 (1978)，台灣用定朔推算的陰歷是七月大，八月小，香港方面用的是「萬年曆」，就成為七月小，八月大。八月的朔望相差一天。古代用平朔，即使能合天象，也有差異，何況還不能合天象。

月若爲一大月，那就三月爲丙午朔；若二月爲一小月，那就爲乙巳朔，而丙午爲
初二日。丙午絕不可能到初三日。若照今本《尚書孔傳》解「三月惟丙午朏，越三日，
戊申，太保朝至於洛邑」說：

> 朏，明也，月三日明生之名。於順來三月，丙午朏於朏，三日，三月五日，
> 召公早朝至於洛邑，相卜所居。

這是說「朏」是指每月的初三，不是初二日，更不是初一日。但若照合於天象的歷
法來核對，那就此處的「朏」，非常可能爲初一日，至多只是初二日，而絕對不可
能是初三日。這一點需要討論的，是今本《孔傳》以至解釋《孔傳》的《正義》，都是
沿襲《漢書・律歷志》所用的劉歆系統，以初一日爲「即死魄」，不可能是「朏」的。

今本《孔傳》以十五日爲望，當望是可以的，但他們的算法，卻是從「望」算，
把「越六日」算成二十一日，這就大有問題。因爲〈召誥〉本文「三月惟丙午朏，越三
日戊申」，從丙午到戊申凡三日，是連丙午這一天算的。所以若將十五日爲望，從
望算起，越六日是二十日，不是二十一日，在同一篇〈召誥〉之中，不可能有兩種
不同計算日期的辦法。依照〈召誥〉中的算法，從望算到二十一日是「越七日」不是「越
六日」，卽「朏」只有初一或者初二兩個可能，而初三爲「朏」古無此說。

今本《孔傳》的作者，不知道他自己知不知道這個算法和〈召誥〉算法不合？如
其眞不知道，那眞是一個不可原諒的疏忽。如其他自己知道而偏要這樣做，那更
是一個不可原諒的欺騙。不過無論如何，因爲從來沒有人覆核過，〈召誥〉被所謂《孔
傳》利用之下，形成了劉歆臆說的一大助力。在此，爲著闡明眞理，不能不對這件
虛僞的論證加以揭發。

今本《孔傳》說：「朏，明也，月三日明生之名」，這是一個臆說，一個曲辭。
《說文解字》：「朏，月未盛之明」，此處意義也含混未明，可能經過後人改竄。李
善《文選注》謝莊〈月賦〉，引《說文》：「朏，月未成光」[18]。《太平御覽》引《說文》作：
「月未成明」[19]，都和今本《說文》不同。所以其改竄之跡，還可以比較出來。今本
的「盛」字明明爲「成」字所改，而「之」字是後來加添上去的。就時代來說，不僅唐

18　藝文影印胡刻《文選》，卷 13，頁 128。
19　新興影印宋刊《太平御覽》，卷 4，頁 145。

代的《說文》尚未改過，宋代修《太平御覽》之時，也不是根據現今通用改過的本子。改竄的由來，顯然是有些半通不通而自作聰明之士，在覆刻《說文》之際，因爲讀過〈召誥〉的今本《孔傳》，拿《孔傳》的說法硬改《說文》。幸虧尚沒有人改《釋名》，《釋名》：「朏，月未成明也」，正用《說文》舊義[20]，他的解釋與新傳的《孔傳》完全不同。這就表示著許慎及劉熙本於經師的舊有的師承，而所謂《孔傳》就只出於劉歆系統。但是所謂《孔傳》在唐代已著於功令，因而對於學術界的影響比較更大。甚至《說文》也被改竄，幾乎不留痕跡了。

倘若把《說文》的「朔」字和《說文》的「朏」字比較，也可以看出一些消息來。《說文》：「朔，月一日始蘇也」，月一日指每月初一那一天，始蘇是說月在這一天開始復生。《孟子 · 梁惠王》篇引《尚書》佚文「徯我后，后來其蘇」，也正是重生或復活的意思。月在前月已死，故稱爲「死魄」；到第二月朔日又再活了，所以是「始蘇」，既已重生，所以不是「死魄」了。在這個時候，月雖已重生，卻還未現光明，要到初三以後，才略現光明。因此在每月的第一天，就這一天在一個月中的地位來說，就叫做「朔」，若就這一天的月相來說，就叫做「朏」，所以初一這一天，也可以叫「朔」，也可以叫「朏」，「朔」和「朏」只是說話時的觀點不同，所指的還是一樣的[21]。

〈召誥〉中所記的月相，只有兩種，一爲「望」，另一爲「朏」，這就顯示著，「望」和「朏」正是相對的。望是十五，古今從無異說，那就「朏」是初一，各成段落，是很合理的。從望的次一日算起(下半月從十六日算起)，算到乙巳日共十五天，次日丙午，丙午不是初一就是初二。但是初二既非一月的開始，又月牙還未出現，不可能用初二做一個月的標準的，所以丙午一定是初一，也就是朏的日期就在朔。金文中的初吉，也是這一天，這一天的名稱雖然隨時不同，但都屬於每一個月的

20　劉熙《釋名》(叢書集成本，卷1，頁8)實無此文，引見沈濤《說文古本考》及王筠《說文句讀》(並據商務影印《說文解字詁林》頁2996)，可能二書都是誤引，不過《說文古本考》說：「《御覽》四，天部，引，朏未成明也，蓋古本如此。今本傳寫誤成為盛，淺人遂刪去也字，加一之字以就文義，可謂無知矣。」其說確有特見。

21　朔字及朏字並見《詁林》，頁2995-2996。又見藝文影段注本，頁316。又《小爾雅》卷5(四部備要本)「死而復生謂之蘇」，《釋名》卷1(四部備要本)頁8「朔蘇也，死而復生也」，其訓朔為「重生」、「新生」的意義甚顯，既已死而復生，當然朔是生而不是死，就決不可用「既死魄」來訓「朔」。

初一日，實際上還是一樣。依照董氏《中國年歷譜》，在前 1021 年，三月丙午朔，三日庚戌、五日甲寅、六日乙卯、八日丁巳、九日戊午、十五日甲子，甲子是望，周公用書命殷的諸侯，天子也命召公褒賜周公。從周公乙卯日到洛，此時已過了十天，所以要等待這些日子，據蔡沈的《書經集傳》說：

書，役書也。《春秋》傳曰，士彌牟營成周，計丈數，揣高低，度厚薄，仞溝洫，物土方，議遠邇，董事期，計徒庸，慮材用，書餱糧，以令役於諸侯，亦此意。[22]

這是說營建洛陽，在計畫上是先要費一個時間準備的。不過《左傳》所說的，是正式營建上的準備，所費的時間，當然要更多。〈召誥〉所述只有十天，那還只是初步的勘查工作，為準備一個空前的大城，而勘查丈量，十天的時間也是非常的緊湊了。同樣的，也顯示出來，只有初步的勘查，十天的工作，才有意義，卻不料這個工作被戰事停頓下來，到了成王五年，才能把營建的事告一段落。

五

至於〈洛誥〉，雖然依照《書序》說：

召公既相宅，周公往營成周，使來告卜，作〈洛誥〉。

似乎是周公營建洛陽的報告，其實完全不是那回事。孔穎達的《尚書正義》，受到了《書序》的影響，也說：

周公攝政，七年三月經營洛邑。既成洛邑，又歸向西都，其年冬，將致政成王，告以居洛之義，故名之曰〈洛誥〉，言以居洛之事告王也。篇末乃云戊辰王在新邑，明戊辰以上皆是西都時所誥也。[23]

證以《尚書大傳》及新出土的何尊，《尚書正義》說七年三月才開始經營洛邑，顯然是不對的。成王在五年時，既已遷到洛邑，那就七年時早已在洛邑了。〈洛誥〉中的「戊辰，王在新邑」，並非說戊辰日以前王不在新邑，而是因為戊辰是〈洛誥〉中第一次出現日期，在記述日期時，需要把王在什麼地方記錄出來。並不能作為王新到洛邑

22　啟明影印《書經集傳》，卷 5，頁 95，引《春秋傳》，見《左》昭三十二年。

23　藝文影印《十三經注疏》，《尚書》，頁 224。

的證據。這篇誥文，實在重點記述周公歸政成王，而不在乎是否新遷到洛陽。所以稱爲〈洛誥〉的，只是表示周公歸政是在洛陽辦的，並無別的深意。

現在，先把「何尊」的月日和歷譜核對一下。何尊說：

> 在四月丙戌，惟王五祀。

今案成王五年應爲西元前 1017 年，四月爲癸未朔，丙戌爲四月四日。也就是既生魄的限內。依照岑仲勉先生的統計，作器多在初吉及既生魄時期，再就是既望，既死魄較少，此器亦不能例外。也就是何尊的月日，是和歷譜相合的。

從前 1017 年下推，到前 1016 年，就是成王六年。〈洛誥〉說：

> 戊辰，王在新邑，烝，祭歲，文王騂牛一，武王騂牛一，王命作冊。逸祝冊，惟告周公。其後，王賓，殺、禋、咸格，王入太室祼。王命周公後，作冊逸告。在十有二月，惟周公誕保文武受命，惟七年。

因爲不論商王或周王都是踰年改元，所以成王六年，就成君的年次來說，已經到了七年。周公攝政也應該算是第七年，而不是第六年。若將周公攝政算到成王七年，那就是周公攝政的第八年而不是七年了。其次依照〈召誥〉、何尊、《尚書大傳》，都顯示著戰事結束，經營洛邑是在成王五年。成王六年是五年的次年，周公早就計畫了歸政成王，更無拖到成王七年的必要。所以應當就成王成君之歲來算，周公輔政的第七年是在成王六年，這一年是西元前 1016 年，十二月癸卯朔，戊辰是十二月二十六日，距離年終十二月三十日(此年十二月大)，尚有五日。所以可以有五天的時間，做一切的事情。若把〈洛誥〉的「七年」認爲係成王七年，不僅在情理上講不通，而且歷譜上亦不合。

依歷譜，西元前 1015 年，周歷十二月是丁酉朔，戊辰是下年正月初二，在十二月內沒有戊辰。並且也沒有辦法在西元前 1015 年，加上一個閏月作爲調濟。若按周在前 1122 開始算，成王七年在前 1112，十二月無戊辰。除非認爲武王克商七年而崩，認爲 1109 爲成王七年，十二月癸卯朔，戊辰在十二月二十六日，又涉根本錯誤。若按董先生算法，以西元前 1111 年克商，成王七年在前 1098 年，

十二月己亥朔，戊辰在十二月二十三日就太後[24]。董表成王六年十二月亦無戊辰。

依照〈洛誥〉，在戊辰起成王先烝祭祭歲，然後再祭文王、祭武王，以後再命史官逸作冊，冊誥周公。然後再賓享諸侯，然後再殺牲祭祖廟，然後再到太室灌祭。然後再由史官逸作冊記這件事。這許多祭祀以及賓會，每件大都要一個上午的時間。在金文中所記，大都是在早上行禮的。每件需要一個安排，就要占了很多的時間，決不是一個十二月三十日就可以匆匆畢事[25]。就〈洛誥〉所說，其中有許多節目，也就需要幾天，在十二月三十一日一天中決不可能，除非在十二月二十六日，時間才算夠。因而就以祭祀賓會的時間分配說，〈洛誥〉中的一切安排，除去前1112說不可信以外，只有一個可能，就是在西元前1016年的十二月戊辰，也卽是十二月二十六日，這才有充分時間容納下周公歸政這一個曠古的令典[26]。

<h2 style="text-align:center">六</h2>

以下再討論一下成王在位的年數。成王的年數，一般是假定為三十七年。不過《文選》李善《注》引《竹書紀年》說：

> 成康之世，天下安寧，刑措四十年不用。[27]

這裡的四十年，也可能指成數而言，是四十一二年，不過決不會差四十年太遠。若成王已有三十七年，那康王不過三、五年，失之太少。四十年的平均數是二十年，當以成康兩王各二十年為合理，不過成王幼沖卽位，據《尚書‧顧命》[28]，成王逝世的時候，康王已屆成年（至少也在十五歲以上），又似乎成王的在位年數，

24　《漢書‧律歷志》及《尚書正義》，也都以為戊辰在十二月晦，此本原由劉歆計算而得的。

25　《續漢書‧祭祀志》下引《漢舊儀》：「大祫祭，其夜半入行禮，平明上九厄畢，群臣皆拜。」（藝文影王先謙本，頁1158上）其實祭祀都是未明開始。金文的朝會也都在昧爽開始，因而每一個節日，至少要占半天。

26　《續漢書‧祭祀志》下引《漢舊儀》：「大祫祭，其夜半入行禮，平明上九厄畢，群臣皆拜。」（藝文影王先謙本，頁1158上）其實祭祀都是未明開始。金文的朝會也都在昧爽開始，因而每一個節日，至少要占半天。

27　《竹書紀年》據王國維《古本竹書紀年輯校》，藝文影《王忠慤公遺書》本，頁13。

28　藝文影印《十三經注疏》，《尚書》，頁275-282。

只應當多於二十年，而不應當少於二十年。

依照〈顧命〉「惟四月哉生魄，王不懌。甲子，王乃洮頮，被冕服，憑玉几。」「越翼日乙丑，王崩。」「越七日癸酉，伯相命士須材，狄設黼扆、綴衣，牖間南向，敷重蔑，黼純，華玉仍几。」在歷譜中去查，只有成王二十年(西元前 1002 年)和成王三十年(西元前 992 年)兩個可能。其他各年四月的干支都不合。前 1002 年四月丙辰朔，甲子是七日。這兩年的四月干支，相當接近，還不夠據斷那一年是〈顧命〉所說的那一年。

若從西周中期王年向上推，現在大致可以知道共王元年是西元前 915 年 [29]。將穆王在位年數以五十年計，那就穆王元年是西元前 965 年。周初年數尚餘六十年。除去武王在位四年，尚餘五十六年。昭王年數大致是十六年，照古本《竹書紀年》(《初學記》卷七引)，「昭王十六年，伐楚荊，涉漢，遇大兕」。也就和另外一條(《初學記》卷七引)「(昭王)十九年，天大曀，雉兔皆震，喪六師於漢」本是一件事，其中十九年的「九」字，涉與「六」字形近而誤。因爲怎樣算也不會到十九年。昭王總年共十六年，是比較合理的。若以上西周年數的餘數五十六年，再減去十六年，恰符四十年之數。此四十年即成王和康王兩王在位年數的總和。還是不能決定那一王年數多少。不過無論如何，成康兩王的治績是並稱的，若成王在位數到了三十年，康王就只有十年，不夠發揮治績了。比較的結果，暫定成王和康王各在位二十年，兩王總數是四十年 [30]。(若據《漢書‧律歷志》下引〈畢命〉，康王「十有二年六月庚午朏」，則成王二十一年康王十九年。)

照這種看法的結論，是武王克商後在位四年，成王在位二十年，康王在位二十年，昭王在位十六年，穆王在位五十年，然後下接共王元年 [31]。

29　見《中央研究院五十周年紀念號，金文月相辨釋》，頁 66。

30　周初諸王的年壽，其中成王、康王以及昭王算來都不過只有三十多歲，和東漢時代各帝年壽的情形類似，但周代並未演變到宦官外戚的政治，這是由於周代所用的是貴族政治，貴族成為安定力量。其中召公年壽很長，關係應當很大。

31　穆王以後各王的王年，在〈金文月相辨釋〉中依照金文推定的，為共王十五年，懿王十七年，孝王和夷王共為三十年，厲王十二年，以後就是周召共和時期了。以春秋魯昭公情況對比，共和實未改元，仍用厲王年號，到宣王即位才改元。

何尊（拓本）

何尊（描本）

據嚴一萍，《董作賓先生逝世十四周年紀念集 · 何尊與周初年代》附圖。

周初年代問題與月相問題的新看法

　　周初年代問題是歷史上一個極大的爭論問題。《史記》對於周的年代只能上推到周召共和元年。在共和以前的諸王，自武王、成王、康王、昭王、穆王、恭王、懿王、孝王、夷王，以至於厲王十代的年數完全不知道。一般做年歷的大致都是根據《漢書・律歷志》劉歆推定的年（相當西元前一一二二那一年），這是依據《三統歷》推算出來的。《三統歷》是西漢晚期依據積年對於日至的實測，對於《太初歷》所用四分法的修正，但因為實測中儀器不夠精密，以致對於真的歲實，[1] 差誤比四分法更大，用《三統歷》法算到周初，其差誤就有四天。 商末周初是否已經採用四分法的公式，[2] 我們現在

---

[1] 歲實是指太陽年的長度，每太陽年為 365 日 5 時 40 分 46 秒《即 365.2422 日》，而四分法只是以 $365 \frac{1}{4}$ 日為準，較真實的太陽年的數字為大，所以每三百年就會多出了一天。至於《三統歷》的歲實為365.25016244，比四分歷還大0.00016244日，亦即每千年多四小時。

[2] 董作賓先生以為殷人採用四分法，原則上仍十分正確。可惜董先生太肯定了一點，所用的證據還不夠充分。至于他對于前一一一一年認為武王伐紂的年，是要算以甲子日為商正二月五日一點的，這當然要取資於古文《武成》。但只有甲子日一天可以用劉歆的朔日為「既死霸」來解釋， 其他《武成》的干支，仍然不能處理適當，還是不能使人接受的。不過平心而論，董先生有些地方肯定的太過一點，但其對於殷周歷法的工力，還是一個不朽的工作， 未可厚非。 而況他的歷譜還根據了前人Theodor Oppolzer 的《古代歷譜》及黃敎士的《中國古代歷譜》，這都是切合實際天象的，不是董先生個人的憑空鑚壁虛造。商人周人的歷法無論如何原始， 也得根據當時的天象來決定，不可能離實際天象太遠。況春秋時代，已用四分法，是可以肯定的，周初到春秋只有二百多年，從工藝技術來看，商末到春秋相差不算太遠，若謂歷法簡直天懸地隔，也不是合於情理的。

雖然不能詳確證明，不過可以確定的，是確實以從前一冬至到後一冬至定為一年日數，再以十二個太陰月排列上去，到了三年之久，歲首與季節不合之時，再在歲末加一個十三月。季節的決定，也許只靠以觀測日影的長度，作為標準，隨時再來校正。周正建子，是以含有日長至的太陰月為基準；商正建丑，卻是以過了日長至以後，那一個太陰月為基準。所以對於當時年代的推定，必需要適合於當時真的天象才可以。《三統歷》對於真的天象誤差太大，其推算既然成為不可靠的，因而武王伐紂在前一一二二年這個假設，也就使人無法接受。

其次對於月相的解釋，《漢書·律歷志》所引劉歆說也是有問題的，他以為既死魄（霸）為朔，既生魄（霸）為望，那就上半月的時候是屬於既死魄的階段，而後半月的時候是屬於既生魄的階段。也就是月從缺而圓是既死魄，月從圓而缺是既生魄。這是一個非常違背常識的想法。王國維《生霸死霸考》說：

> 《說文》曰，月始生，魄然也。……馬融注古文《尚書·康誥》，云魄月出也，謂月三日始生兆月出名曰魄，此皆《尚書》古文舊說也。《法言·五百篇》，月未望則載魄於西，既望則終魄於東。《漢書·王莽傳》，太保王舜奏公以八月載生魄庚子奉使朝用書此平帝元始四年事，據《太初術》，是年八月己亥朔二日得庚子，則以二日為載生魄。《白虎通·日月篇》，三日成魄。此皆今文家說，與許馬古說同。是漢儒於生霸死霸無異辭也。《漢志》載劉歆《三統歷》獨為異說，曰死霸朔也，生霸望也。（《觀堂集林》卷一）

所以前一一二二這個年代的採用，除去犯了演算上數字的錯誤而外，還犯了月相解釋的錯誤。只有一項錯誤就不足採信；今既犯了兩項錯誤，其不足採信，更不成問題。不論這個年代在一般歷史的著作上，如何普遍，既然已經證明了不是真的年代，那就毫無問題要另外找別的合適的年代。

其次，《史記》中《周本紀》及各國的世家都沒有共和以前的年代，只有《魯世家》卻有伯禽的下一代（考公）一直下去不斷的年代，這一份年代的記載，當然是一個不尋常的事。《史記》卷四七《孔子世家贊》「適魯，觀仲尼廟堂、車服、禮器。諸生以時習禮其家，余低回留之不能去云。」所以司馬遷確曾在曲阜訪問過，孔子的遺聞，在所必需訪問之列，而有關周公和孔子的魯君世系及年代，也必在搜求之列。這是秦火所遺的諸侯年代，為魯諸生保存下來的。《史記》卷六七《仲尼弟子列傳》，記有孔子弟子的年歲的，有顏淵、閔子騫以下共二十二人，這是沒有甚麼疑問的，由孔子故里保

存的記錄傳寫下來 。 以此例彼，《魯世家》年代應當有很高的可信程度 。 現在《魯世家》保存周召共和以前的年代，計爲考公四年、煬公六年、幽公十四年、魏公五十年、厲公三十七年、獻公三十二年、眞公十四年，共爲二百四十七年。假如武王伐紂確爲劉歆推算之前一一二二年 ， 距此已經有一百三十四年 ， 伯禽受封以後居然能生存一百餘年，此是一個不合事實的數字。所以這個前一一二二爲周代開始的年代，就任何一方面說，都是不可憑信的。

近許多年來因爲對於劉歆推算的前一一二二這一年不滿意，而想對劉歆這個年代加以修正的，有董作賓先生的前一一一一年以及黎東方先生的一一〇二年，可惜對於《史記・魯世家》的年代都不能相通，只是把劉歆的算法向後稍移一點。對於劉歆的違失還是不夠全盤的補救。

和《魯世家》的年歲可以相符的，只有古本《竹書紀年》中記載的從武王伐商到幽王的覆亡共計二百五十七年。這一個數字今本《竹書紀年》所載不同，因爲今本《竹書紀年》是明人據殘本《竹書紀年》而僞增的，所以全不可信。古本《竹書紀年》其引據見於：

（一）《史記》裴駰《集解》在西周傾覆下注曰：「《汲冢紀年》曰，自武王滅殷以至幽王，凡二百五十七年也。」（瀧川《史記會注》卷四頁六五）

（二）《新唐書・歷志》：「《竹書》十一年庚寅，周始伐商。」（藝文本，卷二七上頁一九上）

（三）劉恕《資治通鑑外紀》：「《汲冢紀年》西周二百五十七年。」（《四部叢刊》本，卷三頁一三上）；又「《汲冢紀年》曰，自武王至幽王二百五十七年。」（卷三頁二四下）

這三處書籍中的徵引，《通鑑外紀》實質上和裴駰《集解》相同，但較裴駰《集解》中所引的有省畧。《新唐書・歷志》只是據僧一行間接叙及，並無西周的年數，只有一點提到的是武王伐商在武王十一年。至於「庚寅」二字 ， 只是一行推算之年 ， 決非《竹書》原文所能具有。因爲當《竹書紀年》編纂的戰國時期，並無用干支紀年之法。並且一行還推算錯了，因爲照《竹書紀年》的年數，西周二百五十七年這個數字推上去，武王伐紂當在西元前一〇二七年，這一年如用干支紀年是甲寅，不是庚寅。庚寅是一〇五一，[3] 在一〇二七年的二十四以前，一行爲著要證明他自己的歷術 ， 因而把歷年的干

---

[3] 因爲僧一行根據《竹書》， 他所算到的庚寅應是接近《竹書》的年載的， 董作賓先生認爲是一一一一，那是遷就劉歆一一二二的假設，僧一行原意也不是這樣的。

支故意弄錯的，所以只能依據裴駰《集解》及劉恕《通鑑外紀》兩處接近原文的材料，而無法用僧一行的推算。

拿西周二百五十七年這個數目與《史記·魯世家》的魯侯總年相校，《魯世家》諸公自考公元年至孝公二十五年西周之亡，共凡二百二十七年，那就伯禽在位之年凡四十年。[4] 這是非常合理的。也就表示著《竹書紀年》的紀年和《史記·魯世家》的紀年正相符合，而與劉歆的假設都不相符合。

既然劉歆的推算法必需要擺脫，而《竹書紀年》的年代又與《魯世家》相符，所以《竹書紀年》中武王伐紂之年，推算到前一〇二七年，這是很自然的一個紀年標準。在國內雷海宗先生和國外的高本漢（B. Karlgren）都以這一年作爲計算的標準。後來國內外許多學者依從雷氏及高氏之說。如同陳夢家和德效騫（Homer H. Dubs）都是這樣主張的。可惜這一年的一月二月的干支（甚至十一月和十二月的干支）都無法與《史記·周本紀》引古文《武成》的干支和月相相符。因此周法高先生假定前一〇二七爲武王元年，下推十年到一〇一八爲武王伐紂之年，這一年一月和二月的月朔正和前一一一一完全相同。所以董作賓的月相解釋法來配合古文《武成篇》的辦法全用得上。但其最大困難還是《史記集解》裴駰引的《竹書紀年》，明明說周代的二百五十七年是武王伐紂之年，今來認爲武王元年，又與《竹書》不合。法高先生認爲採用《紀年》應與古文《武成》相配，其意甚是，但《竹書》中指定武王伐紂一事又必加以解決。這就引起了深刻討論的問題。不論如何，周先生的工作還是十分有用的。

最近何炳棣先生發表《周初年代平議》（《香港中文大學學報》第一卷），是一篇值得注意的文字。他批評各家，是很深入的。最後認爲還是只有以依照《竹書紀年》推算的前一〇二七爲武王伐紂之年，以此年爲主，周初的年代才能有正確的處置，也非常有道理。但是古文《武成》及月相問題連帶上論到干支問題，卻也都不是完全可以不問的。如其要兼顧這些問題，前一〇二七年的年歷又無法做到相合，這也的確是一個煩人的事項。

《漢書·律歷志》引的古文《武成》，歷來被認爲對於武王伐紂的干支有權威性的參考價值，在劉歆系統之下，劉歆本人是用《武成》干支的，修正劉歆的學者，董作賓及黎東方兩先生也都以《武成》干支的應用爲主。其在《竹書》系統之下，周法高先生

---

[4] 伯禽也可能先受封於今河南的魯山（據傅斯年先生的《周東封與殷遺民》，《史語所集刊》第四本），到周公滅奄，才遷到奄，仍稱爲魯國。但這並不影響伯禽的年數。

是依據《竹書》而加以修改的。再看僧一行的辦法，[5] 把甲寅年前推二十四年改爲庚寅年，也顯然爲的是這一年正月及二月合於《武成》的干支。如其根本不理會《武成》的干支，直接以《竹書》的一○二七爲主，當然直捷了當。不過對於相反的證據完全不管，終不能使人心安理得。所以對於《武成》的問題就不能不再爲討論一下。

據《漢書・律歷志》，引《周書・武成篇》的節文是：

惟一月壬辰旁死霸，若翌日癸巳，武王迺朝步自周，于征伐紂。

粵若來三月（三月當作二月，三字誤。王引之《讀書雜志》附文曰：「三當爲二。此引書以證上文之二月朔日，明當二月明矣。《武成正義》引此正作越若來二月，《逸周書・世俘解》同。」案《史記・周本紀》引《泰誓》舊文，亦作二月。）既死霸，粵五日甲子，咸劉商王紂。

惟四月既旁生霸，粵六日庚戌，武王燎於周廟。翌日辛亥死於天位。粵五日乙卯乃以庶廟祀馘於周廟。

這是劉歆據《古文尚書》徵引的。雖然他把既死霸或旁死霸都解釋錯了，但此爲周代舊文流傳下來，是無疑問的。《逸周書・世俘篇》與此大致相同，只第一節作「惟一月丙辰旁生魄，越翼日丁巳」，但丙辰至癸亥只有八日，再加上孟津之會，這樣短促一個時日，是絕對來不及的。所以《逸周書》的干支是抄寫錯誤了，不足爲據的。至於岑仲勉先生的《兩周文史論叢》，認爲「劉歆所謂《武成》實即今之《世俘》」，那卻仍有問題。因爲從《世俘篇》戰爭的規模來看，顯然爲戰國後期的作品。但根據《孟子》，孟子已見到了《武成篇》，而孟子所引的「血流漂杵」卻不見於《世俘篇》，所以《武成》不是《世俘》。至於伐紂的日月干支，當然可以爲《世俘》作者所採用，不能以干支相符，而認爲《武成》和《世俘》同爲一篇。從另一方面說，也不可以《武成》的月日爲《世俘》所採用，就斷言這個月日的記載，爲戰國人所杜撰，因而不足徵信。《武成》日月干支也曾爲魏晉人《古文尚書》所採用。同理，不能以爲僞古文採用過，因而斷爲王肅門徒系統下所杜撰的一樣。

所以利用《武成》月日干支來推算武王伐紂的年代是無可厚非的。如其沒有十分把握，以堅強無缺的絕對理由證明《武成》干支全不可據，那就還得顧到《武成》的干

---

5 僧一行的歷法是相當精的。但據《竹書》二五七的數字，怎樣也推不出庚寅這個紀年干支出來，顯然僧一行據武王伐紂的日子干支推定，只是他不肯說出來，別人也不會懂的。

支。此外還要討論的有兩點：第一、「干支紀日」的性質問題；第二、關於「生霸死霸」的解釋問題。

第一，「干支」是原來專爲記日來用的。從甲到癸的一旬，正是古代中國人的「星期」（week）制度，和太陰月相及和太陽年都從來毫無關係，其干支相配數千年一直循環延伸下去，未曾缺斷，和西方人使用星期，數千年一直繼續不斷，其理由正是完全一樣的。我們不曾懷疑過西方人對於星期制度曾經缺斷過。爲甚麼就可以懷疑中國人的干支記日曾經缺斷過？誠然，這是一個最好的解答，西方的星期因爲和宗教相聯繫，所以無法更改。[6] 但轉過來看中國干支記日之制，在古代時期，也正是和宗教相聯繫。董作賓的《殷歷譜》誠然有不免說得過分肯定的地方，其以前————年爲基礎也誠然有問題，不過他的《殷商祀譜》用干支來排比下去，功力深至，仍然是一個顛撲不破的工作。從甲骨上的記錄來看，祭祀的系統顯然的只與甲乙至壬癸的天干有絕對的關係，和朔望的關係絕無痕跡。所以甲乙的排比和太陰月毫無關聯那是一件絕對不是問題的事。也就是說商代的宗教關聯著天干與地支的配合，並不再管太陰月的月大月小或者月朔月望。正和西方星期的綿延下去，和任何的一種記月的日數絕無牽涉。

劉朝陽的「一甲十癸說」是研究殷歷初期人士一種臆斷之說，他把年月的歷法，和干支的週期（week）兩個完全不同的系統扯爲一談，根本是無根據的。陳遵嬀先生的《中國古代天文學簡史》（上海，1955）說：

> 月的三分法，就是把每月分爲上、中、下三旬的旬法。現今所傳的十干記號，上古叫做十日。這就是附於一旬十日的名稱。最初十干似是專用以附屬於旬的。小月二十九天，則以壬爲最後一天，翌日仍由甲開始。是不連續的，後來人們連續用它，它和旬的原意，就沒有甚麼關係了。……（葉八〇至八一）
> 干支紀日法已使用數千年，……惟順序至今，有否間斷或錯亂，還待考證。但從春秋以來，已可證明它沒有間斷或錯亂。中國使用干支紀日法，至少從魯隱公三年（公元七二〇年）二月己巳起到清宣統三年止，已有二千六百餘年的歷史，這眞是世界上最久的紀日法。（葉八六）

不錯，陳遵嬀先生是國內有數的天文歷象學者，不過陳先生對於甲骨金文卻並未曾

---

[6] 聯合國曾經討論過把星期附在太陽年之內，就因爲使相沿與宗教有關的星期制度，發生缺斷，因此不能改革成功。

致力過。這牽涉到各人治學的範圍，不應該責備苛求。只是這一段和甲骨金文有密切關係。如有錯誤，也就不足作爲信據。

陳遵嬀先生是有意替董作賓先生和劉朝陽作調人的。其實劉朝陽的「一甲十癸說」，因爲近數十年中，甲骨研究之進展，已非劉朝陽寫作時可比。商代每月的一日、十一日、二十一日決不是限於甲日，已成爲甲骨學中所公認。而陳先生還採用劉朝陽氏的過時假設，這是陳先生的誤解。[7] 因爲採用了劉氏錯誤的學說，把十干死釘在一日、十一日、二十一日上面，結果又發生了一個錯誤，認爲如每月逢二十九日時，那就把二十九日的壬日直接於下月一日的甲日，而把癸日刪除，成爲一旬九日的現象。這一個假設的是非，解決起來也非常簡單，因爲只要看一看甲骨中「卜旬」的例子，「卜旬」必在癸日，就可率直斷定刪去「癸日」一說不能成立。在這裏陳先生是不可能找到「壬日卜旬」的例子的，也就是陳先生這一個假設，並無採信的價值。所以十干十二支相配紀日，一貫相承，我們至少可以無疑的推至殷商甲骨文時代，而不是只能上推至魯隱公三年（前七二〇年）爲止。於是武王伐紂的甲子確是在一貫相承、未曾中斷過的干支紀日系統之中，原則上是不可以不管的。

西周紀年年數殘缺的原因，可能由於鎬京倉卒顛覆，一切文獻隨著毀壞。後來各諸侯史官縱有紀錄，大抵也都是雜湊而成的，不是直接從第一手文獻抄錄下來。因而春秋戰國時期對於周初的記載來說，也就有了互相矛盾之處，就中武王伐紂後在位之年數，即有許多不同的說法。古本《竹書紀年》雖然記上了六年，但這六年的數目，也似乎不是根據確實記載，而只是根據雜說中的一種。《竹書紀年》這一部書，頗有些非常奇異可怪之論，其中如記載「益干啓政，啓殺之」，「太甲殺伊尹」，「文丁殺季歷」，和一切傳統的記載都不相符。所以其書應當是一部私史，而不是一部官書。就戰國年代的權威性來說，《竹書紀年》的地位是確定的。但就周初的年代來說，《竹書紀年》只能

---

[7] 過去陳先生是中央研究院的同仁，曾擔任天文研究所所長。曾經和我比鄰而居。董作賓先生作曆法工作時，也曾請陳先生計算過一些問題。董先生也和陳先生解釋過甲骨上問題。只可惜他受劉朝陽先入爲主的影響太深了，不能接受新的證據。甲骨中一個龜版中列有幾個月干支的（並且註明在幾月），爲數不少，可以證明不是「一甲十癸」。尤其是甲骨中有甲午月食、乙酉月食、庚申月食、癸未月食等記載。如必相信「一甲十癸」，必需證明商代初一（或十一、二十一）可以月食，初二可以月食，初七可以月食，初十也可以月食不可。這無疑的是一個不可能的事，所以陳先生之假設是錯誤的，無法採信的。

說近似正確，還談不上絕對正確。其中差誤一定是會有的，不過差誤的數字決不至於太大。僧一行把前一○二七修正為一○五一（從甲寅修正到庚寅），向前推了二十四年，還實在嫌太多一些。當然僧一行的修正究竟根據了這一個秦火以前唯一流傳下來的獨一無二的完整紀年數字，不論如何這個數字差誤大小，總比劉歆完全憑空去猜得來的數字好得多。所以為今之計，也只有大致根據《竹書紀年》的年代，來和武王伐紂的時日相配合，同時要注意的是：（一）修正差誤的數字越小越好；（二）必需對於修正的理由有確當的解釋。

僧一行把甲寅調整為庚寅的理由，顯然的是為與武王伐紂的月日配合，當然是接近一○二七的庚寅，亦即一○五一年的庚寅，而決不可能是八十四年前——一的庚寅。因為僧一行是根據《竹書紀年》，決無捨《竹書紀年》而從劉歆的理由。（董先生用一——一而捨一○五一，就情理上來說，有些失了僧一行的原意。）僧一行所以選擇一○五一的根據，如其把一○五一到一○二七各年的正月及二月的朔日干支抄列一下，就可以知道。這是根據董先生的《歷譜》，但我們也知道僧一行時歷法已比劉歆時進步的多了，對於古代真的歷朔，差誤不大。

（**庚寅**）辛未 辛丑		（**庚子**）甲辰 甲戌		（**庚戌**）丙午 乙亥	
（**辛卯**）丙寅 乙未		（**辛丑**）戊辰 丁酉		（**辛亥**）己巳 己亥	
（**壬辰**）己丑 己未		（**壬寅**）壬戌 壬辰		（**壬子**）甲子 癸巳	
（**癸巳**）甲申 癸丑		（**癸卯**）丁亥 丙辰		（**癸丑**）戊午 戊子	
（**甲午**）戊寅 戊申		（**甲辰**）辛巳 庚戌		（**甲寅**）壬午 壬子	
（**乙未**）壬寅 壬申		（**乙巳**）乙亥 甲辰		（**乙卯**）丙子 丙午	
（**丙申**）戊子 庚寅		（**丙午**）己亥 戊辰		（**丙辰**）辛未 庚子	
（**丁酉**）辛卯 辛酉		（**丁未**）癸巳 壬戌		（**丁巳**）乙未 甲子	
（**戊戌**）乙卯 甲申		（**戊申**）丁亥 丁巳		（**戊午**）己丑 己未	
（**己亥**）己酉 己卯		（**己酉**）辛亥 辛巳		（**己未**）癸未 癸丑	

其中只有庚寅（前二十四年）和丙辰（後二年）對於《武成》的干支是相符合的。但是為甚麼僧一行不採接近甲寅的丙辰，而採距甲寅較遠的庚寅？我覺得這是一行恐怕觸犯時忌的關係。因為自從劉歆的前一一二二年這個假定流行以後，周朝八百年成為各代廣泛的期望。如其一行採用庚寅這一年為武王伐紂之年，至周赧王被秦所滅，已有七百九十六年，若加上武王伐紂以前的年數或者再加上東周君的年數，都已超過了八百年，這是一個很好的數字。如其採用前一○二七年，那周只有七百七十二年，無論如何湊不上

八百年，若再以丙辰年推算武王伐紂之年，周代總年又少了二年或三年。這大概就是一行在考慮之下，不能採用的原因。不僅如此，一行甚至將裴駰《集解》所引的西周二百五十七年的數字提也不提，其中一定有故意避免不說的原因在。試看《新唐書·律歷志》所引僧一行的敘述，那樣含混其辭，就知道他只是在基本上依據《竹書紀年》，暗中他卻有若干修正來應付環境的事實存在著。[8]

從僧一行假定的庚寅年歷（比一〇二七後二年的丙辰年歷也和庚寅年畧同），來配合武王伐紂的干支，的確是在所有假定各年之中，最為適當的一種。庚寅年正月辛未朔，二月辛丑朔，壬辰為正月二十二日（癸巳為二十三日），值旁死魄。甲子為二月二十四日，前五日為既死魄，值十九日。四月為庚子朔，庚戌為十一日。前六日為乙巳，既旁生魄。也就是生魄在月初的五六日，死魄在月底的十九至二十二日，相當合理。反之，在前————一年，正月無壬辰，要到————二年的十二月才是庚寅朔，壬辰是三日，癸巳是四日。下推到————一年正月庚申朔，甲子是五日。若一定照劉歆說認朔為既死魄，和庚申朔既死魄，甲子為第五日大致可以說過去。但十二月壬辰是三日，月魄已既出，還要認為旁死魄（亦卽是既死魄）就有些說不過去了。至於劉歆的假設——二二年武王伐紂，和天象不符，那就不需再為推論了。（——二二年正月無壬辰，甲子為初二日。——二三年十二月亦無壬辰，壬辰為十一月三十日，故《武成》月日無法適合。）至於周法高先生擬定的一〇一八年的干支，和————一年完全一樣，所以————一年的干支問題，也適用於一〇一八年。採用一〇一八年的妙用，是一方接收了《紀年》及《魯世家》的大致年數，另一面卻又把《殷歷譜》的工作向後移了九十二年。雖然和陳邁嬋先生同樣是調停的辦法，可是周先生調停的兩方，都有一部分堅實的根據（陳先生根據中一方的劉朝陽說法，卻是一個非常脆弱的假定）。因此卽使一〇一八年的干支配列成了問題，其原則方面還是可以保留一部分有效，只看是如何的保留罷了。

---

[8] 今本《竹書紀年》云：「武王滅殷，歲在庚寅。二十四年歲在甲寅，定鼎洛邑。至幽王二百五十七年，共二百八十一年。」王國維《疏證》曰：「《史記·周本紀》《集解》引《紀年》，自武王滅殷以至幽王，凡二百五十七年。《通鑑外紀》引《汲冢紀年》，西周二百五十七年，此二百八十一年與古《紀年》不合，乃自幽王十一年逆數其前二百五十七年，以此為成王定鼎之歲，以與古《紀年》之積年相調停，蓋既從《唐志》所引《紀年》，以武王伐殷之歲為庚寅，而共和之歲名又從《史記》，無怪其格格不入也。」因為《紀年》說武王伐紂後六年而崩，而周公攝政又只有七年，二十四年定鼎洛邑是無法講通的。一行當時不過應付環境，沒想到後人用他的意見，發生這些矛盾。

談到周初年歷，涉及月建的問題，是非常重要的。以各家所用歷法，除了劉歆的不必再討論以外，僧一行所用的是建寅之月爲正月，[9] 而董周兩先生卻用的是以建丑之月爲正月。以建子或建丑之月爲歲首，都很簡單，因爲只發現「冬至」這個「中氣」就夠了。只是以建寅之月爲歲首，卻非在發現「立春」這個「節氣」以後，不能做到。商代大槪已知有二至二分四個「中氣」，[10] 可是知道中氣，並不表示知道節氣。因而以建寅之月爲歲首，不能就認爲周初已有，甚至周初行過以建寅之月爲正月。

建子或建丑，在比較早期的歷法都是較爲尋常的。所以商的建丑，以及周的建子，應當是商和周的本來傳統就是如此，周的建子不應該屬於武王或周公時的改歷。因此武王伐紂的一月及二月，應當就是周歷，沒有伐紂之時反而邊從商歷的任何理由。所以不惟僧一行所算的建寅歷的干支不大可能，其只合於建丑歷的，如董先生、周先生以及黎東方先生所假定的年月，都有待商榷。所以準情度理，在深思熟慮之下，還是認爲武王時採取建子歷比較合適。

其實就建子和建丑兩種歷法來比較，可能建子的歷法不僅不是從建丑改進的，而且較建丑的歷法更爲原始。因爲建子是以含有冬至之月爲一月，而建丑卻是以冬至後的一個月爲一月。閏月的決定是以冬至的觀測爲主，閏月的設置必在年終。用建丑歷法，子月爲十二月，如發現要置閏，可以臨時加一個十三月；但用建子歷法，子月爲一月，如發現要置閏，就得等待到十二個月以後，所以建子不如建丑方便。周代從商代的建丑改爲建子，就歷法言，是一種退步，除非是周向來採用舊式的歷法，商用的是改良歷法，到了周人克商，就把自己原來採用的建子歷，全部搬了過來，這才能夠解釋周人爲甚麼反而用一種落後一點的歷法。如其是這樣，那就周人在伐紂時期，不是用的商人建丑的月日。

再就《史記》的記載來說，武王伐紂的二月甲子，顯然指的是建子歷。《史記》說：

---

[9] 僧一行指定了庚寅年爲武王伐紂之年，而庚寅以有正月、二月相合，十一月十二月不合。正月無甲子，不能用建丑歷。己丑年十一月、十二月干支相合，但卻不是庚寅年了。

[10] 甲骨文中顯然已有閏九月（見《大陸雜誌史學叢書》第一輯第二冊嚴一萍先生《答藪內清氏關於殷歷的兩三個問題》），這種閏九月是不常見的，遠不如十三月之多。不過殷代閏九月，就是閏建酉之月（夏正八月），建酉之月要晝夜平分，如其發現夜短晝長，就要增加閏月了。並非要具有二十四氣才可以的。至於春夏秋冬，商代可能已有。現在雖然夏字尚未認出來，不過從「四方風」的理解，也可以看出和四方風密切相關的四季。而且四季的成立，和「四立」的發見，也不是一回事。春不一定就是夏正的春，春秋的春王正月，就和夏歷的立春不一致，商代儘可以有商代的四季算法的。

十一年十二月戊午，師畢渡盟津。……二月甲子昧爽，武王朝至於商郊牧野，乃誓。

《集解》引徐廣曰：「一作正，此建丑之月，殷之正月，周之二月也。」徐廣的解釋是不錯的，二月應是建丑之月。其一作正者，非《史記》原本，乃後人以推算當爲殷的正月而改定的。[11] 至於十二月戊午，那又是司馬遷據別的史料，用建寅歷，則丑月爲十二月。但也只有丑月可以爲正月（建丑歷），可以爲二月（建子歷），也可以爲十二月（建寅歷）。如其爲寅月，或卯月，都不可能稱爲「十二月」的。此處的「十二月」和「二月」同在一月而有兩種不同名稱，雖然可能是司馬遷會輯史料，尚未及詳加整次的原因，但能將「十二月」三字保存下來，確是非常重要的。因爲司馬遷在無意中保存下來，正表示周武王伐紂的時候，是採用建子歷法的材料。

其實就《史記》的記述來說，周代在文王時便已採用建子歷法，《史記·周本紀》說：

西伯蓋即位五十年。……詩人道西伯，蓋受命之年而斷虞芮之訟，後十年而崩，諡爲文王。改法度，制正朔矣。

語意甚明，司馬遷據史料確認爲文王時已經採用建子歷法，但是司馬遷的意見，卻被唐張守節的《史記正義》所反對，他說：

《易緯》云：文王受命，改正朔，布王號於天下，鄭玄信而用之。言文王稱王，已改正朔，布王號矣。按天無二日，土無二王，豈殷紂尚存而周稱王哉？若文王自稱王，改正朔，則是功業成矣。武王何復云大勳未集，欲卒父業也。《禮記·大傳》云：牧之野，武王成大事而退追王太王亶父，王季歷，文王昌。據此文，乃是追王爲王，何得文王自稱改正朔也。

張守節之說，是一個拘墟之論。文王稱王是一回事，武王完成文王之業，另是一回事。

---

[11] 此處只可能「二月」是太史公原文，而不可能「正月」是原本。因爲戊午距甲子只有六日，而一在十二月，一在二月，好像有些矛盾（其實十二月就是二月，太史公用不同史料，未及黻裁），所以淺人以意擅改「二月」爲「正月」。若原來即是「正月」，不會有人以意爲之，改爲「二月」，使與前文矛盾。所以矛盾之處，正是珍貴之處，保存了不同史料的眞面目。

至於追尊太王王季，更另外是一回事。據《中庸》云，「武王末受命，周公成文武之德，追王太王、王季，上祀先公以天子之禮。」《中庸》和《大傳》雖同在《禮記》，《中庸》之作一般公認應早於《大傳》，如《中庸》與《大傳》不同，當以《中庸》爲據。據《大傳》武王追尊太王、王季、文王三代，而《中庸》則說太王、王季爲周公時追尊，其中並無文王，這是比較合理些。因爲周代國都及禮制大都是周公時創制的，武王克商以後，健康即開始衰退，時間不太久即崩逝。所以立宗廟，追尊太王、王季自然可能是周公時事。至於追尊不及文王，那是文王晚年已經「受命稱王」，不必再行追尊。《中庸》在此行文頗有分寸，而《大傳》則混爲一談。自然《大傳》不可作爲信據。再據《牧誓》之文，說：

> 時甲子昧爽，王朝至于商郊牧野，乃誓。王左杖黃鉞，右秉白旄以麾，曰逖矣西土之人。

顯然的，在伐商時，武王的名號是「王」，而不是「公」或「西伯」的。這個王號是繼承文王的王號而來，決不是到了牧野，才臨時稱王。[12] 若照張守節之說，「天無二日，土無二王」，那就牧野誓師之時，商紂尚在，也不可能稱王的，想來武王不會那樣迂腐。如其眞那樣迂腐，也就不敢率師伐紂了。至於稱王是一件事，代殷而興又是進一步的事，文王的稱王，也不過相當於努爾哈赤建號天命，皇太極建號天聰，和統一中國究竟不是一件事。若謂文王自稱王，改正朔，便是天下大定，那是不解歷史的程序的。

至於有人說，孔子認爲周三分天下有其二，以服事殷，所以文王、武王都不曾稱王，這也是不對的。周朝至於太王已開始翦商，經過王季、文王，文王在位五十年，至最後十年間才開始稱王。若照周的實力來論，就早該稱王。這一個長期猶豫，就表示「以服事殷」。決不能憑孔子這兩句未曾十分指明的話，就斷定有文王不曾稱王，甚至於武王在伐殷之前亦不曾稱王的這件事。

所以周代在武王時用著自己的正朔，以子月爲歲首是不成問題的。因而決定武王伐紂的月日，就當根據建子的歷法來推算，不可以採用建丑的歷法，也不可以用建寅的歷法。

---

[12] 所有記載之中，對於武王都是稱武王（還可能武王之號，是生稱武王），不稱周侯或西伯，並且武王既已決定伐紂，如在牧野時已稱王，也決不會有決心伐紂時不稱王之理。

　　就以上的分析來看，有關武王伐紂年代的推定，可以找出幾個原則出來。我們根據這些原則，總可以得到比較更接近真象的推定。在這裏對於以前的各種推論，都當敬誌感謝之忱。因為以前的各種推定，都給人以不少啓示，使人朝著合理的方向走去。

　　這幾個重要的原則，是：

　　　　（一）以古本《竹書紀年》所載的前一〇二七年為武王伐紂的標準年代。但如
　　　　　　　有切實理由，可以略加修正，但修正的年數愈少愈好。

　　　　（二）《武成》所記的干支，是可信的，但應以建子歷為標準。

　　　　（三）對於各家月相的解釋，應根據客觀事實，作必要的修正。

依照以上的原則來處理，首先就得檢查一下《竹書紀年》所記的年代，就建子歷中的一月、二月和四月，來和《漢書》所引的古文《武成》相參證。《武成》的月日是：

　　　　（一）一月壬辰旁死霸（魄），翌日癸巳。

　　　　（二）二月既死霸，粤六日甲子。

　　　　（三）四月既旁生霸，粤六日庚戌，翌日辛亥，粤六日乙卯。

用這些干支和月相從前一〇二七年，再向前三年，從前一〇二六向後三年，共六年的子月（周歷一月，商歷十二月，建寅歷十一月），丑月（周歷二月，商歷一月，建寅歷十二月），以及卯月（周歷四月，商歷三月，建寅歷二月），用董作賓先生的《中國年歷簡譜》（這是根據真的合於天象的時日，推算下來合於古代年月及干支的簡譜）來核對，所得的結果，計如下列：

前1030—前1029（壬子）	一月	甲子朔	無壬辰
	二月	癸巳朔	無甲子
	四月	壬辰朔	二十二日庚戌
前1029—前1028（癸丑）	一月	戊午朔	無壬辰
	二月	戊子朔	無甲子
	四月	丁亥朔	無庚戌
前1028—前1027（甲寅）	一月	壬午朔	十一日壬辰
	二月	壬子朔	十三日甲子
	四月	辛亥朔	無庚戌
前1027—前1026（乙卯）	一月	丙子朔	十七日壬辰
	二月	丙午朔	十九日甲子
	四月	乙巳朔	六日庚戌

前1026—前1025（丙辰）	一月	辛未朔	二十二日壬辰
	二月	庚子朔	二十五日甲子
	四月	己亥朔	十二日庚戌
前1025—前1024（丁巳）	一月	乙未朔	無壬辰
	二月	甲子朔	一日甲子
	四月	癸亥朔	無庚戌

因爲這些月日都在兩年的邊緣，牽涉到的歷法是很複雜的。以上所舉的月份，是以周正（建子歷）爲主，倘若以《竹書紀年》的年代來計算，《竹書紀年》是用夏正（建寅歷）的，武王伐紂之年是從西周覆亡之年（前七一一年）算起，算到二百五十七年，那就應當是周正乙卯年二月。周正乙卯年二月以夏正說來，就成了甲寅年十二月。也就是按照《竹書》的年代，武王伐紂大致是西歷紀元前一〇二六年一月，算到前七七一年，只有二百五十六年，不是二百五十七年。

在紀元前一〇二六附近各年的當中，除去壬子、癸丑、甲寅、丁巳四年不能把日子放進去，無法配合以外，只有乙卯和丙辰兩年。但乙卯年周正二月十九日甲子，逆推五日，既死霸爲十五日。十五日正是既望，不可能爲既死霸，所以乙卯年也不可用，只剩下丙辰年一年了。

丙辰年周正一月辛未朔，壬辰在二十二日，二月庚子朔，甲子在二十五日。據古文《武成》，壬辰日爲旁死霸，而甲子日上推五日（當爲二十日庚申）爲既死霸。旁死霸和既死霸意義相同，亦即二十日或稍後之月相。再檢查此年四月爲己亥朔十二日庚戌，前推六日爲六日乙巳。此日爲既旁生霸，亦即初六日之月相。[13]

以上的排比法可以看出古代對於月相的記法（生霸及死霸）是粗率的，可是顯然是自成系統的。這就證明了《武成》的干支確是傳自舊典，不是憑空造作，如其是妄人亂

---

[13] 從壬辰到庚申只有二十八日，而平均朔策則爲 29.530588 日，所以二十八日雖然大致爲一月，但較眞的一月少一天半。因此古代記載月相，既非從朔日算來，亦不可能在每月有固定日期，而是出於粗率的臨時觀察。甚至如天陰下雨，亦可能出於大致之估計。此種月相記法，既如此粗率，當較記月之法尙爲原始。故《春秋》經中亦已不再用此法，只記某月某干支即足。至於初五初六爲既生霸之標準，亦有可能。《水經注·禹貢山水澤地所在》（商務排印戴校本卷六葉一二八）：「居延澤在其縣故城東北，《尙書》所謂流沙者也。形如月生五日也。」所以月生五日是一個成語，這個成語可以溯到古代記月相的時候。

作，一定和曆法完全不符，如其是一個精通曆法的人設計，一定會更爲精密。此種粗率而排比有序的情況，正代表古代的較早習俗。

所以既生霸（旁生霸）和既死霸（旁死霸），都是至少有三天的上下限，而不是只有一個定點。既生霸應當是四日至六日，既死霸應當是二十日至二十二日（或者都還可以再多一天）。依此類推，既望就應當是十四日到十六日（或者還可以推至十七日）。這一點以後再爲討論。

依照上文推算，武王伐紂的正確時日應當爲西元前一○二五年一月，依董表則爲一月三十日，但若依《紀年》的夏正計算，仍在西周覆亡前二百五十六年年底，較《紀年》的二百五十七年數目，還是相差一年。這個相差一年的理由，還需要加以考定。

因爲鎬京傾覆，文獻無徵，不僅武王伐紂在武王幾年有異說，武王在位之年也是眾說紛紜的。武王年壽多少，《禮記・文王世子》言文王九十七，武王九十三，只能算做物語式的記載，遠不如《路史》發揮引《竹書紀年》說武王年壽五十四爲可信。不過武王在位年數卻還不能決定。《尚書・金縢》稱武王伐紂後二年而病，周公祈代武王之死，可見病不輕。《史記・封禪書》就認爲武王伐紂後二年而崩。《淮南要略》作三年，《毛詩・豳風譜》鄭玄推定爲四年，[14]《史記・周本紀》《集解》引皇甫謐說爲六年，再就是《管子・小問篇》的七年。依照武王的健康情形看，再就周初情形還未曾安定的客觀情勢看，不大可能武王伐紂後還能在位六、七年，應當以三年或四年的看法爲近於事實。武王在位年數既然無絕對的正確數字，那就武王即位後幾年伐紂的說法，也都可以商酌的。

《竹書紀年》的編纂成篇，一定不像《春秋》根據魯史那樣，只抄一部書便已充分夠用。要在古史的矛盾記載之中，加以斷制的，也一定和《史記》及《資治通鑑》那樣，加過一番翦裁的功夫。《史記》和《資治通鑑》都是一代鉅著，卻也不是十全十美，無可商酌的。《史記》中紕繆之處有的是，《資治通鑑》的翦裁方法，試看一看《資治通鑑考異》，也就可以知道不是沒有可以商酌的地方。因而對於《竹書紀年》中

---

[14] 鄭玄推定的基本數字中，還用到《文王世子篇》，其數字當然不足取。不過我也曾試一下，如其仍用鄭玄的方法，設文王年壽不是九十七而是六十，武王年壽不是九十三而是五十四，仍然可以得到差不多的答案。假設武王十二年年初伐紂，到十三年得重病，過兩年在十五年逝世，那就武王是四十歲時繼位。文王逝世時，武王年三十九歲，上推武王生時，文王二十一歲，伯邑考生時，文王十九歲，這些數字都是合理的。

所記周初年代，如其修訂一年的數字，也不是不可以做的。

據《唐書·歷志》引《紀年》，武王伐紂在武王十一年，《尚書序》[15]和此相同。從另外一種記載，《呂氏春秋·首時篇》說：「武王立十二年而成甲子之事」，漢人作今文《泰誓》，不用《書序》之說，亦作武王十二年。《呂氏春秋》成書在秦火以前，《竹書紀年》所見的材料，呂氏賓客也可見到，其不同於《竹書》，可證在戰國時代就有不同的傳述。在戰國時旣已不能決定十一年或十二年的是非，秦火以後的各朝，直到如今，更無法決定。如其有其他的證據，卻可以對此兩種年代作一番抉擇。

現在把《竹書》的十一年修正一下，改爲十二年，也就可以配合古文《武成》的干支了。因爲只修正一年，在年代上不是一個重大的修正，但卻對於武王伐紂前後的紀日干支可以得到解決。並且根據這一個解決的方式，可以訂正過去對於月相爭執中的生霸死霸問題。**所以本篇對於武王伐紂定爲紀元前一〇二五年。**

第二，生霸死霸問題，亦卽月相問題，最受人注意的是王國維的四分之一月說及董作賓先生的定點說。王氏之說到現在還是一個較佔優勢之學說，自新城新藏作東方天文學研究以來，主要的學者大都皆用王說。 董說是王說的一個全部修正， 王說誠然有缺點，但董說中又有更多的新缺陷，因而現在學術界中，還是寧肯採用王說。這是一個無可如何的事。

王國維《生霸死霸考》說：[16]

> 余覽古器物銘而得古之所以名日者凡四 ： 日初吉，日旣生霸 ，日旣望，日旣死霸。因悟古者蓋分一月之日爲四分：一日初吉，謂自一日至七八日也；二日旣生霸，謂自八九日以降至十四五日也；三日旣望，謂十五六日以後，至二十二三日也；四日旣死霸，謂自二十三日以後，至于晦也。

---

[15] 《尚書序》當爲西漢時人纂述，不可能是戰國遺文。其價值當較《呂氏春秋》或《竹書紀年》遜一籌。至於漢人作今文《泰誓》，在宣帝時代，較《書序》晚，但旣出於西漢，《書序》作時旣有其材料，作《泰誓》時應當亦可見到。魏晉人古文《泰誓》亦作「惟十有三年」，而不用《書序》十一年之說。至於《史記》云十一年師渡盟津，十二年甲子克殷，並用十一年及十二年，可能是調和兩種材料的原因。《史記》用丑月爲正月認爲十二年，但《竹書》以寅月爲正月，仍爲十一年，可見《史記》與《竹書》不同。

[16] 《觀堂集林》葉一，藝文影密韻樓本。

這種四分之一的月相說，比前人諸說，是系統化多了，而且算起來也很方便，不過和眞的月相不太相符。月到十四日已圓，並且按平朔計，十四可能是眞的望，爲甚麼十三、十四還是既生霸？反而二十二、二十三月缺已甚，爲甚麼還是既望？這都是解釋難通之處。藪內淸《關於殷曆的兩三個問題》，[17]認爲四分之一的月法，只有認爲古代中國人有七日一週的辦法，才會作此設計，但：「中國四分月法與西曆週法的關係，是無法輕易加以肯定的。」因而這種辦法的根本存在問題卻不能不加考慮。

董作賓先生的定點月相辦法是：[18]

第一定點	既死霸——初吉（朔）	初一日
第一附點	旁死霸——哉生霸（朏）	初二、初三日
第二定點	既生霸（望）	十五日
第二附點	旁生霸（既望）	十六日、十七日、十八日

這個學說所具有的困難，遠較王氏四分月說爲大。因爲王氏的四分月還是粗率的，而董氏的「定」點，就非肯定當時天文實測有採用「定朔」的能力不可。但是因爲採用的月策不夠精確，一直到明代晚期還是用的是平朔，直到淸初採用「時憲曆」時，才能應用定朔。如用平朔，朔和望都可以相差二至三日，並不能精確的成爲只有一日的定點。換言之，如其採用平朔，月朔是一回事，而月相又是一回事，兩者雖然有關，卻並非密合無間。這種「定相月相」之說，其標準還是以月朔（平朔）爲主？抑還是以所見的月相爲主？若只以月朔爲主，就應當像漢代的辦法說「某月某干支朔，某干支」，而用不著再說甚麼生霸死霸這些古怪名稱。若以所見的月相爲主，那就生霸死霸等月相，在一月之中就不是精確的固定著，也就不可能以某一日作爲「定點」。

再按照「霸」這個名稱來說，依《說文解字》：「霸，月始生，魄然也。大月二日，小月三日」，揚雄《法言·五百篇》：「月未望則載魄於西，既望則終魄於東。」所以月魄或月霸都指的反光部分而言。唐王維《秋夜曲》：「桂魄初生秋露微，輕羅已薄未更衣」，此處言桂魄初生正是月初未圓的月亮，仍爲古來相傳的舊說。董先生定點的辦法，在上弦時著重「死」字，到了下弦以後，方才用到了「生」字，這和歷來望月的習慣，及對於月的想法不合。

---

[17] 用鄭淸茂譯文，見《大陸雜誌史學叢書》一輯二冊，頁一三一至一三七。

[18] 董作賓，《四分之一月說辨正》，華西協合大學《中國文史研究集刊》（一九四一），葉一至二三，及《周金文中生霸死霸考》，《傅故校長紀念論文集》（台灣大學，一九五二），葉一三九至一五二。

藪內淸根據「史頌敦」及「頌鼎」，兩器公認爲同一人所作，而銘文爲：

> 佳三年五月丁巳（敦）
> 佳三年五月旣死霸甲戌（鼎）

均稱三年五月，不管是周代那一個王，反正是同年同月造的。丁巳到甲戌十八日，不管丁巳是初幾，甲戌非在後半月不可。也就是旣死霸一定在後半月，不可能在前半月的確證。旣死霸旣在後半月，那就旣死霸不可能是朔。因而這種定點辦法就有問題。

董王兩氏的方案，無論如何是功績極大。其應用方法誠有問題，但其整理的工作，決不容埋沒。況且每一個人的方案，都有不少很好的意見，給後來工作的人一些啓示，任何一種科學的工作，都是一步一步上去的，旣不是一蹴可幾，更不是一經做過，便完全無缺。我們決不能把科學的工作，當作兩漢經師迷信師法的那樣固執。承認前人的功績是一回事，訂正前人的缺失又是另外一回事。

首先要解釋「旣」和「旁」兩個字的意義，旣是表示一件事的完成，**旁實際上是方**的繁字，方是表示一件事正在繼續。《莊子·天下篇》：「日方中方睨，物方生方死。」旣和旁是可以連用的，如「旣生霸」也可以作「旣旁生霸」，這是表示月魄已生，但還是繼續的增長下去。也就是「旣生霸」還未到月圓，「旣死霸」還未到月晦。

中國古代記日的週期，是十日一個段落，五日爲十日之半，所以五日也可以成爲一個小段落。十日是一旬，但漢代是五日一休沐，[19] 到了唐代又是十日一休沐。三旬的日子雖然不一定和一月的日子完全符合，不過無論如何，這個觀念是十進的而不是七進的。所以講月相的，如同：

《禹貢·山水地澤篇》：「居延澤在其故城東北，《尚書》所謂流沙者也。形如月生五日也。」

《文選·古詩》（古詩十九首）：「三五明月滿，四五蟾兔缺。」

以五日作爲一個段落來計算，正是往古相承的舊俗。如其把這幾種月相排比一下，就成爲：

> 旣生霸：初五日——月生五日
> 旣　望：十五日——三五明月滿
> 旣死霸：二十日——四五蟾兔缺

---

[19] 《漢書·楊惲傳·注》，晉灼曰：「五日一休沐也。」藝文補注本，葉一三一〇。

以上兩條的證據，雖然都是漢代人的，但從商代到漢代十進計日的方法未變，那就十進計日法用於月相，也不應當改變的。

旣死霸旣然屬於上月，那就初一到初四，不可以屬於旣死霸的範圍，而是月相從「無」而「有」的一種變化。這是一種「生」的開始，也就是一種吉祥的開始。所以「初吉」這一個名稱，雖然表面上不屬於月相，其實仍在月相系統之中。所以月相系統之中，包括（一）初吉，（二）旣生霸，（三）旣望，（四）旣死霸，在一個月之中，依次的排列下去。至於「朔」日，因爲只有一天，並且朔是由天子頒朔，諸侯告朔，[20]不屬於一般社會風俗之中，而月相的使用，可能溯源於社會風俗（folklore），和歷法的發展，是平行的，而且初吉不限於一天，所以「初吉」和「朔」的範圍不一樣。

從初吉到旣死霸的次序，現在擬定的是和王氏系統相同，只是其中日數長短卻和王氏系統不同。從另外方面說，對於那種只限於一日的「定點」不能依照董氏，可是把一天的「定點」改爲三天或四天的「上下限」，仍然不背董氏的原則。

「上下限」的辦法，因爲月相觀測，在古代是難於精密的，致使每一種月相都不是一點，而是可以延長數日，譬如古文《武成》從旣死霸壬辰到另外一個旣死霸（庚申）前後只有二十九日，較眞的月策，要少一天多。又例如王國維《生霸死霸考》說：

> 「召鼎」紀事凡三節，第一節云：「惟王元年六月旣望乙亥。」下紀王命召司卜事，召因作牛鼎之事，次三兩節皆書約劑。次節云：「惟王四月旣生霸，辰在丁酉」，則記小子覺訟事。三節則追記匡人寇召禾後償召之事。第三節之首，明紀昔饉歲，則首次兩節，必爲一歲中事。今以六月旣望乙亥推之，假令旣望爲十七日，則是月己未朔，五月己丑朔，四月庚申朔，無丁酉，中間當有閏月，則四月當爲庚寅朔，八日得丁酉，此旣生霸爲八日之證也。

王氏的推算方法是不錯的，不過認爲旣望爲十七日，這個假設卻不合適，因爲旣望雖然可能是十四日至十六日，甚至偶然爲十七日，不過原則上應當認爲十五日的。如其旣望爲十五日，所有的日子各向前推兩日，則旣生霸爲六日。恰恰正好，旣生霸正在以初五

---

[20]《公羊傳》文公六年，「不書月者何，不告朔也。」何休注：「禮，諸侯受十二月朔政於天子，藏於大祖廟每月朔朝廟，使大夫南面奉天子命，君北面受之。比時，使有司先出朔。」《周禮》春官太史：「頒告朔於邦國。」所以要頒朔的，就是因爲史官掌歷，由天子的太史定出各月的第一日干支，然後才能免於紛歧的原故。但初吉則依照習慣，不必在天子所頒的朔日。

日爲主的初四、初五、初六的上下限之內。

所以一個月內的「月相範圍」應當如下：

初 吉	初一日至初三日（可能到初四日）	以初一日爲基點延伸
旣生霸	初四日至初六日（可能到初七日）	以初五日爲基點延伸
旣 望	十四日至十六日（可能到十七日）	以十五日爲基點延伸
旣死霸	十九日至二十二日（可能到二十三日）	以二十日爲基點延伸

其中有關「初吉」還有點小問題。黃盛璋在《歷史研究》（一九五八年第四期）作《釋初吉》，認爲凡在上旬，都可以認爲初吉，所以初吉包括的範圍非常廣泛，旣不是王氏的四分法，更不同於董氏只把初吉放在定朔這一天的定點法。其中反駁董先生的話，是根據「靜簋」，其文是：

> 惟六月初吉，王在莽京，丁卯，王令靜司射學宮。靜辭射學宮，小子眾服眾小臣眾尸僕學射。零八月初吉庚寅，王以吳刑、呂捆、卿啟、蠶師，邦周射於大池。靜學無斁。王錫靜鞞剢，靜拜稽首，對揚天子顯休，用作文母外姞尊簋，子子孫孫其萬年用。

這裏的靜，當然不可能是宣王，因爲厲王被放時，宣王不應該大於十歲，否則周召共和不會需要十四年。如其那時宣王已可司射學宮，也不會在混亂中不被人認識。而且靜的文母如其是宣王之母，那就是王后，更不必以天子錫靜的物爲榮典。而子子孫孫亦卽天子的子子孫孫，依照此點，更不像一個太子的口氣。所以靜必別有其人，時代早於宣王的時代。至於黃氏所指其中記事，是一時的事，不在兩年中，這卻是對的。

所以從「靜簋」來說，並不能證明兩個「初吉」的距離。因爲丁卯日決不是初吉，如其丁卯是初吉，那就原文應是「惟六月初吉丁卯，王在莽京」而不是「惟六月初吉，王在莽京；丁卯，王令靜司射學宮。」黃氏也說到「有記有不記」，也卽是金文中時常有可以省略的問題。所以第一句全文就可能應當是：「惟六月初吉，辛酉，王在莽京，旣生霸，乙丑，越二日丁卯，王令靜司射學宮。」省略的結果，無法知道丁卯上距初吉還有幾天。憑這件青銅器的銘文，對於「初吉」這個問題，甚麼消息也得不到的，也就不能依據這個器的銘文解決初吉是月中那一日的問題。

附記：上文談到許多嚴重的問題，其中不少地方都有一個假定的解決法，最不能使人釋然於心的，還是《史記集解》及《唐書·歷志》引僧一行說，同是根據古本《竹書

紀年》，卻是很不相同。其中原因自然已有解答，卻並不是完美無瑕的解答。雖然都有可能性，卻不能完全排除別的可能。如其《紀年》原文記武王伐紂是在一〇二七（甲寅），爲甚麼一行捨去接近的一〇二五（丙辰）而推到遙遠的一〇五一（庚寅）？上文所說一行爲了「應付環境」，只能算爲一種「解釋」，並不能指出他這樣做的必然性。反之，董作賓的——————假設，雖然對於一行所指（應屬於一〇五一的）已有變動，但他說《史記集解》中所引《紀年》的「二百五十七年」可能有一兩個錯字，也並非全無可能。董先生舉出來的，《史記集解》引《竹書紀年》說「自盤庚至殷紂之滅七百七十三年，更不徙都」，其中「七百」的「七」字是「二百」的「二」字之誤，便是一個堅強的旁證。這一點我們當然不能置而不問。

　　數字的錯誤是可能的，不過數字的錯誤也有規則可循的。（一）涉上文或下文的數字而誤寫；（二）因形近而誤；（三）兩數字前後互換而誤；（四）誤增一位數字或誤減一位數字。其中如二百七十三年誤爲七百七十三年則爲涉下文以致誤。在「二百五十七年」一語之中，只有「五」與「七」二數字有致誤的可能。在隸書中亦只有「五」「七」二數字互相類似，所以假設如有錯字，則原文可能是「二百五十五年」（形近而誤）、「二百七十七年」（形近而誤）、或「二百七十五年」（七和五兩字互易位置）。如其是二百五十五年，那就是丙辰年，合《武成》月日，本來相合，一行當然不會去改，只有二百七十七年，和二百七十五年兩種情形下，才有改的必要。

　　以下爲前一〇五一年以後各年一、二、四各月的歷朔：

前1051	一月	辛未朔	22日壬辰	（既死霸）
	二月	辛丑朔	24日甲子	（既死霸後五日）
	四月	庚子朔	11日庚戌	（既生霸後六日）
前1050	一月	丙寅朔	27日壬辰	
	二月	乙未朔	30日甲子	
	四月	甲午朔	17日庚戌	
前1049	一月	己丑朔	4日壬辰	
	二月	己未朔	6日甲子	
	四月	戊午朔	無庚戌	
前1048	一月	甲申朔	9日壬辰	
	二月	癸丑朔	12日甲子	
	四月	壬子朔	無庚戌	

前1047	一月	戊寅朔	15日壬辰
	二月	戊申朔	17日甲子
	四月	丁未朔	4日庚戌
前1046	一月	壬寅朔	無壬辰
	二月	壬申朔	無甲子
	四月	辛未朔	無庚戌
前1045	一月	丁酉朔	無壬辰
	二月	丙寅朔	無甲子
	四月	乙丑朔	無庚戌
前1044	一月	辛卯朔	無壬辰
	二月	辛酉朔	無甲子
	四月	庚申朔	無庚戌
前1043	一月	乙卯朔	無壬辰
	二月	甲申朔	無甲子
	四月	甲申朔	27日庚戌
前1042	一月	己酉朔	無壬辰
	二月	己卯朔	無甲子
	四月	戊寅朔	無庚戌

就是在前一〇五一至前一〇四二這十年之中，只有前一〇五一這一年的一月壬辰在二十二日，合於既死霸的條件；二月的甲子在二十四日，既死霸在二十日，正是條件相合；四月十一日庚戌，上推六日，正是初五日，也正合於既生霸的條件。如其原文爲「二百七十七年」，則是前一〇四七年，如其原文爲「二百七十五年」，則是前一〇四五年，一行因爲這兩年的條件不合，找最近一年，改到一〇五一年（卽庚寅年）是非常可以講通的。不過就校勘原則來說，如其能不改字，就應當盡量不改字。而且卽使改字，也只能將「二百五十七年」改成「二百七十五年」或「二百七十七年」，卻 總 不可以改爲「二百八十一年」，對於一行所需要的前一〇五一仍有數年的差異。這就和僅有一年的差異，不僅幅度不同，意義上亦大有不同。一年的修正，只要把武王十一年換成十二年卽可；四年或六年的修正，就得不承認一〇四五或一〇四七不是武王伐紂之年，而是周公作洛之年，武王伐紂更在其前到一〇五一，才能解釋得通 。這就對於《竹書》的記載，變成大幅的修改。爲了不使修改的情形過分嚴重，所以不能採取《竹書》中數字有

誤的說法。更進一層，二百五十七年一說不僅出於《史記集解》，也見於劉恕的《通鑑外紀》，劉恕北宋時人，其時古本《竹書紀年》尚未全亡，劉恕所根據的是《竹書》原本，不是《集解》注文。如其有誤，只能說《竹書》原文有誤，而非《史記》注文才開始有誤。照這樣說來，不是不可能錯誤，而是錯誤的機會，究竟是比僅見於注文的可能性更減少了一些。所以劉恕的引證更支持了採用一○二六——一○二五一說的可能性。

前文談到僧一行根據《竹書紀年》，卻把年歲向後推二十四年，從甲寅改爲庚寅，寅年還是不變的，董作賓先生用一一一一還一樣是庚寅年，至於劉歆用的一一一二二，卻是己卯而非寅年。但是依照《漢書·律歷志》，「《洪範篇》曰，惟十有三祀，王訪于箕子，自文王受命至此十三年，歲亦在鶉火，故傳曰歲在鶉火，則我有周之分野也。」來看，歲在鶉火，指歲星在午方。武王以十二年克商，如其是寅年，[21]十三年應當是卯年，如其是卯年，十三年應當是辰年，說歲星在鶉火的午方，這是扞格難通之處，劉歆是《三統歷》的創始人，對這一點亦無解答。[22]假如認爲武王克商是丙辰年，則武王十三年箕子作《洪範》是丁巳年，歲星（Jupiter）繞日一周爲 11 年314.8日，即每十二年減去日數約爲50.49日每年約爲 4.23 日，到了一千年之久，便已退後一宮。也就是周初歲在鶉火之年，漢代不是午年而是巳年。這樣說來，武王伐紂不是在寅年也不是在卯年，而是在辰年的，這也給前一○二五（丙辰）一個有力的證據。

其次還有一個問題，《荀子·儒效篇》說：

　　武王之誅紂也東面而迎太歲。

《淮南子·兵略篇》也引用此節，說「東面而迎歲」，太歲和歲意思相同。因爲武王自周出發到孟津，都是一直循正東正西的方向，朝著東方走去。所以東面迎太歲，是向卯方，亦即武王出發是在卯年，這是荀子當時的想法。《淮南》高誘注認爲「太歲在寅」那是受到了劉歆的影響。

---

[21] 甲子紀年是在漢代才開始的，以前各代只用來紀日。所以甲子紀年的方位，只適合於漢代的天象。漢代認作寅年的，周初歲星已到卯宮，漢代認作卯年的，周初歲星已到辰宮。

[22] 「鶉火」依《史記·天官書》及《晉書·天文志》均認作午位，但前一一二二這一種說法，缺點太多，早已無人相信，而庚寅年一說，則對於此處又顯然是衝突的。除非以前一○二六（乙卯）爲武王十一年，前一○二六（丙辰）爲武王伐紂之年，前一○二四（丁巳）爲武王十三年，訪於箕子，是年歲星正在鶉火，和各種材料才都不衝突。武王大病也是在這一年，不過可能在訪於箕子以後的時期。

武王伐商的正確年代，荀子也許知道的。武王出發爲周正一月，克殷爲周正二月，若依周正，可以算爲丙辰年（丙辰是後世的稱法），若依夏正，那就到了乙卯年了。所以說正向東方，荀子並不算錯。這和漢人說法相同，因爲荀子上距武王已經七百多年，下距劉歆只有二百多年，荀子時的天象，是和漢代比較接近的。

〈周初年代問題與月相問題的新看法〉英文摘要

The Determination of the Beginning Year of the Chou Dynasty and the Correspondence to the Moon-Phase

(A Summary)

The beginning year of the Chou dynasty has been a point of controversy for the last two thousand years. Liu Hsin, a scholar at the end of the first century B.C., suggested that the year when King Wu of Chou conquered the Shang dynasty was 1122 B.C. However, the *Bamboo Annals*, a compilation of the Warring States, mentions that there were 257 years in the Western Chou. This fact would show the beginning year of the Chou dynasty to be 1027 B.C.

The dating method for determining the year 1122 B.C. was based on the moon-phases from the chapter "Wu-cheng" in the original edition of the *Book of Documents*. This is the only reliable ancient record that was used for arriving at that precise year. On the other hand, the year 1027 B.C. was produced from the record of the *Bamboo Annals* without any reconciliation with the dates related to the moon-phases in the "Wu-cheng." There is no way to reconcile the two systems that are so contradictory.

A buddhist monk, Yi-hsing in the T'ang dynasty, was trying to make some adjustment to those two different ways. He turned back the year 1027 B.C. so that it coincided with the year 1051 B.C. of the system of the moon-phase in the "Wu-cheng." However, his work only satisfied the agreement of the moon-phase and nothing was applicable to the historical record.

For a long time, scholars in preparing Chinese traditional chronological works for ancient history were following the system relating to the year 1122 B.C. Since this system has proven to be untrue, most leading scholars both in China, Japan, and in the Western world prefer to use 1027 B.C. as the year for the Chou conquest of the Shang empire. This is a good idea but for more accuracy, some modifications are required.

This article supplies new suggestions to solve this problem. Following the principle used in the record of the *Bamboo Annals* is fine but to date the year correctly some important points should be added.

Firstly, the conquest occurred at the twelfth moon in the lunar year which must be identified as January of the solar year. Thus the year 1027 B.C., as many scholars use it, should be corrected to 1026 B.C.

Secondly, the record of the *Bamboo Annals* should not be the only reference to determine the year. The system of dating in the chapter "Wu-cheng" should not be ignored. It must be considered as the most important point in tracing the date and the year of the conquest of the Shang kingdom. Based on the unbroken link in thousands of years for the sixty-day cycle of *chia-tzu*, the identification of a certain day and a certain year is unmistakable in the record of historical events. To make certain of the identification of the moon-phase in the ancient record is constantly required. A view of the moon-phase within the *chia-tzu* cycle shows that only 1025 B.C. was agreeable to this condition. Therefore, the year 1026 B.C. for the Chou conquest would be changed to 1025 B.C.

Thirdly, according to the ancient material quoted in the "Lü-li Chih" of the *Han Shu*, in the thirteenth year of King Wu, the star Jupiter was at the zodiac Leo. When Jupiter is at Leo, the year is mentioned as Wu during the Han dynasty as to the real position when that star appeared. Since the revolution of Jupiter is slower than twelve years, you will find that Jupiter at Leo was not a Wu-year but it was a Ssu-year when you go back 1,000 years to the beginning of the Chou dynasty.

The conquest of Shang was at the twelfth year of King Wu, as one year earlier to that Ssu-year. It should be a Chen-year identified as 1025 B.C.

On the three points listed above, the correct year of the Chou conquest of the Shang is proven to be 1025 B.C.

As to the term of the moon-phase in the lunar month, the arrangement was made by Wang Kuo-wei and Tung Tso-pin in two different systems. This article makes some revisions to both of them resulting in a new system. Since Wang's system used a seven-day week, it is criticized by scholars because it does not correspond to the ancient Chinese custom. Tung's system suggested *ssu-pe* (the dead bright in the moon disc) for the new moon and *sheng-pe* (the growing bright in the moon disc) for the second half of the lunar month; this is contrary to the explanations of the Han scholars in the commentaries of classics.

修正殷歷譜的根據及其修訂

一、論殷歷譜的根據及其修訂

對於商周年歷問題，許多年來，因爲我一直做漢簡和漢代歷史的工作，未曾兼顧到這個問題，一直認爲西元前 1111 年，是一個比較上最方便的里程碑，來決定商周的年代。直到民國六十二年(1973 年)何炳棣先生在《中文大學學報》發表〈周初年代平議〉，確實給商周年代問題一個震撼。使我不能不獨立的，平心靜氣來重新考慮商周年歷這一個複雜問題。何先生的兩個原則：(一) 應當從雷海宗先生的提議以西元前 1027 年爲武王伐紂之年；(二) 董作賓過去所作的工作是毫無價值的。針對這兩點就不能不下些功力作一個進一步的檢討，不能聽任把這個問題作爲懸案，一直拖下去。

關於第一點，董先生和雷先生主要年歷的基石，都是從先決定武王伐紂的年份出發，而且都是號稱溯源於舊本《竹書紀年》的。但是同樣的一部《竹書紀年》，爲什麼就可以具有兩種絕不相同的武王伐紂年代？那就只有從審核史料下手。在比較之下，發現 (一)《竹書紀年》是逐漸殘缺，以致遺失的，雷先生根據的前 1027，是出於《史記》的裴駰《集解》，而董先生根據的前 1111，是出於《新唐書·歷志》轉引的僧一行〈歷議〉。裴駰是劉宋時人(五世紀初)，僧一行是唐開元時人(八世紀初)，相差三百年。在那個手寫書籍的時代，自以越早越可靠。(二) 就史料的忠實性來說，《史記集解》是抄自《竹書紀年》原書，爲的只是旁徵博引，使得內容更豐富些，和裴松之《三國志注》，李善《文選注》等目的相同。其中敍述方式是素樸的，是比較上保存原文真相的，未曾用自己意思加以變更的，所以其可信度較高。反之，在僧一行的〈歷議〉中，完全是他自己說他自己的見解，並無一句是忠實的徵引《竹書紀年》原文。其中「庚寅」二字只表示他從《竹書紀年》算出的結果。

這個庚寅用干支記歲的方式,是從東漢以後才開始的,不可能在戰國時的《竹書紀年》發現。卽使庚寅年眞從《竹書紀年》算出,其可信度也大成問題,因爲其中還夾雜有僧一行自己的看法在內。何況此文還是出於《新唐書》刪削整理過,其中不可信的程度,又增加了一些。就史學方法的原則說,間接史料對於直接史料,是不能相比的。

所以就這兩條加以抉擇,顯然的,只可以用《史記集解》所引來否定《新唐書·歷志》所述,決不可以用《新唐書·歷志》所述來否定《史記集解》所引。再進一步說,如其《竹書紀年》可信,只能取《史記集解》那一條(卽武王伐紂在西元前 1025),而不能取《新唐書》那一條(卽武王伐紂在西元前 1111)。如其《竹書紀年》不可信,那就兩條都不能用,而前 1111 這一個年代,是在任何情形之下,不應該考慮到的。

《史記集解》這條和《新唐書》這條,僅用本身的證據比較,優劣已十分明顯,若再用和《竹書紀年》毫無關係,而年代可以追溯到周召共和以前的,就還有《史記·魯世家》各公的年代,可以追溯到魯公伯禽後的一代。從第二代考公算起,到周召共和共爲一百五十七年。若武王伐紂在前 1027,那就在共和以前爲一百八十六年,第一代伯禽在位不過二十多年,是可能的。若認爲武王伐紂在前 1111,那就在共和以前爲二百七十年,第一代伯禽在位時間就要超過一百年,是不可能的。也就是《史記·魯世家》和《史記集解》引《竹書》的西周年數相符,更證明了前 1027 年這一年的可靠性。只是前 1027 這一年和武王伐紂的干支無法配合,因此還得做一點小的修正。

關於第二點,董作賓先生對於商周歷法的研究,確實功力很深。他的看法雖然有得有失,也只能把他的成績,當作一個基石,再進一步的追求眞實,卻不可以認爲毫無可取。凡屬任何學術的進展,前人一定有疏漏,甚至於有錯誤。但是功不唐捐」,不論如何的疏漏,如何的錯誤,在學術的發展史上,總應當占一席之地。董先生對於殷周歷法,原則方面是正確的。他的貢獻極大,他在殷歷上的開山地位,是不容磨滅的。只是誤認了前 1111 年爲武王伐紂之年,把這一年當作全部歷法的基點,這就使全部歷譜都受到不利的影響。至於「無節置閏」的原則,也是爲著適應前 1111 年爲基準而推演出來的。如其把受到這個基準的地方清除掉,

其未曾根據這個基準的，還有很多。這許多成績仍然還可以用，只是看怎樣安排。

董先生《殷歷譜》的核心，是「祀譜」。祀譜是按甲骨的記載，把五種不同的祭祀，依照商代先公先王的干支排比下去。從這些祭祀的循環，就可以把各王的年月干支順次排列出來。在殷商後期的紀年。就只有靠這個方法，來在眞實的合於天象的歷譜中，規定一個位置。這確實是董先生作《甲骨斷代研究例》以後的一個大收穫。

只是同樣的各年中干支排列方式，大約一百年中可以重現兩次。如要應用，還需要一個基本定點才能決定。董先生的基本定點是前 1111 年，他就要找和前 1111 年最爲合適的各年來應用。依照董先生整理出來的祀譜，以前 1111 爲基準來排，則祖甲元年爲前 1273，廩辛元年爲前 1240，康丁元年爲前 1234，武乙元年爲前 1226，文武丁元年爲前 1222，帝乙元年爲前 1209，帝辛元年爲前 1174。其中顯然的具有問題的是帝辛有六十三年。

在《竹書紀年》原文中，有「文丁殺季歷」一條。這條的可靠性還值得商酌（因爲可能原書據戰國時的雜說）。不過在《竹書》中文丁和季歷同時是沒有問題的。也就是文王元年當在文丁末年。假設文丁最後一年（前 1210 年）爲文王元年，減去武王伐紂以前十一年，則文王最後一年當爲前 1123 年，文王就要在位八十七年，與《尙書‧無逸》所述，文王在位五十年一事不合。所以這種安排，除去前 1111 這個根據很不充分以外，又對於《竹書紀年》多一番衝突。前 1111 既然號稱根據《竹書紀年》，若再加一項和《紀年》的衝突，就表示其不可信據了。

若以從前 1027 年改訂的前 1025 年爲基準，那就比較以前 1111 年爲基準的，更爲合理。依照新的基準，祖甲元年爲前 1149 年，廩辛元年爲前 1116 年，康丁元年爲前 1110 年，武乙元年爲前 1102，文丁元年爲前 1098 年，帝乙元年爲前 1085 年，帝辛元年爲前 1050 年。算到前 1026 年，爲帝辛的二十四年。減去武王十一年，則文王當卒於帝辛十三年，也就是前 1037 年，從此年上溯五十年，則文王元年爲前 1086 年。此年爲文丁十三年，卽文丁最後一年。所以文王的時代，和文丁（文武丁）時代恰好相接，就與《竹書》原文毫無衝突了。

各年干支記日排列的重演，也只能說大致是相符的，而不是百分之百相符。因爲只是在這一個系列之中，每月中的各日所記的干支彼此相符。而不是冬至夏

至所在的日，彼此相符。換言之，就是凡是在重現的兩個系列，是陰歷各月的干支重現，而不是和陽歷相應的日子重現。這就會影響到閏月所在，使得彼此之間，有所不同。也就是不可能把《殷歷譜》向後搬一下，就算了事。而是除去搬後一百二十四年以外，還要遇有不合《殷歷譜》原有解釋以外，再作別的解釋。

二、祖甲時期祀譜和置閏法的改定

《殷歷譜》最重要的部分，是在祀譜方面。祀譜共有三個，第一為祖甲祀譜，第二為帝乙祀譜，第三為帝辛祀譜。這三個祀譜，實在是殷歷重建的基礎。現在把這三個祀譜的重要部分抄列於下，再就其中所引之甲骨，加以討論。

殷王年代	董先生擬	一月朔日及十二月朔日	此年所用的祭祀定的年代
祖甲元年	1273 B.C.	正月庚午朔十三月乙未朔	彡翌祭壹協
祖甲二年	1272 B.C.	正月甲子朔十二月己丑朔	彡翌祭壹協彡
祖甲三年	1271 B.C.	正月己未朔十二月癸丑朔	彡翌祭壹協彡翌
祖甲四年	1270 B.C.	正月癸未朔十二月戊申朔	翌祭壹協彡翌祭壹協翌
祖甲五年	1269 B.C.	正月丁丑朔十二月壬寅朔	翌祭壹協彡翌祭
祖甲六年	1268 B.C.	正月辛未朔十二月丙寅朔	祭壹協彡翌祭壹協
祖甲七年	1267 B.C.	正月乙未朔十二月癸亥朔	彡祭壹協翌祭壹協彡
祖甲八年	1266 B.C.	正月庚寅朔十二月乙卯朔	彡翌祭壹協彡
祖甲九年	1265 B.C.	正月甲申朔十二月戊寅朔	翌祭壹協彡翌
祖甲十年	1264 B.C.	正月戊申朔十二月癸酉朔	祭壹協彡翌祭
祖甲十一年	1263 B.C.	正月壬寅朔十三月丁酉朔	祭壹協彡翌祭壹協
祖甲十二年	1262 B.C.	正月丙寅朔十二月辛卯朔	彡翌祭壹協彡
祖甲十三年	1261 B.C.	正月辛酉朔十二月乙酉朔	彡翌祭壹協彡

祖甲十四年	1260 B.C.	正月乙卯朔十三月己酉朔	彡翌祭壹協彡翌
祖甲十五年	1259 B.C.	正月己卯朔十二月甲辰朔	翌祭壹協彡
祖甲十六年	1258 B.C.	正月癸酉朔十二月戊戌朔	祭壹協彡翌祭壹協
祖甲十七年	1257 B.C.	正月戊辰朔十二月壬戌朔	祭壹協彡翌祭壹協彡
祖甲十八年	1256 B.C.	正月辛卯朔十二月丙辰朔	彡翌祭壹協彡
祖甲十九年	1255 B.C.	正月丙戌朔十二月庚戌朔	彡翌祭壹協彡翌
祖甲二十年	1254 B.C.	正月庚辰朔十二月乙亥朔	翌祭壹協彡壹翌祭
祖甲廿一年	1253 B.C.	正月甲辰朔十二月己巳朔	祭壹協彡翌祭壹協
祖甲廿二年	1252 B.C.	正月己亥朔十二月癸巳朔	壹協彡翌祭壹協彡
祖甲廿三年	1251 B.C.	正月壬戌朔十二月丁亥朔	彡翌祭壹協彡
祖甲廿四年	1250 B.C.	正月丁巳朔十二月壬午朔	彡翌祭壹協彡
祖甲廿五年	1249 B.C.	正月辛亥朔十二月丙午朔	翌祭壹協彡翌
祖甲廿六年	1248 B.C.	正月乙亥朔十二月庚子朔	祭壹協彡翌祭壹協
祖甲廿七年	1247 B.C.	正月己巳朔十二月甲午朔	祭壹協彡翌祭壹協
祖甲廿八年	1246 B.C.	正月甲子朔十二月戊午朔	祭壹協彡翌祭壹協彡
祖甲廿九年	1245 B.C.	正月戊子朔十二月癸丑朔	彡翌祭壹協彡
祖甲三十年	1244 B.C.	正月壬午朔十二月丙子朔	彡翌祭壹協彡
祖甲卅一年	1243 B.C.	正月丙午朔十二月辛未朔	彡翌祭壹協
祖甲卅二年	1242 B.C.	正月辛丑朔十二月乙丑朔	彡翌祭壹協
祖甲卅三年	1241 B.C.	正月乙未朔十二月己丑朔	彡翌祭壹協

以上是按照董氏以前 1273 年爲祖甲元年的標準記下來的，照這個標準，董氏嵌入祀譜再來配列祖甲時的甲文，都還相合。若要改前 1149 年爲祖甲元年，也要能夠把董先生舉出的甲骨文配合好才可以。不過這裡卻有一個問題，就是前

1149 年，和前 1273 年的季節完全不同，也就是陰曆和陽曆的對應點完全不同。因而各年閏月的所在以及各年有無閏月也完全不同。在祖甲的三十三年中，以前 1273 年爲祖甲元年，其中有閏月的是：祖甲三年，祖甲六年，祖甲九年，祖甲十一年，祖甲十四年，祖甲十七年，祖甲二十年，祖甲二十二年，祖甲二十五年，祖甲二十八年，祖甲三十年，祖甲三十三年。若以前 1149 年爲祖甲元年，其中有閏月的爲祖甲元年，祖甲四年，祖甲七年，祖甲十年，祖甲十二年，祖甲十五年，祖甲十八年，祖甲二十年，祖甲二十三年，祖甲二十六年，祖甲二十八年，祖甲三十年。在這種閏月完全不同情形之下，縱然各月朔干支同在一個系統之中，但因閏月而使其中月建不同，使得前 1273 年，和前 1149 年及以後各年很有差異。董氏所舉以前 1273 年爲祖甲元年的所有適合的甲骨文，也就無法適合以前 1149 年爲祖甲元年的各項日期，除非把置閏的原則改變一下，這個新的設計也就無法適應。

董先生的《殷歷譜》是認爲商代是「無節置閏」的，也就是必需認爲商代已經有了「二十四氣」的分別，然後才能把二十四氣之內，其中十二氣認爲中氣，另外十二氣認爲節氣。這二十四氣的創立，經過非常複雜的。第一步是決定冬夏二至，第二步是觀察到晝夜平分之點，爲春秋二分。這個二至二分，是世界上諸曆法所共有的。就這四個基點來說，創立四分曆即已夠用了。第三步是把冬至到春分，春分到夏至，夏至到秋分，秋分到冬至，在這四段之中，平均分配的把每一個段落再各分爲兩個段落。就從四個段落，變成爲八個段落。這些新畫出來的分段點，就被叫做立春、立秋、立冬。這只是中國曆法所特有的，在西方曆法，就沒有這種設計。

但是這八個段落，依舊對於一年的十二月不能適相配合，於是在第四步就找出來八和十二的最小公倍數，二十四這個數目，把這每一段再分爲三段。這樣就可以每個月佔有兩段，恰好把節氣和月份平均分配。(又再從二十四氣更進一步，擴展成爲七十二候。)在這二十四氣之中，若從立春算起，單數的包括四立在內，被稱做節氣，雙數的包括兩至兩分在內，被稱做中氣。這一層一層的發展，其完成時期不會太早，是很明顯的。如其在甲骨文找不出來有二十四氣的確證，就不可以認爲商代有一個節氣與中氣的觀念在那一個時代存在過。

　　二十四氣的觀念最早只能推溯到戰國晚期，《呂氏春秋》的時代。以前都是模糊不清的。《夏小正》是戰國較早時期的書，此書中就沒有憑日至來分節氣定農時的想法，完全憑星象的位置來定農時。這是早期的看法。至於《詩經‧豳風‧七月》雖有「春日載陽」、「春日遲遲」、「爲此春氣」等句，但什麼是春？並不清楚，其用時自應已有四季的觀念。但並非有「立春」這個節氣，到了立春以後才算春。看來只是過了新年就是春，春夏秋冬是跟著月朔走的，而不是跟著節氣走的。在古代禮節中，「告朔」的禮是一個重要的事，天子也只聽見過用「頒朔」，而不聞「頒春」。至於「先春三日，大史謁之天子曰，某日立春，盛德在木」，立春之日，天子迎春東郊，只是〈月令〉篇中最重要的一條，不能上溯。商代是十分重祀的，每祀必卜。如其有立春、迎春這些禮節，何以在甲骨文中一點痕跡也沒有？

　　《春秋》隱公元年「元年，春，王正月」，這個「正月」是周歷的正月，是遵照周王頒定的正月，也就是建子之月。建子之月尚未「立春」，此處認爲是春，和〈月令〉不合。這就表示著，在春秋時期，春是從正月開始，旣已過年，就是新春，並沒有立春節這個說法。也就顯然的表示，在春秋時代並不用二十四氣這種新設計。春秋時代旣然還未曾用二十四氣的新設計，又怎樣能證明遠在商代就已採用〈月令〉的主張，用二十四氣說？又利用二十四氣分爲節氣和中氣，再採用「無節置閏」的方法？

　　《殷歷譜》以爲殷代是「無節置閏」的，其基本觀點，必需證明殷代一年中有「節」這一個制度才可以。其中主要的根據，是在《左傳》昭公十七年，「玄鳥氏司分者也，伯趙氏司至者也。靑鳥氏司啓者也，丹鳥氏司閉者也。」分和至指的是春秋分和冬夏至應當不成問題，至於啓和閉，據杜《注》說：「靑鳥鶬鴳也，以立春鳴，立夏止。」「丹鳥鷩雉也，以立秋來，立冬去。」孔氏《正義》說：「立春立夏謂之啓」，「立秋立冬謂之閉」。董先生認爲古代旣已有立春立秋，也當然有節氣，有節氣也就有二十四氣，所以無節置閏，在商代是有證明的。不過現在看來，郯子是魯昭公時人，已在春秋晚期，只能證明春秋晚期的看法，並不能確實推到商代。況且杜《注》已到了晉代，而孔氏《正義》更晚到唐代。郯子所說已經不十分清楚，更不可以根據晉代到唐代的看法，就認爲是商代的制度。再以內容來說，杜《注》只指明爲春秋二季，其中並不含有立春及立秋兩個節的定點，指明立春與立秋的，

是孔穎達。這種「增字解經」的辦法，不能認爲是證據的。所以「無節置閏」在文獻上並無法證明。

無節置閏的辦法，既然在本身上並無堅強依據，只是一個假設，也可以說是一個巧妙的假設。對於以前 1111 年爲主要基點的殷代年歷解決不少的難題。如其不採用這個假設，殷代歷譜中用前 1111 年做基點，就無法排下去。現在既然知道前 1111 年這一個基點不可靠，那麼這一個假設也用不著保留下去了。當前的問題，只是如其不用無節置閏這一個假設，究竟有什麼更好的辦法來代替。如其用「無中置閏法」還是採用「二十四氣說」，縱使好些，也是「五十步笑百步」。也就是必需把「二十四氣」的成分擺脫掉，方才可以談商代的置閏法，不致爲成見所拘限。

如其討論商代的置閏法，第一步先要看一看商代和後代的置閏法究竟有什麼不同。凡是和後代相異的，都得顧及到依文化演變的程序，有無可能性。對於商代的置閏法，做一種假設當然是可以的，不過總要能找到根據，看一看是否可能，要避免一種全憑主觀的臆斷。依照《殷歷譜》整理甲骨閏月的結果，商代閏月計有兩個系統，一種是年終十三月爲閏月，另一種是在閏年中有閏三月，閏六月，閏九月(還另外有可能閏十二月)。卻未發現到閏二月，閏四月，閏五月，閏八月，閏十月，閏十一月(有些是誤認的)。這個意義，是不平凡的，是應當特別留意的，因爲其中可能藏著一個問題。而這一個問題又可能是解決商代閏法的一個關鍵，不能就此忽略下去。

商代的三月是什麼？是春分所在的那一個月。六月是什麼？是夏至所在的那一個月。九月是什麼？是秋分所在的那一個月。十二月是什麼？是冬至所在的那一個月。如其在那一個時期，除去二分和二至以外，沒有涉及到別的節氣，那就會如其在三月裡面沒有春分，便將三月以後那個月算作閏月，那就閏月內就含有春分了。如其在六月裡面沒有夏至，便將六月以後那個月算作閏月，那就閏月內就有夏至了。九月對於秋分的關係，以及十二月對於冬至的關係，也是一樣的來決定有無閏月。如其不是這樣，就無法來解釋爲什麼商代的閏月，是閏到三月，六月，九月，以及可能的十二月。

至於十三月的出現，那就更爲簡單，只要這一年十二月內還未遇到冬至，那

就把十二月以後的那個月算作「十三月」。在「十三月」之內就一定含有冬至了。當然這種以「十三月」來作爲閏月的辦法，比閏三月、閏六月、閏九月、再閏十二月的辦法還要粗疏些。不過專以氣候來說其中影響不會太大。尤其閏六月和閏九月都已在夏秋之際，對本年更換衣著，沒有太大的問題，對於下一年，和用十三月的辦法，完全一樣。

這兩種辦法，其中用三、六、九月（以及十二月）來置閏的，可以稱做「無二分二至置閏法」，其中在年終加置十三月的，可以稱做「無冬至置閏法」。這兩種辦法雖然是「無中置閏」的初步，卻不能算做「無中置閏」，因爲既未曾有「節氣」，怎樣能把二分二至算做「中氣」？只是從「無二分二至置閏法」進一步變成了「無中置閏」，是非常自然的。「無節置閏」創始極不自然，若從「無節置閏」再變爲「無中置閏」就不可想像了。

依董先生的考訂，祖甲時代應當屬於三六九月置閏時期。現在做一個修訂，以西元前 1149 爲祖甲元年（董先生以 1273 B.C.，爲祖甲元年），將平年及閏年的情況，錄在下面：

祖甲 元 年	1149 B.C.	正月庚午朔十二月乙未朔	
祖甲 二 年	1148 B.C.	正月甲子朔十二月己丑朔	
祖甲 三 年	1147 B.C.	正月己未朔閏六月丙辰朔	十二月癸丑朔
祖甲 四 年	1146 B.C.	正月壬午朔十二月丁未朔	
祖甲 五 年	1145 B.C.	正月丁丑朔十二月壬寅朔	閏十二月辛未朔
祖甲 六 年	1144 B.C.	正月辛子朔十二月丙寅朔	
祖甲 七 年	1143 B.C.	正月乙未朔十二月庚申朔	
祖甲 八 年	1142 B.C.	正月庚寅朔十二月甲寅朔	閏十二月甲申朔
祖甲 九 年	1141 B.C.	正月癸丑朔十二月戊寅朔	
祖甲 十 年	1140 B.C.	正月戊申朔十二月癸酉朔	
祖甲十一年	1139 B.C.	正月壬寅朔閏六月己亥朔	十二月丁酉朔

祖甲十二年	1138 B.C.	正月丙寅朔十二月辛卯朔	
祖甲十三年	1137 B.C.	正月庚申朔十二月乙酉朔	
祖甲十四年	1136 B.C.	正月甲寅朔閏三月癸未朔	十二月己酉朔
祖甲十五年	1135 B.C.	正月戊寅朔十二月癸卯朔	
祖甲十六年	1134 B.C.	正月癸酉朔閏九月戊戌朔	十二月丁卯朔
祖甲十七年	1133 B.C.	正月丙申朔十二月辛酉朔	
祖甲十八年	1132 B.C.	正月辛卯朔十二月丙辰朔	
祖甲十九年	1131 B.C.	正月乙酉朔閏六月壬午朔	十二月庚辰朔
祖甲二十年	1130 B.C.	正月己酉朔十二月甲戌朔	
祖甲廿一年	1129 B.C.	正月癸卯朔十二月戊辰朔	
祖甲廿二年	1128 B.C.	正月戊戌朔閏三月丙寅朔	十二月壬辰朔
祖甲廿三年	1127 B.C.	正月壬戌朔十二月丁亥朔	
祖甲廿四年	1126 B.C.	正月丙辰朔十二月辛巳朔	閏十二月辛亥朔
祖甲廿五年	1125 B.C.	正月庚辰朔十二月乙巳朔	
祖甲廿六年	1124 B.C.	正月甲戌朔十二月己亥朔	
祖甲廿七年	1123 B.C.	正月己巳朔閏九月乙丑朔	十二月癸亥朔
祖甲廿八年	1122 B.C.	正月癸巳朔十二月丁巳朔	
祖甲廿九年	1121 B.C.	正月丁亥朔十二月壬子朔	
祖甲三十年	1120 B.C.	正月壬午朔閏三月庚戌朔	十二月丙子朔
祖甲卅一年	1119 B.C.	正月丙午朔十二月庚午朔	
祖甲卅二年	1118 B.C.	正月庚子朔十二月乙丑朔	閏十二月甲午朔
祖甲卅三年	1117 B.C.	正月甲子朔十二月己丑朔	

以上祖甲元年至三十三年，用「無二分二至置閏法」推算的結果，對於閏年的安置，

以及對於甲骨的適合，也並不感到任何的困難。不過還有若干差異。譬如祖甲三年閏三月，董氏以爲閏九月；祖甲五年閏九月，董氏則在祖甲六年閏六月；祖甲八年閏九月，董氏則在祖甲九年閏三月；祖甲十一年閏六月，董氏則在十一年閏十二月；祖甲十四年閏三月，董氏則在十四年閏九月；祖甲十六年閏九月，董氏則在十七年閏五月；祖甲十九年閏六月，董氏則在二十年閏正月；祖甲二十二年年閏三月，董氏則在二十二年閏十月；祖甲二十四年閏十二月，董氏則在二十五年閏七月；祖甲二十七年閏九月，董氏則在二十八年閏三月；祖甲三十年閏三月，董氏則在三十年閏十二月；祖甲三十二年閏十二月，董氏則在三十三年閏九月。其中閏月仍然沒有一個相同的。所幸的是各年正月的月朔，以前 1149 年爲祖甲元年的（用無二分二至置閏法）和以前 1273 年爲祖甲元年的（用無節置閏法）大致還相符合（以前 1149 年爲元年，用無節置閏法，就差不多全不相符）。這樣董先生所舉甲骨文中的證據，也一樣的可用。

當然，也還有一點小問題，還要進一步去追索。以前 1149 年爲元年的和前 1273 年爲元年的兩者比較，雖然大部分符合，但是其中的祖甲六年，用新擬定的是正月辛丑朔，而董氏卻是正月辛未朔；祖甲十七年新擬定的是正月丙申朔，而董氏卻是正月戊辰朔；祖甲十九年，新擬定的是正月乙酉朔，而董氏是正月丙戌朔；二十年是正月己酉朔，而董氏是正月庚辰朔；二十五年新擬定的是正月庚辰朔；而董氏的是正月辛亥朔；二十八年新擬定的是正月癸巳朔，而董氏的是正月甲子朔；三十三年新擬定的是正月甲子朔，而董氏的是正月乙未朔。這些不同就要看是否會影響到甲骨文的證據。如其影響到了，那就關係相當的大；如其影響不到，那就新擬家的辦法，自然可以有進一層的保障。

第一，關於祖甲六年一項，董先生是有一片甲骨作爲證據的：

癸未卜，王在豐貞。旬亡𡆥，在六月。甲申，工典，其酒翌。

（癸巳）卜，（王貞，旬），亡𡆥。在（六月甲）午酒（翌自上）甲。（後上，一五，九）

這是祖甲時代的卜辭，而且依祀譜來推，非在祖甲六年不可。（加上翌祭，無可移動。）但董表此年有閏月，並且就是閏六月。在董表中，是放在閏六月，

而按新擬的，卻仍是在六月。和這段甲骨文仍然全然符合。

第二，關於祖甲十七年，董氏沒有甲骨文證明，可以不論。

第三，關於祖甲十九年，乙酉是丙戌的前一天，甲骨文中只用干支紀日不用數字計日。反正只要這一天在這一月就夠了，沒有什麼問題。

第四，關於祖甲二十年，董氏表在這一年閏正月，正月庚辰朔，閏正月庚戌朔。己酉是庚戌的前一天。董先生表中，閏正月小，而新擬的以前 1130 年爲祖甲二十年，正月大。所以新擬的與董氏舊擬的，同爲二月己卯朔，這就沒有問題了。

第五，關於祖甲二十五年，這是新擬定和董氏原擬很不一致的一年。不過這一年董先生卻未找到甲骨文中可用的證明，此年可以存而不論。祖甲二十八年，三十三年，也是同樣的情形，在甲骨文中並無證據。這就不妨礙所擬定置閏方式的提出了 [1]。

三、祖甲時期歷譜的新擬定

《殷歷譜》中所舉和新擬定的方式相合的，卻全部可用，沒有例外。除祖甲六年一條已經在前面舉出外，現在再把其餘各條列下。

（1）癸卯（卜，王）貞。旬（亡𡆥）甲辰（工典，其翌）在四月。

　　癸丑卜，王貞。旬亡𡆥。在四月。甲寅，酒翌自上甲。

　　癸亥卜，王貞。旬亡𡆥。乙丑，翌日于大乙，在五月。

　　癸酉卜，王（貞。旬亡）𡆥，（甲戌翌日）大甲。

二年四月癸巳朔，五月癸亥朔。翌祭先王，亦合。（《佚》九六〇）

（2）癸巳卜，□貞，旬亡𡆥　。甲午，上甲，在十二月。（六Ｗ三五）

1　關於祀譜問題，可能引起懷疑，是否如以前 1149 爲祖甲元年，可以把以前 1273 爲祖甲元年的祀譜完全用上去？答覆是這樣的：因爲每三年一閏，總日數完全一樣，商代祭祀是以旬爲單位去配的，編製時不涉年月，年月是後配上去的。如其祖甲元年正月朔爲庚午日，那就只要找到一個正月庚午朔的，作爲元年正月朔，後面的祀譜，彼此間的差異，就非常小。

二年十二月己丑朔。有癸巳及申午，有彡祭，與此相合。

    （3）乙酉卜，旅貞。王其田于□，往來亡災。在一月。屮乙酉。　于祖乙，
    又（勺）歲。（《金》一二三）

三年正月己未朔，乙酉在正月十三日，有彡祭。與此相合。

    （4）癸亥，（王卜貞，翌）甲子彡酒，翌日。自上甲衣至多后。卜囚，三月。
    丙子卜，行貞。翌丁丑，翌日于大丁。不冓雨。在三月。（《粹》
    八五，《金》七）
    庚辰卜，即貞。翌（辛巳），翌日于小（辛亡）它。五月。
    甲申卜，即貞。翌乙酉。翌日于小乙，亡它。五月。
    （丙）戌卜，即貞。翌（丁亥，翌日于）父丁亡（它）。五月。（《粹》
    二八八，《誠》一五七）

三年三月戊午朔，四月丁亥朔，五月丁巳朔。丙子、丁丑在三月，庚辰、辛巳、
甲申、乙酉、丙戌、丁亥均在五月。三月丙子翌大丁，五月乙酉翌小乙，丁亥翌
父丁，亦皆與歷譜相合。

    （5）癸卯卜，王貞，乙巳其酒祖乙。　，亡它。在七月。（《卜》上，二〇）

這是五年七月卜的，有彡祭祖乙，與卜辭合。

    （6）（甲申卜）尹（貞，翌）乙酉協于大乙，亡它，在八月。
    丙子卜，尹貞，翌丁丑，協于祖丁，亡它，在十月。（《珠》三六九）

這是七年八月和十月的卜辭，祀譜和年歷相合。

    （7）庚辰（卜，即）貞，王賓兄庚　，亡尤，在二月。（《珠》三七三）

祀譜七年二月　祭祖庚，與此相合

    （8）甲戌卜，尹貞，王賓大乙，　夕，亡囚　。貞亡尤在十月。（《卜》下，

二四）

祀譜八年十月乙亥，彡大乙。甲戌夕爲乙亥的前夕，所以稱「彡夕」，與卜辭合。此年秋分不在九月，本應閏九月。據此卜辭，知此年未閏九月，因冬至仍不在十二月，當爲閏十二月。

(9) 癸亥卜，尹貞，旬亡囚 ，在十一月，乙丑翌日小乙。丁卯翌日父丁。（《束》八）

（癸巳）卜，旅（貞），旬亡囚，（在）十二月，遘癸未祭，甲午壹上甲。（《前》一，二，六）

癸亥（卜，王）貞，旬亡（囚），在三月。乙（丑），協小乙，丁卯，協父丁。

癸酉（卜，王）貞，旬亡囚。在四月。甲戌，工典，其酒彡。

癸未（卜），王貞，旬亡囚，在四月，甲申，酒（彡）上甲。

癸巳卜，王貞，旬亡囚，在四月，毒示癸 ，乙未彡大乙。

癸卯卜，王貞，旬亡囚。在五月，甲辰，彡大甲。

癸丑卜，王貞，旬亡囚。在五月，甲寅，彡小甲。（七P. 七八）（《後》下，一〇，七）

前兩條是有關祖甲十年的，這一年正月戊申朔，十一月癸卯朔，十二月癸酉朔。十一月有翌祀，十二月有祭和壹祀，與此相合。至於祖甲十二年，正月壬寅朔，二月壬申朔，三月辛丑朔，四月辛未朔，五月庚子朔，三月有協祭，四月和五月有彡祭，均與卜辭相合。這一年新擬的王當閏六月，不過甲骨只到五月爲止，未到閏六月。

(10) 甲辰卜，行貞。王賓彣甲協，亡尤，在十月。

乙亥卜，行貞。王賓小乙協，亡尤，在十一月。

丁丑卜，行貞。王賓父丁協，亡尤。

己卯卜，行貞。王賓兄己協，亡尤。

庚辰卜，行貞。王賓兄庚協，亡尤。

新擬的及董氏原定，祖甲十二年均爲正月丙寅朔，無閏月。十月均有甲辰，十一月均有乙亥、丁丑、己卯和庚辰。並且按週排下，十月及十一月均有協祭，與卜辭完全相合。尤其這一片甲骨具有父丁(武丁)、兄己(祖己)、兄庚(祖庚)，亦正與祖甲卜辭相合。

(11) 癸酉卜，（旅）貞，翌甲（戌）三酒協于上甲，其冓又勻歲二牢，貞五牢在七月。

丙戌卜，旅貞，翌（丁）亥（協于大丁亡它）。

丙申卜，行貞，王賓外丙協，亡尤，在八月。

己亥卜，旅貞，翌庚子，協于大庚。亡它。（在）八月。

辛丑卜，行貞，王賓大甲。夾妣壬。協，亡尤。

壬寅卜，行貞。王賓㲈，亡尤，在八月。

壬子卜，行貞。王賓大戊，夾妣壬，協，亡尤。

丙辰卜，旅貞。翌丁巳協于中丁，衣，亡它。在八月。

己巳卜，行貞。王賓祖乙，夾妣己，協，（亡尤）。

庚（申卜，行）貞。（王賓）祖辛，（夾妣庚，協亡尤）。（《後》上，二、七，三、四）

此爲祖甲十三年，新擬爲前1132年，與新擬及董譜均合。前1132董氏以爲有閏月，不合，照「無二分二至置閏法」無閏月，卽相合。丙辰卜一行，依董氏丙辰在八月，但丁巳在九月，董先生注「丙戌七月晦，丙辰八月晦，凡繫月皆以卜之日爲準」，但以1132 B.C.爲準，九月爲戊午朔，丙辰丁巳皆在八月，無此疑問。卽奭，意同匹配的配，衣祭卽是殷祭，亦卽大祭。

(12) 丁巳卜，（旅）貞。王（賓）祖丁（彡），亡（尤）在正（月）。

（庚午）卜，旅（貞，王）賓（般庚）彡（亡）尤（在正）月。

乙亥（卜，旅）貞。王（賓）后祖乙，彡，亡尤（在正月）。

己卯卜，旅貞，王賓兄己，彡，亡尤，在正月。（《金》六）

癸酉卜，行貞。王賓中丁夾妣癸翌日，亡尤，在三月。（《庫》一二

　　○四，一一八三）

祖甲十四年新擬的是甲寅朔，董氏爲乙卯朔，其中俱有丁巳、庚午、己亥、己卯
各日祀典亦無問題。三月新擬的爲癸丑朔，董氏爲甲寅朔，其中俱有癸未日，也
沒有問題。

　　(13) 甲戌卜，尹貞，王賓夕福。亡囝，在六月。

　　　　乙亥卜，尹貞，王賓大乙，祭亡囝。（《粹》一三七）。

　　　　壬申卜，旅貞。王賓外壬協，亡尤，在八月。（《金》七九）

　　　　乙酉卜，行貞。王賓匚乙彡，亡尤，在十月。（《金》三四〇）

　　　　丙戌卜，行貞。王賓匚丙彡，亡尤，在十一月。（《金》二六〇）

　　此兩片董氏附注說「此兩殘片之拼合，得知十一月之朔日爲丙戌。乃祖甲
　　祀譜中年歷與祀統安排之重要基點。」

　　　　甲辰（卜，行）貞。翌（乙）巳（彡于小）乙，亡它。

　　　　丙午卜，行貞。翌丁未，彡于父丁。亡它，在正月。（《前》一三〇、八）

祖甲十八年爲祖甲歷譜最重要的一年。在此年中找到了月朔和祀譜符合的一點。
這一年的朔日是不能改動的。依董氏祀譜，祖甲十八年正月辛卯朔，六月己未朔，
八月戊午朔，十月丁巳朔，十一月丙戌朔，完全和甲骨文符合。依照新擬的，當
爲前1132年，本來董氏《年歷譜》是正月辛酉朔，其中有一個閏三月。不過用「無
二至二分置閏法」重排，這一年無閏月，閏月在十六年，正月爲辛卯朔，六月爲
己未朔，八月爲戊午朔，十月爲丁巳朔，十一月爲丙戌朔，與董氏擬的前1256年，
爲祖甲十八年的，完全相同。

　　至於十九年正月朔，新擬的爲乙酉朔，其中含有甲辰及丙午兩日，也沒有問
題。

　　(14) 癸未卜，王貞。（旬）亡囝，在八月甲申，彡羑甲。

　　　　癸巳卜。王貞。（旬亡）囝，（在八月）甲（午）羑甲。（《零》七）

依新擬的，祖甲二十年正月己酉朔（董氏《年歷譜》前 1130 年，正月爲庚辰朔）。因爲新擬的，是前 1131 年閏六月，下推一月，所以正月爲己酉朔，與董氏所定閏正月庚戌只相差一日，沒有什麼關係。八月與董氏所擬的(1254 B.C.)完全相合。所以這一條也不成問題。

(15) 癸丑卜，王曰貞。翌甲寅，三酒協。自上甲，衣至多后，余一人亡𡆥。茲一品祀。在九月。冓示祭壹龕。（《金》一二四）

這是祖甲二十二年的卜辭。董氏祀譜，此年正月己亥朔，九月己未朔。其中有癸丑日，並有協祭及壹祭。新擬的在前 1128 年，正月戊戌朔，早己亥一日，大致相符。只是此年如採用「無二分二至置閏法」，應當有一個閏三月。如有一個閏三月，那就九月是甲子朔，其中無癸丑和甲寅。只有沒有這個閏月，而是用「無冬至置閏法」，將閏月擺在年終，那就九月爲甲午朔，其中有癸丑和甲寅，並且祭祀也是協上甲，壹示癸。因此，再對照以前的第 (8) 條，可知祖甲中期以後，似還一度仍舊採用年終置閏的辦法。當然這一年是一定有閏月的，因爲在下一條看出十月應當爲戊子朔。那就在二十二年時閏月已經閏過了。

(16) 癸丑卜（即）貞。翌甲（寅），上甲彡，勺□，其告。貞，从告。十月。
（《粹》八四）

依照新擬的及董氏祀譜，二十三年俱是正月壬戌朔。十月戊子朔，與此相合。

(17) 甲戌卜，王貞。翌乙亥， 于小乙，亡𡆥，在正月。（《錄》三〇五）

新擬的爲祖甲二十四年正月丙辰朔，董氏祀譜爲正月丁巳朔，正月俱有乙亥，與此相合。

(18) 庚辰卜，行貞，翌辛巳，彡于祖辛。亡它。
丙戌卜，行貞，翌丁亥，（彡）于祖丁。亡它，在十二月。

這是在祖甲二十五年。依董譜二十五年閏七月，依新擬的二十四年閏十二月。此爲二十五年十二月，俱和二十四年各月，中間隔了一個閏月。董譜此年十二月丙

午朔，新擬的爲乙巳朔，朔日早一天，所有的日子也只差一天，卜辭中的庚辰、辛巳、丙戌、丁亥，都在十二月內，沒有問題。

(19) 甲戌卜，行貞，翌乙亥，祭于祖乙，亡它，在八月。

丙戌卜，行貞。翌丁亥，祭于祖丁，亡它，在九月。

（甲）辰（卜），行貞，翌乙巳，祭于小乙，亡它，在九月。（《庫》一〇三二）

這是祖甲二十九年的卜辭。董譜八月甲寅朔，九月甲申朔。新擬的是八月甲寅朔，九月癸未朔，都是在八月有甲戌和乙亥，九月有甲辰和乙巳，彼此相合。

(20) 庚寅卜，（行）貞。翌辛卯，協于祖辛，亡它。在九（月）。

丙申卜，行貞，翌丁酉，協于祖丁。亡它。（《續》一、一八、五）

這是祖甲三十年的卜辭，董譜九月戊寅朔，新擬的九月也是戊寅朔（這是前 1120 年），董氏《年歷譜》，此年閏五月，則九月爲丁未朔，八月才是戊寅朔。但若依「無二分二至置閏法」或「無冬至置閏法」，則此年沒有閏五月，九月爲戊寅朔，與此相符。

(21) 乙巳卜，尹貞。王賓大乙彡，亡尤，在十二月。

丁未卜，尹貞。王賓大丁彡，亡尤。

甲寅卜，尹貞。王賓大甲彡，亡尤，在正月。

庚申卜，尹貞。王賓大庚彡，亡尤。

丁丑卜，尹貞。王賓中丁彡，亡尤。

乙酉卜，尹貞。王賓祖乙彡，亡尤。

辛卯卜，尹貞。王賓祖辛彡，亡尤。

丁酉卜，尹貞。王賓祖丁彡，亡尤，在二月。

丁巳卜，尹貞。王賓父丁彡，亡尤，在三月。（《粹》二〇七、一七六、二六八）

這是祖甲三十年到三十一年的卜辭，也就是新擬的前 1120 年及前 1119 年兩年的卜辭。依照董氏《中國年歷譜》，前 1119 年的正月爲乙巳朔，乙巳日不在前 1120 年，這就有點問題。按前 1120 年，七月大，八月小，九月大，十月小，十一月大，十二月小；前 1119 年正月大，二月大，三月小；正月和二月是連大月，十一月和十二月不是連大月，完全是按照現在歷象知識計算出來的，古代歷象知識無法做一個正確的決定。（卽就近代來說，六十七年，1968 年，九月二日，台灣日曆爲陰曆七月三十日，香港日曆則爲八月初一日，此因香港方面據萬年歷，而台灣是重新推算的，故有此差異）。今據此處甲骨，所以正月仍應爲丙午朔，亦卽是七月大，八月小，九月大，十月小，十一月、十二月大，正月小，二月大，三月小，四月大。亦卽乙巳在十二月，丁未、甲寅、庚申、丁丑、乙酉、辛卯俱在正月，丁巳在三月，均與卜文相合。

> (22) 丙午卜，（行）貞。王賓匸丙彡，亡（尤），在正月。（《卜》
> 一五八）

此爲祖甲三十二年卜辭，董譜正月辛丑朔，依新擬前 1118 年正月庚子朔，正月均有丙午日，與卜辭相合。

　　祖甲時代的年歷，在《殷歷譜》中是一個關鍵的段落。把祖甲的歷譜排好以後，以這一段爲基礎，才可以上溯到武丁時代，下推到帝乙及帝辛時代。以上有關祖甲時代的工作，依照最簡單而比較原始的置閏法，就可以把祖甲時代幾個關鍵性的卜辭，完全放得進去，毫無遺憾。這一個初步工作是具有特別意義的。以下再根據祖甲時代的基準，來推算帝乙及帝辛時代的年歷，就可以和西周的武王初年銜接了。

四、帝乙時期歷譜的新擬定

　　以下先將帝乙時代和帝辛時代兩種不同的年歷加以比較，然後再討論甲骨文中相符的各點，先列入帝乙時代各年，以下前列的是董譜，後列的是新擬。

年數	董氏原擬				新擬			
	西元前	正月朔	閏月朔	12月朔	西元前	正月朔	閏月朔	12月朔
元祀	1209	戊子		癸丑	1085	戊子	(12)癸未	癸丑
二祀	1208	癸未	(3)辛亥	丁丑	1084	壬子		丁丑
三祀	1207	丁未		壬申	1083	丁未		壬申
四祀	1206	辛丑	(12)丙寅(當閏)	丙申	1082	辛丑	失閏(3)庚午	丙寅
五祀	1205	乙未		庚申	1081	乙未		庚申
六祀	1204	庚寅		乙卯	1080	庚寅		乙卯
七祀	1203	甲申	(10)庚戌(當閏)	己酉	1079	甲申	失閏(12)己卯	己酉
八祀	1202	己卯		癸酉	1078	己卯	補(12)癸酉	癸卯
九祀	1201	壬寅		丁酉	1077	壬寅	(12)丙申	丁卯
十祀	1200	丙寅	(6)甲子	辛酉	1076	丙寅	補(12)辛酉	辛卯
十一祀	1199	庚寅		乙卯	1075	庚寅		乙卯
十二祀	1198	乙酉		己酉	1074	乙酉	(6)壬午	己卯
十三祀	1197	己卯	(2)戊寅	癸酉	1073	己酉		癸酉
十四祀	1196	癸卯		戊辰	1072	癸卯		戊辰
十五祀	1195	丁酉	(11)壬戌	壬辰	1071	丁酉	(3)丙寅	壬辰
十六祀	1194	辛酉		丙戌	1070	辛酉		丙戌
十七祀	1193	丙辰		庚辰	1069	丙辰	(9)壬子	庚戌
十八祀	1192	庚戌	(7)丁丑	甲辰	1068	己卯		甲辰
十九祀	1191	甲戌		己亥	1067	甲戌		己亥
二十祀	1190	戊辰		癸巳	1066	戊辰	(9)甲午	癸亥
廿一祀	1189	癸亥	(8)己未	庚辰	1065	癸巳		丁巳
廿二祀	1188	丁亥		辛亥	1064	丙戌		辛亥
廿三祀	1187	辛巳		丙午	1063	辛巳	(失閏)戊寅	丙午
廿四祀	1186	乙亥	(失閏)	庚子	1062	乙亥		庚子
廿五祀	1185	庚午		甲子	1061	庚午	補(12)甲子	甲午
廿六祀	1184	癸巳	(9)己未	戊子	1060	癸巳	(12)戊子	戊午
廿七祀	1183	丁巳		壬午	1059	丁巳		壬午
廿八祀	1182	壬子		丁丑	1058	壬子	(9)戊申	丙午
廿九祀	1181	丙午	(5)甲戌	辛丑	1057	丙子		庚子
卅祀	1180	庚午		乙未	1056	庚午		乙未
卅一祀	1179	甲子		己丑	1055	甲子	(6)壬戌	己未
卅二祀	1178	己未	(正)戊子	癸丑	1054	戊子		癸丑
卅三祀	1177	癸未		丁未	1053	癸未		丁未
卅四祀	1176	丁丑	(10)壬申	辛未	1052	丁丑	(12)辛未	壬寅
卅五祀	1175	辛丑		丙寅	1051	辛丑		丙寅

帝乙時期的閏月是置得相當紊亂的，從甲骨材料中表示出來，很清楚的有失閏和補閏的情形。這是與任何一種置閏方法都不能適合的。這種情形只有用董先生的「殷代制度中兩派」的說法來解釋。這是說祖甲是一個熱心的改革者。從祖甲時期開始，甲骨文的書法顯然經過了一番整理。同時置閏的方法也從十三月法（應即是用的「無冬至置閏法」）改為年中置閏法（三、六、九、十二月置閏法，應即是無二分二至置閏法），這使曆法更精細些，確是一種進步。當然從三、六、九、十二月置閏法，過渡到「無中置閏法」需要一步更深的改革，若從無中置閏再過渡到「無節置閏法」就要作最深那一步的改革。（實際上「無節置閏」，確比「無中置閏」更為進步，可惜歷來改革陰曆的各種方式之中，沒有人想到這個最進步的方法，而安於「無中置閏」的現狀。直到董先生做《殷歷譜》時，才因為需要而推想到這個方式，但激烈討論改革陰曆的時期早已過去了。）

　　祖甲的這種改革，到了武乙、文武丁時代，因為還幻想武丁時代龐大國力的再現（祖甲是個賢君，勤政愛民，但他的成就似乎只是內政方面，在國力方面，成就不夠輝煌）。可惜這些好大喜功的國王們，只是在表面上學到了武丁的形式，實質上還是成就有限，所以到了帝乙時期，又考慮恢復祖甲時的舊制，這是出於客觀的立場，而採用更為進步的方式。不過祖甲舊制廢棄已久，而商代觀測又比後世為疏闊（周公測量臺設在登封，是周初開始建造的，商代沒有），重新恢復進步的舊制，一定有許多困難，這就成為失閏和補閏的原由，業經董氏指出來的。因而在帝乙祀譜中，董先生用無節置閏法，我用無二分二至置閏法，對於這種歧異紛紜的狀況，都不能完全適用。只有依甲骨情形，推定其中失閏及補閏大致所在的月份。

　　為了帝乙時的置閏法相當紊亂，對於甲骨文時期的認明，也相當費事。現在把各條一一舉例如下：

　　（1）癸未，王卜貞，酒，　日，自上甲至于多后。衣。亡它自囚，在四月。　　　　隹王二祀。（《前》三、二七、六）

此段具有日名、祀典、先王名、月祀，在甲骨文中為極重要的材料。依《年歷譜》此為前 1084 年。這一年正月壬子朔，四月辛巳朔，對於此段甲骨恰恰符合。另

外有關這一年的有兩段：

　　癸酉卜貞，王旬亡囚　，在五月，甲戌，日姕甲。（《珠》三、七六）

　　癸酉王卜貞，旬亡囚　，在十月又（一）甲戌，祭上甲，王乩（曰大）吉。
　　（《前》四、一九、一）

這一年五月庚戌朔，十一月戊申朔。也都有甲戌日，與卜辭合。

　（2）癸卯，王卜貞，旬亡囚　，在二月，（王）乩曰大吉，祭祖甲，協虎甲。
　　　（《庫》一六一九）

　　　癸巳，王卜貞，旬亡囚　，王乩曰吉，在六月。甲午，羗甲，隹王三祀。
　　　（《續》一、二三、五）

　　　癸未，卜（貞）。王旬亡囚　，在十月。甲申，翌日羗甲。（《續》一、
　　　二三、四）

　　　癸酉，王卜貞。旬亡囚　，王乩曰吉，在十月又一，甲戌妹，工典，其（，
　　　隹王三祀。

　　　癸未，王卜貞。旬亡囚　，（王乩）曰吉。（在十）又二，（甲午）壹上甲。

　　　（癸巳），王卜（貞，旬）亡　囚，（王乩）曰吉。（在十）月又二，（甲
　　　午）

　　　上甲。（《續》一、五、一）

　　　癸亥（王卜貞）。旬亡（囚在）正月（甲子）壹小甲（協大甲）。（《後》
　　　上，一九、一二）

　（3）（癸）卯，王卜貞。其（酒彡自上甲至）于多后。衣（亡它，亡囚在五）
　　　月，隹王四祀。（《善》三五六）

　　　癸丑，王卜貞。旬亡囚，王乩曰吉，在五月。

　　　癸亥，王卜貞。旬亡囚。王乩曰吉。在五月。甲子，彡大甲。

　　　癸酉，王卜貞。旬亡囚。在六月。甲戌，彡小甲。王乩曰吉。

　　　癸未，王卜貞。旬亡囚。王乩曰吉。在六月。

　　　癸巳，王卜貞。旬亡囚，王乩曰吉。在六月。甲午，彡姕甲。

癸卯，王卜貞。旬亡田。王乩曰吉。在七月。甲辰，彡羌甲。（《珠》二四、三）

癸丑，王卜貞。旬亡田。王乩曰吉。在七月。甲寅，彡虎甲。隹王四祀。（《續》一、五一、二）

這兩段甲骨是帝乙三年到四年的卜辭，帝乙元祀是前 1085 年，這一年正月戊子朔，十二月癸丑朔。還有一個閏月，應當是十三月癸未朔。到帝乙二祀正月壬子朔，十二月丁丑朔。到帝乙三祀，正月丁未朔，二月丙子朔，三月丙午朔，四月乙亥朔，五月乙巳朔，六月甲戌朔，七月甲辰朔，八月癸酉朔，九月癸卯朔，十月壬申朔，十一月壬寅朔，十二月壬申朔。至於帝乙四祀，那就是一月辛丑朔，二月辛未朔，三月庚子朔。應當是閏三月庚午朔。因爲失閏，成爲四月庚午朔，五月己亥朔，六月己巳朔，七月戊戌朔，八月戊辰朔，九月丁酉朔，十月丁卯朔，十一月丙申朔，十二月丙寅朔。依照卜辭，癸卯爲二月二十八日，癸未爲六月十日，癸酉爲十月二日，癸酉爲十二月二日，癸未爲十二月十二日，癸巳爲十二月二十二日。第二卜辭，癸卯爲五月五日，癸丑爲五月十五日，癸亥爲五月二十五日，癸酉爲六月五日，癸未爲六月十五日，癸巳爲六月二十五日，癸卯爲七月六日，癸丑爲七月十六日。與歷譜全然相合。——以上每月各日用數字來記，只是爲敍述的方便。因爲商代只是有這個事實存在，卻不曾有過用數字記日的辦法，這是不可以誤會的。

（4）癸未（王卜）貞。旬（亡田）在（十二月。甲申，工典其鼎）。

癸巳王卜貞。旬亡田，在十二月。甲午鼎祭上甲。

（癸卯）工卜貞，旬（亡田）在正月，甲辰窶上甲，工典其協。（《卜》七八九）

以上一段卜辭，也是屬於帝乙四年的，此年十二月丙寅朔。癸未爲十二月十七日，甲申爲十二月十八日，癸巳爲十二月二十七日，甲午爲十二月二十八日，癸卯爲次年正月（帝乙五祀，前 1081 年，此年正月乙未朔）初九日。此卜辭也和歷譜相合（在三年三月失閏過一次，照失閏以後按月次計算）。

（5）癸卯，王卜貞。酒，翌日自上甲至多后。衣，亡彡它自田。在九月，隹

王五祀。（《後》上，二〇七）

癸卯，卜貞。王旬（亡囧　），在十月（又一，甲辰）翌見（羌甲）。（《前》三、二八、二）

癸卯，卜貞。王旬亡囧，在正月，甲辰。酒鼎，（祭）上甲。（《續》一、五、六）

癸卯，（王卜貞。）旬亡（囧，王乩）日吉。（在三月）甲辰（祭羌甲）壹㞢甲。

癸丑，王卜貞。旬亡囧。王乩日吉。在三月。甲寅，祭虎甲，壹祭羌甲，協㞢甲。

癸亥，王卜貞。旬亡囧，王乩日吉，在四月。甲子，壹虎甲，協羌甲。

癸酉，王卜貞。旬亡囧。（在四）月。甲戌（祭）祖甲。協虎甲。（《金》三八二）

以上一共四段卜辭，前二段屬於帝乙五祀，後二段屬於帝乙六祀。帝乙五祀爲前1081年，帝乙六祀爲前1080年。爲著帝乙四祀三月失閏（也可能到十二月才正式失閏），從帝乙五祀起就實際上等於建子，所以五祀六祀的月朔要算「建子」的月朔，卽五祀正月乙未朔，二月乙丑朔，三月乙未朔，四月甲子朔，五月甲午朔，六月癸亥朔，七月癸巳朔，八月壬戌朔，九月壬辰朔，十月辛酉朔，十一月辛卯朔，十二月庚申朔。至於帝乙六祀是正月庚寅朔，二月己未朔，三月己丑朔，四月戊午朔，五月戊子朔，六月丁巳朔，七月丁亥朔，八月丁巳朔，九月丙戌朔，十月丙辰朔，十一月乙酉朔，十二月乙卯朔。其中五祀九月有癸卯日，十一月也有癸卯日、甲辰日。六祀正月有癸卯日、甲辰日，三月有癸卯日、甲辰日、癸丑日、甲寅日，四月有癸亥日、甲子日、癸酉日、甲戌日，均和卜辭相合。

(6) 癸未，王卜貞，（旬亡囧　）。王乩日吉，在五月，甲申壹祖甲，隹王七祀。

癸巳，王卜貞，旬亡囧，王乩日吉，在五月，甲午協祖甲。

（癸卯，王卜）貞。（旬亡囧，王）乩（日吉，在五）月。（甲辰，工）典（其酒）。（《佚》五四五）

帝乙七祀（前 1079）正月甲申朔，三月當閏未閏。所以五月是壬午朔。在五月內有癸未日、甲申日、癸巳日、甲午日、癸卯日、甲辰日。當然這一年也可能在十二月置閏，不過也是當閏未閏。不論在三月失閏或者在十二月失閏，都可能把帝乙八年從實際上「建子」，再進一步變成實際上的「建亥」。

> (7) 癸酉，王卜貞。旬亡田，王乩曰弘吉，在二月甲戌祭小甲，壹大甲，隹王八祀。
>
> 　癸未，王卜貞，旬亡田。王乩曰吉，在三月，甲申壹小甲，協大甲。
>
> 　癸巳，王卜貞，旬亡田。王乩曰吉，在三月，甲午祭羑甲，協小甲。
>
> 　（癸）卯，王卜貞。（旬亡）田。王乩（曰吉）。在三月（甲）辰，祭羌甲，壹羑甲。（《庫》一六六一，《新》一）

這是帝乙八祀（前 1078）的卜辭，這一年因為兩次失閏的緣故，把正月比標準提前了兩個月，就成為中國有歷史以來第一個建亥年。這一年正月己卯朔，二月戊申朔，三月戊寅朔。癸酉是二月二十六日，癸未是三月六日，癸巳是三月十六日，癸卯是三月二十六日，都相符合。但是兩次失閏，形跡特別顯著。從建丑變成建亥，一年中的寒暑差了三分之二的季節，不可能察覺不出來。董先生從甲骨中找出來失閏的事實，其結論是不可移易的。只是他的解釋，認為可能為帝乙恢復舊制，倉卒中忘掉置閏，這就解釋還不夠使人滿意。我的看法是帝乙故意要這樣做。因為既然稱「祀」不稱「年」，祀的範圍是一祀專以祭祀一周為限，不必再涉及到天時的年。所以每一個「祀」應當只以十二個太陰月為限，用不著再參差不齊，失掉了純粹「祀」意義。這就是要把「祀」擺脫「太陽年」的限制，結果把「祀」相當於一個「回回歷」的年，一種純粹的「太陰歷」的年。但是這和一般的風格習慣相背馳的。結果是第一次「失閏」，還支撐了三年時間，到第二次「失閏」就一年中便補閏了。從此以後，第二年又補閏一次，完全恢復了「建丑」的事實。

> (8) 癸巳卜，（枎）貞，王旬亡（田），在二月，甲午，祭羑甲，協小甲。
>
> 　癸卯卜，枎貞，王旬亡田，在三月，甲辰，祭羌（甲）壹羑甲。
>
> 　癸丑卜，枎貞，王旬亡田，在三月。甲寅，祭虎甲，壹羌甲，協羑甲。

癸亥卜，貞，王旬亡囧，在三月。甲子，賣虎甲（協戔甲）。

癸酉卜，貞，王旬亡囧，在四月，甲戌，祭祖甲，協虎甲。

（癸未）卜，貞，（王旬）亡囧。在（四月）甲申，（賣祖甲）。（《珠》二四五）

丁未卜貞，父丁日，其牢，在十月又一，茲用，隹王九祀。（《珠》三九一）

九祀是前 1077 年，在八祀年終是補過一次閏月的，如其不補閏，那就九祀正月爲癸酉朔，下推各月，與上引的卜辭無一相合，如其補閏過，那就正月爲壬寅朔，二月爲壬申朔，癸巳爲二月二十二日，甲午爲二月二十三日；三月爲辛丑朔，癸卯爲三月三日，甲辰爲三月四日，癸丑爲三月十三日，甲寅爲三月十四日，癸亥爲三月二十三日，甲子爲三月二十四日；四月辛未朔，癸酉爲四月三日，甲戌爲四月四日，癸未爲四月十三日，甲戌爲四月十四日，各日均相合。至於十一月爲丁酉朔，丁未爲十一月十一日。此段卜辭稱文武丁爲父丁，非帝乙時期不可，帝乙九祀 [21]，也在卜辭中標明，而日期也和以前的卜辭相合。

帝乙九年應當閏九月(或者閏十二月，結果一樣)，這個閏月是照閏的，所以沒有什麼變動，到帝乙十年再補上一個閏月(大約是閏十二月)，到帝乙十一年就全部月份復原了。所以在四祀開始，除去八祀等於建亥以外，計有四祀、五祀、六祀、七祀、九祀、十祀，一共有六年的時期，等於用建子的年歷。這也許影響到商朝周圍的各民族。有的就從此改用建子的辦法。周人採用建子，不知道從什麼時候開始，若據猜度，那麼帝乙有一個時期的建子，也許是周人建子的一個開端。當然，這還需要證明的。

以後幾年中沒有卜辭來證明，但顯然恢復了正常的月建，到了帝乙十三祀，就有卜辭證明確已恢復建丑了，以下就是十三祀那一個卜辭的引證。

（9）癸卯，（王卜）貞，旬（亡囧），王乩曰（吉，在）六月，甲辰，彡虎（甲）。

1　祖甲時期也稱武丁為「父丁」，不過祖甲時代稱「年」不稱「祀」，這裡標明「九祀」，自然只能屬於帝乙時期。

　　　　癸丑，王卜貞，旬亡囚，王乩曰吉，在七月。

　　　　癸亥，王卜貞，旬亡囚，王乩曰吉，在七月。

　　　　癸酉，王卜貞，旬亡囚，王乩曰吉，在七月。

　　　　癸未，王卜貞，旬亡囚，王乩曰吉，在八月，工典其夆。

　　　　癸巳，王卜貞，旬亡囚，王乩曰吉，在八月，翌上甲。

　　　　（癸卯），王卜貞，旬亡囚，王乩曰吉，在八月。（《珠》二四四）

這一段卜辭是十三祀的卜辭，依照董氏祀譜，帝乙十三祀（前1197年）正月爲己卯朔。依「無節置閏法」應當閏二月，所以六月爲丙子朔，七月爲丙午朔，八月爲乙亥朔，與卜辭相合。若以前1073年爲帝乙十三祀，閏月在前一年（前1074年）已經閏過，正月爲己酉朔，中無閏月，所以六月也是丙子朔，七月也是丙午朔，八月也是乙亥朔，同樣的和卜辭相合。以下帝乙十六祀當有一條卜辭，因爲照董氏的及新擬的均同樣相合，沒有任何問題，所以不再列舉。

　　(10)（癸卯），王卜貞。（旬亡囚，王）乩曰吉，在二月，甲（辰）協日祖甲，
　　　　隹王廿（祀）。

　　　　（癸）亥，王卜貞。酒，　日，自（上甲至）于多后，衣，亡它（在囚
　　　　，王乩）日吉，在二月，隹王廿（祀）。

　　　　王廿祀，　日上甲。（《卜、二二八》）。

　　　　癸巳卜，泳貞，王旬亡囚，在六月，工典其夆。

　　　　癸丑卜，泳貞，王旬亡囚，在六月，甲寅，酒，翌上甲，隹王廿祀。

　　　　癸酉卜，泳貞，王旬亡囚，甲戌，翌大甲。

　　　　癸巳卜，泳貞，王旬亡囚，在八月。

　　　　癸丑卜，泳貞，王旬亡囚，在八月，甲寅，翌日羌甲。

　　　　癸酉卜，泳貞，王旬（亡囚）在九（月）。（《國》三、八一；《續》
　　　　六、五、二一）

這幾段卜辭，標明了「隹王廿祀」，與帝乙二十祀日辰相合，祭祀亦符，自屬帝乙二十祀的記錄。只是其中「癸巳」卜辭，前一個是標明六月，後一個標明八月，實

際上前一個癸巳在五月，比六月早兩天，後一個在七月，比八月早兩天，董先生附注疑為寫錯了。不過卜辭為國王卜的，不可以這樣的疏忽。可能癸巳日卜旬指一旬的吉凶，這一個癸巳所卜的旬，大部分在六月，所以寫為六月，另一個癸巳所卜的旬，大部分在八月，也就寫做八月了。這幾個卜辭按前1190或前1066年算，都可以合適。

(11) 癸未卜，泳貞，王旬亡囚，在正月，甲申，祭祖甲，協虎甲。

　　癸卯（卜貞），王旬（亡囚），在四月。

　　癸丑（卜貞）王旬，（亡囚），在四（月，甲寅）夕（日大甲）。

　　癸亥卜貞，王旬亡囚，在五月甲子，　日小甲。

　　癸酉卜貞，王旬（亡）囚，在五月。

　　癸（巳卜貞），王（旬亡囚），在（六月甲）午（夕日羌甲）。

　　癸丑卜貞，王旬亡囚，在六月，甲寅（工）典其夆。

　　癸酉卜貞，王旬亡囚，在七月，甲戌，翌日上甲。（《前》一、七一；《續》一、四、三；《國》二、一二、三）

這是帝乙二十一祀的卜辭，依照置閏的原則，前1066年十二月應當還有一個閏月，但依前1065年的月份中日辰計算，這一次閏月又是當閏未閏，在前1065年的年終，補閏一個閏十二月，才能完全符合。不過這個閏月一定是即時補閏過的，因為在二十三祀(前1063年)三月及五月均有卜辭，若不補閏，此項卜辭就不能適合，現在可以適合，就證明確已補閏了。

(12) 癸未，卜貞，（王）旬亡囚，在（三）月，甲申，工（典）其酒夕。

　　癸未，卜貞，王旬亡囚。在五月。甲申，夕戔甲。（《珠》四九五）

帝乙二十三祀(前1063年)，正月辛巳朔，二月庚戌朔，三月庚辰朔，四月己酉朔，五月己卯朔，三月及五月均有癸未，祀典亦符。此年六月(或十二月)當有一個閏月，所以董表因為二十四年(前1186年)的正月非是乙亥朔不可，所以在《年歷譜》中標明此月是當閏未閏，也就是在這祀失閏一次，才能講通。但照前1062年算，此年也是有一個閏月，乙亥是建子月，所以就以前1062年算，也是失閏過。

(13) 癸亥，王（卜貞，旬亡囚　）王乩曰（大吉，在八月）。

　　癸酉，王卜貞。旬亡囚。王乩曰大吉。在九月，甲戌，翌癸甲。

　　癸未，王卜貞，旬亡囚，王乩曰大吉，在九月。甲申翌羌（甲）。

　　癸巳，王卜貞，旬亡囚。王乩曰大吉，在九月，甲午翌虎甲。

　　癸卯，王卜貞，旬亡囚，王乩曰大吉。（《前》四、六、五；《續》五、一六、二）

　　癸丑，王卜貞。旬亡囚。在十月又二，王乩曰大吉，甲寅，壹小甲，協大甲。

　　癸亥，王卜貞，旬亡囚。在十月又二，甲子，祭癸甲，協小甲。

　　癸酉，王卜貞，旬亡囚，在正月，王乩曰大吉，甲戌，祭羌甲，壹癸甲。

　　癸未，王卜貞，旬亡囚，在正月，王乩曰大吉，甲申，祭虎甲，壹羌甲，協癸甲。（《金》五一八）

這是二十四年(前1062)到二十五年(前1061)正月的卜辭。二十四年正月乙亥朔，八月壬寅朔，癸亥爲二十二日；九月辛未朔，癸酉爲三日，癸未爲十三日，癸巳爲二十三日；十二月庚子朔，癸卯爲四日，癸丑爲十四日，癸亥爲二十四日。這一年仍未把失閏補起來。在帝乙二十五祀中，正月仍是庚午朔，癸酉爲正月四日，癸未爲正月十四日。其補閏應在二十五祀年終，原來十二月甲午朔，再加閏月爲甲子朔。那就在帝乙二十六祀的正月不論是以前1184年算或者以前1060年算就一樣的同爲癸巳朔。照董氏算法，1184 B.C.爲閏六月，新擬的算法，前1060年爲閏三月(也可能爲閏十二月)。其結果仍是相同的，也就是帝乙二十七祀爲壬子朔。

(14) 癸丑卜，尹貞，王旬亡囚，在四月，甲寅，彡日癸甲，曰則祖乙祭。

　　癸亥卜，尹貞，王旬亡囚，在五月甲子。彡日羌甲。

　　（癸酉卜）尹貞。王旬（亡囚，在五月甲）戌，（彡日）虎甲。（《前》一、四二、一）

　　癸丑卜（貞），王旬亡（囚），在六月，甲（寅）酒翌上甲。

　　癸亥卜貞，王旬亡囚，在七月。

這是二十七祀的卜辭，四月丙戌朔，五月乙卯朔，六月乙酉朔，七月乙卯朔，和卜辭中的日辰都相合。

(15) 癸酉，（王卜貞，旬）亡囚。（王占曰）吉，在四（月，甲戌）翌上甲。

囚癸未，王卜貞，旬亡囚，王占曰吉，在四月。

癸巳，王卜貞，王占曰（吉），在五月。甲午，翌大甲。（《契》一〇六）

癸丑卜，在粿（貞）。王旬亡囚。（甲）寅，翌虎甲，在八月。（《菁》一〇、二）

囚癸未，王（卜貞），旬亡（囚，在）九月，王占曰大吉。

囚癸巳，王卜貞，旬亡囚　　，在九月。王占曰大吉，甲午，祭上甲。
（《金》五七九）

這些卜辭是帝乙晚期的記錄，前三行是在三十二祀的卜辭，次行是三十三祀的卜辭，又次二行是三十四祀的卜辭。三十二祀新擬的是正月戊子朔，董擬的是正月己未朔，不過董氏認爲閏正月戊子朔，所以四月同爲丁巳朔，五月同爲丙戌朔，都與卜辭相合。三十三祀新擬的爲正月癸未朔，董擬的也同爲正月癸未朔，因而八月同爲己酉朔，也都與卜辭相合。三十四祀正月丁丑朔，九月同爲癸酉朔（雖然董擬此年閏十月，新擬的此年閏十二月，都與九月無涉），也都與卜辭相合。

五、帝辛時期歷譜的新擬定

帝辛時代的歷譜，和帝乙時代的歷譜排法不能相同，因爲董氏認爲帝乙共有三十五年，新擬的未改；至於帝辛時代，董氏認爲有六十三年，可以盡量去排，非常容易適合，但這是不可能的，新擬的只認爲可能爲二十五年，就不能再依董氏的排法了。

年 數	董 氏 原 擬			新			擬
	西元前	正月朔	閏月朔	12月朔	西元前	正月朔	閏月朔	12月朔
元　祀	1174	乙未		庚申	1050	乙未	(12)己丑	庚申
二　祀	1173	庚寅	(7)丙辰	甲申	1049	己未		甲申
三　祀	1172	甲寅		戊寅	1048	癸丑		戊寅
四　祀	1171	戊申		癸酉	1047	戊申	(9)癸卯	壬寅
五　祀	1170	壬寅	(3)辛未	丁酉	1046	壬申		丁酉
六　祀	1169	丙寅		辛卯	1045	丙寅		辛卯
七　祀	1168	辛酉	(11)乙酉	乙卯	1044	辛酉	(6)戊午	乙卯
八　祀	1167	乙酉		己酉	1043	甲申		己酉
九　祀	1166	己卯		甲辰	1042	己卯	(12)甲戌	甲辰
十　祀	1165	癸酉	(9)己亥	戊辰	1041	癸卯		戊辰
十一祀	1164	丁酉		壬戌	1040	丁酉		壬戌
十二祀	1163	辛卯		丙辰	1039	壬辰	(9)戊午	丁亥
十三祀	1162	丙戌	(6)癸未	庚辰	1038	丙辰		辛巳
十四祀	1161	庚戌		乙亥	1037	庚戌		乙亥
十五祀	1160	甲辰		己巳	1036	甲辰	(6)辛丑	己亥
十六祀	1159	己亥	(2)戊戌	癸巳	1035	戊辰		癸巳
十七祀	1158	壬戌		丁亥	1034	壬戌		丁亥
十八祀	1157	丁巳		壬午	1033	丁巳	(3)乙酉	辛亥
十九祀	1156	辛亥	(2)癸丑	乙巳	1032	辛巳		丙午
廿　祀	1155	乙亥		庚子	1031	乙亥	(12)己巳	庚子
廿一祀	1154	己巳	(7)丙申	甲子	1030	己亥		甲子
廿二祀	1153	癸巳		戊午	1029	癸巳		戊午
廿三祀	1152	戊子		壬子	1028	戊子	(9)癸丑	壬午
廿四祀	1151	壬午	(4)庚辰	丙子	1027	壬子		丙子
廿五祀	1150	丙午		辛未	1026	丙午		辛未

　　這二十五年的對照，可以看出新擬的和董氏原擬的各月的日辰是大致符合的。再看一看《殷曆譜》的帝辛祀譜，原和帝乙祀譜相銜接的，如其帝乙祀譜中新擬和董氏舊擬的可以彼此都能符合，那麼帝辛的祀譜也一定互相符合。現在的問題，只是董先生原定的帝辛祀譜是六十五年，而新擬的只有二十五年，在六十五年中可以完全放進去的，那就短短的二十五年就無法容納了。現在重要的一點，就是怎樣才可解決這一個困難問題。

董作賓先生〈征人方日譜〉是一個功力極深而材料極好的著作，要想重作一番安排，是一個不可能的事。只是所有的重要材料都集中到十祀以前，而十祀以前的各種安排，凡是用董先生所擬的日期都可以適用的。現在對照一下，用新擬的日期也一樣可以適用。在這一個段落中，是沒有什麼問題的。所有成問題的，只是十一祀以後的各祀。

董先生的祀譜，因爲把六十五祀全排出來，實在過長，他只排到五十二祀，也就夠用了，他說：

> 自帝乙元祀，至帝辛五十二祀，凡列祀統八十七，前後八十七年，此八十七年，祀統逐漸前移，以 祭為例，帝乙初年， 祭多在四五月，至帝辛五十一祀， 上甲復退至五月，故所有五種祭祀之在各月份者，幾已可以容納，無須更排至帝辛之六十三祀也。

的確，凡董先生當時能找到的材料都已完全放進去，一點也沒有困難。只是在帝辛祀譜之中，還是空檔太多，給人一個不必排列這樣許多年的感覺。把帝辛祀譜和帝乙祀譜來比，就遠不如帝乙祀譜的緊湊。這就應當修正一下，才算合理。

十一祀正月一日丁酉朔，正值日食。董先生的附注說：

> 此正月丁酉朔，值定朔。有日食周期可推證。為本譜中帝辛在位年殷正建丑之重要基點。

用日食來證明「定朔」是不錯的，其爲「殷正建丑」之基點，也是不錯的。只是定朔和平朔也不過相差一日（也可能不差）。商代並無定朔的知識，這種證據並無太多應用的實際價值，可以不管。

董先生引證了《歷代鐘鼎彝器款識》中的「兄癸彝」，原文是：

> 丁子（巳）王錫雋关貝。在寒。同作兄癸彝，在九月，惟王九祀。協日。丙。

董先生附注說：

> 此銘器、蓋，同文。帝乙九祀九月有丁巳，無協祭。此有協祭無丁巳。然此器必屬於乙辛之世，疑日干或有誤記。為兄癸作彝，其日干或當為癸巳

與？存以待考。

日干不應當誤記，不過在帝乙九年九月，當時是翌祭開始而非協祭。問題就在這一點，是否除去彡祭以外，都可統稱協祭？因爲彡祭是主祭，而其他的四種都是副祭。所以在彡祭開始時還要特別標明：「彡日，自上甲至於多后，衣。」衣祭就是殷祭，也就是一個大祭，表示著只有彡祭是一個大祭，其他的都是輔助的祭祀。

但是四種輔祭，地位似乎還不盡相同。翌祭的可能的規模雖然比彡祭應當小，不過翌祭還是每次單獨舉行，不與其他祭祀同日舉行。至於「祭」，「協」和「壹」那就三種祭祀可能同日舉行，也可能不同日舉行。如其三種祭祀可以一天時間祭畢，就表示三種祭祀的規模不大，禮節不多。不能和衣祭這種大祭相比了。

帝辛十一年七月，是帝辛從征人方返殷之月，而八月甲子朔，正是翌祭的最後一天，也正是一個新的開始。從這一天開始，爲著向商的先王告成功，自有重新大祭的必要。也就是在這一天重計禮節（工典），另外再開始一次彡祭，以示隆重。從這一點來看，也就可以解決帝辛十一祀以後的祀典長期空檔，而從三十七祀開始，又突然多了七年連續不斷祀典卜辭的問題。這裡並不能用十一祀以後的甲骨亡失掉來解釋，因爲十一祀征人方的卜辭具在，而十一祀以後祀典的卜辭卻一片也沒有。除非認爲董譜中三十八祀以後的卜辭就是實際上十二祀以後的卜辭，沒有更好的辦法。

十一祀和三十七祀因其日辰是大體相同的，今比較於下：

十　一　祀	三　十　七　祀
正　月　丁酉朔	正　月　丁酉朔（中有癸卯癸丑癸亥）
二　月　丁卯朔	二　月　丙寅朔（中有癸酉癸未癸巳）
三　月　丙申朔	三　月　丙申朔（中有癸卯癸丑癸亥）
四　月　丙寅朔	四　月　乙丑朔（中有癸酉癸未癸巳）
五　月　乙未朔	五　月　乙未朔（中有癸卯癸丑癸亥）

六 月	乙丑朔	六 月	甲子朔(中有癸酉癸未癸巳)
七 月	甲午朔	七 月	甲午朔(中有癸卯癸丑癸亥)
八 月	甲子朔	八 月	癸亥朔(中有癸酉癸未癸巳)
九 月	癸巳朔	九 月	癸巳朔(中有癸卯癸丑癸亥)
十 月	癸亥朔	十 月	壬戌朔(中有癸酉癸未癸巳)
十一月	壬辰朔(閏十月或)	十一月	壬辰朔(中有癸卯癸丑癸亥)
十二月	壬戌朔(閏十一月或)	十二月	辛酉朔(中有癸酉癸未癸巳)

所以董作賓先生放在三十七祀以後的,若認爲在十一祀以後仍可適用。以下是祀譜中三十七祀以後的一些例證,再予以分析。

(1)(癸亥)卜貞。王旬亡囚 。(在)正月,甲子,翌日羌甲。(《續》一、
  二三、三)

這一個卜辭,董先生是列在三十八祀的。照董譜,三十八祀正月庚申朔,癸亥爲四日,甲子爲五日,可以放得進去。但所以得爲庚申朔的,是董譜三十七祀閏十月。新擬的十一祀,雖同爲丁酉朔,此年卻無閏月。因而十二祀正月爲壬辰朔,月內無癸亥和甲子,因而在十二祀無法插進去,好在董譜四十祀正月己酉朔,五日癸丑,十五日癸亥。甲子日翌羌甲,和此卜辭也相符合,所以這個卜辭可以認爲係十四祀正月癸亥的卜辭,仍然不生問題。

(2)癸巳,王卜貞。旬亡囚,在十月有二,甲(午),翌日大甲。

  癸卯,王卜貞。旬亡囚,在十月有二,甲辰,翌日小甲。

  癸丑,王卜貞。旬亡囚,在十月有二。

  癸亥,王卜貞。旬亡囚,在正月,甲子,翌日羕甲。(《珠》二一七)

  癸酉,(王卜貞。旬亡囚。)王乩(曰吉。在正月甲戌),翌日(羌甲)。

  癸未,王卜貞。旬亡囚,王乩曰吉,甲申,翌虎甲。

  癸巳,王卜貞。旬亡囚,王乩曰吉,在二月。

　　癸卯，王卜貞。旬亡囚，在二月（甲）辰，翌祖甲。

　　癸丑，王卜貞，（旬亡　囚，在三月）。（《續》一、五、六）

　　癸巳，王（卜）貞。旬亡（囚），在四月，甲（午），祭小甲。協（大甲）。

　　癸卯，王卜貞。旬亡囚。在四月，甲辰，壹小甲，協大甲。

　　癸丑，王卜貞。旬亡囚，王乩曰弘吉。甲寅，祭戔甲，協小甲。（《珠》二七四）

這是十四祀十二月到十五祀四月的卜辭。十四祀是前1037，十五祀是前1036。在前1037年，殷正十二月當爲丁亥朔，中有癸巳、癸卯和癸丑。到前1036年，殷正正月是丙辰朔，中有癸亥、癸酉和癸未。二月丙戌朔，中有癸巳和癸卯。三月乙卯朔，中有癸丑。四月乙酉朔，中有癸巳、癸卯和癸丑，均與卜辭相合。

　（3）癸巳王（卜在）八桑貞，（旬）亡囚，在（四月），甲午，壹小甲，協大甲。（《前》一六、六）

　　癸巳卜，在八桑貞。王旬亡囚，在四月。（《後》三、一一、一一）

　　癸亥卜，在□貞。王旬亡（囚），在五月，甲（子祭）虎甲，壹（羌甲），協戔（甲）。

　　癸酉卜，在霍貞。王旬亡囚。

　　癸未卜，在霍貞。王旬亡囚，在六月。甲申，祭祖甲，協虎甲。

　　癸巳卜，在霍貞。王旬亡囚，在六月。甲午，壹祖甲。

　　癸卯卜，在林（貞。王旬）亡囚。（《續》三、二九、三）

　　丁卯，王卜貞。今囚王九各。余其从多田于多白。正盂方白出。衣。翌日步，亡尤。自上于蔽示。余受右不嘼災（囚）告于茲大邑商。亡祉在囚。（王乩曰）弘吉。在十月。遘大丁翌。（《甲》二四、一六、三、二、○二五九；《粹》一一八九；《後》上，二○、九）

按十四祀（前1037），四月己卯朔，中有癸巳。五月戊申朔，中有癸亥及癸酉。六月戊寅朔，中有癸未、癸巳及癸卯。都是對的。至於丁卯卜辭，在十月遘大丁翌。此年十月丙子朔，無丁卯。但到前1036（十五祀）十月己亥朔。丁卯日亦正

值翌大丁之日，乃與卜辭相合。

(4) 癸未（王卜）在枲貞。旬亡囚（王乩曰）弘吉。在三月，甲申，祭小甲。
（壹）大甲。隹王來正盂方白屮。

癸卯，（王卜）在曺　　（ 練貞。旬 ）亡囚　（在四月）甲辰。祭（癸甲）。
協小甲。

癸丑，王卜。在曺練貞。旬亡囚。在四月，甲寅，祭羌甲。壹癸甲。

（癸亥），王卜。（在）曺，練貞。旬亡囚。王乩曰弘吉。在四月，甲子，
祭虎甲。（壹羌甲，協癸甲）。

癸酉，（王卜，在）練，曺（貞。旬亡）囚　。王（乩曰）吉。在五（月，
甲戌壹）虎（甲，協羌甲）。

癸未，王卜。在練，曺貞。旬亡囚。王乩曰吉。在五月，甲申，祭祖甲，
協日虎甲。

癸巳，王（卜貞。旬亡囚。王乩）曰大（吉。在五月，在練　曺）。

（癸卯），王卜貞。旬亡囚。王乩曰弘吉。（在六月）甲辰，協祖甲。
王來正盂方白屮。（《續》三、一九、二；《絜》一一一；《後》上，
一八、六；《前》一五、七；《後》上，一八七；《前》二、四、三）

以上的卜辭，應當屬於十五祀的，當爲前 1036 年。這一年按歷象應當閏六月。
不過事實上是閏三月。這可能因爲閏三月是「以無春分之月爲閏月」，應當以晝夜
平分之日爲準，觀測稍有不精，就會移前或移後的原故。

這一年殷正正月應爲甲辰朔，二月爲甲戌朔，三月爲癸卯朔。閏三月爲癸酉
朔。再望後，四月爲壬寅朔，五月爲壬申朔，六月爲辛丑朔，七月爲辛未朔，八
月爲庚子朔，九月爲庚午朔，十月爲己亥朔，十一月爲己巳朔，十二月爲己亥朔，
其中各日是都和卜辭相合的。

(5) 癸酉，（王卜貞。旬亡囚。）王乩（曰吉。在十一月，甲戌），翌日大甲。

癸未，王卜貞。旬亡囚。王乩曰吉，在十一月，甲申，翌日小甲。

癸巳，王卜貞。旬亡囚　。王乩曰吉。在十二月。

　　癸卯，王卜貞。旬亡囚　，王乩曰吉。在十月又二。甲辰，翌日癸甲。

　　癸丑，王卜（貞）。旬亡囚　。（王）乩曰吉。（在十月又二），甲寅，
　　（翌日癸）甲。（《佚》四二八、正反兩面）

這是十六祀（前1035）的卜辭。這一年十一月癸亥朔，十二月癸巳朔。和卜辭正
相符合。

　　(6) 癸亥，卜貞，旬亡囚，在十（二）月，甲子，翌日祖甲。

　　（癸酉），卜貞。（王旬）亡囚。在十二月，（甲戌），工典，其酒其4。
　　（白瑞華的照片）

這是二十一祀（前1030）的卜辭，這年十二月甲子朔，月內有甲子和甲戌，與卜
辭相合。

　　(7) 癸巳卜，柚（貞），王旬亡囚。在十月。甲（午），翌日癸甲。

　　癸卯卜，柚（貞），王旬亡囚。（在）十月。甲辰，翌日癸甲。（《後》
　　下，二、八）

這是二十四祀（前1027）的卜辭。這一年十月癸未朔，癸巳和癸卯均在十月以內，
和卜辭相合。

　　(8) 癸未卜，夻貞。王旬亡囚　。在十月，甲申，翌日小甲。

　　癸卯卜貞。王旬亡囚　。在十月，甲辰，翌日癸甲。（《金》七四三）

這是二十三祀（前1028）的卜辭。這一年十月癸未朔，癸未和癸卯都在十月以內，
和卜辭相合。

　　(9) 癸亥卜，柚貞，王旬（亡）囚。甲子。（祭小甲，壹大甲。）

　　癸酉卜貞，王旬亡囚，在正月。甲戌，祭癸甲，協（小甲）。（《珠》
　　一二五五）

這是二十五祀（前1026）的卜辭，此年正月丙午朔，二月乙亥朔。甲戌爲正月
二十九日，在二十四祀十二月有「癸未──甲申」「癸巳──甲午」「癸卯──甲辰」

三旬,而正月有「癸丑——甲寅」「癸亥——甲子」「癸酉——甲戌」三旬。以祀典來排,也可以排作:

十二月	癸未甲申	祭上甲	
	癸巳甲午	𦰩上甲	
	癸卯甲辰	祭大甲	協上甲
正　月	癸丑甲寅	祭小甲	𦰩大甲
	癸亥甲子		
	癸酉甲戌	祭戔甲	協小甲
二　月	癸未甲申		
	癸巳甲午	祭羌甲	
	癸卯甲辰	祭虎甲	𦰩羌甲　協戔甲

董先生表中前一段(第(8)段卜辭)屬於五十祀(前1125),此段在五十一祀(前1124)排入,因為那年(前1124)二月為甲戌朔,與卜辭在正月的不合。現在改為二十五祀(前1026)就沒有問題。

(10) 癸卯卜貞,王旬亡𡇦。在五月,在𣈆𣶆,隹王來正人方。

　　癸亥卜貞,王旬亡𡇦,在五月,在𣈆𣶆。(《續》三、一八、四)

　　己酉戌鈴,尊俎于召。(中略)唯王十祀協日五。往來東。(《歷代鐘鼎彝器款識》卷二,乙酉戌命彝)

　　丁巳,王省夒京。王錫小臣𦨻夒貝。王來征人方。隹王十祀又五,彡日。(《殷文存》上,二六、七)

這裡第一條甲骨和第二條及第三條銅器,應不屬於同一年的,第一條甲骨應屬於十一祀五月,往來征人方之時。十一祀五月,也有癸酉、癸丑、癸亥三旬,和此處卜辭一樣。在〈正人方日譜〉內,只收有「癸卯卜,黃貞,王旬亡𡇦,王來征人方」一條(《骨》十四之一)。又「癸亥(王卜貞),旬亡𡇦,王來(征)人(方)」一條(《骨》十五之一),卻未收此二條卜辭。因為此二條在𣈆𣶆,所以未收入。其實𣈆𣶆可能在商的附近,與其他卜辭的「兮」接近。而彼此均標明「王來正人方」,也表示正是

一回事，而不屬於十五祀的。

　　至於第二和第三項的銅器。那當然是十五祀，因爲已標出來十五祀了。第二項丁巳的銅器，可能在九月或十一月，其時正有彡祭，也在月內有丁巳日。第三項己酉的銅器，可能在閏三月或五月，因爲當時有協祭，也有己酉日。

　　　　（癸丑王）卜貞。旬亡囧，王乩（曰吉）。在正（月），甲寅，彡癸（甲）。
　　　　（《粹》一四、六三）

這是可能在八祀的。八祀爲前 1043 年，正月當爲乙酉朔，如其當時算作大月，那就三十日爲甲寅，祀典爲彡羌甲。這一點對於合天的歷譜要修改一下。但只有修改一下，才能把這一片卜辭放進去。

　　（11）戊辰从師，錫🔣邑卣，賚貝。用作父乙寶彝。在十月（在十月一）。
　　　　隹王廿祀。

　　　　協日，遘于妣戊，武乙配，龡一，旅。（《殷文存》上，十九）

這個銅器是一個引起問題很大的史料。這是帝乙或帝辛的銅器，沒有問題，可是依照董先生的歷譜，不論帝乙或帝辛時期，在二十年那年的十一月都沒有戊辰這一天。董先生是十分看重這一個銅器的，並且在《殷歷譜》內這是一個最爲看重的銅器，因爲和歷譜不合，就不得不把「用作父乙寶彝在十月一」（卽是在十一月）改爲「用作父乙寶彝在十月」，把這一個「一」字認爲是銅器上的裂紋而不是字。其實這個銅器不僅字大，而且每一個字都十分清晰，決不像有些銅器不僅字跡細小，而且有鏽，往往被剔壞的那樣。當作這個「一」是裂紋，理由很不充分。只因爲董先生的歷譜上帝辛時代「二十年十一月戊辰」，這個日子是不存在的，所以只有認爲是裂紋，才可以講得通。其實在帝乙時代，不論是董先生原設的前 1190（或者按新設計的前 1030）都可以在此年十一月內找出戊辰日。但是董先生一定認爲「先妣特祭」一定是要和先王的協祭相接。在帝辛二十年，董先生可以在十一月排出武乙的協祭，而帝乙的二十年卻不能。這就除去改掉銅器上的一個字，沒有其他的好辦法。

　　無論如何這個很清楚的字是不可以去掉的。事實自事實，理論是要根據事實

的，如其發現了事實和理論不符，只能改換理論，卻不便曲解事實。就現存甲骨文的材料說，現存的祭先王的材料足夠整理出一個系統來。而特祭先妣的材料，確實太少，不能只用祭先王的系統來比附。這些個別的現象，只有個別的認定，所以此處不便採用改字辦法，寧可承認事實，認爲是帝乙時代的器物。

當董先生寫《殷歷譜》的時候，就發現這一條材料太好了。只因爲月份不合，曾經考慮過好幾天，處理這一個棘手的問題。最後因爲其他材料都對於董先生的設計符合，董先生才自信很深，把這個「一」字認爲裂紋，來解決這一個困難。現在時移世變，使得「前1111年」這一個基點不能再信，對於這一個基點不能相容的證據也就得加以重視。因而處理方面只有更嚴格一些，不接受刪字或改字的方法。

中央研究院史語所發掘到的「司母戊」大鼎，在現今所知的商周銅器中，是一個最大的鼎。「司母戊」就是母戊生前或死後所作。這個大鼎是不尋常的，也可以看出當時對於妣戊的地位並非一循常例，而是和國王一樣的重要，甚至超過國王的重要。

> (12)庚申，王在東闒。王格宰梇从，錫貝五朋。用作父丁尊彝，在六月。
> 唯王廿祀翌又五。

這一條金文董先生認爲只可能在帝辛時期而不可能在辛乙時期的，因爲：

> 「廿祀翌又五」與「廿祀又五翌」、「廿又五祀翌」並同。即廿五祀之翌
> 祭也。帝乙廿五祀六月丁卯朔，無庚申，雖有翌祭，不能容此銘文。

按董先生把帝乙廿五祀排到前1185年，此年確無法排入六月庚申日，不過新排的在前1061年，正月庚午朔，二月己亥朔，三月己巳朔，四月戊戌朔，五月戊辰朔，六月丁酉朔。六月是可以有庚申日的。只是按照董先生的祀譜，六月最後一旬爲彡祖甲，還不在翌祭範圍。不過「工典」的排列，董先生有時就排在協祖甲的後一旬(如二十四祀，三月甲戌協祖甲)，到甲申旬「工典」也有時排在協祖甲的後二旬(如二十五祀，正月甲子協祖甲，經過一個甲戌空旬，到二月甲申才「工典」)。如其依照二十四祀接著一旬就排「工典」，那就彡祖甲就提到上旬的甲寅，而甲子

旬庚申日就是乡期已過，到了翌祭的開始了。所以這一個銅器銘文，認爲在帝乙二十五祀，還是可以適合的。

六、《逸周書》中的月食問題

《逸周書・小開篇》有一段關於文王三十五年的月食的，說：

> 維三十五祀，王念曰：多□。正月丙子，拜望，食無時，汝開後嗣謀。

這一段在《殷歷譜》中是一個非常重要的證據，因爲在甲骨文中誠然有好幾個月食，這些月食也可以算出最大的可能性在那一年，可是都屬於第一期的，還不能決定屬於那一個國王的時代。只有《逸周書》這一段記載了文王三十五祀的月食，確是一個最好的資料。可惜語辭太簡，解釋還有游移，但是總算可以用的。

這一段董先生根據文王在位五十年，武王十二年伐紂，從前 1111 年算起，文王三十五年是前 1137 年，依照奧泊爾茲的《日月食譜》[2]，奧氏《日月食譜》中爲前 1136 年，此年儒略曆一月二十九日，儒略周日一三○六一六二，標準時十五時十九分月全食，文王在豐，加時七時十五分，應爲二十二時三十四分，亦卽十時三十四分初虧，所以在周地是乙亥日晚間可見到月食。復圓時間在晚間十二時以前，丙子是第二日，按照「朝日夕月」的祭祀，不可能到第二天晚間才祭月。其中還有疑點。不過除這一個時期可以在奧氏〈月食表〉查到附近日子中可以有月食以外，其他所有的年代假定，在文王三十五年正月，甚至文王四十五年正月都沒有月食(不論周正或殷正，都是一樣的沒有月食)。這一條對於董先生的自信，是有關鍵作用的。

但是若以前 1025 年爲武王克商之年作爲基準來計算，並且認爲武王伐商在武王十一年，那就照數上推，文王三十五年是前 1051 年。這一年周正十二月十五日確有一個月食。據奧泊爾茲的《日月食譜》，前 1051 年(通用年歷爲前 1052 年)十二月十日，儒略周日一三三七五二四，五時二十三分開始月食。在周都加七時十五分，當爲正午十二時十五分，不能看到月食，所以這一個時間不

2　Theador Von Oppolzer, *Conon der Finsteruise*, 1877.

能用。除此之外，只有前 1053 年（奧氏譜爲前 1052 年）一月三十日，儒略周日一三三六八四四，正午十二時五十五分有一個月全食。周都加七時十五分，是晚間八時十分，正好看見。這一天應當爲殷正正月十五日，干支爲丁酉。

這一天雖然可用，卻又發生許多要解決的問題。其中所包括的，至少有以下各點：

(1) 拜望的日期與月食日期的問題。

(2) 文王的訓辭究竟是當晚的還是以後的？

(3) 文王的五十年究竟起訖在那些年？武王伐商之年究竟在武王那一年？

(4) 周正建子究竟從什麼時候開始？

關於第一點，《逸周書》所記拜望的日子是丙丁，而在前 1053 月食的日子卻是丁酉。丁酉的前一天是丙申。如其是古文隸定的錯誤，只有丙申可以誤寫爲丙子，而丁酉卻不可能錯成丙子。因爲古文的申字寫作　　，尤其當戰國時期，字跡潦草，這個申字被誤認爲子字，甚有可能。十四日拜望，那在上古天算不精確的時代，把朔望移前移後一天，本是常事。再檢查《逸周書》這篇的詞句，文王訓誡武王，還是著重在拜望，不僅是月食。月食本來常有，而此次是月食正在拜望之後，拜望未能消弭月食，就發生了應當自行檢討及自行警戒的問題。這也就是只提拜望的日子而不言月食的日子的主要原因。拜望應當只限於正月的，拜望以後，不應當有月食，拜望的次日就發生月食，這個月食是非時的，「食無時」也就是說「食非時」。不然「食無時」三字就不必用了。

關於第二點，一般清代校《逸周書》的學者們，多懷疑「王念日」三字，應當移後。其中陳建衡的《逸周書補注》，就認爲「王念日」三字應當移後在下文「嗚呼」二字之前。他說：

> 「五祀」下舊有「王念曰多日」五字。按「王念曰」當在下文「嗚呼」之上。今移置彼，而衍下「日」字，並此處「多日」二字。

而朱右曾《逸周書集訓校釋》，說：

「三」當為「四」，「王念日多日」句當在「拜望」句下。望日月相望也。《周禮》「太僕贊王鼓，日月食亦如之」。《春秋傳》曰「日食諸侯用幣於社，伐鼓於朝」。月食無文，準太僕之文，當亦用幣，故曰拜望也。見月之眚，念德之明。若天詔之，開後嗣謀也。文王四十五祀，以周曆推之，是年商正月癸亥朔，十四日得丙子，古曆疏，有晦而食者，故十四望。

此處包括三個問題：第一是「王念日」三字當移後，第二是拜望為的是月食，第三是依三統曆法，文王三十五祀為前 1142 年，其年正月無丙子，故改為四十五年（前 1132 年）。朱右曾所據的曆法是錯誤的，董作賓先生已有駁正，此條不算。其第二項認為拜望為救月食，實際上拜望和救月食也不是同一件事。不過所有讀到此篇的人，都很容易認為拜望即是救月，不足為異。因此，他和陳建衡一樣的看法，也主張把「王念日」三字移後。換句話說，如其認為文王的教訓、拜望及月食三件事是同時發生的，那就「王念日」三字確應移後。如其三件事不是同時發生的，即拜望最早，月食在後而文王的訓辭更在後，那「王念日」三字就不應當移後了。同理，因為「王念日」三字在前，和一般人的設想不同，也就表示著三件事並不是同時發生，而文王的訓辭更在月食以後好幾天；所以文中用「王念日」不用「王曰」或「王若曰」。「念」字，正表示著對於某一件事情的回想。

　　第三，關於文王五十年的起訖年代問題，是從武王的年數來推定的，而武王的年數又從武王伐商確實的年代來推定。文王的總年為五十年，根據《尚書・無逸篇》，是不生問題的。所成問題的，是武王伐商在武王幾年的問題。關於武王伐商的年代，至少有三種不同的說法：

(1) 認為在武王十一年，主要的是《尚書序》「惟十有一年武王伐殷」，《新唐・歷志》載僧一行的推算，也認為「十一年庚寅，周始伐商」。

(2) 認為在武王十二年，主要的是《管子》及《呂氏春秋》。

(3) 認為在武王十三年的，主要的是《尚書・洪範》，「惟十有三祀，王訪於箕子」。

我在寫〈金文月相辨釋〉的時候，是用的武王十一年伐商說，因而假定前

1051 年是文王三十五年，並且當時用粗略的方法，估計 1051 年一月可能有月食，所以就以爲此年不誤。現在查了一下，月食不在此年一月，而是在上年的十二月，並且此月食在中午看不見。所以十一年伐商說必須放棄。但是前 1052 年一月或前 1053 年十二月都沒有月食。只有前 1053 的一月才有月食，因而文王三十五年只有前 1053 年可用。也就是說只能採用武王十三年伐商說。只是若按建丑歷或建寅歷，仍可認爲武土十二年伐商。

武王十三年伐商說，從來各種歷譜或年表都不曾用過的，一般最普通的還是十二年說，其次是十一年說。因而大家根據歷譜，也都不過問十三年說。但從史料的權威性來說，《尚書》的地位是不可以忽略的。所以如其十三年說對各方合適，也就應當採用十三年說。若採用十三年說，那就前 1037 年爲武王元年。前 1087 年爲文王元年，前 1053 年爲文王三十五年。

第四，關於周人建子的問題，我過去以爲是周人本族的習俗。當假設前 1051 爲文王三十五年的時候，我也想到建子月是周人的正月。但前 1053 的月食卻不在建子月而在建丑月。這就表示文王三十五祀時，所用的歷法，是遵從商人的歷法。到了文王「受命稱王」之時，才把建丑歷法改爲建子歷法。也就是以冬至爲一年之始。依照《尚書大傳》及《史記》，文王受命七年而崩。此當爲漢代今文家說。這裡所說應當是文王四十四年始稱王，那就文王稱王當在前 1044 年。文王的年齡大致是活了六十歲，那就文王到五十四歲才開始稱王。《尚書·無逸篇》說「文王受命惟中身」，中身指五十幾歲，這一點也是不錯的。

除去《逸周書·小開篇》以外，還有〈酆保〉、〈寶典〉及〈世俘〉三篇記載了干支。〈世俘篇〉的干支和《漢書·律歷志》引《古文尚書》的相同，已經證明在前 1025 年以外。其餘尚有兩篇，今解答如下：

一、〈酆保篇〉：「維二十三祀，庚子朔。九州之侯，咸格于周。王在酆，昧爽，立于中庭。」文王二十三祀，從前 1087 算起，應當是前 1065 年。不過原文只有日沒有月，因而不知道是那一個月；不過殷正的正月正是最冷的月份，不適宜於召集四方諸侯。依照《尚書》，〈康誥〉和〈多士〉都在周正三月，而〈多方〉在周正五月。其中〈康誥〉爲徵集各處的人來創建新都，所以在周正三月（卽建卯之月）方始向煖，就徵集起來，爲的是趕時間，早點完成，以免妨害秋收。〈多

士〉是只限於附近的商遺民，所以也比較早些。至於〈多方〉，那就包括的廣泛了。因此就舉行在周的五月（殷正的四月，夏正的三月）。就季節來說，是洛陽最好的時間。

若以周正五月或殷正四月來說，那就此年爲辛酉朔。古代歷算較疏，自可以認庚申爲月朔，依照前方的證明，因爲隸定的錯誤，丙申被認爲丙子，那就庚申被認爲庚子也是同樣的理由。《逸周書》錯誤脫落，不可勝數，其前自應當脫落「四月」二字，即「維王二十三祀，四月庚申朔，九州之侯，咸格于周」才合原意。

至於〈寶典篇〉：「維王三祀，二月丙辰朔，王在鄭，召周公旦。」這個王是武王。其時武王已稱王，當然用建子正朔，此年二月戊辰朔。丙辰當爲戊辰之誤。當然三祀的三亦可能爲五字的誤，五祀二月丁巳朔，當然也有丙辰的可能。對於這一條，《新唐書 ・ 歷志》僧一行把三祀改爲元祀，因爲只有改爲元祀，才能和一行以前 1111 爲武王伐商的系統符合（董作賓先生是全部接受僧一行的系統的）。不過如其有誤，也只能將五字錯爲三字，而不可能把元字錯爲三字。因爲三字和五字，都是上下兩橫。其中的交叉形，在古代木簡上有變模糊的可能，以致轉寫時誤會。至於元字那就不可能誤爲三字了。

七、結論

《殷歷譜》在中國古歷法中是一個開創的工作，其中當然具備很大的冒險性。大致說來，董先生去掉了歷代相傳用「三統歷」來算古歷的包袱，去尋求一個合天的歷法作爲標準，然後把甲骨的祀譜加上去，可稱特識。但是千慮之失，仍可能發生。他採用僧一行的算法，以前 1111 年爲武王伐商之年，就產生了基本上的阻礙。本來僧一行實際上不僅精於歷法，而且對於古書的了解也相當的深。只可惜他曲解了《竹書》原文，並且還採用英雄欺人的辦法，在引用古書時也紛紛改字，來幫助他自己的假設。這在一種科學性的工作上是不能允許的，董先生過分信從了僧一行，把僧一行裝飾過的材料，認爲唯一的根據。即使其他方面正確，在此也不免造成極大的偏差。

　　除去前 1111 這一年不可信據以外，還有一點，就是「無節置閏法」。若要採用「無節置閏法」，其先決條件必須證明商代已有「節氣」或「節」才可以做初步的假定。但是在二十四氣之中，冬至、夏至、春分、秋分四個中氣是天然的，而立春、立夏、立秋、立冬四個「節氣」是人爲的。其他的「節氣」、「中氣」都是人爲的。所以「中氣」的發現在前，而「節氣」的擬定在後。在西方國家裡，直到如今，還只知道二至二分四個「中氣」，其他的二十氣，從來就無此一說。中國曆法的進展，如其早知閏法，只應當「無節置閏」從「無中置閏」經長期演變而來，決不可能未有「無中置閏」法之前，就先採用「無節置閏」法。如其相信商代有「無節置閏」法，初步條件，必需有確實證據，證明商代以前有「無中置閏」法才可以，這當然是辦不到的，所以「無節置閏」這個假定，不堪採用。

　　董先生的《殷曆譜》是一部好書，只因爲採取了一個前 1111 年武王伐紂說，又採取了另一個不能接受的臆斷「無節置閏」說，就在全書不僅僅是兩個小疵，而是在全書中是兩個巨累。如其《殷曆譜》還可以應用，就一定要把這兩點加以改正，這就是本篇文寫出的目的。關於前者，本篇採用了我一貫的看法，以前 1025 代替前 1111。關於後者，本篇提議採用一個比較合理的看法，以「無二至二分置閏法」來代替「無節置閏法」。拿這兩點做基礎，就對於《殷曆譜》做了些必要的修正，因而在《殷曆譜》中，原來許多可以應用的貢獻，都保留下來，使得《殷曆譜》可以和周武王伐殷比較可靠的年代，前 1025 年相銜接。當然這一點還要感謝董先生，他又做成了《中國年曆譜》，使研究的人脫離了錯誤的三統曆，給我們一個比較正確的、客觀的曆譜底本。

　　現在把殷周年代，修正了董先生的意見，從武丁時代算起，列表如次：

商周王名	年數	西元前紀元
武　丁	59	1215-1157
祖　庚	7	1156-1150
祖　甲	33	1149-1117
廩　辛	6	1116-1111
康　丁	8	1110-1103

武　乙	4	1102-1099	
文武丁	13	1098-1086	前 1087 爲周文王元年
帝　乙	35	1085-1051	
帝　辛	25	1050-1026	前 1037 爲周武王元年
周武王	4	1025-1022	前 1025 爲周武王 13 年
成　王	21	1021-1001	前 1016 周公歸政
康　王	19	1000-982	
昭　王	16	981-966	
穆　王	50	965-916	
龔　王	16	915-901	
懿　王	17	900-884	
孝　王	22	883-862	孝王及夷王總年數爲 30 年
夷　王	8	861-854	
厲　王	12	853-842	
共　和	14	841-828	共和時期仍用厲王紀元故厲王總年數爲 26 年
宣　王	42	827-782	
幽　王	11	781-771	

到前 770 爲平王元年，以後就是東周時代了。

在本篇有關商代問題以外，其中周成王和康王的年數問題，過去所做的幾篇中，對於這一件事說得不夠，現在就此補充一下。依照《尙書・顧命篇》，成王崩時，康王已屆成年，今假設成王十八歲時康王生，成王崩時康王十六歲，那就成王崩時當爲三十三歲。如其成王在位二十年，那就武王崩時成王爲十三歲。在周公輔政時成王稱爲「孺子」，所以成王在那時的年歲不應當太大，卽成王在位年數不可能少於二十年。

據〈顧命〉:「惟四月哉生魄,王不懌,甲子,王乃洮頮水,相彼冕服,憑玉几。」如其成王年數爲二十年,那就這一年是前 1002;如其成王年數爲二十一年,那就這一年爲前 1001。前 1002 的四月是丙辰朔,甲子爲初九日,前 1001 年四月是庚戌朔,甲子是十五日。哉生魄是始生魄,約當初三或初四日,至初九日爲第七日,至十五日爲十三日。從發病到病勢嚴重,如其爲某種傳染病,那就都有可能。也就是成王在位年數爲二十一年,應當是合理的。

按照《漢書》二十一〈律歷志〉下,引〈古文尙書 · 畢命〉:「惟(康王)十有二年,六月庚午朏,王命作冊豐刑。」若按成王年數二十年算,康王元年在前 1001,十二年爲前 990,六月乙巳朔,不可能有「庚午朏」。若按成王年數爲二十一年,康王元年在前 1000,十二年爲前 989,此年六月爲己巳朔,庚午爲初二日。朏就是朔,亦卽此月在當時算作庚午朔。古代朔望比定朔或前一日或後一日是常事,上文說成王的年數爲二十一年,成康兩代的年數,總爲四十年,那就康王的年數爲十九年。就以上所討論的,周代各王的年數大致可以決定了。只有孝王和夷王總年三十年,尙未能決定。不過周代金文現在還正在繼續不斷的出土,這個問題是不難解決的。

做商周年歷的工作,實際上是一點一滴拚湊上去的,其中所需要的全是工夫,半點天才也用不上。這種工作有一點像拼畫塊遊戲(puzzle)的辦法。只有一個對的答案,在做的時候,只有細心的去做,忍耐的去做,絕對不許把感情好惡加上去。(譬如已如友人魯實先敎授,他的爲人治學都非常誠篤,好學不倦,就十分可惜的專和董先生作對,費了不少功力,而其結論完全不可靠。)現在這篇的工作實際上是把董作賓先生拚對的採用了一大部分,不對的拆掉了一小部分。當然這個工作目前距離完成尙遠,後之視今,亦猶今之視昔,將來一定還需要更多的改革的。

附 記

此篇係去年寫成的,因爲在國外,一時未覓到嚴一萍先生的《續殷歷譜》,未能參考。到了最近,方才獲得此書,正好本篇校稿已到,此書可以補充本篇的,還有不少。不過時間上實在來不及詳爲考訂,只好就其中四點重要的材料

來補充一下。

一、《續殷歷譜》第 249 至 255 頁，說到帝乙二十一祀的月譜在一塊卜骨上，由各處拼湊而成的。按照原設計爲西元前 1189 年，今新訂爲西元前 1065 年，只因在西元前 1066 年有一個閏九月，所以此年各月的月朔要推前一個月。卽帝乙二十二祀是正月小(建丑)癸巳朔，二月小(建寅)壬戌朔，三月大(建卯)辛卯朔，四月大(建辰)辛酉朔，五月小(建巳)辛卯朔，六月大(建午)庚申朔。比《續殷歷譜》雖然提前一個月，但因西元前 1189 年照《殷歷譜》有一個閏八月，所以到九月以後月朔干支仍然彼此相同。至於連小月一層，也和《續殷歷譜》一樣，不能更改。

二、《續殷歷譜》第 282 至 288 頁，根據小川睦之輔氏所藏的卜辭，證明此項卜辭只有祖甲十三年可合。但《殷歷譜》此年十二月大，必需改爲小月，才能在次年正月爲甲寅朔。亦卽此年發生連小月的現象。今依照改訂歷譜，祖甲十三年在西元前 1137 年，此年十二月小，次年正月爲甲寅朔，可以直捷適合，不必以連小月來解釋。

三、《續殷歷譜》第 179 至 186 頁，及附表 187 至 222 頁，根據京都大學人文科學研究所的一片腹甲，有六祀五月壬午的記錄。只有文武丁六祀才有可能。但原譜六祀五月無壬午，因此要把原譜稍作修訂才可以。按原譜文武丁六年爲西元前 1217 年，今新訂的文武丁六祀當爲西元前 1093 年，五月原爲癸卯朔。但因四月無春分，所以應有一個閏月。五月移到下月，就成爲五月癸酉朔，十日壬午，與嚴一萍先生改正，結果相同。

四、《續殷歷譜》第 262 至 268 頁，關於閏譜的問題。是在帝辛十祀九月，必有一閏月，對於九月以後的干支才能符合。原譜是以西元前 1165 年爲帝辛十祀，此年加入一個閏九月，恰好符合。至於新擬的是以西元前 1041 年爲帝辛十祀，正月爲癸卯朔，九月爲己亥朔。在前一年(前 1042 年)閏十二月，閏月已經閏過，不必再閏九月才能符合。所以此條對於新擬的仍然是可用的。

上巳考

(1)　中國的令節

節令對於中國人是相當的重要的，豳風的七月以及禮記的月令（差不多的文字見於呂氏春秋及淮南子），都把節令看的很重。尤其是漢書食貨志引李惟的說法：

> 今一夫挾五口，治田百畮。歲收畮一石半，爲粟百五十石，除十一之稅十五石，餘百三十五石。食人月一石半，五人終歲爲粟九十石，餘爲四十五石，石三十，爲錢千三百五十。除社、閭、嘗新、春秋之祠，用錢三百，餘千五十。衣人率用錢三百，五人終歲用錢千五百，不足四百五十。

這一個算式雖然可能中間有多少誇張，不過"社，閭，嘗新，春秋之祠"卻顯然是戰國時代一般平民生活中的重要部分。他們的社交生活和娛樂，也顯然的都包括進去。

當然，一般人的節令，有時說起來會有一些出入的，例如漢書楊敞傳，楊惲與孫會宗書說：

> 田家作苦，歲時伏臘，亨羊炰羔，斗酒自勞。家本秦也，能爲秦聲。婦趙女也，雅善鼓瑟。奴婢歌者數人。酒後耳熱仰天拊缶，而呼烏烏。

關於伏臘，文選注說：

> 漢書曰"秦繆公作伏祠。孟康曰，六月伏日也。風俗通禮傳曰：夏曰嘉平，殷曰清祀，周曰大蠟，故改爲臘"。

伏在六月，臘在十二月，是民間祭祀的日子，也是民間娛樂的日子，此處是說娛樂的，從另一方面看，杜甫詠懷古跡說：

> 古廟杉松巢水鶴，歲時伏臘走村翁。

正說明伏臘和神祠的關係。

漢代講節令的著作，主要的是崔寔的"四民月令"，因爲這部書早已不傳，只有齊民要術和玉燭寶典等類書徵引的部分，偏重在種植方面，對於祠祀和娛樂方面徵引較少。以現在嚴可均的輯本來看，在體例上應當涉及祠祀及娛樂的，可惜亡失，只好就各節令部分抄上一些題目，以見各節令的重要。

> 正月之朔，是謂正旦，躬率妻孥，潔祀祖禰，及祀日，進酒降神畢，乃室家尊卑，無大無小，以次列于先祖之前，子婦曾孫，各上椒柏酒于家長，稱觴舉壽，欣欣如也。
>
> 二月祠大社之日，薦韭卵于祖禰。
>
> 三月三日以及上除，可采艾及柳絮。
>
> 六月初伏，薦麥瓜于祖禰。
>
> 七月，……七日……設酒脯時果，散香粉于筵上，祈請于河鼓織女。
>
> 八月，暑退，命幼童入小學，如正月焉。
>
> 九月，九日可采菊華，收枳實。
>
> 多十一月，……多至之日，薦黍羔，先薦玄冥，以及祖禰。其進酒肴及謁賀君師耆老，如正旦。
>
> 十二月，……臘日祀祖。……臘明日更新謂之小歲，進酒尊長，修賀君師，進椒酒，從小起。

以上這些節令，當然是殘缺不完的，依照宋初輯的太平御覽的時序部，比較重要的節令，特別標出來的，是：

　　(1). 元旦

　　(2). 人日（正月初七日）

(3). 正月十五日

(4). 晦日（正月三十日，小月正月二十九日）

(5). 中和節（二月初一日）

(6). 社日（立春後第五戊日爲春社立秋後第五戊日爲秋社）

(7). 寒食（清明前一日）

(8). 三月三日

(9). 五月五日

(10). 伏日（夏至後第三庚日）

(11). 七月七日

(12). 七月十五日

(13). 九月九日

(14). 臘日（冬至後戊日）

(15). 小歲

這是宋代以前的令節，其中特異之點是其中不把中秋列進去，並且就所引的材料來看五月五日也不算最重要的節令。這和後代除去過新年以外，重要的節令要數上五月五日（端午）和八月十五日（中秋），完全不同。若推究其原因，顯然有人爲的因素在內。因爲古代耕種比較粗放，而後代變成精耕，古代比後代農村的閑暇多一點，這就使得後代的節令趨於減少，除去新年是一個比較長的假期以外，再將一年分爲三個段落，新年是一個段落間的休息時期，另外兩個段落的休息時期，就是五月五日和八月十五日。

如其每月以三十日計，從正月十五日到五月初五日共一百一十天（因爲過了正月十五，才算正式過了新年，所以從過年到端陽的段落，要從過了正月十五算起。此外這一百一十天，因爲有小月的關係，只有一百零八天到一百零九天）。再從五月初五算到八月十五，一同是一百天（實際上應當是九十八天到九十九天）。再由八月十五算到十二月二十三送竈，一共是一百二十八天（實際上是一百二十五到一百二十七天，因爲送竈以後就算開始過年了）。在這三個段落之中，第一段落和第二段落差的

不太多，只有第三段落長些，這是第三段落已到冬季，是農閑的季節，農人比較有空閑，可以自行找休息及娛樂的辦法，所以稍長一點也是合理的。因爲這種段落的形式是從客觀環境自然形成的，所以在唐代八月十五日本不算民間令節，而七月七日和九月九日都比八月十五日重要，可是不選到七月七日和九月九日，正選到八月十五日，就是從五月五日到七月七日只有六十天或六十一天，嫌太短，從五月五日到九月九日有一百二十天左右，又嫌太長的原故。

再就古代傳統的節令來看，還是有兩個不同的系統，第一種是以月的數目字和日的數目字組織成的，第二種却是以干支來計算的，第一種除去正月十五日，七月十五日（這是佛教傳來的），八月十五日以外，顯示著是單數的月加上同樣數目的日子，例如三月三日，五月五日，七月七日，九月九日。第二種却是特殊的日子，分列在四季之中，有春社、伏日、秋社和臘日。這兩種不同的系統，又似乎代表著不同的意義。第一種是在正月過新年以後，逢單月隔一個月過一次節，三月、五月、七月、九月，都是單數的月，再加上十一月的冬至，這些節令分配都是相當均勻的。若依照這些單月節令所包含的故事，頗有南方地域化的傾向。反之，若依照第二種節令來看，是春社在二月，伏日在六月，秋社在八月，臘日在十二月，分配到四季，也相當的均勻。在從計算方式來看，春社秋社都是用的戊日（一旬中的第五日）伏日用的是庚日（一旬中的第七日），臘日用支不用干，大率也從用干的計算法變成的。這種方法正是中原最早的計日方式，可以上溯到殷代，和用數目計月日的顯然不在同一計算方法之內。

照這樣看來，五月五日的端陽節是選擇著第一種系統中的一個節令，而八月十五日的中秋節，却是八月秋社日期的固定化。這種把干支日期來用數目字的日期固定化的，還有十二月二十三日祭竈神，更是顯明的例證。依照後漢書陰識傳，用黃羊祭竈本在臘日亦卽冬至以後的戊日，後代改用十二月二十三日，顯然是干支記日的方法漸次不再通用的原故。曆書中雖然標出伏日，仍用古法以庚日爲準，這已不再關聯之風俗上的意義，如其伏日當是正式通用的日子，一定早就需要改成固定的日子（例如定夏至後三十的伏日）之類了。

在這兩種古代節令之中，只有三月三日是相當特殊的，三月三日在第一種數目記

日之中是其中一年內最先一個，意識到自有這一種系統節令就有三月三這個節。從崔寔四民月令來看，至少東漢時已有三月三日這個節。從另外一面看，續漢書禮儀志却明白說'祓除'是在三月上巳日，上巳是三月第一個巳日，也就是用地支的巳來作標準，和臘日用戌的方法相同，又顯然的屬於第二種系統。所以上巳或三月三日的這個節令，在兩種系統中都是有的，就表示在民俗中的重要性。但是經過了長期的演化，却從民俗中消失。首先是不再用上巳，只有三月三；其次和清明合併，再次清明只有祭掃的意義，而社交的意義變到若有若無之間。這當然是一方面上巳本身的意義由於社會上客觀的因素使得它歸於減損和消失，另外是三月三日一般的社交意義併於五月五日（以及地方性特殊的紀念日如同廟會之類），這就形成了上巳節令的消失。但是假如社會的因素再變，社會逐漸工業化，閒暇比過去人力精耕的局面下增多，形成了春遊的客觀需要，三月三日和上巳有無復活的可能，形成爲中國式的耶穌復活節休假日期。這就看人的因素（提倡恢復舊制的人），和社會因素的結合了。

(2) 上巳，三月三日和清明

最引人注意的法書是王羲之的蘭亭序，最引人注意的圖繪是張擇端的清明上河圖。這兩件藝術品是問題最多的藝術品，也是和上巳節令有關的藝術品。但從另外一個角度去看，也正代表著上巳節令的變化。上巳節令所含的意義，第一它的範圍是非常廣泛的，從一個古代民俗的節令，演變到種種不同的社會階層和舉行形式，從一般普通的平民到皇室隆重的典禮，從一般非常普通的平民社會到以文人雅士爲限的小團體，第二是舉行的時日也因歷史的演變而有所不同。

蘭亭序的時日是"暮春之初"，當然可以指三月上巳日或者三月三日，不過魏晉一些材料都指的是三月三日，和東漢不同，沒有例外，這和宋代"清明"時節遊春較爲近古。但從另外一點來看，蘭亭的"流觴曲水"就完全是文人的雅興，和實際的生活就相去比較遠了。

從上巳經三月三日再變爲清明，其中是有軌道可循的。只是向更早去追溯，商代是以天干的旬爲計日單位的。甲骨文中的祭祀都是用天干作標準而不以地支作標準。臘祭用戌日是漢代承受秦國的風俗，而秦國始爲臘，是在秦惠王十二年（前326年）

以前的臘祭，如同春秋時代，宮之奇因爲虞公快要亡，說"虞不臘矣"，這個臘誠然也是一種臘祭，但却不一定就像秦國用戌日去祭。所以計日用地支而不用天干，可以假定爲晚周時期比較後起的事。當然，我們也決不可以計算日期方法爲後起，就說事物的本身爲後起，因爲計算日期的方法可以隨環境的需要而改換的。

至於爲什麼要用地支日期呢？這或者受了戰國時"建除家"擇日方式的影響，因爲上巳是清潔，清除一類的節令，若用'建除家'的方式計算，三月（辰月）上巳日是'除'日，正合清除的意義（見淮南子天文訓）。同理，臘月的戌日，亦卽丑月的戌日，建除家方式中是'收'日，也就是一年之中收穫，收納的日子。若照此可以解釋，就不用天干而用地支了。

但是干支記日究竟和用數目記月日完全是兩個不同的系統，用起來比較繁複，而沒有太大的實用性。因秦漢以來記月再記每日的干支，只是一種傳統，並無甚實際上的意義。所以在石刻中，東漢就已開始有人採用數目而不干支。這就表示東漢時代除去公文上尚照舊用干支以外，一般人就只說數目上的日期，不說干支了。這也就使得魏晉以後就採用三月三日來代替上巳，不必再選期擇日，要去查三月中的巳日。

至於宋以後爲什麼又改用清明爲遊春節令呢？這可能多少是一個改革。因爲三月三日是陰曆的日期，在氣候的定點上來說，是不固定的。清明節在華北農業上來說，却是一個非常重要的定點。本來三月三日和寒食是兩個不同的節令，宋代合併的結果；清明對於節候比較固定，因而三月三日就合併到清明了。

清明是實際上三月（卽建辰月）的開始，三月是一春最美麗的時令，這是不錯的。問題是'寒食'這一種風俗是怎樣產生出來的。清明賜火是唐宋以來的習俗，就此上推，似乎可以追溯到中國古代就是清明改火，而寒食停火是作採用新火的準備。不過依據居延漢簡元康五年簡，丞相，御史大夫及太史奏明改火是夏至日改火，如漢代是夏至日改火，那就不是清明改火，所以寒食的風俗就不能直截了當的追溯上去。再依照續漢書禮儀志說："夏至浚井改火，冬至鑽燧改火"，表示東漢改火的時期，又和西漢不同。再據周禮夏官司爟："四時變國火，以救時疾"。鄭玄注說："春取榆柳之火，夏取棗杏之火，季夏取桑柘之火，秋取柞楢之火，冬取槐檀之火"。不論周禮的說法是'四'時，而鄭玄（據鄒衍說）成爲'五'時，但春天是第一個季節，春天改

火總是一個重要的改火。如春天不改火則已（如漢代在夏至或冬至），若春天改火，則春天這一次必是很重要的一次。

　　再就寒食斷火的風俗來說，也是有地域性的，荊楚歲時記"去冬節一百五日，卽有疾風甚雨，謂之寒食"，可見六朝荊楚地方雖有寒食一個名稱，却並無斷火的一件事，只有在山西地方（舊晉國地區）才有所謂寒食斷火的事。後漢書周舉傳：

> 遷幷州刺史，太原一郡舊俗，以介子推焚骸，有龍忌之禁。至其月，咸言神靈不樂舉火。舉推書於子推朝云："春中寒食一月，老小不堪"。今則三日而已。

其介子推燒死一事，實出戰國時小說，全不可信。顧炎武日知錄：

> 介子推事，見於左傳。則曰晉侯求之不獲，以緜上爲之用，曰"以志吾過，且旌善人"。呂氏春秋則曰"負釜蓋簦，終身不見"。二書去當時未遠，爲得其實。然之推亦未久而死，故亦以田祿其子爾。立枯之說始自屈原，燔死之說，始於莊子（原注，盜跖篇，東方朔七諫，丙吉傳，長安士伍尊書。劉向說苑因之。水經注引王肅喪服要記桂樹之間，亦辨以爲誣）。於是瑰奇之行彰，而廉靖之心沒矣。今當以左氏爲據，割股燔山，理之所無，皆不可信。

依照顧炎武所考，這個傳說全非事實，這是非常切當的。不過傳說自傳說，而從傳說推到禁火，却是漢代的事。尤其說"神靈不樂舉火"一般人怎樣知道神靈的好惡，又顯然由巫師編造出來的，這顯然是巫師推行一種風俗上的禁忌，來提高巫師的地位的，只是在那時僅僅只以太原一郡爲限（因爲周舉是幷州刺史，其轄境不限太原，只說太原可見只有太原一郡），但當周舉命寒食以三日爲限以後，後來却仍然推廣到幷州其他各郡，據太平御覽三十引曹操明罰令說：

> 聞太原，上黨，西河，雁門，冬至後百有五日，皆沍寒之地，老少羸弱，將有不堪之患。令人不得寒食，若犯者家長半歲刑，主吏百日刑，令長奪一月俸。

這此說太原寒食的風俗，又推廣到上黨，西河和雁門了。但是可以注意的，只有上黨並無河東。河東和上黨是同緯度的，同在并州管轄以內，既然不說河東，並非河東不冷，而是表示那時河東還沒有這個風俗。但是曹操的禁令，後來也沒有能貫徹下去，到南北朝時還在漸次的擴張它的地域性，太平御覽三十引陸翽鄴中記說：

> 寒食三日作醴酪，又煮粳米及麥為酪，擣杏仁，煮作粥，案玉燭寶典今日悉為大麥粥，研杏仁為酪，別餳沃之。

是說在寒食以前，先作杏仁粥，並且加上麥芽糖。這和後代的杏仁茶是差不多的方法，只是把麥芽糖變成蔗糖。這種隨著飲食而形成的風俗較易持久。並且北朝東方的文化比西方的文化占優勢。太原和鄴正是東方的兩個中心。再加上唐代起自太原，唐代又繼承了晉中的習俗。並且把一年改火日期定到清明，而寒食的禁火，變成了國家定制了。

唐謝觀清明日賜百官新火賦：

> 國有禁火，應當清明，萬室而寒灰寂滅三辰而纖靄不生，木鐸罷循，乃灼燎於榆柳，桐花始發，賜新火於公卿。

又唐韋承慶寒食應制詩：

> 鳳城春色晚，龍禁早暉通。舊火收槐燧，餘寒入桂宮。鶯啼正隱葉，雞鬬始開籠，藹藹瑤山滿，仙歌始樂風。

這都是指寒食禁火，清明換火的事。至於韓翃那一首著名的寒食詩：

> 春城無處不飛花，寒食東風御柳斜，日暮漢宮傳蠟燭，輕煙散入五侯家。

更明白的用唐代的風俗來懸想到漢代的故事來比附。就寫景來說，給人的印象是明朗的，就寫情來說，含著的感慨是充分的。只有一點，嚴格說來，漢代却是夏至改火，並無寒食傳新火的事，這就和事實上不盡相符了。

宋代官方是依唐制，清明賜新火，歐陽修清明賜新火詩：

魚鑰侵晨放九門，天街一騎走紅塵。桐花應候催嘉節，榆火推恩忝侍臣。多病
正愁餳粥冷，清香但愛燭煙新，自憐慣識金蓮燭，翰院曾經七見春。

當然，這只是一種傳統的儀式。宋代民間風俗，依東京夢華錄，乾淳歲時記都只在寒
食用柳條插門，不再有冷食的事了。到了元明以後寒食已經只是詩人用事才有，已不
是風俗中的季節。

　　但是上巳和清明究竟是非常接近的，而上巳和清明有時就同在一日，這就使上巳
遊春和清明遊春有合併的可能。如唐孫逖和上巳連寒食有懷京洛詩：

天津御柳碧遙遙，軒騎相從半下朝。行樂光輝寒食借，太平歌舞晚春饒。紅妝
樓下東郊道，青草洲邊南渡橋。坐見司空掃西第，看君侍從落花朝。

又如唐杜甫清明詩：

著處繁華務此日，長沙千人萬人出。渡頭翠柳艷明眉，爭道朱蹄驕齧膝。此都
好遊湘西寺，諸將亦自軍中至。馬援征行在眼前，葛強親近同心事。金鐙下山
紅粉晚，牙檣捩柁青樓遠。古時喪亂皆可知，人世悲歡暫相遣。弟姪雖存不得
書，干戈未息苦離居。逢迎少壯非吾道，況乃今朝更祓除。

在這首詩中，說“況乃今朝更祓除”是說那一天是清明兼上巳。查杜甫年譜大曆五年
春，他正在長沙。這一年三月初六日清明。三月初一甲子，初六是己巳日，是清明逢
巳日，不在三月三日。這也表示唐人祓除日或在三月三日或在上巳日，也沒有一定
的。不過依杜甫麗人行是說“三月三日天氣清，長安水濱多麗人”。一般游春仍用三
月三日，不是上巳。這首詩標題是清明不是上巳，也可見唐代長沙的游春用清明做標
準而不是以上巳做標準了。

(3)　修禊與上巳的傳統

　　“禊”字實際上是一個後起字，本來應當寫作‘潔’字的。說文無禊字，玉篇上，
示部，“禊胡計切，史記云，漢武帝禊霸上（按見於史記封禪書），徐廣曰，三月上

巳臨水祓除，謂之禊也”。　禊在司馬彪續漢書中作絜。禮儀志“上巳官民皆絜於東流水上。曰，洗濯祓除，去宿垢痰爲大絜。絜者，言陽氣布暢，萬物訖出，始絜之矣”。劉昭注說：

> 蔡邕曰“論語暮春者，春服旣成，冠者五六人，童子六七人，浴乎沂，風乎舞雩，詠而歸，自上及下，古有此禮，今三月上巳，祓禊於水濱，蓋出於此”。
>
> 杜篤祓禊賦曰：“巫咸之徒，秉火祈福”，　則巫祝也。　一說云，後漢有郭虞者，三月上巳產二女，二日中並不育，俗以爲大忌，至此月日諱止家，皆於東流水上爲祈禳，自絜濯，謂之禊祠，引流行觴，遂成曲水。韓詩曰：“鄭國之俗，三月上巳之溱洧兩水之上，招魂續魄，秉蘭草祓除不祥”，漢書八月祓灞水，亦斯義也。後之良史，亦據爲正。——臣昭曰郭虞之說，良爲虛誕，假有庶民，旬內夭其二女，何足驚彼風俗，稱爲世忌乎？杜篤乃稱“王侯公主，暨於富商，用事伊雒，帷幔玄黃”。　本傳大將軍梁商亦歌泣於雒禊也。自魏不復用（上巳），三日水宴者焉。

王先謙後漢書：集解引惠棟後漢書補注說：

> 惠棟曰“絜讀爲禊，故云謂之禊也。故下引風俗通曰，禊者絜也。又月令暮春始乘舟，蔡邕章句曰，陽氣和煖鮪魚時至，將取以薦寢廟，故因是乘舟禊於名川也。又沈約云，自魏以後，但用三日，不以巳也。黃山曰，續齊諧記，晋武帝問曲水之義，摰虞言漢章帝時，徐肇以三月三日初生三女，至三日俱亡，一村以爲怪。乃携酒就水洗滌去災，帝曰如此便非佳節，尙書郎束皙謂虞小生不足以知之，昔周公卜洛邑，因流水以泛酒，故逸詩云羽觴隨波。又秦昭王置酒於河曲，有金人自泉而出，捧水心劍曰，令君制有西夏。及秦霸，乃因此處立曲水祠，二漢相沿爲盛事。——案摰虞所言，與此注郭虞事略同，而以爲章帝時徐肇事，固爲不經，卽束皙所言亦不足爲典要。但袁紹傳注引曆法，三月建辰，巳卯退除，可以拂除災（按此見後漢書七十四袁紹傳上，紹於是引軍南還，三月上巳大會賓徒於薄洛肆，章懷注引此文。‘巳卯退除’一句中前三字均是誤字，巳爲巳字甚爲顯明，‘卯退’二字依文義言當爲‘日値’二字之壞

字，卽全應爲'巳日直除'。這樣才能把全文解釋通。如說三月建辰己卯退除，
那就己字根本和三月毫不相干，卯日是閉字，和除字不相涉，全文根本不通，
一無是處。非把己字改爲巳字，卯字改爲日字，退除改爲值除，不能做出意義
來。只是惠棟未曾注意到，王先謙也未做進一步的解釋，對於這幾字的疑義，
仍以不了了之。但是王先謙却用柳從辰的補釋引風俗通說巳者祉也，邪疾已去，
祈介祉也。此似說邪疾已去，正是除日的含義，巳者祉也，是漢人以音爲訓的
通習，值不得過分注意。不過却說明巳和祉音相近。今按祉字照母正齒音，巳
字邪母齒頭音，比較接近，而與戊己之己屬於見母顎音相去較遠，卽此亦可作
巳字爲辰巳之巳不是戊己之己的旁證。所以從各方面來說，己卯退除，實爲巳
日直除的誤字，不必懷疑。至於日字變作卯字，由於隸書卯字作卯，當六朝唐
用卷子時日字若中部磨損，頗易被人認爲卯字，而直字左邊筆畫較簡，右邊較
繁，如其稍有磨損，也容易被人誤認爲退字。這一類因原件不清晰，由於形近
而發生的錯誤，在我做居延漢簡釋文時，是時常遇到的。所以仍以校正爲
是）。及韓詩薛君章句，鄭國之俗，在三月上巳，拂除不祥，而此言漢書八月祓灞
水，是漢初已有春秋兩祓矣。宋書禮志，劉楨賦素秋二七，天漢指隅，人脊祓
除，百子水嬉，亦言秋祓，而時七月十四日，又與漢用八月殊，皆不知何所昉
也"。

惠棟這一段考證是非常好的，雖然未能做出結論來，却也有相當有意思的提示。

惠氏說"摯虞所言……固爲不經，卽束皙所言亦不足爲典要"，這是對的。因爲
摯虞所言是根據荒誕不經的民間傳說，這個同類型的民間傳說，劉昭也曾經駁斥過，
因爲民間傳說時常可以把來源不明的風俗，加一個完全不是本來面目的說明，這是不
足爲奇的。但是束皙所說的故事，和所引的逸詩，就思路和敍述的風格來說，顯然出
於漢魏的小說。束皙雖然博覽，他的學問也相當駁雜，他所徵引的小說和摯虞說的民
間傳說是同樣不可信的。

(4)　上巳風俗的溯源

不過無論怎樣，上巳的風俗從東漢開始時已經有了，因爲續漢書禮儀志所述的禮

儀，都是東漢一代的定制，創立規模，實在建武時期，而建武的定制又是多數沿襲西漢。從東漢章帝時代開始的民間風俗，不會反而在東漢初年就被宮廷採用，這是不成問題的，但是比較早期的記錄，因爲史料有限，只有藝文類聚四引韓詩章句說：

三月桃花水之時，鄭國之俗，三月上巳於溱洧兩水之上，執蘭招魂續魄，拂除不祥。

韓詩是西漢文帝時博士韓嬰的傳授。而韓詩章句是東漢光武帝時博士薛漢所作。此書隋時尚存，隋書經籍志有著錄，大概至唐時仍存，所以藝文類聚尚能徵引。所以上巳的風俗和名稱在東漢初年，已經存在，也就可以證明上巳的禮儀，當然是可能在光武時已經開始了。

但是更值得注意的是從韓詩章句，可以推溯上巳風俗到東周時期的鄭國，亦卽到紀元前六世紀到八世紀那一段時期。因爲這個傳統非常古老，所以到了東漢以後，一般人也就無法明瞭這件事的原始。

"溱洧"這首詩在詩經鄭風中，是：

溱與洧，方渙渙兮，士與女方秉蕑兮。

女曰觀乎，士曰旣且。

且往觀乎，洧之外，洵訏且樂。

惟士與女伊其相謔，贈之以勺藥。

溱與洧，瀏其清矣，士與女，殷其盈矣。

女曰觀乎，士曰旣且。

且往觀乎，洧之外，洵訏且樂。

惟士與女伊其相謔，贈之以勺藥。

這首詩據朱熹集傳說是"此詩淫奔者自敍之辭"，當較可信。其第二行"方秉蕑兮"，太平御覽三十引韓詩作"方秉蘭兮"，下引薛氏章句說：

秉執也，蕑蘭也。當此盛流之時，衆士與衆女方執蘭拂除邪惡。

這種蘭據陳奐毛氏傳疏認爲卽澤蘭 (Eupatorium Chinensis) 是一種香草，周禮女

巫，"掌歲時祓除釁浴"，鄭玄注"歲時祓除，如今三月上巳，如水上之類。釁浴，謂以香薰草沐浴。"那這幾段比較起來，在早期的上巳，是一種宗教式除災增吉的日子（除災卽所以增吉，見拙著"古文字試釋"中研院史語集刊第四十本），其方式是全國的人在附近河裏聚浴，並用香草塗身，以求福祉，而表示神聖。這一點可以和印度人的在恆河聚浴（到現在尚仍存在的風俗）來多少得到啓示。至於會男女一事，那只是和把敎堂當作社交場所一樣，誠然是重要的，但却是附帶的意義。從印度恆河聚浴看來，這是一種神聖的聚浴，所以要穿著裙子下水，因而襕裙這個名稱，還一直保留到唐代。而杜篤祓禊賦（藝文類聚卷四引）"王侯公主，至於富商，用事伊雒，帷幔玄黃"。 這種帷幔的裝設，正是要用帷幔（卽帳蓬，圖書集成歲功三十九引十六國春秋——或抄自永樂大典——"每年三月三日，石虎及皇后公主，妃主，名家婦女，無不畢出，臨水施設帳幔"，與此可互證）才能把已經濡水的衣裳換掉。其不能換掉的，只好讓自然的乾掉了。

其次詩中所言"洧之外"是指洧水的對岸。例如賈誼過秦論"於是秦人拱手而取西河之外"也就是指對於三晉而言，在西邊黃河（西邊黃河指秦晉間的黃河）的西岸。此爲原屬魏國的地方，秦孝公輕輕的取到的。所以洧之外是指從鄭國都城出東門以後，渡過洧水，在洧水東岸的田野或森林。地方比從城到河寬曠（因爲一般的城總是臨河修建，利用河作天然的城濠，所以城與河之間，不會有太多的空地）。正爲作爲休憩的地方，所以說 "洧之外，洵訏且樂" 了。如其可以這樣的解釋，那鄭風別一首，"子惠思我，褰裳涉溱（下一章是涉洧），子不我思，豈無他人"。 那正是說"如其你心裏有我，那我將褰裳，涉過對岸去休憩，去長談，如其不然，我也有別人陪我去"。 所以還是上巳的風光，並非涉溱涉洧要逃走。同理，鄭風"出其東門，有女如雲"， 東門正在水田事，也是游春的上巳風光。此外周南漢廣一篇，雖然和鄭風地方不同，如其兩相比照，也未嘗不可以用風俗來解釋，而屏除鄭交甫一類的神話。

把古代上巳所代表的因素來分析，最重要的當然是宗敎意義的洗濯潔除，其次是安排男女間交談的機會，再其次才是純粹的游春，包括曲水流觴以及貴冑富人的炫富。在這三者之中，因爲政府及社會有意的改革，使男女間交談的機會首先喪失，只剩了第一點純粹的潔除，和純粹的游春，周禮仲春會男女，也許是仲春之末，和上巳

在季春之初是回事，但到了漢代，却絲毫不見痕跡了。這也是使後代的學者對於周禮此條驚怪，但此條也可以證明周禮中的思想，不是漢代任何一個儒生所能僞造。

在漢以後隋唐以前，記述上巳的情況的相當的多，今以庾信所寫的兩篇，行雨山銘和春賦作爲代表：

庾信的行雨山銘說：

> 山名行雨，地景陽臺，佳人無數，神女看來，翠幔朝開新妝旦起，樹入牀頭，花開鏡裏。草綠衫同花紅面似，閏年寒盡，正月游春。俱除錦被，共脫紅綸天絲劇藕，帳粉生塵。橫籐礙路，弱柳低人，誰言海浦，一箇河神。

這個銘解是指上巳的，因爲二月桃始華，正月凍未全消不會說“草綠衫同，花紅面似”，所以“正月游春”可能是“三月游春”之誤。至於庾信的春賦是：

> 宜春花中春已歸，披香殿裏作春衣，新年鳥聲千種囀，二月楊花滿路飛。河陽一縣盡是花，金谷從來滿園樹，一叢香草足礙人，數尺游絲即橫路。開上林而競入，擁河橋而爭渡，出麗華之金屋，下飛燕之蘭宮，釵朵多而訝異，髻鬟高而畏風。眉將柳而爭綠，面共桃而映紅，影來池裏，花落衫中。苔始綠而藏魚，麥纔青而覆雉。吹簫弄玉之臺，鳴珮凌波之水。移戚里而家富，入新豐而酒美。石榴聊泛，蒲桃醱醅。芙蓉玉碗，蓮子金杯。新芽竹筍，細核楊梅。絲珠捧琴至，文君送酒來。玉管初調，鳴絃暫撫，陽春綠水之曲對鳳廻鸞之舞。更奕笙簧，還移箏柱。月入歌扇，花承節鼓。協鈿都尉，射雉中郎。停車小苑，連騎長楊。……三日曲水向河津，日晚河邊多解神，樹下流杯客，沙頭渡水人。鏤薄窄衫袖，穿珠帖領巾。百丈山頭日欲斜，三晡未醉莫還家，池中水影懸勝鏡，屋裏衣香不如花。

以上的兩篇所說到的上巳或三月三日，主要是游春，却甚少說到祓禊。可見到六朝時期，游春是主要目的，祓禊只是附帶的條件。在南北朝人的詩賦中，有關上巳的，最大多數是屬於游春的，極少數談到祓禊。在春賦之中，“樹下流杯客”還不是眞正祓禊，只有“沙頭渡水人”才是眞正傳統上的祓禊。此外少數詩賦中，如梁武帝和人渡水：

晚晚新上頭，涉裙出樂遊，帶前結香草，鬟邊捍石榴。

晉潘尼三日洛水詩曰：

> 暑運無窮已，時逝焉可追。斗酒足爲歡，臨川胡獨悲，暮春春服成，百草敷英
> 蕤。聊爲三日遊，方駕結龍旂。廊廟多豪俊，都邑有豔姿，朱軒蔭蘭皋，翠幕
> 映洛湄，臨岸濯素手，涉水寧輕衣。沈鈞出比目，舉弋落褰飛，羽觴乘波進，
> 素卵隨流歸。

但從另一方面看，却有許多人亦望到河邊，不再渡水，這正是古代傳統渡水和後代習
慣，只到水濱看一看的中間情況，如同晉成公綏的洛禊賦：

> 考吉日，簡良辰，祓除解禊，同會洛濱。妖童嬌女，嬉游河曲，或振纖手，或
> 濯素足。臨清流，坐沙場，列罍樽，飛羽觴。

但是涉裙的風俗雖然不是普遍的，却還能延長到晚唐時期，李商隱柳枝詩序說：

> 明日余比馬出其巷，柳枝丫鬟畢粧，抱立扇下。風鄣一袖，指曰"若叔是。後
> 三日，鄰當去濺裙水上，以博山香待，與郎俱過"。

朱鶴齡注引北史竇泰傳爲說，如下：

> 竇泰母夢風雷有娠，期而不產，甚懼。巫曰，度河涉裙，產子必易，使向水
> 所，忽見一人曰，"當生貴子，可徙而南"。 母從之，俄而生泰。

朱注原意只是引北史來解釋涉裙（李序作濺裙，可知是用當時俗語，故無定字）。不
過從巫語說到生子的事，又別有民俗上的意義。詩大雅生民篇"以弗無子"下毛傳：

> 弗，去也。去無子，求有子。古者必立郊禖焉。玄鳥至之日，以太牢祠於郊
> 禖。天子親往，后妃率九嬪御，乃禮天子所御帶，以弓韣授以弓矢，于郊禖
> 之前。

鄭玄箋云：

> 弗之言祓也。姜嫄之生后稷如何乎？乃禋祀上帝于郊禖，以祓除其無子之疾而
> 得其福也。

禮記月令篇是仲春二月，玄鳥至。鄭玄注說：

> 玄鳥燕也。燕以施生時來巢人堂宇而孚乳，嫁娶之象也。媒氏之官以為候（此
> 和周禮仲春之月會男女相應），高辛氏之出，玄鳥遺卵，娀簡吞之而生契。後
> 王以為媒官嘉祥，而立其祠焉。

鄭玄認為姜嫄生子以前是曾去祓除，這一點是可以和同類型的傳說，商代祖先簡狄的
故事及清代祖先佛庫倫的故事來做比較的。簡狄及佛庫倫的故事均言是在浴時吞鳥
卵，那就姜嫄的故事，照鄭玄說認為是由於祓禊，當然可通。又詩經下文的“履帝武
敏歆”一般解釋都是認為履大人跡而有所感。那就應當依照毛傳認為“履踐也”。
踐大人跡而有感，就應當是徒跣親大人的足跡，才能有所感覺。平時是不應當徒跣
的，徒跣應當是在祓除以後，才從水濱登岸的時候。所以照此來說，竇泰傳巫師的話
是可以追溯到很遠很遠的民族傳統的。而相傳東漢時候兩女俱亡或三女俱亡才有祓除
一事，也正是求子之說的反面，也未見得全無根據，只是傳說的形式變的更為荒謬，
簡直不可究詰。不過追溯來源，當然以鄭玄推到的生民篇為最早，而祓除在古代的宗
教意義也就不必懷疑了。

⑸ 祓除的經濟上的意義

祓除和祀先蠶是同時舉行的。續漢書禮儀志：

> 是月（三月）皇后率公卿諸侯夫人蠶。祠先蠶，禮以少牢。是月上巳，官民
> （當作宮人，民字係因唐諱民字，民字全改為人字，宋時又改回來，有時原來
> 本為人字時，也改成民字，官字係宮字之誤）皆絜於東流水上，曰洗濯祓除，
> 去宿垢疢為大絜，絜者言陽氣布暢，萬物訖出，始絜之矣。

惠棟補注云：

> 黃山曰：續漢書三月上巳，官人皆絜於東流水上，自洗濯祓除爲大潔也。文與
> 此同，而官民作宮人，是也。志當爲朝廷明禮儀，不當僅載官民之事。………
> 前書五行志，高后八年三月祓霸上，元后傳，幸繭館，率皇后到侯夫人桑，遵
> 霸水而祓除皆其故事。

這是說漢代重視的婦女工作，蠶桑，是與祓除同時進行的。再從類書中列出許多的故
事來看，顯示著，春天，婦女，和水有互相結合，不可分離的關係。這就不能不從人
類社會關係，再向前推溯了。

　　在農業發展以前一段，採集是一個重要的工作，而採集的工作，向來是由女子去
做的， Robert. H. Lowie 的文化人類學，對於採集這一件事說：

> 野蠻人和農業民族是一樣的 ， 他們也要 找一點別的 食品來調濟他們單調的餐
> 食。南美洲的 Ova 人是吃拉馬的，愛斯基摩人是吃海狗和馴鹿的，但他們却
> 都非常嗜好漿果，在別的一些地方，野蔬也是重要的食品。澳洲人用尖的棍來
> 掘草根而且搶收漿果和植物球莖，非洲的布什曼和美洲沙機山西面的印第安人
> 也差不多。加利佛尼亞的印第安人是以橡實爲主，在 Sierra 區以東却以松子
> 爲主，在 Owen 峽谷的各部落各占一片松林，如有侵越， 就代表戰爭。到了
> 冬天，女人大部分進山去，用有鈎的棍從松塔把松子取出，再把松子的肉夾出
> 來放入圓椎形的大籃子裏。但是除此以外他們還要採集幾十種的草根，球莖和
> 漿果。
> 採集野生植物和下等動物，在任何地方幾乎都是婦女的事業。在澳洲，婦女是
> 採掘塊根，在 Ova 印第安人中他們是採取漿果，菌類及其他。另一方面說男
> 人是獵取肉食，並且代表早期的勞力部分。 (PP. 22-23)

農業發展前期，婦女管採集的事，在人類社會中尚未發現例外，那就中國古代有一個
階段由婦女擔任採集，應當是不容懷疑的事。

在詩經中有許多處是關涉到探集的，並且也很顯然的和婦女的生活有關。最可以做代表的，例如：

于以采蘩，　于沼于沚，　于以用之，　公侯之事。
于以采蘩，　于澗之中，　于以用之，　公侯之宮。
被之僮僮，　夙夜在宮，　被之祁祁，　薄言還歸。

又如：

于以采蘋，　南澗之濱，　于以采藻，　于彼行潦。
于以盛之，　維筐及筥，　于以湘之，　維錡及釜。
于以奠之，　宗室牖下，　誰其尸之，　有齊季女。

這兩首詩不論在毛傳或在朱熹集傳都是一致認為諸侯及大夫的妻採取蘋繁為供給祭祀去用的。當然在儀式上的意義大於實用上的意義。不過儀式上的需要還是從實用上的價值發展而來。這就表示華夏民族有一個時期所有婦女都需要到溪澗，到河流去探集食物，卽使是一個酋長的妻也不能例外。也就證明了中國人在古代對於水中的探集是在經濟上有重要性的一環。

從新石器時代遺址的發現上去看，黃河支流上許多臺地，誠然十分重要。但就文獻記載上來考察，現在的河南，河北及山東間的黃河三角洲却更為重要。這些地方現在是一個大平原，在商周時代及其以前却是黃河冲積成低窪地帶，由數不盡的支流圍成了許多可以住人的島嶼，這就是所謂‘九丘’，‘九州’等等名稱的肇始。九在古代是指多數的一個不定名詞（見汪中釋二九），早期‘九州’和‘九河’正是互相對峙的，‘九州’指‘九河’環繞的島嶼，‘九河’指包圍‘九州’的河流。九州中各州名稱的決定，並且把九州擴展到九州以外的地方，一直到四川，甘肅，那是戰國以後的事，當然在黃河三角洲照理應該有更多的遺址的，只是黃河帶來泥沙太多，古代‘九河’的故道已經完全湮沒，不可踪跡。許多遺址也自然歸於湮沒，不會像黃河支流的臺地上保存的那樣多。

　　但是從有史以來黃河三角洲就是中國文明發展的更重要地方，從商代文化活動的情形來看，黃河三角洲的文化發展，顯然比其他地區為早。如其就傳說中古代帝王的都邑來推斷，更支持這一個事實（自然，到了漢代，更是全國人口最密之區）。就人類古代文明的性質來說，許多重要的文明都是屬於河川的文明，而河川文明的集中點，又很少例外，皆在下游。這不僅由於下游地帶，比較平曠而膏腴，並且文化的發展，是要靠交流的，河川支流間的文化，彼此間是被隔絕的，只有向下朝宗，才便於彼此聯絡，從觀摩而增進。我們不能因為上游保存的情形好，就斷言文化是從上游發展。如其能有機會做更進一步的考察發掘，一定在下游可以得到若干線索出來。

　　在史語所集刊中，陶雲逵的"幾個雲南土族的現代地理分布及其人口之估計"確提出一個重要觀念，表示著雲南各民族不同的文化隨著海拔的高低作他們定居的標準。漢民族雖然未曾計入，但從漢人分布地點來看，也顯然是一個低海拔的居住者而非高海拔的居住者，和泰民族也大致類似（所以就上已節來說，泰人也有他們自己的潑水節）。只是現代泰民族的風俗保存舊有為多，而漢民族就已經有了更大的轉變，轉變到無法確定追溯舊有風俗和文化的境地。

　　現代漢民族當然更和原有不同了。就文獻相傳的風俗去追溯，例如漢民族的服裝是以裙子為主，而不是以褲子為主，顯示著其中主要的文化是南方的傾向而不是北方的傾向，尤其進門脫屨的風俗，更顯示著和泰、越、日本、馬來的文化關係較北方穿靴子民族的關係為深。從這些民族的生活看來，進門脫屨一事正表示著這個民族是個經常赤足的民族，而著屨亦只是非經常的，古代人是很少穿韈子的，韈是用皮製成，除去了儀式上的裝飾品以外，一般人只為了禦寒之用。因為屨（或屨）是不能禦寒的，屨是用草，用麻，用葛，最講究用絲編織而成。（由漢至唐，講究的屨，是有絇的，實際由草鞋前面翻上的鉤形演變而成的）在敦煌邊塞發現的漢代草鞋，和近代草鞋的編織法完全相同。詩經魏風說"糾糾葛屨，可以履霜"。毛傳"夏葛屨，多皮屨"。儀禮士冠禮"夏葛屨，多皮屨可也"。這是說葛屨為經常，天冷時也可以用皮屨。葛是麻的一種，葛屨被形容為‘糾糾’葛屨（糾糾說葛繩互相糾纏），正是說明葛屨的製法和後代草鞋製法正是一樣。這也正說明古代的屨正是一種為低濕地方，經常赤足的人應用的。

　　以上不惜辭費來說明古代的屨，主要目的就是要藉此證明古代在這種生活之下是一種什麼自然環境。因為人類生活方式是不能離開自然環境的。如其所稱華夏文化的主流是發生在一種低濕的環內，那就這種文化的根據地是在三角洲的可能性大於在支流河谷的可能性。也就只有照此來解釋，才可以說明為什麼到了周代。貴族的婦女，當著要親自採集隆重祭祀的祭品時，不去上山採取果實，却要下河採取水草的原因。但是客觀的情況變了，這種遠古禮俗的殘餘到漢代已經完全消失了，只留下春天后妃祭祀先蠶的古禮，和上巳節同時舉行著。

　　這裏並非認為周人是在黃河三角洲活動的，周人出於秦隴，是一個不爭的事實。只是黃河三角洲是文化主流發源之地，周人採取了這種文化而形成了周代的禮，董作賓先生曾經對我說，甲骨的旦暮（莫）二字，代表了當時造字的環境。"旦字是表示太陽在水上出來，而暮字是表示太陽落到草叢裏。從這裏去看，造字的環境是東方的大平原，而不是若干山谷地帶"，　也就對於古文化發生於黃河下游一事可以做一個更多的了解。

七、古文字、古文獻及文學研究

中國文字之特質及其發展

一、中國語言文字及字書

　　中國，是衆所周知的，在亞洲，在世界是一個很大的國家。但是由於特殊地形的影響(山地占面積多半，並且全國被山脈、沙漠及大洋所包圍)，使得中國在一個長的時期和外界有一個相當程度的隔離。

　　這種相當程度的孤立，使中國文化形成特殊化。例如單音語系和符號文字就是其中重要之點。這種單音語系怎樣形成的，可能相當複雜，迄今尚未能追溯，未能斷定。並且漢藏語系的單音形式，在世界上還是獨一無二的，也無法對別的音系的發展過程，加以比較。如其要和別的語系比較，只能說這一點——卽中國語言是經過變化而成的。至於中國文字如其比較埃及或美洲印第安人的象形文字，卻可以看出中國文字的形成，是在獨立發展狀態下進行的。其完成時期，大約在殷商時代。

　　中國民族可以溯原到「夏」人。「夏」是一個王國形式的國家，大約在山西的南部及河南的西部。不過依照晚近考古的成績來看，可能在文化上與彩陶文化有若干的關聯。夏人四鄰可能都是些戎狄，而這些戎狄也說著種種不同系統的語言。因爲夏人文化的進展和傳播，戎狄自然也接觸和採取夏人的文化。就商人來說，也許不一定就和夏人出於同源，但是顯然的商人是採取了夏人的文化和語言。這就是所謂「雅言」。不僅商人用雅言爲標準，後於商人的周人也是以「雅言」爲標準。

　　從商至周末，總共一千多年，在這一個長期段落之中，許多部落成爲城邦，而城邦又演成爲王國。在前 221 年，秦始皇繼續的滅了六國而統一中原成爲帝國。在統一了中國之後，他把以前各國採用不同的文字劃一了，這些各國的遺

留，現在還可以在發掘出來的印璽、錢幣、陶器，以及銅器中的銘文看到。

秦時的標準字體叫做小篆。小篆是從大篆變來，因爲小篆的筆畫比大篆簡單，所以對大篆來說，稱爲小篆。小篆的字彙是依據當時宰相李斯所作的《倉頡篇》作爲標準。從小篆變出，使得書寫更爲便捷的是隸書。在隸書初行時也許並不算一種正式的字體，只是爲著公文上的應用，一般文吏用來比較方便，就很快的通行起來。到了漢代，最初可能有些正式公文仍以小篆爲主，但其後漸由隸書代替，在敦煌及居延發現的漢簡，漢武帝時代的公文，已經都是用隸書。只有極端鄭重的場合中，如王莽所造的標準銅量才用上小篆。此外只有印璽用小篆來刻，一直沿襲到後代。

因爲一般人在社會中使用的是隸書而不是小篆，所以對戰國以前的字體是不熟悉的。漢代經學中的今文古文問題，就是因爲從漢代初期開始，五經已經用隸書書寫；至於舊存的用古代文字書寫的經書，反而不能被一般儒生熟悉了。

小篆在漢代雖然逐漸不能通用，但小篆仍然是漢代法定的文字。在東漢永元十二年(西元 100 年)，對於五經都能貫通的許愼，完成了中國第一部正式的字書《說文解字》。這也是首次採用部首或偏旁來編成的第一部中文字典，也是第一部解釋中國字之學源的字典。這部書流傳以後，就成爲用今體來追溯古文的唯一根據。並且也成爲後世用偏旁來編次中國字所成字典的先驅。

除去《說文解字》以外，李斯的《倉頡篇》，加上趙高的《爰歷篇》和胡母敬的《博學篇》，總稱「三倉」，在秦漢是當作字書用的。此外史游的《急就篇》，雖然每句的字數和《倉頡篇》不同(《倉頡篇》四字一句，《急就篇》是三字及七字一句)，但每句仍自成文理，和《說文解字》以每一個字爲一個單位不同。這種三倉的傳統，後來形成了《千字文》、《百家姓》、《三字經》，以及《四言雜字》、《七言雜字》等，都可以說是三倉系統下讀物。

在漢代時期，或者是在西漢初期，有一種比較《倉頡篇》進步的方式，就是將各類的同義字排在一起，不拘一句的字數多少。這就形成了分類訓詁的辭彙，這部書就是《爾雅》。對於《爾雅》形式繼起的著作，還有《方言》、《廣雅》《釋名》和《小爾雅》，這種分類的字書，也就爲後世講訓詁的主要根據。依照《漢書 · 藝文志》，

《爾雅》有兩種注本，一種是劉歆的注本，另外是犍爲文學的注本，但是他們卻未想到做成《說文》部首的形式。

除去這些後世算在經部的字書以外，後世把它列在集部的辭賦，實際上也是一種作爲字書功用的篇籍。從司馬相如、揚雄、班固、張衡到西晉的左思，他們的功力除去搜集宮室制度、人情風俗以外，還有鳥獸草木之名，這些名物的搜集，無疑的，也是被人當作字書來看待。

《說文》以後，循著《說文》的體例而編輯的，有梁代(502-566)顧野王的《玉篇》。這部書一共有五四二部首，比《說文》多出兩部。《玉篇》收字雖多，可是在唐宋時期仍有不少新增的字，非顧野王之舊。在《古逸叢書》內有黎庶昌在日本找到的殘本《玉篇》，可以說是顧野王的原書，可惜只有四卷，只能大致看出原書的面目。

在宋代(1031-1039)的時候，又有一部新的字典出現，這就是收字更多的《類篇》，《類篇》的來源是從韻書改編的。而韻書卻別具源流，其中第一部韻書要算《切韻》。

《切韻》是在隋代的 601 年出現的，這是陸法言「集古今南北之音」的一部創作。所以這部書是一種學術上研究的書，而非純爲做詩賦的人查韻用的。不過既然標出古今南北之音，所以此書是盡量的求其分而不是求其合，就全部中國來說，是不可能有任何一個時代或者任何一處地方有這麼複雜的字音讀去。《唐韻》的規模是大致依照《切韻》的，不過《唐韻》就已標出合用和獨用，這就表示唐代實際上標準讀詩的韻不似《切韻》那麼複雜。羅華田先生所著的《唐五代西北方音》，是根據敦煌發現用藏語字母標音的《千字文》而作歸納的，雖然藏語字母和中國語多少有些出入，但其紐韻分合不會太錯，由其中的讀音看來，顯然比《切韻》系統寬得多。

從《切韻》衍出的韻書，唐代有《唐韻》，宋代增加成爲《廣韻》，再增加成爲《集韻》，《集韻》的字數在韻書中是最多的。但是《切韻》的分韻太多，在實用方面是非常不切實際的。唐代雖然已行合用的制度，還未正式合併韻部，到金時平陽人(平水)劉淵把韻部正式合併起來，這就是所謂《平水韻》，明清以來的詩韻都是從《平水韻》這個系統下來的，清代除去官書《佩文詩韻》、《佩文韻府》用的

都是《平水韻》分部以外，阮元的《經籍纂詁》，因爲避免代替《康熙字典》的嫌疑，所以不用部首而用韻部，並且因爲《佩文詩韻》是友書，因而也就應用《佩文詩韻》的韻部，來做檢查的指引了。

從明代起梅膺祚編的《字彙》，可稱是中國字書中一大改進，梅氏的《字彙》所分的部首是按照筆畫的多少的先後的，在各部中再按照筆畫規定各字的次序，就檢查的方便來說，比《說文》以後各書以性質來排列，要簡明得多了。所可惜的，是梅氏並不曾貫徹以檢查爲主的這個原則。梅氏書中如同「帝」在巾部，「平」在干部，「無」和「燕」在火部，「王」在玉部，「尹」在尸部，「舉」在臼部，「奉」在大部，都是完全依照楷書的形式，與原有六書體制無關。但從別一方面來看，如同「和」在口部，「字」在子部，「甚」在甘部等，又完全不從楷書結構中求其易檢的原則去排比。所以此書實在是進退失據，爲例不純。爲著檢查方便起見，部首筆畫的方法，總不失爲一種可用的方法。只是梅氏的分部方法，以及字的歸部處置，實在嫌過分輕率，鹵莽從事，許多地方旣不方便，亦不合六書原則，引起無限的糾紛。此書早就應當有人改革，無奈自明代《正字通》就全用梅氏的分部，淸代惟一通行的字書《康熙字典》更完全採用梅氏的方法。於是梅氏方法，成爲積習。近來林語堂氏雖然曾經有計畫的歸併梅氏部首爲八十部，較爲合理。不過林氏卻想推行他自己的「頭尾檢字法」，以致未曾好好的把新部首辦法做下去[1]。此外在日本字書中，雖然未曾把部首徹底的改革，但用一部「互見」的方法，例如和字分在口，卻在禾部也列入和字，下寫見某一頁的和字，這就給人不少檢查的方便，但新部首究竟是合理的方法，值得推行的。

二、《說文解字》與古文字的認識

在《說文解字》中包括了三種不同的字體：小篆、隸書以及古文，小篆和隸

1　在各種檢字法之中，原以四角號碼爲最通行，但現在爲了電腦的發展，四角號碼已不夠應用，爲著更求便利，已經發展了更多的系統，變做了群雄割據的局面。不過分部檢查之法，究竟與中國字的結構有關，編字典時只能兼用各種號碼，而不可能廢棄分部。五十五年三月七日《中央日報》林語堂〈論部首的改良〉，即曾提出具體的方法。最近《國立編譯館刊》第1卷第3期，曹樹鈞〈中文字典分部查字法之新研究〉，建議各點也很值得重視。總之新部首的中文字典一定會有人編輯，來代替梅氏進退失據、檢查不便的舊法，只是希望能夠越早出現越好。

書在漢代是法定的文字，古文卻來自不同的淵源。其中一部分是從漢代出土的古器物上錄出來，一部分是從周代遺址中尋出的簡牘，大致是在戰國時代書寫的，至於秦火未及的書籍殘餘，被漢代人認爲是「古文」的，也屬於戰國時的文字。因爲是戰國文字，所以《說文》中的所謂「古文」多與金文的結構不相符合。關於金文的發現，依照《說文 · 序》，說「郡國往往於山川得鼎彝」，而且《漢書》中也有對於古器物的記載，只是當時未曾像宋代以後那樣有系統的整理罷了。

西漢末年「古文學」的創立是中國經學史上的一件大事，當時古文學的經師所據的經典，大概是兩部分，一部分是在漢武帝時期，魯恭王壞孔子宅來修他自己的王宮，在牆壁裡面出現的古文經書，另一部分是皇帝秘府收藏的舊籍，未曾被人用隸書改寫的。前一部分是《尙書》，後一部分中最重要的是《左傳》和《周禮》。這些書籍因爲對經學的研究增加了非常重要的新的內容，並且影響到東漢以後的經學方向。其中所有的字體，和小篆不同的，也大致都收入了《說文》中「古文」之內，並且除去《說文》以外，曹魏時代的《三體石經》也收入了古文的字體，這些字體除去了有些是抄寫走樣的字體以外，其中比較可信的，無疑也屬於戰國的字體。除此以外，還有西晉太康三年（282）在汲郡出現的大批竹簡，其中最重要的是《竹書紀年》。這些出現的古代書籍，也屬於戰國的字體。不過戰國時六國的字各不相同，也就無從作系統的整理。

孔子故宅的壁中書可能殘缺太甚，並且不易訓釋，古文學派師承之中，《尙書》還是以今文的二十八篇爲主。河內女子曾獻過一篇〈泰誓〉，後來也亡失。所以魏晉之際，《古文尙書》並無傳述。也就在這個時期，王肅一派的學者，僞造《古文尙書》二十五篇，到東晉時再獻出來，形成了正式的典籍。這個僞《古文尙書》是用古文的結構再寫成隸書的，就是所謂《隸古定尙書》。《隸古定尙書》有些字確有根據，有些字卻由於杜撰，這就使古文問題更爲複雜。宋郭忠恕的《汗簡》搜集了宋代初年所能搜集到的古文，在當時古文是眞僞雜糅，所以郭忠恕的書也是可以參考而不能完全相信。

除去了《說文》以來的「古文」是一個有問題的文字結構以外，並且從《魏書》以來對於古代文字的書寫方法也有一個錯誤的觀念。從那時開始，把古文叫做「科斗文」或者「蝌蚪文」。這是認爲周以前的文字是形如科斗的。這種科斗文

的誤會，可能由於對於鳥蟲書的形式，誤認爲原始的古代文字而來。鳥蟲書是一種用鳥形作爲裝飾的書體，有頭部較粗尾部較爲尖銳的現象。這種書體是出現在春秋晚期及戰國初期，通行地帶爲中國的長江流域一帶(卽吳、楚、越的區域)，只是一種裝飾的文字而不是一種實用的文字。因爲這種字體難於辨認，多少有些神秘的感覺，在貴古薄今觀念之下，於是就被認定爲三皇五帝時的文字。再加引申，凡是古代文字也都被認爲科斗文，而模刻金文的，也都變成尾端尖銳的形式了。汲冢《竹書》的戰國文字是被認爲科斗文的，但這個科斗文的形式未被說出來。薛尙功的《鐘鼎彝器款識》初刻本是刻石的，現存宋拓殘本，所有模寫金文大致還和原文相近。到了明清的薛氏《款識》刻本，那就變成尖銳尾端，完全失掉了金文書寫的習慣了。這當然是受到了科斗文設想的關係。直到了阮元刻他的《積古齋鐘鼎款識》，才恢復了金文書法固有的形式。

三、中國文字結體的歷史觀察

中國文字應當從圖畫形象發展出來的，然後再加以增飾，成爲文字的形式，是可以溯源到簡單繪畫到較爲原始的時代的。在彩陶文化的仰韶期中，已經在陶器上發現種種的圖形，但卻和象形文字沒有發現什麼聯繫。不過在仰韶文化中的西安半坡陶文中，卻發現有類似文字的符號，李孝定首先表示應是初期的文字，郭沫若也和商代族徽比較，認爲是族徽。雖不一定就十分正確，可是屬於一種類似文字的符號，應無疑義。到了殷墟發現的文字，就可以認作正式的文字了。

《說文·序》中說到了結繩和八卦都是在創造文字以前的記事方法。這裡的記述是相當矛盾的。結繩記事一件事，是有充分理由可以相信的，至於八卦的性質就另外是一回事了。結繩記事在希臘史家希羅多德(Herodutus)的書中就說到波斯王大流士(Darius)就送過繩結表示意義給雅典。而且結繩的用途還曾在琉球、南太平洋以及非洲保存著，這些事實都強有力的支持中國古代曾經有結繩記事的事實存在。從西安半坡陶文的發現，更直接證明和結繩方法，有多少的聯繫，使我們懷疑安陽四盤磨獸骨的刻文以及周豐鎬遺址骨片上類似的文字都是和結繩有些關係。至於中國古代的數字，也顯然的可以看出結繩的遺

跡的。

至於《易經》中的八卦，也許由結繩引申出來的，不過決非結繩的全部功用。據屈萬里先生的推斷，《易經》是在西周初年編纂的，大致可信。無疑的，《易經》中包括了若干中國人的人生哲學理論，但《易經》本書的正式應用還是以占卜為主要目的。

陰陽的符號「—」和「--」。以及八卦乾(☰)為天，坤(☷)為地，坎(☵)為水，離(☲)為火，震(☳)為雷，艮(☶)為山，巽(☴)為風，兌(現)為澤，也為的是卜筮之用，不是概括一切的。因為對於原始民族所接觸的自然現象，八卦實在無法包括。也就表示先有八卦卜筮的方法，才把自然中幾種現象裝進去，而不是歸納了八種可以包括一切的原素，然後再用八卦形式來代表的。試看一看《易經》中的〈說卦傳〉，就知道每一卦所代表的事物都十分廣泛，可是卻無法做邏輯上的解釋。〈說卦傳〉的指示，是神秘的，對於占卜時可能有用，對於真實性的尋常日用卻不是實際性的。固然在遠古的中國，可能分為不同的文化與不同的建國，可是在實際的生活中，卻很難想到把八卦來派到一般的用途上。因為八卦在有限的表現上，也就是文字的發展不會經過八卦這一條線。

甲骨文是被認為中國最早的正式文字(除去西安半坡的符號還不能完全確定以外)，其發現的地區還限在殷虛附近(西山境內有一點，還沒有大批的發現)，鄭州是安陽以外的殷商時代非常重要的遺址，也沒有文字的發現。這項事實誠然不能說明文字是在那個時期稍前創造的，卻多少指示著文字在安陽時期有一個更前進的新發展。

甲骨文是刻在龜腹甲及牛胛骨的上面。鐫刻文字的目的，是因為商王重視龜卜，差不多每件事情都要占卜的。占卜的程序是預先龜甲(或牛胛骨)鑽孔後，用火來灼炙之下，看其裂紋，來定吉凶，然後再將占卜的事刻到旁邊，以備徵驗。刻上去的是占卜的人也就是當時的史官。

主要的造字原則在甲骨文中已全部具備。也就是說中國文字發展的趨向，在殷商時代使用甲骨文時已完全決定了。這幾個造字的原則是：

(一)象形：描繪人體、鳥獸、蟲魚、草木、自然現象以及人工造成的器用。

（二）指事：指出抽象的意念，或者物體的方位、形質，以及數量。

（三）象聲字：借用別的同聲字來代替無法象形或指事的事物。這裡可以
包括兩類：卽單純的借用別的字的聲音，或者除去借用聲音以後，
再加上一個符號，表示這個字已經作了別的用途，而這個符號（多半
是另外一個字加到這個字的旁邊或上下），就表示和這符號同類[1]。

（四）複合表意字；複合二字或二字以上，來表示一個綜合的意義。

以上四種不同的造字方法，就成爲殷商時代以及後代中國字體作成的基本
方式。以上四種，如其用六書的規範來比擬，那就象聲字便可分爲兩種：「假借」
和「形聲」。因爲假借和形聲的關係十分密切，所以在這裡把它們算做一類比較
更容易了解些。總括以上各類再加上「同意字」，卽轉注，就成爲六書。問題只
在現在要講的範圍只在「字形組合」方面。轉注一項與字形組合無關，所以不講。
其實「假借」一項，如其以「字形組合」爲限，也可以不講的。因爲現在要講形聲
字的淵源，所以帶著講一下。

甲骨文是在十九世紀晚期發現的，但對於考證和辨認的工作卻要溯源於
乾嘉以來在經學及金文方面的長期準備。當甲骨發現以後，開始工作的人要算
對於乾嘉經學有深厚造詣的孫詒讓，以後羅振玉和王國維才能繼續作廣泛的工
作。孫詒讓曾經在《周禮》方面做過精確的工作，成就了他的《周禮正義》，同時
他也做了非常堅實的《墨子閒詁》，可惜他逝世較早，因而主要的工作要等待後
起的學者。至於第一個把甲骨文拓片出版的人，要算劉鶚，他首先石印他的《鐵
雲藏龜》。

甲骨文是商代的遺物，本來毫無問題。只因爲出土的情形在清朝末年及民
國初年還不甚明瞭，就被有些學者懷疑它是出於僞造。誠然，有些少數的甲骨
文龜版或骨片是出於僞作的。但這些僞物並不是憑空造作的，而是根據眞物來
仿造的。實際上僞造的人對於商代文物生活習慣不熟悉，以致漏洞百出。現在

1　這一段包括「六書」中的假借和形聲。不過假借和形聲本來是同源的。同聲假借在全
世界任何一種文字中，都是非常習見的。現在所有各國的拼音字母，最先也還是同聲
假借，中國境內各民族，如保儸及摩些都是用的單音節文字，但凡是同音的，就只有
一個字。如其有不同的意義，也不加別的符號，只用上下文來辨別。中國的形聲字，
在世界文字中是一個特例，實際上不過在假借的文字上加一個意符罷了。

僞造的甲骨已完全可以剔出來，不成問題。至於原有的甲骨雖然不僞，可是還有些學者具有成見，一直不肯相信，例如章太炎先生就是這樣。後來章太炎終身不談甲骨問題，但是有人如同做〈甲骨文理惑〉的徐英，居然悍然做下去。但是甲骨文字的眞實事實擺在面前，這些顯然錯誤的文字，也沒有再批評的必要了。

從 1930 到 1937，中央研究院史語所在安陽的發掘，是有關甲骨的第一批發掘。發現的除去數萬片的甲骨以外，還有大量的商代遺物，以及重要的商代宮室、墳墓以及民居的遺址。這些甲骨的拓片，都刊行在中央研究院史語所所出的《小屯》內。這部甲骨的總集至今爲研究甲骨的重要參考資料。

銅器的銘文是用在王室及封建貴族的器物上，從商朝經過西周一直到戰國時代。從商朝到戰國時代，文字和器形以及裝飾都有很大的變化，但其傳統因革還是可以追溯的。漢代的古文學就是從古代文字傳統蕃衍下來的。其中的許多學者到東漢時代已經有了相當的貢獻，許愼就是其中之一。他的《說文解字》就是古文學中一個重要的貢獻。

自有《說文解字》一書以後，一直到宋代，在這一千多年之中，發展不大。唐代中期，李陽冰曾加刊定。只是在李氏環境之下，他保存這部書的力量大，而訂正書的力量小。直到五代之季和宋代初年，南宋徐鉉、徐鍇兄弟對《說文》再加校正，這才把《說文》的刊校，導入正軌。再到北宋中期（十一世紀前期）著名的散文作家歐陽修編輯了金石書籍先導的著作《集古錄》，這才引起了學者對金石文字的注意。

在《集古錄》以後，許多對於金石文字的書都一一出現了。其中如呂大臨的《考古圖》，宋徽宗的《宣和博古圖》，薛尙功的《鐘鼎彝器款識》，王俅的《嘯堂集古錄》，都是搜集古代器物加以著錄，並且對於銘文加以解釋。這些釋文的來源，當然是以《說文》中所載的小篆爲基礎，然後再比照原文找到相關的字句。這也使得《說文》更被人重視。

宋人對於金文的釋文，因爲憑藉不夠，其中充滿了錯誤，曾經被清代的學者批評過，不過他們創始之功也是不可埋沒的。王國維〈宋代金文著錄表序〉（見

《觀堂集林》六)說：

> 趙宋以後，古器愈出。祕閣太常既多藏器，士大夫如劉原父、歐陽永叔輩，
> 亦復蒐羅古器，徵求墨本。後有楊南仲輩之考釋，古文之學勃焉。中興伯
> 時與叔復圖而釋之。政宣之間，流風益扇，籍史所載，著錄金文之書，至
> 三十餘家，南渡以後諸家之書猶多不與焉。國朝乾嘉以後，古文之學復興，
> 輒鄙薄宋人之書以為不屑道。竊謂《考古》、《博古》二圖摹寫形制，考
> 訂名物，用力頗鉅，所得亦多，乃至出土之地，藏器之家，苟有所知，無
> 不畢記。後世著錄家當奉為準則。至於考釋文字，亦有鑿空之功，國朝阮
> 吳諸家不能出其範圍。若其穿鑿紕繆，誠若有可譏者，然亦國朝諸老所不
> 能免也。

這可說是一個持平之論。因為一直到民國時期對於金文的著述，還不能不推溯
到宋人的影響。

到了元明兩代，考古的工作遲緩下來。到了清代初年，顧炎武及朱彝尊便
開始做先驅的工作，把古文字做系統的研究，使得古代史料的整理從寂寞中復
活。到了乾隆一代，更堅強的受到了漢學方法的影響。乾隆皇帝命令翰林院編
次《西清古鑑》及《寧壽鑑古》二書，這是以《宣和博古圖》為範本的。同時私人出
版的圖錄也在此風氣之下出現。其中最為重要的是阮元的《積古齋鐘鼎款識》，
和吳式芬的《筠清館金文》。阮書包括對於早期遺存的材料加以較為謹慎及較為
周詳的訓釋，吳書則搜集當時的材料更為完具。

在清朝這一代之中，對於銘刻上文字的訓釋更有可貴之處。從顧炎武以下，
江永、戴震、錢大昕及王念孫、王引之父子都有很好的收穫。尤其是段玉裁及
王筠在《說文解字》的箋註上很有些可貴的特見。戴震曾致力於經學文字學以及
古算學，其方法影響到他的弟子段玉裁，所以段玉裁書在邏輯的運用上比同時
的學者更為精當。自段玉裁的《說文解字注》刊行以後，凡是講到《說文解字》的，
幾乎無一人不受到他的影響。晚清以來，研究古文字的成績，超越前代。在清
代晚期，各家對於金文的成就，已經達到了一個相當高的階段。段玉裁雖然未
曾把金文探入他的《說文注》內，可是他的成就幫助金文的研究相當的大。晚近
的學者批評段氏的成就是無可置議的，雖然他也有他的錯誤，但以他的成就來
說，他的錯誤分量上就太小了。

在清季及民國建立以後，在金文以及甲骨文方面都有卓越的進展。其中除去東方的學者，中國人及日本人以外，西方的學者也有非常好的貢獻。他們著述之中有不少的考釋、論文，以及字典。這許多成績都是和《說文》有關的。但是編輯起來也實在太費事，總不免掛一漏萬之嫌。丁福保的《說文解字詁林》（編於民國二十六年）是一個對於《說文》方面的總結集，將那時的金文和甲骨也收進入一部分，在民國五十年時，臺北商務印書館再行發印。此書搜集《說文》方面的著作可稱完善，可惜對於金文甲骨方面搜集得不夠。徐文鏡的《古籀編》，以古籀爲限，檢查當稱方便，可惜出版時期還嫌太早，而徐氏這許多年年老多病，也無法補充材料。至於專限於金文或甲骨的字典，金文方面因爲不集中，現今通行的只有容庚的《金文編》，當然覺得很不夠。做甲骨的比較多，有商承祚的《殷虛文字類編》，朱芳圃的《甲骨學文字編》，孫海波的《甲骨文編》，金祥恆的《續甲骨文編》以及李孝定的《甲骨學文字集釋》，比金文方面的工作豐富多了。但許多問題仍隨時在進展之中，現在看來，又有重作補訂或重新編輯的必要了。

四、隸書的發展

隸書是從小篆變化而成的，與六國的書體無關。不過在六國時期，把篆書的用筆變成了輕便的橫和直，卻是一個共同的趨勢。在長沙發現的楚簡和帛書中在這一點可以看得很清楚。秦楚兩國的文字可能有一些分別，不過用筆的方法，卻可能互相影響。

依照王國維作的〈史籀篇疏證序〉及〈戰國時秦用籀文六國用古文說〉，在七國之中，秦是繼續西周的傳統的，再從春秋以來的秦刻石如同〈石鼓文〉（據先鋒、中權、後勁三本）及〈詛楚文〉（現存宋人瘞刻本），上溯西周金文下繼秦始皇石刻及秦二世時的秦權銘刻，可謂相承有序。而就西周金文到秦時小篆，其方向可以說是日趨簡易。

這種舊式的字體，也就是西周以來相承的字體，是被後人稱做「籀文」或「籀書」的。這個籀文或籀書的來源，可能是《史籀篇》開始是用「太史籀書」四個字。太史籀書是可以作兩種不同的解釋的，一種是「這部書是太史籀所作」，太史籀

是一個人名。另外一種解釋是許慎《說文解字‧序》：「學僮十七以上始試，諷籀書九千字，乃得爲吏。」這是出於秦法的「尉律」，秦時的需要是小篆（或者甚至是隸書），沒有一定讀古文的必要，所以「諷籀」的意義是等於徐鍇所釋的「諷誦」，或者如段玉裁所說：「諷籀連文，謂諷誦而抽繹之」，不應當是一個人名。如其太史籀書的籀不是人名，那就太史籀書當爲「太史選擇文字」，與造字或字體並無直接關係。不過《史籀篇》如其初稿用古體寫成的，那就把籀文當做古體字也沒有什麼不可以。

因籀文的筆畫比較繁複，而且和以前的古文又不同，那麼籀文在秦代的八體之中，實在與大篆沒有什麼分別。換一句話說，籀文和小篆是相應的，籀文的省減體就是小篆。

秦國所以比東方國家對於西周舊制更爲保守，是因爲秦國的基本地區也就是周的舊都豐鎬所在。這一個特殊的區域，曾經被周的文化所覆蓋，從周初到西周之亡(771 B.C.)大約是二百五十多年或者甚至到三百年。後來這個區域曾經一度被夷狄侵據，宮室被焚燒，書籍被損壞，直到秦重新收復這個地區，雖然文化的遺留不多，但因爲習慣上的原因，還是把文字上舊的傳統保存下來。

照著《說文解字》所述，而且依照秦權秦量的詔板都是標準的小篆。但是不論是大篆或小篆，都是過於屈曲，不能成爲最適宜於日常實際應用的文字，不論爲著公家的應用或爲著私人的應用都是一樣。從壽縣楚器的銘文以及長沙竹簡及長沙帛書中來看，就可看出比較迅速書寫的筆畫。這些方面用筆的筆勢，正和隸書及草書有共同之處，這一點也可以對隸書及草書的來源多一層了解。

照《說文‧敘》內說，隸書是在秦時的程邈創作的。《晉書‧衛恆傳》和衛恆的〈四體書勢〉說程邈是雲陽的縣掾，在獄中監禁了十年，他就把小篆的書法改成更簡單的形式。而這個新的書法，被廣泛使用之後，秦始皇不僅把他釋放，並且任用他爲御史，這在《說文》中未曾說到。不過衛恆是晉朝五胡亂華以前時代的人，他當然可能根據漢代遺留下來的史料，而現今所看不到的。

依照現今所能找到的戰國史料，我們不能說隸書是一個全新的創造。但是這也是毫無疑問的，隸書筆畫及排列是由程邈加以系統化的排定。結果一種高

度適用而且簡單和經濟的字體在公私的工作上通行下去。隸書誠然是以篆爲基礎來做出來的,不過隸書不僅好在易寫,更好在易認。這就把隸書帶到秦漢時代的日常應用上。從漢簡上的字體來看,早到漢武帝時代(紀元前二世紀後半),所有的官方文件已經採用了隸書。這一個普遍的變化,顯示著隸書曾經長期的採用,一直上推到秦始皇時期。

到了東漢時期,大量的石刻碑銘出現。除主要的篆額以外,只有極少數的碑銘,如同〈袁安碑〉和〈袁敞碑〉才用小篆。這個事實表示著小篆已經成爲過時的字體,已經陳舊而不適於應用了。

再回頭看一看西漢時代有關書體的記載。在西漢晚年學術上有一個嚴重的爭論,也就是所謂今文學和古文學的爭論。今文是指的口耳相傳的經典用隸書來寫的以及用隸書寫出的傳文及注釋。古文是指秦火劫餘的殘存古籍,例如《周禮》及《春秋左氏傳》,被帝室秘府所保存,或者漢武帝時魯恭王在孔子故居所得的《古文尙書》等。因爲古文在那時已不通行,一般儒生都是只根據隸書書寫的典籍,如其還有人想參用點舊有古文的材料,便毫無問題的受到了四方八面的攻擊。這個事實便深深的表示著,隸書在漢代推行的程度,是如何的廣泛。

從秦代以後,隸書經過了四百多年的演變,隸書的用筆也有些不同了。譬如隸書的橫畫本來是所謂「蠶頭雁尾」的,但到了後來橫畫的後部也就停頓一下,不再取所謂「雁尾」的形式了。這就是隸書變爲楷書的第一步。

在楷書和隸書之間,實在沒有一個明顯的分界,甚至楷書也未曾有過明確的定義。只有一件事可說,楷書實是隸書中變體的一種,而且這種變化也是逐漸形成的。但是有件事卻很清楚,即從西漢以來,直到東漢,不論寫在木簡之上或是寫在紙上,都是扁扁的長方形,到了三國時魏代以後,就變得成爲正方形了。這個字形的改易,可以說是楷書形體的開始。因爲正方的字形就會使橫畫的尾端受到限制而加重其停頓。這當然就把隸書的體勢變成了楷書的體勢。

試比較一下,拿東漢時代的〈曹全碑〉來比西晉時代的〈辟雍碑〉,就知道東漢時代的字體,橫畫爲取姿勢,比較自由;而西晉時代的字體,橫畫被限制在一定範圍中,比較規律。當然,兩個碑都被稱做隸書。再拿〈辟雍碑〉和東晉時

代的〈爨寶子〉來比較，〈辟雍碑〉是被認為隸書的，〈爨寶子〉是被認為楷書的，其基本用筆方法卻非常類似，只是橫畫的尾部停頓的方式稍有不同。雖然，這種猶存隸體的楷書，從東晉到南北朝，中國的南部和北部凡是石刻所表現的，並無多大的分別，只是南朝禁碑，而北朝不禁碑，因而南朝石刻甚少，而北朝較多。因此凡是遇見了這種體式的字，普通都叫做「北碑體」，甚至還叫做「北魏體」。

將近四百年的時間，從魏晉到唐，楷書的形式才算成熟。其中著名的書家如虞世南、歐陽詢、褚遂良、薛稷都可作為代表。再比較敦煌佛洞的唐初題記，也看的可以清楚。這是無疑的，將王羲之的行草書法，拿來適用在楷書上。雖然這個變化也應當是漸變的。實際上王羲之的真蹟究竟在唐代還有多少，是一個疑問。唐人所謂右軍墨蹟，就可能不純出於右軍手筆而是取自南朝晚期的智永。智永是右軍後代，藏有不少右軍手書，但也夾雜著智永的臨本，甚至是智永的作品。這種王羲之和智永不分的情形，就使所謂王羲之的字體代表的時代更後。唐初因為唐太宗崇尚這種字體，於是成為風氣，使得唐人的書法起了一個很大的變化。

就唐代來說，從中唐以後也有一個顯著的變化，顏魯公是一個關鍵人物，中唐以後，幾乎沒有人不受到顏魯公的影響。其中最顯著的是柳公權，柳公權的書法實際上就是以顏魯公書法的體勢為基本，加上歐虞的峻拔來做潤色。換言之，就是把顏體的肥改為歐體的瘦，但其骨架還是顏體的。到了宋代，宋人雖然注重「意態」，還是從顏體出來的。無論如何，唐宋的分別，不如初唐和晚唐的分別大，而初唐和晚唐的分別，又不如唐代和南北朝的分別大。因為唐代以後，才是真正的楷書，南背朝的碑銘只算是隸楷之間的一種書法，一般說來把這種書法稱做「北碑」或「魏碑」。

楷書中一個重要的變化，恐怕要算宋代刻書以後，因為刻板的方便，有時字體不免直畫較粗，橫畫較細，但這是偶然的現象而非普遍的。到了明代晚期，即嘉靖以後，這種刻法普遍化了，並且加上去一個名稱，叫做「宋體」，其實宋版書的書體，多半是依照歐陽詢體，橫輕直重的書體只是刻板中的一個偶然現象，宋時刻工不見得故意去做。但自從明人有意的去做以後，演變到萬曆以後

更為固定化，這就形成了清朝一代的刻書字體，以至於日本的秀英及築地兩種鉛字也都承襲了這種風氣。

五、草書及行書

在秦代整理隸書以前，已經早有草書了。從長沙竹簡來看，在戰國時的楚國，對於草書的運用已經到了很純熟的境地。在《史記》的〈屈原賈生傳〉中也說到屈原奏議的「草」稿。

《說文・敘》說到草書是起於漢代的。這可能指漢代專用的「章草」而言。即使章草在漢代正式形成，其演變決非短期間所能就，從簡單圖畫變為文字的過程當中，所有的筆畫也沒有遲緩描繪的必要。經常日用，一定會有迅速去寫的時候。這就自然而然的會推到春秋戰國時期，而漢代章草其源流一定是要推到以前幾百年的時候。

雖然，草書是從一般的習慣演變而成，但為著標準化，為著易寫易讀的原故，也有作成一個模範草式的必要。《急就篇》是漢代史游作的，其中「急就」二字，顯然是指示章草。也就是這部書為的是作為章草的範本，和《倉頡篇》作為小篆以及隸書的範本有同類的用意。所以《急就篇》原文應當是以章草為主的。不過依照敦煌發現的漢簡中的《急就篇》來看，《急就篇》卻是用隸書書寫。這又意識到《急就篇》的創作本來是為的一種速寫的範本，也就是用隸書來速寫的範本，不一定就是章草。《急就》只是三倉各篇的縮本，如其原則上用速寫的辦法，也自然的形成為草書書寫的書籍。照這條路發展，也就自然的演變成為標準章草示範的書。所以自漢到晉，標準章草是以《急就篇》為主的。其中章草書家例如索靖、鍾繇、皇象、衛夫人以至王羲之都被稱為章草專家。現在僅存的一種只有三國時吳國的皇象本為最早。這個皇象本《急就篇》，也就是元時趙孟頫臨本及明時宋仲溫本的祖本。

如其把漢簡中所寫的章草文字和幾種《急就篇》來比較，顯然的彼此相似部分是相當多的。只是草書本《急就篇》做過一種標準化的工作，而漢簡中的章草卻不曾做過，這就是在漢代的章草（或草書）未曾被學者整理過的事實。同樣的

情形，行書之於楷書也和章草之於隸書是類似的。就行書來說，就始終沒有學者來把它標準化過。除去章草以外，在草隸之間也還有一種比較章草更近於隸書的體式。這也就排除了隸草各自為獨立體式的成說。所以清代的學者就把這種體式稱為「草隸」，鄒安曾根據石刻作有《草隸存》。

章草在重要的部分是和隸書相符的，有些部分還可看出來戰國以來傳統的性質，這是表示章草並非純係隸書變成，而是章草的本身還有一個獨立的發展。因此對於章草的辨認有時頗不容易。不過章草是在隸書通行的時代使用的，多少總會跟著隸書走。等到隸書變成了楷書，章草也會跟著去變化，因此楷書時代的草書不再被稱為章草了。草書的類別就成為下列兩種：（一）狂草，這是一種十分自由的書體。章草雖然迅速寫成，但每一個字都是分隔的，狂草卻是相連不斷，因而更增加了認識上的困難。從晉代以後的草書，凡是章草的，普通應當歸入狂草一類，不過其中任意的程度還是各不相等的，因而辨識上的難易也還是各不相等。無論如何，草書的習慣究竟和楷書的習慣殊少關聯，也就是使楷書不得不轉化而成為行書。（二）行書，行書是從楷書演化的，雖然有一部分筆勢從草書演化而來，但凡草書筆畫和楷書迥異的地方，就不被行書所採取。所以行書可稱為楷書化的草書。因為行書對於楷書比較接近，也就比較合於適用。這樣就使得比較之下，顯出狂草比章草更難辨識，行書就比章草易於辨認。

不論狂草或行書，都是到唐代才算成熟的。但其來源卻可以溯至晉代。六朝的碑因為正式字體是隸體，總是保持隸體的波磔，和唐碑的用筆迥然不同。至於晉宋六朝的平時應用的書牘，為求取便利，實已樹立了行楷的先聲。就現有晉人的遺蹟來說，陸機的〈平復帖〉是章草，和漢簡中所表現章草的體勢，相去不遠，但在新疆發現的李柏書牘卻是行楷，距離唐人的書法就相當的接近。從章草推演下的狂草，以及由實用而演成的行楷，都和碑的銘刻體勢不同，卻大量的包括在由真蹟而覆刻到石版的帖上面。

自從「帖」的覆刻和墨拓通行以後，帖就成為最普通的書法標準，而六朝認為楷則的「碑」，反而不再有人去理會了。這一點宋代以後是非常顯著的。若推究其原，當然和唐太宗特別重視王羲之的書法形成了社會上的一般風氣有關。因而正式的行書便要推之於唐代了。不過行書和草書的界限還是不十分明朗

的，宋元明清的人行書中還是雜有草書，爲著使行書更容易辨認，更適合於實用，怎樣別出難以辨認的草體來完成標準的行書，還是一個等待完成的工作。

在草書和行書以外，還有一種供一般社會的方便而造成的，就是所謂「簡體字」。「簡體字」或「簡字」可以溯源到篆書時代。所謂小篆之小，實際上就是指省略或簡省的意思。在《說文》中許多字還指出來「人人」某「字」而省。這許多的省文有些是不甚切合的，有些確實眞是如此。到了漢代，漢簡中的隸書也頗有省文。到了六朝，因爲國家常在動亂時期，在一般社會之中，對於文字的標準更不講求，所以別字比漢時更爲顯著，而簡字也更爲通行。六朝的碑別字清季已有趙之謙的《六朝別字記》，羅振鋆的《碑別字》及羅振玉的《碑別字補》等書，但是敦煌卷子的發現，其中包括佛經、變文、俗曲等等書籍，許多地方都可以找到別字和簡體。這許多簡體字也沿用到宋元以後。在劉復和李家瑞的《宋元以來俗字譜》中的俗字，可以溯到唐代甚至溯到六朝的眞不在少數。當然自從宋代通行木刻書籍，小說也隨著盛行，簡體字在小說中也大量流行著。至於簡體字被注意是近五十年來的事，因而在一些地方通用了簡體字。當然在實用上來說，這個簡化的問題還未能充分解決[2]。

六、中國書法的展望

中國的文字是和繪畫用同一的工具，筆和墨，來書寫的。因此中國的書法也被認爲一種藝術，和繪畫成爲藝術一樣。一切藝術都是藝術家的人格表現，如其書法也是一種藝術，書法也無疑的是書家個性的代表。就書法的發展來說，中國文字在篆書時代（包括甲骨、吉金、小篆等），確然含有裝飾的成分，尤其春秋晚期以至戰國的「鳥蟲書」，裝飾的成分更爲顯著。不過這些書法是趨向於圖案化，表現書家個人性格的地方不多。在彝器中從來沒有書家署名的。秦始皇及二世的石刻以及秦權秦量也都未曾署名。甲骨中雖然有貞人的名字，但所表示的只是對於貞卜負責，而不是表現書法。所以中國文字在篆書時代，雖然有精粗優劣之分，但這和西方拿字母做圖案裝飾一樣，表達的並非書寫人的個性。

2　參看《自由中國》13 卷 3 期，周法高〈論簡體字〉。

到了漢代隸書通行以後，因爲筆勢的控制對於書寫者較爲困難，就使得每一個書寫者具有不同的筆法。這種對於個性的施展當然也適用於草書、楷書和行書。這也就樹立了中國書法形成爲藝術的基本事實。

在前第一世紀的後半，「史書」這個名辭在《漢書》上出現了。「史書」這個名稱的解釋，雖然前人有許多不同的意見，不過在漢人通用習慣之下，史是指公署中的掾史，史書應當就是用到正式文書上的整潔隸書。漢代的正式公文用隸書去寫的，在敦煌漢簡和居延漢簡中都可以看到。這些用隸書書寫的公文，可以看出來是要受過很好的訓練才能做到，並非每一個人都可以寫得這樣的好的。隸書用筆不論橫畫、直畫以及斜畫，其變化都比篆書爲多，這就構成了「史書」成爲一種藝術的條件。到了西漢晚期及王莽的時代，陳遵就變成了著名的書家，收到他書信的人都把他的手蹟珍重的保存起來。這就顯示書法進一步的發展：第一，書法的重視已由端正的隸書移到書牘上的草書；第二，書家在社會上有其地位，這就使書法更成爲藝術的一種了。

當然陳遵書法的被重視，還因爲他的社會地位特殊，也成爲被重視的一個因素，不是純然憑藉書法的藝術的造詣的。但是到了東漢晚期，靈帝時代，書法的被重視就和書家的社會地位並無關係了。光和元年(178 A.D.)靈帝就把一些擅長書法的人任爲鴻都門學生，高第者後來升至郡守。這種帝王對於書法的提倡，對於社會上的重視書法是有直接的影響。

從東漢末年以及魏世出名了一些書家，到兩晉時期就成爲書法的黃金時代。其中王羲之和其子王獻之就成爲最重要的人物。王羲之的書法影響到唐人書體，可以說是一個革命性的傾向。從此以後，楷書成爲兩種不同的形體：第一是碑體，第二是帖體。碑體所指的字，是包括漢秦代到隋代的石刻。不過除去篆隸以外，專論楷書那就以南朝晉宋以後，北朝從十六國到北魏北齊北周以至於隋，特別專指北魏一代的北碑。帖卻是指流傳的眞蹟，寫到紙上面的，從魏晉開始直到陳隋，並且連貫到唐，以至於唐代以後。

從唐代開始，碑和帖的結體用筆是一致的，沒有什麼問題。問題是在唐以前。就粗淺的觀察來看，現存的帖多屬於東晉南朝，而碑是以北朝爲代表，很容易被人認爲南朝字體和北朝字體根本不同。所以就曾經有說是由於地域性

的。但是稍加留意，南朝雖然因禁止碑而碑少，但南朝時的南部，與北朝沒有直接文化交流關係，在雲南區域的〈爨寶子碑〉及〈爨龍顏碑〉，就和北碑體式全然一致。這且不說，更重要的，就是蕭梁時代，南京的幾個墓闕題字，這是標準南朝的，也和北碑用筆一樣。在這些明顯的證據之下，我們決不能說在東晉南朝時代，南方碑版字體和北方有任何的不同，也就是說在最正式的楷書形體上，南北的寫法是一致的。

但是「帖」也確有其來源。現在所有的南北朝碑刻的書體是特別鄭重的書體，也就是曾經加以做作的書體。在一般尋常日用的書體，當然是隨便得多了。這種尋常的書寫文字，在新疆發現的晉代李柏書牘，就很接近唐以後的楷書。再看敦煌的六朝寫經，也比較上和唐人寫經接近而距離北朝碑銘用筆為遠。這就表示著唐以來相傳的帖體並非憑空造作出來，也非唐人所能全部偽造。其唐以前名人墨本，誠然有些出於隋唐時代的雙鉤或臨摹，把隋唐人用筆的特質也許加進去一點，但其中仍有前人真蹟，決不能一律鉤銷。所以碑帖體式之不同，只是當時用法上之不同，而非有南北之分，更非有真偽之異。

不過唐人的碑刻，受到「帖」的書法影響，講求書法上用筆的解放。於是唐人楷法雖然看起好像仍然工整，但每一橫，每一直都是「寫」成的，而不像以前「做」成的。在書法的批評上，也許會認為六朝人「雅」而唐人「俗」；也許會認為唐人「工」而六朝人「拙」。不論在批評上「尊唐」或「卑唐」，但唐人在書法進展上的影響是相當的巨大的。因而帖的寫法一直延長到宋，宋人守著唐人方法，變動不大。在十九世紀，有一班書法宗師提倡北碑書法，餘風所至，確有人把北碑書法再抬出來。但這只是在藝術方面多少樹立一個新的方向。至於社會上的應用上，當然還是帖的世界。

書畫同源的原則是在中國被普遍承認的，在過去有許多畫家即是書家，也有許多書家成為畫家。這是因為中國畫都是用線條鉤勒而成，和書寫的條正有相關的一致性。

當著筆尖觸到紙上的時候，書家和畫家是一樣的控制著筆來應用最適合的壓力和速度，在一個筆畫中不同的位置上，使用不同的壓力和速度，一個畫家或個性就這樣的表達出來了。他們在時間、地位、技巧，以及傾向表現著他們

藝術上的成就，並以不同的變化，供給後代對於藝術上評價的基礎，使後代有所準則或比較。

書畫同源這個原則對於書和畫影響到許多不同的方面，除去純藝術的造詣而外，在實用方面，中國的學者要費很多的時候和工力來學習書寫的技巧。因爲社會上重視書法，以致在朝廷對於進士的殿試，也以書法作爲名次高下的標準。不但如此，一些尚書以及督撫的奏議，也需要書法好的去寫。這都是清代的發展，也看出中國書法上的發展。

至於畫法方面，畫家的工具只限於毛筆和水墨或水彩。這當然是受到相當限制的。誠然在中國、日本，以及韓國的畫，因爲工具的限制和西方畫家的畫有所不同。但就在這個工具限制之內，許多畫家還是憑藉其天才及個人的觀點創造出他們特殊的表現。

關於進行簡體字問題，我是覺著在書寫上可以用簡體而在印刷上還是以保留繁體爲是。因爲中國固有文化的遺產太多了，拋棄實在有些可惜。現在採用的簡體字，不論是那一個系統，其改革不過僅至中途。如丸之走阪，不達底不止。目前從簡字學起的人，對繁體已感難認，將來簡體字當然還要增加，其更不認識繁體，自在意中。再就文字的應用來說，目前電腦的採用，已經一天一天的推廣，眞適合於電腦應用的，只有併音文字(用拉丁字母或注音符號)，其他方法如採用舊式電報號碼或設法將漢字直接打入機器，都是不經濟不實用的。卽令勉強採用，將來仍然需要更換。繁體誠然不能適於電腦，但爲著尊重文化的關係，可在電腦領域以外保存。簡體既不適於科學上操作，又無文化上背景，不論以後時間多長(幾十年或幾百年)勢必歸於淘汰。所以與其改革文字改到中途，採用簡體，還不如在普通應用範圍中採用繁體爲是。

古文字試釋

(一) 釋　　示

示字在甲骨文中爲神主之義，說文解字示部云：『示，天垂象，見吉凶，所以示人也。从 二（上），三垂，日月星也。觀於天文，以察時變，示神事也。』爲說神秘，蓋出自緯書。甲骨文示作 丅，作 丅，作 示，作 示，皆與說文不合。晚近以來，學者多有新解，而其中亦頗有可商者，今併論之。

丁山先生曰：『清史稿禮志：「清初起自遼藩，有設杆祭天禮。杆木以松長三丈，圓徑五寸。若帝親祭，司俎掛淨紙於柱上，諸王護衞漸次掛之。」……示所从 二 或 一，是上帝的象徵，其所从 ｜，正象祭天杆，杆旁之)(，蓋象所掛之采帛。』①

今案示有神所主之義，以神杆爲釋，自屬可言。但神杆之義，僅係一種假設，必需在甲骨文中或商代實物中，證明此種假設之合理與其存在，方能取信。但丁山先生並未能供給此項證明，僅能以清代禮節以爲比較。東北民族與商人關係究竟如何，迄今未能論定，因之其所舉例殊有證據不足之嫌。

葉玉森曰：『示从一象天，｜謂恍惚有神自天而下。一地也，後蛻變作 示……變作 丨 亦神至自天下地也。又變作 丅，丅，上从二，乃从一之譌。更變爲 示，示，與許書古篆文合，卽許君三垂日月星說所由來。』②

今案葉說未能有所實據，李孝定謂其『徒涉玄想，可毋深辯』，者也。③

胡光煒曰：『丅蓋象木表所以代神，與 帝（帝）同意，古祭人鬼，祭天神地祇無尸，則植表以象神所在，此立主之始，于 帝 皆爲表形也。』④

今案 帝 字依吳大澂所釋爲花蒂，假爲上帝，其說實不可易。胡氏以帝表植木，未爲

允當。且卜辭中示壬與示癸顯屬祖先，不屬天神，謂其表天帝者無據。因此其說亦不足取。其中最堪參考者當推唐蘭及陳夢家之說。

唐蘭釋示宗及主曰：『卜辭示，宗，主實爲一字。示之與主⑤，宗之與室，皆一聲之轉也。左昭十八年傳曰：「主祏」自卽說文之「宝祏」，而莊十四年謂之「宗祏」，金文作册卣謂之「石宗」。襄廿四年又謂之「宗祊」。明主，宝卽宗，而祏石，卽祊也。』

陳夢家卜辭綜述曰：『卜辭的示字，我們舊以爲卽後世的主字所從來，今述其證：(1)卜辭的示壬、示癸卽殷本紀的主壬、主癸。(2)卜辭云「上甲三匚」（拾一、六）。三匚卽報乙、報丙、報丁三先王匚，匚字象示在匚中，匚爲盛主之形。(3)說文曰：「祏宗廟主」，而卜辭祏字象示在石下，示卽主。(4)說文曰：「宝宗廟宝祏」，左傳昭十八年，「使祝史徙主祏於周廟，告於先君」，主祏卽宝祏。左傳莊十四年「先君桓公命我先人典司宗祏，宗祏卽宝祏，卜辭的宗字亦卽是宝字。(5)古音宗主示祏皆一聲之轉。(6)武丁卜辭示壬、示癸作 ⼯ ，武丁以後作 ⼯ ，卽主字所從來。金文作 ⼯ ，中間加一橫畫，則爲文字發展的常例。卜辭的示字，應是石主的象形。乙，七三五九（又八六七〇，八六七一），和珠六二八，示作 呂 哲庵二〇三作 工 ，較爲原始。』

以上唐陳二氏闡明示、主、宗、祏、室諸字之關係，允稱詳瞻，但亦有不可信據者，如謂宗主示祏室諸字皆一音之轉一事，則古音宗在多部，主在侯部，示在脂部，祏在魚部，除示與室同在脂部以外，其餘無一可以相通。若能可通，則古音無不可通矣。蓋音自音，義自義，義之相通，原不必音之互轉也。誠然古音中亦有不盡可以切韻系統衡量者，但此類究屬少數，原不可以偏概全。今宗主示祏各字俱不相互通，是所謂一音之轉者，純屬揣測之辭。而專以義推求始爲正理。如以義推求，諸字皆與祏字相關，故示之以石爲之，固亦事實也。

雖然，殷之宗祏若爲石製，而列在廟中，其事難信。是合理推論，亦必非唐、陳二氏所論在廟中之石主，而當認爲在廟外之石室，始能符合契文之實況。若爲石室，則其石室之排列則當如左圖形式。卽上甲、報乙、報丙、報丁爲同形式之石室，而主壬、主癸則爲別一形式。以契文形似而論，上甲以至報丁之石室當爲三面有牆上面有

頂之石室，上甲之石室向前，而報乙、報丙、報丁之石室則同在上甲石室之左方，面向右方。其主壬及主癸則非石室而爲石几形之巨石，亦卽示字之形，上蓋一石，下支一石或數石，其有點者則祭時酒醴也。其實石室及几形之石，皆屬於多爾門之一種。但大小之規模相異耳。商人祀祖自有差等，本不足異。其制度沿襲而成爲宗祠及石主以及木主，甚至於演變成漢人之畫像石室，亦相承有自。獨惜丁氏僅就圖騰文化立說而未思及於巨石文化⑥，唐、陳兩氏過於注意音轉而未思及石室之排列與差等耳。

(二) 釋 金 錫

說文金部，金字下釋云：『金，五色金也，黃爲之長。久薶不生衣⑦，百鍊不輕，從革不韋，西方之行。生於土，从土。左右注象金在土中形，今聲。』段玉裁注云：『象形而不諧聲。』金部錫字下釋云：『錫，銀鉛之間也，从金易聲。』今按古者金多指銅，不必專指黃金，銅錫二原料皆鑄器鑄兵之所常用，古人當在所習見，然此二字又牽涉假借文字，故本義亦多所紛擾，今具論之。

就金字而言，其成字頗有可以論列者，卽此字是否象形，此字是否从土，此字是否从今得聲。就象形一事而言，金字下部誠屬象形，無可疑者，惟金下部左右注之點若象土中之金，當作圓點，何故曳長？王筠釋例首致疑辭曰：『旣云注，則當作 ○○。不當曳長之。生成之物多作圓形』，其言是也。今參酌金文，則金字旁之點，亦咸作長形，無作圓形者，則謂爲生成在土中之形，則有可商矣。就以土一事而言，則金文中金字之下部多作王字形加點，並非土字，則从土之事，仍有可疑。再就从今得聲一事而言，段玉裁以爲非是，而羅振玉西狹頌跋，則以爲：『說文金……古文作 金 段氏玉裁注，金 象形而不諧聲。案 金 乃傳繕之誤，當據嶧山碑改作 金。漢李翕西狹頌，今字作仐，與嶧山碑金字所從正合。知仐卽今字，古文亦從今聲。段氏云古文象形而不諧聲，疏矣。漢人分隸多從譌變，然亦有可考見六書本原者，此類是也。』今按嶧山碑係屬秦篆，僅屬一例，仍未可以論定古文。若就金文而言，則金字之點變化甚多難以執一端而論，其顯著者，計有：

金　金　金　淦　淦　金　金　余　　⑧

其上部與今字之關係在疑似之間，金字與今字誠然古音相同，但就形而言尙需進一步解釋也。

甲骨中尙未發見金字，但今字作 A 或 A 或 A，與金文中之今字作 A，作 A 作 合 作 合 者仍相承有序。⑨但除上部與金字 符合以外 ，其下爲一點或一短畫，與說文所稱『从亼从㇆，㇆古文及』者不侔。若謂借亼爲之，則今字與亼字聲韻無關，而其下一點亦難解釋⑩。故此字賦形，從來無滿意之解答。但今字與金字有互相關涉之可能，則不應有何疑問。

依照『昔』，『翌』等字之類別而言，皆屬於假借一類。盖涉及時日之字，無從象形，亦無從指事也。故就今金二字而言，則今字必爲假借，而金字則可能爲本義。若金字爲本義，則今字與金字宜有同爲一字之可能，但一爲繁體一爲簡體耳。如其今與金兩字同出一源，則其同點在字之上部 A 形或 A 形部分，對於此一部分，必需有較爲合理之解釋。

金屬雖有形體，但其形體並不固定，隨器而異。惟其製成器物以前，當探鑛，鎔金，笵器之時當可略爲形繪。尤其以鎔金，笵器之時，更爲具體；而其中最具代表性者則坩鍋及鑄銅鎔液也。坩鍋在殷虛有發見，當地人稱之爲『將軍盔』。⑪此種尖底之坩鍋與天工開物所記及現代銅匠及銀匠所用形式相同。若將此種坩鍋翻倒，則其形式極與 A 之形相近 。 如其中有銅鎔液，則可以一點爲代表，或以流下之形 ㇇ 爲代表。故『今』字非常可能爲一種指事字，指出銅液從坩鍋傾出之形狀。

再從冶鑄設備而言，殷代已知用精密方法鑄范⑫其鑄造技術，與天工開物所記非常相似。卽從范頂端傾入銅鎔液，流入范內，因而成器。 就小型者而言，漢以後錢范，今仍有存者，此種錢范卽是將銅液傾入錢范，經過引道，達到各種錢型，因而形成錢幣。今以古文『金』字比較，則金字上部宜爲坩鍋形狀，而下部則爲器物范中通道，此種冶鑄方法，固與大型銅器鑄造之原則相符 ，但與錢范等小型器物之鑄造比較，則更爲相合。⑬在以上比較結果之昭示下 ，金字上部爲一坩鍋，其下部爲一器范，其旁長點則表示流注銅液，甚爲顯明。故金字與今字雖繁簡不同，而其所代表者爲鑄銅之事，則無多大出入也。

若再與金部其他字比較，則錫字亦有類似之結構。

據說文金部：『錫，銀鉛之間也，从金，易聲。』甲骨無錫字，金文則毛公鼎之錫不从金，曶伯簋則从金从賜　（金文後期，賜字从目从易）。毛公鼎已至中周，曶伯簋更在春秋時期，則从金之錫字，當在東西周之間始有，更早但作易不作錫。則『易』似宜爲『錫』之本字也。若『錫』之本字爲『易』，假作『賜』義，則詩書中作賜與義之『錫』，如『錫之山川』，『錫土姓』等，本皆作『易』。『易』既爲『錫』之本字，則詩書中隸定作『錫』而不作『賜』[14]，則亦流傳有自，決非出於輕率也。

說文易部：『易，蜥易，蠑蚖，守宮也。象形。秘書說：「日月爲易，象陰陽也。」一曰：「从勿」。』是許君亦未能決定。許君以爲易當象蜥蜴，但別引買秘書說[15]及或說。買說及或說皆謬誕不足辯，許君之說則亦師承有自。今按金文中凡宗周早期彝器，如盂鼎、頌鼎、克鼎等，易（即錫或賜）皆作 𝄃，與甲骨相近，而宗周中晚期如毛公鼎、不娶敦，以及春秋時之䣄遣敦則變作 𝄃 有類於蜥蜴，與小篆接近。許君蜥蜴之說，亦必根據前人舊說，或可溯至春秋，非許君所能肌斷。第非造字之本誼耳。

甲骨易字作 𝄃 或 𝄃 與金文前期者略相近似，更爲單簡。惟自來釋甲骨者亦異說紛如，迄無定論。李孝定甲骨文字集釋易字後案語云：

按說文：『易蜥易，蠑蚖，守宮也。象形。秘書說：「日月爲易，象陰陽也。」一曰：「从勿」。』許君並舉三說，正見其無所適從。契文金文均不象蜥易之形，亦與日月，若勿字絕遠。郭氏謂爲益（今溢字）之簡體，以所舉 𝄃 字之形及音言之，其說或是。然易益二字之義，又相去懸遠，了不相涉。且契文金文益字多見，除郭氏所舉 𝄃 字一文之外，餘均从 𝄃，未見與 𝄃（契文）𝄃（金文）形近者。此字之初形朔誼，蓋已蒙昧難求矣。

今按孝定先生不信郭氏，其言甚是。郭氏所舉益，易二字，在韻部上雖同屬『支』部[16]，但在聲紐上則益字屬於影母，而易字則古音當屬定母。故二字在音理言之，亦未可相通。至就形言之，則益字之器爲平放者，而易字之器則爲斜傾；益字之水點爲自下向上溢出，易字之水點則爲自上向下向旁傾倒。則易字不象水自器滿溢而出，當

不難指定。惟其形所象何物，迄難判斷。今試比較『今』『易』兩字之形製及組成，或可爲之進一解也。

　　古代鑄器必銅與錫爲劑，然後可爲靑銅。所有各種器物，不論商或周，不論其爲祭器，兵器或容器，亦無一不爲銅與錫合金之靑銅。是則造字之時，金與錫（卽今與易）同時造定，形製相類，本爲不必致疑之事。今字爲坩鍋，倒傾銅液，已見前述，易字爲一平淺之釜，斜傾錫液，亦自可以比較得之。蓋銅之鎔點較高，在攝氏1083度，非坩鍋不能鎔解，而錫則鎔點甚低，僅攝氏232度，凡任何釜器，皆可應用。此所以易字作 ⟨圖⟩ 形，而與今字作 ⟨圖⟩。造字之原則相同，而其形則異之故也。

<h2 style="text-align:center">(三)　釋　　吉</h2>

　　說文：『吉善也，从士口』。士口何以爲善，許氏未詳爲解釋。段注亦無說。徐灝說文段注箋云：『吉善也，引申爲凡善之稱。从士口所以異於野人之言也。小雅都人士：「彼都人士，出言有章。」』其言雖可自圓其說，但比附於甲骨金文，則殊不合。是故羅振玉在說契釋之曰：

　　　　說文解字，吉从士口，卜辭中吉字，異狀甚多。惟第一字與許書合⑰作 ⟨圖⟩ ⟨圖⟩
　　　　者，與空首幣文合。

雖指出問題，亦無相當解答。至葉玉森始指出箭頭形爲吉字解釋困難之點所在，但其以爲吉字『从甲从日，爲十干之首，古或以甲日爲吉日，遂制吉字。至變 ⟨圖⟩ 爲 ⟨圖⟩ 爲 ⟨圖⟩，……由 ⟨圖⟩ 譌變从 ⟨圖⟩ ， ⟨圖⟩ ， ⟨圖⟩ ，象矢鋒形，朔誼乃益隱晦。』則揣測之辭，蓋月朔爲初吉，旬首並非初吉，以甲爲釋，於義未合。至於指明矢鋒形由於譌變，則事當正相反者，矢鋒形不見於後來文字，正爲朔義而 ⟨圖⟩ ⟨圖⟩ ⟨圖⟩ 等反屬簡寫也。其後于省吾在殷契駢枝三編別有新說，云：

　　　　說文以吉爲士口，乃就已譌之篆文爲說，非朔誼也。契文吉字上从 ⟨圖⟩ ⟨圖⟩ ⟨圖⟩
　　　　象句兵形，下从 ⟨圖⟩ 爲笠盧形，（句兵）橫之則作 ⟨圖⟩ 近代出土之商代句兵多
　　　　矣。其未納秘者，作 ⟨圖⟩ 形，左象其援，右象其內，其有胡下垂者，均後起之
　　　　制。吉字所從之 ⟨圖⟩ 均縱而不橫者，必係當時安置句兵之成法。……⟨圖⟩形本

象置句兵於筮盧之中，凡納物於器中者，爲防其毀壞，所以堅實之，寶愛之，故引申有吉利之義。

今按遺址發見之句兵，誠多無柲，其無柲者，非謂納柲也。柲爲木質，久已朽壞，不得證其無也。句兵質本堅貞，非易朽壞者，原不必納於筮盧始安寧弘吉也。以此釋吉，亦誠可備一說。但無吉制爲之證實，終覺無徵不信矣。故仍宜於他義求之。

今指甲骨中之吉字，多數皆作 𠮷 形，但亦或有變體作 𠮷 ，作 𠮷 ，作 𠮷 ，作 𠮷 等等，至於金文，則作 𠮷 者較多，亦有作 𠮷 作 𠮷 者。是其形象誠如于氏所指，類似句兵，但句兵之外，何以尚有他形，則必當求一解答，不得置而不言也。

據周禮春官典瑞云：

> 王晉大圭，執鎭圭，繅藉五采五就以朝日。……四圭有邸，以祀天旅上帝；兩圭有邸，以祀地旅四望。

此邸爲何物，據爾雅說：『邸本也』，鄭玄引鄭衆說謂四圭有邸，言四圭連於一本而四出者。此自漢人解經，不免肊斷。蓋四圭連於一本而四出，則當別有命名，不得云四圭，今既云『四圭有邸』，必是四圭分別各有其邸，若四圭各有其邸，則每圭之形，正如句兵，圭之體爲援，而圭之邸爲內。以之薦祀天地，祈求福佑，正所以稱爲吉也。其下口形則薦玉之藉，或薦玉之器，若謂藏之於櫝而謂之吉，則鑿矣。

圭之形製正由石器轉變而來。故與斧形有關，金文之吉或作斧形，非如吳其昌所謂一斧一碪謂之吉也。夫一斧一碪，何吉之有？金文中之吉，誠有類斧者在其上，但決不可率然以斧碪釋之。按上世石斧石刀制作匪易，而其用甚廣，故石斧石刀可以代表權威，可以代表貴重，亦可以代表吉祥。從其形制而變者，在玉則有圭璋，在金則有句兵，則有矛鋋，則有斧戚。雖其用不同，而形制相關，仍一貫也。其在吉字上部所從，在甲骨者自以類似句兵之圭而有邸者爲主，再就各種變化及省略者言之，實亦兼具有圭之親屬中各種形製之器物。但若溯其命意，自不外兩事，一爲增祥，一爲除祟。而此二者，自皆吉之表徵，不得謂爲他事矣。

吉之表徵溯源於上世，不僅龜玉，而兵器亦在其列。迄於秦漢之世，則自乘輿以至私學弟子皆佩剛卯。其見於續漢書輿服志者，剛卯之文爲：

> 正月剛卯既決，靈殳四方，赤者白黃，四色是當。帝令祝融，以敎夔龍，庶疫剛

瘅，莫我敢當。⑭此其所謂殳者，原本矛屬，爲兵器之表。故秦書八體，其以銘兵器者曰殳書。則殳之用亦以除災遠害辟不祥也。自秦禁天下兵器，不復能佩兵。於是剛卯之文以代兵器之用。雖乘輿自可佩劍，亦終移於俗，猶佩卯焉。然從此亦可見兵器亦有增吉之義，固不獨圭玉爲然矣。

(四)　釋　　格

說文口部：『各，異辭也。从口夊，夊者有行而止之，不相聽也。』又木部：『格，木長皃，从木各聲。』凡經典中之格字在金文中俱作『各』。然經典中格字，其義訓實亦多岐。徐灝段注箋云：

木長謂之格，古傳注未見此訓。惟上林賦注引埤蒼曰：『木長貌』，卽許所本也。緇衣曰：『言有物而行有格。』鄭注曰：『格，舊法也。』蓋古者法式謂之格，从木，取揆度平準之意，故有格正之訓。方言曰：『格，正也』。論語曰：『有恥且格』，孟子曰：『惟大人能格君心之非』是也。因之格訓爲至，而感格之義生焉。堯典曰：『格于上下』君奭曰：『格于皇天』是也。格爲至而又爲來，爾雅曰：『格，至也』，又曰：『格，來也』，湯誓曰：『格汝衆』，月令曰：『暴風來格』是也。字又作佫，爾雅釋文曰：『格本又作佫』，方言曰：『佫來也』。至有來至之至，有甚至之至，故凡審度事理，以求通乎萬物之情者謂之格，而後格物之義生焉。又執格以徇物，有不合者，是謂扞格。學記曰：『則扞格而不勝是也』。扞格者，感格之反猶亂又爲治，但又爲存也。引申之則相拒格鬥亦謂之格矣。又度閣之格，疏窗之格，皆格式之引申，因之量度謂之格。文選蕪城賦：『格高五嶽』，注引蒼頡篇：『格，量度也』。

此言許氏雖以『木長皃』爲格之本義，徐氏則引經據典，以爲格之本義當以揆度平準之『法式』爲格之本義更爲近似。本於『法式』之義而引申爲來，爲至，爲感，而『格物』之義遂從之以出。但『格』與『各』之相涉，尙未道及也。

又王玉樹說文拈字云：

尚書二十八篇格字凡十九見。而假之本字則廢而不用。然古字音相類者亦可通用。爾雅釋詁：『格至也』，釋言：『格來也』，大雅『神之格思』，毛云『至』；大學『格物』，鄭云『來』。薛尚功、鍾鼎款識，趞鼎銘云：『惟王來格于成周年鎬』，伯姬鼎銘云：『王格大室』，戫敦銘云⑲：『王格于大室』，又邿敦銘云：『王格于宣射』，牧敦銘云：『王在周在師保父宮，格大室』，敔敦銘云：『王格于成周』，據此知古固有以格為至者。

按此處所引金文之『格』，原文並作『各』，但亦有異文，如師虎敦作𢓜，而庚嬴貞作𢓜，從彳者於本義外更加形，示行來之義，而作𢓜者則實由甲骨文𢓜字變來⑳，再加一彳以為形意。從此一彳形之義符觀之，各字在彝器中含義，具有來或至之解釋者，更為顯著。因此從木之格雖本義或為法式之意，而詩書中之『格』字若以金文證之，實本皆作各（金文書作 𠙵，甲骨文書作 𠙵 或 𠙵），來或至為本義，其釋正，釋感，釋扞，皆其一再引申之義也。

卜辭每言各雲，陳夢家卜辭綜述云：

卜辭言：『各雲自北隋』（乙，四七八）又三次說：『大采各雲自北隋』㉑……隋當是曹詩候人：『薈兮蔚兮，南山朝隋』之隋。傳云：『隋，升雲也』。豳詩蜾蝀：『朝隋於西，崇朝其雨』，……周禮眡祲鄭玄注：『隋，虹也』。……曹豳詩中的朝隋，即宋玉商唐賦中的『朝雲』，亦即楚辭遠遊和曹植洛神賦中的『朝霞』。……尚書西伯戡黎『格人元龜』，史記殷本紀引作『假』，堯典『格于上下』，說文引作『假』，『各』，『叚』古音同。……卜辭以『各雲』應當讀作『霞雲』。

今按各，叚與霞在音讀上雖可通轉，但凡本義可通者不必再求引申義，本字可通者不必再索假借字，從各而轉為假，再從假而轉為霞，迂曲已甚。況霞本實字，言霞則即霞可耳，何必再言霞雲，甲骨辭簡，不當煩贅也。蓋『各霞』猶言『來雲』，『各雲自北』亦即『來雲自北』。來雲亦即『興雲』㉒，詩小雅大田：『有渰萋萋，興雲祈祈，雨我公田，遂及我私』是也。固不必廣為徵引，反滋疑義矣。

說文『各』字從口從夂，謂『有行而止之，不相聽也』，其意甚晦，故羅振玉於其增訂殷虛書契考釋解之曰：

案各从 ，象足形，自外至；从口，自名也。此爲來格之本字。

此爲來格之本字，不誤，象足形，自外至，亦無疑。但『从口，自名也』一義，則仍難成定論。蓋此解釋自『名』字之解釋而來。說文曰：『名，自命也。从口从夕，夕者冥也。冥不相見，故以口自名。』甲骨作 ，確亦从口从夕。而『名』與『冥』確亦同音，但如此解釋，終嫌牽強。竊頗疑名亦是一假借字，而『名』爲『鳴』字之別構。鳴字代表鳥鳴，而名則代表月下蟲鳴。姑無論如何，名之从口，自無疑義。而各字則未必从口。从口者，口字小而方，各字所从則其形大而扁，且有作 不爲口形者[23]。察其原意爲來，爲至，引申之義爲準則，爲法式，爲校正，皆與口說無關。是其從口者，由於甲骨轉寫至吉金以後，下部之扁平形變爲方形與口無異。故許氏不得不以从口釋之。若認爲从口，則不得不爲曲說，雖至羅氏，亦無如何也。若捨从口之設想，則其命意，自較易於理解。蓋依金文所述，『各』字除來與至而外，尙有就位之意。則其下部所从，當是席位。古者一般席位，多非專席[24]，此口形乃就坐位之區畫而言者。因其代表席位，故除訓來，訓至，訓準則，訓校正而外，且含有各別之義。若以口爲釋，則各別之義將無所依據矣。此格物之正解，而考亭、陽明之是非，亦可由此判之也。

(五) 釋　　歲

說文步部 ；『歲，木星也，越歷二十八宿，宣徧陰陽，十二月一次，从步，戌聲。律歷書名五星爲五步』。按五星水、金、火、木、土五星也。水爲辰星，金爲太白，火爲熒惑，木爲歲星，而土則塡星也。其中惟歲星十二年一周天，歷二十八宿。說文言十二月一次，言一周天十二分之一，凡三十二度也。然歲字實不指歲星，若指歲星，則歲字从步實無以槪歲星之行歷，而步字分而爲二，列於戌字之中央，尤不可解。

金文歲字多从戈，从戈而不从戌，已可見許君戌聲之說未確。而甲骨中歲字，則絕多數作 或 ，偶有作 或 形者。其作 者與小篆及金文歲字最爲相近，但內部乃象兩足形，非步字，而其外則僅能釋爲戈字，非戌字也。其有別

體 或 ⑳此亦歲字，蓋由歲爲積月而成，羅振玉氏釋爲月，非。

　甲骨文之 及其異體之當釋爲歲，已成定論，無人爲之爭辯者。今所論者，卽何爲從戉之問題，以及何爲其中有二小點之問題。

　先論何爲從戉。郭沫若曰：

　　『旣知歲本戉之別體，則必先有歲星而後始有年歲。……蓋歲星之運行，本以螺旋形而前進，故自地上視之，每贏縮不定。而光度亦明暗無常，古人甚以神異視之。⑳……中國亦猶是。星河圖云：「蒼帝神名靈威仰」，周官小宗伯鄭注，「五帝蒼曰靈威仰」，蒼帝卽木星，名之曰靈威仰，正言其威靈之赫赫可畏。洪範五紀：「一曰歲，二曰月，三曰日，四曰星辰，五曰歷數」，歲月日與星辰並列，而在歷數之外，則知歲卽歲星，而居於首位，在日月之上。下文：『王省爲歲，卿士爲月，師尹爲日，庶民爲星』，以王，卿士，師尹，庶民配歲月日星，示有威嚴存之等級，亦其明證也。……如此尊重歲星而崇仰之，則以戉以名之，或爲符徵者，固其所宜，史記天官書，謂歲失次以下生天棓，彗星，天攙，天槍，除彗而外，歲之變形均爲戎器之象，則歲之爲戉可想見矣。且歲星主伐，「其所在國，不可伐，可以罰人」，主伐亦歲本爲戉之一證也。由歲星再孳乳而爲年歲字者，歲星之運行約十二歲而週天。古人卽於黃道附近設十二標準以觀察之，由子至亥之十二辰是也。歲徙一辰而成歲，故歲之歲孳乳爲年歲之歲。』⑳

按郭氏論據，蒼帝靈威仰在漢時爲緯書五方帝之一，但五方帝非卽五星，與歲星無干。洪範之歲釋爲歲星，確爲懸解，但歲星與王並非以戉爲表徵，證據不足。仍不足以爲徵信也。

　至於唐蘭在天壤閣甲骨文存考釋中所論則以爲：

　　『 者戉之異文，……字或作 ，卽十干日名之戊字者，㵊鐘越字作戉，則戉戊本一字也。由 形而小變則爲 ，增點則爲 ，古文字往往增點爲文飾，無意義。…… 當讀爲劌，割也，謂割牲以祭也。墨子明鬼引逸書曰：『吉日丁卯用伐祀社方，歲於祖若考，以延年壽』此謂伐人以祭於社若方，歲牲以祭祖若考也。洛誥云：『戊辰，王在玆新邑，烝，祭，歲，文王騂

牛一，武王騂牛一』。㉘ 烝為奉登新米之祭也。祭卽卜辭之胾以肉祭也。歲文
王騂牛一，武王騂牛一者，歲用騂牛於文王、武王各一也。……舊以祭歲連讀
者誤。鄭玄曰：「歲，成王元年正月朔日也」盖以烝祭上屬，其解歲字亦誤。
蓋商、周舊典，漢儒已多不能知矣。』

今案墨子閒詁，孫詒讓校語曾引儀禮少牢饋食禮：『用薦歲事于皇祖伯某』，『歲事』
言一歲之事，不作劌解。郭、唐兩氏均不徵引，尤其唐氏當道及而不曾道及，更有埋
沒反面證據之嫌。至於洛誥一章已成單文孤證，鄭玄所解並非全不可通，唐氏於此不
作疑解，而曰『盖商周舊典，漢儒已多不能知矣』，亦不免有率爾命辭，過於自信
之嫌。今案唐氏釋歲為劌，訓割截之義，誠屬非常有用。但墨子及洛誥兩段，皆當訓
『歲年之歲』而不當訓『劌割之劌』。而況甲骨以迄篆書从兩足形之 字 字，若依照
唐氏殺牲為祭之說更不可通。尚不如郭氏歲星之說猶有故訓為據也。

今再論甲骨歲字中之兩小點。此亦為甚難解答之問題。除葉玉森根據幼衣戚之二
小點為偽刻，已由于省吾證明，不當計入外。郭沫若謂斧身中央，每設一圓孔，以便
懸掛，點而二之盖由左右透視之故。唐蘭則謂增點為文飾，原無意義。于省吾則以為
㉙其曾買得一古斧，其形為 字 其上下雙曲廻，甲骨歲字中之二小點正類此。今按郭
氏所說者實為一孔，指為兩孔不可通，已如于說，唐氏謂增點文飾可有可無，但甲骨
文中歲字甚多，其中多數皆有兩點，不得僅以文飾為解，唐說不可信。于氏之說，誠
然有據，但此項銅斧，僅有一枚，且為周初器而非商器。究竟屬於不十分洽當之孤
證，不能解釋甲骨文中非常普徧之 字 字也。

今所提出之解釋，卽據中央研究院史語所在安陽發掘到之成千成百之石鐮刀，其
形為 石鐮刀 上有兩孔，將鐮刀繫於柄上可成為下列形狀。
現在就已發現之石器及銅器而言，只有此種石鐮刀具有兩孔。
因此歲字上之二小點，只有此種石鐮刀，堪供表示。如此歲字係指此種石鐮刀，則一
刀問題，皆當就石鐮刀為中心，提供解答。

石鐮刀之應用，僅能割草，不能殺牲。故殺牲祭神之事，不能發生意義。因此歲
字誠可以同時釋為劌字，但此劌字係專指收割禾麥而言。從此較方面而言，歲字之命
意正與年字有關。年字指禾之成熟，歲字指禾之收割，二者固同時之事也。若甲骨文

![字形]形之歲字爲以石鐮刀爲主所組成，而用於刈割禾黍者，則 ![字形]形之歲字亦易於詮釋，蓋兩足形正表示刈割時行徧田野，此亦歷來解釋難通之處也。⑳

(六)　釋　　殳

殳說文小篆作 ![字形]，但甲骨作 ![字形]，金祥恆續甲骨文編三卷第二十五葉上，收有此字，釋作殳。李孝定甲骨文字集釋曰：

> 說文：『殳以杸殊人也。禮，殳以積竹八觚，長丈二尺，建於兵車，旅賁以先驅，从又，几聲。』挨諸契文，形似爲有叉刺兵，與許說不合，而契文从殳諸文，如 ![字形]，段均作 ![字形] 與此相近。金說應可从。金文从殳之字作 ![字形]，或作 ![字形]，與契文異。契文殳字似爲人名，其義不明。

今案金氏所釋，至爲確切，誠無以易之。據考工記所釋之殳，殳凡具有下列諸特性：

　　㈠　殳前後有銅質所成之首，而前部者更長。㉛

　　㈡　殳與矛爲同組之兵器。

　　㈢　殳之首部與戈戟之鐵略相類似，亦卽首部較矛之首部爲重。

殳矛同類，但矛頭較輕而柄則較長㉜殳頭較重而柄則較短。以今尺度計，殳長七尺二寸，正適於作標槍之用也。在古兵器中，殳尚未發見，蓋殳首較矛頭爲重，而形略同，凡發見之殳，世皆以之爲矛矣。惟日本細川侯爵所藏大矛頭，周漢遺寶曾收入影片。容庚作鳥書考，梅原末治更覓得較清晰之影片：寄與容氏。當時容氏辨認最前二字爲越王，而最後一字爲賜字。

　　就殳字之發展而言自契文經金文以至小篆，亦可謂相承有序。契文誠象矛頭，無可疑者。許氏之『从又 ![字形] 聲』而 ![字形] 則爲鳥之短羽者，則亦必本於晚周以後之傳述。因此越王矛从鳥形从 ![字形] 之文，可釋爲殳。而全部銘文則可釋爲：

　　越王作殳以賜。

蓋越王及賜三字，已經由容氏辨認。作字及以字則字跡清晰，亦無疑者。惟第四字从 ![字形] 从鳥，以器之形質論，當爲矛或殳。但矛字不从手，更證以考工記之文，則此字宜爲殳。今更證以金祥恆先生所釋及李孝定先生所申論，則其爲殳，當不誣矣。

若世傳越王矛可正名爲越王殳。則侯家莊報告第二本下册圖版249及250之大鐩亦當認爲殳。此與契文及考工記之文相互證明而後可知者也。

———〜〜〜———

① 見丁山：甲骨文所見氏族及其制度，按除滿州人有天杆而外，美洲印第安諸族亦有圖騰竿爲氏族之代表。但商人之示，或主，係分別屬於各祖，不僅一竿，似不可以比附。

② 見葉玉森殷虛書契前編考釋。

③ 見李孝定甲骨文字集釋第一册第四十四頁。

④ 見胡光煒說文古文考。

⑤ 示與主石可通見此篇後文，宗據董同龢表爲↑sông，而室爲 siet，相去甚遠，故不貫通。又有關示字者尚有他說，其尤牽強者不引。

⑥ 參看凌純聲先生臺灣與東亞及西南太平洋的石棚文化，比較之下，商人與石棚文化相關，無可疑者。

⑦ 按此衣字衍文，當作『久薶不生』，無衣字，生或作甡，言生鏽也。此處皆每句四字，並以生，輕，行三字爲韻，當出自緯書，後人不解生字有鏽義，輒增衣字，非原義也。

⑧ 據容氏金文編，在此不再注明原器。以從簡明

⑨ 甲骨據孫海波甲骨文編及金祥恒續甲骨文編金文據說文古籀補及金文編。

⑩ ∧字金文甲骨中無單用者，僅見於合字之上部，余永梁殷虛文字考云『合象器盇相合之形，許君云，「∧ 三合也，从 ∧ 一，象三合之形」乃望文生訓之肛說』，其說是也。故金字與今字上部非從∧，乃別有所从者（按食字上部之 ∧ 亦是蓋形。）

⑪ 見安陽發掘報告四期，劉嶼霞殷代冶銅術之研究及大陸雜誌六卷十二期蘇瑩輝銅器鑄法及其品類用途。

⑫ 見李濟及萬家保殷虛出土青銅觚形器之研究。

⑬ 比較殷虛出土青銅觚形器之研究上篇第5—6面，銅斧製造之模型圖，除去銅斧本身外，尚需留有鑄口及空氣出口，因此除器物本身的模型以外尚要些通道。惟金字下部兩旁橫畫所代表者。是直形范，而此書所指示者係橫形范。雖橫直稍有不同，而原理則一也（按錢范均是直形范，可證中國古代亦用直形范也。）

⑭ 惟史記夏本紀改『錫土姓』爲『賜土姓』但『錫禹玄圭』仍作『錫』字未改。

⑮ 秘書指賈逵，據丁佛保考。

⑯ 據切韻及唐韻殘本，溢字夷質切，質韻，在脂部；但益字伊昔切，昔韻，在支部。

⑰ 其中第一字指 吉 形。按商承祚殷虛文字類編所引甲骨吉字有 (glyphs) 種種不同形式。董作賓先生新獲卜辭寫本後記謂卜辭中 (glyph) 字亦是吉字譌變，甚是。蓋鄙意以爲吉字出於祀神時祥瑞之物，(glyph) 形當指句兵變成之圭，而中形則指有穿之玉而言，其義一也。

⑱ 又見於漢書王莽傳師古注。續漢書引第一句爲正月剛卯旣決，漢書注作央，今按央爲韻，決字誤，當作決。又續漢書尚有『疾日嚴卯，帝令夔化』等八句，當爲別種卯文，與此卯文意義略同，故不再引。

⑲ 按此敦字原作毁，實當爲盙字，而敦字則應原作錞。古器物中毁多而敦少，宋人及清代釋古文字者，遂以毁爲敦矣。此晚近已成常識，但此引據宋人之考釋，應正其誤，又王玉樹實在徐灝之前，因其據金文以釋經，故引之次於徐灝，俾易於論證。

⑳ 見屈萬里甲骨釋文 492 葉，3916版。

㉑ 大采在甲骨中言『朝時』。

㉒ 今本多作『輿雨』，誤。見阮元校刊記，藝文十三經注疏，詩經 477 頁。

㉓ 如殷虛文字乙編8459作 ，博古別錄二集27作 皆第一期甲骨文字，皆窺見並非从口。

㉔ 如漢代尙書令 ，御史中丞及司隸校尉在朝爲三獨坐，以及管寧華歆割席故事，皆可證明一般皆共席而坐。天子諸侯當然獨坐，不過造字就一般情況言，只得半席耳。

㉕ 楚帛書有作 字者，上部口形爲止字所變，下部月字卽從 形而來，商承祚及嚴一萍釋歲，是。

㉖ 此說非也，辰星及太白有逆行，而歲星則不逆行（見漢書律歷志）辰星太白有圓缺，光度亦有改變。謂古人因此以神異視歲星，失之無據。

㉗ 見甲骨文字研究第一卷。

㉘ 墨子明鬼及尙書洛誥文，皆由郭氏徵引，唐氏再轉引。墨子引逸書原文爲『吉日丁卯，周代祝社方，歲於社者考，以延年壽』。孫詒讓校以爲『周代祝社方』疑爲『周代祀社方』，而『歲於社者考』疑爲『歲於祖若考』。『言薦歲事于祖及考也。少宰饋食禮，周薦歲事于皇祖伯某』。郭唐二氏均不引此段。

㉙ 郭說在甲骨文字研究第一卷，唐說在天壤閣甲骨文存考釋第三十頁，已見前引，于說見殷契駢枝續編。

㉚ 說文釋歲爲从步从戌，但何故不書作『蔵』而書作『歲』則不得其說，今以甲骨證之，正表明石鐮刀隨每步而周徧田野，足趾與鐮所歷之地相同乃指事而非會意，故不从步而寫爲『蔵』也。

㉛ 拙著戰國時代的戰爭方法（史語集刊三十七本六十一頁）此處排版時『在前部』三字後，脫落『更長』二字。此篇未曾自校，錯字甚多，深可惜也。

㉜ 據考工記廬人爲廬器，戈秘六尺有六寸，殳長尋有四尺，車戟常，酋矛常有四尺，夷矛三尋』卽戈長六尺六寸，殳長丈二酋矛二丈，夷矛丈八，以市尺六寸當周一尺。則殳長七尺二寸，酋矛丈二，夷矛一丈零八寸也。

釋　築

　　契文中方國之名有所謂𡆥方者，爲殷人西北之大敵，其字迄未定釋。其結構在上部之𢀖，葉玉森早已釋作工，唐蘭更引用至此字上部，已爲治契者公認定論，自無異說。其下部之𠙼形，在契文中多不作口字用，最多者當被認爲筐盧，以承物者。惟工字下承筐盧，則亦難爲確解。此斯字所以扞格難通，而不能輕爲論定者也。

　　此字自孫詒讓始，已爲試釋，孫氏釋昌，王國維釋吉，林義光釋鬼，葉玉森釋苦，惟唐蘭因𢀖及𢀖在甲骨文中爲工字已無疑義，改定此一部分爲工字[1]，因此此字爲从口，工聲，卽邛字[2]，假作邛崍之邛，唐氏以爲邛國在殷時當甚強盛，故爲西方之鉅患也。以上各說，孫王林葉之意，證據皆不充分。鬼方一說雖近是，但甲骨文中別有鬼方一名，且工之與鬼，音讀相去尙遠，不能輕爲通轉。至於唐蘭一說，甲骨从口之字，口形皆較小，而較大之口形，多不作口解，唐氏亦自知之。今釋作邛，已稍牽附。而況邛崍一名，始於西漢，以前未通中國。所謂邛國在殷時當甚強盛，純係揣測之辭，無歷史上之根據。況甲骨文中已有蜀字，〈牧誓〉所稱助周之西南各族，但有庸、蜀、羌、髳、微、盧、彭、濮，曾無一語及於邛人，若果邛人可以犯殷，以地望論，必當已兼有庸、蜀，此事實所未曾有，其說當然不能成立也[3]。

　　今欲擬定此字較爲合理之詁訓，必當從字義及史事兩方面入手。如其不能在史事有所根據，則雖千言萬語，皆成虛構。若從史事方面求得根據，亦必在字形音訓求其確切相關，如其眞有可能，則不妨先成立假設再行求證。

1　見李孝定先生《甲骨文字集釋》，1589。

2　唐蘭《天壤閣甲骨文釋》，頁53-54。

3　蜀在戰國時仍為四川境內最大之國，秦惠王伐蜀，張儀稱蜀為戎狄之長，見《戰國策・秦策》。

　　殷人在西北之大敵，自當先數鬼方，今鬼方一名既不適用於囹方，自惟有更思其次。蓋西北游牧部落，種類繁多，決非一族，戰國以前載籍不足，難於悉從徵考。卽就漢世而言，已有匈奴、鮮卑、烏桓、月氏、丁令、烏孫諸大族，而東夷之挹婁、韓、濊，西方之氐羌，以及西域天山南北兩道城郭諸邦尙未計入，自南北朝以及明清，其繁複亦復類是，原不可一概言之。王國維作〈鬼方昆夷玁狁考〉引據精詳，誠爲名論。但謂其啓發新義，有稗後學則可，若固執以求，竟謂商周時代在北方活動之游牧民族，僅此一種，則蔽之甚矣。是則鬼方以外，在殷商時代，尤其在武丁時期，仍必別有強大之族，無可疑者。

　　周之先世古公亶父略與武丁同時，其侵周疆土者，卽是玁狁而非鬼方。《孟子·梁惠王》下篇云：「惟仁者爲能以大事小，是故湯事葛，文王事昆夷；惟智者爲能以小事大，故太王事玁狁，句踐事吳。」孟子時代遠在秦焚書之前，其說自有所本。《史記·匈奴傳》注，亦引應劭《風俗通》稱「殷時曰玁狁」，與此正可互證。至於《孟子》亦稱「太王居邠，狄人侵之」，此狄人亦指玁狁而言，蓋狄者雖原爲北方夷族之一種，然已久爲註稱，故亦可以指玁狁矣。

　　春秋時代狄秋，大別之曰白狄、曰赤狄。白狄釐姓，居於恆代，赤狄隗姓，居於澤潞[4]，各有邦國，不相統屬。其隗姓爲鬼方之後，誠如王氏國維所論。以地望言，鬼方應以山西東部及南部爲主，而蔓延及於各地。春秋時滅魏國者，及晉公子重耳出奔者，皆赤狄也。再據《左傳》閔公元年，晉獻公滅耿、滅霍、滅魏，賜趙夙耿、賜畢萬魏，以爲大夫。「魏」字雖號稱爲「魏大名也」，但溯其源流，亦當由於爲鬼方舊地。魏國在《左傳》杜《注》未言所在，《詩·魏風·正義》言「〈地理志〉河東郡有河北野，《詩》魏國也」[5]，清《一統志》以爲「河北縣故城，在今山西芮城東北一里」，是則鬼方故地自山西東南部緣中條山以至山西南部黃河沿岸，其區域不可謂不大，自不必舉陝西、甘肅諸地而盡歸之也。

　　玁狁之地既與鬼方之地有別，則玁狁與鬼方自不宜混而爲一。玁狁之名不見於甲骨。甲骨鬼方之外，雖則有土方，亦與商人爲敵，但土方或當屬之於唐

4　白狄釐姓（嬉姓）出於《世本》，至於春秋時赤狄各邦多爲隗姓，詳見顧棟高《春秋大事表》，及陳槃先生《春秋大事表·列國爵姓及存滅表譔異》。

5　《漢書·地理志》「河東即河北縣」下班氏自注：「《詩》魏國，晉獻公滅之，以封大夫畢萬。」

杜，與獫鬻應非一族。是丮丮甲骨中指獫鬻者亦必有其字。甲骨中於方國多以方稱，語多省減，此例亦延及周漢。春秋多省名，故晉重耳但稱曰晉重。準之方國，則大彭亦稱曰彭，豕韋亦稱曰韋。《詩・商頌・長發》「韋顧既伐，昆吾夏桀」，鄭《箋》曰：「韋即豕韋，彭姓也。」《漢書・韋賢傳》：韋孟諷諫詩曰，「肅肅我祖，國自豕韋」，即豕韋之後省稱韋姓也。其他氏族之中，如應劭《風俗通義》所說：「鞎氏晉銅鞎伯華之後」[6]，「斟氏斟灌氏之後」[7]，皆以省字為姓。其斟尋之後，見於《廣韻》侵韻者凡有尋、㝷、鄩三姓。循此例而推，則獫鬻自可單稱作鬻[8]，鬻字在古音中與築字全同，是獫鬻依舊例自可稱為有鬻、鬻方，或有築，築方矣[9]。

築字不見於甲骨文，依據《說文》，此字為从木筑聲，而筑字又為从丮竹聲。再求丮字，則命意為懷抱，而其形則為从丮工聲。而丮字篆文𢩏，甲骨文作𢸄，《說文》云：「持也，象手有所丮據也，讀若戟。」此築字从聲部分數度新用，其中必有變革之跡。

築字及筑字从竹得聲一事，根本即可懷疑。甲骨文雖有竹字，但竹部之字，如簠、簋、箕、箙諸字，俱不从竹。甲骨時代，版築之事，已甚普遍，除《孟子》及《史記》所言傅說版築之史事以外[10]，殷墟現存版築之跡甚多，具見中央研究院史語所之歷次發掘報告。殷代既存在此一普遍事實，不應無此築字。但依甲骨文之慣例不宜从竹，則亦必有不从竹之字而訓為版築之築者。

再就筑字而言，筑之為器實出於戰國，雅樂之中，有瑟無筑。商代尚無筑之一物，不宜築字反而以筑得聲。依本末先後而言，則築在先，筑字在後，筑字可從築之初文得形，而築字不可能从筑之形聲得聲。而況筑為樂器，凡樂器

6　《通志・氏族略》引。

7　《通鑑・漢紀》胡《注》引。

8　鬻亦姓氏之一，鬻熊為楚始祖，當為周文王師，或亦出於鬻國，惟楚人自稱為高陽氏之苗裔耳。鬻雖為夷狄之國，但亦自可受教於中原，例如舅犯、由余皆出於戎。舅犯於禮儀，略不及趙衰之文，但其智略則出諸臣之上。

9　見董同龢先生《上古音韻表》，頁126。

10　《孟子》所說是〈告子篇〉下「傅說據於版築之間」，《史記》所說築于傅陰，《書序》作傅巖，依託之〈說命〉從之。

中簫箆之屬，亦皆从竹得形，非从竹爲聲，卽在竹部之中，其他各字亦皆从竹得形，無若筑字以竹爲聲者，以竹得聲之說，甚不合於竹部中諸字之習慣用法。而筑之爲器，不由懷抱，以筑爲形亦全無根據。頗疑許氏本亦不能解決此字結構，原文當作「从竹从　」。其从　竹聲之事，蓋是後人改定，此類之事在《說文》中甚爲常見，段玉裁已指出不少，不足爲異。問題但在筑字與　字究竟有若何關係而已。

今按𠇮字實應从工得聲，卽《唐韵》讀爲「居悚切」者，其从𠇮得聲之字，如恐、𢀝、𢀜、𢀟、𢀠等，皆確然从𠇮得聲，則𠇮字从工得聲似無可疑。惟有筑字所从究係何字，此則當詳爲考索者。

若筑不从竹得聲，則當依常例以竹爲形，而得聲部分，當爲類似𠇮字之字而非𠇮字。此類似𠇮字之字當卽築字之初文。其中線索，則惟有從諸字共同探取之「工」字探索之。

《說文》築字之古文作𡒁，未知所從。審其上部，當爲竹字之訛誤，其下部則从土。惟中部需鉤稽比較以定其眞。按此部份作𦴓者與甲骨文之𡆧字實有類似之結構，卽此字爲上挾下廣之凸形體。《說文》中之古文，從戰國經漢，屢經訛變，從𡆧至𦴓實不過分歧異。如此則築字原文當爲𡆧，其中所含之𠁥形，亦卽實爲築字中之「工」字所肇始。若以此字爲基本而加以變化，則筑字原文實不作，而當作𥷠，其作筑者，因省口字，遂成从竹从𠇮而與𠇮字相混耳。據此，𡆧字實當爲築字之初構。

工字小篆作工，與小篆之巫字相近（巫字甲骨作𢆶，象兩玉交互重疊之形，秦〈詛楚文〉之巫字與此相同，與小篆之結體大異），故或以象巧飾，或以爲象規矩。若以甲骨文之工字衡之，其中固有作工形者，但亦多作𠙻或𠙰，既非巧飾，亦難釋爲規矩。惟有認爲杵形，庶或近之。此類之杵，乃是巨木，數人扛之用以版築，至今華北築牆，猶或用之。字亦作杠[11]，孟子言徒杠成，卽以巨木架爲步橋也。再引申爲車程，卽車中支轂之柱，此在車中之木亦選巨而圓者，

11　工字原與杠字同義，見于鬯《說文識》，及章炳麟先生《文始》。此亦可以證明工字原爲巨木，非規矩也。

猶如版築所用之杵也[12]。

《詩經》屢見築字，如築室百堵，築室道謀之類，而金文則鮮見此字。蓋金文多爲銘功感賜之文，遣詞用字範圍有限也。惟戰國器中「子禾子釜」有築字，其器刻畫較細不甚清晰，吳大澂《說文古籀補》作⿱⺮⿰工木，容庚《金文編》從之，惟林義光《文源》引作⿱⺮⿰工屮，其下部从屮不从木，當較確。蓋吳氏確知此字爲築以後，其下之木雖不能全據原器，亦竟以意爲之。惟林氏較爲愼重，照器文描，今雖不能知其所从，終屬非常有用也。按林氏所描之屮形，非屮字，亦非木字，當卽口字，其中直畫，當屬剔字誤刻者。如此則戰國時築字應作「⿱⺮⿰⿱工口丮」，亦卽築字爲从「竹」从「工」从「丮」。再申言之，此字實爲筑字，借用爲築。築字之原文，當爲从「⿱工口」从「丮」，其結構當爲「⿰⿱工口丮」，乃從甲骨之⿱工口字(亦卽⿴囗⿱工口字)變化而出也。

再從⿴囗⿱工口字之結構而言，上部之爲杠形，甚爲明白，其下部則有時作⊔，有時作凵，此種形式，一般均象⿱⺮去盧，但巨木之杠，其下無用⿱⺮去盧承受之理。則八其亦必別有所象。按甲骨阱字从鹿从凵，羅振玉謂爲「穿地似陷獸」者。以此例之，則此形當象兩版之間以築土之坑陷。其再加丮形者則正象人用手持杠以築土也。

築字既以工字爲主形，故古者水土之事爲司工(卽司空)之事。《尚書 · 堯典》言「伯禹作司空」，職在平水土。《周禮》雖亡〈冬官〉，無從確定司空之職。但據《禮 · 王制》，則謂司空「量地以制邑，度地以居民」。孔穎達《疏》謂「足明〈冬官〉有主土居民之事」。依託之《尚書 · 周官》言：「司空掌邦土，居四民，時地利」，正亦依據有自，非泛言也。皮錫瑞〈王制箋〉[13]云：

> 案司空，依今文說當為三公之司空，不當為六卿之司空，《韓詩外傳》曰：「三公者何？曰司空、司馬、司徒也。司馬主夫，司空主地，司徒主人」。《漢書 · 百官公卿表》同，《白虎通 · 公讀篇》曰：「司馬主兵，司徒主人，司空主地」，引《別名記》同。《御覽》引《書 · 大傳》曰：「溝瀆壅遏，水為民害，則責之司空。」《論衡》引《書 · 大傳》曰：「城郭不繕，溝池不修，水泉不障，水為民害，則責之地公。」蓋司空一名地公，

12　見《周禮 · 輪人》鄭《注》。

13　此書不在手邊，今據柳詒徵先生《中國文化史》上冊頁 147 引。

正掌度地量地之事，此夏殷官制與〈周官〉六卿不同者也。

今案今文〈王制〉言三公[14]，古文《周禮》言六卿，其來源均出於戰國而學說略異。司空爲水土之官，則無不同，惟《周禮》分其事於地官司徒[15]而已，但就〈考工記〉而言，仍可見治理水土之跡也。工官之職總領百工，水土之任，重於其他工事。而城郭、溝洫與隄防，實皆水土工事之要者。《禮記·郊特性》：「天子大蜡八……祭坊與水庸事也。」《正義》曰：「祭坊與水庸事也，是營爲所須之事，坊者所以畜水，亦所須郭水，庸者所以受水，亦所以泄水。」凡坊與庸皆經版築而成，則謂水土之事，版築爲先，非過言也。工事既以版築爲先，而工字又與杠原爲一字，則 圙 字在形聲方面既解釋難通，在會意方面築字之可能性，較其他任何字之可能性，皆遠爲優越，則釋 圙 方爲築方，亦卽鬵方，在史事及地望方面，亦無較此更爲合理者，除有新發現之材料，與此假設衝突外，此時固不妨定此假設也。

誠然，如此證明，轉折太甚，費力亦多。或以爲太王時獯鬻既在北方，其地望與 圙 方正合，如能證明工與獫可以相通，豈不更爲直捷？答曰：「此非可以輕易爲之也。」蓋若是，則 (1) 不能解釋 圙 字之賦形命意，於其下部之□或 ，僅能不予理會。(2) 築字之構成經過，甚爲繁複，不能不予解析。(3) 獫字據《切韻殘本》及《唐韻》、《廣韻》均爲許云切，屬於曉紐諄部，而工字則《切韻》、《唐韻》、《廣韻》均爲古紅切，屬於見紐東部，不能輕易通轉。若據《史記集解》引應劭、晉灼、韋昭諸說，以爲殷時獯鬻卽漢時匈奴，匈字爲許容切，與工字同屬東部，較易通轉，但匈奴之稱，出於戰國，〈王會篇〉雖有匈奴之稱，此篇亦中經竄亂，不可盡據。今日材料不足，誠未敢以匈奴一語，上溯殷商。亦猶築字假之古音爲 $\hat{t}iok \rightarrow \hat{t}iuk$[16]，遂謂可與突厥之 turk 爲對音。古代游牧民族經常來往中央亞細亞，東至太平洋岸，而至歐洲，誠爲常事。但分合頻繁，古今異制，此不得不深期愼重者矣。

14　〈王制〉雖爲漢文帝時博士所述，但其說亦採自舊說。

15　《周禮》司徒掌度地之事，而〈王制〉司徒之事，則《周禮》分爲冢宰。

16　據董同龢先生《上古音韻表》。

釋武王征商簋與大豐簋

武王征商簋是最近的發現，出土地點在陝西臨潼驪山附近，除去了這件銅器以外，還有大批的銅器。這是一個西周值得紀念的重器，爲什麼會在驪山附近的零口鎮發現？爲什麼不在豐鎬一帶發現？這就表示著西周的滅亡，幽王是逃在驪山被犬戎所殺的。那麼當著幽王逃亡時，也曾經攜帶了一些重器，在緊急時被埋藏，所以犬戎未曾找到。至於《文物》上的報告認爲是一個家族（普通的家族）所有，那是不切合原來狀況的。

這個器的銘文，是：

> 武王（合體文）征商，惟甲子朝，歲鼎（貞）克聞，夙（夙）又（有）商。辛未，王在闌丘（師），易（錫）又（有）事（使）利金。用乍（作）檀公寶尊彝。

這個器唐蘭和于省吾都有釋文，不過我還是用我自己的意見。

武王二字合文作珷，唐于兩氏都不承認是合文。因爲金文中有「珷王」或「玟王」這種稱法，若認爲珷爲武王是合體，豈不變成重複？但是這個器非武王自作，而是名爲「利」的所作。因此就不可以直呼武王爲「武」，而必把「王」字帶出來。雖然事在周初，其時稱呼習慣在現在尚未詳悉。不過人臣稱呼人君總會有一個禮貌，所以仍以認爲合文爲是。至於玟王、珷王等稱呼，那是後來的發展，不必和早期一定完全一樣。

甲子朝是武王十二年周歷二月二十五日。因爲這是在「既死魄」以後的時期，唐于二氏都認爲是「殷歷二月五日，夏歷正月初五」，這是不對的。因爲五日月亮早已出現，非用「既生魄」來記不可，絕對不可能還認爲「既死魄」。這是極淺顯的常識，不需要曲解的。

「歲貞克聞」，于省吾認爲歲貞是卜歲，這是對的。意指在武王伐紂以前，就曾經卜歲，並且卜歲得到吉兆。旣已克商，這個卜占已經應驗，也就記出來了。唐蘭認爲是「越鼎」，越鼎是取九鼎，那就相當有問題。歲字作戉，中有兩點，指割草的鐮刀，與斧鉞的鉞不同，不可認爲鉞字假爲越字。至於「定鼎」之說，問題尙多，還是以不輕易引用爲是。「克昏」唐蘭認爲克勝昏君，于省吾認爲「昏」爲「聞」字的假借，不過昏字和聞字，在音讀上還多少有一點距離，聞字雖義訓稍嫌迂曲，但字本是聞字，只好訓作聞。「夙」當爲「俶」的借字，俶有商，言始有商。《爾雅・釋詁》：「俶落權輿，始也」，《詩・載芟》：「俶載南畝」，《儀禮・聘禮》：「俶獻無常數」，鄭《注》：「始獻四時新物，無常數也」，所以始有商可以說是「俶有商」。此字唐蘭以爲夙字爲縮字的假借，于省吾用夙字本義，但不如認爲俶字假借爲好。

辛未爲甲子以後第八日，實際已到了三月。所以不標出三月，是因爲甲子對於周朝建國來說，是一個十分重要的紀念日，可以不必再繫年月。甲子旣未繫年月，辛未承甲子而來，自無再繫月的理由。周初制度大致沿襲商代而來，甲骨以記日爲主，繫月的極少。因爲祭祀採用旬制，旬是跨月的，有時再加上月，反爲繁贅。如其在辛未上繫上三月，在行文體製上，甲子便應當繫上二月。甲子本不需繫月，在銘文中，甲子爲主，辛未爲賓。若甲子因辛未而繫月，便成本末倒置。當然辛未也不需繫月了。

闌師依唐蘭的考證，應當是安陽附近的地方，他說：「見宰㮰角作㒼，1953 年安陽後岡發現宰鼎作㒼，此銘作㒼，據宰鼎，闌地有太室，當在殷都附近。」這是不錯的。不過闌師以師名，應當屬於高地，而安陽附近的高地，大致都在安陽以西。闌地有太室，是屬於離宮別館，也不必距安陽太近，只表示一個重要的地方。所以其地可能在孟津以北，野王（懷慶）附近。

 公可能是古公亶父。在周的時代，是以宗室爲主，異姓在後的。利在當時賜金作銘，地位絕不低，很可能也是古公亶父之後。因其與周出同源，在這個非常值得紀念的機會中，自不妨鑄作重器，來尊重與周相同的祖先的。誠然，如其爲太王子孫，等到分宗命氏之時，對周室來說，已經自成一個小宗（在分別的宗來說，是一個大宗），但追懷先世，卻也並非絕不可以的。譬如周公後人還

是可以作器紀念文王，邢國的國君也還可以作器紀念周公的。

　　這一個器就周代來說是最早的一個器。武王以甲子日勝紂，衆書一辭，原不必再事疑問。不過有此器以後，〈武成〉〈牧誓〉諸篇，更可以證明是信史。于省吾懷疑〈牧誓〉，認爲文字平易，應屬晚出。不過文字平易並不能證明一定晚出，因爲周初的《詩經》各篇，亦有平易的，非必晚出。而況早出文字，後來爲了通行容易，也可能加以更改，卻不能說本來沒有忠於原作這一回事的。

　　不僅這一個器是周代最早的器，而且在金文之中也是出現最早生而稱徽號的。當然最早自稱徽號的可能是商湯。〈商頌〉：「武王載旆，有虔秉鉞，如火烈烈，則莫我敢曷。」《毛傳》：「武王，湯也。」《史記 · 殷本紀》：「湯曰，吾甚武，號曰武王」，此當爲徽號以及諡法之始，也可以說是生稱徽號之始。(堯曰放勳，舜曰重華，可能與此不同。放勳與重華，在諡法中亦不用。)自商湯自稱武王，周武王生稱武王更可以此器切實證明。後來龔王及懿王生而稱號，自不足怪。以至於楚國的懷王義帝，南越的趙佗自稱南越武帝，也都是淵源有自，並非自我作故，無所憲章。甚至《左傳》中石碏稱「陳桓公方有寵於王」亦非事後追稱。至於唐劉蛻說古無生而稱諡之事，以致裴度將得意的古器毀掉，當時或以爲美談，如今看來就只夠做笨拙雜誌卡通的資料了。

　　大豐簋是清末在岐山出土的。其銘文是：

> 乙亥，王又（有）大豐。王凡（風）三方。王祀于天（大）室，降天（大）亡（荒）。又王衣（殷）祀于王丕顯考文王，事（使）喜（饎）下帝。文王見在上，不顯王乍惪（德）不豵（肆）。王乍庚（賡）不克三衣（殷）王祀。丁丑，王鄉（饗）太祖，王降乍（祚）。賜爵復囊。佳朕又（有）慶。奉揚王休于隫。

這個器據陳介祺〈毛公鼎拓本題記〉說：「道光末年出于岐山」，吳大澂《愙齋集古錄賸稿》說：「與毛公 鼎同時出土。」陳介祺《簠齋吉金錄》說：「武王時器」，孫詒讓《古籀餘論》說：「此簋文字古樸，義難通曉。審釋文義，似是周武王殷祀祖考時助祭臣工所作。」不錯，此爲周初製器，假借字用得太多，以致義難通曉，如其依假借字義釋明，也就大致可以通讀了。

衣祀就是殷祀，早已由孫詒讓指出，自無問題。其餘各處也有不少非常明顯的假借字，如其不加詮釋將有不可想像的曲解，而且這些曲解一直存到現在。例如把應當釋爲「大荒」的「天亡」認作人名，作器的人名叫天亡，甚至把此器也叫做天亡簋。天亡二字怎樣可以做人名？而「不克三衣王祀」，認爲周代廢除了三代殷王的祀典，其實封宋就是爲保存商朝的祭祀，說周武王時強調廢除商代的祭祀，這也很有問題。

這個器銘的中心思想，是周王獲得了豐年，而豐年的獲得是由於王祭祀上帝及王的顯考文王，才降福下來。爲著慶祝，賜爵於群臣，所以做這個吉金作爲紀念。豐年既然是這個器的中心事件，所以譯文也應當循著這個路線去找頭緒。

「乙亥，王又大豐」，是指這一天王開始獲得豐年，也就是說這一天做豐年的祀典。「王凡三方，王祀於天室」，這是說王做了兩種祭祀。第一是王凡三方。凡字是風字的假借字，「風三方」是指祭三方風。四方風的名稱，甲骨中已有。所以周初祭三方風是可以的。三方風應指東風、西風和北風。在關中地方，東風和北風一定可以下雨，西風如其是西北風也可能下雨。南風吹來，一般是不下雨的，所以求雨或感謝雨，應當是偏重東西北三方的。董仲舒求雨閉南門，很可能出於傳統上的方式。「王祀於天室」，天室亦卽是太室。早期天字或大字有時可以通用，所以「大邑商」也可以寫成「天邑商」。祀於大室是除祀三方風以外，又在太室祭祀上帝，並以祖先相配。

「降大荒，又王衣祀于王不顯考文王，使釐下帝。」大荒，原作天亡，天字與大字同用，亡字爲荒字的假借字。器慶豐年，荒年正爲豐年的反面。荒字本從亡得聲，所以亡字可以作荒字的假借字。又字爲佑字的假借字，劉心源《奇觚室吉金文述》說：「又王讀佑王，謂助祭也。」金文中佐（左）或佑（右）來助祭是常見的事。此器中沒有說佑王的是誰，不過依理應當是周公。因爲下文談到「不顯考文王」，這裡的「不顯考文王」依文義是同屬於武王及助祭的，所以助祭的亦卽作器的應當是武王的弟，而且輔助武王的。喜通作僖或釐，事與使通。事喜下帝，意卽使福下降於上帝。

「文王見在上，不顯王作德不肆，王作賡不克三衣王祀。」這裡「文王見在上」

是說，文王在天上可以看見。不顯王作德不肆，言武王的德業宏肆。「王作賡不克三衣王祀」是說武王賡續的祭祀能夠把這個重大的殷祀做了幾次。三在此處表示屢次的意思。

「丁丑，王饗大祖，王降祚。」大祖是指周的太王，武王祭祀文王以後，再祭太王。王降祚是指在這個祭祀之中又降福祚於王。「賜爵復囊，佳朕有慶」，這是說在大祭之後，以祭神的酒賜典祭的人，大射既畢，然後再歸弓矢於囊。「唯朕有慶，奉揚王休于障」意思甚明。不過作器的人，只有此處有一個主詞「朕」，這個「朕」當然不是武王，但是不把名字記出來，這一點卻與一般金文的慣例不合。因此作器者就可能是一個重要的人，不必再把名字記上了。

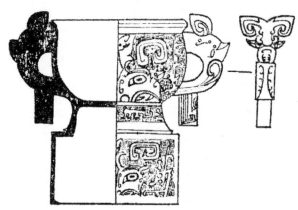

圖版一　武王征商簋器形

圖版二　武王征商簋銘文

圖版三　大豐簋器形

圖版四　大豐簋銘文

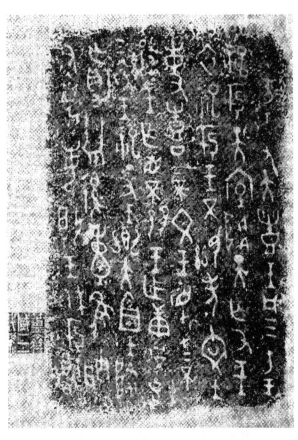

評唐蘭古文字學導論

　　這部書是第二次大戰以前的一個翻印本，據原序稱寫於民國二十四年(即1935)，已經是三十年以前的舊書了。在近三十年中，中國考古方面確實有不少的新發現，在金文甲骨的整理方面也出過幾部大書，但對於古文字學理論方面並沒有太多的進展，這部書在三十年代中已經是一部名著，到六十年代中，因為客觀的需要還是被翻印出來。就目前來說，還不失為一部可用的參考書。

　　這部書分為兩編：上編分為兩章，第一章為古文字學的範圍和其歷史，其中分為五節：甲、古文字和近代文字的區別；乙、古文字的四系(殷商，兩周，六個及秦)；丙、古文字的材料；丁、古文字材料的發見和蒐集；戊、古文字略史。第二章分為九節：甲、原始時代的中國語言的推測；乙及丙、中國文字的起源；丁、上古文字的構成；戊、象形文字；己、象意文字；庚、上古文字的演變為近古文字和近古文字的構成；辛、形聲文字；壬、由近古到近代文字。下編分為六章，第一章，為甚麼要研究古文字和怎樣去研究牠。第二章，一個古文字學者所應當研究的基本學科，此章分為兩節：甲、文字學；乙、古器物銘學。第三章，古文字的蒐集和整理。第四章，怎樣去認識古文字。其中分為八節：甲、怎樣去辨明古文字的形體；乙、對照法或比較法；丙、推勘法；丁和戊、偏旁的分析；己、歷史的考證；庚、字義的解釋；辛、字音的探索。第五章，研究古文字的戒律。第六章，應用古文字學。此章分兩節：甲、古文字分類（自然分類法和古文字字彙的編輯）；乙、研究古文字和創造新文字。

　　就全書來說，作者在中國舊學上的造詣，在當時已經要算有數的人物，在行文中的字裏行間，處處可以看出作者的功力。問題只在作者急求成立自己的系統。實際上就當時已有中國古文字學的研究結果，綜合起來，還未能達到成立系統，那樣成熟的時機。如其對於中國古文字學作部分的研究工作，那就只要對經史方面有些基礎，對

於說文以下的文字書籍下過了功力，再加上細心分析，不要走的太遠，凡是一個努力的人都可以做出成績來。倘若要自己創立系統，那就至少要對於現代語言學和人類學看過不少的書籍，眞正有所心得，才能作初步的嘗試。就這一點來說，作者顯然未能做到。那麼作者的貢獻，還是和阮元、吳大澂、羅振玉諸人一樣，在認新字一方面。所以他和前人的造詣的比較，還是只有量的方面的增進，並無質的方面的不同。因而他自己最得意的文字系統，仍舊是一些不合實際的擬議。

第一章也許是最好的一章，他用樸實而簡明的字句，敍述古文字的演變以及歷代研究古文字的經過，其中最值得注意的，是在三十年代的時候，正當所謂「今文學家」盛極一時的時候，他居然對於西漢中秘的古文經典能有持平之論，不能不算是空谷足音。他曾說明「周禮是戰國時人所作」（第十六頁），又說：

> 假造符命，由王莽起；甄豐、劉歆等大概都有分。那附會成孔子說的，卻是今文經家。因那時揚雄、劉歆等太博學了，眼看得古文經學要壓倒一切，一班的無名的今文學家，只得雜取天文、曆算、鐘律、小學來撰各讖緯，加入符命，以取信於時人。他們是打算假託孔子來壓倒古文經的。

> 那時一班俗儒卻竭力反對古文經學和古文字，因爲漢時隸書盛行，倉頡也改用隸寫，所以他們就以隸書爲倉頡時書，而攻擊古文經學家是好奇，他們競逐說字解經，於是僞造出許多讖緯來抵抗古文經學和古文字。他們的解釋文字，只根據隸書；像春秋元命包所說的「乙力於土爲地」，「荆之字刀守井」，春秋考異郵所說「虫之爲言屈中」，春秋說題辭所說「一大爲天」都是，古文經家是輕視讖緯的，所以說文解字出來後，這種文字說的大部分，就全消滅了。

（第十八頁）

他並不替劉歆辯護，他也認爲王莽僞造符命，劉歆可能參與。不過談起古文經和今文經的問題，那就顯然作僞的人是今文經派的人而不是古文經派的人。再從古文字（包括小篆）的研討及解釋來看，更顯然是古文經派是言必有據，而今文經派是無知妄作。本書作者在這方面的討論確是一個持平之論。

第二章文字的起源和其流變，先講原始時代中國語言的推測，這是一個無法談的問題。如其一定要談，也必需先有人把漢藏語系及烏拉阿爾泰語系和整理印歐語系方

法一樣的都弄的很清楚，然後把漢語在漢藏語系的地位和對於其他民族的語言的關係找出來，再找漢藏和烏拉阿爾泰兩個語系關係究竟有多少。那麼漢語的史前地位也許可以作若干的推論（雖然，還不算原始時代）。現在甚麼根據也沒有，只憑漢語中幾個模仿聲音的字（這類的字，任何民族的言語都有，不能一下就斷定其為原有或後起），就想推定原始漢語的輔音，實在太早。因為人類語言的發展，不是那樣可以輕率下斷語的。許多文化水準極低的民族，卻都具有非常複雜的語言。「漢語」從商周以來已經相當簡單，而當時華夏文化卻比四周都高，並且所謂「華夏」，又顯然已經是複合的民族。那麼「漢語」（包括古華夏語）的簡單，只是後天的變化，並非先天的生成（如同現代英語比 Anglo-Saxon 為簡單一類的例子）。拿一個經過許多分合變化的語言，作為例子，來推溯它的原始。不僅是一個費力不討好的事，而且是一個不可能的事。

其次他講到中國文字的起源，在這一點上，他並不固執，並且也提出來較新的意見，只是他的看法仍然可以商酌和修改的，他的意見大致是：

㈠　中國文字的起源與八卦無關，和結繩更毫無關係。

㈡　文字的發展，象形比指事為早，而象形字以前是圖形文字。

㈢　文字的發源是很古的，可追溯到彩陶時期。

就這三點來說，第一點排斥文字起源於八卦的舊說，是有見地的。但他認為和結繩更毫無關係。認為文字和結繩並無關係已經很成問題，他用一個「更」字，更用的非常不妥。因為八卦表示的是天、地、水、火、山、雷、風、澤八種自然現象，而人類生活上關係最為密切的卻是牛羊黍稷，本末不相稱。並且在金文甲骨之中，也全無八卦的痕跡，沒有證據和八卦聯繫上。所以八卦不論出現早晚，都與文字無關。至於結繩一事，作者並未顧及到全世界的民族中，近如琉球，遠至非洲和美洲都曾經有結繩之事。這些事實可證結繩而治之說，並非史家憑空杜撰，而確是根據上世以來的相傳有自的舊說。結繩是生活記錄，並非巫術或占卜，其從結繩移轉到書寫（或圖畫符記）仍然順理成章。所以不僅不是毫無關係，更不是更毫無關係。除此以外，我還懷疑古代文字中的數字，就是從結繩之法轉寫而來（其中八九二字可是不能是結繩，八為剖開的木片，九為一鉤形物）。當然文字中與結繩有關的可能只是很小的一部分，卻也

不可以確定說和結繩無關。尤其近年在西安半坡發現的新材料，更可證明彩陶時期就已經用類似結繩的符號。

關於象形和指事二類，那個比較早的問題，現在還沒有積極的證據支持那一說，所以是一個無法解決的問題，應當不必討論。至於圖畫文字一項作者用歐洲洞穴圖畫作例子，這個例證還有問題，至今洞穴圖畫還不能證明是否文字。但從另一方面說，作者提出來圖畫文字這個觀念，卻是正確的。現在我們不僅可以採用北美印第安人的圖畫文字中所用的表現方法來證明，並且更可以採用雲南摩些族從圖畫文字（和印第安人表現方法差不多的）逐漸變成 Phonetic Syllabic Letters 的材料，來說明和漢語類似的語系，從形到聲的演化經過。所和漢語不同的，只是他們只有象形和指事，就一步轉到假借，並無形聲字中「形」的那個包袱。這也就說明了單節音非拼音字的發展中，漢語中的「形聲字」只是一個偶然的，獨特的例子。卽令不用拼音法，也不是一個必然要走的途徑。依照作者的意見，他是支持形聲字而主張盡量推廣形聲字的，他說，「規定五百個形母，至少可以造出五十萬個字來」（下册七十九頁）。把漢字的膨脹（inflation）達到這個田地，這是多麼可怕一個數字！爲著印刷上排版地位的節約和排版的迅速，爲著科學管理的方便，爲著電子計算機和翻譯機的應用，作者的意見當然很不切實際的。

作者認字能力是很高的，但自信太過也會失著，如甲骨中的點並非一定是全無意義的，而作者卻當作一個公例，因此田字和周字就不分了。又如甲骨中河岳對稱岳字明係表示山上還有高峯，而作者還一定認爲是羔字，以致無所取義。又作者是不相信上古有複輔音的，但又從卜辭的「霾」字推證，貍字卽貓字的古字（貓字始見於大雅韓奕）。這是不錯的，可是不用複輔音解釋就無法解釋得通。其實 ml 一類的複輔音，在漢藏語系中（除去現代的漢語以外）並不算陌生，用不著存疑的（參看董同龢漢語音韻學）。至於甲骨的婦字多寫作帚字，所以他以爲古婦字當讀如帚，而叜字讀音亦同。這是一個不可能的事，不過也確是一個問題。古婦字讀如帚，在音韻上似乎不可講通。雖然作者與羅莘田和魏建功兩先生討論過，不知道羅魏兩先生怎樣說，我想羅魏兩先生不會太鹵莽的。婦和帚的聲距離很遠。就韻來說，婦在之部，帚在幽部，雖然可能同用牙音收聲，但其他部分距離太遠，通轉不是容易的事。而且詩經韻

腳已有婦字，更不便擅改婦字的讀音。所以只許讀帚如婦，卻不許讀婦如帚。如其帚讀作婦，那就現有的帚音應當是從埽字的音借來。這種例子，可以比附近代的石讀如擔，爿讀如半，和舊音無關的一種「訓讀」方式。至於㝷字當然應當訓釋爲寢或侵，與帚字既不同音亦不同義，似乎不應相提並論。

作者對於牽涉語言學上的問題，他有他的看法，說：

> 我所敍述的例證中，深明音韻學的人也許要指出若干條，在音韻學上是講不通的，著者音韻學知識極淺，不免有錯誤地方，但在另一方面著者沒有給音韻學許多規律所束縛，或更適於上古音的研究，正和研究古文字而不爲六書說所束縛一樣。

講古文字確實可以儘量就形義兩項去研究，不必涉及音韻。過去做古文字有成績的人也有許多是避免談到音韻的，這不僅僅爲的藏拙，而是免除錯誤。卽就一般通達舊音韻系統的人來說，如其濫用通轉，還不如根本不講通轉的爲好。章太炎先生是當年的一代大師，但其用音轉來解釋轉注，就是一個無中生有的假設，用不著藉此來表現音韻方面的特長的。至於近數十年國內的學人，往往動不動的用「一音之轉」來解釋許多現象，更爲可議。其實一音之轉，條件甚多，不可以那樣輕易去說。如其要講通轉，就得受音韻學條例束縛，否則就不要講。好在作者還非常謹愼，他有時也和羅魏諸先生商量一下，並且濫用的範圍並不廣。但無論如何，「不受束縛」這一個原則是不能用的。

不僅音韻學的規律不能不遵守，卽是六書方面的條例也得遵守。雖然作者說話當有分寸，還不至於像吾友張政烺先生的「六書古義」那樣的悍縱；但他終不免自信過度，爲著取代傳統的六書，他就設計出來他自己的文字系統。

作者爲著表示精密，在他自己設計之下，作成了兩個系統圖，一個叫做古文字演變圖（上册三十四頁），一個叫做自然分類法圖。前者把繪畫、象形、象意、象語、象聲、形聲等項，重複的排列，再鈎上虛線，實在使人看不出其中的道理來。後者用圖來表示類（象形）部（單體象意）、支部（同上）、科（複體象意）、支科（同上）、系（形聲）、支系（同上），分起來實在太麻煩了。照此來編字彙當然會隨時發生意想不到的困難出來。況且訂立任何一種系統，創作的人和使用的人觀感完全不

同。創作的人決不會感到自己的系統過於繁瑣的，到了別人手裏，如其一眼看不清楚的，那就決不是可以實行的辦法。這兩個圖，作者以為自己做的很合理，而且最為合理的了，但從另外一個角度去看，就會只覺得並無多少用處。這就是作者出書已經三十年，並未曾有任何人採用的原因。所以這一件事也可以作今後的殷鑒，凡是想自成系統的，最要緊的條件，還是簡單和明瞭。否則不論自己如何得意，別人看來卻並無可以欣賞之處。

作者是有意把古文字學建立成為科學的，不幸作者這一個願望卻失敗了。不錯，科學是分類的學問，但科學的分類都是就事論事的，決不會牽涉太廣。尤其語言文字一類的學問，如其算做科學，也只算敍述的科學，而敍述的科學更應當有所斷制，不當牽涉到歷史的問題。但他的分類卻是「和文字發生的理論是一貫的」。這當然無法成為斷制的敍述科學（descriptive science）了。我想為著簡單明瞭起見，六書式的傳統分類仍然是可以沿用的。只是周禮以來的六書只是為教學童而用的，原意不在純然的分類，所以前四類（象形、指事、會意、形聲）才是字的結構，其後二類（轉注、假借）便不屬於字的結構，而應當算做字的功能或轉變。為著只以字的結構為限，所以六書的分類只有四類，凡是任何一個字的形體，不會超過這四類以外。作者說傳統的分類法有時對於一些字有不好歸類的困難，這是事實。但依照作者的分類也不見得完全能解決這個問題，可是瑣碎苛細的多，也就不方便的多了。實在說來，科學上的分類，也只是為方便起見，一種大致的假定。在生物學中，不論動物或植物，各科屬之中，都有歸類很勉強的情形。不僅如此，甚至動物和植物，更甚至於生物和無生物也難以畫定一個絕對的界限。以此比附文字分類，也是類似情形。對於傳統的分類，誠然不應該再依從清代有些人的象形兼指事，指事兼會意等等那樣糊塗辦法，但也不必樣像本書作者那樣一定要明顯的分出絕對的類，結果越追越細，仍然不可能追出一個所以然來，這就不如就傳統的分類法，遇必要時，當機立斷了。

編輯古文字的字典，如今只有兩種辦法，一種用說文部首，一種用字彙部首（卽康熙字典部首或其改革式部首），至於用韻來編當然不在考慮之中。（本書作者主張照他的「自然分類法」來編，檢查不便，也很不實際。）誠然不論說文部首或字彙部首也都不合理，為著解決檢字的困難，還是需要索引的。現在普通字典只有一個筆畫

索引，很不方便，最好的辦法，是以說文編次的，有一個字彙部首索引，再加一個拼音索引（用注音符號或拉丁字母拼音），以字彙編次的，有一個筆畫（或四角號碼）索引，再加一個拼音索引。普通一般古文字的字典只有一個筆畫索引，仍然非常不夠，只有附加一個拼音索引，才能完成索引的用處，以便檢索。

六書條例中的幾個問題

㈠ 六書名義

六書的條例爲治中國文字的基本法則，根本用不著捨棄的。但是六書的條例誠然爲治學時必要的條件，條例的本身卻是充滿了問題；治學時利用六書是一囘事，而六書中許多問題不能解決又是一囘事。惟其許多困難問題不能解決，這就形成了千百年間永無止息的爭論。但歷來爭論都集中於六書分類一項上，六書的來源因爲與實際應用並無關係，一般學者都不去管它。自從吾友張政烺君發表了六書古義 (史語所集刊第十本) 在六書的源流上又推出一個波瀾。雖然至今無人信從，但其言確實甚辯。自從他發表那篇以後，到現在已有二十三年，除去龍宇純君作過一篇『論周官六書』以外，很少有人道及。爲着在學術上應當有一個明白的交代，本篇的目的，是要就六書的源流及六書的分類上都加以討論，總期對於這些問題做一點更進一層的了解。並且要鄭重聲明，這幾點最低的態度是必需的：（甲）不能先有任何的成見，過度的疑和過度的信一樣是不應該的。（乙）做任何的研究，都不能預料也不應當期望一定有驚人的結論。如其謹愼分析的結果，只能得到平淡無奇的結論。那就也只好應用這個平淡無奇的結論。（丙）增字解經和隱匿不利的材料，都是治學的大忌，應當儘可能避免。（丁）自己有意見是可以的，但決不可以把自己的意見來曲解古人。

六書這個名稱開始在周禮地官保氏中出現，原文爲：

保氏掌諫王惡而養國子以道，乃教之以六藝。一曰五禮，二曰六樂，三曰五射，四曰五馭，五曰六書，六曰九數。

周禮原文中未曾說出這些六藝中的細目是什麼。漢代也在一個長的時代沒有人做章句，直到東漢晚期，鄭玄才做周禮注，他的注文是：

五禮，吉、凶、軍、賓、嘉也。六樂，雲門、大咸、大韶、大夏、大濩、大武也。鄭司農云，五射，白矢、參連、剡注、襄尺、井儀也。五馭，鳴和鸞、逐水曲、過君表、舞交衢、逐禽左也。六書，象形、會意、轉注、處事、假借、諧聲也。九數，方田、粟米、差分、少廣、商功、均輸、方程、贏不足、旁要；今有重差、夕桀、句股也。

周禮好誇張，依照鄭玄注所稱述的，教育國子的課程實在是負擔過重。但是其中比較顯然的，即五禮六樂和九數除去依照鄭玄的解釋以外，找不到更好的解釋。那就六書的課程爲著和五禮六樂等平衡起見，用象形會意等來解釋，當然是合理的，就禮樂數三項來說，條則浩繁，演習起來都是非窮年竟月不能畢事，如其像張君政烺所說六書即是六甲，亦即以二十二個干支的字組合成一百二十字，只需一日，即可授畢。『書』的這個『藝』實在太簡單，是否可算作『藝』，就有問題了。

六書的分目，除去鄭玄周禮注以外，尚有漢書藝文志小學家下說：

古者八歲入小學，故周官保氏掌養國子，教以六書，謂象形、象事、象意、象聲、轉注、假借，造字之本也。

漢書藝文志以劉歆的七略爲底本，再加上班固自己的意見，這是不錯的，因而說漢書藝文志的六書本于劉歆的意見，當然未爲不可，至於荀悅漢紀述劉向及劉歆典校經傳之事，以下說：『凡書有六本，謂象形，象事，象意，象聲，轉注，假借也』。那是完全依據漢書的（因爲荀悅漢紀和袁宏後漢紀最大一點不同，就是袁宏後漢紀成書在後漢書之前，其中史料來源完全未曾沿襲後漢書，而荀悅漢紀全部用班固漢書的材料），其敍六書內容和漢書完全相同，自然也不足爲怪。

再其次就是許愼的說文解字序：

周禮，八歲入小學，保氏教國子，先以六書。一曰指事，指事者，視而可識，察而見意，上下是也。二曰象形，象形者，畫成其物，隨體詰詘，日月是也。三曰形聲，形聲者，以事爲名，取譬相成，江河是也。四曰會意，會意者，比類合誼，以見指撝，武信是也。五曰轉注，轉注者，建類一首，同意相受，考老是也。六曰假借，假借者，本無其字，依聲託事，令長是也。

這裏和周禮注，漢書藝文志大體相同，只是每個類目之中多一番解釋。大致是許愼自

己下的解釋。

關于東漢以前有關六書解釋的材料，現在尚存的只有這幾條，至於憑這幾條的材料是否可以證明劉歆是講六書分類的第一個人，因而就不可信據呢？這件事情就不是那樣簡單。

漢書藝文志本於劉歆七略，這是從來治說文的人所共知。從來治說文的人也只覺得劉歆是漢代學者中之一，並不是一個三頭六臂的怪物。一點也不曾覺到，凡是只要一牽涉到劉歆就疑神疑鬼，避之惟恐不及。直等到廖平今古學攷發表以後，再加上康有為的新學僞經考流行，從此形成了一個劉歆編僞羣經一個幻象。康氏說：

> 保氏六書之說，條理甚備。唯古書絕不之及。唯許慎說文，鄭康成注周官稱焉。然皆出於歆之傳，蓋創造於歆而附會於周官也（新學僞經考漢志辨僞下）。

這個意見爲張君六書古義所依據，然後再加上張君『六書卽六甲』的意見。六書卽六甲一項，因爲六甲過於淺顯，和五禮六樂等的內容相比，和把『上大人，孔乙己』式的描紅格子，與清會典及樂律全書放在同一位置上，其比擬失類，無待煩言，可不必加以考慮。張君是一個通人，我想他也應當『悔其少作』。現在要討論的，還是康有為提出來的，認爲劉歆所說的『六書』，究竟有無舊的根據。

六書的解釋誠然是分析的，但是對於形聲字的了解，卻也很早，如論語中的『不患無位，患所以立』，以及『政者正也，子率以正，孰敢不正』，都顯然是對於形聲方面的使用。

此外在左傳及韓非子內，都有說字的部分，左傳宣公十二年，楚子曰，『夫文，止戈爲武』（說文段注，武字下，『文之會意已明，故不言從止戈』）。

又昭公元年。

> 醫和曰，『於文，皿蟲爲蠱』（說文段注，蠱字下云『會意』）。

韓非子五蠹篇：

> 倉頡之作書也，自環者謂之私，背私者謂之公（說文段注，公字下云，『自環爲私，六書之指事也；背私爲公，六書之會意也』）。

轉注和假借是屬於訓故部分，不在字體結構之中，而六經故訓，隨在皆是，原不必在此多爲引據。只有象形一項，經文中未詳爲敍說，不過這是非常顯明的，是說字的基

本，也是說字的常識，一般人不會不知道，例如漢書萬石君石奮傳：

> 建爲郎中令，奏事下，建讀之，驚恐曰『書馬者與尾而五，今廼四，不足一，獲譴死矣』。其爲謹愼雖他皆如是。

顏師古注：

> 馬字下曲者爲尾，并四點爲四足，凡五。

是明明的認馬字是一個『象形』字。

所以在劉歆以前，象形，指事，會意，形聲這四種不同結構的觀念，是顯然存在著的。再加上章句訓故時所用的互訓及假借的觀念。那就六書的用法已經形成了。

不過對於文字結構一事，只有閱讀古代文字才有需要，只看隸書書籍的人，是用不著的。司馬遷作史記，他參考了許多未曾轉寫爲隸書的舊籍，因而他就對於『古文』特別重視。這是在劉歆因爲提倡古文舊籍和太常博士衝突以前，第一個提到『古文』這個名稱的人。司馬遷五帝本紀贊：

> 太史公曰，學者多稱五帝，尚矣，然尚書獨載堯以來。而百家言黃帝，其文不雅馴，薦紳先生難言之。孔子所傳，宰予問五帝德及帝繫姓，儒者或不傳。余嘗西至空峒，北過涿鹿，東漸於海，南浮江淮矣。至長老皆各往往稱黃帝堯舜之處，風敎固殊焉，總之不離古文者近是。予觀春秋國語其發明五帝德帝繫姓，章矣，顧第勿深考。所表見皆不虛，書缺有閒矣。其軼乃時時見於他說，非好學深思，心知其意，固難爲淺見寡聞道也。

史記是一部未成的著作，司馬遷寫過了對於字句都未來得及修改，『而百家言黃帝』這一個『而』字就用的累贅，『固難爲淺見寡聞道也』在『淺見寡聞』以後又少掉一個『者』字，實際上是文理不通的，也就因爲有這些字句上的毛病，更可證明五帝本紀贊爲司馬遷的原本，非別人所能補作。這裡所說的『古文』不僅現在收入大戴禮的帝繫篇原爲古文，而春秋（包括左氏傳）及國語亦爲古文本。當然，這不是當時俗學的博士們所能了解的。

史記的傳世，司馬遷外孫楊惲的功績爲多。而楊惲的至友張敞又是一個好古文字的人。漢書郊祀志：

> 是時美陽得鼎獻之，下有司議，多以爲宜薦宗廟，如元鼎時故事。張敞好古文

字，按鼎銘勒而上議曰：『臣聞周祖始乎后稷，后稷封於駘，公劉發跡於豳，太王建國的邠梁。文武興於酆鎬。由此言之，則邠梁酆鎬之間，周舊居也。固宜有宗廟壇場祭祀之臧。今鼎出於邠東，中有刻書曰，＜王命尸臣，官此栒邑，賜爾旂，鸞，黼黻，琱戈。尸臣拜手稽首曰，敢對揚天子休命。＞臣愚不足以迹古文，竊以傳記言之，此鼎殆周之所以褒賜大臣，大臣子孫刻銘其先功，臧之宗廟也。……今此鼎細小，又有款識，不宜薦見宗廟』。制曰：『京兆尹議是』。

漢宣帝是一個喜歡符瑞的人，據郊祀志以後還有許多次符瑞都被他接受了，只有這一次是被張敞打銷的，還有一次是張敞家的鶡雀飛集丞相黃霸府，黃霸奏以爲神雀，而張敞又實指其事（見漢書循吏黃霸傳）。這些事都顯出張敞的鯁直，卻實際上爲宣帝內心所不喜，結果是張敞終於九卿而不能登公輔。但是在這一點也表現出來漢世治古文字者實事求是的精神，而不能和俗吏詭隨的。

張敞是劉歆的前輩，據本傳稱：『敞本治春秋，以經術自輔』，據周壽昌漢書補正說：

敞蓋治左氏春秋，前封事所引公子季友，晉趙衰，齊田完等事皆與左傳合（此封事引文見漢書張敞傳）。

這些事蹟出於左傳是不錯的，但他所稱『春秋譏世卿』，卻又是公羊的家法，這是表示着西漢通儒雖治公羊並不排斥左傳，從另一方面看，在劉歆的前輩中確也有些人治左傳，所以劉歆提倡左傳仍然是一個相承有自的事，不是他特殊創始的工作。而況劉歆固然博聞多識，但他同時的人，如張敞之孫張竦以及多識奇字的楊雄，皆能古文字名家，自不能以劉歆一個人的意見爲限。再就說文所引前代各家之說，如司馬相如說，淮南王說，董仲舒說，楊雄說，劉歆說，爰禮說，尹彤說，逯安說，王育說，莊都說，歐陽喬說，黃灝說，譚長說，周成說，官溥說，張徹說，寧嚴說，桑欽說，林林說，衞宏說，徐巡說，班固說，傅毅說，賈侍中（逵）說，其中多屬西漢時代的人，而其原書早已散佚。我們對於西漢各家之說，在見聞方面既然遠不如許愼，我們也就無法追究許愼學說的確實來源，輕率的加以判斷，是會有錯誤的。

漢書藝文志一段誠然和劉歆多少有些關係。但其來源較爲複雜已如前述。至於許

慎說文解字及鄭玄引鄭衆之說，誠然一定要和劉歆拉上關係，也是可以的。因爲在哀平之際至於王莽、劉歆是古學大師，所以在東漢初年發生最大影響的賈逵和鄭衆也都可以接上劉歆之學統。不過賈逵和鄭衆也有其他的學問來源，不完全出於劉歆的。

許慎之學出於賈逵是不錯的，說文解字附許冲上表云：

先帝詔侍中騎都尉賈逵修理舊文，……臣父故太尉南閣祭酒慎本從逵受古學。……慎博問通人，考之於逵，作說文解字。

據後漢書賈逵傳：

賈逵字景伯扶風平陵人也，九世祖誼，文帝時爲梁王太傅。……父徽，從劉歆受左氏春秋，兼習國語周官，又受古文尚書於塗惲，學毛詩於謝曼卿，作左氏條例二十一篇，逵悉得父業，弱冠能誦左氏傳及五經本文，以大夏侯尚書教授。雖爲古學，兼通五家穀梁之說。

這是說賈逵雖悉傳父業，而其父爲劉歆弟子，但亦學古文學於其他師傅。並且賈逵既然學問來自其父，卻能以大夏侯尚書教授，並兼通五家穀梁，那就其父的學問，只是以古學見長，其基本還是今文學的大夏侯尚書和春秋穀梁傳，這一點和張敞之學出於公羊傳卻參加上左氏傳的材料，正可相互比較。

至於鄭玄周禮注引鄭衆之說，而鄭衆之學出於其父鄭興，在本傳中更說到是以今文之學爲基礎，才加上古文之學的。後漢書鄭興傳說：

鄭興字少贛，河南開封人也。少學公羊春秋，晚善左氏傳，遂積精深思，通達其旨，同學皆師之。天鳳中，將門人從劉歆講正大義。歆美興才，使撰條例、章句，訓詁及校三統歷。……子衆，字仲師，年十二，從父受左氏春秋，精力於學，明三統歷，作春秋雜記條例，兼通易詩知名於世。

所以鄭興的地位更比較特殊。他是以公羊春秋爲基礎的，後來才旁及左傳有所創獲。到見到劉歆的時候，他已經是一個老師宿儒了。他並非執贄爲劉歆弟子，而是率領門徒找劉歆去校正他的大義上了解。所以他只算劉歆的朋友不能就算劉歆的弟子。劉歆的身分對於他至多只能算是師友之間。所以鄭衆之學和賈逵一樣，不能認爲他們百分之百，都是劉歆的系統。

但這並非主要問題的關鍵所在。即令六書條例百分之百出於劉歆之手，也一點沒

有什麼了不起。只是近七八十年中，因爲清代今文學者大力宣傳的結果，使天下人士在不知不覺之中，心裏浮現了一層陰影，覺着劉歆是一個僞造古籍的人，凡是涉及劉歆的，都碰都不敢碰。其實近年新材料的發現以及新研究的發展，都是對劉歆有利的，都是證明劉歆的無辜而康有爲的誣告的。所以學人中受到康有爲及其追隨者的禁制，也多少的可以解除了。

　　張君的六書古義發表後，一直在學術界沒有什麼反應，到民國五十四年，[的]華學報爲李濟先生出七十歲論文集，龍宇純君作論周官六書，才對於六書的解釋別出新的意見。龍君認爲六書卽象形指事等六體並非卽是劉歆解釋保氏六書的原意，而可能最先是班固解釋出來的。保氏的六書，應當卽是漢代尉律所說『以八體試之』其中的六體，漢代的八體是後來擴充而成的。至於尉律原文見於說文序的，是：

　　　漢興，尉律，學僮十七以上始試。諷籀書九千字乃得爲史。又以八體試之，書有不正，輒舉劾之。

而漢書藝文志則是：

　　　漢興，蕭何草律，亦著其法曰，太史試學童能諷書九千字乃得爲史。又以六體試之，課最者以爲尙書御史，史書令史。吏民上書，字或不正，輒舉劾。六體者，古文，奇字，篆書，隸書，繆篆，蟲書，皆所以通知於古今文字，摹印章，書幡信也。

或言八體，或言六體，數目不同。說文段注：

　　　考六體乃亡新時所立，漢初蕭何草律，當沿秦八體耳。……班云六體，許云八體，此許覈於班也。

龍君亦贊同段氏之說。他說：

　　　云六體爲班氏之不實，其說是矣。然猶未能推究班氏之所以有此不實。余案班氏本劉歆七略『刪其浮冗，取其要旨』爲藝文志。劉歆尊古文，故時有六書而古文奇字爲首。八體有大篆，小篆，刻符，蟲書，摹印，署書，殳書，隸書，其中無古文，古文惟六體有之。以此言之，則言漢律六體者，必出劉歆以重古文也。班氏不察，遂有此失耳。

龍君的原則是對的，可是這個解釋還不能使人滿意。漢代尉律以八體試之，應當是沒

有問題的。班固是漢代的人，爲什麼本朝的律文都不檢查，卻輕易的寫本朝的史？所以班固藝文志的原文仍應當爲八體而非六體。『六體』的『六』是一個誤字。王先謙補注說：

> 上文明言八體，是班氏非不知有八體也。且此數語與說文序脗合，不應事實岐異，淺人見下文六體而妄改耳。

現在看來，六字應認爲是『八』字不清晰，被抄胥錯成『六』字，可能性更大，下文的『六體者』至『書幡信也』三十一字與前後文氣不屬，應當是南北朝時人讀漢書的旁注再被抄胥者抄進去的，因爲『輒舉劾』以下，除去此三十一字，正是：

> 古制書必同文，不知則闕，問諸故老，至於衰世，是非無正，人用其私。故孔子曰『吾猶及史之闕文也，今亡矣夫』。蓋傷其濤不正。

正與上文相銜接，而『六體者』以下三十一字顯爲衍文。似乎不應當是班固的錯，也不是淺人有意爲之，而是累次抄寫造成的錯誤。

其次龍君認爲周君的六書，正當的解釋，應當是六種書體，亦卽和尉律八體或王莽時六體略有出入的書體。這確是一個好的意見。因爲六書如其是書體的類別而不是字形的分析，那種課程的性質更和五禮，六樂等的分類法也大致相近。至於是那六個體，龍君雖未舉出，其實把八體中秦漢新加入的小篆和隸書除去，也就成爲六體了。所以不載古文，是八體只算當時應用文字，古文不算應用文字的原故。——照這樣說，當然是可通的。其最大問題是秦漢的尉律和『周禮』究竟不是一個系統下的產物，用尉律來證『周禮』，實在相差尚遠。如其沒有別的更堅強的證據，只能聊備一說，算一個較好的假設，而不能作爲定論。

當然用象形指事等來解釋周禮的六書，也是有些的牽強。不過我們對古籍見聞有限，不能不做一些保留的意見。而況說文的解釋推行已久，六書名義已約定俗成，我們無法去改，也不必去改。

總結以上的結論是對於六書條例及六書名義，我的看法是依舊維持漢書藝文志及說文解字的傳統，這當然一點也沒有『一新耳目』之感。不過我總感覺到六書名義總是一個問題，旣然這個問題已經被提了疑點，如其能澄清這一個問題，也是好的。

㈡　六書中的類別問題

漢志及說文系統的六書法則是有用的。其前四類象形、指事、會意、形聲實已概括所有中國文字的類別，應稱為最好的分類方法。唐蘭先生在其所著古文字學導論中曾擬推翻六書分類，自關蹊徑，結果他的系統卻是苛細龐雜，反而不如傳統的分類好。本來六書類別有前四類即已足用，後兩類根本是多餘的，殊嫌畫蛇添足。後兩類既然是硬添上去的，不必過分注意也無關係。不幸的是班固在漢書藝文志說六書為造字之本這句話，意思含晦。若說造字之本，就得先問什麼叫做『字』。如其造字之本就是造作字形，那就『假借』一項分明不是造作字形（轉注意義不明暫時不說），不得稱為『造字之本』。如其這裡的『字』指字的用法而言，那就只能認為『用字』而不能說是『造字』。而況造字經過，是長期演進而成，根本不是依照造字的條例去做，不僅『假借』二字分明不是造字之本，即在其他各類，就『造字之本』的原則說來，也完全不是這麼一回事。班氏是一千八百多年前的人，對於社會衍進一層，並無概念，再加上為行文之便，未計及邏輯上的矛盾，致有此失。我們的知識和訓練與班氏的時代不同，不必深責班氏，當然也不會盲目的追隨班氏。

就六書類別言，後兩類原來就和字形結構不相干。因為前四類已經對於字形的結構完全可以概括進去，不需要有任何的增減。後二類中假借的解說是明白的，可是舉例就不算最好，而轉注就是解說既多滋疑義，而舉例更使人無從捉摸，在眾論紛紜之下，就變成一個不堪使用的類別。所以講文字源流不講後二類本未為不可。如要去講，那就轉注一類就得弄清楚。

因為對於各家轉注之說我都不曾滿意，在民國五十八年，第一屆『國際筆學會議』上，我也就提出了一篇『六書轉注試釋』。這篇文字只在開會場內印發，而全文未曾發表過，所以在下面再重述一次。

　　＊　　　　＊　　　　＊　　　　＊　　　　＊

六書中的轉注，是六書中一個有很多爭執的類別。本來就任何一個字來說，在六書中前四類：象形、指事、會意、形聲之中，一定可以放進去一類。至於轉注和假借，這兩類僅就字的形體上來說，實在是多餘。

再就六書的命名來說，依照漢書藝文志前四類都稱爲『象』，卽象形、象事、象意、象聲。後兩類卻不稱爲象。所以照班固的意思，後兩類和前四類不在一個層次上。楊愼說前四類是經，後兩類是緯；戴震說前四類是體，後兩類是用；都已經把分別指出來。只是經緯、體用這一類的名稱太玄虛，楊戴兩氏又未把這些名稱下定義，比較難於認定。如其稍微的訂正一下，就不如說前四類是常，後兩類是變。常是原有的本義，變是因爲需要上增加的意義。班氏所說的『字』是兼具常與變而言，造字的『字』不僅涉於賦性，並且把命意也要加上，造字才算完成。如其不然，一定要把造字就是創造字形，那就成爲『假借』也是造字的初形，這就顯然自相矛盾了。

因此六書的內容，應當包括到文字的功能方面，包括六書的形體，相互關係和應用上的變化。倘若認淸六書原有的範圍是敎育上的意義超過了純分類上的意義，這種性質範圍的訂立，是必要的。

前四類旣然是文字的分類，便不應該彼此相兼，象形不能兼會意，會意不能兼形聲，如同脊椎動物不能兼無脊椎動物，顯花植物不能兼隱花植物一樣。但是屬於後兩類的，卻必需原來屬於前四類的某一類，然後再發展爲後兩類中的某一類，只屬於前四類的，並不一定每一個字都有它的次級發展，轉注和假借。

假借的意義比較明顯。其中共分二組，第一，是具有意義的引申，如同『令』『長』就屬於這一類。第二，是不具意義的同音借用，如甲、乙、丙、丁，之、乎、也、者等等，就是屬於這一項。只有轉注一類，因爲許愼給的定義有些含混。而舉的例字又可以作種種不同的解釋，從唐代以來，解釋轉注的就不能一致，直到現在仍然沒有定論。

許愼在六書別的類中，都舉了兩個字代表兩個例證，只有在轉注一類中，舉出的『考』『老』二字，只能算作一個例證。所以除去內容含混以外，在例證中也沒有比較，這就更增加後代的爭執。『考』『老』二字在形聲義三方面都有相關，因此後代的人對於轉注的解釋，從形，從聲，從義都有不同的意見，這就成爲文字學中，一項在各方面都可能牽涉到的爭論。

許愼給轉注的定義是『建類一首，同意相受』。只涉及義一方面，對於形聲兩方面是不曾涉及的。若講轉注，只有根據這個定義去講，最好是不增一分，不減一分。

『建類一首』是其中一個條件，『同意相受』又是其中的另一條件。

　　『同意相受』比較明白，凡是爾雅一書舉出來的都是同意字，問題只在轉注中的『同意』同意到什麼程度。是否需要更密切的同意，還是像爾雅中舉出那些字的很寬泛的同意。至於『建類一首』難於解釋的就在『首』字，首字可能在某種程度上指形，但卻不可能指聲。如其指形，是否就指部首？這卻不可能，因為五百四十部是許愼定的，而轉注的名稱卻在許愼以前已有，所以不可用部首來解釋。如其不用部首來解釋，那就不是指形了。旣非指形，亦非指聲，而義本有相關，不當複出，那就指什麼呢？所以在此只有用『同源』來解釋『一首』。因此『建類一首』就不妨認爲『就類別來說，二字同出一源』。而『建類一首，同意相受』就應當解釋做『兩字就類別說，同屬一源，而意義上還保持相互關係的同意字』。至於聲均上是否相關，許氏未說過，自然不算一個必要條件。其實若意義上相關、聲均上的相關就可能性很大。不過這只是轉注中現象，不是轉注中的條件，不能算在定義內限制之中的。

　　從來釋轉注的人，都不免於支離破碎，愈講愈晦。只有戴震答江愼修論小學書認爲轉注就是互訓，是最爲合理的。他說：『轉相爲注，互相爲訓，古今語也』。『數字共一用者，如初哉首基皆爲始，卬吾台予皆爲我，其義轉相爲注曰轉注』。專管義訓不涉形聲，在各家解釋之中，可說最能得其簡要。眞是『探驪得珠，鱗甲無用』的詮釋了。他的唯一缺點，就是只着重在『同意相受』沒有太理會『建類一首』。如其用他的基本看法，在『建類一首』上面加以修正，仍然非常有用的。

　　戴氏的互訓說法，太廣泛了。依照他的原則，爾雅全書都是轉注，但是爾雅中的同意字，其相關程度，非常不一致。倘若嚴加限制，立刻會減少許多。若再追朔來源，只保留同源的字，那就保留下的非常有限了。同理，若專以同源來搜集意義上相關的字，在爾雅以外，還可找出一些。照這種限制下的互訓，在範圍上就更涉及造字的原始上，更可和班固造字之本一語相應。

　　老和考可以成爲轉注，是因爲老和考本爲一字，考字所從，並且是老字的省形，這就合於建類一首的條件。至於爾雅中的所謂『同意字』，例如初和哉，首和基，肇和祖，元和胎，俶和落等，除去在命義上有些相似，或者在引申的意義上有些相關以外，在字源上根本是無關係的，這就未成其爲轉注了。照這項原則推演下去只有同源

的字，如同且和祖，亨和享，壽和疇，信和訊，鸞和粥，㪅和投，鄉和卿，衰和衰，生和姓，黃和光，也和它，士和仕，授和受，朋和鳳，善和酄，人和仁，平和枰，乃和厥，筑和築，劦和協，喜和憙等，來源相同而流別略有不同，實際上仍可以互用的。這就和老考二字的關係最為相近，拿這些字的相互關係做為轉注，也許更為合理一些。

現在的問題是為什麼要在六書中立出轉注一門呢？答覆是這樣的。因為六書是代表古文字各方面的。前四類是純粹關於字形的結構，對於造字的本原來講已可包括，但關於造字的功能來說，還是有所未盡，所以要補充兩項，第一是一個字在形體上轉變的分岐，第二是一個字在意義上的引申及聲音上的借用。前者屬於轉注部分，後者屬於假借部分。這些都是造字上後期的變化。班氏認為造字之本，這就看對於『造字』的定義怎樣下了。

如其認為轉注和假借是兩種相對的用法，那就可以比較的說，『本有其字，因用增形，謂之轉注』來和『本無其字，依聲託事，謂之假借』對待。這也許使得觀念更清晰一點。

＊　　　＊　　　＊　　　＊　　　＊

照這樣講轉注，是可以把同字異形或者同源異流的字使其有了一個歸宿，因而六書條例也就可以比較充實起來。但是六書這個名稱，嚴格說來，也就多少有點名實不符了。因為就字形結構來說，只有四體，即象形、指事、會意、形聲，其餘全不必算進去。若兼就應用方面說，那就除去原有四體以外再加入轉注一種(同字異形或同源異流)，假借兩種（同音借用及引申）總成為七書了。不過這卻不必嚴格的計較，六書的七類和四詩只有風雅頌三類，只要明白是這囘事，實際上是無傷大體的。

章太炎先生國故論衡轉注假借說云：

由段氏（玉裁）之說推之，轉注不繫於造字，不應在六書。由許瀚所說推之，轉注乃豫為說文設，保氏教國子時，豈懸知千載後有五百四十部書耶？余以轉注假借悉為造字之則，汎稱同訓者，後人亦得名轉注，非六書之轉注也；同聲假借者，後人雖號稱假借，非六書之假借也。蓋字者孳乳而寖多，字之求造，殆先言之矣。以文字代語言，各循其聲，方語有殊，名義一也。其音或雙聲相

轉疊均相迤，則爲更制一字，此所謂轉注也。何謂建類一首，類謂聲類，今所謂語基，考老同在幽部，其義相互容受，其言小變，按形體成枝別。審語言同本株，雖制殊文，其實公族也。循是以推有雙聲者，有同音者，適舉考老疊均之字以示一端，得包彼二者矣。故明轉注者，經以同訓，緯以聲音，而不緯以部居形體。同部之字，聲近義同亦有轉注者矣。許君則近舉其文，以示微恉。如芋、蔴母也，冀、芋也，古音同在之類。蓀、苗也，苗、蓀也，古音同在幽部，若斯類者，同均而紐或異，則一語離析而爲二也。卽紐均皆同者，于古宜爲一字，漸及秦漢以降，字體乖分，音讀或小與古異，凡將訓纂相承別爲二文。故雖同義同音不竟說爲同字，此轉注之可見者也。顧轉注不局於同部，但論其聲，其部居不同，若文不相次者，如士與事，了與杁，火與烍、燬，在古一文而已。其後聲音小變，或有長言短言，別爲異字，而類誼未殊，悉轉注之例也。若夫宜備同在之類，用庸同爲東類，岢㟒同在歌部，惶怔皆在陽部，于古語皆爲一名，以音有小變，乃造殊字，此亦所謂轉注者也。其以雙聲相轉，一名一義而孳爲二字者，尤彰灼易知，如屏與藩，亡與無，謀與謨，空與窠，此其訓詁相同，而聲紐相轉，本爲一語之變，益燦然可睹矣。若是者爲轉注，類謂聲類，非謂五百四十部也。首謂語基，非謂凡某皆从某也。戴段諸君說轉注爲互訓，大義炳然。顧不明轉注爲一科文字孳乳之要例，乃汎謂初哉首基訓始，並爲轉注，立例過嚴，于造字之則旣無與。元和朱駿聲病之，乃以引申之義爲轉注，正許君所謂假借。轉注者，繁而不殺，恣文字之孳乳者也；假借者，志而如晦，節文字之孳乳者也。造字者以爲繁省大例，知此者希，能理而董之者鮮矣。

這篇是近代談六書的一篇重要文獻，是中國文字學的一個里程碑，直到現在仍然具有非常重大的影響，講中國文字學的人大都不敢提出異議的。就我自己來說，我要算太炎先生的再傳弟子，就舊有傳統的習慣說，是不可以提出異議的。不過學術的前途，是要有進步的，而進步的方式，正是要修正前賢，不能一味株守。太炎先生這篇在三十餘家之後，已經比前人進步多了，卻還有可以再修正之處，也就不能就此爲止。

　　現在最重要的問題，是一個觀念問題。爲什麼要有六書？我們應當樹立的觀念，並非立卽要追溯造字之原；而是處理一種學術的材料，第一步是要做分類的工作。如

其只做分類的工作前四類象形、指事、會意、形聲四類顯然已經可以把全部的中國文字包括無遺，若勉強把轉注和假借再放進去，那就變成治絲愈棼，徒亂人意，只有把觀念攪得更不清楚，對於科學性的處理毫無補益。我們要利用象形、指事、會意、形聲四類作爲分類的基礎，是因爲這種四類法分的相當的好，我們進行我們自己分類的工作用這四類最方便。而並非古人說過是『造字之本』或不是『造字之本』。

其實嚴格說來，這『造字之本』四個字，就是顯然錯誤的。中國文字的發展，是隨着應用上的方便而形成的，後邊並無一個造字的理論來指導。六書的分類只是文字通行一個長時期以後，後人歸納六書的組成形式、造出這幾個原則。不論是出於晚周，或是出於西漢初年，或是出於劉歆，甚至出於班固，對我們都是一樣的，對於我們做古文字分類的應用上，毫無區別。

至於後兩類轉注和假借，都是屬於文字形成以後，文字的次級發展。比較重要的還是假借中包括的兩項，引申和借用，而借用一項更比引申還要重要。再按照許氏的定義『本無其字，依聲託事』明明指的是借用而不是依義遞轉的引申。令長二字不是借用，正代許氏的仿徨，而不是許氏有意排斥借用。太炎先生因爲太相信『造字之本』這句話了，借用和造字之本顯然矛盾，只有不顧許氏定義，而遷就班固。不過卽就班固自己來說，假借二字分明列在六書之內，既云『假借』也就當然不是本原。就六書分類在班固這章的重要性來說，當然比『造字之本』四字爲重要，六書分類是基本觀念，『造字之本』不過是一個解釋，這種解釋如其有了矛盾或錯誤，只有放在一邊，以現在的看法來看，沒有改換基本原則的理由。

對於轉注的解釋，太炎先生是主張音轉，亦卽是依照雙聲疊韻來轉。許氏定義中未講到音，只是舉例中考老二字疊韻，對於發聲疊韻舊題的確有相當的困難。因爲如專以疊韻爲限，音轉的條例確是不算完密；如加上雙聲，那就在定義上及舉例上更屬毫無痕跡可溯，不免增字解經之嫌。這個無法解決的困難，就形成音轉論先天的缺陷。再就雙聲疊韻的觀念來說，一直到曹魏時期孫炎作反語時才有。（太炎先生曾舉漢書注引應劭語兩條，中有反切，其實古書音切每有後人竄入的，此不可爲信據。）不僅遠在造字無雙聲疊韻之說，卽使在班固及許愼時也不知道。誠然，我們可以說古人在無意中形成這種轉注方法的，但聲韻的知識既然在古代知識範圍之外，我們也就無法想

像那時的人可以做有意識的歸納。

　　爲着只講文字的分類以及文字的引申和借用，所謂轉注一項本來可以不管的。只是爲着『六書』是傳統文字學的基本觀念，即令無甚用處，卻也不能全然擱置。在解釋轉注意義方面，太炎先生的看法，總是最進步的，但仍然有上述的困難，所以不得不在太炎先生已有的基礎上，別圖發展。本篇全然捨棄音的解釋，專從形義方面去解答，也只是對於太炎先生舊說一個修正。如其無太炎先生的舊說，這種專從形義方面的設想是無法設想出來的。

　　在這裏我決無開新立異的意思，我決不贊同像唐蘭先生那樣自創一格，使中國文字分類的問題更趨複雜。我也決不贊成有意無意的推翻六書，像張君政烺那種主張。我要保存六書條例，卻不願意在那種牽強矛盾情形之下，來使用六書體例。清代的戴震和朱駿聲都可以說是豪傑之士，他們有意把六書的混亂情形重爲整理。但戴震對於六書只是一個未竟之業，而朱駿聲的辦法，是自己完成了一個完整的系統，卻用的是一種偷天換日的手段，與六書原有的條件不合。其實任何改革都是可以的，只是曲解舊有名稱便會引起了紛亂。這裏我對於六書名義是主張應用的，但應當分別其中有文字分類的本身，及文字造成以後的次級變化，二者不能同等看待。至於班固『六書爲造字之本』，本來不是在深思熟慮之下寫的，不僅因果倒置，而且充滿了錯誤的矛盾。在二十世紀八十年代的今天，任何一個受過現代思想訓練的人，是不可以再理會這種不合理的原則的。

漢代的「史書」與「尺牘」

　　在中國古代書法之中，保存墨蹟至今，而且較爲豐富的，是要算在西北亭隧中所發現的漢代木簡了。在漢簡以前，尚有若干墨蹟保存下來，如同一部分的甲骨，長沙發現的楚國帛書和竹簡，自然也甚爲重要。不過這些實物的數量都不能和漢簡相比。並且就書法的進展來說，漢代的書法是已經成爲一種藝術，就是所謂「尺牘」，在戰國以前，似乎尚未曾被認爲是藝術的一種。

　　中國的書法，從甲骨文、金文，到戰國時代的秦文及六國文字，可以算做一個時期。從漢代至於現代，可以算做另外一個時期。前者不妨稱爲篆書時代，後者不妨稱爲隸書時代。從甲骨文到戰國文字，其中是有不少變化的，但不論如何變化，都可以歸入「篆書」這個範疇之內。從漢代以後直到現代，除去偶然在應用還可以看到篆書的痕跡，例如印章、碑的篆額、少數的篆文碑，以及文人仿古的藝術作品以外，應當都是「隸書」及隸書的變體。這一類屬於隸書系統之下的，如同隸書、章草、北碑書體、草書，唐以後的楷書、行書、六朝別字、日本的片假名、平假名、契丹文字、女眞文字、西夏文字、韓國的諺文、刻書的「宋體」，以及注音符號，都是屬於「隸書」範疇之內。

　　篆隸的過渡時代，應當是秦代，因爲秦代通行的小篆，尚爲舊有大篆的遺法。現今可以考見的秦刻石、秦權、秦量之屬皆是小篆。不過隸書是在秦代創始的，這就形式了後世新書法的開端。

　　篆書是一種方嚴而規律的結體。當篆書通行的時代，肄習篆書雖然也需要相當大的功力，但因爲篆書究竟比較圖案化，是不會被人認爲是具有個性的藝術的。所以在戰國時期諸子中的記述，只有精美的雕刻和繪畫，動人的音樂，卻從未有高貴的書法出現。到了《漢書‧張蒼傳》：「好書律歷」和《漢書‧淮南王安傳》：「好書鼓琴」，這可以解釋做「書法」的開始。不過這裡所說的「書」

固然可以認爲書法，也未嘗不可認爲書籍，並且若作爲「書法」的解釋，應包括文字的學習、字體的標準、筆畫的排列在內，和後世純美術的觀念不同。到了《漢書・張安世傳》，說他：「用善書給事尚書」，這個書當然是指書法，不過這裡可以代表的意思，還是尚書爲發布詔令的機關，需要善書寫的人來抄寫詔令，也還是指應用而不是指藝術。例如在沒有打字機的時候，西洋的公文發布，也要用寫好字的人去抄，但西洋的文字並未發展成爲一種藝術。

書法正式成爲藝術，應當出於西漢的晚期。《漢書・游俠傳》：「陳遵……性善書，與人尺牘，主皆藏去以爲榮。」尺牘就是長漢尺一尺（約爲市尺七吋），寬漢尺三四吋的木板，用來作私人通信之用的。照現在尚存的漢代的牘來看，凡是通信大都係用草書來寫。《漢書・北海敬王睦傳》：「善史書，當世以爲楷則，及寢病，（明）帝驛令作草書尺牘十首。」正可看出寫尺牘在原則上是要用草書的。平時私人通信原來已用草書，至於對皇帝卻是應當用隸書上奏的。這是因爲草書尺牘已經成爲藝術，所以漢明帝向北海敬王索取草書的尺牘。也就表示著，篆書和隸書在漢代不是藝術，只有草書才有藝術的性質。

草書是藝術，在意義上本不難了解。書畫同源一事在歷來的藝術家大概都是同意的。漢代的繪畫墨跡，現在尚不難考見，大都疏落有致而注重線條的神采，這種線條的表現方法，正和漢代草書有相關之處而和篆隸的方法距離較遠，也就顯示著爲甚麼到草書才能和藝術發生關連。書畫的相關至少需要兩種因素，第一是工具的相關，第二是線條種類的相關。僅僅工具的相關還不夠，必須線條種類相關才能說上相關。現在可以確實知道，自有甲骨文以來已有毛筆，已有 枲做成的墨。不過工具儘管一致，但寫字的方法和繪畫的方法並不相同（當然文字可能從圖畫變來，但成功爲文字以後，就不是圖畫了），因而文字也就未曾成爲藝術。直等到草書普遍以後，草書任情揮灑，不受規格上工整的限制，可以盡量把繪畫的方法用在書寫之上，從此書畫的性質便可以合而爲一，而書法也就自然成爲藝術了。

不過書法的標準，最先還是從應用而來的。這種應用的書法，被稱爲「史書」。在《漢書・元帝紀》，稱元帝「多材藝，善史書」。錢大昕的《二十二史考異》說：

漢律，試學僮能諷九千字以上，乃得為史（見〈藝文志〉），〈貢禹傳〉：
「武帝時，盜賊起，郡國擇便巧史書者以為右職。俗皆曰：『何以禮義為？
史書而仕宦。』」〈酷吏傳〉：「嚴延年善史書，所欲誅殺，奏成於手中，
主簿近史不得聞知。」蓋史書者，令史所習之書，猶言隸書也。善史書，
謂能識字作隸書耳，豈皆盡通《史籀》十五篇乎？〈外戚傳〉：「許皇后
聰慧，善史書。」〈西域傳〉：「楚主侍者馮嫽，能史書。」〈王尊傳〉：「少
善史書。」《後漢書‧安帝紀》：「年十歲，好學史書。」〈皇后紀〉：「鄧
皇后六歲能史書」，「梁皇后少好史書」，〈章八王傳〉：「安帝所生母
左姬善史書」，〈齊武王傳〉：「北海敬王睦善史書，當世以為楷則。」〈明
八王傳〉：「樂成靖王黨善史書，喜正文字。」諸所稱善史書者，無過諸
王、后妃、嬪侍之流，略知隸楷已足成名，非真精通篆籀也。《魏志‧管
寧傳》：「潁川胡昭善史書，與鍾繇、邯鄲淳、衛覬、韋誕，並有尺牘之跡，
動見模楷。」則史書之即隸書明矣。

這裡錢氏的《考異》是駁斥顏師古《注》引應劭說，解釋史書為「周室王太史
所作大篆」而發的。本來「史書」一辭在《三國志》作者尚和漢代通用的方法相同。
則在應劭的時代（東漢獻帝時期），決不會不知道漢代的一般用法。應劭的錯誤
只是對於「史書」的解釋，加以揣測而求之過深。漢代有許多通用習語本是難於
求其確切意義的，例如「三老五更」一詞，蔡邕就硬讀為「三老五叟」，當然蔡邕
也是錯誤的，可是「三老五更」正確的來源也是不能明瞭。從這一點來看，應劭
雖然是漢末的人，卻並不能因為他是漢末的人，就不加分辨而採取其說法。《漢
書‧元帝紀》所稱漢元帝「多材藝，善史書」，和鄧皇后、梁皇后、左姬等的善
史書相同，當然不可以解釋做大篆。錢氏的分析是不可動搖的，不過從另一方
面來說，不指元帝當時所寫史書的類別，而是要追究史書的來源，卻也可以作
一種另外的看法。假如應劭的原注為「史書出於大篆之《史籀篇》，漢世以指隸書」，
那就比較無大誤了。

《漢書‧王莽傳》上：

徵天下通一藝，教授十一人以上，及有逸禮、古書、毛詩、周官、爾雅、
天文、圖讖、鍾律、月令、兵法、史篇文字，通其意者，指詣公車。

其中「史篇」二字下，顏師古《注》：

孟康曰：「史籀所作十五篇，古文書也。」師古曰：「周宣王太史籀所作
大篆也。」

顏師古《注》「史篇」二字的解釋，正和他所引應劭《注》「史書」二字的解釋，完全
相同。這就是表示著，應劭和顏師古都是認為「史書」和「史篇」是同樣的。

那麼「史篇」的內容，以及和漢代隸書的關係，現在應當予以討論，才能顯
出史篇與史書的關係，來看應劭及顏師古說法究竟有多少可靠性。

關於漢代書體的淵源，見於許慎《說文解字・序》：

宣王太史籀著大篆十五篇，與古文或異。……秦始皇初兼天下，丞相李斯
乃奏同之，罷其不與秦文合者。斯作《倉頡篇》，中車府令趙高作《爰歷
篇》，太史令胡母敬作《博學篇》，皆取史籀大篆，或頗省改，所謂小篆
者也。是時秦燒滅經書，滌除舊典，大發吏卒，興戍役，官獄職務繁。初
有隸書，以約趣易，而古文由此絕矣。自爾秦有八體，一曰大篆，二曰小篆，
三曰刻符，四曰蟲書，五曰摹印，六曰署書，七曰殳書，八曰隸書，漢興
有草書。尉律，學僮十七以上始試，諷籀書九千字乃得為史。又以八體試
之，即移太史並課，最者以為尚書史。書或不正，輒舉劾之。今雖有尉律
不課，小學不修，莫達其說久矣。孝宣皇帝召通《倉頡》讀者，張敞從受之。
涼州刺史杜業，沛人爰禮，講學大夫秦近亦能言之，孝平皇帝徵禮等百餘
人，令說文字未央庭中，以禮為小學元士。黃門侍郎揚雄，采以作《訓纂
篇》。凡《倉頡》以下十四篇，凡五千三百四十字。群書所載，略存之矣。

後一段「孝平皇帝徵禮等百餘人」，實在那是〈王莽傳〉所說的徵集通「史篇文字」
的那回事。照此所說「史篇」即是《倉頡篇》。亦即是因為漢時古文大篆早已不能
通曉，一般所能追溯的，只到用小篆書寫的《倉頡篇》為止，不再能上通之於《史
籀篇》。誠然，就淵源來說，《倉頡篇》和《史籀篇》有相承之緒，不過《倉頡篇》和
《史籀篇》字體不同，因而《倉頡篇》就不能代表《史籀篇》。到了漢代，通用隸書，
甚至於《倉頡篇》亦已隸書化，更非秦代之舊（從漢簡中隸書的《倉頡篇》便可證明），
所以就淵源來說，漢代的「史書」可以說自《史籀篇》承襲而來，但就漢代史書的
實際性質來說，是和《史籀篇》全然是兩回事。因而應劭及顏師古所說，雖不能
說全無根據，卻與漢代實際情形並不相符。再就「史書」的名稱上來說，當然是

有兩個可能：(一)是從《史籀篇》的「史」字逐漸轉變而來。(二)從秦尉律「諷籀書九千字乃得爲史」的「史」的資格而來。現在因爲材料不夠，不能多爲揣測。不過就漢人對於「史書」認爲是一種應用的文字來說，寧可相信第二個可能，因爲尙近眞實些。不過縱然是屬於第二個可能，也不會被漢代當時士大夫所稱引，因爲比較第一個可能，在傳述上總會顯著太俗了。

依照〈張蒼傳〉和〈淮南王安傳〉所說的「好書」，應當包括較廣的範圍，和《史記·項羽本紀》：「學書不成去學劍，學劍又不成，……籍曰『書足以記姓名而已，劍一人敵，不足學，學萬人敵。』」中所要學的「書」是同一類型。項羽學的書並非學書法藝術，要做一個書家。而是要依照尉律，要諷誦九千字，知道了字中的意義及結構，要去應用。也就是學書是做文吏的條件，學劍是做武吏的條件。在秦漢時代吏亦稱作史，作吏需要的書，也就是史書了。至於張蒼，本是一個精通吏事的人，不會不注意與吏事有關的史書；淮南王安雖於學無所不窺，不過當時的所謂「學書」，正是治「小學」書，小學本爲治學之門徑，則其留心於此，也不足深怪。

史書講究的工整與正確，但不太注意工整與正確的卻別有「草書」。「漢興有草書」，草書並非正式法定的文字，他的功用是屬稿和通信，因爲不受到拘束，就得到了較高藝術上的效果。《漢書·游俠傳·陳遵傳》：「性善書，與人尺牘，主皆藏去以爲榮。」以及前引《後漢書·北海敬王睦傳》：「善史書，當世以爲楷則，及寢病，帝驛馬令作草書尺牘十首。」《後漢書·列女傳》：「皇甫規妻，善屬文，能草書，時爲規答書記，衆人怪其工。」都是可以看出草書的藝術價值，高於隸書的藝術價值。

當然凡是一種藝術的被承認，決不是突然發生的，一定也有其他方面的連帶關係。依草書使用的工具和作篆書隸書是相同的，草書既然被承認爲藝術，那就篆書隸書也會連帶的被注意。這一點在漢靈帝時就很顯然的從「尺牘」擴張到「鳥篆」了。《後漢書·蔡邕傳》：

> 初帝（靈帝）好學，自造《皇羲篇》五十章，因引諸生能爲文賦者，本頗以經學相招，後諸好尺牘及工書鳥篆者皆加引召，遂至數十人。侍中祭酒樂松賈護多引無行趣勢之徒並待制（按當作待詔，此唐人諱武后嫌名所改）

鴻都門下，喜陳方俗閭里小事，帝甚悅之，待以不次之位。又市賈小民為宣陵孝子者數十人，悉除為郎中太子舍人。……邕上封事曰……「臣聞古者取士，必使諸侯歲貢，孝武之世即舉孝廉，又有賢良文學之選，於是名臣輩出，文武並興，漢之得人，數路而已。夫書畫辭賦，才之小者，匡國理政，未有其能。陛下即位之初，先涉經術，聽政餘日，觀省篇章，聊以游意，當代博奕，非以教化取士之本。而諸生競利，作者鼎沸，其高者頗引經訓風喻之言，下則連偶俗語，有類俳優。」

這是從尺牘而推衍，及於其他。不過當時鴻都待詔，除過尺牘鳥篆以外，還要兼擅辭賦。也是由於尺牘和辭賦都是藝術而有相關性的。當然，蔡邕本人就是一個擅長草隸的書家。並且鴻都待詔的等次也是靈帝命他審查的。他對鴻都待詔的原則上，他本不是一個反對的人。他反對的是靈帝用人太濫了，其中有一部分屬於倖進之流，應當加以淘汰。

東漢桓靈之際，立碑最多，《隸釋》和《隸續》所收的，大都是屬於這一個時期。這許多碑的書法。顯示著不同的個性，當然對於書法還是注意的。不過寫字的人在碑上並無地位。只有西嶽〈華山碑〉有「郭香察書」四字，所謂察書，就是對於書體的糾正，也就是「書有不正輒舉劾之」是屬於同一的性質。因此書碑人的地位還並不高。就中如張遷碑，其書法在漢碑中確屬造詣很高的，但書碑人卻是一個文理不通的人，甚至於把「爰暨於君」寫成「爰既且於君」！此碑的文章本就不太高明，但書碑的人連這一點小學常識也沒有。當然這個書碑的人在蕩陰縣（原碑所在地）的地位也不會怎樣高了。所以一般講來，漢代書寫正楷的人還是書匠一流，不是被重視的。至於熹平石經由蔡邕書寫，那是特重六藝，應當別論了。

《世說新語・方正篇・注》引宋明帝〈文章志〉說：

太元中新宮成，議者欲屈王獻之題榜，以為萬代寶。謝安與王語次，因及魏時起陵雲閣忘題榜，乃使韋仲將懸梯上題之。比下，鬚髮盡白，裁餘氣息，還語子弟云：「宜絕楷法」。安欲以此風動其意。王解其旨，正色曰：「此奇事，韋仲將魏朝大臣，寧可使事若此，有以知魏德之不長。」安知其心，迺不復逼之。

韋仲將(韋誕)題榜事，當然是一個極端的例子。因爲題榜本不必懸上高梯的，只要先寫好了匾額，再掛上去就可以了。魏明帝修清宇臺，因爲一時疏忽，將一個未曾寫好的匾釘上去，不能再取下來寫，致有此失。謝安請王獻之寫太極殿匾，當然是先寫好，再釘上去，但王獻之仍然不寫，爲的是寫篆隸是匠人的事，他不願意去做。

《晉書・衛瓘傳》引衛恆〈四體書勢〉稱古今傳者，古文有邯鄲淳，其祖敬侯(衛覬)；篆有曹喜、邯鄲淳、韋誕、蔡邕；隸有王次仲、師宜官、梁鵠、毛弘、左子邑、劉德升、鍾繇、胡昭；草有杜度、崔瑗、崔寔、張伯英(張芝)、伯英弟文舒(張昶)、姜孟穎、梁孔遠、田彥和、韋仲將(韋誕)、羅叔景(羅暉)、趙元嗣(趙襲)、張超。其中有一個可注意的現象，卽擅長草書的比較多，而且時代也還有比較早的。也可以顯示著草書比較重要。

以下各條，可以看出漢魏以來草書的被人重視：

漢世安平崔瑗，瑗子寔，弘農張芝，芝弟昶，並善草書，而太祖（曹操）亞之。（《魏志・太祖傳》建安二十五年《注》引張華《博物志》）

胡昭善史書，與鍾繇、邯鄲淳、衛覬、韋誕並有名，尺牘之跡，動見模楷焉。（《魏志・管寧傳》）

衛瓘學問深博，明習文藝，與尚書郎敦煌索靖俱善草書，時人號為一臺二妙。……子恆，善草隸書。（《晉書・衛瓘傳》）

崔浩既工書，人多託寫《急就章》（按急就章為草書），……所書蓋以百數。（《魏書・崔浩傳》）

所以東漢魏晉以來，書法還是以草書爲主。衛恆〈四體書勢〉開始講到行書，稱：「魏初有鍾胡二家爲行書，俱學之於劉德升，而鍾氏小異，亦各有巧，今大行於世云。」卽行書爲隸書之變，而略參以草書之勢的。這一種特殊字體在斯坦因發現的高昌晉簡中看較爲清楚。卽結體仍爲隸書(不是草書)，而用筆卻比隸書更爲任意些。這就形成兩種趨勢，第一是成爲隋唐以來的楷書，第二成爲隋唐以來的行書。

　　無論如何，書法在南北朝雖被人注意，但過去認爲匠人工作的餘風，還多少存在著。《顏氏家訓‧雜藝篇》：

> 真草書跡，微須留意。江南諺云：「尺牘書疏，千里面目也。」……此藝不須過精。王褒地胄清華，才學優敏。後雖入關，亦被禮遇。猶以工書，崎嶇碑碣之間，辛苦筆硯之役，嘗悔恨曰：「使吾不知書，可不至今日耶？」

古人書碑用書丹之法，不似後人書在紙上，再貼到碑上去刻，因此寫起來要麻煩。不過也是還有因爲將書畫工作的人認爲工匠的看法，才致於此。這種心理亦見於《家訓‧雜藝篇》所述顧士端及劉岳事。又唐時閻立本被人稱爲「畫師」而忿慨（見新舊《唐書》本傳），也是出於同樣的背景。

　　因爲書法藝術的中心是行草，而行草以南方爲主。所以北方的書藝不如南方。《北周書‧趙文深傳》：

> 文深雅有鍾王之則，筆勢可觀，當時碑牓媚深及冀俊而已。……及平江陵之後，王褒入關。貴遊等翕然並學褒書，文深之書，遂被遐棄。文深慚形於悚色。後知好尚難反，亦改習褒書。然竟無所成，轉被譏議謂之學步邯鄲焉。至於碑牓，餘人猶莫之逮。王褒亦每推先之。宮殿樓閣，皆其跡也。

南朝禁止立碑，現在所看到南朝的碑太少。不過從劉宋的爨龍顏，以及蕭梁時代的墓闕，字體仍然和北碑一致。阮元《揅經堂集》有「南北書派論」及「北碑南帖論」，直論至唐宋以後。在現在看來，實是兩種不同的字體。所謂「碑體」乃是漢代史書之遺，結體工整，多古意，而有匠氣。所謂「帖體」乃是漢代尺牘之遺，出於文人士大夫之手，筆墨縱肆，而影響於後代者較大。帖體爲後人摹習，日漸失眞，古意逐失，有時其氣勢尙不如碑體。歐陽修《集古錄》謂：「南朝士氣卑弱，書法以清媚爲佳。北朝碑誌之文，辭多淺陋，又多言浮屠，其字畫則往往工妙。」其言一部分是對的，因爲碑多爲眞蹟，而帖多由轉摹，故碑較佳。但就帖而言，如右軍書蘭亭，卻是定武本存碑意最多，而元明轉摹之本，更多側媚之筆。這個意見到康有爲的《廣藝舟雙楫》，就變本加厲，不僅重碑輕帖，而且進一步「卑唐」。現在看來，誠然不必像六朝人輕視碑牓，也不必像康有爲認爲只有碑牓才是書法藝術。碑牓的法度是可以重視的，不過眞正書法藝術是行草，卻也應當加以體會才對。若一味重碑輕帖，那就是捨本逐末了。

史記項羽本紀中「學書」和「學劍」的解釋

(一) 序　　言

史記項羽本紀云：『項籍少時，學書不成，去學劍。又不成。項梁怒之。籍曰：「書足以記姓名而已，劍一人敵，不足學，學萬人敵。」於是項梁乃教籍兵法。籍大喜，略知其意，又不肯竟學』。這裏的『學書』和『學劍』是一個非常著名的掌故。只是『學書』是什麼，『學劍』又是什麼，為什麼要學書，又為什麼要學劍，從來沒有被追究過。漢朝人的學書和學劍，是漢朝人日常生活的一部分，當然用不著解釋。後世的日常生活和漢代不同，雖然仍有書和劍，但其就學的目的，和漢人並不完全一致。只由後代的人並不注意這種分別，也就從來沒有詳明的注釋。

在這一點只有日本人曾略為注意，他們究竟在生活上的距離，又稍遠些，反而不致含混的放過去。瀧川龜太郎史記會注考證七云：

雨森精翁曰：『考東方朔傳，書即文史，言識古人姓名也。一說，書，六書也，如保氏所教。據此則下記姓名，猶曰名刺之用。』愚按後說是。去，猶罷也。

雨森所說的後說前半截是對的，後半截認為記姓名為作名刺之用，那就只是一種猜想，可以說只對了一半。不過有這前一半的提示，已經算非常有用了。

實際上保氏教以六書，只是周禮上的制度(註一)。周禮早廢，項羽不會遵照周禮的制度。項羽學書學劍都是不久即棄去，終於學兵法；他能夠自作主張，其年歲決不會太幼。按項羽起兵之時為二世元年年，二十四歲，上推到秦始皇二十五年全定楚地之時，當為年十一歲。在此以前他是楚國大將的貴公子，所學可能另一回事，而學這些『應用』的書和劍，應當在十一歲以後。在此以前即令學過文字，也是楚的文字，

(註一)　項羽楚人，楚國從來未遵從周室的制度，就這一點看，也不應以周禮為據來說，而況周禮本身還有爭論。

非秦的文字。到了秦統一六國以後，還得照秦的標準再學。再看周禮並無學劍之制，和學劍並稱的學書，也應當不是周法而爲秦法。

說文解字序云：

> 周禮：八歲入小學，保氏敎國子先以六書。…… 其後諸侯力政，不統於王，惡禮樂之害己，而皆去其典籍。分爲七國，田疇異畝，車塗異軌，律令異法，衣冠異制，言語異聲，文字異形。秦始皇帝初兼天下，丞相李斯乃奏同之。罷其不與秦文合者。斯作倉頡篇，中車府令趙高作爰歷篇，太史令胡毋敬作博學篇。皆取史籀大篆，或頗省改，所謂小篆者也。是時秦燒滅經書，滌除舊典，大發吏卒，興戍役，官獄職務繁。初有隸書以趣約易，而古文由此絕矣。自爾秦書有八體，一曰大篆，二曰小篆，三曰刻符，四曰蟲書，五曰摹印，六曰署書，七曰殳書，八曰隸書。漢興有草書。尉律：學僮十七以上始試，諷籀書九千字乃得爲吏。又以八體試之，郡移太史並課，最者取爲尚書史。書或不正，輒舉劾之。今有尉律不課，小學不修莫達其說久矣。

在這裏所引的秦法，學僮十七以上始試。項羽十七時，正爲秦始皇三十一年。當時秦控制天下正是非常有力量的時期。爲了出路，當然要依照秦法，這就是他學書的由來。所學的書，當然是倉頡，爰歷，博學諸篇。學了以後還得能應付考試，程度能夠及格才算『成』，否則就是『不成』。項羽本紀所說的『不成』，就是按著他的學書程度。尚不能達到可以爲吏的標準。

（二） 學書與記姓名

『書足以記姓名』並不是學了書以後，才能記自己的姓名，因爲自己的姓名只有少數的字，不必要照尉律學書以後才會記，並且記自己的姓名，也決無學不成之理。所以記姓名不應當只是自己的姓名，因而記姓名就是寫名刺，當然是不對的。『記姓名』應當指記別人的姓名。現在倉頡已亡，是否有一部分爲學記姓名，無從知道，不過急就篇的重要部分卻是爲的記姓名的。

急就篇：

> 急就奇觚與衆異，羅列諸物名姓字，分別部局不雜厠。用日約少誠快意，勉力

務之必有喜。請道其章：宋延年、鄭子方、衞益壽、史步昌、周千秋、趙孺卿、爰展世、高辟兵、鄧萬歲、秦妙房、郝利親、馮漢彊、戴護郡、景君明、董奉德、桓賢良、任逢時、侯中郎、由廣國、崇惠常、烏承祿、令狐橫、朱交便、孔何傷、師猛虎、石敢當、所不侵、龍未央、伊嬰齊、翟回慶、畢稚季、昭小兄、柳堯舜、樂禹湯。

在這以下還有許多姓名。這裏所寫的姓名，並非實有共人，只是把常見的姓和名，都舉出來，以備將來的應用。共舉出來的有一百一十三姓名，中無重複。其功用和後代的百家姓有些類似，只是百家姓只有姓，而急就列舉常有的名，並且姓名又列在最前，足見姓名對於當時應用的重要了。

『書足以記姓名而已』這一句話當然是對於學書的一個諷刺。但是從漢代的文書中，確實可以看到具有人名的占絕大多數。現在以居延漢簡來做例子，便知道公文中人的姓名是如何的顯著：

元康四年十月乙卯朔肩水右前候長信都敢言之，謹移亭隧（折傷）兵簿一編，敢言之。　　　　（書檄類）

建平五年八月□□□□□廣明，鄉嗇夫客，假佐玄敢言之。善居里男子丘張自言與家買客田，居作都亭部。欲取□□案張等更賦皆給，當得取檢，謁移居延，如律令，敢言之。　　　　（書檄類）

肩水候官　郎曰朱千秋
　　　　十一月壬申隧長勤光以來　　　　（封檢類）

書三封　其一封呂憲印
　　一封　王忠國　十月癸巳令史弘發　　（封檢類）
　　一封　李勝

永光四年正月巳酉　　　　妻大女昭武萬歲里孫第卿年廿…
橐佗吞胡隧長張彭祖符　　子小女王女年三歲
　　　　　　　　　　　弟小女耳年九歲　　　皆黑色　　（符券類）

永光四年正月巳酉　　　　妻大女昭武萬歲里□□年卅二
橐佗延壽隧長孫時符　　　子大男輔年十九歲
　　　　　　　　　　　　子小男廣年十二歲
　　　　　　　　　　　　子小女女足年九歲

輔妻南來年十五歲　　　皆黑色　　　　（符券類）

（田卒）昌邑國邸良里公士費塗人年廿三　　　袍一領　　　枲履一兩
　　　　　　　　　　　　　　　　　　　單衣一領　　　絝一兩　　（器物類）

辟北亭卒東郡博平博里皇隨來　　　有方一　　　靳干幡各一
　　　　　　　　　　　　　　　三石承弩一　　　革甲鞬秸各一
　　　　　　　　　　　　　　　弩帽一　　　　　　　　　　（器物類）

觻得騎士定安里楊霸　　　辛馬一匹　　　　　　　　　（車馬類）

方子眞一兩就人周譚侯君實爲取　　　　　　　　　　（車馬類）

出麥二石以廩水門隧辛王繰五月食　　　　　　　　　（錢穀類）

始安隧長臨國　　　受奉　　　　　　　　　　　　　（錢穀類）

戍卒淮陽郡苦中都里公士薛寬年廿七　　　　　　　　（名籍類）

氐池騎士常樂里孟復　　　　　　　　　　　　　　　（名籍類）

氐池騎士奉明里鉏昌　　　　　　　　　　　　　　　（名籍類）

施刑士馮翊帶羽掖落里王□　　　　　　　　　　　　（名籍類）

給車觻得祁都里郝母傷年卅六歲長七尺二寸黑色　　　（名籍類）

田卒昌邑國湖陵治昌里彭武年廿四　　　　　　　　　（名籍類）

張掖居延庫卒宏農郡陸渾河陽里大夫武便年廿四

庸同縣陽里大夫趙勤年廿九賈二萬九千　　　　　　　（名籍類）

候長觻得廣昌里公乘　　　小奴二人直三萬　　用馬五匹直二萬　　宅一區萬
　　禮忠年卅　　　　　大婢一人二萬　　　牛車二兩直四千　　田五頃五萬
　　　　　　　　　　　軺車一乘直萬　　　服牛二六千　　　　凡貲直十五萬
　　　　　　　　　　　　　　　　　　　　　　　　　　　　　（名籍類）

就以上各例來看，幾乎各類都有人的姓名要記上去。因此說漢代的文書簿籍都是
爲的記姓名的，並非太過。漢承秦制，秦代的制度和漢代相差不多，所以項羽就會說
出這樣謔謔的話。

秦漢時期因爲戶口調查比較嚴密，所以在役政之中可以推行徵兵制度，踐更過更
等勞役制度；在賦稅方面可以推行以人口計算的算賦和口賦，按照每人的財產多少，
還可做到算貲的制度。這些辦法都需要有很詳細的記錄，這些記錄要以戶口登記的名

冊爲準，卽所謂『籍』，因而在地方行政機關所接觸到的，當然都是一些人的姓名，
『記姓名』一事，就成爲一般吏員的重要職務。到了三國以後，天下大亂，名籍多數
散佚；憑戶口名冊來做的事，多不能順利的執行。所以漢代採用徵兵制度，三國以後
只能採用募兵及世兵制度；漢代可以利用戶口名冊來舉行孝廉的察舉，三國就需要改
行九品中正；漢代課稅以口爲準，而三國及晉代以後均以戶爲準(註一)。這種從一種
嚴密的戶籍變爲粗略的戶籍，就使得姓名的常見次數，在地方政府的文書簿籍中，相
對的減少。這也就成爲後世對於項羽所說：『書足以記姓名而已』一句的本意，不會
再被人加以理會的原因。

（三） 文吏與武吏

漢代的吏是分爲文吏和武吏的，應當卽是本於秦制。居延漢簡：

> 候長公乘蓬丘長富，中勞三歲六月五日，能書會計治官民，頗知律令，年卅
> 七歲，長七尺六寸，……

> 肩水候官並山隧長公乘司馬成，中勞二歲八月十四日，能書會計治官民，頗知
> 律令，武，年卅二歲，長七尺五寸，觻得成漢里，家去官六百里。

> 肩水候官執胡隧長公大夫累路人，中勞三歲一月，能書會計治官民，頗知律令
> 文，年卅七歲，長七尺五寸，氐池宜藥里，家去官六百五十里。

> 張掖居延甲塞有秩士吏公乘段尊，中勞一歲八月廿日，能書會計，治官民，頗
> 知律令，文。

> 候官羅虜隧長譬裏單玄，中功五勞三月，能書會計，治官民，頗知律令，
> 文。應令居延中官里，家去官七十五里，屬居延部。

其中所要注明的，除去爵，里，勞績，年歲，住址以外，還要注明是文吏或武吏。可
見文武兩項，是吏士中主要的兩大類。

(註一) 漢書惠帝紀元年注：『漢律人出一算算百二十錢，唯賈人等奴隸倍算』。這是以口爲準的，晉書食貨
志：『魏武初平袁氏以定鄴都，令收田租畝粟四升，戶絹二匹，綿二斤，餘皆不得振興，藏彊賦弱，
……晉武帝平吳之後，置戶調之式，丁男之戶，歲輸絹二匹，綿三斤，女及次男爲戶者半輸』這是說
明了三國以後，不再以口爲準，而是改以戶爲準了。九品中正之制的產生，晉書衞瓘傳言是由於『魏
氏承顛覆之運，起衰亂之後，人士流移，考詳無地』可見也是和戶籍的不完備有關的。

在兩漢書中，也頗有涉及文吏或武吏的地方，漢書七十六尹翁歸傳：

> 翁歸少孤，與季父居，為獄小吏，曉習文法，喜擊劍，人莫敢當。是時大將軍
> 霍光秉政，諸霍在平陽，奴客持刀兵入市鬭變，吏不能禁。及翁歸為市吏，莫
> 敢犯者。公廉不受餽，百賈畏之。後去吏居家。會田延年為河東太守，行縣至
> 平陽，悉召故吏五六十人，親臨見。令有文者東，有武者西。閱數十人，次到
> 翁歸，獨伏不肯起。對曰：『翁歸文武兼備，唯所施設。』功曹以為此吏倨敖
> 不遜。延年曰：『何傷。』遂召上辭問，甚奇其對，除補卒史，便從歸府。案
> 事發姦，窮竟事情，延年大重之。

在這一般中可以看到的，是尹翁歸本為文法吏，但因為善於擊劍，人不能抵當，因而
也具有武吏的資格。到田延年為卽太守，悉召故吏時，尹翁歸自負有兩重資格，不就
文吏或武吏應當排列的部位。所以擊劍是武吏需要的技術，項羽所以去學劍，就是因
為學文吏未能成功，而去轉學武吏。

此外，在漢書中再看關於武吏的應用。漢書七十七何並傳：

> 是時潁川鍾元為尙書令。領廷尉，用事有權。弟威郡掾，臧千金。並為太守，
> 過辭鍾廷尉，廷尉免冠，為弟請一等之罪。願早就髠鉗，並曰：『罪在弟身與
> 君律，不在於太守。』元懼，遣人呼弟。陽翟輕俠趙季、李款多畜賓客，以氣
> 力漁食閭里，至姦人婦女，持吏長短，縱橫郡中，聞並至皆亡去。並下事求勇
> 猛曉文法吏且十人使文吏治三人獄，武吏往捕之，各有所部。

這是說武吏的職務，在於逐捕盜賊或其他有關罪犯的追逐。因此武吏也就只是『一人
敵』而已。當然項羽所說的『劍一人敵』所包括的範圍，還可以在作『吏』以外；但
用『書足以記姓名而已』一句推證，那就不妨縮小只指作『吏』的範圍以內。

又漢書八十三朱博傳：

> 少時給事縣為亭長。……以太常掾察廉補安陵丞，入京兆，歷曹史，列掾。…
> …舉博櫟陽令，徙雲陽平陵三縣，以高第入為長安令，京師治理，遷冀州刺
> 史。博本武吏，不更文法。及為刺史行部，吏民數百人遮道自言，官寺盡滿。
> 從事白請且留此縣，錄見諸自言者，事畢迺發。欲以觀試博。博心知之，告外
> 趣駕。既白駕辦，博出就事，見自言者，使從事明敕告吏民；欲言縣丞尉者，

> 刺史不察黄綬，各自詣部。欲言二千石，墨綬長吏者，使者行部還，詣治所。
> 其民爲吏所冤及言盜賊羣訟事，各使屬其部從事。博駐決遣四五百人皆罷去，
> 如神。吏民大驚，不意博事變，乃至於此。

這是說一般武吏是不懂公文和法令的，朱博雖原爲武吏，却能力相當的高，因而使一民出於意料之外。

又後漢書六十六循吏傳：

> 自（王）渙卒後，連詔三公特選洛陽令，皆不稱職。永和中以劇（北海郡縣名）
> 令勃海任峻補之。峻擢用文武吏皆盡其能。糾剔姦盜，不得旋踵。一歲斷獄，
> 不過數十。威風猛於渙，而文理不及之，

這裏雖然說『擢用文武吏皆盡其能』，但是後面言『威風猛於渙，而文理不及之』就顯示著任峻的成功是糾剔姦盜。需用武吏的地方較多，這也可以說明武吏和威風的關係。

關於吏的辟署，按照法文序說 ：『尉律：學僮十七以上始試，諷籀書九千字乃得爲吏。又以八體試之，卽移太史並課，最者取爲尚書史。書或不正，輒舉劾之。今有尉律不課，小學不修，莫達其說久矣。』在這裏說明了漢代雖有試吏之法，到了許愼時，並未嚴格去執行，因而法律等於具文，不能充分發生效力。這件事當然是逐漸演進的，也就是除去考試以外，還可以由地方首長辟署。其仍沿秦制的，只限於漢代吏員的辟署，似乎並無一定的規則，凡地方首長覺得可以署用的 (註一)，就用爲吏。由小吏逐漸提升的吏員，如漢書五十一路溫舒傳：

> 路溫舒字長君，鉅鹿東里人也。父爲里監門，使溫舒牧羊。溫舒取澤中蒲，截
> 以爲牒，編用寫書。稍習善，求爲獄小吏，因學律令。轉爲獄史，縣中疑事皆
> 問焉。太守行縣見而異之，署決曹史。又受春秋通大義，舉孝廉爲山邑丞，坐
> 法免，復爲郡吏。

(註一)　如魏相以學易爲郡卒史，丙吉以治律令爲魯獄史，王吉少時以明經爲郡吏（並見漢書本傳），郭太早孤，母欲其給事縣廷，林宗曰『大夫去焉能處斗筲之役乎？』遂辭就成皋屈伯彥學，（後漢書本傳）。而京房爲魏郡太守，自請不屬刺史，得除用他郡人（漢書本傳），更可證明郡吏不是全部以次序提升的。至於郭丹以故吏如諫大夫爲縣功曹，郅惲由縣令的卑身崇禮請爲門下掾，爰延被請爲廷掾（並見後漢書本傳）就都是後漢的事了。

又漢書八十四翟方進傳：

> 家世微賤，父翟公好學爲郡文學。方進年十二三失父孤學，給事太守府爲小
> 史，遲頓不及事，數爲椽史所詈辱。……方進既厭爲小史……因病歸家，辭其
> 後母，欲西至京師受經。母憐其幼，隨至長安，纖屨以給。方進讀經博士，受
> 春秋積十餘年，經學明習，徒衆日廣，諸儒稱之，以射策甲科爲郎。

又漢書八十九循吏文翁傳：

> 選擇郡縣小吏開敏有材者張叔等十餘人，親自飭厲，遣諸京師，受業博士，或
> 律令。

所以小吏並不是正式的吏員，而是向正式的吏員去做學徒的人 (註一)。這種學徒制
度，在項羽學書的時候，可能已經有了，只是還未普徧推行，項羽還可以隨著自願去
找人學。到了秦始皇三十四年，實行焚書坑儒，明定了『以吏爲師』的制度，那就學
徒制度應當成爲正式的秦代制度。因爲假如不向吏去學，就沒有合法求學的地方的。
到了漢代，惠帝除挾書之律，文帝立博士，就學之處並不限於吏人(註二)，但是吏人招

(註一)　清代州縣的書辦(仍從秦漢的郡縣吏制因襲而來，只是科舉制度實行以後，吏的出身轉劣而地位也降
　　　　低了) 就是從學徒出來的。到了民國初年，省政府及各廳已採用科員制度，在比較偏僻的省分中，縣
　　　　政府名義上雖爲科長科員，而書辦學徒制度，要到北伐以後，才全部廢止。

(註二)　史記秦始皇本紀，秦始皇三十四年：『丞相李斯曰，「五帝不相復，三代不相襲，各以治，非其相反，
　　　　時變異也。今陛下創大業，建萬世之功，固非愚儒所知……今諸生不師今而學古，以非當世，惑亂黔
　　　　首，丞相臣斯昧死言古者天下散亂，莫之能一，是以諸侯並作，語皆道古以害今，以非上之所建立。
　　　　今皇帝兼又天下，別黑白而定一尊。私學而相與非法教人，聞令下則各以其學議之。入則心非，出則
　　　　巷議，夸主以爲名，異取以爲高，率羣下以造謗。如此弗禁，則主勢降乎上，黨與成乎下。禁之便。
　　　　臣請史官非秦紀皆燒之，非博士官所職，天下敢有藏詩書百家語者悉詣守尉雜燒之。有敢偶語詩書棄
　　　　市，以古非今者族，吏見知不舉，與同罪。令下三十均不燒，黥爲城旦，所不去者醫藥卜筮種樹之
　　　　書，若有欲學，以吏爲師」制曰可』這裏『若有欲學以吏爲師』普通本子作『若有欲學法令，以吏爲
　　　　師』，集解云：『徐廣曰一本無法令二字』這是對的，因爲秦代對於書同文字還是十分注意。前面所引
　　　　說文序說明尉律，及倉頡篇都是秦代的，秦代決不會把以吏爲師限制於法令一項，而給予私人傳授文
　　　　字一種方便，所以法令二字當爲漢人添加的夾注，被人轉抄爲正文的。而無法令二字的，才是史記的
　　　　本來面目。因此，在敦煌漢簡及居延漢簡有倉頡篇及急就篇，還有初學學書練習的字的事，才好解
　　　　釋。這就是說，到了漢代，邊塞上的吏，尚有牧學徒的情事。至於文帝立博士，雖然還沒有設立弟子
　　　　員額，但既有了經學博士，博士在私家授經，也不會算違法，這以後當然就會從倉頡篇及法令，推廣
　　　　到經學上去。

收學徒（卽小吏）當然還是可以的，這就一直成爲中國郡縣吏一直有學徒的制度。

當然，這種限於學徒爲吏的辦法，因爲秦代實行較晚還未曾十分貫徹，仍依照舊日的辦法，『推擇爲吏』，漢書三十四韓信傳（又史記九十二淮陰侯列傳同）：

> 家貧無行，不得推擇爲吏。

注李奇曰『無善行可推舉選擇也』。其實就本傳來說，推擇爲吏的條件是兩種，第一是家貲富有，第二是有可以爲人稱道的善行，此外當然還要受過教育，有作吏的能力。韓信是受過教育的，從他傳內可以看出，只是未曾備具家貲及篤行二者之一，因而不被推擇。這種標準是從戰國因襲而來的。沈欽韓漢書疏證曰：

> 管子小匡篇：『鄉長修德進賢，名之曰三選，罷士無伍。』莊子達生篇：『孫休
> 賓於鄉里，逐於州部。』韓非問田篇：『公孫亶回，聖相也。而關於州部。』楚
> 策：『汗明見春申君，曰：「僕之不肖，阨於州部」。』案此戰國以來選舉之法，
> 信以無行，故不得推擇也。

這種習慣到漢初仍有部分存在，如以家貲爲郎官，及以孝者爲吏之類。不過漢代對於一般吏人，看重能力尤過於家貲和品性，因而除去吏員較高的地位如功曹，廷掾之屬由主官禮請有聲望的人士以外，其餘的一般吏員，並不如何注意他們的家貲和聲望。

（四） 武吏與學劍及其職務

依照說文序：『學僮十七始試』，這是指文吏而言；就另一方面的材料來看，武吏也試要試的。漢書一高帝紀：

> 及壯試吏（史記八高帝本紀作試爲吏），爲泗上亭長(註一)。

卽是先試爲武吏，然後任爲亭長。這種試爲吏，再爲亭長的辦法，仍適用於漢代。漢書九十酷吏王溫舒傳：

> 少時椎埋爲姦(註二)，已而試縣亭長，數廢數爲吏。以治獄爲廷尉史，事張
> 湯。遷爲御史，督盜賊，殺傷甚多，稍遷至廣平都尉。

(註一) 現在有些人認爲劉邦本名劉季（只是劉老三）劉邦的名字是做了天子才取上的，這完全是一個毫無根據的謬說。據漢碑，不但亭長縣長無有人名爲的仲叔的，卽是戍卒刑徒中也無有。每個人都有他的名字。劉邦早已爲吏，當然有他的名。劉季不過只是別人稱他的字罷了。又泗上亭長史記作泗水亭長。

(註二) 椎埋指盜墓之賊。

亭長在原則上是用武吏去擔任的，<u>朱博</u>以武吏爲亭長，已見前面所引<u>漢書朱博傳</u>。又據<u>續漢書百官志</u>。

> 亭有亭長，以禁盜賊。本注曰：『亭長主求捕盜賊，承望都尉。』

<u>劉昭</u>注引<u>漢官儀</u>：

> 民年二十三爲正，一歲以爲衞士，一歲爲材官騎士，習射御，馳戰陣。八月太守，都尉，令長，相，丞尉，會都試，課殿最。水家爲樓船，亦習戰射行船。郡太守各將萬騎行障塞烽火，追虜。置長史一人，丞一人，治兵民。當兵行，長領置部。尉，千人，司馬，候，農都尉，皆不治民，不給衞士。材官，樓船，年五十六，老衰，乃得免爲民，就田，應令選爲亭長（註一）。亭長課徼巡。尉，游徼，亭長皆習設備五兵。五兵，弓弩，戟，楯，刀劍甲鎧。鼓吏赤幘行縢，帶劍，佩刀，持楯，被甲，設矛戟，習射。設十里一亭，亭長，亭候。五里一郵，郵間相去二里半，司姦盜。亭長持二尺版以劾賊，索以收執賊。

亭長之職既然是『承望都尉』，而另一方面又是『捕盜』，所以亭長在原則上是武吏（註二）。<u>後漢書二十二馬武傳</u>：

> 帝後與功臣諸侯讌語，從容言曰：『諸卿不遭際會，自度爵祿何所至乎？』<u>高密侯鄧禹</u>先對曰：『臣少嘗學問，可郡文學博士。』帝曰：『何言之謙乎？卿<u>鄧</u>氏子，志行修整，何爲不掾功曹？』餘各以次對。至<u>武</u>，<u>武</u>曰：『臣以武勇，可守尉督盜賊。』帝笑曰：『且勿爲盜賊，自致亭長，斯可矣。』<u>武</u>爲人嗜酒，闊達敢言，時醉在御前，面折同列，言其短長，無所避忌，帝故縱之，以爲笑樂。

<u>後漢書八十三逢萌傳</u>：

> 爲亭長時，尉過亭。<u>萌</u>候迎拜謁。既而擲楯歎曰：『大丈夫安能爲人役哉？』

（註一） 此或專指材官（有材力之選兵）及樓船士而言。就一般說來，兩漢書所記之亭長，並非年五十六以上之人。卽就材官樓船而言，亦只有軍籍，大牟居家，徵調時始就營，尉，千人，司馬，候，農都尉，其下僅有軍人，無平民，故不給衞士。

（註二） 邊塞的縣長（即亭長）有由文吏充任的，這是塞上不限文武，都要做防守工作的原故。

遂去之長安，學通春秋經。

章懷太子注：

亭長主捕盜賊，故執楯也(註一)。

所以亭長是在治安上的組織之內，而和鄉官其他職務以戶口爲主的不同。亭既然是『承望都尉』，依照武職的系統來說，更應當直接被縣尉監督。逢萌傳稱縣尉過亭，亭長奉謁，正是表示職務上相連繫的關係。

按照漢代通用語辭，有『鄉亭』，有『鄉里』，却無『亭里』連用的習慣。因之在鄉，亭，里三級不同鄉官組織之中，應當鄉亭爲一組，而鄉里又爲一組，亭和里的相關性較小。這就應當從它們的職務分畫的性質來看。鄉有嗇夫，游徼和三老是分管著民事，治安，和教化的。在鄉以下，就分爲兩組，民事屬於里的方面，治安屬於亭的方面。教化不再區分，也合併於民事了。這就是就，嗇夫及三老屬於文職方面，以下的事由里魁來管；游徼屬於武職方面，以下的事由亭長來管。

假如用地面上的分布來看，縣和鄉都是整個的面，由縣畫分爲鄉，由鄉再分爲里。亭的分布却是沿著道路而設立，依照道路遠近的距離而分布，每十里的長度設置一亭。也就是縣和鄉以至於里都是面的分配，而亭却是線的分配。因而亭和里可成爲兩組不同的機構。今就郡縣以下的系統來看，當如下式：

（文職）　太守————————縣令長————————鄉嗇夫————————里魁
（武職）　　　都尉……………縣尉……………游徼————亭長

在這個系統表上來看，亭爲鄉官，不是直屬於都尉的。但就武職的系統說，亭長却在都尉及縣尉系統之下。這就是後漢書百官志，『承望都尉』之說所由來。

從以上看來，亭長是武吏的一種，而且是從來要經過試選的。漢高帝是從試吏而做了亭長，項羽却是文武兩種吏職都未曾做過。這不能說兩人的抱負有任何根本上的差異，而是兩個人的家境是完全不同的。漢高帝只是出身於一個非常普通的人家，做

(註一)　漢書晁錯傳：『平陵相遠，川谷居間，仰高臨下，此弓弩之地也，短兵百不當一。兩陣相迫，平地淺草，可前可後，此長戟之地也，劍楯三不當一。崔葦竹蕭，草木蒙蘢，支葉茂接，此矛鋋之地也，長戟二不當一。曲道相伏，險阨相薄，此劍楯之地也，弓弩三不當一。』所以劍楯正是相配的。武梁祠漢畫中也畫著有持劍楯的兵士。

了吏就可以在鄉下有了相當的地位，項羽出身於楚國貴族，當然不在乎。這就可能是項羽連學不成的一個原因。

學兵法這一件事，在秦代也不見得有多大出路的。兵法爲百家語之一種，項羽的兵法只是由項梁傳授，不是官家所許。到了秦始皇三十四年，焚毀百家語，兵法當然也在焚毀之列。學過了兵法，並沒有作吏謀生的資格。但據項羽本紀，這時還是『吳中賢士大夫皆出項梁下，每吳中有大繇役及喪，項梁嘗爲主辦，羽陰以兵法部勒賓客及子弟』，也可以看出項家仍保有大家豪族的地位，原不必藉作吏以謀生。他們就成爲秦法中漏網之魚了。

鹽鐵論校記

　　鹽鐵論自漢志以後，諸家皆有著錄。　漢志作六十篇，隋志纂修時，已合寫爲十卷。　今所傳本自江陰涂禎所刻以下，皆十卷六十篇。　明嘉靖中張之象注本則割裂卷第改爲十二卷，諸家在張之象以後者多從張本，至清嘉慶張敦仁始取涂本重刻於江寧。　今舊本見於著錄者，有十三行二十五字宋元本題『新刊鹽鐵論』，有弘治十四年江陰今涂禎覆宋嘉泰本，弘治辛酉(十四年)無錫華氏刊活字本，攖寧齋抄本，嘉靖倪邦彥刊本，九行十八字本，嘉靖張之象注本，萬曆胡維新兩京遺編本，萬曆張棐太玄書室本，沈延銓刊本。　今宋元本不可見，諸本中涂刻原本，倪本，九行十八字本，胡本，太玄書室本，沈本均藏江安傅沅叔先生雙鑑樓；華本之景寫本由黃丕烈以攖寧齋抄本及太玄書室本校者，藏北平圖書館。　今以涂本爲底本與諸本相校，審知諸本雖多自涂本出，然或與涂本岐異。　而與涂本異者又往往互有相同，又不無因襲之迹。　或亦別有所據，未必盡由擅自改竄也。

　　華本據黃氏所景寫者爲半頁十八行十七字，書口題重光作鹽，蓋其刊行亦在弘治辛酉與涂本同時也。　據張敦仁所考證其書與涂本異者往往與大典所引相同，今所見者脫行誤字復不可勝計亦不似全據涂本者。　大抵華氏原藏舊刊本，見涂氏刊行覆宋本後，亦將此本用活字刊行，雖其刊本多誤謬不足據，然其原出於涂本外者甚多，亦人間環寶也。　今將其異於涂本者列於下方，至其脫字及誤字之顯著者，則舉不勝舉，列之徒費楮墨，不更及之。

　　本議：『然後教化可興』作『而後教化可興』。

　　　　　『蕃貨長財』作『番貨長財』。

　　　　　『江南之枏梓竹箭』作『楠梓竹箭』。

　　　　　『作爲舟楫之用』作『作爲舟楫之用』。

　　　　　『工不出則農用乖』作『工不出則農用乏』。

『賤卽買貴則賣』作『賤則買貴則賣』。

『則物騰躍』作『則物騰踴』。

力耕：『以虛蕩其實』作『以虛易其實』。

『古者商通物而不豫』作『用物而不豫』。

『不愛其貨』作『不愛奇貨』。

『故乃萬賈之富』作『故乃賈之富』。

通有：『紫窳偸生』作『呰窳偸生』。

『揭夫匹婦』作『褐夫匹婦』。

禁耕：『尙函匣而藏之』作『尙函匱而藏之』。

『秦楚燕齊士力不同』作『土力不同』。

復古：『罷機利之人人權縣太久』少一『人』字。

『守小節而遺大體』作『守末節』。

非鞅：『故用不竭而民不知地盡西河而民不苦』『用』作『利』刪『地』字。

『而見其害也』作『而見其所害也』。

『文學雖欲無變其可得也』作『其可得乎』。

『蘇秦合縱連橫』作『蘇秦合從連横』。

晁錯：『此解楊之所以厚於晉而薄於荆也』作『解揚』。

刺權：『公室卑而田宗強』作『公室卑而巨室強』。

『有司之慮亦遠矣』『慮』下有『利』字。

『耕者釋耒而不勤』『勤』下有『耕』字。

刺權：『遭風而未薄』作『遭風而未泊』。

『馳傳而巡省郡國』作『持傳』。

『抗弊而從法』作『撫弊』（顧千里眉批云『抚字是也抚汎同字』。）

『叔眄退而隱處』作『叔盻』。

憂邊：『卽匈奴沒齒不食其所用矣』『卽』作『帥』。

『君臣所宜』作『羣臣所宜』。

『而妨聖主之德乎』『主』作『王』。

園池：『路有餒人』『餒』作『餧』。

輕重：『通利末之道』作『通於利末之道』。

『各安其宇』作『各安其家』。

『含衆和之氣』作『合衆和之氣』。

未通：『民跛來而耕』作『民乘來而耕』（顧千里曰『䠱字是』。）

『負輅於路』作『負戴於路』。

『墮民不務田作』『墮』作『惰』（與包本同）

『粒米梁糲』作『粒米狼戾』（與太玄本張之象本並同顧千里曰『此梁
糲是也，不與今孟子同』。）

『以口率被墾田而不足空倉廩而賑貧乏』作『以此率彼墾田而不足空倉
廩而賑之貧乏』。

『吏正畏憚不敢篤責』作『不敢督責』。

『若此則君無賑於民』作『若此則君無賦於民』。

『丁者治其田里老者修其庠園』作『壯者治者田里老者脩其丘園』。

『御史默不荅也』作『御史默然不荅也』。

地廣：『王者包含并覆』作『王者包含徧覆』。

『非人主用心』作『非人主生用』。

『不滿檐石』作『不滿擔石』（顧千里曰『檐字是，見羣經音辨』。）

貧富：『一二籌筴之』作『一一』。

『富而可求也雖執鞭之事吾亦爲之』作『富而可求也雖執鞭之士吾亦爲之』

（顧千里曰『無者爲是，此不與今本論語同』。）

毀學：『然而荀卿謂之不食』『荀』作『孫』。

『見利不虞害』『虞』作『爰』。

『終身行無寃尤』作『終身行無怨惡』（顧千里曰『寃尤是也，此不與今本
孝經同』。）

『動作應禮』作『動作有禮』。

『孫以出之』作『遜以出之』。

『今人主』作『凡今人主』。

『過九軼二』作『輻湊二京』。

『願被布褐而處窮鄙之蒿廬』『處』下有『之』字。

褒賢：『誦古之道』作『誦堯之道』。

相刺：『公儀爲相子思子原爲之卿』作『公儀子爲相子思子柳爲之卿』。

『外有膠鬲棘子故其不能存』作『外有膠鬲諸子非其不能』。

『而並顯齊秦』作『而並顯於齊秦』。

『賢聖不能正不食諫諍之君』作『賢聖不能正不受諫諍之君』（顧千里

　　云『食字是，第四十云食文學之至言，亦用此字』。）

『桀有關龍逢而亡夏』作『夏亡』。

『言而不見從行而不合者也』作『言而不見用行而不見合者也』。

『通一孔』作『通一經』（顧千里曰『孔字是』。）

『辰參之錯』作『辰參之奸錯』。

『非說也非聽之過也』作『非說之罪也聽之過也』。

『安得良工而剖之』『剖』作『別』。

『屈原行吟澤畔』『行』上有『之』字。

『天設三光以照記』作『天設三光以照臨』。

『而賢者所務也』『務』作『輔』。

『文侯改言行稱爲賢君』『君』作『者』。

『方今人主穀之』『穀』作『用』。

殊路：『二君身被殺』『殺』作『弒』。

『物莫能傷也』『傷作飾』。

『可以宗祀上帝』刪『宗』字。（顧千里曰『有者是』。）

『否則斯養之豎才』『斯』作『廝』（顧千里曰『斯字是，斯正廝俗』。）

訟賢：『行忠正之道』『忠』作『中』。

『狡而以爲知』『狡』作『絞』

『無其能得乎』刪『無』字。

　　　　　『何肯不及諸己』作『何肯不反諸己』。

　遵道：『孔對三君殊意』作『孔子對三君殊意』。

　　　　　『文學不言所爲治』『所』下有『以』字。

　　　　　『不可與世俗同者』『與』作『以』。

　論誹：『禮煩而難行』『煩』作『繁』。

　　　　　『以己爲拭』作『以己爲式』。

　　　　　『而狄山死於匈奴也』作『而狄山所以死於匈奴也』。

　　　　　『禮義立民無亂患』作『禮義立而民無亂患』。

　　　　　『道諛日進』作『導諛日進』。

　　　　　『驪兜誅』作『誅驪兜』。

　　　　　『販葊檽者』作『販茹檽者』。（顧千里曰『葊字是』。）

　孝養：『有詔公卿與斯議而空戰口也』『戰』作『議』。

　利議：『舍其車而識其牛』『識』作『失』。

　　　　　『有司竊周公之位』『位』作『法』。

　國病：『不禁而止』作『不禁而正』。

　　　　　『德音敎澤』作『德音敷澤』。

　　　　　『出無佚游之觀』『佚』作『俠』。

　　　　　『行卽負贏』作『行卽負贏』。（顧千里曰『贏字是』。）

　　　　　『殘吏萌起』作『殘吏蜂起』。

　　　　　『執跨枲裝』作『執絝枲裝』。

　敎不足：『不粥於市』作『不鬻於市』。

　　　　　『繭紬縑練』作『繭紬縑煉』。

　　　　　『革鞮皮鷹』作『革緹皮鷹』。

　　　　　『少者立食』作『小者立食』。

　　　　　『堅額健舌』作『堅額健舌』。

　　　　　『單繭遷蔟』作『單繭遷除』。

　　　　　『玃皮代旃』作『漢皮代旃』。

『腒羔豆賜』作『腒羔豆腸』。

『富者盈室』作『富者盈屋』。

『而令當耕耘者養食之』『令』作『今』。

『燉夷或厭酒肉』作『燉夷或厭酒食』。

『婢妾韋沓絲履』作『婢妾韋沓系履』。

『吏捕索挈頓』作『吏捕索挈頓』。

『怨思者十有半』『半』作『九』。

救匱：『大夫側身行道』作『大夫則身行道』

鹽鐵箴石：『則遠鄙倍矣』作『則遠鄙俗矣』。

授時：『無亂萌』作『無亂刑』。

　　　『及政教之洽』作『及政教之治』。

水旱：『工致其事』作『士致其事』。

　　　『輓運衎之阡陌之間』作『輓運行之阡陌之間』。

　　　『或頗賦與民』作『或頗賦於民』。

崇禮：『隋和之名寶也』『隋和滿篋』『隋』並作『隨』。

　　　『非特其衆而歸齊也』作『非持其衆』。

　　　『邊境爲之不害也』『害』作『割』。

執務：『無乏困之憂』作『無困乏之憂』。

能言：『能言而不能行』刪不字。

鹽鐵取下：『刑人若刈菅芳』『菅芳』作『草菅』。

擊之：『負絏西域』作『負給西域』。

　　　『持以無用之地』作『特以無用之地』。

結和：『何命亡十獲一乎』『命』作『有』。

　　　『家有數年之稸』『稸作畜』。

　　　『不視其成』作『不觀其成』。

　　　『登得前利』作『豈得前利』。

誅秦：『禹舜堯之佐也』作『舜禹』。

『若江海流彌久不竭』作『江河』。

『腹膓疾於內』作『腹心』。

『卒獲其慶』作『則獲其慶』。

伐功：『度遼東而攻朝鮮』作『渡遼東』。

西域：『才地計衆』作『裁地』。

　　　　『雖破宛得寶馬』『寶』作『瑤』。

　　　　『遣上大夫衣繡衣以與繫之』作『與繫之』。

世務：『誥爾人民』作『詰爾人民』。

和親：『老者超越而入葆』作『起越』。

隘固：『服羣獸者』作『伏羣獸者』。

　　　　『秦左殽函』作『秦地左有殽函』。（案李善西部賦注亦作『秦左殽函』。）

　　　　『王者博愛遠施』作『溥愛』。

論勇：『谿無交兵』作『貉無交兵』。

論功：『旌膺爲蓋』作『旌席爲蓋』。

　　　　『指麾而令從』作『旨麾』。

　　　　『刻骨卷衣』作『刻骨卷木』。

　　　　『惟天同大焉』作『惟天惟大焉』。

　　　　『黃帝不能斥』作『黃帝不能匡』。

論鄒：『分爲九川』作『分爲九州』。

　　　　『不知大道之遙』作『大道之巡』。

論菑：『陰陽之化』作『陽陰』。

　　　　『曲言之故』作『由言』。

　　　　『降福攘攘』作『瀼瀼』。

刑德：『故治民道』作『故治民之道』。

　　　　『罪與殺人同』作『殺之』。

　　　　『加之功賞之上』作『功賞』。

　　　　『舍正令而不從』作『不能』。

申韓：『百姓木棲』作『大姓木棲』。

　　　　『犯法兹多』作『犯法滋多』。

　　　　『淪骨以輔』作『淪胥以鋪』。

周秦：『什伍相連』作『什五』。

　　　　『莫不震慴悼慄者』作『振慴』。

詔聖：『衣弊而革才』作『衣弊而革材』。

　　　　『少目之罔』作『少目之網』。

　　　　『法弊而亂』作『法弊而不亂』。

大論：『則有司不以文學』作『不似文學』。

　　　　『進見而不能往』作『迫見而不能往』。

　　　　『執合有媒』作『執令有媒』。

雜論：『切而不燦』作『切而不懌』。

　　　　『惡然大能自解』作『惡然大能自解』。

　撄寧齋抄本今不可見，惟於黃蕘圃所校華本中得其大略。　此本與涂禎刻本異同至少，而其改涂本處亦間有當。　黃氏校語云：

　　『嘉慶癸亥夏，用撄寧齋舊抄本校，與太元書室刊本甚近。　然首有都穆序謂刻於江陰，其作序年歲又同出於弘治辛酉，而實勝活字本未知何故。』　（案張敦仁本刊於嘉慶丁卯，在此五年以後，張序稱『近因顧千里得弘治十四年江陰令涂禎依嘉慶壬戌本所刻』云云。　書『近因顧千里得』則在五年以前黃氏尚未見涂本，故其校語不稱曾見涂本，而謂不解何故也。）

則其前有都穆序，蓋出於涂本，而更有所刊正者也。　今將所異於涂本者列右：

本議：『而富商積貨』作『吏富商積貨』。

力耕：『故伊尹高逝遊薄』作『遊亳』。　（與張之象本同顧千里曰『薄字是也，薄亳同字耳』。）

通有：『揭夫匹婦』作匹夫匹婦』。（與倪本同。）

　　　　『雕文刻鏤』作『鴟文刻鏤』。

錯幣：『冶鐵煮鹽』作『治鐵煮鹽』。

復古：『窮夫否婦』作『匹婦』。

　　　　『管仲負當世之累』作『當時』。

非鞅：『建周而不疲』作『健周』。

　　　　『子孫紹位』作『紹爲』。

　　　　『狐刺之盤』作『孤刺』。

　　　　『威震天下』作『威鎮』。

　　　　『比干剖心』作『割心』。

剸楹：『齊國內倍而外附』作『內信』。

論儒：『務功不休』作『務切』。

未通：『而列卿大夫』作『別卿』。

　　　　『修其唐園』作『修其塘園』。　　（與倪本同。）

　　　　『居三年不呼其門』作『古三年不呼其門』。

殊路：『文學蒙以不潔』作『文學曰蒙以不潔』。

訟賢：『起卒伍爲縣令』『令』作『今』。

　　　　『遷子柳之譖也』作『遷子叔之譖也』。

　　　　『無其能得乎』作『惡其能得乎』。

遵道：『轉若陶鈞』作『摶若陶鈞』。　　（顧千里曰『鈞字中去一點，南宋本

　　　　避諱字如此，學者尟知之矣』。）

　　　　『欲治者因世』作『困世』。

　　　　『非所與論道術之外也』作『非所以』。

　　　　『聖達而謀小人』作『聖達而謀大』。　　（與倪本同。）

利議：『文表而柔裏亂實也』作『文表而柔裏亂實者也』。

　　　　『有舍其車而識其牛』『其』作『某』。

　　　　『若穿踰之盜』作『穿窬』。

國病：『沛若時雨』作『沛然時雨』。

散不足：『秋風至而聲無者生』作『無諸生』。

　　　　『錯繡塗采珥』作『錯麈』。

『非祭祀無酒肉』刪去。　（同倪本顧千里曰，『此無六字最是，蓋此

　　段專言休息，與酒肉，不相涉也。　因下段而錯衍耳』。）

　　『獼皮代旃』作『獿皮代旃』。

　　『宣帝建學官』作『陛下建學官』。　（與張之象本同。）

授時：『窮乏可立而待也』作『窮之』。

　　『故民易與適禮』作『通禮』。

水旱：『壹其賈』作『一其賈』。

　　『各得其便』作『各得其使』。

崇禮：『旣與入文王之廟』作『旣與』。

備胡：『以廣野為閭里』作『廣也』。

　　『刦燕之東地』作『切燕之東地』。

　　『棘人冉騅』作『冉騅』。

　　『遇者智善』作『通者』。

　　『及齊平』『及鄭平』並作『乎』。

執務：『各反其本』作『各及其本』。

　　『延頸而西望』作『筵頸』。

　　『畏此罪罟』作『畏此罪苦』。

能言：『卑而言高』作『卑言』。

鹽鐵取下：『郡國榷沽』作『榷治』。

結和：『外內相信』作『內外』。

　　『傾衛遣箠之變』作『傾衛』。

　　『殺兩譯』作『殺兩譯』。

　　『秦知進取之利』作『秦之』。

誅秦：『秦任戰勝而并天下』作『勝戰』。

伐功：『過代谷』作『過大谷』。

西域：『雖輕利馬不能得也』作『不服得也』。

　　『胡得衆國而益強』作『譏強』。

『未成一簣而止度功業無斷成之理』作『一匱』『功策』。

『歷數期而後克之』作『歷數明』。

世務：『不治則寖以深』作『寖以深』。

『故民之於尃』作『故民之於尃也』。

和親：『解甲弛弩』作弛弓』。

繇役：『文學曰周道衰』作『文學曰昔周道衰』。

險固：『而折衝萬里也』作『折衝』。

『楚有滿堂之固』作『滿室之固』。

『何擊拓而待』作『擊柝』。

『非升平之與』作『昇平』。

『專諸空拳』作『專諸空攏』。　　（顧千里曰『攏字是也，當作攏，從手，見六經文字』。）

論勇：『豁無交兵』作『貉無交兵』。　　（與華本及張敦仁改本同。）

『干將之劍也』作『于將之劍也』。

『桓公之與戎狄驅之爾』作『桓公之與戎狄驅之爾』（與張敦仁本同）。

論功：『銀黃絲漆之飾』作『銀黃系漆之飭』。

論鄒：『而分爲九川』作『九州』（與華本同）。

『有大瀛海圜其外』作『有太瀛海國其外』。

『而不知大道之遙』作『而不知大道之逕』（與華本張敦仁本同）。

論蓄：『以美言爲亂耳』作『妖言』。

『羿敫以功力不得其死』作『羿冪』。

『陽光盛於上』作『勝於上』。

『則衆星墜矣』作『則衆星墜也』。

『五勝相代生』作『互勝』（與倪本以下諸本同）。

『水生於申』作『水生於甲』（與倪本同）。

刑德：『網密於凝脂』作『罔密於凝脂』。

『曠若大路』作『曠若大路』。

　　　　『謂盜而傷人者耶』作『傷於人』。

　　　　『舉陷陷窣』作『卒陷陷窣』。（與張之象本太玄本。　同顧千里曰『卒字是』。）

　　　　『泰夫不通大道』作『本夫不通大道』。　（與倪本以下各本同）。

　　申韓：『闕而不務』作『闕而無務』。

　　　　『垂拱無爲』作『垂拱而爲』。

　　　　『而民不可化』作『不能化』。

　　　　『州里鷩駭』作『州閭鷩駭』。

　　　　『淪骨以輔』作『淪骨以鋪』。

　　周秦：『故良民內能』作『故其良民』。

　　　　『況衆庶乎』作『況庶衆乎』。

　　　　『民將欺而況民盜乎』刪下『民』字。　（顧千里曰『無者是』。）

　　詔聖：『行一卒之令』作『行三章之令』。　（與九行十八字本張之象本同）。

　　　　『峻則樓季三刃』作『峻則樓季難三刃』。　（顧千里曰『有難字是』。）

　　　　『刑法可以止暴』作『刑罰』。

　　大論：『膠車倚逢雨』作『膠車倏逢雨』。　（參見張本考證顧千里曰有此字者

　　　　　是，一本作修誤）。

　　雜論：知任武可以闢地』作『之任武可以闢地』。

　　　　『奇利長威』作『稿利長威』。

　　　　『辟略小辯』作『辟略小辨』。

　　綜上所記，此本與涂本，倪本，太玄本張之象本，均互有異同。　而所存古字
（若鈞字條字知屬）亦往往出於諸本以外，則涂本之外別有所據蓋有可言者。　此本
所據之別本中如宣帝作陛下，一章作三章之類爲張之象本所採，而華本梁楫之改狠戾
亦爲張本所採，遂致諸本所從相爲岐互矣。

　　倪邦彥本每半頁十行每行二十字與涂本同而版心較大刊於嘉靖三十年序云：

　　　　『嘗批閱古之文多雅馴，兩漢中尤於鹽鐵論超悅焉。　鹽鐵論者，桓次公推

　　　　衍詰難，增益條縷，錯變數萬言以成一機柚，班蘭臺有贊述矣。　其學博通

　　　　善屬文，故每一篇辭響發而批赤懇，意沈壯而寓諷激。　其遙遙乎莫知玄遐

疾靡能物色也。　世所傳已多，計年代變尙有陸離，思得其完而覩之，幸有
淦江陰錄者凡六十首，然雕虎是執而亥豕多訛。　拜彥翻校班輯，而桓之論
其完見於今者，煥然嚙聯璧之華，而讀有餘慆矣。　緬維桓意亦欲師古，始
建明德，芟夷利湯，靜醇俗風，以成登國家之敎政。　世之學者命辭以託
志，至乎桓而後爲論不能至，要之不知論留。　是故箋附者異旨如肝膽，拙
會者同音如胡越。　嗟乎論譏其難唯有覓爲。　此邦彥所希黶，而天下所甚
瞽也，是爲序。

是其原明出於淦本也，至其異於淦本者列下·

本議第一　淦本『開委府於京以籠貨物，賤卽買，貴則賣』。　倪本『籠』改
『龍』『則』改『卽』。　　　　　　　　　　　　　　　　　　　　（1）

　　『古者之賦稅於民也』改『則稅於民』。　　　　　　　　　　（2）

力耕第二　『萬賈之富或累萬金』刪『萬』字。　　　　　　　　　（3）

　　『不勞而有功者』作『不勞而有巧者』。　　　　　　　　　（4）

通有第三『然後煑窳偸生』『煑』改『呰』下釋之曰『呰舊作煑』　（5）

　　『是以揭夫匹婦』改『是以褐夫匹夫』。　　　　　　　　　（6）

　　『百工居肆以致其事』『致』改『成』。　　　　　　　　　（7）

錯幣第四　『古者市朝而無刀幣』作『刀幣』。　　　　　　　　（8）

　　『水衡三官』作『水衡二官』。　　　　　　　　　　　　　（9）

禁耕第五　『三桓專魯』作『三柏』。　　　　　　　　　　　　（10）

晁錯第八　『夫以瑤瑛之毗而棄其璞』『璞』作『樸』。　　　　（11）

　　『此解楊所以厚於晉而薄於荆也』『楊』作『揚』。　　　　（12）

論儒第十一　『以爲非困此不行』『困』作『因』。　　　　　　（13）

夏遒第十二　『若醉而新寤』『寤』作『寐』。　　　　　　　　（14）

輕重第十四　『可謂無間矣』『謂』作『爲』。　　　　　　　　（15）

未通第十五　『修其唐園』『唐』作『塘』。　　　　　　　　　（16）

貧富第十七　『莫不戴其德』作『載』其『德』　　　　　　　　（17）

毀學第十八　『然而荀卿謂之不食』『謂』作『爲』　　　　　　（18）

『栖栖然亦未爲得也』作『棲棲』。 (19)

褒賢第十九　『文學節高行』作『盛節高行』。 (20)

『狂夫不忍爲』作『狂天不忍爲』。 (21)

相刺第二十　『太顛閎天九卿之人』『閎』作『閎』。 (22)

殊路第二十一　『文學蒙以不潔』作『文學曰蒙以不潔』。 (23)

遵道第二十三　君子聖達而謀小人』『小人』作『大』。 (24)

孝養第二十五　『乞者由不取也』『由』作『猶』。 (25)

『害老親之腹』『害』作『審』。 (26)

『陳餘背漢斬於泜水』『泜』作『…』。 (27)

利議第二十七　『詛事隋議』『隋』作『隳』。 (28)

國病第二十八　『閎天太顛』『太』作『大』。 (29)

『富者空減』『減』作『藏』。 (30)

散不足第二十九　『怠於禮義』『怠』作『忌』。 (31)

『陶桴複穴』『穴』作『冗』。 (32)

『士額首』『額』作『頟』。 (33)

『今富者䩉耳銀鑷韅』『䩉』作『韅』。 (34)

『罽繡弁汗垂珥胡鮮』『汗』作『汙』。 (35)

『古者汙尊坏飲』『汙』作『汗』。 (36)

『非膢臘不休息非祭祀無酒肉』刪『非祭祀無酒肉』一句 (37)

備胡第三十八　『南越內侵滑服令氐僰人冉駹嶲唐昆明之屬擾隴西巴蜀』『氐』作『氏』。 (38)

鹽鐵取下第四十一　『而欲擅山澤』『擅』作『壇』。 (39)

『從容房闈之閒』『閒』作『間』。 (40)

『不知短褐糖粝之苦』『糖』作『糠』。 (41)

結和第四十三　『今四夷內侵不攘』『攘』作『禳』。 (42)

『腹腸之養也』『腸』作『脹』。 (43)

世務第四十七　『中述齊桓所以興』『述』作『迷』。 (44)

『則近者哥謳而樂之』『哥作歌』。　　　　　　　　　　(45)

險固第五十　『所以備寇難』作『寇讎』。　　　　　　　(46)

『地利不如人和』『利』作『和』。　　　　　　　　　　(47)

『重門擊柝』『柝』作『拆』。　　　　　　　　　　　　(48)

論勇第五十一　『力不支漢』『力』作『叉』。　　　　　(49)

論蕾第五十四　『五勝相代生』『五』作『互』。　　　　(50)

『水生於申』『申』作『甲』。　　　　　　　　　　　　(51)

烈德第五十五　『矯弋飾而加其上』『矯』作『蹻』。　　(52)

『秦夫不通大道』『秦』作『本』。　　　　　　　　　　(53)

申韓第五十六　『犯法茲多』『茲』作『滋』。　　　　　(54)

周秦第五十七　『於閭里無所容』『閭』作『間』。　　　(55)

詔聖第五十八　『衣弊而革才』『才』作『裁』。　　　　(56)

雜論第六十　『果隕其性』『性』作『姓』。　　　　　　(57)

以上(2)、(4)、(6)之夫字，(8)、(9)、(11)、(13)、(14)、(21)、(22)、(29)、(31)、(32)、(33)、(35)、(36)、(38)、(39)、(42)、(43)、(44)、(47)、(49)、(51)、(52)、(55)，諸則皆爲倪本誤字，可勿論。　其中(1)條『則』與『卽』，(12)條『揚』與『楊』，(15)條及(18)條『謂』與『爲』，(9)條『栖』與『棲』，(25)條『由』與『猶』，(45)條『哥』與『歌』，(55)條『茲』與『滋』，(56)條『裁』與『才』，(27)條『隋』與『隳』，(48)條『拓』與『拆』，皆本可互通，倪氏蓋據別本改者。　(6)條『揚』改『褐』，(20)條補『盛』字，(23)條補『曰』字，(26)條『害』改『審』，(31)條『滅』改『薉』，(34)條『糶』改『糶』，(41)條『糖』改『糅』，(53)條『秦』改『本』，則皆可以正涂本之失。　(張古餘考證云『身下脫一字未詳，秦字不當重，此因上誤而下衍。　「身□幽囚」爲一句，張之象改下「秦」爲「本」，非』。　案張之象據倪本，『本』字因上有『秦』字而誤作『秦』至易，『身』下脫一字，何以隔若干字至『秦』字而始複衍？　張氏考證恐非)。　然亦有妄改者，(7)條『百工居肆以致其事』，白虎通辟雍篇亦作『致』，則『致』不誤，『成』字據今周易本而改，(15)條『老者修其唐園』，『唐園』又

見後孝養篇，執務篇，鹽鐵取下篇，管子輕重篇，呂氏春秋尊師篇，亦有之（參見盧氏拾補），則『塘』字爲妄改。　第(24)條『君子聖達而謀小』本與下『小人智淺而謀大』對，其下『人』字涉下文小人而衍，倪本改『小』作『大』，與『叡智而事寡』意不相屬，亦妄。　(37)前之『非祭祀無酒肉』與『非膢臘不休息相對，後之『非祭祀無酒肉』就上文重言之，非鈔寫致複，倪本刪之，非。　(50)『五』改『互』按漢人常言五勝，無言互勝者，郊祀志『秦推五勝以爲水德』是其證，改作互，非。(60)『性』改『姓』與漢書不合，亦非。　惟(46)『難』改『儺』，大抵就別本改之，未能遽斷其是非也。　絫鹽鐵論自宋元以來，妨本之訛誤幾不可完詰，葉煥彬郎園讀書志所稱『宋元刊本論儒第十脫全篇未通第十五失收民句下脫至末四百三十字，水旱第三十六爲善于下句自福應起至耕土此脫六百五十一字，執務第三十九，能言第四十，鹽鐵取下第四十一皆全脫』。　張古餘本涂序稱『禛游學宮時得盧江太守丞汝南桓寬次公所著鹽鐵論讀之……惜所鈔紙墨歲久漫漶或不能句，有遺恨焉』，則在涂氏覆宋本以前，向鮮善本。　倪氏序云『世所傳已多，計年代變，尙有陸離，思得其完而覩之』，則其所據涂本以外之本正非完本，以此而校涂刻，固難得當也。　然倪氏所改者　如本議第一『江南之栩漆竹箭』，『箭』作『簎』，與簡牘字體相合，蓋所據本猶有改亐字未盡之處，通有第三『絭』改『畚』，于其下釋之曰『畚』舊作『絭』，則其所肒改者猶加小注，尙勝於後之擅改者矣。

　　明九行十八字刊本，葉煥彬曾藏一帙，以爲涂本，而景印流傳之。　其書蓋明嘉靖所刻，以倪本爲底本更以涂本校之者，其字迹筆畫均與倪本最近。　倪本卷前無目錄，此本補入。　倪本之誤字改字前引第(4)，(6)，(8)，(11)，(21)，(22)，(29)(39)，(42)，(43)，(44)，(46)，(47)，(49)，(51)，(55)，(56)此本俱經刊正，餘並同倪本。　然倪本行款大體猶仿涂本，此本則易爲九行十八字。　倪本所未改力耕第二『賴均輸之畜』，此本作『蓄』；未通十五『粒米梁糲』此作『狼戾』；毀學十八『德薄而位高力少而任重』，此本『少』改『小』；險固五十『夫何妄行而之乎』，此作『之有乎』；論功五十二『不當漢家之巨郡』，此作『臣郡』；刑德五十五『翠陷陷窌』，此本『翠』作『卒』；詔聖五十八『行一卒之介』此作『行三章之介』。絫倪本所改之字或形體相近，或音義相通，所改雖多，未必無據，此本如『梁糲』之

改『狠戾』，顯然據孟子而改，『一卒』之改『三章』，顯然據後文而改，雖或同於華本攖寧本，要未必可據。至若『可南面者數人云』改『云』為『可』竟原書句讀亦失之，(毀學十八)。惟此書誤字猶少，尚不失為善本也。

張之象注本序作於嘉靖三十二年。無刊行年月，每頁九行十七字，無涂序及都序。其書凡九行十八字本之與涂本異者，此書皆同於九行十八字本而異於涂本，則其書與九行十八字本有淵源可知，又其所改之字出於九行十八字本以外者甚多，則張本采自九行十八字本而非九行十八字本采自張本也。倪本刊於嘉靖三十年，九行十八字當後於倪本，張之象本又采自九行十八字本，則序雖作於嘉靖三十二年而其刊行或在嘉靖三十二年以後也。其書卷第字句改易涂本處過多，盧抱經張古餘等皆攻之甚力，然張之象之距宋代，亦猶今日之于明，其去涂氏亦猶今日之于王益吾，唐詩類苑附傳稱其藏書萬餘卷（張刻老子，史通，今猶稱善本。）或有別本相校，未必全不可據。惟其書勇於改字，殊涉魯莽，故不敢竟從耳。其書王謨收入漢魏叢書，頗有刪削，然多無當，所改字又有出於張本以外者。四庫全書總目謂雖無所發明然事實則粗具梗概，未言其改字，則疏於考訂之事矣。今案其注往往徵引全篇，可取者僅一二語，甚至有不必注釋者而注釋之；如本議第一『匈奴背叛不臣數為寇暴於邊鄙』，而引淳維獯鬻之事；『天子不言多少，諸侯不言利害，大夫不言得喪』引韓詩外傳與此有關者可矣，而引全篇；此其繁冗之例也。力耕第二『山東被災齊趙大饑』出史記平準書，『汝漢之金』語出管子，通有第三『各安其居，樂其俗，安其食，便其器』，語出老子此皆隨手可得者，注均未及之。至散不足一篇尤連篇累牘，未嘗注釋。（如『羊淹雞寒』見曹植名都篇李善注而未徵引）。至於取證史事以論學術政治之淵源流變尤鮮所得，此其漏略之例也。刺復第八釋『師曠之調五音』用拾遺記，地廣十六釋『湯武之伐非好用兵也』用越絕書，鑒別不明，去取無準，此其猥瑣之例也。其引書或稱書名而不及篇名，或稱篇名而不及書名，引莊子而曰『南華經』，引韓詩外傳而曰『韓嬰曰』，引新序雜事篇而不稱新序，引淮南子泰族訓而不稱淮南，甚至引國策魯仲連述夷維子之言而僅曰『夷維子』，引禮記表記孔子之言而僅曰『孔子曰』，此其引書無體例之例也。力耕第二『蹠蹻之徒無猗頓之富』而引莊子盜跖篇盜跖事以釋之，通有第三『富在儉力趣時不在歲司羽鳩』，而引左傳昭十七

年郊子言官之語以釋之，皆與原義有違，此其不明原義，妄爲徵引之例也。 柒張注前無所因，後鮮能繼之者，（王紹南楊遇夫二氏注本均未見）。 其所徵引古代載籍或往往可與原書相發明，非不足道。 惟明人文士之習過深，又成書草率，以致繁而不要，略而無當。 清人謂其注全無可取，亦未免門戶之見也。 茲因論其板本並及之。

胡維新兩京遺篇本鹽鐵論，萬歷刊，每半頁九行十七字，款式與涂本大異，而書則全據涂本，惟卷末多一『終』字。 其書誤字則有本儀第一『行姦賣平』『平』作『乎』，方耕第二，『所以誘外國而釣羌胡之寶也』『釣』作『鈞』，輕重十四『傷肌膚』『肌』作『飢』，『用鍼石』『鍼』作『鐵』，『不足蓋形』『形』作『刑』未通十五『居三年不呼其門』『居』作『屈』，地廣十六『處寒苦之地』『苦』作『呰』，相刺二十『治其麻泉』麻作麻，遵道二十三『菹韮而有蒙』韮作『韋』，國病二十八『天下之腹心』『腹』作『復』，備胡三十八『季桓墮其都城』『桓』作『栢』，『季孫所以憂顓臾』『季』作『李』，險固五十『泰山巨海』『巨』作『臣』，申韓五十六反聖人之道』『反』作『又』，相刺十六『未可以爲能歌也』『未可』作空白未刻，『明先王之術』『明』字未刻，『用則』『爲世法』『用則』二字未刻，國病二十八『先令欠郡』之『先』字，險固第五十『以禦寇固國』之『禦』字，論菑五十四『爭壞土』之『壞』字，『陽居於貨』『陽居』二字，皆未刻。 則此本校時固極草率，然無改字，猶勝他本一籌也。

太玄書室本萬歷十四年張裘校刊，書前有都穆序無涂禎序與倪本同，序後有『時萬歷十四年星聚堂張氏重梓』十三字。 書九行二十字版心標『太玄書室』四字。其書改字甚多，與盧氏所引大典及華本，王先謙所引類書皆不合，或由肊改邑。 其所改字凡百餘處，見後表。 禁耕第五刪『朐邗人吳王皆』六字。 復古第六刪『介品』二字，散不足第二十九刪『非祭祀無酒肉』五字（與華本，倪本，十八字本，張之象本同）。 刑德五十五刪『律令塵蠹於棧閣，吏不能偏覩而況愁民乎』十七字。凡九行十八字本所改之字此本幾全從。 而散不足第二十九『宣帝』作陛下，大論五十九『靈公簡之，匡人圍之，子西謗之』諸語又與張之象本同。 蓋用九行十八字本與張本校，又以己意增刪者也。

沈延銓本九行二十字卷前題明東吳沈延銓校，雙鑑樓藏書續記云『相其板刻似在

萬曆以後』。　今案其書款式及用字十九與張之象本相同，則出自張本無疑，而其改字又往往更出於張本之外蓋即所謂校者也。　今將太玄書室本，張之象本，沈本所改之字并列於後以資參證焉。　至沈本并卷數爲四即將張之象所改之十二卷合并者，張本之失前人已言之，此不足更論也。

太玄本，張本，沈本，改字表：

篇名及涂本原文	太玄書室本	張之象本	沈本
本議第一			
數爲寇暴於邊鄙	同涂本	刪寇字	同
外乏執備之用	『執』改『寇』	未改	未改
善師者不陣	同涂本	『陣』改『陳』	同
而折衝還師	『還師』改『外境』	未改	未改
憂邊用	『憂』改『虜』	未改	未改
於其義未便也	刪『其』字	未改	未改
古者貴以德	『以』改『修』	未改	未改
農用乏則穀不殖	未改	『用乏』改『不出』	同
夫導民以德	未改	『導』改『道』	同
聖人作爲舟檝之用	未改	刪『之用』二字	同
山海不能贍谿壑	未改	『贍』改『譫』 張本贍怸 作潧，後不更舉。	同
是開利孔爲民罪梯也	未改	『梯』下加『者』字	同
貴則賣	未改	『則』改『卽』	未改
商賈無所貿利	未改	『貿』改『牟』	同
行姦賈平	未改	『行』上加『而』字 『平』改『乎』	同
女工再稅	未改	『工』改『紅』 張本凡女 工皆改女紅，不更舉。	同

力耕第二

賴均輸之畜	『畜』改『蓄』	同	同同九行十八字本
躬耕趨時而衣食足	未改	未改	『趨』改『趣』
賢聖治家非一室	『室』改『術』	未改	未改王先謙本『賢聖』二字倒
管仲以權譎霸	未改	『霸』改『伯』張之象本凡霸均作伯後不悉舉，沈本並同。	同
所以誘外國而致胡羌之寶也	未改	『胡羌』作『羌胡』	同同九行十八字本
耕稼田魚	『魚』改『漁』	『田魚』改『佃漁』	同
工則飾罵	『罵』改『僞』	『飾』改『致』	同
高逝遊薄	『遊薄』改『薄遊』	『薄』改『亳』	同同攖寧本
一揖而中萬鍾之粟也	未改	『揖』作『挹』	同
不愛其貨以富其國	『其』改『奇』	同	同
知者因地財	未改	『知』改『智』張之象本知悉改智，沈本並同	同
故乃萬賈之富或累萬金	刪上『萬』字	同	同同攖本
河水泛濫而有宣房之功	未改	『濫』作『溢』	同
雖有湊會之要	未改	『有』改『以』	同

通有第三

右蜀漢之材	『材』改『財』	未改	未改
然後蔡窳偷生	『蔡』作『苦』	同	同同攖本
地廣而饒財	『財』改『材』	未改	『財』改『材』
日給月單	未改	未改	『單』改『殫』
富在儉力趨時	未改	未改	『趨』改『趣』
萊黃之鮐	未改	未改	『鮐』改『鮎』

天地之利無不膽	未改	『天地』作『天下』	同
求蠻貉之物以眩中國	未改	『貉』改『貊』	『貉』改『貊』
揭夫匹婦	改『褐夫匹婦』	改『褐衣匹婦』	同
	同肇本攖塾本		
孫叔敖相楚未改	未改	『季文子相魯』	同
不可太儉極下	改『不可太儉偪下』	未改	未改
本業所出	『業』下加『無』字	未改	未改
百工居肆以致其事	『致』改『成』	同	同同九行十八字本
若則飾宮室	『則』改『使』	未改	未改
田漁以時	未改	『田』改『佃』	同
患無狹廬糠糟也	未改	『糠糟』倒置	同
錯幣第四			
俗弊家法	未改	未改	『改俗弊法易』
防失以禮	未改	『防』改『坊』後監同	未改
水衡三官	『三』改『二』	未改	未改
其疑或亦滋甚	未改	『或』改『惑』	同
禁耕第五			
胸邴人吳王皆鹽鐵勿讓也	『鹽』字以上刪去	刪『胸邴』二字『人』字下皆增『君有』二字	同
君有吳王	未改	『君有』二字刪去	同
大夫曰	作『大夫口』	未改	未改
高下在口吻	作在『曰吻』	未改	未改
田野關而五穀熟寶路則百姓膽而民用給	未改	作『田野關則五穀熟而寶路開寶路開則百姓膽而民用給』	同惟『膽』仍作『贍』
士力不同		作『土』力不同 同肇本	

鹽治之處大傲皆依山川	『傲』作『抵』	『傲』作『校』	同
近鐵炭			
卒踐更者多不勘責		未改	『勘』作『坫』
復古第六			
令品甚明	删『令品』二字	未改	未改
册陳安危	『册』作『策』	未改	未改
擒單于	未改	『禽』作『絕』	同
非鞅第七			
外設百倍之利	未改	未改	『設』作『飭』
文學雖欲無憂	未改	未改	删『無』字
欺舊交以為功	未改	『交』作『友』	同
蘇秦合縱連橫	未改	『橫』作『衡』	同
人臣盡節以徇名	未改	『徇』作『狗』	同
賢聖不能自理於亂世	『賢聖』作『聖賢』	同	同 同九行十八字本
晁錯第八			
誦其文而行不猶其道	『猶』作『由』	同	同 同九行十八字本
解楊之所以厚於晉	『楊』改『揚』	同	同 同筆本
刺權第九			
人君統而守之	未改	『守』作『一』	同
咸陽孔僅等	未改	删『咸陽』二字	同
有僭奢之道著	『有』作『而』	同	同 同九行十八字本
故起而佐堯	『而』作『禹』	未改	未改
父尊於內	未改	『父』作『公』	同
刺復第十			
方今為天下腹居郡	改『方今』為『天下憂勞郡國』	未改	未改
中外未然	『然』改『洽』	未改	未改

若俟周卻	未改	『卻』改『名』	同
千乘倪寬	未改	『倪』改『兒』	同
維綱不張	未改	『維綱』作『綱維』	同
逸於用之	『之』改『人』	未改	未改
以諸侯之師匹夫	『之』改『而』	同	同 同九行十八字本
遽卽三公	改『據位三公』	未改	未改
殆非龍虵之才	『虵』作『蛇』	同	同 同九行十八字本
承明詔	未改	未改	『詔』改『諸』
買爵敗官	『敗』改『販』	同	同
而爲者徇私	未改	『徇』改『狥』	同
論儒十一			
孔子修道魯衞之間	未改	『魯衞』作『齊魯』	同
稱誦其德	未改	未改	『誦』改『頌』
雖舜禹不能正萬民	未改	『世』作『勢』	同
諸儒諫不從	未改	『儒』作『侯』	同
以爲非困此不行	『困』作『因』	同	同 同倪本或九行十八字本
伊尹之干湯	未改	『干』作『於』	同
其冊素行於已	未改	『冊』下注『通作策』	『冊』改『策』
安能受已而從俗化	未改	『化』改『也』	同
聞正道不行	未改	『不』改『而』	同
親於其身爲不善者	未改	『親』上有『云』字	同
男女不授	未改	『授』下有『受』字	同
禮義由孔氏	未改	『氏』下有『出』字	同
憂邊第十二			
溺而弗救	未改	『弗』作『不』	同
冊滋國用	未改	改『冊茲國用』	改『策茲國用』

覽羣臣極言至內論雅頌	删『內』字雅頌	『鑾』改『鸞』	同
外鳴和鑾	上加『外詠』二字		
若醉而新寤	『寤』作『寐』	同	同同倪本及九行十八字本

閾池十三

置任任田官	未改	删下『任』字	同
以贍諸用而猶未足	未改	作以贍諸用猶不足	同
絕其原	未改	未改	『原』作『源』
男耕女績	未改	『績』作『織』	同
假稅殊名	改『租稅名』	未改	未改
田野闢	未改	『闢』作『辟』	同

輕重第十四

管仲相桓公	『仲』改『子』	未改	未改
管仲專於桓公	未改	删『管仲專於』四字	同
大夫君以心計策國用	『君』改『各』	『策』改『册』	『君』改『各』
可爲無間矣	『爲』改『謂』	同	同同九行十八字本
陽氣盛則損之而調陰寒	未改	『之』均改『乏』	同
氣盛則損之而調陽			
富者愈富貧者愈貧	未改	『愈』均改『益』	同
以億萬計	未改	删去	同
中國困於繇賦	未改	『賦』改『役』	同

未通第十五

邊郡之利亦饒矣	未改	未改	『郡』改『邵』
閒往者未伐胡越之時	未改	删『閒』字	同
田野有隴而不墾	未改	『隴』作『壟』	同
民勤已不獨衍民衍已不	未改	『勤』並改『僅』	同
獨勤			

樂歲粒米粱糲	『粱糲』改『狼戾』	『粱糲』改『狼戾』	同 同槧本
田地日無	未改	『無』改『蕪』	同
而饑寒遂及已也	未改	未改	删『遂』字
用度不足以訾微賦	未改	『訾』改『賞』	『賞』改『資』
不敢篤責細民	未改	『篤』改『督』	同
民不堪	未改	未改	『堪』改『甚』
故相傚傲	未改	删『傚傲』二字	同
適其所安	未改	未改	『適』改『道』
古者十五入大學	未改	『大』作『太』	同
五十以上	未改	未改	『十』改『上』
商師若烏周師若荼	『烏』改『鳥』	改『商師若荼。周師若烏』	同
修其唐園	唐作塘	『唐』作『塘』	同 同槧墍本
五十已上	已改以	未改	未改
今或僵尸棄衰絰而從戎事非所以子百姓順孝悌之心也	未改	删去	同
御史默不答也	『也』作『之』	未改	未改

地廣第十六

而我獨勞	未改	未改	『我』下增『賢』字
遠寇國安災	『災』下增『弭』字	未改	未改
古者天子之立於天下之中	『之』下增『國』字	未改	未改
道路迴避	未改	『避』改『遠』	同
今中國弊蒼	『中國』二字倒置	未改	未改
因河山以為防	『河山』二字倒置	未改	未改
割斗辟之縣	未改	『斗』作『什』	同

斗辟之費……斗辟造陽	未改	『斗』作『什』	同
地彌遠而民彌勞	『彌』改『滋』	同	同 同九行十八字本
不滿檐石	未改	『檐』作『穡』	同
必將以貌取人	未改	『必』作『及』	同
寧戚不離飯牛矣	未改	『寧』上加『而』字	同
不爲窮變節不爲賤易志	未改	『爲』俱改〔以〕	同
臨財苟得	『苟』上增『不』字	同	同 同九行十八字本

貧富第十七

夫白圭之廢著子貢之三至千金	未改	改『子貢之廢著陶朱公之三至千金』	同
故賢士之立功成名因資而假物者也	未改	刪去	未改
而不能自爲專屋狹廬	未改	『屋』改『室』	同
因國君銅鐵以爲金鑪大鍾	未改	刪『銅鐵』二字	同
莫不戴其德稱其仁	戴作載	未改	未改
雖付以韓魏之家	未改	未改	『付』改『附』
非其志則不居也	未改	刪『也』字	同
晉文公見韓慶下車而趨	未改	未改	『趨』作『趍』

毀學第十八

自託擬無欲	未改	未改	『託』作『托』
非此士之情也	未改	『非此』作『此非』	『非此』作『此非』
據萬乘之權	未改	刪『之權』二字	同
雖言仁義亦不足貴也	未改	『仁』作『好』	『仁』作『好』
而苟卿謂之不食	『謂』作『爲』	同	同 同倪本
無赫赫之勢	本改	未改	勢改埶
故智伯身禽於趙	未改	刪去『故智伯』三字	同

若蹈坎窞食於縣門之下 此李斯所以伏五刑也	未改	改『若蹈坎窞食於縣 門之下』『伏』改『具』	同
得無若太山鴟嚇鵷雛乎	未改	刪『若』字	同
而曰懸門腐鼠何辭之鄙 背而悖於所聞也	未改	『懸』改『縣』『背』 改『眥』	同
分祿以任賢	未改	『任』作『養』	同
力少而任重	『少』作『小』	同	同 同九行十八字本
夫泰山鴟啄腐鼠於窮澤	未改	『泰』改『太』	同
惡得若泰山之鴟乎	未改	『泰』改『太』	同
商人不媿恥辱	未改	『媿』改『醜』	同
棲棲然	未改	未改	改『栖栖』
褒賢第十九			
卑辟弊	『辟』下加『厚』字	未改	未改
張儀以懷任於秦	未改	『橫』作『衡』	同
仕者先辟害	『辟』作『避』	未改	未改
遜頭屈遵	未改	『頭』改『身』	同
文學節高行	『節』改『抗辭』	未改	未改
盛節絜言（下窸窸汙行 同）	『絜』改『潔』	『絜』作『潔』	同 同九行十八字本
長衣官之也	刪去	未改	未改
蒙恬用兵於外	未改	『用』改『治』	同
而有姦利戕忍之心	未改	『姦』改『奸』	同
夗無東方朔之口其餘無 可親者也	未改	『無』改『夫』『可』改 『足』	同
鵁咽於求	未改	『鵁』改『噲』	同
相刺第二十			
非良農不得食於收穫	未改	『穫』改『獲』	未改

巧偽良民	未改	『偽』改『爲』	同同九行十八字本
簪墮不掇	未改	未改	『掇』作『輟』
退而修王道	『修』作『循』	未改	未改
垂之萬載之後	未改	『載』作『世』	同
當不耕織	『當』作『憂』	未改	未改
誦詩書負笈	未改	刪『誦』字	同
虞不用百里奚而滅	未改	刪『奚』字	同
夫言而不用	未改	刪『夫』字	同
殷有三人而商滅	未改	未改	『商滅』改『滅商』
未可爲能歌也	未改	『爲』改『謂』	同
未可謂能說也	『謂』改『爲』	未改	未改
堅據古文以應當世	未改	『文』作『人』	同
非說也	『也』改『之』	『也』改『者』	同
資質足以履行其道	未改	『資』改『姿』	未改
道行則言孔墨	未改	『言』改『稱』	同
遭時蒙率	『率』改『幸』	未改	未改
天設三光以照記	『照』下增『臨』字	未改	未改
百姓輯睦	未改	未改	『睦』改『穆』

殊路第二十一

可南面者數人云	『云』改『可』	同	同同九行十八字本
知季有之賢授之政晚而國亂	『有』改『友』	刪『國』字	同
美珠不畫	『珠』改『眛』	未改	未改
反遭行潦流	『反』改『及』	同	同從倪本
枕籍詩書	未改	未改	『籍』改『藉』
荷負巨任	未改	『荷負』倒置	未改
東流無崖之川	『崖』作『涯』	未改	未改

文學蒙以不潔	『文學』下補『曰』字	同	同 同攖寧本倪本
故事人加則爲宗廟器否則斯養之犧才	改『士加琢則爲宗廟器否則廓養之犧才』	『斯』作『廓』	未改
干越之鋌不屬	未改	改『于越之鋌不礪』	同

訟賢第二十二

文學四騏驎之輇鹽車	『驎』改『驥』	同	同
有以蜂蠆介毒而自害也	『以』改『似』	未改	未改
未睹功業所至	未改	未改	『睹』改『視』
而見東觀之殃	未改	『東』改『兩』	同
狡而以爲知	『知』改『智』	『狡』改『徼』	同
不遜以爲勇	未改	『遜』改『孫』	同
其遭難故其宜也	未改	未改	『故』改『因』
行忠正之道	未改	未改	『忠』改『中』
竭力以徇公	未改	『徇』改『狥』	同
何肯不及諸已	『及』改『反』	同	同 同倪本
無其能得乎	『無』作『惡』	同	同 同九行十八字本

遵道第二十三

聖達而謀小人	『小人』二字改『大』	同	同 同攖寧本倪本
亦無負累之殃也	未改	『負累』倒置	同

論誹第二十四

此人本狂	『狂』改『枉』	同	同
僞巧言以輔非	『僞』改『爲』	同	同 同九行十八字本
小人淺淺面從	『淺』改『諓』	同	同
雖有堯明之君	未改	改『堯之明君』	同

君子疾鄙夫不可與事君	未改	刪『君』字	未改
苕子之爲人吏	未改	『若』改『君』	同
丞相史曰蓋聞士之居世也以下	未改	列孝養二十五	同

孝養二十五

貴禮不食其養	未改	『貴』下增『其』字	同
雖公西赤不能以養爲容	未改	刪『養』字	同
雖閔曾不能以養卒	『辛』下增『禮』字	刪『養』字	同
乞者由不取也	『由』改『猶』	同	同 同倪本
害老親之腹	『害』作『審』	『害』作『審』	同 同倪本
陳餘背漢斬於汦水	『汦』作『泜』	同	同 同倪本
以亂政導諛	未改	未改	『道』作『導』
故卑位而言高罪也	未改	未改	『卑』作『惡』

剌議二十六

非其儒也	未改	『其』作『眞』	未改

利議二十七

將欲觀殊議異策	未改	『策』作『册』	同
安邊境之策……詔策曰	未改	『策』作『册』	同
如品卽口	『卽』改『飾』	未改	未改
沮事隋議	未改	『隋』改『隳』	未改
亂實也	未改	『實』下有『者』字	未改
大夫曰嘻諸生闒茸無行以下	未改	屬國病二十八	同
斥逐於魯君	『君』改『國』	未改	未改
坑之謂中	『謂』改『渭』	同	同 同倪本
國病第二十八		張本目錄作『國疾』	
當小位於魯	『當』改『嘗』	未改	未改

亦憂執事富貴而多患也	未改	『亦』上有『儒』字	未改
賢良曰窮巷多曲辯	未改	『賢良』改『丞相史』	同
文學守死湨渟之語	『湨渟』改『湨渟』	未改	同 同九行十八字本
顧分明政治失之事	未改	『失』改『識』	未改
竊所以聞閭里長老之言	未改	『所』改『者』	同
然居民肆然復安	未改	『然』改『故』	同
机席緝躡	『机』作『几』	『机』作『几』	同 同倪本
秉来抱插	未改	未改	『来』作『來』
富者空減	『減』作『藏』	『減』作『藏』	同 同倪本

散不足第二十九

怠於禮義	『怠』改『忌』	未改	未改
故繳罔不入於澤	未改	『罔』作『網』	同
復茈蓼蘇	未改	『茈』改『茈』	同
陶桴複穴	『穴』改『冗』	同	同 同倪本
行則服枙	未改	『枙』作『扼』	同
單複木具	未改	『複』作『榎』	同
樸羝皮傳	未改	『傅』改『傳』	同
今富者轜耳銀鐻鑞	『轜』改『轙』	『轜』改『轙』	同 同倪本
廚繎斧汙	『汙』改『汙』	同	同 同倪本
非祭祀無酒肉	删去 同搜寧本倪本	未删	同
雞豕五芳	未改	未改	『豕』作『失』
聽訑言而幸得出	未改	『訑』作『馳』	同
今富者黼繡幃帷	删『幃』字『帷』上增『維』字	未改	未改
古者土鼓甴枹	『由』作『由』	未改	未改
繁路璜佩	未改	『路』作『露』	同 同九行十八字本
姪娣九女而已	未改	『娣』作『姊』	同

各以時供公職	未改	『供』作『共』	同
信禨祥	未改	『禨』作『機』	同
使盧生求羨門高徐市等	未改	『市』作『沛』	同
宣帝建學官	『宣帝』改『陛下』	同	同 同 據寧本

故匱第三十

葛繹彭侯之等	未改	『彭』改『澎』	同

疾貪第三十三

足以代其耕而食其祿	未改	未改	『足』改『是』

後刑第三十四

刑一惡而萬民悅	未改	『悅』改『說』 張本 『悅』悉改『說』下同	同

授時第三十五

國無窮乏人	未改	刪『窮』字	未改
秋省歛以助不給	未改	未改	『給』改『足』

水旱第三十六

天道然	然上有『固』字	同	同
雨必以夜	未改	未改	『以』改『一』
器和利而中用	未改	未改	『和』改『何』
或時賤民	未改	未改	刪『時』字

崇禮第三十七

殆與周公之傅遠方殊	未改	脫『之』字	同
翠臨菑	未改	『菑』作『蓄』	同
葵荎爲之不探	未改	未改	『探』改『采』

備胡第三十八

而中國以騷動矣	『騷』字重出	未改	未改
少發則不足以更適多發	未改	未改	『發』均作『廢』

則民不堪其役

我今來思	『我今』作『今我』	同	同
譏久役也	未改	未改	『役』作『復』
執務第三十九			
丞相曰	未改	『曰』上補『史』字	同
流人還歸	未改	未改	『還』作『旋』
蟲螟生	未改	作『螟貸生』	作『螟螣生』
鹽鐵取下第四十一			
上下交讓天下平	未改	『天』上補『而』字	同
海春諜曰	未改	『海』作『宛』	未改
牟譏則肆	未改	『譏』作『譏』	同
怠於公乎	『乎』作『事』	未改	未改
愛私責	未改	未改	『責』作『債』
糖䅾之苦	『糖』作『糵』	同	同 同倪本
處溫室戴安車者	未改	『戴』作『戴』	同
言若易然	未改	『易』字重見	同
繫之第四十二			
賢良曰文學旣奔戚取列	未改	屬上篇	同
大夫辭丞相御史			
結和第四十三			
先帝覿其可以武折	『覿』作『覩』	未改	未改
藏於記府	未改	『記』作『紀』	同
何命亡十獲一乎	『命』作『言』	未改	未改 華本作有
而尚踞款	未改	未改	『款』作『傲』
三王所畢怒也	未改	『畢』下注『一作必』（晉『一作』則別有所據可知）	『畢』改『必』
三王何怒焉	未改	『怒』作『愁』	未改

| 以強凌弱者亡 | 未改 | 未改 | 『弱』改『辱』 |
| 登得前利 | 『登』改『言』 | 未改 | 未改_{畢本作豋} |

誅秦第四十四

不務積德而務相侵	未改	下『務』字改『負』	同
置五屬國以距胡	『距』改『治』	未改	未改
以并天下	未改	『并』改『衆』	同
旋車遺族相望	未改	『旋』作『還』	同
輕計還馬足	未改	『計』改『騎』	同

伐功第四十五

| 民思之若得之望雨 | 『之』下有『者』字 | 同 | 同 同九行十八字本 |

西域第四十六

其勢易以相禽也	未改	未改	『相』改『以』
張騫言大宛之天馬汗血	未改	未改	『騫』作『寋』
皆在於欲罷匈奴而遠幾也	『幾』作『戍』	未改	未改
兵未戰	『未』作『不』	同	同 同九行十八字本

世務第四十七

則北垂無寇虜之憂	未改	未改	『則』下有『此』字
春秋不與夷狄中國爲禮	未改	刪『夷狄』二字	同未改
干戈閉藏而不用	未改	『閉』作『薇』	同
近者哥謳而樂之	『哥』作『歌』 從倪本	同	同 『歌謳』二字倒置

和親第四十八

昔徐偃行王義而滅	『行王』倒置	同	同 同九行十八字本
非足行而仁辦之也	『仁』改『勢』	『仁』改『人』	同
推其仁恩而皇之誠也	『推』改『惟』	未改	『皇』改『懷』

繇役第四十九

層者解分中理	未改	未改	『分』改『紛』
盡地爲境	未改	未改	『境』改『禁』
飫而偃兵揢笏而朝天下之民莫不願爲之臣	未改	刪去	同
徭役遠而外內煩也	未改	未改	刪『遠』字

險固第五十

龜猾有介	未改	『猾』作『倡』	未改
闇昧妄行也	未改	未改	『闇』作『暗』
誠以行義爲阻	『行』改『仁』	未改	未改
夫何妄行而之乎	未改	作『夫何妄行之有乎』	同
秦師敗嶠欲釜是也	未改	『釜』作『崤』	同
桀紂有天下兼於濟亳	未改	『於』作『有』	同
梁關者邦國之固	『梁關』二字倒置	同	同
湯以七千里	『千』改『十』	『千』改『十』	同 同九行十八字本
重門擊柝	『拓』作『折』	『拓』作『柝』	同

同 本 本

論勇第五十一

失守備	未改	刪『備』字	同
齊桓公得管仲以覇諸侯秦穆公得由余西戎八國服	未改	張本及沈本並作『齊桓公得管仲寧戚以伯諸侯秦穆公得百里奚由余西戎八國服』	
以之召遠	未改	『之』作『德』	同

論功第五十二

匈奴無城廓之守	未改	『廓』作『郭』	同
戎狄驪之爾	未改	『狄』作『狐』	未改
上下無禮	『禮』改『理』	未改	未改
脊糠不見崇首	未改	未改	『見』改『現』

倔強倨敖	未改	『敖』作『傲』	同
及二世弒死望夷	未改	『弒』改『殺』	同
論鄒五十三			
絕陵陸不通	未改	上有『谷阻』二字	同
論菑第五十四			
故內恕以行	未改	『內』改『由』	同
越人美蠃蚌	『蠃』改『蠃』	同	同同九行十八字本
羿敖	『敖』改『奡』	同	同同九行十八字本
螟螣生	未改	未改	『螣』改『虫』
神祇相況	未改	『況』作『貺』	同
五勝相代生	『五』改『互』	同	同同倪本
厭而不揚	未改	『陽』作『揚』	未改
刑德第五十五			
禁不必法	『不』作『下』	同	同同九行十八字本
民放佚而輕犯禁	未改	未改	『佚』改『逸』
咸知所避	未改	『避』改『辟』	同
律令塵蠹於棧閣吏不能徧覩而況愚民乎	刪去	刪去	刪去同九行十八字本
自何能殺	『自』改『其』	未改	未改
法之微者	『微』改『徵』	未改	未改
乘騎車馬	未改	刪『騎』字	同
蹻弋飾而加其上	『矯』改『蹻』從倪本	未改	未改
刑罰者國之維楑也	未改	刪『也』字	同
無銜橜而馭捍馬也	未改	『捍』作『馯』	同
翠陷陷穽	『翠』作『卒』從倪本	同	同

秦夫不通大道	『秦』作『本』	同	同
	同攖寧本倪本		
申韓第五十六			
視省河堤	『堤』改『提』		
犯法茲多	『茲』改『滋』	同	同
苦隱括輔檠之正弧刺也	未改	『括』作『栝』	同
專以己之殘心	『心』改『生』	未改	未改
淪骨以輔	未改	改作『淪胥以鋪』	同 同萆本攖寧本
周秦第五十七			
傷小指之累四體也	未改	未改	『累』改『類』
有罪及誅	『及誅』作『誅及』	同	同 同九行十八字本
莫不震慴悼慄者	未改	『悼』下加『慄』字	刪『悼』字加『慄』字
下而修慈母之所以敗子	『修』改『循』	未改	未改
秦有收帑之法	『帑』作『孥』	同	同
務知而不務威	未改	『知』改『恩』	同
詔聖第五十八			
衣弊而革才	『才』改『裁』	同	同
	同倪本		
行一卒之令	『一卒』改『三章』	同	同
	同攖寧本九行十八字本		
少目之罔	未改	『罔』改『網』	同
不可暴虎	未改	『可』改『敢』	同
使民不蹠上乎	『乎上』二字易置		同
過往之事	未改	『往』作『任』	同
周秦所以然乎	未改	『所』上有『之』字	同
明好惡以道其民	未改	『道』作『導』	同
大論第五十九			

有司不以文學	未改	『以』作『似』	同 同華本
不用隱括斧斤	未改	『括』作『栝』	同
不待自善之民	未改	未改	『待』作『得』
山東關內暴徒保人阻險	『人』改『入』	同	同
夸矜	未改	倒置	同
適衞靈公圉陽虎謗之	作『適衞靈公簡之。匡人圍之。子西謗之。』	同	同

雜論第六十

知任武可以辟地	『辟』作『闢』	未改	未改
直而不徼	未改	未改	『徼』作『澆』
果隕其性	『性』作『姓』 同倪本	同	同
阿意苟合	未改	『合』作『念』	同
可足筭哉	未改	『筭』作『選』	同

　　張敦仁本嘉慶十二據涂本重雕，其書款式一仿涂本，惟用涂本抄錄非用涂本景寫，故其字迹頗與涂本異趣。　涂本字殊秀勁，張本則方整，顯係清人曾習館閣書體者所爲，稍失涂本之意態矣。　張本筆畫亦與涂本不能盡同，如『淫』作『遙』，『暴』作『暴』，『御』作『御』，『擅』作『擅』之類，不備舉。　誤字極少，然改正涂本者則頗有之。　如刺復『買爵敗官』此作『販』（同攖宷本），未通『居三年不呼其門』此作『君』（同太玄本），貧富『菱藿者不能與之爭澤』此作『芻』。毀學『小人懷士賢士徇名』此作『小人懷士賢士徇名』（竝同華本攖宷本），殊路『反遭行波流』此作『及』（同太玄本），訟賢『子柳之譏也』此作『椒』（同華攖二本），論誹『此人本狂』此作『枉』（同太玄本），利議『坑之謂中』此作『渭』『同攖宷本』，鹽鐵取下『糖粗之苦也』此作『糠』（同華攖二本），論勇『谿無交兵』此作『貉』（同華攖二本），論鄒『大道之遙』此作『逕』（同華攖二本），申韓『論骨以輔』此作『論晉以鋪』（同華本），　此等處大都爲涂本之誤，然不言其刊

正之所自出，則亦未能免於疏失矣。

就上所述，鹽鐵論版本之原流，大略如下：

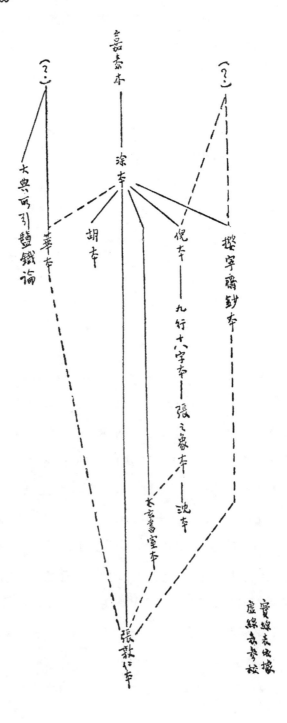

　　此篇所據各本，其中傅沅叔先生所藏則由傅孟真先生轉借者，北平圖書館所藏則由趙斐雲先生接洽者。　此皆海內奇珍，均承惠假，書此志謝。

　　此文係中華民國二十四年在中央研究院史語所集刊發表，最近大陸方面有人沿用，時間遠在此文發表之後，特此註明。

論西京雜記之作者及成書時代

西京雜記一書舊題劉歆或題葛洪，其書實爲小說家言，難求徵實。第在小說家言涉及漢代軼事者之中，此書尙近于情理。故王先謙作漢書補注於此書仍偶有引用。然知人論世貴在求眞，固不可以閭巷疑似之談率歸正史。是其淵源流變，固宜詳爲考訂。茲篇之意在申明此書爲南朝人撮錄小說舊聞而成，非惟不宜歸入劉歆，卽以葛洪言，亦不曾出於其手也。

言西京雜記淵源流變較詳者爲四庫全書總目提要，其說云：

舊本題葛洪撰，洪有肘後備急方，已著錄。黃伯思東觀餘論稱此書中事皆劉歆所說，葛稚川採之。其稱余者，皆歆本文云云。今檢書後有洪跋，稱其家有劉歆漢書一百卷，考校班固所作，殆是全取劉氏。有小異同，固所不取，不過二萬許言。今鈔出爲二卷，名曰西京雜記，以補漢書之闕云。伯思所說，蓋據其文。案隋書經籍志載此書二卷，不著撰人名氏。漢書匡衡傳顏師古注，稱今有西京雜記者，出於里巷，亦不言作者爲何人。至段成式酉陽雜俎廣動植篇始載葛稚川就上林令魚泉問草木名，今在此書第一卷中。張彥遠歷代名畫記載毛延壽畫王昭君事，亦引葛洪西京雜記，則指爲洪者實始於唐(註一)。故舊唐書經籍志載此書遂注曰晉葛洪撰。然酉陽雜俎語資篇，別載庾信作詩，用西京雜記

(註一) 以西京雜記著者爲葛洪，當始於唐人，然早在唐初，不至晚至張彥遠，段成式時。余季豫先生(嘉錫)四庫提要辨證云：『宋晁伯宇續談助卷一洞冥記後，引張東之之言曰：「昔葛洪造漢武內傳西京雜記，盧羲造王子年拾遺記，王儉造漢武故事，並操觚鑿空，恣情迂誕，而學者就閱，以廣見聞，亦各其志，庸何傷乎？」東之此文專爲辨僞而作，而確信爲葛洪所造。史通雜述篇曰：「國史之任，記事記言，視聽不該，必有遺逸。於是好事之士，補其所亡。若和嶠汲冢紀年，葛洪西京雜記，此所謂逸事者也」。此則指爲葛洪，並不只於段成式，張彥遠。』

事，旋自追改，曰：『此吳均語，恐不足用』。晁公武郡齋讀書志，亦稱江左人
或以爲吳均依託，蓋卽據段成式所載庾信語也。今考晉書葛洪傳載洪所著有抱
朴子，神仙，良吏，集異等傳。金匱要方，肘後備急方，並諸雜文，共五百餘
卷；並無西京雜記之名，則作撰者，自屬舛誤。特是向歆父子作漢書，史無明
文，而此書與班書考校又往往錯互不合。如漢書載文帝以代王卽位，而此書乃
云文帝爲太子。漢書載廣陵王胥淮南王安並謀逆自殺，而書乃云胥格猛獸陷脛
死，安與方士俱去。漢書楊王孫傳卽以楊王孫爲名，而此書乃云名貴，似是故
繆其事以就洪跋中小有異同之文，又歆臣莽，而書載吳章被誅事乃云後爲王莽
所殺，尤不類歆語，又漢書匡衡傳『匡鼎來』句，服虔訓鼎爲當，應劭訓鼎爲
方。此書亦載此語，而以鼎爲匡衡小名。使歆先有此說，服虔，應劭皆後漢
人，不容不見，至葛洪乃傳。是以陳振孫等皆深以爲異。然庾信指爲吳均，別
無他證，段成式所述信語，亦未見於他書，流傳旣久，未可遽更。今姑從原
跋，兼題葛洪劉歆姓名。以存其舊。其書諸志皆作二卷。今作六卷。據書錄解
題，蓋宋人所分，今亦仍之。其中所述雖多爲小說家言。而撫採繁富，取材不
竭。李善注文選，徐堅作初學記已引其文。杜甫詩用事謹嚴，亦多採其語。詞
人沿用，數百年來久成故實，固有不可遽廢者焉。

故四庫全書纂輯者仍認爲此書之性質爲僞書，而其類別爲小說。然撫採繁富，取材不
竭，詞人沿用，久成故實，則此書之可存者在此。此中評論大致公允，然亦有未盡
者。提要於所謂葛洪之序，雖頗疑其言之不實，而此序是否眞爲葛洪所爲，尙有待於
商榷者。按疑此序非出於葛洪者，宋陳振孫直齋書錄解題中已言之。其說曰：

> 西京雜記稱葛洪撰，其卷末言『洪家有劉子駿漢書百卷(註一)…… 抄書爲二卷，
> 以補漢書之闕』，案洪博聞深學，江左絕倫，著書成五百卷。本傳具載其目，
> 不聞有此書，而向歆父子不聞嘗作史傳也。使班固有所因述，亦不應全沒不著
> 也。殆有可疑者，豈惟非向歆所傳，亦未必洪之作也。

四庫提要蓋大率本於此。然陳氏謂劉歆未嘗爲史則非，惟劉歆決未曾有一百卷已成之

(註一) 本傳云抄書三百一十卷，非是著書。其自著者則有抱朴子一百一十六篇，詩賦百卷，移檄章表三十卷，
金匱藥方一百卷，肘後要急方四卷。

書，又劉氏博通掌故，尤不至有『文帝爲太子』等可笑之訛誤耳。余季豫先生四庫提要辨證云：

案書錄解題云，『向歆父子亦不聞其嘗作史傳於世，使班固有所因述，亦不應全沒不著也』。提要本此而推衍之。余考潘安仁西征賦云：『長卿淵雲之文，子長政駿之史』，以政駿與子長並言稱之爲史，似劉向父子曾續太史公書。然李善注只引漢書。向著疾讒，摘要，救危，及世頌凡八篇，又著五行傳，列女傳新序，說苑。歆著七略，並不言別有史書。至史通正史篇云，『史記所書年止孝武太初，已後闕而不錄。其後劉向之子歆及好事者，若馮商，衞衡，楊雄，史岑，梁審，韓仁，晉馮，殷肅，金丹，馮衍，韋融，蕭奮，劉恂等相次撰續，迄於哀平間，猶名史記』。後漢書班彪傳云：『武帝時司馬遷著史記，自太初以後闕而不錄。好事者頗或綴集，然多鄙俗，不足以踵繼其書』，注云：『好事者謂劉歆，陽城衡，褚少孫，史孝山之徒也』。劉知幾與章懷所敍續史記之人，互有不同，而皆有劉歆。是唐人相傳有此一說，皆不知所事。竊意向，歆縱嘗作史，亦不過如馮商之續太史公，成書數篇而已。（商書見漢志，僅七篇。）使如洪序所言，歆所作漢書已有一百卷，則馮衍爲後漢人；晉馮，殷肅並與班固同時（固傳載固奏記東平王蒼，嘗薦此二人），何以尚須續作？洪序云：『考校班固所作，殆是全取劉書』，此又必無之事。班固於太初以前，全取史記，又用其父所作後傳數十篇，已不免因人成事。若又採劉歆漢書一百卷，則固殆無一字，何須潛精積思至二十年之久？永平中受詔，至建初中乃成乎？若果如此，則當世何爲甚重其書，莫不諷誦（見本傳），至於專門受業，與五經相亞耶（見史通正史篇）？史通採撰篇曰：『班固漢書太初已後又雜劉氏新序，說苑，七略之辭，此並當代雅言，事無邪僻。故能取信一時，擅名千載』。然則漢書之採自劉氏者，僅新序，說苑，七略之記漢事者而已。與李善文選注正合，未嘗有所謂『劉歆漢書』也。且諸家續太史公書雖近哀平，是前後相繼不出一人，至班彪所作後傳，亦是起於太初以後，未有彌綸一代者。漢書敍傳曰：『固以爲唐虞三代，世有典籍，漢紹堯運，以建帝業，至於六世。史臣乃追述功德，私作本紀，編於百王之末，廁於秦漢之間，太初以後，闕而不錄，故探纂前記，綴輯所聞，

以述漢書，起元高祖，終於孝平王莽之誅』。是漢書者，固所自名。斷代爲書，亦固所自創。今洪序乃謂劉歆所作，已名漢書。是並敍傳所言，亦出劉歆之意，而固竊取之，此必無事也。況文帝以代王卽位，明見史記，此何等大事，豈有傳訛之理。劉歆博極羣書，以漢人敍漢事，何至誤以文帝爲太子。故葛洪序中所言劉歆漢書之事，必不可信（余疑史通所記向歆續史記卽指七略別錄，別有考證，茲不具論）。蓋依託古人以自取重耳。

今按所謂葛洪序中言『劉歆漢書』所異於班固漢書者，僅二萬許言，悉已錄於西京雜記，然班固漢書因明記劉歆之死，王莽之誅，此皆西京雜記所未錄入者，豈劉歆作書，果誠能豫記其死，以及其死後之事耶？是則序文已自相矛盾矣。余季豫先生之考證，認爲劉歆除七略以外未嘗別有續漢書，而『葛洪序』所言劉歆續漢書百卷爲絕不可信之讕言，可謂絕無疑問。惟余先生仍認爲序文仍出於葛洪之手，則猶有未盡者。蓋序果眞出於洪手，則隋書經籍志作者不應不見其序，遂不著撰人名氏。至顏師古注漢書時，亦云其書出自里巷，未知撰人（註一）。直至張柬之始言葛洪作西京雜記。則此序之成當在顏師古以後，張柬之以前。其爲唐人僞託，實無疑義。更據季豫先生所考，唐人以前無有言劉歆續史記者。有之，當始於劉知幾，而劉知幾言劉向歆父子作史，當指新序，說苑，別錄，七略諸書而言。非於此等諸書以外，更有述作。但自劉知幾之言行世之後，世俗不考其端緒，遂眞以爲劉歆居然曾經著史。擴大失眞，幾難想像。西京雜記序可稱爲擴大劉知幾言之一種形態，而後世崔適之史記探源則爲別一種形態。雖皆不實，而皆可以亂眞。故此序之成必在蕭代以後，不惟非顏師古，李善所不及見，抑亦非劉知幾所能及見也。此序旣僞，則凡根據此序所立各說，亦皆不能成立。亦卽西京雜記非劉歆所作，亦非葛洪所作。

今案唐以前正史中記西京雜記著者，但有南史四十四齊武諸子傳言，蕭賁著西京雜記六十卷。西京雜記之名與今本西京雜記同，而此書文體薄弱，類似齊梁間人語，亦與蕭賁之時代相合。惟今本西京雜記有六卷本及二卷本二種，無六十卷者。以今本之分量言，亦難析爲六十卷。然僅據卷數不同，不能遽斷其非是一書，蓋（一），六

（註一）　張柬之語，見第一葉『註一』余季豫先生四庫提要辨證，按顏師古太宗時人，張柬之武后時人，顏師古稍前於張柬之，則僞序之成，或在太宗武后間也。

十卷之數字可能有誤，南史原文或原爲六卷，抄胥者衍一『十』字，遂成爲六十卷。

(二)，蕭賁原書原爲六十卷，齊梁以後，舊籍散亡，或僅存六卷。凡此二因皆爲情理所宜有，然從來世人不重此證者，蓋蕭賁本非甚知名之士，時代亦晚，讀西京雜記者每爲其故事所誘，意識中所望於此書者，自是書成愈早愈佳。唐人僞序已指爲劉歆，若再訂爲梁代蕭賁，寧不失望。此所以不肯輒引用南史之原由也。

言及南史之證據者最早見於王應麟困學紀聞十二：

> 匡衡傳注，『今有西京雜記，其書淺俗，出於里巷，多妄說』，段成式云：『庾信作傳，用西京雜記事，自追改曰，此吳均語，恐不足用』，今按南史蕭賁著西京雜記六十卷，然則依託爲書，不止吳均也。

梁玉繩瞥記卷五云：

> 今所傳西京雜記二卷，或以爲葛洪撰，或以爲吳均撰。據洪序以爲本之劉歆。洪特鈔而傳之。案南史齊武諸子傳，蕭賁著西京雜記六十卷，豈別一書耶？王伯厚以爲賁依託，見困學紀聞十二。

王應麟與梁玉繩之言仍稍有出入，蓋王氏未言蕭賁爲依託，而梁氏則指爲依託也。其中出入，余季豫先生有辨證：

> 詳王氏語意，蓋謂吳均之外，又有蕭賁亦爲此書，故曰依託爲書不止吳均，未嘗謂今本題葛洪者爲賁所依託。梁氏之言非伯厚意。然古今書名相同者多矣。蕭賁雖生葛洪之後，彼自著一書，亦名西京雜記，既未題古人之名，則不得謂之依託，伯厚之說亦非也。翁元圻注云：卷數多寡懸殊，當另是一書，其說是矣。

今案季豫先生之說甚爲有見。然季豫先生明辨所謂葛洪序之不合理，未敢直斥其非，以致析理之間，猶有未盡，則唐以來成見蔽之也。

今先論西京雜記之著者，自當以唐代初期(即顏師古至李善之時期)之史料爲根據，在此時期之記載，書僅有西京雜記一書，著者亦僅有蕭賁一人。雖蕭賁本傳之西京雜記，未曾與隋志，漢書注，文選注相互證，然彼此之間亦並無衝突。其成爲岐互者，始見於僞葛洪序，繼復有段成式之酉陽雜俎。僞葛洪序淺薄無聊，有心作僞，可以不再置論。段成式之說，則採錄舊聞，應非無據。所可置疑者，故事中之主名耳。此故事以

庾信作賦事爲主，應不甚誤，卽令非庾信語，而傳述齊梁他人之說，亦自可貴。惟所言西京雜記爲『吳均語』則影響較大。蓋就此故事結構言，其爲吳均語或他人語，俱不妨此故事之完整性。然於西京雜記之著者，則多一紛擾矣。就唐代知名之程度言，吳均之名，遠較蕭賁爲大。段成式之時代已到晚唐，則原有涉及蕭賁之傳說，轉換爲吳均，爲事甚易(註一)。就現有史料言，酉陽雜俎中一段單文孤證，已無法證明原來傳說爲吳均與否。但無論如何，酉陽雜俎此一段之可信程度，決不能與南史齊武帝諸子傳之重要性互相比擬，則無待言也。

故就史料之可信程度言，當以南史爲最重要，酉陽雜俎次之，而僞葛洪序則當在不必考慮之列。祇以雜記作者，隋志作時已失主名，故不宜定指爲蕭賁，僅可以認爲此書或係蕭賁原作，或係南北朝間另一作者所爲耳。

今更以雜記中內容考驗之。余季豫先生云：

> 按陶宗儀說郛卷二十五（據涵芬樓排印明抄本）鈔有梁殷芸小說二十四條，而其中引西京雜記者四條，與今本大體相合，惟字句互有短長。考梁書芸傳云：『大通三年卒（大通三年十月改元中大通，芸卒於十月以前）年五十九』，而文學吳均傳云：『普通元年卒，時年五十二』。兩者相較，均雖比芸早死九年，而其年齡止長於芸者二歲。二人仕同朝，同以博學知名，慮無不相識者，使此書果出於吳均依託，芸豈不知，何至遽信爲古書，從而採入其著作中乎？

按殷芸之書，原係小說，本非正史，依託之言何遽不堪採用。此事不能證明西京雜記必是古書，但可以證明梁時已有西京雜記，且與今本出入不多耳。今據涵芬樓排印本說郛，此四條下均注有西京雜記，但無西京雜記著者姓名。故據殷芸小說所引者，此書可能爲蕭賁本，亦可能非蕭賁本，尚不能決定也。

李慈銘孟學齋日記乙集上云：

> 西京雜記託名劉歆所撰，葛洪所錄。論者謂實出梁吳均之手。其文字固不類西漢人。且序言班固漢書全出於此，洪采班書所謂錄者，得此六卷(註二)然其中而

（註一）　酉陽雜俎十六廣動植篇採雜記中就上林令問草木名一事，稱雜記爲葛稚川作，是段氏亦大率本之俗聞，並無成見也。

（註二）　余季豫先生云，「按原序實作二卷」李氏誤，但西京雜記實有六卷本與二卷本二種。古書卷帙時有分合，惟唐代通行二卷本，隋志所記爲二卷本，僞葛序亦是二卷本，宋時有六卷本當是舊傳別本，因六卷本與僞葛序不合，後人斷不致故意僞之分析爲六卷也。

趙飛燕第一段，傅介子一段，又皆漢書所已錄，稚川之言固未可信。至謂出於吳均，則未必然。觀漢事如殺趙隱王如意者爲東郭門外宮奴，惠帝腰斬之，而呂后不知。元帝以王昭君故，殺畫工毛延壽。陳敞，劉白，龔寬，陽望，樊育等。高賀詣公孫弘。高祖爲太上皇作新豐，匠人吳寬所營（余季豫先生曰『此事已爲焦竑所駁，李氏失考』，按新豐之作在太上皇旣歿以後，史記漢元十年，『太上皇崩，諸侯來送葬，更命酈邑曰新豐』，此吳寬營新豐之事全非事實也。）匡衡勤學，穿壁引光，又從邑人大姓文不識家，傭作讀之』。成帝好蹴踘，家君（原註歆稱其父向）作彈棋以獻。王鳳以五月五日生。楊王孫名貴。平陵曹敞在吳章門下，好斥人過，後獨收章屍。郭威，楊子雲及向歆父子論爾雅實出周公所記，『張仲孝友』之類，後人所足。霍將軍一產二子，疑兄弟先後。廣川王去疾好聚無賴少年掘冢墓。諸條皆必出於兩漢故老所傳，非六朝人所能憑空僞造。又如輿駕，飲酎，禳水，家臣諸制，尤足補漢儀之闕。其一二佚事亦可證。如衞靑生子命曰驪，後改爲登，登卽封發干侯者。公孫弘著公孫子言刑名事，今漢志有公孫弘十篇，此類皆是。黃愈邰序稱其乘輿大駕，儀在典章；鮑董問對，言關理奧者，誠不誣也。惟所載靡麗神怪之事，乃由後人添入，或出吳均所爲耳。其顯然乖誤者，如云霍光妻遺淳于衍蒲桃錦，散花綾，走珠等，爲起第宅，奴婢不可勝數。按漢書言衍毒許后，步見過顯相勞問，亦未敢重謝衍，且此時方有人上書，告諸醫侍疾無狀，顯恐，急語光，署衍勿論，豈有爲起第宅，厚相賂遺之理。又云廣陵王胥爲獸所傷，陷腦而死。按漢書武五子傳，胥以祝詛事發覺，自絞死。又云：太史公遷作景帝本紀，極言其短及武帝之過，後坐舉李陵下蠶室，有怨言，下獄死。按遷作史記在遭李陵禍之後，史記漢書俱有明文。漢書又言遷被刑之後爲中書令，尊寵任職，故有報故人任安一書，而云下獄死，紕繆尤甚。若果出於叔庠，則史言均好學，將著史以自名，欲撰齊書，從梁武帝借齊起居注及羣臣行狀，帝不許，使撰通史，起三皇，迄齊代。均草本紀世家已畢，惟列傳未就而卒。又注范曄後漢書九十卷，著齊春秋二十卷，廟記十卷，十二州記十六卷，錢塘先賢傳五卷。是叔庠固深於史學者，豈於史記漢書轉未覆照，致斯舛誤乎？蓋由漢代裨官之記載傳譌致然，故歷代引用，皆不能廢。其趙飛燕女弟居昭

陽殿一條云 ：『砌皆銅沓黃金塗』，正可證今本趙后傳作砌皆銅沓冒黃金塗，
冒字爲涉注文而衍者也。

李氏日記所考西京雜記之原委，甚爲詳備。其言吳均原爲深於史學者不致乖謬若西京
雜記所載，余季豫先生稱其『亦爲有識』，是也。惟李氏考訂雖詳，而立場則不堅定，
就此書是否出於吳均一事而言，李氏考訂吳均生平及學力，認爲宜不出於吳均，而又
云『所載靡麗之事或出吳均所爲』，則前後矛盾。旣考訂西京雜記紕繆之事多端，而
又信其中記載諸事，如惠帝，新豐，王昭君，匡衡，彈棋，王鳳，楊王孫，曹敞，爾
雅，霍將軍，廣川王等則必出故老相傳，非六朝人所能憑空僞造。亦嫌矛盾。其實此
等事自有根據舊有傳說之可能，但如憑空僞造，事亦不難。不能因可以補充史文，遂
加愛惜，認爲其不能出於僞造也。故李氏之言雖有參考價值，但李氏並無結論，無法
據其論點。其中且雜有偏見，亦不能全據也。

今更就西京雜記本文加以分析。其被人認爲劉歆原文者，如：

成帝好蹴踘，羣臣以蹴踘爲勞體，非至尊所宜。帝曰：『朕好之，可擇似而不
勞者奏之』。家君作彈棋以獻，帝大悅，賜青羔裘，紫絲履，服以朝觀。

余少時聞平陵曹敞在吳章門下，往往好作人過，或以爲輕薄，世皆以爲然。章
後爲王莽所殺，人無敢收葬者，弟子皆更易姓名以從他師，敞時爲司徒掾，獨
稱吳章弟子，收葬其屍。方知亮直者不見容於冗輩中矣。平陵人生爲立碑於吳
章墓側，在龍首山南幨嶺上。

李廣與兄弟共獵於冥山之北，見臥虎焉，射之一矢卽斃。斷其髑髏以爲枕，服
猛也。鑄銅象其形爲溲器，示厭辱之也。他日復獵於冥山之陽，又見臥虎，射之
沒矢飲羽，進而視之乃石也，其形類虎。退而更射，鏃破簳折而石不傷。余嘗以
問楊子雲，子雲曰：『至誠金石爲開』，余應之曰：『昔人有遊東海者，旣而風
惡船漂不能制，船隨風浪莫知所之。一日一夜，得一孤州，共侶歡然下石，植
纜登洲煑食，食未熟而洲沒，在船者斫斷其纜，船復漂蕩，向者孤洲乃大魚，
奮鬐揚，吸波吐浪而去。疾如風雲，在洲上死者十餘人。又余所知，陳縞質木
也。入終南山采薪還，晚趨舍未至，見張丞相墓前石馬，謂爲鹿也，卽以斧拒
之。斧缺柯折，石馬不傷。此二者亦至誠也，卒有沈溺缺斧之事，何金石之所

感偏乎？』子雲無以應余。

廣川王去疾好聚無賴少年，遊獵畢弋無度。國內冢藏一皆發掘。余所知吳猛說其大父爲廣川中尉，每諫王，不聽，病免歸家。說王所發掘冢墓不可勝數。其奇異者百數焉，爲余謂十許事，今記之于左。

昆明池中戈船樓船各數百艘。樓船上建樓櫓，戈船上建戈矛。四角悉垂幡毦羽葆麾蓋，照灼涯涘。余少時猶憶見之。

以上諸則皆可以指定其時代在西漢末年，至於『余所知有鞠道龍善爲幻術，向余說古時事』一則，時代不明，尚不計及在內。其中自稱爲『余』者，又顯然皆是本文，非後人改竄一二字卽可增入。則此書成書時卽自僞託爲西漢晚期人也。至其僞託之人，依彈棋條所稱之『家君』爲劉向，又顯然意欲僞託於劉歆。故葛洪之序雖爲後出，然原書本意欲假託於劉歆，則與僞葛洪序仍不相違背也。六朝文字，意在辭章，公然依託，無傷大雅，故謝莊月賦，託於王仲宣，序文自言，無害其爲謝莊之文也。使此書本蕭賁所爲，託諸劉子駿之辭，本不害意。所誤以爲劉子駿者，則後人誤以小說爲實事耳。

盧文弨新雕西京雜記緣起(見抱經堂叢書)謂『書中稱成帝好蹴踘，羣臣以爲非至尊所宜，家君作彈棋以獻，此歆稱向家君也。洪奈何以一小書之故，至不憚父人之父？』余季豫先生謂『此必七略中兵書略蹴踘新書條下之文，洪鈔入之耳。此書固非洪所自撰，然是雜采諸書，左右采獲，不專出於一家。如卷上云：「或問揚雄爲賦，雄曰讀千首賦乃能爲之。」此乃鈔桓譚新論之文 (見北堂書鈔卷一百二，藝文類聚卷五十六，意林卷三。) 以新論著於後漢，旣託名劉歆，不欲引之。不言桓譚而改爲或問，采擷之跡，顯可見。』季豫先生之言是也。惟采擷者別有其人，非是葛洪。而采擷者又意在依託劉歆，故於劉歆舊注之『家君』二字不予刪削。因之盧抱經遂爲其所愚耳。

西京雜記依託者爲南朝人，於長安地理及西漢郡國屬縣多不能通曉，因而頗有不合西漢實際情況者，如：

茂陵富人袁廣漢藏鏹巨萬，家僮八九百人，於北邙山下築園，東西四里，南北五里，激水流注其內，構石爲山，高十餘丈，連延數里。……沒爲官園，鳥獸草木皆移植上林苑中。何武葬北邙山薄龍阪，王嘉冢東北一里。

按北邙在洛陽，不在長安。依託者意顯然以爲在長安，此其人未曾到長安亦未曾到洛陽之證。其人非南朝人莫屬。據晉書七十二葛洪傳葛洪常惠帝太安時尙到洛陽，應不至於洛陽地理一無所知也。

廣川王去疾好聚無賴少年，游獵畢弋無度，國內冢藏一皆發掘。⋯⋯王所發掘冢墓不可勝數，其奇異者百數焉。爲余習十許事，今記之于左：

魏襄王冢

哀王冢　（襄王與哀王實是一人）

袁盎冢

晉靈公冢

幽王冢

欒書冢

按廣川國在今河北冀縣；魏襄王冢在河南汲縣，地屬於河內，不在廣川國內；袁盎楚人，徙安陵，不得葬在廣川；晉都在絳，今山西翼城，地在河東，周幽王都鎬，在長安，亦不在廣川國內。綜西京雜記所舉各冢墓，無一處在廣川國者，其爲小說虛構之辭，無可疑也。（周幽王倉卒失國，更不得有百餘人殉葬，此理尤顯。）

以上涉及地理者，多所言非實。前人愛其文辭，未曾覆核；但其矛盾亦至爲明顯，苟稍一涉意，即可知決不出於劉歆，抑且不出於葛洪也。

更就其中漢朝輿駕祠甘泉汾陰之制考訂之。此李慈銘所稱『輿駕，飲酎，禳水，家臣諸制，尤足補漢儀之闕』者也，其中尤以輿駕爲最詳，故今列舉於下而探討之。

漢朝輿駕祠甘泉，汾陰。備千乘萬騎。太僕執轡，大將軍陪乘，名爲大駕。

司南車駕四，中道。

辟惡車駕四，中道。

記道車駕四，中道。

靖室車駕四，中道。

象車鼓吹十三人，中道。

式道侯二人駕一，左右一人。

長安都尉四騎，左右各二人。

長安卒長十人駕，左右各五人。

長安令車駕三，中道。

京兆掾史三人駕一，三分。

京兆尹車駕四，中道。

司隸部，京兆從事，都部從車別駕，一事，三分。

司隸校尉駕四，中道。

太僕，宗正，引從事，駕四，左右。

太常，光祿，衞尉，駕四，三分。

太尉外部都督令史，賊曹屬，倉曹屬，東曹掾，西曹掾，駕一　左右各三。

太尉駕四，中道。

太尉舍人祭酒駕一。左右。

司徒從如太尉王公騎。令史持戟吏從各八人，鼓吹一部。

中護軍騎中道，左右各三行，戟楯弓矢鼓吹各一部。

步兵校尉，長水校尉駕一。左右。

隊百四。左右。

騎隊十。左右各五。

前軍將軍。左右各二行，戟楯，刀楯，鼓吹各一部，七人。

射藝翊軍校尉駕三。左右三行，戟楯，刀楯，鼓吹各一部，七人。

驍騎將軍，游擊將軍駕三。左右二行，戟楯，刀楯，鼓吹各一部七人。

黃門前部鼓吹左右各一部十三人駕四。

前黃麾騎中道，自此分爲八校。左右各四。

護駕御史騎。左右。

御史中丞駕一。中道。

謁者僕射駕四。

武剛車駕四，中道。

九斿車駕四，中道。

　　雲罕車駕四，中道。

　　皮軒車駕四，中道。

　　闒戟車駕四，中道。

　　鸞旗車駕四，中道。

　　建華車駕四，中道。

　　虎賁中郎將車駕二，中道。

　　護駕尙書郎三人騎。三分。

　　護駕尙書三，中道。

　　相風烏車駕四，中道。自此分爲十二校，左右各六。

　　殿中御史騎。左右。

　　典兵中郎騎，中道。

　　高華，中道。

　　罼罕，左右。

　　御馬，三分。

　　節十六，左右各八。

　　華蓋中道，自此分爲十六校，左八，右八。

　　剛鼓中道。

　　金根車自此分爲二十校，滿道。

　　左衞將軍。

　　右衞將軍。

　　華蓋。（自此後麋爛不存）。

以上所舉西京雜記所記漢朝輿駕，實與西漢之制不合，司南車卽指南車，宋書十八禮
志曰：『至於秦漢，其制無聞，後漢張衡始復創造。』是此車乃張衡所始創，西漢無
此也。象車不見於續漢書輿服志，晉書二十五輿服志曰 ：『武帝太康中平吳，南越獻
馴象，詔作大車駕之，以載黃門鼓吹數十人，使越人騎之，元正大會，駕象入庭。』是
象車乃晉以後之制，非西漢制也。長安都尉，漢僅有長安尉，此言都尉，誤。至於太
尉與司徒並言，則非西漢之制。西漢僅有丞相，無司徒，至成帝以後，始設大司徒，

不言司徒，大司徒去『大』字，乃建武之制，非西漢所有。西漢在武帝以前有太尉，乃與丞相並置。成帝與大司徒並置者爲大司馬，非太尉。太尉與司徒並置，亦建武以後之制，非西漢制也。中護軍之制，據晉書二十四職官志云：『護軍將軍案本秦護軍都尉官也。漢因之。高祖以陳平爲護軍中尉，武帝以爲護軍都尉，屬大司馬。魏武爲相，以韓浩爲護軍，史渙爲領軍，非漢官也。建安十二年改護軍爲中護軍，領軍爲中領軍，置長史。』是中護軍乃建安時始置，不能爲西漢之制也。驍騎將軍漢建安時始以曹仁爲之(註一)，游擊將軍漢建安時始以樂進爲之(並見三國志本傳)，設置甚晚。不惟非西漢之制，抑亦非東漢統一時之制。至晉書職官志始以驍騎，游擊並列，云：『晉以領護左右衛，驍騎，游擊爲六軍。』據宋書百官志及南齊書百官志，宋齊亦沿晉制，並置此官，是雜記所用乃南朝通用之制。沈欽韓漢書疏謬以爲雜記『大駕鹵簿，雜入晉制』，實則雜記所采下及南齊，不得謂其僅爲晉制也。惟就雜記內容而言，所言太僕御車，大將軍參乘，以及天子封泥用武都紫泥等，實皆有所本(註二)，而其中所言制度，亦往往參雜魏晉之制。蓋南朝去漢已遠，依託者未能詳審，遂不免以魏晉之制爲西漢之制。此亦絕不出於劉歆之證也。至於葛洪雖屬晉人，容有可疑，然葛洪藏書甚多，曾鈔錄漢魏之事三百餘卷，則言漢事決不至以魏晉之制施於漢代，斷然可識。是此書之成，亦必在葛洪以後矣。

近張心澂修訂其所作偽書通考，仍以西京雜記爲劉歆所作。其理據爲：

（一）書中所據皆西漢時事，未含有西漢以後之事。

（二）書中所言與楊雄談話，頗似劉歆所說。

（三）書中問楊雄爾雅是否周公所作。用七略語不列著者之名，可見爲劉歆所作。

（四）書中言『家君』作彈碁以獻成帝。『家君』指劉歆之父劉向，故此書爲劉歆語。

(註一)　漢武帝時雖以李廣爲驍騎將軍，韓說爲游擊將軍，然皆出征時所置，事已則罷，非常置，且武帝以後亦未置此官。

(註二)　西京雜記中如武帝乳母事取自東方朔別傳，滕公石室事，出於張華博物志，「能觀千賦而後能賦」語出於桓譚新論等，亦皆有所本，惟不盡全有所本耳。

（五）　顏師古言『淺俗出於里巷』，李慈銘以爲『諸條事實是兩漢故老所傳』，但其中所言未央宮昭陽殿之陳設，上林苑之果樹，宮中妃嬪情形，非外界人所得知。且著者親見昆明池之船，非劉歆不能。

（六）　劉歆附王莽，故趙后諸事，及元帝殺畫工事不爲漢隱諱。

（七）　高帝寵戚夫人，未央上林諸奢侈事，乃指漢代之荒淫，乃歆有意爲之，以譏漢代者。

今按以上各項，俱不能確證爲劉歆所作。第一項言所據皆西漢時事，但此書既題爲西京雜記，當然不宜涉及東漢之事，不必劉歆方是如此。且所言之事雖屬於西漢，而所言制度，則下及於南朝，顯然非劉歆所能預見也。

就第二項而言，書中與楊雄之談話，乃依託者有意爲劉歆之語，非必其劉歆始能爲此言。況『能觀千賦而後能賦』之言又出於桓譚新論（其他則自亦可有出於桓譚新論者，惜新論已佚，無由詳校耳）。桓譚與楊雄亦同時人，卽令眞見及楊雄，亦不僅劉歆一人而已也。

就第三項而言，既爲著者有意依託，故不稱七略作者之名。第四項所舉以『家君』稱劉向，亦同理。

就第五項而言，此書既屬小說，何事不可嚮壁虛造。未央宮昭陽殿之陳設，上林苑之果樹，昆明池之船，後世亦無人見及，則信筆言之，亦易爲也。

就第六項第七項言，此書言驕奢淫佚之事，本爲小說家言所常然，與作者之政治立場，初無關涉。若謂以依附王莽之政治立場作此書，則吳章曹敞之事，又何爲得以收入乎？

至於張心澂認爲非葛洪所作，則由於：

（一）　洪後序說明抄劉歆。

（二）　問上林草木指余，晉爲華林園非上林苑（黃伯思已指明）。

（三）　書內有與楊雄對話，故非葛洪作。

（四）　書稱劉向爲家君。

（五）　書內稱見吳猛說其大父廣川王中尉。

（六）　晉書葛洪傳其著述無西京雜記，書中『亦洪意也』，洪當釋爲非葛洪之名。

按此條俱不得爲書不出於葛洪之證。蓋(一)後序本僞,非葛洪所及見。(二)書本依託,故用漢代苑名。(三)與楊雄之對話爲依託者。(四)稱劉向爲家君亦是依託。(五)稱見吳猛事亦是依託。(六)葛洪傳雖無西京雜記之名,然言洪鈔書甚多,亦非不可指其中包括有西京雜記;但『亦洪意也』則確非葛洪自稱,因此書全部用劉歆之語,不得突然又作葛洪言也。——以上數則誠則不能證明必非葛洪所作。但從葛洪傳知洪曾到洛陽,決不至尙不知北邙在洛陽。故雖以上張氏所舉六證不能證明非出葛洪之手,然六證之外,尙有更堅强之證據,其非葛洪作,原無可疑也。

又張心澂認爲非由於吳均之手,則由於:

(一)　葛洪後序已說明。

(二)　書中故事非吳均所能僞造。

(三)　依葛洪後序,則段成式之言當爲庾信誤述。

(四)　霍氏之事未必非眞,司馬遷事誠誤,但亦未必吳均始有此誤。

此四項中,葛洪後序本僞,不待辨。書中故事來源複雜,可源於故老相傳,亦可出於著者僞託。不論此書出於何人(吳均或非吳均),文人狡獪,皆所優爲。至霍氏事及司馬遷事,皆是錯誤,則致此誤者不論何人皆可,亦不必定屬吳均或非吳均也。惟第三項段成式述庾信之言,則段氏去庾信已遠,或有誤述,未可知耳。

此外張氏就張仲孝友條謂與顏氏家訓相同,或以爲抄家訓。張氏則以爲家訓抄雜記。今按家訓爲顏氏入周後所寫,西京雜記不當晚出在顏氏以後,但顏氏亦未必定抄自雜記,或南朝時常傳述耳。又張氏言書中公孫弘答鄒長倩書及漢代天子輿駕後皆言糜爛不存,可見葛洪據實抄錄。其實此亦文人狡獪之事,若據此卽信其爲眞,則爲依託者所愚矣。

此書文字綺麗,頗多可喜者,然所載辭賦,則仍不免露齊梁習俗,如:

階草漠漠,白日遲遲;于嗟細柳,流亂輕絲。(枚乘柳賦。)

舉修距而躍躍,奮皓翅之纖纖;宛修頸而顧步,啄沙磧而相讎。(路喬如鶴賦)。

隱員巖而似鉤,蔽脩堞而分鏡;少旣進以增輝,遂臨庭而高映。(公孫乘月賦。)

重葩累繡,沓璧連璋。(羊勝屛風賦,)

裁爲器用,曲直舒卷;修竹映池,高松植巘。(中山王勝文木賦。)

此等句法，與漢賦頗異，其非漢代所作，無待煩言。譚獻後堂日記云：『閱盧刻西京雜記，抱經先生不從吳均之說，但從文體，亦似未到齊梁。』(註一)此譚後堂但就西京雜記外表形式觀察所得之印象言，作此斷語。實則西京雜記本是一仿製品，凡仿製品就外表言無不力求亂眞，而細審其內容，自有相異之處。僞古文尙書文字古奧，驟視之絕不類魏晉人所作，然其內容亦自與眞先秦文字異。則西京雜記在驟視之頃不太似齊梁之文，自無足怪。但一審察賦體，作者雖力求不似齊梁，而齊梁之氣勢，終有不可掩者，此類是也。

故就西京雜記之性質言，此書顯然爲一部小說，雖偶有根據舊聞，而其大部分則出於作者之憑空臆造。就其作者而言，則決非劉歆，決非葛洪，亦非吳均；或出於蕭賁之手，但亦需更進一步之證明。若就其時代而言，則出於齊梁之間，殆無疑問也。

附記：此文發表後，讀洪煨蓮先生『再說西京雜記』，知西京雜記之作者確難定主名。但鄙意此書在齊梁間寫定，仍顛撲不破。葛洪序之爲僞作，亦自不容疑也。

(註一)　此與李慈銘認爲非西漢人作，意見不同。

春秋大事表列國爵姓及存滅表譔異中篇跋

　　春秋大事表列國爵姓及存滅表譔異中篇既成，槃厂先生以稿相示。此編發春秋爵姓古今未發之蘊，往往突過前人。啓發之多每有不能自己者。自審作玆後記，無異續貂。乃承不棄，以寫作相督，勉續成之，仍期敎正。

　　（甲）　魯　　周克商以後，以幽爲周公旦食邑。故周公旦稱爲周公，以故奄地爲魯國封伯禽，故自伯禽始爲魯公。周公時之詩，不曰魯風而曰豳風者，以其詩作於豳也。詩魯頌閟宮云：『敦商之旅，克成厥功，王曰「叔父，建爾元子，俾侯于魯，大啓爾宇，爲周室輔。」——乃命魯公，俾侯于東，錫之山川，土田附庸。』封於魯者爲伯禽而非周公旦，其證顯然。太史公魯周公世家言『封周公旦於少昊之虛曲阜，是爲魯公，周公不就封，留佐武王，』則誤始封者爲周公旦矣。

　　魯公伯禽是否曾遷其封邑，未見於史記及世本。史記注引世本言遷居者則爲煬公。據史記集解引皇甫謐帝王世紀『伯禽以成王元年封，四十六年康王十六年卒，』伯禽卒而子考公立，考公四年卒而弟煬公立。煬公立六年而卒。世家云『煬公築茅闕門』而集解引世本曰『煬公徙魯』，是伯禽之徙是一事，而煬公之徙又是一事也。煬公所徙今不可考，蓋所徙者宮室而非都邑。龔景瀚魯都考所述，頗有斷章取義之處，未可盡據。按水經泗水篇：『泗水西南過魯縣北』注云 (依戴氏本)：『泗水又西南流，逕魯縣分爲二流，水側有一城，爲二水之分會也。北爲洙瀆……南則泗水，夫子敎於洙泗之間，今於城北二水之中，卽夫子領徒之所也。……泗水自城北，南逕魯城西，南合沂水，沂水出魯城東南尼丘山西北……平地發泉，流逕魯縣故城南，水北東門外，卽爰居所止處也。……沂水北對稷門，……春秋僖公二十年，經春「春，新作南

門」，左傳曰：非不時也。杜預曰：本名稷門，僖公更高大之。」此其所言，則魯有二城，一在西南，一在東北。東北之城，乃北魏時魯縣，亦為宋時之仙源縣城，西南之城，則春秋時魯國稷門所在，而今日之曲阜縣治也。二城相去三里，在漢時咸在魯王國都城之內。都城故址，迄今尚存。日本駒井和愛及關野雄曾在曲阜發掘，在其報告『曲阜之漢代遺址』中述及漢曲阜大今城四倍，可以為證也。自三國以下，魯國更改為郡，郡之規模不如疇昔。於是魯國故城寖歸減縮。酈元之世縣在仙源，而以今曲阜孔廟所在者為故城，至明代始以孔廟所在為今治。是其建置最早不過推至曹魏，而未敢以論春秋之世者也。

伯禽為周公世子，受封於魯，亦為當時大國。然周公固自有本封，西方之郿，中原之許，皆其地也。周公既歿，伯禽之魯為繼承周公之大宗，郿許諸地蓋已除其封土。許地之以封姜氏，當在其時也。然其地元為周公所有，故齊魯鄆之師入許，齊侯以許讓魯僖公。而魯頌閟宮所稱『居常與許，復周公之宇』矣。許與魯壤土本不相接，魯之有許，蓋猶是隔他國有之，今所謂『插花地』者也。插花地之制，晚近猶然 (其著者如山東之范縣地為河北省境所包是)，而在封建制度之下尤甚。蓋封建領主之視土地，實同地主之視田地，徵收賦稅之意重，設治經土之意較輕。歐洲中古之世，諸侯領土無不犬牙相錯，但撫歐洲沿革地圖即可知其大略。至於雲貴土司之地，亦復類是。胡林翼集，襄貴州插花情形云：『查貴州所謂插花地者，其情形約略有三種。如府廳州縣治所在地，而所轄壤土，乃隔越他界，或百里而遙，或數百里之外，即古所謂華離之地也。又如二壤本屬一邑，中間為他境參錯，僅有一線相連，即古所謂犬牙之地也。又如一線之地，插入境既斷而復續，已續而復絕，綿綿延延，至百十里之遙，即古所謂甌脫之地也 (按此所言與古不盡合，今不論)。而貴州之所以多插花者，其故又有三。貴州郡縣，一因乎明之衛所，一因於元明之土司，一因於剿撫蠻苗所得之土田。明之衛所，本以屯田為寶壤，而屯田亦有星散四出之地。國初諸公徒取其城市相近者，即並為一邑，未暇一一清釐，所以州縣地多插花，其弊一也。土司之壤，或承自唐宋，或創自元明，歷史既久，彼此侵佔。本非畫一之規，及其獻土地，則舉其所有而歸之州縣。不暇一一為之分析，其弊二也。征討之法，或用離間，則平一姓而策平數姓之人；招降之利，必聯族類，則降一寨而策降數寨之人，當其創制州縣，輒以一時所獲田土歸

於一邑，其弊三也。』共中言插花之因，已非一端，而土司土地之插花，不必盡由侵奪，或者由於繼承之間，有所分合，尚有未曾言及也。更觀戰國形勢，隔境奄有土地，尚有可說者，如韓可隔魏有上黨，而穰侯爲秦戰伐攻取，壞土時不相接 (即如陶地亦隔韓魏而有之)，爲范雎所譏，皆其例也。故魯之有許，實亦插花地。然終屬不便，故仍與鄭易祊田。至鄭亦不克終有許國，則非因壞土不接，而時勢爲之也 (槃厂云：『或曰楚復封之』)。

（乙）　侯伯　　五等爵之稱，其源匪一。有取於君長之稱者，公是也，有取於職命之稱者，侯是也。有取於宗族長幼之稱者，伯子男是也。自傅孟眞先生作『論所謂五等爵』以來，槃厂先生更屢加詳考，二十餘年以來多所創獲。今所可論者，惟自周建國以至孔子，六百有餘歲。制度更革，未可數計。金文所記之爵，原不整齊畫一，而春秋所記則大致有規律可循，自未必皆周初之制也。侯爲斥侯之官，已成定論，伯之訓長，亦見於許慎所說。猶如漢世令長之稱，可高可下，原不必執一以衡矣。故侯爲定職，伯爲尊稱。侯之爲一方之領袖者，則或稱爲方伯，亦稱爲伯，滕薛來朝，爭長，長亦伯也。此伯之爲諸侯尊者。文王稱爲西伯，猶言西方之長也；史記晉世家：『天王使王子虎命晉侯爲伯』，秦本紀：『孝公十九年……天子致伯』，其義應皆爲諸侯之長。至若左傳僖公四年，管仲告楚子曰『昔召康公命我先君太公曰，五侯九伯，汝實征之，以來輔周室』，伯在侯以後，則五與九皆屬泛稱，乃言多數之諸國君長，非言九州之方伯也。凡伯指一國之長而非諸國之長者，可分爲以次諸類別。共一，原爲侯者，亦得稱伯，魯侯或稱魯伯，衞侯或稱衞伯，申侯或稱申伯，是也。共二，本爲天子畿內諸侯，迄於東周，雖分封於外，亦但稱伯而不稱侯，鄭伯、秦伯、祭伯是也。共三，畿內諸侯稱伯，郇、凡、芮、賈、原、澧諸國是也。共四，夷狄之國，不蒙侯號，春秋經稱爲子，其國自稱爲伯，邾伯御戎鼎，邾伯禽是也。是故伯之名號，凡國之君家皆可稱之。惟方伯之伯以及畿內諸侯無其他名號，但通以伯相稱，於是遂成名同實異矣。

　　侯伯之號，其區別在此，公與子男本非專號，亦與伯之稱相類。稱號之中，公爲最尊。公之義本爲天子三公，然諸國之君長，無不可以稱公。魯衞之侯，固早已稱公，而楚未僭稱王之前，亦本稱公。宋公本周王之客(詩有客有客，亦曰其馬)，未嘗加以侯號。因而春秋經中，獨宋之君稱公。此非晉衞不可以稱公，乃由宋不可以稱侯也

(亦見僅先生所論)。至於夷狄之君，附庸之國，難膺公號，亦無侯稱，春秋經中乃以子男相號。而諸國之中漸歸式微者，亦復偶由稱公侯而改稱子，滕、杞之君其例也。是則爵等稱號，或竟由史官所定，其中自有筆削之例，原不得指爲宗周舊制。然春秋戰國之間，百家競起，有心人亦思釐定舊制以致太平。五等之封，寖成通義。於是周禮孟子咸推及於五等之封，其壞土大小，雖各不同，其五等之次，則仍相同也。惟是諸儒理想雖日在推進之中，而列國之封君制度，仍沿舊法。故戰國諸王之下，僅有二等，於秦或曰侯，或曰君。於齊楚或曰公，或曰君，而三晉之國，但有君而已。及秦統一天下，亦但有列侯與關內侯。列侯者分封之侯，猶舊所謂侯也。關內侯者，畿內之君，猶舊所謂伯也。漢承秦制共名未改。諸儒嗤議，以爲非古，而不知其正爲古制也。自王莽始建五等之封，其原發自儒生之理想而非承自相沿之舊制，蓋亦有可論者矣。

盡天下爲五服，實由郊野之制引申而出，爾雅釋地：「邑外猶之郊，郊外謂之牧，牧外謂之野，野外謂之林，林外謂之坰。」是都邑之外，所列亦有五等。其實春秋之世，似至野而止，野已幾非政令所及矣。左傳僖公二十三年言晉公子重耳出奔：「過衛，衛文公不禮焉，出於五鹿，乞食於野人，野人與之塊」。野人是否衛國人，未可遽定。然國語晉語言秦穆公：「與晉惠公夷吾合戰於韓地，晉君棄其軍，與秦爭利，還而馬驚。繆公與麾下馳追之，不能得晉君，反爲晉軍所圍。晉擊繆公，繆公傷，於是岐下食善馬者三百人馳冒晉軍，晉軍解圍，遂脫繆公，而反生得晉君。初繆公亡善馬，岐下野人共得而食之者三百餘人，吏逐欲法之。繆公曰：君子不以畜產害人。……三百人者聞秦擊晉，皆求從……以報食馬之德。」是野人者雖爲政令所及，而所居者爲荒僻之區，固與郊邑之人士異矣。周禮大司徒云：「大司徒之職，掌建邦之土地之圖，與其人民之數，以佐王安擾邦國，……辨其山林、川澤、丘陵、墳衍、原隰之名物，而辨其邦國都鄙之數，制其畿疆而溝封之。」則周禮所分，又與爾雅異，爾雅爲「邑郊牧野林坰」而周禮但分爲「邦國都鄙」而已。又周禮小司徒之職「掌建邦之教法，以稽國中，及四郊都鄙之夫家。」則其分畫亦可區分爲「國中」「四郊」「都」「鄙」，亦猶有等次也。

一國之內既有遠近不同之等次，引申而及天下，自亦爲造語行文之便，而有遠近不同之等次。國語周語曰：「夫先王之制，邦內甸服，邦外侯服，侯衛賓服，蠻夷要服，戎狄荒服。甸服者祭，侯服者祀，賓服者享，要服者貢，荒服者王。」此與禹

貢，『五百里甸服，百里賦納總，二百里納銍，三百里納秸服，四百里粟，五百里米。
五百里侯服，百里采，二百里男邦，三百里諸侯。五百里綏服，三百里揆文教，二百
里奮武衛。五百里要服，三百里夷，二百里蔡。五百里荒服，三百里蠻，二百里流。』
略同。禹貢作者所記，除國語作賓服，此作綏服而外，較國語所言為尤密。其中固有
前賢理想，謂絕無所本，自亦有所不可也。至周禮大司馬分為國、侯、甸、男、采、
衛、蠻、夷、鎮、蕃、九畿，則更密矣。

　　此與早期史料，固已略有同異。尚書周書康誥：『四方民大和會，侯甸男邦采
衛。』酒誥：『越在外服，侯甸男衛邦伯；越在內服，百僚庶尹。』召誥：『周公乃
朝，命庶殷侯甸男邦伯。』顧命：『庶邦侯甸男衛』。而周公子明保尊則稱：『唯十
月，月吉，癸未，明公朝至成周。造命舍三事命，眾卿事寮，眾諸尹，諸里君，眾百
工眾，眾諸侯：侯田男，舍四方命。』尚書諸則，鄭玄以來以五服之說相釋，然既不
全同，亦非全異。今案侯甸男邦采衛諸字，與國語所記雖不全同，而禹貢中確已用及
諸字。是禹貢作者固明知二者之不同而為此調停之說，其早於鄭玄四五百年蓋不必致
疑者也。又『甸』指分域而言，在左傳中已有『今晉甸侯也，而建國，本既弱矣，其
能久乎，』之說，亦當本於周初舊聞。今舍其他相關材料而專從康誥，酒誥，召誥，
顧命及明保尊之本文。則『侯甸男』之辭，可得數義。依舊說，侯甸男釋為遠近不同
諸服，此其一也。不依舊說，侯甸男釋為三種不同之僭稱，此其二也。侯甸男釋為三
種不同之屯戍方法或耕種方法，此其三也。侯甸男釋為三種不同之階級。此其四也。
尚書中之侯甸男，應悉照金文，認侯字為重文，即『侯，侯甸男』，言諸侯及諸侯封
域諸男，此其五也。侯甸為兩種不同之區域，侯甸男言侯與甸之男，此其六也。岐路
之中，又有岐焉，此則嘗為分辨者。然益可證孟真先生及槃厂所論為實矣。

　　雖然，周公子明保尊與酒誥尚有互證之處，『眾卿事寮，眾諸尹，眾里君，眾百
工眾，』此酒誥所言『越在內服，百僚庶尹』也。諸侯：侯田男，』此酒誥所言『越
在外服，侯甸男衛邦伯也』。故『諸侯』與『邦伯』相同，而『侯田男』亦等於『侯甸
男』或『侯甸男衛』或『侯甸男采衛』。是則『侯甸男』者，言『衛』或『采衛』也。
采者猶言采地，衛者猶邊垂或郊圻也 (采見禮記禮運注，衛見爾雅，並參見爾雅正義)。以此推
證，侯甸男似仍為遠近之稱，侯為斥侯之區，當為最遠，甸次之 (如『晉甸侯也』)，男為
最近 (如『鄭伯，男也』)。但周初之制，僅有其大略，應屬名稱，非由體制，周語之說，

已爲後起，禹貢及周禮大司馬之說，更爲後出轉精，然下不逮漢，則猶有可言也。

（丙）　衛與共　　共本衛邑，鄭莊公伐共叔段，叔段出奔共，猶言奔衛也。故衛亦或言共。周厲王流於彘，周定公召穆公二公當政，史稱爲共和。史記用此說，然索隱引竹書紀年則稱：『共伯干王位』。干王位，猶言攝政也。正義引魯連子云：『衛州共城縣，本周共伯之國也（按此數語，當爲唐人附注，參入正義者）。共伯名和，好行仁義，諸侯賢之。周厲王無道，國人作難，王奔於彘。諸侯奉和以行天子之事，號曰共和元年。十四年厲王死於彘，共伯使諸侯奉王子靖爲宣王，而共伯復歸國於衛也。』此言共伯歸國於衛，可證共伯卽爲衛侯，自較其他揣測之辭，以共國爲別一國爲近其實。蓋共之地當今輝縣，去朝歌（卽汲縣）不過四十里，共地向爲衛邑。若別爲一國，則壤土逼仄，至多不過堪爲衛之附庸。厲王出居於彘，能攝天子之事者，如非畿內諸侯，卽當爲魯衛大國，始能堪此，決不能以附庸之壤土，而爲天子之事者，此共當爲衛者一也。周之宗盟，異姓爲後，能攝政者，必當爲宗室懿親。於畿內則周召，於侯甸則魯衛。及周之東遷，猶晉鄭是依。可以證也。共之爲國，於前無徵，於後無據，獨出一共伯和，事至離奇。若以共爲衛，則共理可渙然冰釋。此共當爲衛者二也。當時衛君之名和者，僅有衛武公。據衛世家，武公父釐侯十三年，周厲王出奔；釐侯四十二年卒，太子共伯餘立，弟和襲殺太子自立，是爲衛武公。『武公卽位，修康叔之政，百姓和集。四十二年犬戎殺周幽王，武公將兵，往佐周平戎，甚有功，周平王命武公爲公，五十五年卒。』又據國語武公年九十五，猶箴誡於國，恭恪於朝，是衛武公卒時當九十餘。然共和行政之年，武公不過十一二歲，故史記正義以爲年歲不相當，而以魯連子之說爲非。是則共伯和在厲王奔彘之年攝政之說，必有傳訛。莊子讓王所言『共伯得乎共首』，當爲武公之事。而呂覽開春篇所言：『共伯和修其行，好賢仁，而海內皆以來爲稽矣。周厲王之難，天子曠絕，而天下皆來謂矣。』是則誤幽王之時爲厲王。蓋共和之稱與衛武公亦稱共伯和者，本易相混，而時代亦復相次。以訛傳訛，自戰國時已然。夫戰國之時，百家爭鳴，於史事往往絕不核實。當時猶如此，況記數百年前之舊聞乎？

魯衛爲周初大國，可論者多，今述其大端如上。

北宋刊南宋補刊十行本史記集解後跋

　　北宋刊十行本漢書即世稱爲『景祐本漢書者』，世多知之。而北宋刊十行本史記與『景祐本漢書』相關甚切者，則自江安傅沅叔先生庋藏之後（註一），始見於著錄，從知物之顯晦，事出偶然，固非有定數存乎其間也。

　　此書刊自北宋，經傅孟眞先生在『北宋刊南宋補刊十行本史記集解跋』審定其淵源之後，已成定論，書中紙墨均佳，除其中一二卷原缺，以南宋黃善夫刊本五卷及元九路刊本九卷補充以外，餘均爲南宋印本（註二）。此書至精，今世幾無第二帙可與並論者，誠乙部之冠冕，人間之至寶也。

　　此書自鏤刻以後，數有補版，已如孟眞先生所述，其版刻新舊，界別甚明，大略可分爲二組。若就刻工姓名以爲判別，統全書所有者悉數抄錄，計得如下。

版葉較舊之刻工：

　　屠式　屠聚　屠亨　屠宣　張珪　張宣　張安　張聚　張中　陳忠　陳信

　　陳言　陳惠　陳浩　陳吉　陳宥　陳擇　鄭璋　鄭安　許宗　許簡　許賢

　　許亮　許明　安明　安用　胡恭　趙昌　趙建　吳安　華連　孫安　孫立

　　何先　何立　何元　郎政　楊琪　楊守　洪吉　周成　石貴　朱宗　朱保

　　施元　衞玉　稽起　顧全　湯立　徐雅　徐眞　印貴　嚴端　呂吉　錢眞

　　沈誠　牛賢　蔣宗

版葉較新者之刻工：

　　徐忠　徐政　徐杲　徐興　徐高　徐昇　徐茂　徐從　黃暉　黃宇　毛諫

（注一）此書從不見著錄，傅沅叔氏購自山西書賈，今歸歷史語言研究所。

（注二）此書有朱子儋印記，據黃蕘圃藏書題識七跋魚玄機集，其人即以愛姿易宋版漢書者，然流傳之序已不可考矣。

毛諒　毛忠　史彥　章珍　章楷　陳彥　陳智　陳迎　陳全　陳昌　顧忠

顧淵　劉中　劉閏　劉延　吳亮　吳圭　江道　江通　王惠　王受　王珍

王華　胡湾　林英　包正　宋榮　宋伕　印志　張敏　孫勉　孫祥　牛實

牛可道　姚臻　俞忠　阮于

以上版葉較舊者合得五十八人，版葉較新者，合得四十八人。故舊版較新版人數爲多。又舊版較富於一致性，而新版則不盡然，亦可知舊版爲一次之大規模鐫刻而成，新版則有隨時補版之痕跡也。

至於分別新舊之標準，則依下列各條定之：

（1）凡舊版大多模糊，而新者不然。

（2）凡舊版書體工整而筆畫較肥，新者反之。

（3）舊版有一部分版心曾被挖補，其挖補之跡甚爲顯著。挖補處之刻工題
　　　名亦更換新者，其刻工姓名與全新版之題名相同。

本書新舊之版相距時間甚遠，其分別可以一望而知，兩相比較，無所遁形。方抄刻工姓名之時，原未料及新舊之間，如此判若涇渭。及其既抄得所有人名之後，新人舊人之間無一重複者，然後知原刻補修之際相隔頻年，迄於補修之時，原有刻工巳無一人逮及矣。

今先論原版創刻時間，黃善夫刊本史記老子伯夷傳前小注云：

『監本老子與伯夷同傳第一，莊子與韓非同傳第三。』

『索隱本伯夷傳第一，老子莊子韓非同傳第三。索隱云，二人教迹全乖，不宜同傳，先賢已有成說，今則不可依循。宜令老子，尹喜，莊周爲同傳，其韓非可居商君傳末。』

『正義本老子莊子伯夷居列傳之首。正義曰，老子莊子，開元二十三年奉敕升爲列傳首，處夷齊上。然漢武帝之時，佛教未興，道教已設，道則禁惡，咸致正理。制禦邪人，未有佛教可導，故列老莊於申韓之上。令旣佛道齊妙，與法乖流，理居列傳之首也。○今依正義本。』

吳曾能改齋漫錄十三云：

『政和八年，詔史記老子傳陞於列傳之首，自爲一帙。前漢古今人表敍列於

上聖。其舊本並行改正。』

故史記各本於老子列傳之處置，凡有三類，伯夷自爲列傳，老莊韓非同傳，此索隱本也。老莊伯夷同傳，韓非自爲列傳，此正義本也。老子伯夷同傳，莊子與韓非同傳，此宋監本也。索隱本乃司馬遷之舊，正義本從唐玄宗開元十三年之勅令。而宋監本則從宋徽宗政和八年之勅令。開元之勅令升老而並升莊，政和之勅令則升老而不及莊，此其異也。黃善夫刊在南宋，雖從政和之令，實則並升老莊，乃從正義本之舊。此本則升老而不升莊，且從老子伯夷列傳編次言之，頗可窺其版本更改之跡。即伯夷列傳前已標題爲伯夷列傳第一下，其書葉爲第一葉；老子列傳前又標老子列傳第一上，其書葉又爲第一葉，一卷中有兩標題，兩第一葉，修改之迹顯然。(註一) 莊子韓非列傳則全屬補刻，除第一葉刻工名題一『印』字，第二葉題一『祥』字以外，餘葉悉未題刻姓名。按凡僅題一字者，前葉爲姓，則後葉爲名(註二)。此所題者，前葉爲印，後葉爲祥，而其後各葉無題署，則此各葉當悉爲刻工名『印祥』者所刻。今按全書刻工中，前期有印貴，後期有印志獨無印祥其人。則是印祥者，不屬於前期之始刻之時，亦不屬於後期大批補版之時，而在前期與後期間之一時期也。此一時期即政和八年，此在曹元忠之跋早已言之。今從修改之痕跡觀之，可以證政和所刻爲補葉。則原書之鋟刻，自在政和之前，亦即此書原刊之時代爲北宋晚期以前，可無疑也。

原刊時期既可斷爲北宋晚期以前，今再檢討屬於北宋之某一年代。此事至難論定，蓋惟有從避諱求之，而此書避諱殊不嚴。但有一事可說者，即徽宗名佶，吉爲嫌名。吉字雖可臨文不諱，然人名作吉者有嫌於犯上。今觀本書刻工之名補版中無一人名吉者，而原刊刻工之名，則有陳吉，洪吉，呂吉三人。若在徽宗已卽位之時，不應唐突至此。按自徽宗建中靖國元年，迄於政和八年，凡十有三年，則在此書原刊之時不應在此十三年中，亦可預想也。

(注一)今老子列傳第一係南宋補版，刻工王珍，第二葉係政和補版，刻工仍爲一印字，伯夷列傳第一葉亦爲南宋補版，刻工牛實，然仍題伯夷列傳第一，仍舊刊原式，題史記六十二，與管晏列傳同，則南宋時誤字矣。

(注二)就本書言，如列傳十三，華連二字分寫兩葉，列傳十四楊守二字分寫兩葉，亦其例也。

此書之始刊既不在徽宗時代，自當湖之徽宗以前，求之之道仍惟有刻工與避諱。然北宋所刊諸書，存於今者，希如星鳳，欲求在刻工題名上於時代有所弋獲，其事至難。求之於避諱雖不能完全準確，亦自有其相對之應用。此書原刊不諱英宗之嫌名樹字，濮王之名讓字，神宗之名頊字（補版則間諱樹字，讓字，而頊字則補版亦不諱）。至原刊避諱者，如，敬，驚，竟，弘，殷，等字（註一），則或諱或不諱；而玄字，匡字則全書皆諱；恆字全書則僅有一處不諱（註二），餘皆缺末筆；通字則中末筆不下達者屢見（註三）。其於貞字，則不諱爲常，僅有一處在列傳五十八第六葉缺末筆。故今可以置論者。就本書原刊部分大致而言，爲避諱不嚴，然避諱不嚴之情形，乃或諱或不諱，而非一律不避也。凡宋代之祖先至於各帝，即自聖祖以至仁宗，在原刊中皆可見其避諱之處（註四），自英宗以下則無避諱之痕跡（註五），則此種現象決非偶然，自應認爲有注意之價值也。

再就避諱情況而言，真宗后父之避諱，此事本爲仁宗初年亂命，以前無之，以後亦不應有。此正與百宋一廛所藏天聖明道本國語相同，且此書亦偶有諱仁宗嫌名之事，則此書原刊時代，在仁宗初年之成分爲最大。趙萬里先生作『兩宋諸史監本存佚考』謂爲『此景祐覆刊本，以常熟瞿氏松江韓氏藏北宋景祐本前後漢書，乃翻刻淳化乾興監本者例之，蓋即出淳化本也。』庶乎近之。然北宋監本應隨女真淊天之禍而俱亡，已如傅孟真先生前跋所論，萬無至南宋尙有補版之理。若謂女真所收者爲五經及淳化咸平刊本史書，而景祐覆刻之本實在杭州，尙未解京，故至南宋尙存，則文籍無徵，不可僅憑猜度（註六）。故最大可能，應爲江南州郡因景祐史漢最爲善本，因依監本原刊又在江南覆刻（註七），故得流傳至南宋尙存。觀容齋續筆三

(註一)此事至不一律，如同一刻工孫安，在列傳三十三諱敬字，而列傳六十七則不諱。刻工沈成在表示葉十三諱敬字又不諱敬字。

(註二)列傳三十三，葉八。

(註三)如世家四，葉三，表六，葉十六，世家二，葉十四，世家五，葉三，表六，葉六，傳六十八，葉三，然亦有若干處不諱者。

(註四)惟太宗嫌名耿字爲例外，因嫌名之避本不足爲據也。

(註五)濮王諱不避而真宗后父諱則避，亦可見其時代也。

(註六)據趙萬里先生說。

(註七)南北宋時司庫，州，軍，郡，府，縣，書院，多有刻書之事，見葉德輝書林清話三。

所稱『前紹興中命兩淮江東轉運司刻三史版』，則在此以前應有由漕司刻史之事，故此時可以詔令行之。蓋如此大書刻工如此衆多，決非書坊之力所能勝任也。若此揣度儻然，則此書縱非北宋監本，亦是北宋官家力量所刻之書。今監本雖不可蹤跡，得此亦略可以當之矣。

補版最觸目之處爲諱欽宗名桓字，其中雖偶有不缺筆者，究以缺筆者爲多。有時亦將英宗嫌名樹字，濮王之名讓字缺筆。而高宗之嫌名購字亦有缺筆作賰者。獨孝宗名昚之別體慎字則無一處缺筆，光宗以下各朝帝名亦無一處缺筆。又此書補版刻工多與紹興二年越州通鑑相合者。如史彥，王珍，徐昇，徐高，毛諫，宋倅，黃暉，陳彥，牛實諸名。而此諸名亦有見於紹興四年刊吳郡圖經續記者（註一）。 故此書之補版時代應在南宋，而其下當不逮孝宗（其有新舊之分，或一在高宗初年，一在高宗末年耳）。而書頭朱批項字缺筆作頊（註二），則可證明此書仍爲宋印也。

又此書刻工有名陳浩者，與南宋刻工名陳顯者易於相混（陳浩之名屢見於此書原版中，及所謂『景祐本』漢書，陳顯之名則見於紹興二年本資治通鑑）。本文前已略爲考定，此書原刊當在仁宗時前後，則陳浩爲北宋時人；陳顯之名見於紹興刊本，則爲高宗時人。假令同爲一字，則或係偶然同名，今浩字與顯字本非一字，則陳浩與陳顯並非一人其事甚顯；而此書及漢書中陳浩之葉與資治通鑑所見之陳顯亦不應互相關涉矣。

此書與所謂『景祐本』漢書之關係雖深，然補版時當有先後。李心傳建炎以來朝野雜記甲集卷四監本書籍條：

> 『監本書籍者，紹興末年所刊也。國家多難以來，固未暇及。九年九月張彥實侍制爲尙書，即始請下諸道州學，取舊監本書籍鏤版頒行，從之。然所取諸書多殘缺。故胄監六經無禮記，正史無漢唐。二十一年五月，輔臣復以爲言。上謂秦益公曰：「監中其他缺書亦令次第鋟版，雖重有所費蓋不惜也，由是經籍復全。」』

觀此節所言，具得以下各條事況：

（註一）紹興刊吳郡圖經續記今歸中央圖書館。

（註二）朱批之字朱色已變，可證非近代人所爲。又補版部分皆甚消晰，顯著初印。

1. 南渡以後，監中並無經史存版，故云『取舊監本書籍鏤版』，因此史漢雖有北宋刊版在江南，然並未在監中。

2. 史記自紹興九年時已有之，而漢唐乃遲至二十一年始有。則史記補版在前，漢書補版在後。

依此數事，今更論之。按此書及漢書在南宋實爲監本，除據南雍志中字本監本與此相合以外，又據漢書禮志後有『學生席珍，齋諭何霆校勘』一行亦可知之(註一)。此葉版心刻工姓名爲余集，乃南宋補版。又按齋諭之制爲國子監所特有，宋會要崇儒一之三二云：

紹興十二年，以岳飛第爲太學，堂一曰崇化，齋十有二。

宋史一百十八職官志國子監：

凡諸生之隸於太學者，分三舍，……齋長諭月書其行藝於籍。……凡八十齋，齋置長諭各一人。

依宋史職官志府州軍監之學，並無齋諭之制，則此漢書刊於國學，事甚明著。史記與漢書爲姊妹本，自亦當同爲監本。據以上之證據，當補版之時代，地則國學，版則舊刊，此與朝野雜記所稱取舊書鏤版者並不完全相合。然則所謂鏤版也者，乃或據監本舊書補版，或爲全部鏤版。其全部鏤版者乃九行十九字之大字本，至於十行十九字之中字本（卽此本史記及『景祐』本漢書），與十四行二十四字至二十七字之小字本則重刊與補並行也。當李心傳作朝野雜記之時，未必不知有此事；然古人敍事，行文之重過於析理，故就其大略言之，而不自料其言有所未盡也。

綜前所述，此本刊於北宋，南宋初年補版。與所謂『景祐本』漢書關係至深，然世傳之『景祐本』漢書，有南宋中葉以後補版，而此書無之，故此書之印本實在漢書以前，或竟是高孝時之印本矣。

(註一)此爲張菀峯先生相告者，又張菀峯先生云『漢書有南宋中葉修版，如劉工王震，王中，陳偉三名見開禧二年石林奏議（有鮑心原覆本）；王震，蔣宗二名見紹定二年吳郡志（有擇是居叢書覆本），故定爲南宋中葉印本』。然此諸名，皆不見於史記補版中，故史記印時實較早也。

大學出於孟學說

　　大學之作，據禮記鄭玄注稱：『大學者，以其記博學，可以爲政也』。此與鄭氏指中庸爲子思所作者不同，蓋鄭氏亦不能實指大學之作者爲誰。然大學與中庸息息相關，自是一家之學。禮記書題正義引鄭玄六藝論：『禮記之作出自孔氏，但正禮殘缺，無復能明。……孔子沒後，七十二之徒共撰所聞，以爲此記』。其所言『七十二之徒』乃大體言之。例如檀弓稱子上之字，子上爲子思之子，則檀弓一篇當後於子思，自非曾子所能作。孔門之中曾子最少，更非孔子其他弟子所能作。但其理致之源，出於七十二子之徒則無可疑也。朱熹作四書集注，以其首爲第一章爲經，分其後十章爲傳，而補釋之云：

　　右經一章，蓋孔子之言而曾子述之。其傳十章，則曾子之意而門人記之也。

雖出於揣度，而理致亦自不誤。大戴禮主言：『孔子謂曾子曰：上敬老則下益孝，上順齒則下益悌』即大學『上老老而民興孝，上長長而民興弟』所本，而張華博物志引曾子曰：『好我者知我美矣，惡我者知我惡矣』與大學『故好而知其惡，惡而知其美者天下鮮矣』亦自同義，翟灝四書攷異謂依此可證大學出於曾子，今按張華博物志原本已亡，今本出於輯佚，雖出處不詳，但出於六代以來舊籍，非由依託，當有可言也（大戴以次各條承陳槃庵先生見示，謹志謝）。

　　大學爲曾子子思一派之學，而與孟學有關，向無異議。有之則爲馮友蘭之『大學爲荀學說』（燕京學報第七期其所著中國哲學史仍用其說）。荀卿不惟在曾子子思之後，抑且後於孟子，其言襲思孟之意而略變其面目，原不足怪。馮氏誠不宜故爲放言異論，以矜其獨得也。馮說大學言『所謂誠其意者，毋自欺也，如惡惡臭，如好好色，此之謂自慊，故君子必愼其獨也』。言與荀子不苟篇之『君子養心，莫善於誠，誠則無它事矣』相合。殊不知『養心莫善於寡欲』與『萬物皆備於我矣！反身而誠，樂莫大焉』孟子已先言之，不得謂孟子襲荀卿也，而況其下即接言『曾子曰，十目所視，十手所指，其嚴乎？』荀子之學出於子弓，孟子之學出於曾子，今既引曾子之言以實

之，則大學爲孟學，非荀學也。

又馮氏引荀子解蔽篇以示同於大學者，解蔽篇云：

> 凡以知，人之性也，可以知，物之理也，以可以知人之性，求可知物之理而無
> 所疑。止之，則沒世窮年，不能徧也。其所以貫理焉，雖億萬，已不足以浹萬
> 物之變，愚者若一。學老身長子而與愚者若一，猶不知錯，夫是謂之妄人。故
> 學也者固學止之也。惡乎止之？曰止於至足。曷謂至足？曰，聖也。

大學言『止於至善』而荀子則改爲『止於至足』，此非大學襲荀子而顯然爲荀子襲大
學。荀子博聞強記，其曾見大學，本不足異。但大學言『止於至善』則至善似爲人性
於本有，此則與荀說相悖，故改『至善』爲『至足』。蓋善在內而足在外也。卽此一
字之微，亦可見大學在先，而荀子在後矣。

大學雖在荀子以前，但必在曾子之後，蓋大學引曾子之說，且以子稱曾子，若謂
曾子親筆寫成，殊難言之成理。若謂出於子思，更近臆度，轉不如認爲寫成於孟子以
後，荀子以前之先儒，其人名姓已失傳，似更近於眞實也。

大學思路本與孟子相近，其與孟子孰先孰後，本難率爾而言。惟大學中最難解釋
之處爲大學之開端『大學之道，在明明德，在親民，在止於至善』。而其後則言：

> 康誥曰：『克明德』。太甲曰：『顧諟天之明命』。帝典曰：『克明峻德』。
> 皆自明也。湯之盤銘曰：『苟日新，日日新，又日新』。康誥曰：『作新民』。
> 詩曰：『周雖舊邦，其命維新』。是故君子無所不用其極。詩云：『緡蠻黃鳥，
> 止於丘隅』。子曰：『於止知其所止，可以人而不如鳥乎』？

此段前半釋明德，而後半則說新民，與篇首言親民者異。故朱熹集注依程伊川意改親
民爲新民，而其後之朱注亦全以新民爲說。自注疏成書後，歷宋元及明，漸爲科學範
本，功令所限，莫敢或違。程說誠然理致圓融，究竟乏有力佐證，故王守仁以大學古
本爲說，仍用『親民』舊義。但陽明於『親民』與『新民』間之矛盾現象，亦無法作
滿意之解釋。

於此等含晦之處，固惟有在大學與孟子之關係中求之，卽大學似出於孟子之徒，
而非大學直接出於曾子或子思也。試觀孟子滕文公上篇卽與大學有密切之關係，而爲
大學所從出。其言云：

設爲庠序學校以敎之，庠者養也，校者敎也，序者射也。夏曰校，殷曰序，周曰庠，學則三代共之，皆所以明人倫也。人倫明於上，小民親於下，有王者起，必來取法，是爲王者師也。詩云：『周雖舊邦，其命惟新』子力行之，亦以新子之國。

此節與大學有關者凡四，言庠序學校敎育之事，一也；言明人倫亦即齊家治國平天下之事，二也；言『小民親於下』，即是『親民』，三也；言『新子之國』亦即大學所言湯盤，康誥之『新』，且同用詩經『周雖舊邦，其命惟新』作證，四也。所不同者，孟子意旨在向滕君說王道，非有意爲系統論述以示後人，其辭簡；大學則條分縷析，其辭繁。孟子僅就滕國而言，而大學則引申及於政敎之一般原則，孟子分親民新國爲兩事，故無矛盾可言；大學則於親民新國二端，有顯然牽合之迹。大學系統綿密，本不宜有親新二字之矛盾，倘非溯自孟子之師承，則此現象即成無法解釋之現象。翟灝四書考異大學篇（此段承陳槃庵先生檢示）：

按舜典百姓不親，五品不遜。……五敎之設，所以親民。……合孟子人倫明於上，小民親於下言之，此親字實似不必更改。……孟子云人人親其親，長其長而天下平；又云親親仁也，敬長義也，無他，達之於天下也。孟子所言，謂即以釋此經可矣。

在翟氏之時代，曾子作大學已成不刊之論，不容非議亦不敢非議，而能從親民一端推出大學與孟子之關係，可謂卓識。第思想之發展，自有其規律可循，哲學本爲思辯之學，前修未密，後出轉精，古往今來，思想系統之發育與完成，皆由因革頻仍，非一時一代所能完就。吾國思想自春秋戰國以來，各具新義，散爲衆流，即在一門之中，儒分爲八，墨分爲三，亦自有其同異。漢世儒生素重師承，新義較罕，但依漢書儒林傳，數代之後，門弟子之間亦不盡同。清末今文學家謂爲有意『託古改制』。其實改制爲事實所必然，不必有意僞託。歷時旣久，新義自出，此自無可疑者。先秦本已如斯，宋明更爲加厲，學術之精粗高下本不盡關於時之先後，唐時韓愈固已知弟子不必賢於師，師不必賢於弟子之義，然終限於當時而不敢推之於往古者，則有所不敢言也。

誠然其中所涉及者不僅爲先後問題，而其中『到達』問題，則大爲重要。孔顏曾

之『到達』可謂至高，雖孔門高第之有子猶有遜焉。此曾子所以不以有子能繼孔子之軌則者也。大學理致精深，學者溯其源於曾子，亦固其宜。但周秦諸子之中能到達此者實鮮，惟孟子則非諸子之倫，若就其到達而言，不惟並世無儔，抑亦古今鮮對，（譬如荀子亦先秦儒家，但以荀況孟，則孟爲高深哲學，荀子不過儒家常識而止，天資所限，不可強也，其間高下判然，不僅大醇小疵之分而已）。若謂大學屬於儒家其他派別，到達之間誠不無疑竇，若謂就孟學推廣而成，則就到達言，就造詣言，自無爭論。而況論語以後，孟子以前，文獻鮮微，大學懸空於此時期，不免有愈談愈晦之處，若就孟子以釋大學，則理致詳明，無增字解經之嫌，有相得益彰之勝，自無庸舍實而就虛，舍顯而就晦也。

復次論語仁義分別言之，而時以禮代義。而大學及孟子皆並言仁義，故大學實遠於論語而近於孟子。孟子深明義利之辨，開宗明義答梁惠王之言卻開始發揮，而全書幾無不承此以爲關鍵。大學一篇亦深明義利之辨，而大學之結論，則爲：

> 生財有大道，生之者衆，食之者寡，爲之者疾，用之者舒，則財恒足矣，仁者以財發身，不仁者以身發財，未有上好仁，而下不好義者也；未有好義其事不終者也，未有府庫財非其財者也，孟獻子曰，畜馬乘不察雞豚，伐冰之家不畜牛羊，百乘之家不畜聚斂之臣，與其有聚斂之臣，寧有盜臣。此謂國不以利爲利，以義爲利也。長國家而務財用者，必自小人矣。小人之使爲國家，菑害並至，雖有善者亦無如之何矣。此謂國不以利爲利，以義爲利也。

此正與孟子所言：『明君制民之產，必使仰足以事父母，俯足以畜妻子』，『賢君必恭儉禮下，取於民有制，陽虎曰，爲富不仁矣，爲仁不富矣』，『不違農時，穀不可勝食也；數罟不入洿池，魚鼈不可勝食也；斧斤以時入山林，材木不可勝用也』，正可互相發明。故孟子與大學皆非不言利，如王衍口不言錢之比，而乃以天下人之公利爲利，以生以養，以蕃以殖，以節以制，以求天下人之富實樂康，而不以聚斂之臣爲能。論語中雖略見其凡，而未能加以發揮，此則孟子之敎也。

當孔子之時性論尚在蒙昧時期，孔子不言性與天道，僅略及性近習遠之義。蓋此時性之善惡未成問題，但發揮仁知之義已足，無多爭辯也。至孟子始發揮性善之義，此爲千秋大業。倘無性善之理，則儒家哲學永不能完足也。而大學開始卽以止於至善

為綱領，至善者人性秉賦之終極，而窮源溯流之所至，此孟學之基本而大學亦以是為開端；因其二者相符，然後宋明理學始能順應圓融，不生艱阻。宋明諸儒用孟子理論而又不敢深言當於孟子，於是至善之源流，究竟無所附麗。今如指為孟學，則純然一貫更無阻礙矣。

朱熹注大學，在首節『大學之道，在明明德，在親民，在止於至善』之下，注曰：

> 大學者，大人之學也，明，明之也，明德者，人之所得乎天，而虛靈不昧，以具衆理而應萬事者也。但為氣稟所拘，人欲所蔽，則有時而昏，然其本體之明，則有未嘗息者，故學者當因其所發而遂明之，以復其初也。新者，革其舊之謂也（程子曰，親當作新）。言既自明其明德又當推以及人，使之亦有以去其腐染之污也，止者，必至於是而不遷之意，至善則事理當然之極也。言明德新民，皆當至於至善之地而不遷，蓋必有盡夫天理之極而無一毫人欲之私也，此三者大學之綱領也。

宋儒理學無不從孟學而來，不僅朱子為然。然朱子為宋學之集大成，其依據孟學固宜更為重視。朱子之言云：

> 人之有是身也，則必有是心，有是心也，則必有是理，若仁義禮智之為體，惻隱羞惡恭敬是非之為用，則皆人皆有之，而非由外鑠我也。理雖在我而或蔽於氣稟物欲之私則不能以自見。學雖在外，然皆所以講乎此理之實，及其浹洽貫通而自得之，則又初無內外精麤之閒也。

其言正可與此相發明。蓋言仁義禮智四端本於孟學，而天理人欲之分而宋儒心得也。朱子言至善即是『天理之極』，故天理即是善，善與惡本為對待者，有善必有惡，善既緣生，惡亦隨至。然善在前，惡在後；善為本，惡為末。故增氣稟物欲之私，於天理之外，特為孟學之修訂與孟學之後期發展而已，原無害於其為孟學也。審是，則朱注之於大學綱領本亦未為不合，惟未曾體會孟子『人倫明於上，小民親於下』之原文，但據大學中有『周雖舊邦，其命惟新』之語，輒為改字。今若以孟子證之，則『親民』固與『其命惟新』原可同在一章，無須疑慮矣。

論語中未嘗言心性，而大學之『知止而後有定，定而後能靜，靜而後能安，安而

後能慮，慮而後能得』則全爲心性之言，若大學先於孟子，則心性之言當以此爲嚆矢，若孟子在前，則大學當襲自孟子矣。但以較孟子之言，則孟子之原文爲：

公孫丑問曰：夫子加齊之卿相，得行道焉，雖由此霸王不異矣，如此，則動心否乎？孟子曰：否，我四十不動心，曰：若是，則夫子過孟賁遠矣，曰：是不難，告子先我不動心。……昔者曾子謂子襄曰：子好勇乎？吾嘗聞大勇於夫子矣，自反而不縮，雖褐寬博，吾不惴焉？自反而縮，雖千萬人吾往矣。孟施舍之守氣又不如曾子守約也。曰：敢問夫子之不動心，與告子之不動心可得聞與？告子曰：不得於言，勿求於心；不得於心，勿求於氣；不得於心，勿求於氣，可；不得於言，勿求於心，不可。夫志，氣之帥也，氣，體之充也。夫志至焉，氣次焉６故曰持其志，毋暴其氣。

大學之止，定，靜，安，而後能得，應與孟子不動心而持其志者之理相符，然孟子爲對公孫丑之問偶然興到之言，而大學則正經分析成爲系統化，依照思想史進步之次第，則孟子又應在前而大學又應在後，不可輒易其先後之跡也。

　　其次，大學入德之程序，自修身以下，至誠意而極，其致知格物，則爲輔誠意而爲，在外非在內也；然誠意之誠，亦出於孟子之『反身而誠』。孟子曰：『萬物皆備於我矣，反身而誠，樂莫大焉』，又『居下位而不獲於上，民不可得而治也，獲於上有道，不信於友弗獲於上矣。信於友有道，事親弗悅，弗信於友矣。悅親有道，反身不誠，不悅於親矣。誠身有道，不明乎善，不誠其身矣。是故誠者天之道也，思誠者人之道也，至誠而不動者，未之有也，不誠未有能動者也』。此所言誠正與大學之誠相符，而後一節孟子所言，自外而內以至誠身而明善，尤與大學所言之次序更爲近似，是孟子與大學之間其思路似多少有相承之序也。至於論語則言信不言誠，如：『君子義以爲質，禮以行之，孫以出之，信以成之，君子哉』，如：『人而無信，不知其可也，大車無輗，小車無軏，其何以行之哉』？如：『寬則得衆，信則人任焉；敏則有功，惠則足以使人』，皆言信不言誠。惟大學言誠始同於孟子而條理更明，則謂大學爲孟學，此亦足以證之也。

　　至於格物之義爲大學之思想中心，亦爲各家爭執之焦點。其歷代懸疑而不能有寸進者，正由視大學之纂述在孔子之後，孟子之前，其發展爲孤立式者，無從以同時進

展之思想相互比勘之故。若果能證大學在孟子稍後，而從孟學衍成，則格物之義自亦不難闡明，無煩聚訟也。

　　孟子與告子之爭辯曰：『異於白馬之白也，無以異於白人之白也』。此以『白馬』為爭辯之例乃論語及論語以前所絕無。孟子何如思及白馬？又何為思及白馬之白？此與孟子同時諸名家（如惠施公孫龍之屬）辯論內容必有相關。孟子曰：『我知言……詖辭知其所蔽，淫辭知其所陷，邪辭知其所離，遁辭知其所窮』何以知其然，舍邏輯方法以外，別無他道。孟子稍前之墨子，亦曾治名理之術甚精，孟子好辯，安能舍此而不治？所惜執筆作孟子七篇之孟子弟子，但注意孟子行踪言語而不曾留意邏輯名理問題，頗有使後人有孟子未曾觸及名理之感。若稍追溯孟子思想，顯見其不能離名理而自存，然則致知格物亦必以名理為中心，殆可以索見也。

　　格物之『格』，見於孟子者，惟：

　　　　孟子曰：『人不足與適也，政不足與閒也，惟大人為能格君心之非。君仁莫不
　　　　仁，君義莫不義，一正君，而國定矣』。

此中之格字，因與後之正字相應，故注家多以正釋格。此『格』與論語『有恥且格』之格同。或以『至』為解，或以『正』為解，無定訓也。其在尙書，如堯典之『格乎上下』，『格汝舜』，『師格于藝祖用特』，湯誓曰：『格汝衆庶，悉聽朕言』。盤庚曰：『王命衆悉至于庭，王若曰，格汝衆』。大誥曰：『其有能格知天命』。（蔡沈注曰：『格，格物之格』，用朱義）。詩經商頌玄鳥：『四海來假，來假祁祁』。（鄭箋云：『假，至也』，正義曰：『假，至。釋詁文。彼作格，音義同）。其在金文則常見『王各于太室』或『王各于太廟』。凡此諸『格』『各』『假』本為一字，格或訓至，或訓正，或訓感，或訓程式標準，或訓分別，或訓審度，或訓度閣，岐義紛如，羌無定解。惟徐灝說文箋曰：『按各，古格字，從夂，夂有至義，亦有止義，故格訓為至，亦訓為止矣，阮氏鐘鼎款識宗周鐘「用昭各丕顯祖」，無專（許惠）鼎「王各于周廟」，頌鼎「王各大室」，格並作各，因假為異辭，久而昧其本義耳』。此說至今猶可存。而羅振玉殷虛書契考釋曰：『案各、從夊、象足形自外至。從口，自名也。此為來格之本字』今案格本字作各，已無疑問。惟何故從夊從口，仍甚難明。更證以羅振玉殷虛書契考釋釋客字曰：『說文解字客從各（各即格古文）古金文多與許書同。

此从卩从乙卽各旁增人者，象客至而有迓之者，客自外來，故各从凵象足跡由外而內，从口者，自名也』。羅氏皆謂从口爲自名，則格之原義當爲『報到』更轉爲『就位』。周時王無報到理，但凡言王格者不論在太室或在宗廟，言其就位皆可通也。更以『就位』爲主以貫至，正，標準，審度亦無不可通用。其訓感者則從在宗廟就位而引出，訓閣者則從人之就位而引申至物。言格君心之非則謂勸君而使君心從歸其所應思，亦與『思不出其位』之旨相當。則是大學格物之格亦當仍用舊誼，謂萬物之名實各返其正，原不必用其引申之誼也。

格物所格卽『物有本末事有終始』之理，在大學中本已深切著明。故『格』字不論釋爲來或釋爲正，皆不過名理中之名實或程序問題。縱使鉤深索遠，然名理實爲主要之線索，而與古義之金文甲骨亦不相背也。

名理問題在孟子時代及孟子弟子時代本爲思想中心問題。不意嬴秦焚書以後至漢轉成絕學，甚至佛學入華而名理之學影響不大，此格物之義趙岐鄭玄未爲闡明，而紫陽姚江亦別開岐路，所以深爲可惜，原不必用其引申之誼也。

古詩十九首與其對於文學史的關係

一、古詩十九首與五言詩

中國唐宋以來「近體詩」可以說是合於時代的詩體,「詞」這一個體裁也可以說實際上是「近體詩」演變而出的。如其要追溯「近體詩」的源流,那就只能追溯到五言古詩和七言古詩。《詩經》體裁和《楚辭》體裁所去時代已遠,難得找上關係。所以五七言詩的生命,在中國文學史上,比《詩經》體及《楚辭》體延長得很多,截至現在已差不多有兩千年的時間。今後五七言詩的前途誠然不敢再說,不過五七言詩既然有這樣長的時間,那就當然十分值得注意的。

五言詩較七言詩的開始為早,這是不成問題的。不過五言詩從什麼時候開始,這就很成問題了。劉勰《文心雕龍 · 明詩篇》說:「古詩佳麗,或稱枚叔。〈孤竹〉一篇則傅毅之辭,比采而推,兩漢之作乎?」其後徐陵編《玉臺新詠》,就指出〈青青河畔草〉等九首為枚乘之作。另外鍾嶸《詩品》的〈自序〉篇,指李陵為作五言詩開始的人,他說:「逮漢李陵,始著五言之目矣。……自王、楊、枚、馬之徒,詞賦競爽,而吟詠靡聞,從李都尉迄班婕妤,將百年間,有婦人焉,一人而已。」這裡鍾嶸不承認古詩若干篇屬於枚乘的傳說,直以李陵為五言詩第一人。但李陵也當然有問題,在鍾嶸以前,西晉時代摯虞的〈文章流別〉已經說「李陵眾作,總雜不類,元是假託,非盡陵制,至其善篇,有足悲者。」其實真李陵作品,只有《漢書》本傳仿《楚辭》的〈別歌〉,其他篇章自屬「假託」,那就不僅枚乘作五言有問題,李陵作五言也有問題。《文心雕龍 · 明詩篇》所說:「至成帝品錄三百餘篇,朝章國采,亦云周備,而辭人遺翰,莫見五言。所以李陵、班婕妤[1]見

---

[1] 《文選》選有班婕妤〈怨歌行〉一首,即以班婕妤為作者。又雜擬各詩選有江淹擬李都尉〈從軍詩〉及班婕妤〈詠扇詩〉各一首。劉勰亦以李陵與班婕妤並稱,可能相傳西漢時代的五言詩以李陵及班婕妤的作品為最著稱。不過李陵和班婕妤之間仍有分別。

疑於後代也。」在此一段，劉勰對於枚乘不著一字，可見他對於枚乘作五言一事，本未曾以爲故實，所指「故或稱」只是一個不可靠的傳聞，還不如李陵、班婕妤的可信。李陵及班婕妤五言詩既然未必可信，那枚乘就更不必說了。所以按照六朝人的看法，枚乘、李陵以及班婕妤雖都有做過五言詩的傳說，但一經核實，六朝時的學者也認爲不盡可信。到了現代，更無法再把不能相信的傳聞當作信據。

　　有名作家的作品既然都不能指實，這就要數到無名作家的作品了。蕭統《文選》把〈古詩十九首〉排在「蘇李詩」之前，是經過一番斟酌的。蘇李詩具有疑問，蕭統的賓客是知道的；古詩中有一部分相傳是枚乘作，蕭統的賓客也是知道的。其中蘇武和李陵的名字勉強放上去了，枚乘的名字被刪掉，這是和劉勰的意見一致的。但就次序來說，〈古詩十九首〉排列在蘇李詩之前，也就代表著蕭統的賓客並不認爲李陵爲五言詩的創始者。而五言詩的創始者還是一些無名的作家。

　　五言詩的創始者屬於一些無名的作家這個觀念是正確的，不過就古詩十九首來說，其中的風格以及所涉的內容，都應當大致屬於東漢時代的後半期，而決不可能太早，李善《文選注》說：

> 五言並云古詩，蓋不知作者，或云枚乘，疑不能明也。詩云：「驅車上東門」，又云：「遊戲宛與洛」，此則辭兼東都，非盡是乘明矣。昭明以失其姓氏，故編在李陵之上。

所謂「辭兼東都」，其實是十九首中未曾涉及西都。再據風格來看，就可能沒有一首是西漢時候的作品，所以成爲疑案的，其關鍵在〈明月皎夜光〉那一首。李善《注》認爲所用的是武帝以前的曆法，因而此詩就可能在武帝以前，李善《注》的本文說：

因為：（一）李陵為武帝時人，班婕妤為成帝時人。武帝時尚未聞有純五言的民歌，成帝時已有純五言的民歌，所以班婕妤作五言詩並非絕對不可能。（二）傳世的五言詩以班固的〈詠史〉為第一首無問題的詩。班固為班婕妤的姪孫，時代不算太懸殊，因而可能性也較為增加。不過為慎重起見，還是以不輕予承認為是。此外見於《文選》的還有一首〈白頭吟〉樂府，此詩雖後出，但本於古樂府而成。《宋書》有〈古辭白頭吟〉，《西京雜記》載有卓文君作〈白頭吟〉的故事。今案除去卓文君死在司馬相如以後，大約無甚問題以外，說司馬相如有意納妾，似乎不太可能。而且卓文君與蘇李同時，也不是五言詩體的時代。

> 《春秋緯運斗樞》曰：「北斗七星，第五曰玉衡。」《淮南子》曰：「孟
> 秋之月招搖指申」（按招搖亦即玉衡），上云促織，下云秋蟬，明是漢之
> 孟冬，非夏之孟冬矣，《漢書》曰：「高祖十月至灞上」，故以十月為歲首，
> 漢之孟冬，今之七月矣。

如其李善《注》是正確的，那就「玉衡指孟冬」詩是作在武帝太初改曆以前，但是
李善《注》卻有兩件事誤會了。第一，漢初以十月為歲首，是承秦制，非因高祖
以此月至灞上而改歲首。秦以十月為歲首，是「以水總紀」，十月為亥水，屬水。
十月雖然為一歲之始，但十月還是「十月」，並未把「十月」的名稱改為「正月」，
漢代武帝以前也還是如此[2]。第二，秦代以及漢代初期，既然只以十月為一年
段落的開始，並未改月名，當然更不會改四季的名，把「冬季」改為「春季」。所
以武帝以前的「孟冬」，和武帝太初以後的「孟冬」並無分別。也就是漢初的「孟冬」
完全和唐代的「孟冬」相同，是十月非七月。

所以「玉衡指孟冬」詩中的疑問，並不能用「改曆」的問題來解釋的。

劉大杰的《中國文學發展史》不相信此詩在漢武帝以前，這是對的。不過他
也被李善《注》這一個「改曆」的解釋所迷惑，他無法打破李善《注》的錯覺，因而
假設了兩個解釋：

第一：他認為此詩的原作，是出自武帝改曆以前，都是樂府民歌一類的雜
言體，經過東漢建安[3]文人的潤飾，才形成那樣完美的五言體，因此在時令上，
還遺留著西漢初期的餘骸。

第二：是政府宣布改曆以後，這種事實還未遍及民間，因此民間還有沿用
秦曆的。

2　秦改十月為歲首，究竟十月還叫做「十月」，或者把十月改名叫「正月」，後人還有
　不同的說法。不過依《史記‧秦始皇本紀》說：「方今水德之始，改年始朝賀，皆自
　十月朔。」這裡的「方今」，顯然是始皇詔文。若司馬遷說「方今」，就不同了。詔
　文此處只說「皆自十月朔」，就表明秦代的十月還是叫做「十月」，並未改稱「正月」。
　《史記》《漢書》從秦始皇二十六年一直到漢武帝太初改曆，都只是歲首在「十月」，
　月名並未更改，四季的順序更不會顛倒了。所以李善《注》在此處只是一個誤會。

3　五言詩的成熟時期，顯然早於建安，此處劉大杰認為在建安時期才發展，失之估計太
　晚。

其實這兩條解釋仍然無法成立的。因為「玉衡」指某一個月，不論就詞彙來說或者就這一種[4]知識來說，完全是出在讀書人的範圍以內，不屬於一般民間思想。所以原來就不可能是「民歌」。而況「同門友」這一個問題，只有在漢武帝以後經過罷斥百家，表章儒術，然後設博士弟子，再經過若干年以後，如《漢書·儒林傳》所說：「自武帝立五經博士，開弟子員……訖於元始，百有餘年，傳業者浸盛，支葉蕃滋，一經說至百餘萬言，大師眾至數千人，蓋利祿之途使然也。」職業的競爭激烈，才會有這種情形，既不可能是漢初背景，尤其不可能是漢初的民間背景。如其認為是民間雜歌，失之無據。至於第二點民間偶或承用秦曆一事，因為秦曆並未改四季，以及節候，對於農作的關係甚少。（此事和民國時民間襲用舊曆，牽涉到宗教上習慣，過年，過五月節，過八月節等娛樂上習慣，以及民間慣用二十四氣耕作等事，完全不同。）戰國時建寅曆本已通行，漢代民間只有通行建寅曆的證據（如崔寔《四民月令》等）[5]，絕對無任何秦曆的遺留，存在民間（只有十月上計一事，是官方繼承秦代會計年度舊制，不是民間習慣）。所以第二點假設民間有秦曆的習慣一事，也不能成立。

雖然如此，即使李善《注》的說法不可信據，而「玉衡指孟冬」一句如其無法訓釋，一般的學者仍然只好勉強採用李善《注》。對於這一句，從李善《注》以後，也有一些勉強的猜測，卻一直沒有一個滿意的答覆。像劉大杰一類的看法，誠然恐怕他自己也未必相信，但壞的解釋也比沒有解釋好些。直到馬茂元的《古詩十九首探索》出版，引證了新的論據，這個問題才算稍有滿意的答覆。他說：

> 近世研究「十九首」的人，絕大部分都認為「十九首」產生於東漢末期。但也有人說其中還雜有西漢詩篇。問題的癥結在於〈明月皎夜光〉裡有「玉衡指孟冬」一句話。這據李善說，是西漢武帝太初以前的曆法。……經過許多人研究，李說並不可靠。將在本詩中詳加說明。這裡就不重提了。

4　民間作品有一種民間作品的方式，其基本是通俗的。即使經文人改造，原始的形式仍然會遺留下來一些。至於〈明月皎夜光〉這一首詩，不僅作者的身分非是儒生不可，而且幾乎每一句都受到了《詩經》的影響（只有「六翮」出於《韓詩外傳》，但也和《詩經》有關係），這不可能是民歌改造的。

5　崔寔《四民月令》見《齊民要術》、《太平御覽》諸書所引，嚴可均《全後漢文》有輯本，已接近完備，此書記漢代人四時的民間風俗，顯然以建寅及二十四氣為主，並無任何舊官方以十月為歲首的因素在內。

這個關鍵問題怎樣的解決呢?他在〈明月皎夜光〉篇有一個交代,大意說:

> 星空是流轉的,在固定的季節月份裡,從斗綱所指的方位,又可以測定一天時刻的早晚。玉衡在半夜指酉宮,但一過這固定的時刻,則玉衡漸漸向西北移動,所指不是酉宮了。這句是就一天的時刻而言的。「孟冬」代表星空中的亥宮,並非實指十月的時令。詩中所寫都是仲秋八月的景象,這句更標明了具體的時刻,正當夜半與天明之間。……曹丕〈燕歌行〉的「星漢西流夜未央」和這句用意相同,不過曹詩是較為概略的敘寫。

他認為是「經過許多人研究」所得的結果。這「許多人」是誰呢?當然不是他自己。但他也說不出是「誰」。很清楚的,他並沒有「剽竊」的意思[6],可是他也不明白的指示出來,其中必有緣故在。

這個答案也很簡單。就是此書的作者在中國大陸,而從研究獲得這個結論的人卻未在中國大陸。因為政治上的關係,雖然對於這個結論不能不用,但研究的人卻要避免不提。這就是其中所說不夠清楚的原因。如其把謎底揭露出來,這個結論的根據是我的:

〈古詩明月皎夜光節候解〉—— 1944 年,《文史雜誌》第三卷第一、二期合刊。

這一篇論文因為《文史雜誌》有香港重印本,並不難找,所以不必詳為引據了。

古詩十九首既然不可能出於漢武帝以前,那就可以就此討論五言詩發生的問題。

二、五言詩的開始與進展

漢代以後一直到六朝,在詩的創作中,差不多全是五言詩的天下。這可以說是一個不尋常的變革。當然,五言詩也不是外來的,而是從民歌發展而成的。民歌所以成為五言也可以說「其來有自」。劉勰《文心雕龍・明詩篇》說:

6　馬書未引《文史雜誌》,但注意到《國文月刊》有一段引證,方法上並無錯誤,至於王利器「做」《鹽鐵論》校本,襲取我的《鹽鐵論校記》(《史語集刊》第五本),卻一個字也不聲明,那就無法自解了。

〈召南・行露〉，始肇半章，孺子「滄浪」，亦有全曲。「暇豫」優歌，遠見春秋。「邪徑」童謠，近在成世。隨時取證，則五言久矣。

這裡所說的〈召南・行露〉是指《詩經・召南・行露》詩：

厭浥行露，豈不夙夜，畏行多露？誰謂雀無角，何以穿我屋？誰謂汝無家，何以速我獄？雖速我獄，室家不足。

這首詩是長短句組成的，最前三句和最後二句是四言，中間四句是五言，雖然不是五言詩，但其中五言已經連續成四句了。

至於孺子「滄浪」見於《孟子・離婁篇》：

有孺子歌曰：「滄浪之水清兮，可以濯我纓；滄浪之水濁兮，可以濯我足。」

劉勰說：「亦有全曲」，這是說如其除去兮字，全歌四句就都成了五言。不過詩中既然已有「兮」字，那就原歌在音樂上就不是全五言的音節。五言民歌在音樂上應當就是真的全五言的。所以其中仍然有不同處存在著。

再關於「暇豫」優歌，是見於《國語・晉語》：

優施飲里克酒。中飲，優施起舞曰：「暇豫之吾吾，不如烏烏。人皆集於菀，己獨集於枯。」

這裡雖然四句中有三句是五言，但仍然是長短句體裁，不是純五言詩。這還是出於偶然，不能確認為五言詩的系統。

其中只有「邪徑」童謠確是一首真的五言詩。見於《漢書》卷二十七〈五行志〉中，載有成帝時民謠說：

邪徑敗良田，讒口害善人。桂樹華不實，黃雀巢其巔。故為人所羨，今為人所憐。

這一首確是一首五言詩。不過這是「民謠」而非「童謠」。民謠是成人所唱的，更非常可能還有一套完整的曲譜，和童謠隨口傳播是不同的。這首民謠，還一定

可以聯上了當時許多流行歌曲(只是原文現在已經亡失了)。所以若要給這詩一個適當的名稱,那就「童謠」不如「民謠」好,民謠不如「樂府」好。在古樂府中有一首和這一首有關的,是;

> 邪徑過空盧,好人常獨居。卒得神仙道,上與天相扶。過謁王父母,乃在太山隅。離天四五里,道逢赤松俱。攬轡為我御,將吾上天遊。天上何所有?歷歷種白榆,桂樹夾道生,青龍對伏趺。(〈步出夏門行〉,見樂府的歌辭和《宋書 · 樂志》)

樂府中的句子是彼此互相抄襲的。此詩最後四句,就是〈隴西行〉的前四句:「天上何所有,歷歷種白榆,桂樹夾道生,青龍對道隅。」因此「邪徑過空盧,好人常獨居」,也顯然是「邪徑敗良田,讒口害善人」兩句經過若干次的轉變而成的。雖然面目全非,但「邪徑」「善人」(亦即好人)兩主要詞彙仍然留下。其次,漢樂府的一般特點是雜湊,因為是幾個曲湊成一支曲,其中上下句的意思,往往不相貫注,不相銜接。《漢書 · 五行志》所載這一首「民謠」就是「雜湊」的形式。這支曲既在漢成帝時流行,那麼原來各句必然分散在其他曲詞之中,時代就可能比這首流行曲早些。也就是五言體的流行,應當較成帝時為早。

所以在漢成帝時代,五言體的樂府,不僅已經通行,而且已經相當成熟。其傳世作品不多,只留下〈五行志〉中這一首的原因,就是在當時文士之中,並不認為五言詩是「文學作品」。例如成帝時的班婕妤,明明當時五言詩已經存在,見於《漢書》九十七〈外戚傳〉下的班婕妤傳所載的,卻不是五言詩,而是一篇仿傚《楚辭》的賦。這篇賦雖然是費了大力量,用了華美的詞彙,但文學上的價值卻遠不及後代人替她代作的〈團扇詩〉(同樣,〈李陵傳〉所採的仿《楚辭》體,也不及後代人擬作的五言詩)。這就表示著民間文體的形成,最初是不被文人學子所重視,所以見於名家寫作的不多,等到真正被名家所接受時,那就這種體裁已流行了一個很長的時期了。

五言的旋律,照劉勰所指在《詩經 · 行露》詩中,已顯然具有,這是不錯的。但是四句是五言的旋律,一句也是五言的旋律。〈召南〉之中,有「平王之孫」一語,可能不算太早。在全部《詩經》之中,表面上好像以商頌為最早,但其中「奮伐荊楚」,

「陟彼景山」[7]都具有疑問。在《詩經》全部之中,毫無問題公認為最早的一篇,可能屬於〈豳風〉的〈鴟鴞〉。這是周公所作,見於《尚書‧金縢篇》。此詩不僅為《詩經》中最早的一篇,而且也是中國所有詩篇之中,能夠指明作者的第一篇。此詩每章最後各句如:「鬻子之閔斯」,「風雨所漂搖,予維音嘵嘵」都是五言的旋律。當然就〈鴟鴞〉一篇來說,其造句比較非常特別,在音節上頗有模仿「鳥語」[8]之處,也許不是商周以來傳統的方法。但無論如何,即使這種旋律是模仿「鳥語」而成,只要影響到後來,也應當加以注意的。所以這樣說來,「五言詩創自周公」雖然有一點故作驚人語,卻也不是毫無道理的。

除去《文心雕龍》所舉幾則有關五言詩的起源以外,在漢代還有一些和五言詩有直接關係的。

第一:在《漢書》九十七〈外戚傳〉,漢武帝李夫人傳說;

> 初夫人兄延年性知音,善歌舞,武帝愛之,每為新聲變曲,聞者莫不感動。延年侍上起舞,歌曰:「北方有佳人,絕世而獨立。一顧傾人城,再顧傾人國。寧不知,傾城與傾國,佳人難再得。」上嘆息曰:「善,世豈有此人乎?」平陽主因言延年有女弟,上乃召見之。

這首詩和漢以前各詩含有五言句的,確實不同,因為過去的各詩,至少其中有一句或兩句非五言,而這一兩句在詩中是主要部分,並非所謂「襯句」「過門」之屬。因此就只能認為全詩仍是長短句。只有這一首的「寧不知」三字在詩中(或歌中)屬於襯托的部分,在歌唱時儘管可以不用字而用無字的聲音帶過去。誠然此詩嚴格說來,仍不是五言詩,卻可說是在長短句中和五言詩最為接近的一首。漢武帝時期正是戰國到漢成帝時代一個中間的時期。因此也就不能不承認這一首〈北方有佳人〉具有從長短句到五言詩中間過渡的意義。

第二:《漢書》第九十卷〈酷吏傳‧尹賞傳〉,引長安中歌:

7　《詩經‧鄘風》:「望楚與堂,景山與京」,楚即衛文公所建之楚丘,楚丘或以為在濮陽,或以為在城武。城武其南有高地,《水經》酈道元〈濟水注〉:「黃溝枝流,北逕景山東」,其地與商邱臨近,應即此處。若楚丘在濮陽,則景山在其南。

8　此處用傅孟真先生說,認此篇為仿「鳥語」。

何所求子死，桓東少年場，生時諒不謹，枯骨後何葬。

尹賞是成帝時人，與〈五行志〉所引民歌正是同時的。

第三：《後漢書》七十七〈酷吏傳・樊曄傳〉，引涼州人歌曰：

游子常苦貧，力子天所富。寧見乳虎穴，不入冀府寺，大笑期必死，忿怒或見置。嗟我樊府君，安可再遭值。

樊曄是光武帝時人，已到了東漢初年，此時五言民歌已經成熟了。只是還限制在民間，未被文人當作文學作品用。

第四：班固的〈詠史詩〉：

三王德彌薄，惟後用肉刑。太倉令有罪，就逮長安城。自恨身無子，困急獨煢煢。小女痛父言，死者不可生。上書詣闕下，思古歌雞鳴。憂心摧折裂，晨風揚激聲。聖漢孝文帝，惻然感至情，百思何憒憒，不如一緹縈。

自班固作〈詠史〉詩以後，詠史詩形成一種體裁。《文選》所選有王粲、曹植、左思、張載、盧諶、謝瞻、顏延之、鮑照、虞羲等人。而左思〈詠史〉，《文選》中就選了八首。所以班固原作也可能不只一首，現在只存了一首。班固的〈詠史〉，因為時代較早，顯得太質樸[9]，不過和後代各家詠史在方法上還有共同之處[10]，《文選》未選班固這一首詩，只有在《太平御覽》等類書中才能找到，這是因為在《文選》選定的時候尚未發現班固及他的這首詩在五言詩的發展上，居有關鍵性質的地位。不過從客觀的事實顯示著，到班固這個時期正是五言詩從民歌的地位變成文人詩的地位，因而這首詩也就成為承先啟後的重要作品了。

班固是和帝時人，以後的五言詩有相傳為順帝時張衡的〈同聲歌〉，再到桓帝時有秦嘉的〈留郡贈婦詩〉，以及趙壹的〈疾邪詩〉，靈帝時酈炎的〈見志詩〉，這以後就接上「建安七子」了。其中當然有不少的民間歌曲。在《玉臺新詠》、《晉

9　鍾嶸在《詩品》上說：「東京二百載中，惟有班固〈詠史〉質木無文。」

10　在《文選》所選詠史各詩，除左思〈詠史〉詩有幾章實際是「述懷」，比較抒情的成分較多。其他諸人的詠史也大都就某一人或某一事加以批評，加上自己的看法。蕭統選陶潛詩多取田園之作，其實他有些詩未選入的：〈詠三良〉、〈詠荊軻〉、〈詠二疏〉也一樣是詠史的詩。從班固到陶潛，顯然的，都已成為一種描述的方式，都是比較質樸，只有左思加有別的成分就不同了。

書 ・ 樂志》、《宋書 ・ 樂志》以及郭茂倩《樂府詩集》，再加上類書所引的樂府，其中未列名氏的五言樂府，多數應當還屬於東漢晚期，亦即「桓靈」時期的作品。古詩十九首也不應當是一個例外，除去少數也許是「建安」時代或「建安」以後，就一般情況而論，大致也應該屬於桓靈以後的東漢時代作品。

三、古詩十九首內容的分析

古詩十九首既是出於無名的作家，其來源應當是從不著作者的樂府出來，而不是從一些名家的文集選出來。以後代的情形來看，詞就是唐宋時期的新樂府，在當時流傳的，除去少數知名作家的作品以外，其中流行的詞，例如敦煌發現的《雲謠集》就全出於無名的作家。這種情形是可以做解釋的，因爲原爲詩賦，那是流行於士大夫之間，士大夫的流傳詩賦，是先從知名的人士名下的作品選出的，所以先有人名而後才注意到詩。如其原爲樂章，那就是流行於一般人之間，一般人注意到是音樂本身，並不太注意這首詞是誰做的，所以樂詞流行，而原作者的姓名卻往往被忽略掉了。這種情況，不僅從《詩經》、古樂府、《雲謠集》爲然，直到現在的流行歌曲，其中寫詞的人也是一樣的不受人注意。所以古詩十九首不知作者是誰是合理的，如其勉強放上去枚乘、傅毅等人名就嫌勉強了。

古樂府的文辭優美的才被《文選》選入，以《晉書》《宋書》〈樂志〉來看，其中頗有很多首未爲《文選》所收。所以南北朝流傳的古樂府，當然有不少在隋唐以來遺佚了。不過依據《文選》所載陸機〈擬古詩〉十二首，其中十首是在古詩十九首中，只有〈蘭若生朝陽〉和〈東城一何高〉二首不在十九首之內。而劉鑠的〈擬古〉二首就都在十九首之內。但這兩篇原作仍和陸氏所擬重複。若以陸氏所擬和十九首相比，則陸氏所擬十二首之中，有 83.33% 是在十九首之中，所以十九首的被人重視，在蕭統之前已經有大致的範圍了。

不僅十九首每一首取得被重視的地位，要經過了一些周折，而且十九首成爲被人重視的一個組合，更需要一些周折。這就需要一個長的時間。陸機是西晉時人，而且從吳至洛。十九首在西晉時已是「古詩」。那就成詩的時代一定不會是曹魏，而一定是早於曹魏的漢代。所以劉大杰認爲是「建安」時代，其下限

失之過晚。再看一看〈青青陵上柏〉詩的「驅車策駑馬，游戲宛與洛」，正代表著「洛陽帝都多近臣，南陽帝鄉多近親」[11] 這兩處地方。這兩處地方形成了重要地區，不僅不可能是西漢時的情況，也同樣不可能是曹魏時代的情況。曹魏時代的重要城市是洛陽和鄴，南陽已變成了無足輕重的地位。「宛洛」並稱的事已不會再有了。至於「兩宮遙相望，雙闕百餘尺」，也是指東漢時代的，東漢時代洛陽有南宮北宮，兩宮相去七里，各有宮闕。至董卓之亂，洛陽宮室被毀滅。魏文(曹丕)都洛，皇居創徙，宮極未就，築金墉城以爲宮殿。至魏明帝始建南宮太極殿，而漢代北宮則爲芳林園，雖號稱兩宮，實質上和漢代已不相侔。此處兩宮闕，又顯然是漢而非魏[12]。

　　照原定計畫本來要把十九首每一首都做一個分析。現在因交稿時間的限制，姑止於此。不過也大致看得出來，十九首雖不是一人之作，也不是一時之作。但凡有積極證據的，都可以說是東漢時代，尤其是在班固以後，建安諸子以前這個時期。其中沒有積極證據的，也多半顯出來，作詩的時代，不論政治如何腐敗，職業的競爭如何激烈，人生的痛苦如何嚴重，還大致是一個平定的時期。其中並不像「子建咸京之作，仲宣灞岸之篇」，那樣具有深深的家國感。但另一方面看，這些詩所屬於的大致是桓靈時代，而桓靈時代雖然政府的政治混濁，而民間的經濟卻發展到一個相當的高度。不論在四川，在山東，在河南的漢代石刻畫像，多數屬於這個時期，不僅畫像本身是屬於民間財富發展的表現，而畫像上面也表現了一般富人的生活狀況以及勞動者工作的情形，這種財富發展之下，無疑的，樂隊的演奏，也更爲普遍，更爲加強。這也催促了樂府的發展。十九首正有不少是樂府的原詩。從這些詩中更可把樂府的內容，成功的比照出來。

11　見《後漢書·劉隆傳》。

12　《三國志·魏文帝傳》，裴松之《注》：「按諸記書，是時帝居北宮，以建始殿朝群臣，門曰承明，陳思王植詩曰：『謁帝承明廬』是也。至明帝始於漢南宮崇德殿處起太極、昭陽諸殿。」所以魏文帝所居之宮，正門只有一門，即承明門。《水經注·穀水注》云：「穀水又東逕金墉城北，魏明帝（此處魏明帝當作魏文帝）於洛陽西北築之，謂之金墉城。……皇居創徙，宮極未就，止蹕於此。……南曰乾光門，夾建兩觀。觀下列朱桁於塹，以爲御路。東曰含春門，北曰暹門。」此中言「宮極未就，止蹕於此」，自是文帝時初都洛陽情事。所以承明門實是金墉城的乾光門，而建始殿實在金墉城中，金墉城在漢南宮之北，故稱爲「北宮」，實非漢代的北宮。到魏明帝以漢北宮故址爲芳林園，歷西晉以至北魏都未恢復北宮。《水經注》亦只有南宮及芳林園。

說拗體詩

拗體詩是在近體詩之中，有若干句或全首是平仄不協調的，而這種不協調是出於故意這樣做作的。本來在古詩中無所謂平仄，即使形成爲近體詩，也在齊梁以後，但其中也只有五言律詩而沒有七言律詩。就早期的五言律詩來說，也只有兩句平仄的調協而無所謂全詩平仄的調協。而全詩的平仄協調，現在雖然不能完全知道確實的時間，大致說出於隋唐之際是不會太錯的。拗體詩是要有全詩協律標準出現以後，才有產生的可能。不過其出現也非常的早，大致眞正律詩出現不久，拗體律詩也就出現了。

一句平仄的調協較易，難在全首，以每句的第二字爲標準，不論五言或七言，只有兩種形式：

(一) ＋　－　　　　(二) －　＋　　　　以＋代表平聲，以－代表仄聲

　　－　＋　　　　　　　＋　－

　　＋　－　　　　　　　－　＋

　　－　＋　　　　　　　＋　－

這種情形一般來說要到初唐四傑(王、楊、盧、駱)時代，才能全部協調，不過四傑之中，還有不甚調協的，例如盧照鄰的〈梅花落〉：

> 梅嶺花初發，天山雪未開，雪蒙疑花滿，花邊似雪迴。因風入舞袖，雜紛向北臺，匈奴幾萬里，春至不知來。

這裡構成的形勢，是

　　－　＋

　　－　＋

```
          ＋  －

          ＋  －
```

還和齊梁時的結構相似，未能符合眞正律詩的標準。這大約因爲〈梅花落〉是一
首樂府的原因，才用齊梁舊格，而四傑中其他的詩，也都多數採用律詩新的規
格了。其中最堪詫異的，還是王績的詩。王績隋人，入唐尚存，但時代甚早。
他的五言律詩，卻無一不合於新的規格。如其要討論律詩的成立，王績要算最
早的一個人。不過王績是文中子王通的弟弟。《文中子》這部書就是問題很大的
書，如其不是全僞，也是被徹底改過。如其《文中子》在唐代被徹底重編過，甚
至改寫過，那就王績的詩是否都被重新潤色過，就大有問題了。這樣看來，王
績詩中的規格，也就不能完全作爲律詩發展中的證據。

　　在初唐的時候，不僅律詩的規格已經成立，就樂府而言，〈梅花落〉是舊樂，
用了齊梁舊調，但從另一方面說，如其爲新的樂調，也就適用新的規格了，如
同沈佺期的〈獨不見〉：

　　　盧家少婦鬱金香，海燕雙棲玳瑁梁。九月寒砧催木葉，十年征戍憶遼陽。
　　　白狼河北音書斷，丹鳳城南秋夜長。誰爲含愁獨不見，更教明月照流黃。

這詩構成的形式，是：

```
          ＋  －
          －  ＋
          ＋  －
          －  ＋
```

和後來律詩規格相符。但要注意的，是郭茂倩的《樂府詩集》，最後一句「更教」
作「使妾」。妾字的平仄是不調的，但爲了合樂，「妾」字卻比「教」字爲佳，這就
成爲拗體了。所以就律詩來說，爲著合樂，往往非改字不可，因而使非拗體成
爲拗體。也就給律詩不必全拘平仄這個觀念一個重要的啓示。

　　非樂府的律詩中，崔灝的〈黃鶴樓〉是一個非常著名的拗體詩：

　　昔人已乘黃鶴去，此地空餘黃鶴樓。黃鶴一去不復返，白雲千古空悠悠。
　　晴川歷歷漢陽樹，芳草萋萋鸚鵡州。日暮鄉關何處是，煙波江上使人愁。

這首詩構成的形式是：

　　　　＋　　－

　　　　－　　＋

　　　　＋　　－

　　　　－　　＋

和律詩組法的規格相符的，就全詩構成說，不是拗體，而成為拗體卻在每句中的
平仄上，這一點齊梁人士已經知道，所以這首詩的成為拗體，顯然是故意做成的。

　　這首詩宋代的嚴羽就以為唐代七律中的首選，因為把感情放到極致，用不依
常調的方法表達出來。所以看來就十分「高大」了。現在倘若用一般的平仄，把這
首詩改一下，再看一看結果怎樣，這首詩大致可以改成這種樣子：

　　昔人已逐孤雲去，此地空餘野鶴樓，野鶴頻年終不返，孤雲千古漫悠

　　悠。晴川歷歷荊南樹，菸草淒淒漢北洲，日暮鄉關何處是，煙波江上

　　使人愁。

倘若不比較原詩，大致看來，也還很有「氣勢」，只要把原作對照一下，那就顯然
損失很大，凡是後改的部分，除去只有一個外表以外，都是無法趕上原作的。這
就可以看出來，拗體在某一方面有其功能上的作用。

　　這一首黃鶴樓詩，對於李白來說，李白據說是很佩服這首詩的。不過不論如
何，李白的〈金陵鳳凰臺〉詩，卻和這詩有相似之點，也有不同之點。李白的詩是：

　　鳳凰臺上鳳凰游，鳳去臺空江自流。吳宮花草埋幽徑，晉代衣冠成古丘。
　　三山半落青天外，二水中分白鷺洲，總為浮雲能蔽日，長安不見使人愁。

這首詩的結構是：

```
+  －
+  －
+  －
－  +
```

　　所以第三句和第四句在全詩中是拗句，並就這兩句內部來說，第三句第三字的花字原則上應用仄聲，第四句第五字的成字應用仄聲，雖然一般講來，第一、第三、第五字的平仄，不算太嚴重，但到了三個字連用平聲，或三個字連用仄聲時，讀起來總有拗體的感覺了，所以仍然要算成拗體。因此這首詩就全詩結構或句中平仄兩方面來說，都是拗體。所以李白這首詩可能受到崔灝的影響，只是拗體的方法，有些不同。

　　至於命意方面，雖然同屬於登高感興之作。但立場卻有比較大的殊異，崔灝詩的重點是「芳草萋萋鸚鵡洲」，李白詩的重點卻在「浮雲蔽日，長安不見」。這可能崔灝詩感覺，是一個「處士」的感覺，而李白的感覺，卻是「逐臣」的感覺了。崔灝的詩既然是一個處士的立場，所表示的目的，也就是基於個人的出路。前四句對於感興方面的描寫，著重於衆觀事物，都是無常的，再回到當前的事物，是庾子山〈哀江南賦〉所提到的悲劇性的鸚鵡洲，而終於落在「日暮塗遠，人間何世」，而其終極是沒有出路的，只剩下灰色的「煙波江上」。這就成爲具有廣泛性的存在主義的意識。

　　在李白詩中所表現出來的，既然是一個「逐臣」的感覺。那就「吳宮花草，晉代衣冠」決不是漫無所指。而是說在興亡代謝條件之下，所有的朝代，都逃不了毀滅的命運。所剩下的三山、二水，都是沒有情感的、機械的，和人生牽扯不上。所以最後落在「長安不見」的正題目上，「長安不見」用晉明帝「舉頭見日，不見長安」，屬於金陵當地的典故。而「浮雲蔽日」又顯然出於十九首中的〈行行重行行〉。把這許多點綜合起來，又表示太白的自請放還，決不是傳說中爲〈清平調〉用語不愼，得罪了高力士和楊貴妃，而是太白確有用世之志，所以賀知章才薦爲翰林學士，到了明皇天寶年間，環境一天一天的壞下去，李白和賀知章

才先後自請放還，這當然不是一個偶然的事。一般討論李白的，總以爲李白不過是一個「詩酒狂徒」，其實從賀知章的行跡看來，他一到天寶初年，就堅請還鄉一件事看來，他並非如何的清高，而是他已料到李林甫得信任以後，時勢已不可爲。接著李適之、李邕等相繼被殺，李白的〈行路難〉詩：「陸機雄才豈自保，李斯稅駕苦不早，華陽鶴唳詎可聞，上蔡蒼鷹何足道。君不見吳中張翰稱達生，秋風忽憶江南行。且與樽前一杯酒，何須身後萬載名。」既然想到了身後萬載名，就不是眞能忘卻身後萬載名，而是客觀環境之中，有不得不脫身而去的苦衷。（後來永王璘起義江南，李白從永王璘，決非只希圖幾杯酒，而是別有抱負，但是也失敗了。）在這兩首詩之中，崔灝是根本找不著門路，李白找到了門路，而不得不放棄，所以情感上就現出了基礎上的不同。

　　在這兩首拗體詩之中，也多少看出情感的起伏。崔灝的情感一直是沈鬱的，用拗體的曲折來表示著，到了「晴川歷歷漢陽樹，芳草萋萋鸚鵡洲」兩句才正常化，也就是說激動的情緒到這兩句才清醒起來，然後理智上的分析，卻充分現出了悲劇的感覺，於是終於引不出一個出路，而終於使問題沒有一個結論。李白的詩用正常的平仄來做起句，表示著登臺的開始，情緒沒有什麼激動。等到第二句第三句才開始用拗體，表示著自然的推移不是問題，而問題卻出在人本的安排上面，以後吳宮花草、晉代衣冠都歸於幻滅。這毀滅的王朝雖然已經過去，而現在還是「浮雲蔽日」、「不見長安」，使人有無從援手的苦悶。這也就表示李白的懷抱，並非是遁世的，而是期望著有一個插手的機會。這一點和杜甫的志向，差異並不算太遠。這也可以推斷李杜的感情上還是好友的原因。

　　李白有兩首送杜甫的五律，也是用拗體的：

　　我來竟何事？高臥沙丘城。城邊有古樹，日夕連秋聲。魯酒不可醉，齊歌空復情。思君若汶水，浩蕩寄南征。（沙丘城下寄杜甫）

　　醉別復幾日，登臨遍池臺。何時石門路，重有金樽開。秋波落泗水，海色明徂徠。飛蓬各自遠，且盡手中盃。（魯郡東石門送杜二甫）

在這兩首詩中，「竟何」二字平仄不調，「別復」二字平仄不調，「臨」字平仄不調，「時石」二字平仄不調，「有金樽」三字平仄不調，「落」字平仄不調，「明」字平仄不調，

「各」字平仄不調；「沙丘城」三字平聲連用，「有古樹」三字仄聲連用，「連秋聲」三字平聲連用，「不可醉」三字仄聲連用，「齊歌空」三字仄聲連用，所以這二首詩，都是拗體。我們不知道李杜兩人曾經互相討論過拗體詩沒有，不過這兩首都是拗體而且用不同方式的拗體(第一首多用連三字平或三字仄的拗體，第二首卻用平仄不調的拗體，方式完全不一樣)，似乎不是一個平凡的事。

再看李白的另一首拗體詩：

> 蜀僧抱綠綺，西下峨嵋峰。為我一揮手，如聽萬壑松。客心洗流水，餘響入霜鐘。不覺碧山暮，秋雲暗幾重。　（聽蜀僧濬彈琴）

這裡「抱綠綺」和「為我一」都是三仄聲連用，「峨嵋峰」是三平聲連用，當然是故意的。這裡故意這樣用，顯然是從拗體的平仄形容音樂的旋律，這又是另外一個用法。

至於拗體的七言絕句，如同賀知章的〈回鄉偶書〉：

> 少小離家老大回，鄉音無改鬢毛衰，兒童相見不相識，笑問客從何處來。

第二句「鄉音無」三平聲連用，第三句「兒童相」三平聲連用，而且「不」字平仄不調，這是著重在題目的「偶書」，表示匆匆中，未及把平仄調整。同理，岑參的〈逢入京使〉最後兩句是「馬上相逢無紙筆，憑君傳語報平安」，在「憑君傳」三字，三平聲連用。其實改為「請君傳語」或「憑君寄語」平仄都調協。要這樣做又是表示匆匆的關係。（又唐代五言絕句，較多拗體，這是因為五言絕句，從晉宋以來已經早有，在傳統上是不計平仄的。）

在李白的絕句中，如〈送孟浩然之廣陵〉：

> 故人西辭黃鶴樓，煙花三月下揚州。孤帆遠引碧空盡，惟見長江天際流。

其中第一句「西辭黃」、第二句「煙花三」、第四句「長江天」都是三平聲連用，第三句「遠引碧」卻是三仄聲連用，顯然是故意組成的。這裡應當是用曲折的拗句來象徵不能抑壓的感情以及長江波浪隨風上下。從反面說，例如李白的〈下江陵〉：

> 朝辭白帝彩雲間，千里江陵一日還，兩岸猿聲啼不住，輕舟已過萬重山。

這是本著自己的經驗，加上《水經注》所述「朝發白帝，暮宿江陵，其間千七百里，雖乘虛御風，不如此其疾也」的描寫，表示迅速無阻，所以平仄一貫下來，毫無阻滯，就成爲另一種表現的方法。

就拗體的應用來說，杜甫可以說應用最廣而且是最成功的一個人。杜甫以前的詩人，誠然已把拗體用在近體詩上，並且是有意的採用，不是無意的流露。但是：（一）還未創造出一個標準的拗體七律，（二）沒有做過一組幾首七絕全是拗體或者全不是拗體，（三）在一組七律和五律之中不以拗體爲主，但在起句之中偶用一二拗體來表示不平凡的動機，這些都是前人所未見的。至於杜甫的古詩因爲把拗體近體詩的句法加進去，使人覺得更爲奇古，又開了一個古詩（尤其是七言古詩）的新方面。

杜甫律詩中的標準拗體如同〈暮歸〉：

霜黃碧梧白鶴棲，城上擊柝復烏啼。客子入門月皎皎，誰家搗練風淒

淒。南渡桂水闕舟楫，北歸秦川多鼓聲。年過半百不稱意，明日看雲

還杖藜。

這首詩的組織式是：

```
＋　－
－　＋
－　＋
－　－
```

這是非常不規則的。若以第一句第二字「黃」字爲標準，昭律詩的平仄來訂正，那就「梧」、「烏」、「風」、「歸」、「看」、「多」、「雲」、「還」等字都應當用仄聲，而「鶴」、「擊」、「柝」、「月」、「渡」、「闕」、「半」、「百」、「不」、「日」、「杖」等字都應當用平聲；再分析一下，第一句和第二句的第四字和第六字都是當平

用仄、當仄用平，第三句的「月皎皎」、第五句的「桂水闊」都是連用三仄聲，第四句的「風淒淒」和第六句的「秦川多」都是連用三平聲，第七句的「半百不」連用三仄聲，第八句的「看雲還」又連用三平聲。大致看來，上句在某一處拗，下句仍在某一處拗，只是拗的規模更為增大。這種加強過的拗體，在功效上就使得全詩中不平的氣氛格外加強。

杜甫對於拗體的方式，確實增加許多變化，但其中含有感情的節律在內，不完全為的是裝飾，也就是杜甫對於拗體的應用，推得更廣泛了，但在基本的觀念上，還是傳統的為描述感情，不是有意的定出了許多公式來，做為裝飾上的用途。現在舉出兩種不同應用的律詩，作為示例。

第一種拗體詩為表示節令中的即興的：

> 去年登高郪縣北，今日重在涪江濱。苦遭白髮不相放，羞見黃花無數新。世亂鬱鬱久為客，路難悠悠常傍人。酒闌卻憶十年事，腸斷驪山清路塵。
> （九日）

> 冬至至後日初長，遠在劍南思洛陽，青袍白馬有何意，金谷銅駝非故鄉。梅花欲開不自覺，棣萼一別永相望，愁極本憑詩遣興，詩成吟詠轉淒涼。
> （至後）

> 春日春盤細生菜，忽憶兩京全盛時，盤出高門行白玉，菜傳纖手送青絲。巫峽寒江那對眼，杜陵遠客不勝悲。此身未知歸定處，呼兒覓紙一題詩。
> （立春）

這幾首節令詩雖然不是同時所作，但卻是在同一的作風下做出來的，都是一些臨時遣興，不必過事雕琢，所以其中盡量的用俗詞口語來寫。雖然其中也有感慨，但這些感慨還是比較輕鬆的。因此這些詩的拗體，只表示隨手寫成，並無嚴重的考慮在內，正和賀知章的〈回鄉偶書〉以及岑參的〈逢入京使〉是同類的。不宜認為杜老是刻意來寫成的。

第二種拗體是有關地方性的，但仍可分為二類，其第一類為隨意寫成，不加雕琢，和節令即興一樣；例如：

浣花溪水水西頭，主人為卜林塘幽，已知出郭少塵事，更有澄江銷客愁。
無數蜻蜓齊上下，一雙鸂鶒對沈浮，東行萬里堪乘興，須向山陰上小舟。
（卜居）

卜居赤甲遷居新，兩見巫山楚水春，炙背可以獻天子，美芹由來知野人。
荊州鄭薛寄詩近，蜀客郗岑非我鄰，笑接郎中評事飲，病從深酌道吾真。
（赤甲）

這都是新居遣興之作，信筆寫來，相當隨便的，其中拗體，只是走向一種輕快的
極端方面。

至於有關地方的第二類拗體，就不同了，例如：

灩澦既沒孤根深，西來水多愁太陰。江天漠漠鳥飛去，風雨時時龍一吟。
舟人漁子歌迴首，估客胡商淚滿襟。寄語舟航惡年少，休翻鹽井橫黃金。
（灩澦）

這當然是一種故意的拗體，一點也不隨便，來形容灩澦灘險的艱難，當然是另外
一種情調。

在杜甫幾首鄭重的數首連詠之中，不是用拗體的，不過在幾首之中，卻偶
然發現了一些拗句。如同〈秋興〉八首中的「玉露凋殘楓樹林」，「凋殘楓」三字平聲，
「江間波浪兼天湧」、「江間波」三字平聲；「瞿唐峽口曲江頭」，「峽口曲」三字仄聲，
「昆吾御宿自逶迤」，「御宿自」三字仄聲。〈詠懷古跡〉中的「支離東北風塵際」，「支
離東」三字平聲，「風流儒雅亦吾師」，「風流儒」三字平聲，「蜀主窺吳幸三峽」，
「幸三」二字平仄均失調。自然，三字皆平或三字皆仄，有時亦不是拗體，但遇
到三字中可平可仄的時候，連用平聲或連用仄聲就會顯出拗的意味，這些地方，
改字並不難，杜老這樣用，實在是故意的用，為的是達到加強語氣的目的。

在杜甫的五言律詩之中，〈秦州雜詩〉可以說是古今五律之冠（蘇東坡學杜
五言，學得很像。但杜是創始的人，蘇東坡自然要遜一籌）。其〈秦州雜詩〉第
一首，就是正常律詩，偶有拗句：

滿目悲生事，因人作遠游。遲迴度隴怯，浩蕩及關愁。水落魚龍夜，天寒

鳥鼠秋。西征問烽火，心折此淹留。

其中「度隴怯」和「浩蕩及」都是三仄連用，而「問烽」二字又是平仄顛倒，當然是一些拗句，但因爲氣勢一直下來，阻止不住，所以反而不覺得拗。杜甫的七絕中，拗體比別人的七絕占的比例格外大。這可能是因爲杜甫希望新創格調，不願追隨別人的緣故。唐代七絕成熟較早，自李白、王昌齡、王翰、王之煥等名作以後，很難在標準規格上超過他們，因此他的路數，不是向高古去走，卻是向凡近去走。所以他的許多七絕，都和他的「漫興」一類的律詩走的同一路子。在他詩集之中，模仿太白、龍標的，可以說簡直沒有。當然，唐人七絕被人欣賞的，還是太白、龍標以來的傳統形式，杜甫的七絕在一般評詩著述之中，是評價不高的，但除去〈頌花卿〉、〈逢李龜年〉兩詩最接近傳統形式的以外，也不是全無好詩，例如：

草閣柴扉屋散居，浪翻江黑雨飛初。山禽引子哺紅果，溪友得錢留白魚。（解悶）

商胡離別下揚州，憶上西陵故驛樓；為問誰南米貴賤，老夫乘興欲東游。（解悶）

二月已破三月來，漸老逢春能幾迴。莫思身外無窮事，且盡生前有限杯。（絕句漫興）

腸斷春江欲盡頭，杖藜徐步立芳洲。顛狂柳絮隨風去，輕薄桃花逐水流。（絕句漫興）

懶慢無堪不出村，呼兒日在掩柴門。蒼苔濁酒杯中靜，碧水春風野外昏。（絕句漫興）

江深竹靜兩三家，多事紅花映白花。報答春風知有處，應須美酒送生涯。（江畔獨步尋花）

　　黃四孃家花滿蹊，千朵萬朵壓枝低，留連戲蝶時時舞，自在嬌鶯恰恰啼。

　　這些絕句的好處不是高古而是眞切。當然高古確有高古的可貴處，但也不必完全忽視眞切。在以上舉例中，一組詩之中，就有的用拗體，有的就完全不用拗體，可見杜甫在七絕中的拗體，只是隨興所至，並未曾加意去做。在宋人中不僅僅如楊誠齋的詩完全出於杜的絕句，而且蘇軾的名句「竹外桃花三兩枝，春江水煖鴨先知」又何嘗不從杜詩的「江深竹靜兩三家」改變出來？所以只要自己單獨走自己的路，不蹈襲別人的面目，總是有其意義的。

　　拗體的發現固然從近體的律詩和絕句出來，但其對於古詩上的功用，卻不下於近體詩，只是不曾被人注意罷了。無疑的，韓愈對於古體，差不多有革命性的功績，但其應用的方式，卻並非從漢魏或六朝的古體出來，而是把杜甫應用這拗體的原則放上去。試看韓愈的〈謁衡嶽廟〉詩：

　　五嶽祭秩皆三公，四方環鎮嵩當中，火維地荒足妖怪，天假神柄專其
雄。噴雲泄霧藏半腹，雖有絕頂誰能窮。我來正逢秋雨節，陰氣晦昧
無清風。潛心默禱若有應，豈非正直能感通。須臾靜掃眾峰出，仰見
突兀撐青空，紫蓋連延接天柱，石廩騰擲堆祝融，森然魄動下馬拜，
松柏一逕趨靈宮，粉牆丹柱動光彩，鬼物圖畫填青紅，升階傴僂薦脯
酒，欲以菲薄明其衷。廟令老人識神意，睢盱偵伺能鞠躬，手持杯珓
導我擲，云此最吉餘難同。竄逐蠻荒幸不死，衣食纔足甘長終。侯王

將相望久絕，神縱欲福難為功。夜投佛寺上高閣，星月掩映雲朣朧。

猿鳴鐘動不知曙，杲杲寒日生於東。（關鍵字平聲用圈，仄聲用✕指出）

這是一首三十二句七古的長詩，其中凡是雙數的句子中的第三字，一律是平聲沒有例外。前八句中單數句子中第三字也全是平聲(只有一個例外，是第三句的「足」字，用仄聲。非常可能韓昌黎原詩用的是「多」字，不是「足」字，被刻本改造的「足」字不太通順，多字宋俗字可能轉誤為足。又宋人刻書常有改字的事，如同王維詩「空山一夜雨，樹杪百重泉」；在須溪校本中，就改為「山中一半雨」，這是一個很著名的例子)，至於第九句以後，凡是單數句中的第三字，就全部用仄聲，也沒有例外，這種排列法，顯然是有意去做，來構成一種特殊的感覺，在近體詩中是拗體詩，現在是古體詩，當然不算拗體而是正體。讀起來一點也不會覺得拗，只覺得更為奇古，甚至於多年以來，這種排句整齊的平仄用法也不曾被人注意到，真可以說韓昌黎手法的高明處。當然在杜甫的古詩中，也曾經把拗體的句法加入進去。只是並像韓昌黎做得這樣整齊，即令指出來，證據也不算充分，不能像昌黎詩這樣的，一經圈點出來，就十分明顯，不需疑惑了。

杜甫影響到韓愈，韓愈也影響到李賀。韓愈的奇古是除去了把散文的命意和用字用到詩上去，利用了拗體的音節，其幫助是非常大的。李賀詩是做了成功的精麗，除去了深入的構思之外，也一定需要音節上幫助，例如李賀的〈金銅仙人辭漢歌〉，其第一句的「茂陵劉郎秋風客」，第二句的「夜聞馬嘶曉無跡」，第四句的「三十六宮土花碧」，每一句中第四字和第六字都是用平聲，顯然是有意的做拗體式的應用。在全詩中雖然不像韓愈那樣的規律，但其中第六字也多屬平聲，一直用到「波聲小」的聲字，無疑的唐詩到了李賀，已經形成了另外一個顛峰，他對於拗體的應用，也到了非常純熟的境地。這一點後起的李商隱也一樣的受到影響。

拗體詩的特點不是像漢魏詩那樣，完全不管平仄，而是不拘寫近體詩的規格，要按照感情旋律的起伏，來控制平仄。這一點到了宋代，就成為裝飾性的應用，比描寫情感的應用大。黃庭堅喜用拗體，也善於用拗體，卻是屬於裝飾

性的目的比較重要。到了清初吳梅村(吳偉業)以長詩擅名,他的七古長詩也有其獨到之處。不過他卻完全採用了近體的平仄,嵌入古體之中,外表看來也還漂亮,可是完全不能用平仄來控制聲調,表現情感,在舊的批評標準上,也就可以說氣勢卑弱了。

崑崙山的傳說

一、崑崙二字的古訓詁

在中國神話傳說之中，山是其中的一個重要因素，在殷商卜辭中顯示著，河與岳是自然界中最重要的神祇。其中尤其是山岳，更帶著濃厚的神秘感。五岳的傳說，是從《尚書・堯典》開始。〈堯典〉的著述不會太早，五岳可能還是從單純的岳而成的。單純的岳，依照文獻上說，是在今山西南部的霍山，或者在今陝西西部的太岳山。關於這兩座岳山，因爲商代的實力似乎不會到陝西的西部，所以商代的岳，還是以霍山爲近似。

不論霍山或太岳山，都是在中原的西方，再從殷商來說，霍山在殷商的西方，從周來說，太岳山也在周的西方。這就意識到，岳的地位還是以西方爲主的。五岳的發展，依照五方來分配，也應該是先有「岳在西方」這一個觀念，才會引申到其他的方位。

《詩經・大雅・嵩高》：「嵩高維嶽(岳)，峻極於天，維嶽降神，生甫及申。」這裡的「嵩高」，三家詩本作「崇高」。也卽是舊本原作「崇高」，《毛詩》改爲「嵩高」；這要算作是後起之義。因爲「崇高」和「嵩高」的解釋大有出入。「嵩高」指中岳嵩山而言(其實嵩字亦是漢人新創的字)，而「崇高」只是一個形容辭，這一句的句主是嶽(岳)，舉稱的岳，那就指示出來的不是嵩山，而是霍山或者是太岳山了。也就這首詩追溯著申和甫(呂)兩個姜姓國家，發源於岳山的神話。

從甲骨文岳字的字形結構來說，岳字是代表山的上面還有山，就成爲特高的山(據屈萬里釋)。正可和《爾雅》所記的互證，《爾雅・釋山》：

　　丘一成爲敦丘，再成爲陶丘，三成爲崑崙丘。

敦的意義是重厚，有分量；陶或者是峹或嶅的假借字，意義是高聳；三成的崑崙丘才是神聖之岳的本義。崑崙既然就是岳，神聖的岳，所以崑崙也就是崇高的、神秘的、聖潔的。中國歷來有不少關於崑崙的神話，也就可以和「岳」的崇拜，以及和「岳」的神話合併起來研究。

崑崙是一個複音節的名辭，若用單音節可以叫做崑，也可以叫做崙。崑崙的古音可能是 Kwên-lwên，崑或崙應當都可以讀成 Klwên [1]。倘若追溯這一個字的語源，可能多少有些「圓」的意義，從圓的意義，再轉為「天」，再轉為「洞」，再轉為「轉動」等等意義。直到近代漢語還保存著一些痕跡。例如圓或圜，就形成「團圝」，天就形成為「穹窿」，「洞」就形成為「窟窿」，轉動及圓形的輪，就形成為「轂轤」。從別一方面來說，「崑」字或「崑崙」又有「混同」或「統攝」的意義，《說文解字》段玉裁《注》：「（昆从日从比），从比者同之義，今俗謂合同為渾，其實當用崑，或用崙。」揚雄《太玄經》「昆侖旁薄」亦即「渾淪旁薄」，林義光《文源》昆字上「日象渾沌之形，非日字，今字以混為之」。這是對的，昆字原義實為穹蒼之穹，指天，其下的比字像兩個人的形，命意為衆。所以昆字是指天，指穹蒼，指渾沌，指渾圓。照這樣來說，崑崙山的實質是和「岳」相當，但崑崙又含有天的意義，所以就宗教儀式來講，崑崙丘的祭祀，即是圜丘的祭祀，從地理方位來講，崑崙山也可能就是天山的別稱。

當然，這裡天山的名稱，並非一定就指新疆中央的天山，天山的名稱，還可以西及帕米爾高原，還可以東及甘肅或青海的各山峰。其指定的範圍，還是具有很大的彈性的。

此外，在《漢書・郊祀志》中還有一段，講到崑崙和明堂的關係，證明了崑崙和天及圓形是有些同義的。〈郊祀志〉下：

> 初天子封泰山，泰山東北阯，古有明堂處，處險不敞。上欲治明堂奉高旁，未曉其制度。濟南人公玉帶上黃帝時明堂圖。明堂中有一殿，四面無壁，以茅蓋，通水，水圜宮垣，為複道。上有樓從西南入，名曰昆侖。天子從之，

1　依據董同龢《上古音韻表》，侖字古音可以為複輔音 Klwên，同理，睯字及綸字也一樣是複輔音，譬如絲綸的綸的輔音一般讀作 l，但「羽扇綸巾」的輔音，一般是讀作 k 的。

入以拜祀上帝焉。

明堂是圓頂，古來從無異說，公玉帶的設計，自是圓頂[2]，圓頂代表天的。從西南入，西南是坤方，表示從地至天。其中最可注意的，是這個祀天的殿，叫做昆侖，所以昆侖正表示高處與天相接的地方，這也是對於昆侖(或崑崙)命意的重要證據。

二、崑崙的傳說和產生的關連性

由《史記 · 李斯諫逐客書》：

> 今陛下致崑山之玉，有隨和之寶，垂明月之之珠，服太阿之劍……此數寶者秦不生一焉，而陛下悅之何也。

此處顯然說崑山之玉其產地不是在秦國的境內。崑山即崑崙山，這是毫無問題。《爾雅》的崑崙丘，別本亦常作崑丘的，崑山之玉即崑崙山之玉，今討論崑崙的所在，在秦始皇以前(甚至以後)凡是講到崑崙的，都是認爲在秦隴境內，或其以西地方，決無在秦國的東方的[3]，李斯既認爲不在秦國境內，那麼這個崑山一定是指在秦國西方的地域。也就是說當時和闐的玉，已經輸入到了秦國。又《爾雅》：「西北之美者，在崑崙墟之璆琳琅玕焉。」這也是崑崙在西北的一個證據。

在中國漢以前古玉之中，確有不少的古玉是和闐玉。這個時期是遠在張騫奉使以前，中國和今新疆地帶已經有貨物的交易。這是表示著中國和西域」並無使節的來往，或者甚至並無商人的直接來往，但是玉這種商品顯然的可以經由河西走廊間接運到中國。中國人當時對於「西域」的地理形勢可能並不清楚，所以崑山或崑崙山應當是對於西域各大山的一個泛稱，卻未必就指某一個特定的山系。

《禮記 · 玉藻》說：「天子佩白玉而玄組綬，公侯佩山玄玉而朱組綬，大夫

---

2 關於公玉帶的明堂圖，以及劉歆等人所設計的明堂，是和殷虛的建築有一貫相承的系統的，這一點高去尋在他的「侯家莊」考證中有一篇解說。

3 此時霍山亦入於秦了。

佩水蒼玉而純組綬，世子佩瑜玉而綦組綬，士佩瓀玟而縕組綬。」這裡所說的白玉，只有和闐玉才是這種顏色。至於山玄玉和水蒼玉那就在中原地區的玉，例如南陽玉、終南山玉，以至於河西走廊的祁連玉都是有差不多的色彩。〈玉藻〉所述的大體是根據周制，這也可以說周天子所佩的玉正是和闐輸入的。

　　在中國古代，玉是一種最高貴和尊嚴的代表性，因而天子的地位，也是用玉來代表的，依照《續漢書‧輿服志》，天子冕旒垂白玉珠。又〈輿服志‧注〉引《漢舊儀》，天子六璽也是用白玉，這一點一直沿襲到後代，凡是天子的璽都是白玉做成的。《尚書‧洪範》：「惟辟（君）作福，惟辟作威，惟辟玉食；臣無有作福作威玉食。」這裡「玉食」雖然可以用不同的解釋，例如可以把玉食當作珍貴的食物，也可以釋作用玉器來盛裝食物。可見玉是代表珍貴是無疑的。這種用法到了道教，例如玉清、玉虛都是仙境，而玉帝也就等於上帝，可見古代對於玉的重視。但是玉以白玉為貴，天子是以白玉來代表權威的，而白玉又是從西方來的，這就無怪乎西方最重要的關塞叫做「玉門」了。

　　現在牽涉到的，是藍田產玉的問題。藍田在長安東南，如其中國的美玉真是藍田所產，就不必外求了。當然這是不對的，那志良在《大陸雜誌》第七卷，曾討論這個問題，題目為〈藍田玉〉。

　　他根據了濱田青陵《有竹齋古玉圖譜》和章鴻釗《石雅》的意見，加以綜合，甚為有用。不過我的看法，還是有些出入。藍田的玉，依照《漢書‧地理志》「京兆藍田」下本注，明說是「出美玉」而不是玉的聚地。《漢書‧東方朔傳》：「涇渭之南……其山出玉石金銀銅鐵」。涇渭以南的山就是秦嶺，也就藍田所在的山，此山是出玉的。章鴻釗說：「前陝西實業廳廳長田步蟾氏語予云，今藍田玉出終南山（秦嶺），色青而灰暗，如菜葉，故俗名菜玉，有重二斤許者。」據此談話，秦嶺出產暗綠色的「菜玉」是不成問題的，至於玉質的好壞，那就各個玉璞之間都有很大的差異，在大量開發之下，應當可以找到較好的品質的。（和氏璧就可能是一塊明澈而潔淨無瑕的南陽玉，因為是產自「荊山」，與和闐玉在質料上不會相同的。）至於《漢書‧外戚傳》，漢成帝為趙后起昭陽舍：「白玉階，壁帶往往為黃金釭，函藍田璧明珠翠羽飾之。」這裡的白玉階，當然是白大理山，白玉沒有那麼大的。至於「藍田璧」，就可能是秦嶺所產的玉做成的璧，不會是

和闐玉璧的[4]。至於鄭榮《開元傳信記》：「太眞妃最喜擊磬，明皇令採藍田綠玉爲磬」，這裡所說的「綠玉」正和秦嶺玉色彩相符，也自屬秦嶺的玉。以楊貴妃(太眞)來比趙飛燕(趙后)，地位恰好相當，那麼正好給藍田璧是秦嶺玉一個支證[5]。作《天工開物》的宋應星是南方人，雖然許多記述都曾由目驗，他卻未去長安親訪藍田玉的產地。所以他說：「葱嶺所謂藍田，卽葱嶺出玉別地名，後世謂卽西安藍田者誤也。」這是頗有問題的，所以我們不必附會藍田爲葱嶺，或者藍田爲和闐，爲崑崙。但是無論如何，《山海經》仍然是許多古代神話的總匯，仍然是研究中國古代神話的寶典。在《山海經》中，崑崙(昆侖)丘是諸山中的神山，而崑崙丘又是西王母居住的地方，並且也是產玉的地方，因而崑崙、西王母和玉是三者互有關連的。這就形成了中國神話中的一個重要的中心。崑崙丘在《山海經》中見於〈西山經〉、〈海外南經〉、〈海內西經〉、〈海內北經〉、〈海內東經〉、〈大荒西經〉和〈海內經〉。其中當然尚有許多矛盾的地方，這正是表示《山海經》是雜湊許多有關地域的故事而成，不僅作者無意做科學系統的編次，並且不出於一人之手，但是主要都是戰國人所述[6]。至於山經、海外經、海內東西南北經、大荒經、海內經的編次，只能表示幾個不同的纂述，其前後並不能代表時間，有人以此來分別纂述的先後，並不足爲憑的。

　　《山海經》的主神當然是帝俊，帝俊即帝夋(亦即甲骨文的高祖夋)[7]。這裡

4　在一個大廳堂，在四圍牆上做一條壁帶，隔二三尺鑲嵌一個同樣大小和差不多色彩的玉璧，這種玉璧當然是臨時特製的。只有用長安附近的材料才可以做到，但其用費仍然十分鉅大的。

5　長安在漢唐為都城，人口聚集，藍田玉也開發了。等到漢唐亡了，長安殘破，採玉的工作也停頓了。所以《魏書·李先傳》說李預不知真有藍田玉，竟以古玉為藍田玉，而明代陝西也是荒僻地區，玉也未能開發。

6　《山海經》是一個古代神話的總匯。雖然按地區排比，但這只是一個歸類法，和地區關係不深。目錄中或編入地理類，已經非實，至於有人想藉以考古地理，那就更走入歧途了。《四庫全書》將《山海經》編入子部小說家類（三），比較得實。因為古代神話還是接近文藝部分的。《四庫提要》和茅盾（玄珠）的《中國神話ABC》對此書各有分析，雖然都有偏見，大致尚稱客觀。此書與《楚辭》的〈天問〉互為表裡，也可見其時代相當接近。其中地名雜有西漢初年郡名，也顯著在西漢初年曾經整理過。書中重複矛盾之處，所在多有，也表示雜湊的痕跡。王應麟《周書王會篇補傳》稱朱熹認為「因圖書而述之」，也就是說是根據圖畫來解釋的。這些圖畫可能就是壁畫或其他畫幅如同馬王堆所出圖畫之類。這正是戰國時代的。

7　帝俊或帝夋，一般注家多認為即帝舜。實際上這個夋字可溯源到甲骨文，是商代的遠祖。當然商代王室和帝舜並無直接關係。所以帝夋也就是帝嚳的異名，這個字並非夋

是帝嚳、帝顓頊以及帝舜的集合體，因為不屬本題範圍，在此不必多為申述。
現在主要的是討論崑崙與西王母：

〈西山經〉：「昆侖之丘是實為帝之下都……河水出焉……又西三百五十
里曰玉山，西王母所居也。西王母其狀如人，豹尾虎齒而善嘯，蓬髮戴勝，
是司天之厲及五殘。」又：「三危之山，三青鳥居之。」。郭《注》：「三
青鳥主為西王母取食者，別自棲息於此山也。」

郭璞《山海經讚》：「西王母：天帝之女，蓬髮虎顏，穆王執贄，賦詩交歡。」
「三青鳥：山名三危，青鳥所憩（憩字據《藝文類聚》九十一改），往來昆侖，
王母是隸。」

〈海內南經〉：「昆侖虛在其東，為虛四方。」

〈海內西經〉：「海內昆侖之虛，在西北，帝之下都。昆侖之虛，方八百里，
高萬仞。上有木禾，長五尋，大五圍。面有九井，以玉為檻，面有九門，
有開明獸守之，百神所在，在八隅之巖，赤水之際，非仁羿莫能上岡之巖。」
郭《注》：「言非仁人及有才藝如羿者，不能登此山之岡嶺嶮巖也。羿嘗
請藥於西王母，亦言其得道也。」8

〈海內西經〉：「昆侖南淵深三百仞……北有肉珠樹、文玉樹、玗琪樹、
不死樹。」

〈海內北經：「西王母梯几而戴勝，有三青鳥為西王母取食，在昆侖虛北。」

〈大荒西經〉：「西有王母之山……璇瑰，瑤碧，白木，琅玕，白丹青丹。」
又：「西海之濱，赤水之後，黑水之前，有大山名曰昆侖之丘……其下有
弱水之淵環之，其外有炎火之山，投物輒然，有人戴勝，虎齒，有豹尾，

字而當為嚳字的古寫。至於帝夋是人王還是神王，那又另是一個思辨問題了。

8　仁羿之仁與夷通，〈天問〉：「帝降夷羿，革孽夏民」。說羿本出東方的族姓的，郭《注》
　非。羿請藥於西王母的事，郝懿行《箋》謂出於《淮南‧覽冥》篇及《歸藏》。《歸
　藏》今亡，郝氏據李淳風乙巳占，引《連山易》云：「有馮羿者，得不死之藥於西王母，
　恆娥竊之以奔月。將往枚卜於有黃，有黃占之曰吉……恆娥遂託身於……」

穴處,名曰西王母。」郭《注》:「河圖玉版亦曰西王母昆侖之山。」(按「河圖玉版」古緯書,今亡。)

從這些材料看出來,西王母是住在崑崙山,或者住在昆崙山附近,也就是產玉以及丹藥的地方。此外崑崙又是黃河發源之處。《史記・大宛列傳》說:

《禹本紀》言:「河出崑崙,崑崙其高二千五百餘里,日月相避隱為光明也。其上有醴泉,瑤池。」

《禹本紀》雖亡,但司馬遷說出來,還有「日月相避隱爲光明」一件事。雖然不見於《山海經》,仍然是對於古神話來說,是十分重要的。因爲依照中國古代天文學,是分爲渾天、蓋天和宣夜。宣夜認爲日月星辰是虛懸著的,此家到漢代未有師說。渾天認爲天如雞子,地似卵黃。這是一種以地球爲宇宙中心的一種學說。蓋天是認爲天圓而地方,天覆於上,地載於下,江河由地之中心向四方流,這是在華嚴世界和但丁神曲世界以外的別一種構想(天上神之所居,地上人之所居,可以和長沙馬王堆彩畫作一比較)。照這樣解釋,中國的中心是在洛陽,而全宇宙的中心卻是崑崙,所以才能形成「日月相避隱爲光明」的現象。

從這個宇宙中心的觀念,便可引申出來更多神話上的關係。一個宇宙的中心並且也是最高的山,自然的也是天地間交通的一點。所以崑崙是「帝之下都」。在崑崙住居的,也是人神之間的西王母。據郭璞《山海經讚》說:

昆侖明精,水之靈府。惟帝下都,西姥之宇。嶵然中峙,號曰天柱。

西姥指西王母,天柱指從地上支撐天的地方。至於西王母的身分,郭《讚》說是「天帝之女」。雖然今本《山海經注》未曾採錄(可能是佚失了),一定有其根據的。

崑崙既然是人神相會之所,所以附近有軒轅之丘(〈西山經〉),又有帝堯臺、帝嚳臺、帝舜臺、帝丹朱臺(〈海內北經〉),比較上更具有故事性的,還是后羿和周穆王。后羿在中國神話之中,是一個很具有冒險性的英雄,只因爲在歷史上沒有給他一個適當地位,所以只剩下許多斷片了。程憬在重慶出版的《中央大學文史哲季刊》有一篇考證,把后羿和希臘的海克拉斯來比較,其中一次一次的冒險是有些類似的。這樣一個英雄,當然有資格向西王母請求不死之藥。

再就恆娥（或嫦娥）奔月的故事來說，〈大荒南經〉說：

> 東南海之外，甘水之間，有羲和之國。有女子名曰羲和，方浴月於甘淵，羲和者帝俊之妻，生十日。

郝懿行《箋》說：

> 《史記正義》引《帝王世紀》云：「帝嚳次妃娵訾氏女曰常儀」，〈大荒西經〉又有帝俊妻常羲，疑與此經羲和通為一人耳。

又〈大荒西經〉：

> 有女子方浴月，帝俊妻常羲，生月十二，此始浴之。

恆與常通，恆娥亦即是嫦娥，儀從我得聲，也就是常儀即嫦娥。嫦娥本帝俊妻，奔月故事又傳為后羿妻，在神話中的英雄，時常互換人名，原不足怪。不過恆字本從月，《詩經》「如月之恆」，嫦娥或恆娥在字形結構上和月字本有關係。至於「奔月」或「生月」那一個故事是原始的，就難以探索了。

恆娥既有帝俊妻一說，那麼除去后羿拜謁過西王母，如其帝俊是主神，那帝俊也可能有過拜謁西王母的故事。這個天子拜會西王母的故事，也自然把其中的英雄換一下人名，可以變為后羿，可以變為周穆王，也就可以再變為漢武帝了。

毫無問題的，《穆天子傳》是一部物語，不可以太認真的當作正式歷史來考證。只是其中牽涉到許多地理知識問題，若當作物語來研究，那就其中牽涉到的是戰國時的地理知識；若當作實錄來研究，那就其中牽涉到是周初的地理知識。依照《國語》、《左傳》以及《竹書紀年》佚文，周穆王雖然巡狩四方，卻未嘗走出了周王的國境，不可能遠至河西走廊以及河套地方。在《穆天子傳》中，雖然他是否遠到河西走廊，還不十分明顯；而敘及河套地方，卻是很明顯的。當戰國的開始時期，《左傳》著作的時代，還一點不知道河套地方。直到趙武靈王開闢北疆，河套地方才歸入中國人地理知識以內。《穆天子傳》出於魏襄王家，正好纂集的時代比趙武靈王稍後，所以把河套地方列入穆王行程之內。從來研

究《穆天子傳》地理問題，自丁謙、顧實諸人以次，無不當作實錄來看待，並且誇張的越走越遠，結果毫無是處。不僅周初地理知識方面，屬於完全不可能，卽就戰國地理知識方面來說，也是不可能的，只有小川琢治〈周穆王の西征〉所對於《穆天子傳》地理位置的指定，雖然與周初地理知識不合，但就戰國人的地理知識來說，卻具有相當大的可能性。所以這篇研究還是有用的(見《支那歷史地理研究》續集)。

在傳說中，崑崙既然是天地溝通的地點，黃河發源於崑崙，那黃河也就和天相通了。李白〈將進酒〉詩：

> 君不見，黃河之水天上來，奔流到海去不回。

這是有根據的。《太平御覽》八引《集林》：

> 昔有一人尋河源，見婦人浣紗，以問之，曰：「此天河也。」乃與一石以歸，問嚴君平，云：「此織女支機石也。」

這裡黃河與天河相通的傳說，當然和「河出崑崙」的傳說是相通的。織女在傳說中也是「帝女」，這又和西王母是帝女的傳說具有關連性，但從另外一方面說，西王母的傳說也許還具有歷史的背景。除去女媧傳說以外，商的祖先溯自簡狄，周的祖先溯自姜嫄，《史記 · 秦本紀》所載秦的祖先顯然有母系傳統的痕跡，而古代傳說中還有「驪山女為天子」一說，這些往古的史事，自然也有變為不同傳說的可能。只是宇宙中心的崑崙丘和西王母傳說相關，比較更為不尋常罷了。

附：崑崙傳說與西王母的關連

中國古代顯然是有很多美麗的神話的。但是神話故事的保存，需要在三種不同態度之下，才能不至於遺失或轉變為假的歷史(predo-history)。第一種是基於宗教的信仰，絕對相信神話是真實的，如同以色列人和印度人對於舊的神話具有宗教意味，是不容批評或分析的。第二種是完全基於美的立場來利用神話，雖然可能對原有傳說有所添改，但神話的面目還是保存下來，或者裝飾得使其更豐富些。希臘人的神話就形成這一種形式。第三種是用文化人類學的

觀點來處理神話傳說，使得若干只有口述的神話保存下來。

中國是一個龐大的區域，中國的民族是許多古民族匯合而成，其曾經有這許多不同的美麗神話是一個不容置疑的事。所可惜的，現存的中國神話卻只有大綱而無細節，給人一些需要探索的問題。這個原因當然是把古代神話保存下來的，不是宗教的目的，不是利用神話來寫小說或史詩[9]，也未到文化人類學發展的時期；而是這些著作的目的，都走到其他學術的領域去。譬如《山海經》只是一部初期的地理書，間或摻雜些古代的巫術[10]，〈天問〉只是利用神話題材的壁畫，來表達自己的感情，實際上還是一首抒情詩。《穆天子傳》確實是一部最早的長篇小說，距離真的史記相當的遠。但對於西王母故事一段，神話的意味還不算太夠。可能是古代中國，對於歷史太注意了。歷史和神話是背道而馳的。過分的用歷史的敘述方法，也就自然的犧牲了神話的趣味。

9　中國古代長篇小說及史詩是缺乏的。尤其是史詩，顯然的是由於《詩經》中抒情詩的普遍，以及周天子和諸侯對於史事記錄的重視，擠得史詩沒有發展的餘地。這樣的遙遙二三千年沒有這一類的著述。《漢武故事》敘漢武帝見西王母事，作者見及《穆天子傳》，顯然為晉代的人（因為張華《博物志》引及此書）；但去古已遠，篇中充滿魏晉文人觀念及道教氣氛，不能再當作神話傳說看待。直到明代陸西星試作《封神榜》，去古更遠，除去了用幾個古人名字以外，完全是明代的社會背景，與古代神話毫不相涉。只有近代人鍾毓龍做《古代神話演義》，倒是用心搜集古代神話，加以貫串，可惜其人受章回小說影響太深，對於中國及外國古代社會未曾注意，尤其對於日本、印度、希臘、羅馬、北歐等神話均較隔閡，寫出來的一點也不像神話。魯迅寫《不周山》，確很像神話體裁，可惜他只是意在諷刺，並未好好的寫。玄珠的《中國神話 ABC》是一部好書（又程憬一些專篇研究也很好），其中有不少好的提示，可是他並未寫這神話式小說。

10　長沙帛書，是戰國時代楚國人殉葬之物，其中所寫出的神祇，正和《山海經》所表達相類似。所以《山海經》正是以地理書為底子，而加上若干巫術繪畫的描寫的。《山海經》本來有圖畫的，隋唐以後遺失了。

八、碑刻研究

粘蟬神祠碑的研究

　　粘蟬神祠碑是在十九世紀末期在平壤的西南發現的。碑中所記的時代是（建）武□年四月戊午，建武是漢代光武帝的年號，在武字以後只有一個字不能辨認，就表示只有建武元年到建武十年的可能，也就是公元 25 年到 34 年間所刻的碑文。至於四月戊午，那就在建武元年、建武二年、建武三年、建武四年、建武五年、建武八年，在四月都有戊午。尤其是以建武八年，四月戊午朔。所以最大的可能，是建武八年，亦卽公元 32 年。

　　碑的銘文剝蝕得很厲害，現在勉強認得出來的，是：

　　　□武□年四月戊午，＜蟬長□

　　　□□建丞屬國會□□宗□立

　　　（平）山神祠刻石。辭曰，

　　　□惟平山君，德配代當，承天幽□。

　　　□佑粘蟬，興甘風雨，惠民立工。

　　　□式壽考，五穀豐（登），盜賊不起。

　　　□執（蓋）臧。出入吉利，咸受神光。

　　其中有些需要解釋的，今舉例如次：

一、蟬長

粘蟬是漢代所置的縣（約相當於今韓國的郡），屬於樂浪郡（郡約相當於韓

國的道)。長是縣的長官(知事),《漢書 · 百官公卿表》:「縣令,長,皆秦官。掌治其縣。萬戶以上爲令,秩千石至六百石;減萬戶爲長,秩五百石至三百石。」就是說每一縣夠一萬戶的,設縣令;在一萬戶以下,設縣長。秥蟬縣戶口不及一萬戶,所以是縣長。

在刻石中後段,是有韻的,其韻腳是嵩(依照 Bernhard Karlgren 的 Grammata 的嵩字,和嵩字音義相同的崧字,讀 sᵢoong)、蟬(Grammata 沒有此字,今據董同龢《上古音韻表》稿作 zᵢiän)、工(Grammata 讀 Kung)、登(Grammata 讀 təng)、臧(Grammata 讀 tˌsᵢang)、光(Grammata 讀 Kwâng)。漢代用韻甚寬,不過最後收聲的子音 n,ng 或者 m;是決不相混的。在漢詩中及漢代頌辭中,都是這樣。此處只有蟬字一個字特殊,可能是當地的讀音是用 ng 收聲而不是用 n 收聲的。這一種狀況,在漢代縣名用當地讀音,例如敦煌讀屯煌之類,也很常見。

二、丞,屬國

丞是縣長的丞,《漢書 · 百官公卿表》說令長以下「各有丞尉」,丞是令長的「副貳」,尉是維護治安的。屬國,《漢書 · 百官公卿表》:「農都尉,屬國都尉皆武帝初置。」《漢書 · 霍去病傳》:「分處(匈奴)降者,於邊五郡故塞外,而皆河南,因其故俗爲屬國。《注》師古曰:「不改其本國之俗。」這裡所說的屬國,是在縣以外,一些自治的地方。

三、代,嵩

代就是岱的借字,岱山指泰山。嵩是嵩山。《尚書 · 堯典》「歲二月,東巡守至於岱宗」,岱宗就是泰山。此時只有四岳,就缺少了一個中岳《爾雅 · 釋山》:「河南華,河西岳,河東岱,河北恆,江南衡。」這是戰國時代或者漢代初年的敍述。其中是以岱(泰山)爲東岳,岳山(即陝西鳳翔以北的岳山或嶽山)爲西岳,華山爲中岳,恆山爲北岳,衡山爲南岳,這是有關五岳最早的敍述。到了鄭玄做的《周禮注》,在〈春官 · 大司樂〉以下的注說「五岳,岱在兗州,衡在荊

州，華在豫州，岳在雍州，恆在幷州」，完全和《爾雅》一樣不用中岳嵩山之說，這是非常有斟酌的。五岳有嵩山之說，始見於《孝經鉤命訣》：「五岳，東岳岱，南岳衡，西岳華，北岳恆，中岳崧。」(見《詩經・毛傳》的孔穎達《疏》引在〈大雅・崧高篇〉下)《孝經鉤命訣》爲緯書之一，讖緯起於哀平之際(漢哀帝及平帝在西漢晚期)，所以此說甚晚。可以看到一直晚到西漢晚期，才用崧山來代替在陝西西部的嶽山。此碑爲東漢初年所刻，比較西漢哀平之際，晚不了太多的年數。不僅以嵩和岱並稱，認爲嵩山是五岳之一，而且此字還寫嵩作不崧。崧是從山從松，是一個形聲字，因爲嵩山原來作「崇高山」，從崇高變爲崧高，再從崧高變爲嵩，其中是有跡可尋的。

關於「崇高」二字，實從《詩經・大雅・崧高篇》「崧高維嶽，峻極於天」轉來的。崧高在今文《詩經》本作崇高。崇高在這裡是形容詞，而形容嶽山的(嶽和岳本是一字)，嶽山卽是陝西的太岳山，與河南的「太室山」無干。從漢武帝起才以太室爲中岳，於是逐漸的蒙嵩山的名，到東漢初年已經成了通俗的常識了。

四、蓋臧

蓋臧卽蓋藏，《禮記・月令篇》，孟冬之月，「命百官謹蓋藏，命有司循行積聚，無有不歛。」所以蓋藏是指收藏府庫中的屯聚。在漢代也成爲通行用語。《漢書・食貨志》：「漢興，接秦之敝。民失所業而大饑，凡米石五千。……天下既定，民無蓋臧，自天子不能具醇駟，而將相或乘牛車。」無蓋臧，《注》蘇林曰：「無物可蓋臧。」所以蓋臧也指民間的儲蓋。此處蓋臧的蓋字已剝蝕掉，不過這一個字一定是一個蓋字，才可以語意完足的。

孔廟百石卒史碑考

孔廟百石卒史碑是曲阜孔廟漢碑中一個很重要的碑，這個碑從宋代的著錄來看，大致尚稱完好，到明代殘缺漸多，不過根據好的明拓本或清初拓本，尚可從缺文看到原文的大致，甚至於可以補宋代已殘缺的缺文；北京大學所藏的藝風堂拓本和本所藏的小校經閣拓本都十分精審，從前我曾利用這兩處拓本加上隸釋的著錄把原碑校錄過，大致可以把全碑的字補完，現在把校補的全文錄列如下：

司徒臣雄司空臣戒稽首言魯前相瑛書言詔書崇聖道勉學藝孔子作春秋制孝經刪述五經演易繫　（一行）

辭經緯天地幽讚神明故特立廟襃成侯四時來祠事已即去廟有禮器無常人掌領請置百石卒史一　（二行）

人典主守廟春秋饗禮財出王家錢給犬酒直須報謹問大常祠曹掾馮牟史郭玄辭對故事辟癰禮未　（三行）

行祠先聖師侍祠者孔子子孫大宰大祝令各一人皆備爵大常丞監祠河南尹給牛羊豕雞犬兔各一　（四行）

太司農給米祠臣愚以為如瑛言孔子大聖則象乾坤為漢制作先世所尊祠用眾牲長吏備爵令以加　（五行）

寵子孫敬恭明祀傳于罔極可許臣請魯相為孔子廟置百石卒史一人掌領禮器出王家錢給犬酒直　（六行）

他如故事臣雄臣戒愚戇誠惶誠恐頓首死罪死罪臣稽首以聞　（七行）

制曰可　（八行）　　　　　司徒公河南原武吳雄字季高　（八行附加）

元嘉三年三月廿七日奏雒陽宮　（九行）　　司空公蜀郡成都趙戒字意伯　（九行附加）

元嘉三年三月丙子朔廿七日壬寅司徒雄司空戒下魯相承書從事下當用者選其年
冊以上經通一 （十行）

藝雜試通利能奉弘先聖之禮為宗所歸者如詔書書到言 （十一行）

永興元年六月甲辰朔十八日魯相平行長史事卞守長擅叩頭死罪敢言之 （十二
行）

司徒司空府壬寅詔書為孔子廟置百石卒史一人掌主禮器選年冊以上經通一藝雜
試能奉弘先聖 （十三行）

之禮為宗所歸者叩頭死罪死罪謹案文書守文學掾魯孔穌師孔憲戶曹史孔覽等雜
試穌修 （十四行）

春秋嚴氏經通高第事親至孝能奉先聖之禮為宗所歸除穌補名狀如牒平惶恐叩頭
死罪死罪上 （十五行）

司空府 （十六行）

讚曰巍巍大聖赫赫彌章相乙瑛字少卿平原高唐人令鮑疊字文公上黨屯留人政教
稽古若重規矩 （十七行）

乙君察舉守宅除吏孔子十九世孫麟廉請置百石卒史一人鮑君造作百石吏舍功垂
無窮於是始備 （十八行）

孔廟漢碑有百石卒史碑，韓勑碑及史晨碑等三碑，其中以百石卒史為最早，此碑直抄公文，表面上以此碑最為隆重；實際上就立碑人的身分說，似乎不如韓勑和史晨。碑中未曾敍及立碑的人，不過按照稱魯相乙瑛為君，稱魯令鮑疊為君，那就此碑決不屬於官家所立，而應為魯國的民庶所立，且碑陰中又無立碑人，不像是集款所立的碑。因此只有和百石卒史一職有關的人才會樹立此碑。所以此碑大致就是補百石卒史的孔穌所立。

樹立此碑的目的，顯然的並非為歌功頌德，而是為對設立百石卒史一事援引詔文，作為法律的根據；這就表示著設立百石卒史一事是並不容易的，設立成功，一定經過了不少的周折；所以在批准以後就鄭重的刊石立碑，以免以後的官方有所改動，這就是此碑以公文為主的原因。換言之，此碑是實用的，不是孔廟的裝飾品，因而有些地方過分的實用化，就立碑的體例來說，確有不純之處。

　　漢代立碑的風俗，以歌功頌德居多，立碑來做法律的根據的比較少，此碑顯然以實用爲主 ； 可是以歌功頌德來做裝飾，因而有歌頌的文字 ； 並且還有讚美孔子的讚詞，不過却都在不重要的地方，而碑的大部分却被公文占滿了。當然，完全做成一個詔書碑是可以的，問題是此碑又刊勒詔書，又乘著頌功德，而頌功德的文章又有些因陋就簡，顯出來是雜湊，或者是隨後加入的、或者是原來的設計被改動了。

　　就此碑的原有設計，滿十六行，到司空府三字爲止，是無問題的。到刻好以後，也許有人覺著還有地位，於是加了兩句頌聖的文句，再把乙瑛鮑疊的頌辭放入，以後覺著又要頌吳雄和趙戒，碑中沒有地方了，又加到八行及九行的下面，成了兩行的附加。這些顯然不是原來設計所有，如原來有此設計，就會注意排列一下。

　　也許會和孔麟有關，但此碑只有孔穌的百石卒史職守有關，原和孔麟並無關係，不過孔麟是由乙瑛察舉的孝廉，在東漢說來 ， 是一件非常重要的事 ， 爲著表示對於乙瑛感謝之意，就此一碑兩用，此亦省事之一法。

　　再就『讚曰巍巍大聖赫赫彌章』幾句來看，只頌揚孔子，與立百石卒史事毫不相及，顯然語氣未完，這表示著寫碑時把後文省略掉了。省略的原因又很像爲著地位不够，省去了許多字；而且『於是始備』也像語意未完，後面還有要寫的話。所以此碑的碑文和原來設計是決不相符的，也可能原來要在碑陰刊刻許多文字，後來因爲碑陰不能刻字，一律刻在碑陽。也可能孔家的意見不一致，把原來設計改了。這要看一看碑陰情況是怎樣的，才可以決定那一種的可能大。

　　還有一個可能，這也許是最大的可能，就是漢代刻碑已經成爲商業化了，寫碑的人都是刻碑店去找的人，根本和碑主不相干。只有熹平石經因爲特別愼重，才會由蔡邕等親自去寫。其他各碑從來未有書碑的人（這和近世廣告上的書體從不知道誰寫的一樣）。西嶽華山碑算鄭重的了，只寫『郭香察書』，並非郭香去寫，而是派郭香去校正一下碑店的抄寫，有無錯誤。漢碑中如張遷碑，把『爰暨於君』，寫成『爰旣且於君』。這種錯誤，只有匠人才會發生。卽令爲書佐所書，也不會不加關照的。這個碑在未刻之前，碑主人可能有一個設計。不過交給碑店的時候，沒有關照明白，頌讚之辭被碑店寫到碑陰去了。等到碑主發現之時，已經刻到第十七行頭幾個字，只好把『讚曰』只留下二句，其餘的空白儘量的補入頌揚之辭，因而文氣不貫，文理不通，成爲

漢碑中特殊的例子。

古代對於書法，並未曾認爲是一種可以名家的藝術。但是對於金石上的文字，却也選擇書法純熟的人去寫，才能排列整齊，所以書法在應用上也需要書匠去寫。書匠的身分雖然不如後世書家那樣的高，可是也得有相當的訓練才可以（這種情形，中外都是一樣。外國並不重視書法，可是寫廣告，寫工程圖上的字，都要經過訓練的）。從殷商的銅器文字開始，就可以看出寫字的人確實經過了一番訓練。只有一點，就是許多字不像寫成的，有一點像做成的。這種做作的情況從兩周金文，漢代碑文，一直到南北朝碑版石刻，都是一樣。直到唐碑才完全脫離了做作的痕跡，完全表現出手寫的筆鋒，這是表示著到唐代碑文才完全由工匠之手轉入了藝術家之手。

但是宋初的人對此却不能了解，宋人張稚圭便在碑後刻文云：『後漢鍾太尉書，宋嘉祐七年張稚圭按圖題記』。當然這是非常錯誤的。宋洪适隸釋云：

鍾繇以魏太和四年卒，去永興七十八年，圖經所云非也。

據張懷瓘書斷云，鍾繇以太和四年薨，年八十（註一），則立碑的時候，鍾繇年方二歲，是不可能書此碑的。清惲敬大雲山房文集，乙瑛碑跋云：

右張子潔所藏乙瑛碑，頗有神采。整暇暢美，爲八分書作嚆矢矣。宋張稚圭定爲鍾元常書，隸釋考元常生年與立碑歲月不相及。然此碑韻勝處，視元常正書行押書亦相發。二王風流始于元常，蓋東漢之末，其風氣漸及六朝，可以觀世變也。

東漢之末，尤其在靈帝時期，書法是一個變化時期，因爲靈帝重視書法，而鴻都門的侍詔，有以書法進的，從此書家的地位確實更高了起來。不過此碑在靈帝以前，與靈帝時之風氣並不相及。其實和乙瑛碑類似的筆意，在西漢的簡牘中，有時也可以看到。惲氏『可以觀世變也』這句話就需要重爲估定了。

漢書元帝紀贊曰：

臣外祖兄弟爲元帝侍中，語臣曰：元帝多材藝，善史書，鼓琴瑟，吹洞簫，自度曲，被歌聲，分刌節度，窮極幼眇。少而好儒，及即位，徵用儒生，委之以

（註一）　魏志鍾繇傳，繇太和四年薨，未言歲數，張懷瓘書斷言八十。

政，貢薛韋匡，迭爲宰相。而上牽制文義，優游不斷，孝宣之業衰焉。

這裏所說的史書，當然是書法，並且在班固之時，和音樂並稱，也就承認爲一種藝術。不過史書指那一種書法，東漢末年的應劭，還有錯誤的解釋。這並非『史書』二字，在東漢晚年已經不常應用。而是這一段所謂『應劭注』根本有問題。

錢大昕發現了應劭的錯誤，雖然他認爲史書即隸書仍然不對，可是已有進一步的解釋了。按漢書元帝紀注引應劭曰：

（史書）周宣王太史史籀所作大篆。

錢氏二十二史考異曰：

應說非也。漢律，太史試學童能諷書九千字以上，乃得爲史（見藝文志）。貢禹傳：『武帝時盜賊起，郡國擇便巧史書者以爲右職。俗皆曰：「何以禮義爲？史書而仕宦。」』酷吏傳：『嚴延年善史書，所欲誅殺，奏成於手中，主簿親近吏不得聞知。』蓋史書者，令史所習之書，猶言隸書也，善史書者謂能識字作隸書耳，豈皆盡通史籀十五篇乎？外戚傳：『許皇后聰慧，善史書。』西域傳：『楚主侍者馮嫽善史書。』王尊傳：『少善史書』。後漢書安帝紀：『年十歲，好學史書。』皇后紀：『鄧皇后六歲能史書。』『梁皇后少好史書。』章八王傳：『安帝所生母左姬善史書。』齊武王傳：『北海敬王睦善史書，當世以爲楷則。』明八王傳：『樂成靖王黨善史書，喜正文字。』諸所稱善史書者無過諸王、后妃、嬪侍之流，略知隸楷，已足成名，非眞精通篆籀也。魏志管寧傳：『潁川胡昭善史書，與鍾繇、邯鄲淳、衞覬、韋誕並有名。尺牘之迹，動見模楷。』則史書即隸書明矣。

據此引證，可見從西漢中葉到三國時期，『史書』這個辭彙，一直沿用不絕，應劭不應該對於這個辭彙的意思都不知道。並且『史書』還是當時流行的口語，在應劭當時已根本不需要注，應劭在此處有求深反晦之嫌。當然還有一個更合情理的解釋，就是顏師古所見的應劭注，在這裏有後人竄入之嫌，顏氏拿來當原注引用。這一類的竄入，在古代抄本中是常有的，不過現在找不到直接證明罷了。

應劭注誠然是有問題的，不過引導出來錢大昕一段引證却是非常有用。現在只是要把錢氏隸書的結論再修正一下。

所謂『應劭注』稱史書爲大篆，當然不是。不過史書究竟指什麼，却應當用漢書原文來看，也不能輕易就定爲隸書。漢書中，比較最淸楚的兩段材料的全文是：

貢禹傳：『武帝，始臨天下，尊賢用士，闢地廣境數千里。自見功大威行，遂從耆欲，用度不足，廼行壹切之變，使犯法者贖罪，入穀者補吏，是以天下奢侈，官亂民貧，盜賊並起，亡命者衆。郡國恐伏其誅，則擇便巧史書，習於計簿，能欺上府者，以爲右職。姦軌不勝則取勇猛能操切百姓者，以苛暴威服下者，使居大位。故亡義而有財者，顯於世；欺慢而善書者，尊於朝；浮逆而勇猛者貴於官，故俗皆曰：「何以孝弟爲？財多而光榮；何以禮義爲？史書而仕宦；何以謹愼爲？勇猛而臨官。」』

酷吏傳：『嚴延年，……尤巧爲獄文，善史書。所欲誅殺，奏成於手中，主簿親近史不得聞知。奏可論死，奄忽如神。』

從嚴延年傳看來，史書彷彿就是隸書。因爲他善獄文善書寫，奏章一切親自辦理，極端秘密，下屬吏員全然不知。不過再從貢禹傳看來，就不這樣簡單。因爲貢禹傳所說武帝時代郡國中需要的人，是一種擅長公文技巧，明白計簿方式規程的人，而不是長於書寫藝術的人。所以史書的意思，應當指的是公文的草擬和公文的書寫兩項，都是指的實用方面，不是屬於藝術的。若就狹義的史書用法來說，應指漢代日常通用的書法，包括隸書和草書。

在漢書和後漢書有兩段相似的用法，一段指明爲史書，一段却未指明爲史書。在漢書游俠陳遵傳說：

略涉傳記，贍於文辭，性善書，與人尺牘，主皆藏去以爲榮。……起爲河南太守，旣至官，當遣從史西召善書吏十人於前，治私書，謝京師故人。遵馮几口占書吏，且省官事，書數百封，親疏各有意。河南大驚。

後漢書齊武王縯傳附北海敬王睦傳：

又善史書，當世以爲楷則。及寢病，帝驛馬令作草書尺牘十首。

這兩段所涉及的，第一是善書的人，第二是『史書』一辭，第三是尺牘，第四是草書，第五是一般人對於精寫尺牘的重視。就敦煌和居延的木簡來看，凡是私人的通

信，用的都是木牘(寬的木簡)，寫的都是草書(註一)，沒有例外。書法技巧當時已經有高下之別，不過並不像後代那樣的嚴格，例如在河南郡便可找到善書的人十人，所寫的亦爲當時所重。所以在西漢晚期，『善書』的標準還不是特別的高。『藏去以爲榮』一半還是因爲致書的人是名人，不完全是由於客觀的藝術標準。又凡是尺牘，都是用草書，北海敬王傳所以特別說到用草書，是因爲漢代章奏是用隸書(奏草才用草書)，諸侯王致天子書是不可以用草書的，除非有天子的命令。北海敬王是由天子指明用草書，所以傳中才特別說到。從這裏來看，可見當時對於書法的看法，草書高於隸書。草書和隸書的區別，也就是後來『碑』和『帖』的區別。東晉南北朝以後，南方仍維持禁止立碑的傳統，而北方却允許立碑。南方書家的字傳世較多，而北方的却甚少。因而『碑』和『帖』兩種，在一般講書法的書中，就用南方書體及北方書體來做代表。實際說來，北朝的帖傳世者極少。不過在北朝以前，晉代的李柏書在新疆發見，已和右軍書勢頗有共通之點。而東晉時的爨子碑，劉宋時的爨龍顏碑，以及蕭梁時的幾個華表，也和北朝的碑體完全一樣，這就是帖是『寫』成的，碑是『做』成的。到了隋代碑中書寫的筆勢漸次增加，唐代歐虞褚薛以及李北海等都以書勢寫碑，於是唐碑就成了新的面目了。

　　碑文列舉漢代的公文，這在保存公文形式上，是非常重要的。武億授堂金石三跋云：

　　碑載三月丙子朔，二十七日壬寅，司徒雄，司空戒下魯相，又下文永興元年六月甲辰朔，十八日辛酉云云，以後漢書推之，雄吳雄，戒趙戒也(今按吳雄及趙戒之名今碑文並闕)，吳望南兩漢刊誤補遺云：『三王世家竝載諸臣奏疏，其著朔可爲後世法程曰：「三月戊申朔，乙亥，臣光守尚書令，丞非下御史，書

(註一) 後漢書文苑張超傳：『超又善於草書，妙絕時人，世共傳之』。補註惠棟曰：『王僧虔傳鈔云：「超善草書，不及崔張」，謂瑗芝』。晉衛恆作四體書勢(見晉書衛恆傳，三國志劉劭傳註省簡略)，言古文、篆書、隸書(即楷書)、草書之法。然其中最重要的，還是草書那一段。後漢書蔡邕傳：『初(靈)帝好學，自造皇羲篇五十章，因引諸生能爲文賦者，本頗以經學相招，後諸爲尺牘及工鳥篆者皆加引召，遂至數十人。』所謂尺牘，當然指草書，而鳥篆則指古文。所以當時工書仍以草書爲重。不過草隸之法相通，爲草書的亦兼擅隸書，因而四體書勢言及隸書時，舉靈帝時的師宜官，並且爲袁術書耿球碑，這是東漢晚期的事。但是師宜官仍爲職業的書家，也只比工匠略高一籌罷了。

到言，丞相臣青翟，御史大夫臣湯昧死上言，臣請立臣圂，臣且，臣胥爲諸侯王，……云云……制曰可。四月戊寅朔，癸卯，御史大夫臣湯下丞相，丞相下中二千石，二千石，下郡守(今按此處衍一下字)諸侯相。』前言戊寅朔，則癸卯爲二十六日矣。中興以後有司失其傳，如先聖廟碑載三月丙子朔，二十七日壬寅，司徒雄，司空戒下魯國；又修西嶽廟碑載十二月庚午朔，十三日壬午，弘農太守臣勠頓首死罪上尙書（武氏自注，案魯相晨祠孔廟奏銘建寧二年三月癸卯朔，七日己酉，魯相臣晨，長史臣謙死罪上尙書，亦無此同文）。烏有知朔爲丙子庚午，而不知壬寅壬午爲二十七日、十三日者哉？斯近贅矣。今世碑記祭文踵先漢故事可也。』余按中興之初，猶存西漢遺制，後漢書隗囂檄文云：『漢復元年七月己酉朔己巳，言己巳則爲二十一日也。吳氏之言，信有本哉？(註一)

又敦煌漢簡有幾段屬於公文性質，與此碑可以互相對證的，王國維曾有跋文，今列於下：

(1) 制詔酒泉太守，敦煌郡到戍卒二千人，發酒泉郡，其假候如品，司馬以下與將卒長吏將屯要害處屬太守，察地形，依阻險，堅壁壘，遠候望，毋……
……陳却適者賜黃金十斤。

□□元年五月辛未下。

王氏曰：此宣帝神爵元年所賜酒泉太守制書，獨斷云：制書，其文曰制詔三

(註一) 關於吳仁傑和武億指出西漢紀日之法和東漢紀日之法不同，西漢平常只記朔日的干支和當日的干支，東漢除去記朔日的干支，及當日的干支以外，又記當日的日次，確有特見。在漢簡中西漢和東漢大體也是有這樣的不同，不過西漢亦或記日次，東漢木簡有時連干支也不要了。漢安會仙友題字，不用干支，確爲東漢以後的風氣。不過這種衍進，也是有道理的。上古歷法，月和旬本是兩種不同的週期，干支屬於旬而不屬於月。卜旬用癸日，與月無干。記月的地位用初吉，哉生魄既望，旁死魄等名稱，爲了和旬日配合，才加上干支。『旬』實在是古代的一種『星期』制度，有實際上的用途。漢代五日一休沐，唐代十日一休沐，都和『旬』制傳統有關。不過日次更爲重要。漢簡中和甲骨中的甲子次數就表示甲子次數並不好記。近代一般人中除去卜日算卦的以外，能記甲子次數的，實在不多。吳仁傑『今世碑記祭文踵先漢故事可也』，實在是一個不可行的事。實際用來，與其『踵先漢故事』，又何必不在文章中刪去干支，只留日次，豈不更簡單嗎？

公，刺史、太守、相；又云：凡制書有印，史符下遠近皆璽封，尙書令重

封，故漢人亦謂之璽書。漢書武五子傳，『元康二年遣使者賜山陽太守璽書

曰：制詔山陽太守。』陳遂傳：宣帝賜陳遂璽書曰：『制詔太原太守』。趙充

國傳：『制詔後將軍』。下文目爲進兵璽書，則璽書之首例云，制詔某官，此

簡之『制詔酒泉太守』，則賜酒泉太守書也。

(2) 四月庚子，丞吉下中二二二千郡太守諸侯相，承書從事下當用者。

王氏曰，右簡亦詔書後行下之辭，而失其前詔者。且語多譌闕，蓋傳寫者之

失也。以文例言之，當云丞吉下中二千石，中二千石下郡太守諸侯相（今按

實應云丞相吉下中二千石，二千石，郡太守，諸侯相）。史記三王世家：『太

僕臣賀請三王所立國名，制曰：立皇子閎爲齊王，旦爲燕王，胥爲廣陵王，

四月丁酉奏未央宮。六年四月戊寅朔癸卯，御史大夫湯下丞相，丞相下中二

千石，二千石，下（今按史記原文爲後人衍一下字）郡太守，諸侯相，丞（王

氏曰當作承）書從事下當用者如律令。』以此例之，則此中字下之小二字，

當在千字之下，而其下又脫石二二二字也。又丞吉二字之間，疑脫一相字，考

漢時下詔書之例，如高帝十二年二月詔，則由御史大夫昌爲下相國，相國酇

侯下諸侯王，御史中執法下郡守。上所引元狩六年詔書，則由御史大夫下丞

相，丞相下中二千石，二千石下郡太守諸侯相。孔廟置百石卒史碑載元嘉三

年壬寅詔書，則由司徒司空下魯相。無極山碑載光和四年八月丁丑詔書，則

由尙書令下太常，太常就丞敏下常山相。此簡但云丞吉不著何官之丞，漢代

文書初無是例，則丞字下脫相字無疑也。……承書從事下當用者乃漢時公文

常用語，三王世家、孔廟置百石卒史碑、無極山碑並有此文，猶後世所謂主

者施行也。

(3) 十一月壬子，玉門都尉陽，丞□敢言之，謹寫移，敢言之。／掾安，守屬

賀，書佐通成。

王氏曰，右簡爲玉門都尉言事之書，敢言之者，下白上之辭。漢書王莽傳：

莽進號宰衡，位上公，三公言事稱敢言之。論衡謝短篇：郡言事二府稱敢言

之。孔廟置百石卒史碑：魯相平，行長史下，守長擅，叩頭死罪敢言之司徒

司空府。此簡不云叩頭死罪而但云敢言之，或係都尉與敦煌太守之書，而出

於都尉治所者，蓋具書之草稿也。

這個碑中一共包括了四個公文。第一個是吳雄和趙戒轉達魯相乙瑛的呈辭上奏皇帝，

第二個是皇帝的認可制文，第三個是吳雄趙戒下魯相的文書，第四個魯相平行長史事

卞守長擅報告設置百石卒史，並選定守文學掾孔龢爲孔廟百石卒史。

在居延漢簡中，三公與郡守間的公文，亦頗有可與此碑相互證的，如：

(1) 御史大夫吉昧死言，丞相相上太常昌書言太史丞定言，元康五年五月二日壬

子（按此卽西漢時亦記日次之例）夏至，宜寢兵，大官抒井，更水火，進鳴

雞，調以聞，布當用者。臣謹案比原宗御者水衡抒大官御井，中二千石，二

千石令官各抒別火官，先夏至一日，以除燧取火，授中二千石，二千石官在

長安雲陽者，其民皆受，以日至易故火，庚戌寢兵不聽事，盡甲寅五日，臣

請布，臣昧死以聞。

(2) ……大夫廣明下丞相，承書從事下當用者如詔書，書到言……郡太守，諸侯

相，承書從事下當用者如詔書，書到明白布……到令諸□倉□以從其□□□

如詔書律令，書到言。……丞相史……下領武校居延屬國鄣農都尉，縣官，

承書……

(3) 三月丙午，張掖長史延行太守事，倉長湯兼行丞事，下屬國，農都尉，小

府，縣官，承書從事下當用者，如詔書。／守屬宗助府，佐定。

(4) 二月丁卯，丞相相下車騎將軍，將軍，中二千石，二千石，郡太守，諸侯

相，承書從事下當用者，如詔書。／少史慶，令史宜王，始長。

(5) 八月辛丑，大司徒官下小府，安漢公，太傅，大司馬，太師，太保，車騎…

(6) 臚野王丞忠下郡右扶風，漢中，南陽，北地太守，承書從事下當用者，以道

次傳，別書相報，不報書到言，／掾勤，卒史欽，書佐士。

(7) 守大司農光祿大夫臣調昧死言，守受簿丞處前以請給使護軍屯食守部丞武…

…以東至西河郡十一農都尉官官調物錢穀漕轉糴爲民困乏，啓調有餘給……

從這裏可以看出西漢例行公文的程序是九卿郡國上丞相，丞相由御史大夫轉上天子，

天子再制可，批給御史大夫，下丞相，丞相再下給九卿郡國，這是由於御史大夫

原來所做的是後來尙書令的職務，所以例行公文，終西漢不改。但是天子制詔却由尙書直下，不必經由御史大夫。到了東漢，行三公制，太尉管軍事行政，不涉文治，一般政事由司徒司空辦理，稱爲二府。例行公文需要備辦兩份，再由二府會銜上報。因此尙書令成爲集中審核的人，尙書令的權便增大了。此碑魯相平的呈文先言司徒司空府，後只言司空府，便可證明這是抄自上司空府文書的原稿。此項呈文因爲要上給二府，所以不論是上司徒的或是上司空的都把兩府的名寫出來。後面是指此份呈文送達的機關，所以前面有二府，後面只有一府。抄錄的人只抄一份稿子，因而也就只有司空府了。若以立碑的體例來說，當然不對。可是更表示出來原文的眞像，因而更爲可貴了。

關於『敢言之』一語，在漢簡中發現的非常多，都是下屬上行之文。在前引居延漢簡(1)，後面應當有『制曰可』，可是並沒有。但別的單獨一條簡上，却有『制曰可』三字。用此碑來互證，可知『制曰可』確實是單獨占一行，就是下行的文，引用詔書，而不是詔書本身，也不例外。從此可以知此碑的行格是保存原有公文格式，『制曰可』占一行，『司空府』也是按原有格式占一行，這都是對於了解漢代公文形式，非常有用的。

其次，司徒司空下魯相書言『書到言』，而實際上的覆文要在三月以後，那就『書到言』並非就指覆文。前引漢簡(6)說『別書相報，不報，書到言。』這就是說『書到言』只是一個簡單的收條之類，和正式的覆文，不是一回事。

再關於碑文，有些可以解釋的，列下：

魯相——山東通志云：『出王家錢者，東海王也。據後漢書東海恭王彊，光武太子，以母后郭氏廢，卽讓太子，封爲東海王，帝優以大封，兼食魯郡，以魯恭王靈光殿猶存，詔彊都魯、然仍稱東海，不稱魯王，終漢之世不改。而魯國事則以魯相治之，王不與也。』這是對的，據續漢書郡國志，魯國在豫州，六城，戶七萬八千四百四十七，口四十一萬一千五百九十。東海郡在徐州十三城，戶十四萬八千七百八十四，口七十萬六千四百一十六。兩地不在一州。可知在郡國志所據的順帝時代，東海郡已直屬中央，不屬於東海國。據後漢書四十二東海王彊傳稱，東海王彊在永平元年病卒，彊前上書簿嗣子政不才，願還東海郡，而希望封其三女爲小國侯。東海王彊只

有一子名政，後來政立爲東海王，誠然不克負荷（朝廷未削東海國封，還是念東海王彊，加以寬典）。東海王彊一女後封爲沘陽公主，適賽勛。其他二女不詳。以此推之，大致亦曾封爲縣公主（據周壽昌所考）。則東海王彊薨後，朝廷當照他的意思，收回了東海郡。所以後來的東海王，名爲東海國王，其實已不領東海郡，只有魯國。所以就王來說，王號還是東海王，可是王國相的名稱，不是東海相，而是魯相。爲什麼不改王國的名稱爲魯國，大約還是因爲紀念東海王彊的緣故。後漢書集解東海郡下，引馬與龍說，東海雖置郡，因地屬魯，始終未置太守。此說殊不合理，因爲地若屬魯，就當列於豫州，不當列於徐州，徐州刺史決不可以越州，而按六條原則監察魯相。爲便於徐州刺史監察，則東海必有專人負責，因而一定有太守了。

褒成侯四時來祠，事已卽去——山東通志曰：『漢書外戚恩澤侯表褒成侯孔均元始元年六月丙午封，其國在瑕邱。又孔光傳：霸還，長子福名數於魯，奉夫子祀。名數者，戶籍也。戶籍在魯，而所居乃瑕邱，非曲阜也。瑕邱今滋陽縣，在曲阜西三十里，故云事已卽去也。此從來釋碑者所未知也。』按列侯率居長安，朝朔望，不之國。文帝二年，始令列侯之國，罷丞相周勃，遣就國。文帝十一年周勃薨於國，此後列侯未有就國的。褒成侯當然也定居在京師。此爲東漢時事，當居洛陽，所以『事已卽去』了。

百石卒史——後漢書二十八百官志：『每郡置太守一人，二千石……皆置諸曹掾史。』本注曰：『諸曹略如公府』。注引漢官曰：『河南尹員吏九百二十七人。十二人百石，諸縣有秩，三十五人官屬掾史，五人四部督郵吏，部掾二十六人，案獄仁恕掾三人，監津渠漕水掾二十七人，百石卒史二百五十人，文學守助掾六十人，書佐五十人，循行二百三十人，幹小史二百三十一人。』案河南尹所屬之員吏，大率爲百石吏及斗食吏二種，督郵、掾、文學、百石卒史均爲百石。而書佐、循行、幹、及小史則均爲斗食。其卒史階級屬於令的稱爲令史；屬於丞的，稱爲丞史；屬於尉的，稱爲尉史。漢書儒林傳：『郡國置五經百石卒史』，兒寬傳：『補廷尉文學卒史』，可見九卿及諸郡，凡關於文學職務的，都是卒史。只是有時單稱文學，有時因爲有幾個文學，由其中一人做管理員，就稱爲掾了。

牛羊豕雞犬兎各一——舊釋犬兎二字闕，今據拓本補。張穆序齋詩文集曰：『財出

王家錢給犬酒直 ， 犬或誤㓚作大，……夫酒酒也 ， 犬牲也，犬酒猶之乎牛酒羊酒云爾。乙瑛請以王家錢給犬酒直者，不敢仰給大官也。所以止云犬酒者，比諸羣小祀之牲，不備物也。禮，宗廟之牲犬曰羹獻，而五祀之牲門用犬。周官犬人，掌凡祭祀用犬牲。魏高堂隆曰：「案舊典薦新之祭，大夫以上將之以羔，或加之以犬，不備三牲也。……下文太常既據故事祀先聖師，河南尹給牛羊豕□□各一（雞字據隸釋漢隸字源俏摹有此字，然劉球隸韻已不收，知其磨滅久矣）。此如今日案牘之引例。而下云請出王家錢給犬（二字今亦闕）酒直，則第如乙瑛請，未嘗加給牛羊豕雞諸牲也。觀建寧二年史晨奏書仍以無公出酒脯之祠爲言，是並犬酒之禮，亦不久卽廢。直至晉太始三年，詔太學及魯國備三牲以祀孔子，而春秋饗禮之典，乃有加矣。」今案張說甚是。惟因碑文犬兔二字闕，故未能互證。今據舊拓本補（此二字藝風堂本亦甚模糊，但極力辨識俏可略見其字形。）則犬酒二字無誤，其他各家釋大，釋發，都是不對的。爲漢制作——桂馥札樸曰：『孔龢碑云：「孔子大聖，則象乾坤，爲漢制作。」韓勑碑：「孔子爲近聖，爲漢定道。」史晨碑：「臣伏念孔子 ， 乾坤所于建 ， 西狩獲麟，爲漢制作。」許冲表：「深維五經之妙，皆爲漢制。」班固典引：「蓄炎上之烈精，蘊孔佐之宏陳。」論衡程材篇：「董仲舒表春秋之義，稽合於律，無乖異者。然則春秋漢之經，孔子製作，垂遺於漢。」……公羊解詁云：「夫子素按圖錄，知庶姓劉季當代周。」……馥案碑及諸書，出於中候演孔圖，視大聖人之大經大法，等諸後代術士，豈不誣哉？』又云『班彪王命論：「是故劉氏承堯之祚，氏族之世著於春秋。」班固漢書贊：「春秋，晉史蔡墨有言，陶唐氏既衰，其後有劉累，范氏其後也。范氏爲晉大師，魯文公世出奔秦，後歸於晉，其處者爲劉氏。賈逵上言。左氏與圖讖合，明劉氏爲堯後，因見信用。范蔚宗謂賈逵能傅會文致，最差貴顯者也。』案後漢書三十六賈逵傳云：『建初元年，詔逵入講北宮白虎觀，南宮雲臺。帝善逵說，使出左氏傳大義長於二傳者，逵於是具條奏之。「……五經家皆無以證圖讖明劉氏爲堯後者，而左氏獨有明文。五經家皆言顓頊代黃帝，而堯不得爲火德。左氏以爲少昊代黃帝，卽圖讖所謂帝宣也。如令堯不得爲火，則漢不得爲赤。其所發明，補益實多。」……』又范曄論曰：『鄭賈之學，行乎數百年中，遂爲儒宗，亦徒有以焉爾。桓譚以不善讖流亡，鄭興以遜辭僅免。賈逵能附會文致，最差貴顯。世主以此論學，悲矣哉！』所以『爲漢

制作』那一套，正是因為君主們都迷信，儒生藉此爲促進儒學的藉口，實際上儒術眞義原不在此的。至范曄之論，可能本於七家後漢書，所以和後漢書方術列傳序所稱：『鄭興賈逵以附同稱顯，桓譚尹敏以乖忤淪敗。自是習爲內學，尚奇文貴異數，不乏於時矣』不同。惠棟云：『興傳以不善讖，故不能任，此云附同稱顯，與傳異。』兩傳不同，當以賈逵傳爲是。

至於賈逵傳所稱賈逵利用左傳，明著漢爲火德，當然是一個非常複雜的問題，而且成爲兩漢學術史中一個討論的關鍵。五德終始之說本始於鄒衍，漢世符讖災異之說，多從此而來。不過鄒氏之說是『先驗小物，推之無垠』，所以他大致以自然現象爲本，來從他的看法去推衍的、所以他的排列法應當和呂覽，淮南，及禮記月令的次序相符，卽五德按四時之序，循著春夏秋冬，周而復始的順列下去、如按『四時之序，成功者去』(註一)的道理來說，卽就應當照以下的排列法：

春──甲乙木──其帝太昊

夏──丙丁火──其帝炎帝

夏季───戊巳土──其帝黃帝

秋───庚辛金──其帝少昊

冬──壬癸水──其帝顓頊

太昊、炎帝、黃帝、少昊、顓頊、正是一個時代先後的次序，卽按照四時之序來排，以應『自天地創制以來』自然之理，則五德之運應當是相生的，不是相克的。

　　不過呂氏春秋是一本雜湊而成的書，其中並非根據一家之學，所以又說出來一種相克的系統。這可能是鄒衍以後，再發展出來的另外一種五德終始，雖然和四時之序並不相符，可是就戰國時的時勢來說，當時要的就是戰勝攻取，這種相克之說正爲合適(註二)。秦並天下，推五德之運，是採用這一種相克的說法。漢承秦制，大致以秦法

(註一)　此戰國時諺語，見戰國秦策。

(註二)　五行的次序，按照洪範的次序是一曰水，二曰火，三曰木，四曰金，五曰土，只是把五行爲成五種不同的質料，按着堅實的程度來分，並無生克的關係在內，這當然是最早期的看法。不過秦始皇用水德，數以六爲紀，還是採用這個系統。可見戰國時講五行之術，鄒衍只是一個大派，另外一定還有許多不同的家數。

為歸。當漢代初年，依照當時政治系統，只有兩種選擇，一是不改秦制，完全承受了秦的水德型制度。另一個是更改秦制，用相克的原理，認為漢克秦為土德。為着客觀的形勢，改制說漸漸占了優勢，因而張蒼水德的主張，逐漸的被公孫臣，賈誼，司馬遷等土德主張所代替。截止武帝太初改曆，還是採了五德之運相克的系統、雖然相生的系統早已經存在了(註一)。

自宣元以後，因為教育發展的原故，儒家之學大為暢行、而且自夏侯勝以陰陽五行之說取富貴、於是翼奉、京房、李尋之流更昌言災異。但怪力亂神，儒家正統書中不大言及。學者附會非常奇異可怪之說，就不能不向百家雜說之中去找出路，這就是讖緯起於哀平之際的原因。而孟喜說易，遠出師法之外，也是這個原因。

太初改曆在儒學上說，是一個勝利。不過等到陰陽五行更為注重的時候，還會覺得不滿。因為還有幾種矛盾，非把相克的五德終始改為相生不能解決的。

(1) 在天人感應原則之下，政治交替應當合於四時之序，只有相生的五德終始才合適。

(2) 當時儒生希望有一個禪讓的朝代出現。而禪讓當是相生，不是相克。相克之序是非改為相生之序不可了。依相生之序排列下來，周為木德，以漢繼周，當為火德。漢既為火德，要先找火德之瑞，於是乎把『赤帝子』那個傳說找到了。這個傳說不過是學陳勝籌火狐鳴的故智，沒有什麼了不起。至於『赤帝子』一名的使用，因為楚在南方來剿滅西方的白帝子(秦)，和五德終始是不合的（因為秦自稱水德，不是白帝子）。等到漢高帝成功了，雖然假的符瑞也得算為真的。不過在五行生克中却用不上，也就不用了。這時要把漢排成火德，這個傳說正好利用，此其一。

其次按五行相生之序，漢為火德，恰好和炎帝及堯相同，要找根據，這就難了。炎帝太早，不要管他。五帝中從黃帝起，不必再管炎帝。可是堯和漢代的關係就太難扯上了。劉本庶姓，其祖先是誰並無記錄。（和後來王偉替侯景立七廟一樣，只有捏

造祖先之一法。）要找姓劉的，國語上却有的是，不過劉為周室大夫，原屬姬姓，與五德終始之義毫無補助，於是就不得不放棄連篇累幅的周室中劉姓而不問，去在左傳中找單文孤證『其處者為劉氏』一語來證明漢為堯後。其實左傳本由中秘古文轉寫而成，這個字本來可能由其他的轉寫轉錯。卽令眞是劉字，這個字只出現一次，而周大夫的劉氏出現過許多次，則其確實性遠不如周大夫劉氏為可靠。而況劉邦祖先據說出於魏而不出於秦，士會之後在秦的才為『劉』氏。魏為畢公之後，本周大夫，則劉邦先世出於周更為近似。但是漢代的儒生一切都不管，只採用這個疑似之間的孤證。為什麼？為的是要證明漢為堯後才好，就用了很不邏輯的方法。這並非先有漢為堯後之說才做出左傳，而是排了漢為堯後之說，只有左傳這一條可利用，此其二。

這些符讖之學，除去極少數的人還有理想以外，大多數的人無非為著利祿。王莽只是一個假借符讖的人，並非創為符讖的人，因而他自己也不免為符讖所誤。到了王莽失敗，光武和公孫述各據符讖，甚至於光武和公孫述還辯論符讖。光武成功了，一切有關符讖的解釋都變為對於漢朝有利了，從此『漢承堯後』就變為不刊之典。從左傳，再推及春秋，於是春秋緯中『為漢制法』一說，竟成為孔子的重要工作了。但是漢代號稱堯後，可能漢朝皇帝自己也還相信（雖然一定不是眞的）。可是到了曹魏，就三易其祖（考見顧炎武日知錄），最後附會為舜後，以符五德之運。這就曹氏父子自己也不見得相信。到了司馬炎和劉裕，感覺到無附會古帝王的必要，也就不再附會了（劉裕祖先大約還是漢的宗室，不過這和五德之運又不相符，也就不再用五德之運來附會祖先了）。

論魯西畫像刻石三種—朱鮪石室，孝堂山，武氏祠

一　石刻畫像與繪畫

在某一種藝術特別發達之時期，往往影響其他藝術。　中國當商時大抵爲銅器上之裝飾最盛之時代，故安陽發現者，從衣服之圖案（從此可推出布帛之紡織），以及齒牙骨石器之雕刻，以及壁飾儀仗，皆與銅器取同一之圖案（據梁思永先生所論定）。西周銅器之文飾則不過殷商之餘波支裔，雖稍變化，然不離其宗，此後卽一步一步衰落。　至戰國晚年卽有全無文飾之銅器，再至漢代所有銅器除鏡鑑一小部分外，皆爲樸質無華，以銅器之裝飾爲中心之時代，從此過去。　然戰國銅器之中，尙有新奇現象，卽鑄出較生動之人物，而非如商代全以幾何圖案爲主體，甚至鳥獸形體亦成單純之圖案化。　其中狩獵圖象頗多，詳見徐中舒先生古代狩獵圖象考（蔡元培先生六十五歲論文集）。此種風氣之來原，現在尙不能完全明瞭，然春秋戰國以來，繪畫藝術之發展，實爲深可注意之事。　如此，自然可將以幾何圖案等簡單裝飾爲中心之時代變成以繪畫爲中心之時代。　壁上文飾商代雖有，然不過鑲嵌工藝之一種，仍不能謂爲卽係後世之壁畫，左宣二年稱『晉靈公不君，厚斂以雕墻』，亦與壁畫未必盡同　（史前時代已有壁畫，然中國較進步之壁畫當在春秋戰國以後）。楚詞天問王逸追序當時之事，曰：

屈原放逐，……見楚有先王之廟，及公卿祠堂，圖畫天地山川神靈琦瑋儒佹，及古賢聖怪物行事，周流罷倦，休息其下。　仰見圖畫，因書其壁，呵而問之，以渫憤懣，舒寫愁思。

則明指壁畫，此雖漢人追述，然非如此不足以解天問也。又山海經所言異物，大抵

亦由記述壁畫而然。　至關於器物之圖畫,如考工記云:

畫繢之事,雜五色,東方謂之青,南方謂之赤,西方謂之白,北方謂之黑,天謂之玄,地謂之黃。青與白相次也,赤與黑相次也,玄與黃相次也。　青與赤,謂之文;赤與白,謂之章;白與黑謂之黼,黑與青謂之黻。　五采備謂之繡。　土以黃,其象方;天時變,火以圜,山以章,水以龍,鳥獸蛇,雜四時五色之位以章之,謂之巧。　凡畫繢之事,後素功。

又韓非子外儲說:

客有為周君畫筴者,三年而成。　君觀之與髹筴者同狀。　周君大怒。　畫筴者曰:『築十版之牆,鑿八尺之牖,而以日始出時加之其上而觀。』　周君為之,望見其狀盡成龍蛇禽獸車馬萬物之狀,周君大悅。

此當然為寓言,但當時如繪畫之藝術不發達,亦決想不到此事。　又外儲說:

客有為齊王畫者,齊王問曰『畫孰最難者』?　曰『犬馬難』。　『孰易者』?曰『鬼魅易。　夫犬馬人所知也,旦暮罄於前,不可類之,故難。　鬼神無形,不罄於前,故易之也。』

亦是戰國以後關於繪畫之紀載,其敘述較早之事如說命上:

『夢帝賚予良弼,其代予言,乃審厥象,俾以形旁求於天下。　說築於傅巖之野,惟肖。』

實本於史記商本紀。　而史記商本紀如下所言,實非畫象:

『武丁夜夢得聖人名曰說。　以夢所見視羣臣百吏皆非也。　於是迺使百工營求之野,得說於傅險中。　是時說為胥靡築於傅險,見於武丁,武丁曰是也。』

故武丁得傅說最先何是以名字徵求,此事與王莽指名求王與王盛事之方式如出一轍(見漢書王莽傳)。惟王莽先不知王與王盛是否可用,僅根據讖緯;武丁或由『啓為小人』,早知傅說可用,藉夢的啓示,以應於父兄百官,動機雖異,方式仍同。說命所言根據畫象特其衍義而已。

至於漢代,言繪畫之事愈多,其見於兩漢諸書者如:

漢書成帝紀,告甲觀畫堂。

劉澤傳,高后時齊人田生游乏貲,以畫干澤,澤大悅之,用金二百斤為田生壽。

廣川王越傳，去即繆王齊太子也，師受易論語孝經，好文辭，方技，博奕，倡

優。其殿門有成慶畫短衣大絝長劍，　去好之作七尺五寸劍，被服皆效焉。

又，昭信謂去曰前畫工畫望卿舍，望卿祖祧傅粉其旁。

又，廣川王海陽，畫屋爲男女贏。

蘇武傳，甘露三年單于始入朝，上思股肱之美，迺圖畫其人於麒麟閣，注其形貌，

署其官爵姓名。

霍光傳，上止畫室不入。

又，察羣臣唯光任大重可屬社稷。　上迺使黃門畫周公負成王朝諸侯以賜光。

楊惲傳，惲上觀西閣上畫人，指桀紂謂樂昌侯王武曰，天子過此，過此問其過可

以師矣。畫人有堯舜禹湯不稱而舉桀紂。

金日磾傳，日磾母教誨兩子甚有法度，上聞而嘉之。病死，詔圖畫於甘泉宮，署曰

休屠王閼氏，日磾每見畫常拜向之涕泣　然後迺去。

趙充國傳，初，充國以功德與霍光等列畫未央宮。　成帝時西羌嘗有警，上思將

帥之臣，追美充國，迺召黃門郎揚雄即充國圖畫而頌之。

王莽傳，莽乃博徵天下工匠，諸圖畫，以望法，庀算，及吏民以義入錢穀助作者

絡繹道路。

叙傳，上以伯新起，數目禮之。　因顧指畫而問伯，紂爲無道，一至此乎？　伯

對曰，書云迺用婦人之言，何有踞肆於朝，所謂衆惡歸之，不如是之甚也。

後漢書朱祜傳論，永平中，顯宗追感前世功臣，乃圖畫二十八將於南宮雲臺，其

外又有王常，李通，竇融，卓茂，凡三十二人。

後漢宋弘傳，弘嘗讌見，御坐新屏風，圖畫列女，帝數顧視之。　弘正容言曰，

未見好德如好色者，帝即爲徹之。

後漢姜肱傳，桓帝乃下彭城，使畫工圖其形狀，⋯⋯肱言感眩疾⋯⋯工竟不得見

之。

後漢陳紀傳，豫州刺史嘉其行，表上尚書，圖象百城，以厲風俗。

後漢延篤傳，永康元年卒於家。　鄉里圖其形於屈原之廟。

後漢高彪傳，詔東觀畫彪象以勸學者。

後漢李業傳，益部紀載其高節圖畫其形象。

後漢陽球傳，奏罷鴻都文學曰，伏承有詔勑中尚方爲鴻都文學樂松江覽等三十二人，圖象立贊以勸學者。　臣聞傳曰：『君舉必書，書而不法後嗣何觀。』　樂松覽皆出於微蔑斗室小人，依憑世戚………而位升郎中，形圖丹青。

後漢紀王莽使長安中諸宮署及天下鄉亭皆置伯升象，且起射之。

意林引新論，前世俊士立功垂名，圖畫於殿閣宮省，此乃國之大寶，亦無價矣。

東觀記，高彪除郎中，校書東觀，後遷外黃令，畫彪形像，以勸學者。

後漢西南夷傳，又是時郡尉府舍皆有雕飾，畫山神海靈，奇禽異獸，以眩耀之。

蔡邕傳兗州陳留聞皆畫像而頌焉。

淮南子主術訓：文王周觀得失，偏覽是非，堯舜所以昌，桀紂所以亡，皆著於明堂（高注著猶圖也）。

後漢書朱穆傳注引謝承書：………宦者趙忠喪父，僭爲璠璵玉匣，穆下郡案唸。………帝聞大怒，徵詣廷尉。………冀州從事，欲爲畫像置廳事，穆留板書曰，勿畫吾形以爲重負忠義之未顯，何形像之足紀也。

孔子家語觀周篇：孔子觀乎明堂，覩四門塘有堯舜之容，桀紂之象，而各有善惡之狀，興廢之誡焉。

又有周公相成王抱之負扆，南面而朝諸侯之圖焉，孔子徘徊而望之，謂從者曰，此周之所以盛也。

御覽七百五十孫暢之述畫，漢靈帝詔蔡邕圖赤泉侯楊喜五世將相形象於省中，詔邕爲讚仍令自書之。

蔡質漢儀（初學記十一引），尚書奏事於明光殿中畫古烈士重行書讚。

又（初學記二十四引），省中皆以胡粉塗壁，此小素界之畫古烈士。

從以上紀載，繪畫從春秋戰國到漢代，日漸發展，而銅器則日漸衰落。　可證明繪畫之地位代替以前冶鑄之地位。　固然在商代自有繪畫，如最近在安陽發現的殘鼓；漢代亦有精巧之冶鑄，如銳鑑之屬。　惟殘鼓花紋變化較少，而銳鑑的花紋則

變化較多。（註一）殘鼓的花紋與銅器屬於同一系統，錏鑑的花紋則大多與漆器屬於同一的系統，漆器花紋並不由銅器演出，而與繪畫有密切的關係。則謂繪畫代替以前冶鑄之地位，自不能謂爲無理由。

中國最早的人物繪畫在洛陽韓君墓發現，而最早之漆器則爲壽縣楚王墓的朱畫棺蓋。韓君墓之彩畫，發現後卽歸毀滅，無從窺其究竟。　壽縣漆棺現藏歷史語言研究所，雖圖案仍爲戰國式，而其用筆設色頗與漢代彩繪多有類似之處。　晚至最近和縣發現之晉墓，其漆棺的斷片雖小，但與以上所舉亦復相類。其與商周銅器相異之處，則爲用筆取材遠較銅器爲自由。　其與後世繪畫相異之處，卽全用細線鉤成。所以從戰國到晉，繪畫完全是一個系統。

漢代石刻畫象最早的爲元鳳時鳳皇畫像，其次爲朱鮪祠堂畫象。　元鳳鳳皇畫像雖然遠不及朱鮪祠堂畫象之工巧，但用筆與刀法則互相類似。　其特徵卽爲先畫在石頭上，以後再按照所畫的筆迹刻上。　其較後者如皇聖卿石闕及武梁祠，上石以後，並不照畫象之筆迹刻上。　而在鉤出的畫面刻下去成爲陰文之畫面，則如皇聖卿闕；將鉤出的畫面留出，在畫面四周鐫刻，成爲陽文之畫面，則如武梁祠。此當然在技巧上是一種進步。　現在所發現的漢畫大都屬於後兩種之辦法，惟有李翕五瑞圖，時代雖晚而鐫刻之方法與元鳳畫像及朱鮪畫像相同，則大抵因爲畫面太大，又在下臨百丈之摩崖，不易施工之故。（註二）

（註一）商代銅器主要的花文，爲鳥獸形，而雜以雷文(殘鼓爲本所發現，曾列美展)。自然是先有雷文而後將鳥獸形裝飾上去的。　所以鳥獸形要遷就雷文，因此得不到充分的發展。　本所在安陽，城子崖，諸城所得的黑陶，其粗者則爲布文，其精者則爲類似雷文的花紋，作成一個一個的 panel 印上去（尤以劉燿所延蒲爾先生在諸城所得爲顯著）。　則其脫胎於布紋爲近，郭沫若兩周金文辭大系圖說謂古者陶器以手製，其上多印有指紋，其後仿刻之而成雷文，似不合也。　黑陶有鬲鼎甗等，形狀與商周大同，其圖案當然爲商周銅器圖案之前身。

（註二）畫象雕刻分類，參照關百益南陽畫象集王獻唐山東圖書館藏漢畫石刻考釋跋。

　　朱鮪石室畫象之著錄始見於沈存中夢溪筆談，其卷十九云：

『濟州金鄉縣發一古塚，乃漢大司徒朱鮪墓，石壁皆刻人物祭器樂架之類。　人
之衣冠多只有如今之幞頭者，巾額皆方，悉如今制，但無腳耳。　婦人亦有如今之
垂肩冠者，如近年所服角冠兩翼抱而下垂及肩，略無小異。人情不遠，千餘年前
冠服已嘗如此，其祭器亦有類今之食器者。

然其所言恐僅賴傳聞，非由目驗，故翁覃溪謂以畫像驗之，與夢溪所言不相合。自
此以後，傳世轉希。　金石著錄家殊少言及之者。　畢沅作山左金石志時尚有二十
五石，清季多遭散佚，僅存十五石。　且多傳拓不精，故葉昌熾語石言殘泐已甚
也。　阮元小滄浪筆談三則謂：

今以石本驗之全與武祠諸刻異。　其中人物衣冠蕭疏生動，頗類唐宋人畫法，或
是奕溝後人追崇先世而作耳。

殊不知朱鮪墓明見於水經注，縱晚亦不至到唐宋。　至所言人物衣冠蕭疏，則樂浪
營城子諸畫已是如此，尤不得謂爲晚出。　蓋鐫刻苟簡，反保存原畫神理獨多，固
非晚出之證也。　今試將朱鮪石室人物填實，則大類武梁祠，將武梁祠雙鉤，亦與
朱鮪石室相似。二者固不可以工拙衡之。　其實武梁祠神采奕奕，亦不得指爲不生
動也。　（孝堂山石刻大類武梁祠，然續得石所繪之龍，即與朱鮪石室及五瑞圖
相類，此亦刀法不同影響畫面之顯例也。　）

二　畫象中之人物

(一)宴會

　　後漢書趙岐傳『建安六年卒，先自爲壽藏，圖季札子產晏嬰叔向四像居賓位，
又自畫其像居主位，皆爲頌讚。　勑其子曰「我死之日，墓中聚沙爲牀，布簟白衣，
散髮其上，覆以單被，即日便下，下訖便掩。」』蓋已至從儉薄，然猶爲畫像，可
知漢代畫象之事盛極一時。　其圖繪古人各分賓主，亦大致從當時俗習。　今案諸
石中大率皆有宴會賓客之畫象。朱鮪石室幾全爲此事，惜次序無從排列，故不能恢
復原狀。　然其大體，猶可推測。　其中題朱長舒三字之石，大抵即爲朱鮪畫象，
餘當爲其賓友也。更有數幅畫婦人，蓋其家屬，故以物間之，其間之者當即屏風。

屏風見後漢書宋弘傳，（見前引），又漢書陳萬年傳『萬年嘗病召咸，教戒於牀下，語至夜半，咸睡，頭觸屏風，萬年大怒。』亦指此。（爾雅釋宮：『容謂之防』注：『形如今牀頭小曲屏風』，郝氏考如今之圍屏，則屏風亦卽今之屏風矣。）其執爨者之用具有盤盂瓶勺，形製與當塗及和縣所得晉器略同，（註）而與殷周所用鼎鬲簠簋之屬大異。　可證飲食器至漢而大變，繪畫之方法亦從銅器之鑄而移爲漆器之繪。　因之用筆亦大相殊也。

　　宴會之事又見於武梁祠前室第七石及前室第十四石，其用具惟有一敦略同戰國時器，其餘無不與古彝器異趣。　案壽州楚器當楚之將亡，然其用器種類尚多，且多爲金屬。及漢時則天子殉葬之器多用陶瓦，雖可以從儉解釋之，然器形之與古相殊，不得謂爲非鉅變也。　後漢書禮儀志大喪明器云：

　　卮八，牟八，豆八，籩八，形方；酒壺八，槃匜一具，瓦籠二，瓦飯一；瓦鼎十二，容五升；匏勺一，容一升；瓦案九，瓦大杯十六，容三升；瓦小杯二十，容二升；瓦飯槃十，瓦酒樽二，容五升；匏勺二，容一升。

其平民殉葬之物，如王旴墓所得者（見樂浪所載），爲漆杯，漆盤，漆盂，漆盌，漆匕，漆勺，漆壺，瓦甕，瓦盌，瓦壺。　其見於樂浪王光墓者則有瓦甕，瓦罐，漆案，漆盤，漆杯，漆勺，漆盂，漆盍，漆匣，等物。　較天子殉葬之物爲尤簡矣。　案漢天子殉葬之物，惟盤匜猶存古制，此則並匜而無之。（營城子漢墓中有所謂獸形瓦器者，似爲匜之變體。　然有四足，若爲溫水之用，則水過溫，不能如前代之奉匜沃盥矣。　故當是以匜注於盤盂者，此僅存奉匜之過渡形式。擂之食器，則由簠簋變爲盌，亦同屬由繁而簡也。　盌漢時稱爲杯，見樂浪。）　漢代食器由繁趨簡之原因，今難確知。　或由古代彝器徒尚儀文，分門別類，並無實用，此等制度原不行於平民。　今山川所出惟銅器爲繁，其餘陶瓦遠不能及，可資例證。　西漢君臣出身草莽，臨朝則拔劍擊柱，制法則漏網吞舟。　叔孫所制雖有朝儀，其餘禮樂，文帝猶謙讓未遑，則古代彝器之鑄置應用，當然日就遺忘，可以

想見。 上行下效，至武帝時已積六七十年，習俗已成，孰願以禮施於委居以自縛，此或漢制遠異前代之最大原因歟？

孝堂山第十石及武梁祠前石室第三石第十四石左石室第九石皆爲宴飲之事。大體皆作樓形，婦人處其上，男子及賓客居其下，庖廚居其旁，車馬列其外。 大抵高冠而偉服者皆主人及賓客，其幘而不冠者，則蒼頭之流也。（註） 故客見主人長揖而不拜，而蒼頭則俯伏其下（見左石室九及孝堂山第十）。 至主人之位則或左或右初無定向。 蓋武氏祠牆壁方位今已失考，無從辨別東向西向以西方爲上，南向北向以南方爲上之意矣。 其猶有可辨者，則武氏祠主位大抵在左，而孝堂山主位皆在右，此或者武氏祠爲宴賓友，故主人在下位，而孝堂山則不然歟？按漢代守長於部屬有君臣之分，故太守府亦可稱朝。顧炎武日知錄二十四上下通稱條云：

漢人有以郡守之尊稱爲本朝者，司隸從事郭究碑云，本朝察孝，貢器帝庭，豫州從事尹宙碑云綱紀本朝是也（原注，三國志孫皓傳注郡曝爲會稽郡功曹自言位極朝右，晉盧諶贈劉琨詩繆其疲隸授之朝右，李善注朝右謂別駕也）。 亦謂之郡朝，後漢書朱寵傳，山谷鄙生，未嘗識郡朝是也。 亦謂之府朝，晉書劉琨傳造府朝設市獄是也（原注時琨爲并州刺史）。 亦有以縣令而稱朝，晉潘岳爲長安令，其作西征賦曰勵疲鈍以臨朝是也。

今按武氏三君仕不過執金吾丞，西域長史，州從事，原皆爲人部屬，不得臣吏人，則其宴會時自居主位當無疑義。 孝堂山決非郭巨祠，（此事當另有辨正，阮元小滄浪筆談三有考證，甚礭，可參看。） 依隸續所稱則或當爲朱浮祠堂，或當爲仲家祠堂；若爲朱浮祠，則朱浮固久爲府主，若爲仲家祠，今雖不知其歷官如何，然能自居上位而賓客多人來朝，則必曾歷牧守，始可如此也。

（註）諸石冠制亦自不同，如武梁祠之夏桀，吳王，齊桓公，魯莊公，齊王，秦王，韓王，慶忌之冠，前有展角，殆卽通天遠遊之屬。而管仲，趙盾子，使者，縣功曹，綬湯，孝孫，朱明，范唯之冠，前高後低，蓋進賢冠。左石室第八石成王未冠，蓋因年幼之故。其婦人首飾，則步搖也，詩稱『副笄六珈』卽此，以上並見續志。 衣皆有綠，與殷制同。 婦人衣皆曳地，且或有著深衣者，如清喬松年所說。

(二)都試及戰爭

武梁祠前石室及後石室均有攻戰圖，然詳核之，或是都試。　惟孝堂山第三第四石或爲攻戰。蓋分列部伍，矛戟相搏，前列騎兵，後藏步卒，自來說者認爲攻戰之事。（羅振玉雲窗漫稿與友人論古器物書謂爲大狩之圖，其說者確，則亦非攻戰也。）然其兵器不出矛戟弓矢，而尤以弓矢與戟爲多，蓋漢代戟行而戈廢矣。漢書鼂錯傳云：

> 兵法曰丈五之溝，漸車之水，山林積石，經丘川阜，草木所在，此步兵之地也，車騎二不當一。　土山丘陵，曼衍相屬，平原廣野，此車騎之地，步兵十不當一。　平陵相遠，川谷居間，仰高臨下，此弓弩之地也，短兵百不當一。　兩陳相近，平地淺草，可前可後，此長戟之地也，劍楯三不當一。　萑葦竹箭，草木蒙蘢，支葉茂接，此矛鋋之地也，長戟二不當一。　曲道相伏，險阨相薄，此劍楯之地也，弓弩三不當一。

以上所言，漢之兵器，惟弓弩，長戟，劍楯，矛鋋。　今此畫劍楯而外，大率皆有（劍楯又見於武梁祠，此特失畫耳，非漢無有也）。　而上古常用之戈，則既不載於鼂錯傳，亦不見漢畫，則此物在漢久已不通用，已可證明。

又諸兵器之中，弓弩似爲尤要。　申屠嘉傳『以材官蹶張，從高帝擊項羽，遷爲隊率』注『如淳曰材官之多力，能脚踏彊弩張之，故曰蹶張，律有蹶張士。』李廣傳『以良家子從軍擊胡，用善射，殺首虜多爲郎，騎常侍。』此皆以善射而達者，其善擊劍用戟者無聞焉。　此風至唐尚然，舊唐李抱眞傳『抱眞密揣山東當有變，上黨且當兵衝，是時乘戰餘之地，土瘠賦重，人益困，無以養軍士，籍戶丁三選其一有材力者，免其租徭，給弓矢，令之曰農之際則分曹角射，歲終吾當會試，及期按簿而徵之，都試以示賞罰，復命之如初，比三年則皆善射，抱眞曰軍可用矣，於是舉部內鄉得成卒二萬』；此雖後代史料，然紀載差詳，亦足徵弓弩之用較大也。

武氏祠繪武事者有前石室第六石，後石室第七石，後石室第八石，第十石上部；後石室第八石第十石上部已漫漶，第七室大致與前石室第六石同，但少題識耳。故其所表現事實應從前石室第六石考之。第六石上部題尉卿車，（註）按漢代九卿

（註）翁中溶指尉卿爲縣尉，然縣尉與武氏諸祠無與，且縣尉四百石至二百石，車不得施轓轖，而功曹亦不能爲縣尉前趨也。

中，惟衞尉及執金吾（中尉）有尉號，則尉卿含此二者莫屬。　然武氏諸人惟武榮曾爲執金吾丞，無人爲衞尉官屬者，則此尉卿當卽執金吾（且人大村四崖支那美術史雕塑篇從前室諸題識中考得歷官多與武榮合，因指前石室爲武榮祠，此亦前石室，尤可與此互證也）。　執金吾之職，據北堂書鈔設官部引應劭漢官儀云：

執金吾屬官府武庫令丞從騎二百人，持戟（續漢志注脫此二字）五百二十人，輿服導從，充滿道路，羣僚之中斯最壯矣。　中興以來，但專徼循，不與國政。

可知執金吾之職實未嘗與戰爭之事，東京一代亦未聞執金吾出征者。　馮雲鵷金石索『碑畫車騎戰士，題官名而不載人名，疑當日武氏有軍功者，故書於壁，今不可考。　如武斑碑云「癉吏士哮虎之怒，薄伐（缺九字）百姓賴之，邦域以寧」，可見矣』之論，殊未足據也。

執金吾都試士卒，史無明文，然旣有兵，卽當練，執金吾之緹騎與光祿勳之羽林，同爲徼循守衞，光祿勳之職，據漢書霍光傳云『歲都試郎羽林』，則執金吾按理自亦當都試緹騎也。　然其所領亦僅緹騎而已，上引漢官儀可以證明。　前人言兵制者若錢文子補漢兵志，馬端臨文獻通考，王應麟玉海，陳樹鏞漢官答問，考訂西漢初年兵制，南軍屬衞尉，北軍屬中尉，尙稱精確。（註）然武帝時中尉旣改執金吾，又設八校

（注）前人言南北軍制者陳樹鏞最爲詳贍，然亦失之强惑。漢官答問云：『錢文子補漢兵志云，北軍在未央北爲軍壘恒，置中壘校尉，以一校守之，此則大誤也。　百官志明言中壘校尉掌北軍之壘門，非掌北軍也……蓋北軍自是中尉所掌，而京師重兵實在於此，不致盡寄其柄於一人也，於是設監軍御史以監之（監軍御史見胡建傳，又曰監北軍使者，見劉屈氂傳），又未已也，又設中壘校尉以掌其壘門，又未已也，時使寵臣領其兵。』按中壘官階與列校同，謂北軍諸校全爲中壘所掌固誤，然百官表明云『中壘校尉掌北軍壘門內，外掌四城』，旣曰『掌壘門內』，當然非僅掌壘門可知。陳氏力言中尉始終掌北軍，故有此失。其實北軍武帝時已分，而營壘早已興建，不能分屬諸校。故專設中壘校尉以掌之；又因事太簡，故使領與營壘無關之四城，其執金吾之中壘令，雖名仍舊，大抵另掌他事矣。　光武移洛陽，北軍非故營壘，故不設中壘校尉也。

分領禁卒，則八校久與執金吾不發生從屬關係。（注）其中城門校尉多以大臣領之，至開幕府得舉吏（陳樹鏞所考），自非執金吾所能領屬；至射聲乃新募待詔射聲士；越騎，長水，胡騎，則哥薩克式禁軍，尤與中尉無干；惟屯騎（騎士）·步兵，虎賁（輕車）三校原為中尉之兵，並中壘不過八校之半而已。雖至東漢尚沿文帝時北軍之名，實非文帝時北軍之舊也。　漢書百官表及後漢書百官志皆列諸校於司隸後，明示與司隸同等，其意甚明，前人非不知此，特必欲統一代之制而言之，失之固矣。

　　前石室第六石下段蓋亦為都試之事，後石室第七石略同，但無題榜耳。　所繪者大抵為太守之事，因所題官職皆太守部屬也。　其官名有功曹（續志太守無東西曹有

~~~~~~

（注）列校自武帝設立後即直屬禁省，同於九卿，唯官階較小而已。　其為中壘校尉者有劉向劉歆及丙吉少子高，為列校尉者有匡衡子昌，淳于長，金安上孫饒及參，甘延壽，陳湯，班況，丁宣，張安世孫放，又張氏以得幸為侍中，中常侍，諸曹，散騎，列校尉者凡十餘人。後漢有來歷，賈宗，鄧騭，耿國，耿秉，岑遵，竇章，趙代，梁冀，桓郁，桓焉，劉愷，班超，班雄，馮緄，竇武，崔烈等。又後漢書劉般傳，『時五校官顯職閒，而府寺寬敞，與服光麗，伎巧舉給，故多以宗室肺腑居之，每行幸郡國，般常將長水胡騎從。』是為列校尉者，皆宗室，佞幸，功臣，外戚，及大臣子孫，皆天子近臣，雖延以儒學為之，然亦寵任，若孔安國之為侍中也，故事實不必由執金吾轉達天子。　夫既領禁兵，又可直達天子，當然不屬執金吾矣。倘曹名屬少府，而竇上倘已獨立，況此名義即不屬執金吾乎？至東漢之季極歸宦官，五校即實際入宦官之手，陵竇之事，等相大將軍尚不能指揮，無論執金吾矣。

故武帝以後京師兵制大略如下：

南軍——屬衛尉

北軍——屬列校尉

不屬南北軍者 ｛ 虎賁羽林中郎將——屬光祿勳
　　　　　　　 緹騎——屬執金吾
　　　　　　　 城門兵——屬城門校尉

功曹）主簿（朱博傳爲琅邪太守，使主簿教發拜起閣乃止），賊曹（續志諸曹略如公府，太尉府有賊曹，又見朱博傳），主記（續志主記史主錄記書催期會），游徼（續志鄉罷三老游徼，游徼掌徼循，禁司姦盜）。大抵賊曹游徼司姦盜，故掌武事，其功曹主簿主記，則都試時記其殿最者也。然東漢無都試，續志具有明文，此顯爲都試，頗可異，若解爲戰爭，則太守官屬車馬充滿全幅，敵人將誰屬乎？且軍服當短衣大絝（參見王國維胡服考），此寬衣博袖，儒冠偉服，何以言戰乎？蓋後漢廢都試及民兵，續志雖有明文，然後漢實屢發民兵，有時且由州郡官統率，未必能盡廢也。（註）如罷輕車騎士材官樓船士爲建武七年事（見光武紀），而至建武十一年即發南陽武陵南郡兵，又發桂陽零陵長沙委輸棹卒，凡六萬餘人，騎五千匹，皆會荊門擊蜀（見岑彭傳），則民兵亦不能終廢（杜詩請置虎符，亦七年至十四年時事）。終後漢之世不惟擊匈奴西羌南蠻常發州郡兵，且騎士之制尚在，皇甫嵩傳『黃巾起……於是發天下精兵，博選將帥，以嵩爲左中郎將，持節，與右中郎將朱儁共發五校，三河騎士，及募精勇合四萬餘人，嵩儁各統一軍』，是其證。既有騎士，則性質相同，以地理需要不同，而分類別之材官樓船，當然仍有。漢代民兵之制，大抵若現在日本之在鄉軍人，選一部分壯丁，教以武勇，有事則招集，故有材官騎士之稱。邊郡有民兵，證之後漢書本文及新發現簡牘，其事應無問題。三河不當邊郡，至後漢末尚有騎士，可證內地都試之事亦在。特後漢因省費而罷都尉，且光武時曾一度罷民兵，司馬彪遂將後漢初年之制，認爲一代之制，後世盡承其說，於是後漢無民兵，幾成定論矣（罷都尉非即罷民兵，蓋其事並於太守也）。殊不知光武建武七年罷民兵之理由爲『今國有衆兵，並多精勇』，此後與光武初起之兵漸歸解散，而州郡又未聞有募兵之制，則無兵之國何以維持？祇以山東『光武以來，中國無警，百姓優逸，忘戰日久』（後漢劉郃太傳），雖有

（註）後漢州郡兵實未罷，其後山東討卓，州郡割據，在在均可徵證。至晉武平吳始悉去州郡兵，大郡置武吏百人，小郡五十人而已（晉史山簡傳）。因此劉石蹂躪州郡，曾無藩籬之固（文選干寶晉紀總論）。若在東漢，除朝廷有計盡而棄涼州外，固無變及內地，不能捍禦之事也。

都試，漸成具文。　若全無都試之事，則武氏祠所圖，將全無所指矣。　（若非都
試，非戰爭，而爲捕盜，則功曹，主簿，更何用者？）

(三)故事

漢代壁畫多爲故事圖畫，固不僅墓室祠堂爲然，前引漢代諸書涉及圖畫者，蓋
凡宮室之壯麗者莫不以圖畫爲飾。　蓋墓祠堂之石刻，即摹仿宮室而然，故其題材
亦大同宮室。　其故事之範圍大率爲賢君，暴君，忠臣，孝子，義士，烈女，及於神
怪，前所引諸書已可窺其大略，今更引漢魏賦二篇證之如次：

圖畫天地，品彙羣生，雜物奇怪，山神海靈。寫載其狀，託之丹青，千變萬化，
事各繆形，隨色象類，曲得其情。　上紀開闢，遂古之初，五龍比翼，人皇九
頭，伏羲鱗身，女媧蛇軀，鴻荒朴略，厥狀睢盱。　煥炳可觀，黃帝唐虞，軒冕
以庸，衣裳有殊。上及三后，媱妃亂生，忠臣孝子，烈士貞女，賢愚成敗，靡不
載敍。　惡以誡世，善以示後。　文選二王延壽魯靈光殿賦。　命共工使作績，
明五采之彰施，圖象古昔，以當箴規，椒房之列，是準是儀。　觀虞姬之容止，
知治國之佞臣；見姜后之解佩，寤前世之所遵。　賢鍾離之讜言，懿楚樊之退
身；嘉班妾之辭輦，偉孟母之擇鄰。　文選二何晏景福殿賦。　以上兩篇曾爲容
庚先生所引。

據此，則畫像之意，不惟爲觀美，且爲『惡以誡世，善以示後』，『圖象古昔，以
明箴規』。是所繪者即漢人之標準道德，其深入人心當然較著於文字者爲尤勝。
故漢人之道德觀念，悉可從圖像推之。　畫像之事早自戰國，而其範圍之廣，從帝
王宮室，迄於廟宇，官署（後漢書西南夷傳），甚至及於郡縣卿亭（後漢陳紀傳
及荀爽），而富有平民亦復效爲之（鹽鐵論散不足今富者雕文檻格，垩塗壁飾…
…幃帳帷幔，玄屏錯屏，中者錦綈高張，采畫丹漆。　所謂垩塗壁飾，壁之采畫
也，玄屏錯屏，屏風之采畫也。　雖未言爲人物，然以前引諸則證之，當然多爲人
物，驗之今存諸石刻，益可信其然）。　其所畫事蹟，愈陳陳相因，則其標準愈歸
於一致。　標準既定，則時人藉其評騭是非，自不能免，觀前引楊惲班伯之事可以
證明，而趙充國傳稱成帝思將帥之臣追美充國召黃門郎揚雄即圖畫而頌之，此亦評
騭之類也。　（應劭傳，『初父奉爲司隸時，並下諸官府郡國，各上前人像贊，劭乃

連繫其名，錄爲狀人紀，又論當時行事者中漢輯序』，亦其證）。　此風旣開，當然非演成東漢之尙氣節重評論不可。趙翼廿二史劄記東漢尙名節條謂『自戰國豫讓聶政荆軻侯嬴之徒，以意氣相尙，一意孤行，能爲人所不敢爲，世競慕之，其後貫高田叔朱家郭解輩，徇人利己，然諾不欺，以立名節，馴至東漢其風益盛。蓋當時薦舉徵辟，必探名譽，故凡可以得名者，必全力以赴之，好爲苟難，遂成風俗。』　其言雖得其大凡，然其蔽亦多。　後漢之尙名節自是與游俠有相共之處，然決非僅游俠一端，所能影響。　至謂由薦舉徵辟，亦見其偏而不見其全。　蓋游俠之風，盛於戰國，至於西漢已成彊末，觀班固所紀游俠，不過爲權門鷹犬，若與史公所紀相比，立見眞僞懸殊；若謂全由游俠，則游俠向不容於世主酷吏，其風漸泯，決不能後漢反盛也。　至謂由於薦舉，則亦不盡然。　試觀流離張儉，天下同迎，其所欲必有甚於生者，遑言利祿？且後漢一代隱逸之士多矣，其得大名者如黃叔度，郭林宗，鄭康成之流，皆爲處士。　鄭康成戒子書自云：『舉賢良方正有道，辟大將軍三司府，公車再召，比牒併名，早爲宰相，惟彼數公，懿德大雅，克堪王臣，吾自忖度，無任於此。』　此則利祿而外，應別有安慰身心之所。　若謂此數子由時政不清使然，然果爲利祿，寧計時政？且嚴光，周黨，梁鴻諸人之不仕，豈乏明時？趙氏此意蓋承漢書儒林傳贊謂：『一經說至百餘萬言，大師衆至千餘人，蓋祿利之路使然也』之言。　然西漢經學流弊，自由於祿利，東漢氣節，則虛名實利大半不能兼顧，安在其同於說經至於百餘萬言之流也。　如薦舉而勵名節，誠有其人，然薦舉名節之世，亦由世俗尙名節而然；若世俗早棄名節如敝屣，則薦舉之事，便當私弊橫積，安得眞以名節相尙乎？又安得權奸如竇憲，梁冀，董卓之流，亦以徵辟清流相尙耶？

蓋一代風俗之成，決非一二單純原因，所能率爾而解釋。游俠輕死，本封建遺風，其意氣相尙，一意孤行，乃其表現，非其原由也。　豫讓，聶政固爲游俠者流，然田橫五百士，亦不得謂非俠者。　其如此者，不知凡幾，則其事爲普遍風習，而非一意孤行矣。　旣爲普遍風習，則其事非僅由於好名，而由社會制裁不得不爾。其範圍普及全社會，非一二游俠之流，所能左右，後漢承其風，亦非其風益盛也。至於薦舉乃封建制度崩潰後之事，其例不勝枚舉，決不能使社會尙俠。　且後漢之

尚名節，其行雖略同游俠，而其實質已混入儒家倫理甚深，而儒術之中，又早與道墨諸家匯流，故其尚名節決非前代某一種學說所能範圍；亦非僅以利祿所能解釋；此自後漢之時代精神。　然其表現於圖畫者，則較爲朴質而親切，若在後漢人之理論求之，則往往爲門面語所掩，反不易見其眞相矣。　今將武氏諸祠所有諸石，分其類別，以示一斑：

（一）古帝王

伏羲女媧　祝誦氏　神農氏　黃帝　顓頊　帝倍　帝堯　帝舜　夏禹　夏桀

以上并見武梁祠

（二）孝子

曾子　閔子騫　老萊子　丁蘭　三州孝人　羊公　魏湯　孝烏　孝孫　柏楡

邢渠　董永　章孝母　朱明　金日磾　以上見武梁祠

伯游　見前石室

（三）義士

李善　柳惠　程嬰杵臼　以上見武梁祠

顏淑　侯嬴　朱亥　范睢　靈輒　以上左石室

（四）刺客

曹沫　專諸　荆軻　要離　豫讓　聶政　以上見武梁祠

荆軻　見前石室

（五）列女

代趙夫人　梁節姑姊　齊繼母　京師節女　無鹽醜女鍾離春　梁高行　秋胡妻

羨姑姊　楚昭貞姜　以上見武梁祠

齊義婦　秋胡妻　前石室

王陵母　左石室

（六）縱橫

藺相如　范睢　以上見武梁祠

（七）隱逸

何饋(註)　何甌丈人　以上新出一石

論語：『子路問成人。　子曰「若臧武仲之智，公綽之不欲，卞莊子之勇，冉求之藝，文之以禮樂，亦可以爲成人矣」。曰「今之成人者何必然，見利思義，見危授命，久要不忘平生之言，亦可以爲成人矣」』。　此儒者之標準人格也。　然所求不外尋常日用之間。後漢所崇拜希冀者，除曾閔之孝而外，大體皆非常人所能者。務希特立獨行以震驚流俗，雖偏頗不顧，蓋已迥非儒者中庸之道。　至所舉列女，亦復各有特殊之個性，迥異後世正史方志之列女傳中千篇一律無事蹟可言者，則後世所謂節烈，皆庸言庸行，亦不足與漢世所希求者比矣。

漢代表彰忠臣孝子者儒術也，表彰何饋何甌則非儒術而爲黃老之風，表彰藺相如范睢則又縱橫之智，而刺客義士列女則又爲游俠之行，此皆武氏諸祠同所表彰者也。按復仇之習後漢甚盛，人復從而贊美之。　於是在後漢書屢有所載。　其在前漢雖民間或多復仇，然朝廷尙法，不能容人輒有報仇之事也。　漢書朱博傳：

遷琅邪太守……姑幕縣有羣輩八人報仇廷中，皆不得。　長吏自繫書言府，賊曹掾史自白請至姑幕，事留不出，功曹諸掾即皆自白，復不出，於是府丞詣閣。博迺見丞掾曰：『府告姑幕令丞言，賊發不得有書，檄到令丞就職，游徼王卿力有餘，除如律令。』　王卿得勑惶怖，親屬失色，晝夜馳騖。　十餘日間捕得五人。

蓋西漢尙法不重情。復仇之事於法不能曲恕，郭解之誅亦以此也。　後漢初年桓譚尙極言復仇之非，後漢書桓譚傳云：

夫張官置吏，以理萬人；縣賞設法，以別善惡。　惡人誅傷則善人蒙福矣。　今人相殺傷，雖已伏法。而私結怨讎，子孫相報，後忿深前，至於滅戶殄業。　而俗稱豪健，故雖有怯弱，猶勉而行之。此爲聽人自理，而無復法禁也。今宜申明舊令，若已伏官誅，而私相傷殺者，雖一身逃亡，皆徙其家屬於邊。　相其傷者，加常二等，不得雇山贖罪。　如此則仇怨自解，盜賊息矣。

(注) 何與荷通，何天之龍即荷天之寵也。　僩論語集解作賚，故釋爲草具，此作饋，故畫作執食器形。　然草具亦是食器，見范增傳，孔疏誤耳。

然此事至後漢之季，則持清議者逈異於前，後漢書蘇章傳

章……兄曾孫不韋，……父謙，初爲郡督郵，時魏郡李暠爲美陽令與中常侍具瑗

交通……及謙至部案得其臧論輸右校。 漢法免罷守令自非詔徵不得妄到京師，

而謙私至洛陽。……暠爲司隷校尉收謙詰掠死獄中，暠又刑其屍以報昔怨。 不

韋……與親從兄弟潛入廁中，晝則逃伏， 如此經月遂得傍達暠之寢室， 出其牀

下，值暠在廁因殺其妾，併及其小兒。……徑到魏郡掘其父阜冢，斷取阜頭，以

祭父墳，又標之於市曰『李君遷父頭』。……士大夫多譏其發掘冢墓，歸罪枯骨，

不合古義，唯任城何休方之伍員。 （伍員事參見公羊定四年傳及注）。 太原郭

林宗聞而論之曰：『子胥雖云逃命，而見用強吳，憑闔廬之威，因輕悍之衆，雪

怨舊郢，曾不終朝，而但鞭墓戮屍以舒其憤，竟無手刃後主之報。豈如蘇子單特

孑立，靡因靡資，強讎豪援，據位九卿，城闕天阻，宮府幽絶，埃塵所不能過，

霜露所不能沾。不韋毀身憔慮出於百死，冒觸嚴禁，陷族禍門，雖不獲逞，爲報

已深。況復分骸斷首以毒生者，使暠懷忿結，有得其命猶假神靈以斃之也。 力

唯匹夫 功隆千乘，比之於員，不亦優乎？』 於是議者貴之。

此其論議固與東漢初年之桓譚不侔矣。蓋儒術東京最深入於世俗，然愈逼於世俗，

則其世俗化亦愈深。 雖報仇者在法仍有重罪（見申屠蟠傳鍾離意傳）。 然郅惲，

趙苞，魏朗，陽球亦皆以此知名，此所謂『俗稱豪健』，不得不然。 然由此可知

漢人好圖畫荊軻聶政之故矣。

其次爲隱逸，隱逸之思想出於道家，儒者『三月無君則弔』，不尚此也。 漢初期儒

家如轅固之流，力匡黃老，然世俗則爲黃老與游俠所雜糅之思想。 案之理論，黃

老與游俠應背道而馳，而在事實上所表現，則黃老學者卽多爲游俠之實行者，如張

良（治黃帝老子之術，門多長者車），田叔（學黃老於樂鉅公，爲人廉直喜任俠），

淮南王安（竇士，爲黃老言），汲黯（學黃老言，常慕傅伯愛盎之爲人，善灌夫

鄭當時），鄭當時（以任俠自喜，好黃老言），耿況（学俠游，學老子於安丘先

生）諸人皆是，此蓋黃老乃『家人言』而任俠乃『家人事』之顯證也。 然此特漢

代初期之事，及後儒家雖在政治上定於一尊，而在學術上黃老之學早已混入儒家。

始則孔子見老子之事公然見於先黃老而後六經之太史公書，繼則昭帝時之賢良文學

公然舉孔老以對抗稱管商之大夫御史。　更後則號爲儒生，實柔老術，如魏相有『軍旅之後必有凶年』之語，鄭均少好黃老書，翟酺四世傳詩，好老子，張純慕曹參之迹，范升習梁丘易及老子，張霸博覽五經而據老子『知足不辱』之言以上病，皆其事也。　甚至出身太學以儒術稱之光武帝與臧宮之詔，亦公然行黃石公記『柔能制剛，弱能制強，柔者德也，剛者賊也』之言，則儒生早不以黃老爲諱，此東漢重隱逸，魏晉談名理，固有一貫相承之事矣。

三　畫象中之名物制度

（１）車騎

古代車制今所存者惟考工記言之較詳，雖非漢制，而漢制實出於此。今先言考工記所言之大略，更以漢制比較之。

一　車輪

兵車之輪，六尺有六寸，田車之輪，六尺有三寸，乘車之輪，六尺有六寸——考工記

　　　　按周尺略同劉歆銅斛尺（隋志），合今市尺六寸九分。　六尺六寸合市尺四・五五四尺，六尺三寸合市尺四・三四七尺。

轂也者以爲利轉也，輻也者以爲直指也，牙也者以爲固抱也。——同上

所以貫轂者謂之軸，軸末謂之軎，⋯⋯⋯轄上鍵謂之鎋（轂謂之軑）。　——阮元車制圖解。

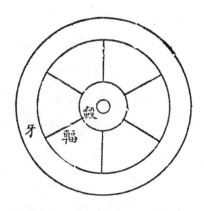

阮元車制圖解曰，考工記曰標其漆內而中詘之以爲之長，輮者揉充物內而

度之之名也。今案六尺有六寸之輪除去牙上下兩面不漆之三寸六分六釐六毫，樽之得五尺八寸六分六釐六毫。又中龖之，即為轂長，是轂長二尺九寸三分三釐三毫。此兵車轂之至長者也。

又曰若夫牙寛牙厚之度，則有記文可求。記曰六分其輪，榖其一以為牙圍，是牙圍一尺一寸。所謂牙圍者，乃蝸牙周帀之大圓圍。凡物圓者，乃謂之圓，牙圍一尺一寸即牙大圓面寛一尺一寸。記又曰參分其牙圍而漆其二，是漆其近輞之二分，寛七寸三釐三毫，不漆其近地之一分，寛二寸六分六釐六毫也。

二　輿

車上受物曰輿（<u>鄭玄</u> <u>考工記</u> 圖曰其深謂之隧），輿下四面材謂之軫（軫謂之收），輿前橫木謂之式，左右板謂之輢，輢上反出謂之輒，輢立木達輒謂之較，車輞謂之輮（輢橫輞也，輒道輞也），輿下鉤軸者為軤（軤謂之輹，輹謂之伏兔），當式下圍輈者曰軹，所以掩軹者謂之陰。——<u>阮元</u> <u>車制圖解</u>。

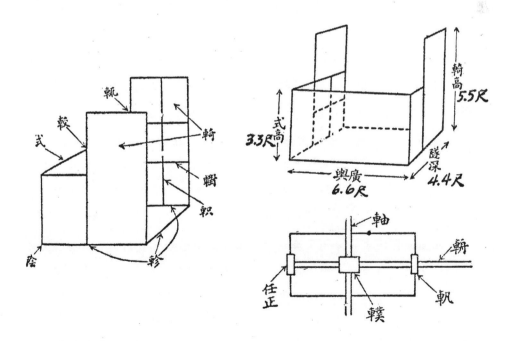

輿之度數——<u>阮</u>曰，<u>考工記</u>曰，輿人為車輪，榖車廣衡長參一，是輿廣六尺六寸也。又曰參分車廣去一為隧，是隧深四尺四寸也。

式較之度數——<u>阮</u>曰記曰三分其隧，一在前，二在後，以揉其式，又曰

以其廣之半爲式之崇，是式崇與廣等崇於三尺三寸，其剛旁居輢板上，則須揉治而詘之，一在前即式深，二在後即輢深也。……蓋輿左右木板通謂之輢，參分輢隧，一在前，二在後，後高於前式二尺二寸，輢通高五尺五寸也。

軹——阮說即車耳，未譜，辨見後使者車節。

軓——阮曰軓之爲物蓋在輿之前軫下正中，略如伏兔，爲半規形，以圍輈身。輈與輿之力在後軫則有任正以持之，在前軫則有軓以衡之。故左右轉戾不致敗折。……故記曰圜潤自伏兔不至軓七寸，考伏兔至軫一尺四寸許，圜潤七寸居其半，餘七寸始至軫，軓當與軫寬等三寸許，與圜潤相離三寸許。故曰不至軓，此由外而數至內也。記又云軓中有潤謂之圜軹，案軓在輿前，人所目見，若圜潤在輿底，目不及見，故須察之，此由外以觀內也。合此二者，其地確不可易如此。

陰——詩小戎曰陰靷鋈續，毛傳曰陰掩軓也，箋曰掩軓在式前垂輈上。既曰掩軓則非軓，而爲式下板，當即車前板也。

三　輈

曲轅——輈。　輈緣軓以上爲侯（侯謂之頸），輈後投任正謂之蹤，當伏兔者謂之當兔，輈兩端木爲任木，前端駕馬爲衡正，後端持輿爲任正。……衡（高）下扼馬牛者軥，……衡下兩輓曰兩靷。——阮元車制圖解。

考工記曰『輈人爲輈，輈有三度，軸有三理。　國馬之輈深四尺有七寸。』鄭注『國馬謂種馬，戎馬，齊馬，道馬，高八尺兵車乘車輢崇三尺有三寸加軫與轐七寸，又並此輈深則衡高八尺七寸也。　除馬之高，則餘七寸爲衡頸之間也。鄭司農云深四尺七寸謂輈曲中。』又云『田馬之輈深四尺』。注『田車輢崇三尺一寸半，并此輈深而七尺一寸半，今田馬七尺衡頸之間亦七寸，則軫與轐五寸半，則衡高七尺七寸。』又：『駑車之輈深三尺有三寸』。注『輪軹與轐大小之減率半寸也，則駑馬之車軹崇三尺，加軫與轐四寸，又并此輈深，則衡高六尺七寸也，今駑馬六尺，除馬之高，則衡頸間亦七寸』。

阮氏曰記曰國馬之輈深四尺有七寸，鄭注曰衡高八尺七寸，除馬之高，則餘七寸，爲頸衡間也。記又曰軓前七尺而策半之，鄭注曰謂輈軓以前之長

也。　據此則鄭意以輈深四尺七寸，爲輈端直垂下與軓平處之高得四尺七寸，除輪半崇及加軫與輈之四尺不入算也。　且以軓前十尺爲輈身之長也。夫使軓前十尺爲輈身，則輈身不能無撓，其撓之數，經無明文，於是又意爲解曰凡弓引之中參採輈之倨句中二可也。　中二即三分損一耳，即十尺之曲輈參分損一得六尺六寸六分之直弦，再以輈深之四尺七寸爲句以求其股，則股長四尺三寸三分有奇，即使服馬尾近詧隂板之前，而輈端之衡，已近居馬脊中矣，有是理乎？……且即以十爲弦，四尺七寸爲句，得八尺零八寸有奇之股，亦尙不足爲駕馬地也。……此皆由誤解記文之故。……元案記曰軓前十尺，此自軓前直引至輈端長十尺也。……記文一曰凡棘輈欲其孫，而無弧深，再曰輈深則折淺則負，深字皆指曲中而言，是所謂深者乃曲中之度，必非輈垂下之高明矣。今以通徑求外周以定輈身中心之長，考輈身有圜即有徑，求記者之意其輈身當以徑三寸入算，何也。　蓋以此三寸合之四尺七寸，共深五尺爲半徑，合通徑十尺，適得平圜之半，圜形不差分豪也。　又輈身既有圜徑之三寸，則當有朒有羸，今以軓前十尺內減兩端，輈身徑共六寸，餘九尺四寸之通徑，合四尺七寸之半徑求平圜半周得十四尺七寸六分五豪四絲，此輈身朒數也。　若並輈兩端身徑在內爲軓前十尺之通徑合輈身三寸，于深四尺七寸爲五尺半徑，求平圜半周得十五尺七寸零七絲九豪，此輈身外背之羸數也。　既得羸朒二數，再以二數通徑相減，爲九尺七寸之通徑，合四尺八寸五分之半徑（適當輈圜之中心），得平圜半周一丈五尺二寸三分六絲六豪，此輈身中心之長也。

按兵車乘車軹崇三尺有三寸，加輈深四尺七寸，應適爲八尺，故衡高即馬高也。蓋衡之底適接馬脊，中雖有軛，然繫馬在軛兩旁，其中部在衡與馬脊之間甚微，不得多至七寸。　至軫雖在軸以上，然亦在輈以上，不得在輈軸之間更加軫數。　軫與輈平，其數更無從加入也。　鄭注此處微有疏失。

阮氏釋輈之處，惟『軓前十尺，此自軓前直引至輈端長十尺也』之論爲得其大約。　然不若程瑤田謂『軓前十尺，謂自軫平指至輈端下之度』爲較愈也。　蓋阮氏所設計之輈形爲半圜。　若其圜徑與地面平行，則馬之高，非與軹崇相等不可，即馬非僅高三尺三寸不可。　若輈端與馬頸同高，（馬高八尺，當即指馬頸高八尺，若僅照阮氏所云以六尺爲度，則輪轂六尺六寸，較馬頸爲高，馬將不勝車矣），則馬頸至軓，仍僅得八尺零

八寸如阮氏所求之數，仍不足爲驂馬地也。　大抵古輈形仍當如漢畫所繪，（采桑劫車之輈形仍作直形，不作弧形，則戰國時輈亦不甚曲，如阮氏所云也，西洋上古之車以及現在之馬車均有輈，然亦無作半圓形者），自軓前引更斜曲而上，直至馬頸，若作半圓不惟於理不通，且與記文『凡揉輈欲其孫而無弧深』亦不合，蓋從此句可知深者從軓所引之平行線直上而言，亦即鄭氏所謂高，若作半圓，是即『弧』矣，安得曰『無弧深』乎？戴震略同鄭氏，無所發明，故不論。程瑤田論輈之度甚是；然謂『輈在輿下者曰任正，軸在輿下者曰衡正』則非矣。

四　蓋

車蓋之杠謂之桯，蓋斗訌之部，其柄謂之達常，隆屈謂之弓，弓近部謂之蚤。

　——戴震考工記圖

　考工記曰輪人爲蓋，達常圍三寸，桯圍倍之六寸，信其桯圍以爲部廣，部廣六寸，部長二尺，桯長倍之四尺者二……弓長六尺謂之庇軹，五尺謂之庇輪，四尺謂之庇軫，參分弓長而揉其一，參分其股圍去一以爲蚤圍，………是故蓋崇十尺。

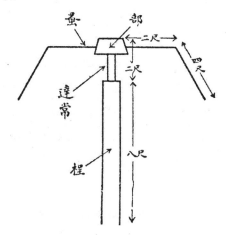

車制之大略如此，爲求簡故，與車制有關之引證，力從刪落，然已累篇牘如右，蓋太簡則不明也。　今更以漢制證之如下。　車制之見於文籍者，大略可分下列各種：

　　（一）兵車

　　（二）使者車

（三）軺車

（四）安車

（五）牛車

【兵車】即考工記之小車，然不常見於漢壘，蓋戰國時即已漸不通用，趙武靈王胡服騎射其尤著者，戰國時千乘之國，萬乘之國，不過代表大國小國而已，非眞有千乘與萬乘也（見狩野紀念論叢日本人所考）。　至漢則記兵車之事尤鮮，霍去病傳『大將軍靑令武剛車自環爲營』，武剛車據續輿服志云有蓋有帷（兵車無之），蓋用作自環爲營作障礙物，與鹿角同，非駕駟馬以衝鋒陷陣也。　公孫賀傳『爲輕車將軍出雲中』，然所領者並非輕車，西漢列校中虎賁校尉尙有掌輕車之名，至東漢則因無所用之而裁去矣。　大抵在漢以前戎車尙用於兵事，至漢以後，則戎車僅用於運輸及作障礙物而已。後漢南匈奴傳『光武造戰車，可駕數牛，上作樓櫓，置於塞上，時人見之，或相謂曰：「讖言漢九世當卻北狄地千里，豈謂此耶？」　其後果拓地焉』。　是所用者乃用以瞭望之牛車，仍非戰克（後漢龔楊璇傳，璇曾用戰車，然先以石灰使敵不得視，仍屬用奇兵，非恃車也）。　至續輿服志之輕車戎車，僅爲天子出行壯威儀而已。　此後用作發石攻城及障礙之用者，例如：

魏志袁紹傳袁紹在土山對曹公營疲石擊，紹樓皆破，紹衆呼爲霹靂車。

魏志郝昭傳，諸葛亮圍陳倉，又使人說郝昭不下。　昭兵纔千餘人，亮進攻之。雲梯臨城，昭以大箭逆對其梯，又以繩連石磨其衝車，衝車折。

魏志田豫傳，虜伏騎擊之，軍人擾亂，莫知所爲，豫因地形迴車結圓陣，弓弩持滿於內，疑兵塞隙，胡不敢犯。

此皆與古兵車之用相殊。　用兵車而得利者惟劉裕攻慕容超事：

宋書武帝紀，乃退大軍，分車四兩爲二翼，方軌徐行，車張幔，御者執殳，以騎爲游軍。………比及臨朐，賊騎交至。　帝用參軍胡藩策，襲剋臨朐，賊乃大奔還廣固。

此車之用雖似爲作戰之用，其實仍用爲障礙物。　蓋其得勝，非由於車之本身，實利用車難進難退，可以相持，而乘隙以游軍襲剋臨朐也（劉屈氂傳『以牛車爲櫓』，其用亦同）。　是自漢以來車不能作爲單獨作戰之用可知。　至唐房琯用牛車作戰，

竟至敗績。　宋徽宗時欲用戰車作戰，竟爲李復先沈括所譏，迄紹興造兵車而猶不能用（見宋史兵志），從此遂無能以兵車施諸戰陣者矣。　故諸刻石所繪，皆鮮戰車，今所見惟孝堂山第三石而已。

【使者車】據續漢志云：

　大使車，立乘，駕駟，赤帷，持節者重導從，賊曹車，斧車，督車，功曹車皆兩大車。　伍百璅弩十二人，辟車四人，從車四乘，無節，單導從減半。　小使車，不立乘，有騑赤屏泥油，重絳帷，導無斧車。　近大使車蘭輿，赤轂白蓋，赤帷，從騎騎四十人，此謂追捕考案，有所敕取者之所乘也。　諸使者皆朱班輪，四輻，赤衡軛。　其送葬白堊，已下，灑車而後還。　公，卿，中二千石，二千石，郊廟明堂祠陵，法出，皆大車立乘駕駟，他出乘安車。

今武氏祠及孝堂山所見主車，大抵皆大使車，因立乘而非坐乘也。　然大使車駕駟，而畫像皆爲一馬者，蓋畫像從簡，畫一馬已可見其大略，不必畫四馬方知爲使者車也。　使者者與從車不同之尤顯而易見者，在其有交絡，交絡者絡帷裳也，續志云太皇太后皇太后法駕皆御金根加交絡，注徐廣曰青交絡青帷裳（絡並誤作路，今從陳景雲說改正，又續志『公，列侯，中二千石，二千石，夫人，會朝若饗，各乘其夫之安車，右騑加交路』，路亦應作絡），故知交絡與帷裳同施於車者；其後大行載車云『交絡四角』，意尤顯矣。　後漢書劉盆子傳『乘軒車大馬，赤屏泥，絳襜絡，而猶從牧兒遨遊』；注『襜帷也，車上施帷以屏蔽者，交絡之以爲飾，續漢志曰王公列侯安車加交絡帷裳也』。　故高車施絡爲顯者之制。（劉盆子所乘車亦非天子車而爲大使車。　蓋天子車名路車不名軒車，說文軒曲輈藩車也，藩車即指有耳之庫，段注云，左傳杜注皆云軒車爲大夫車，是軒車非天子車矣。　赤屏泥絳帷見前引續志大使車節。）

　武梁祠前石室之令車其車耳之制甚顯，（註）其制爲輢外更加橫板形物，直達式以前。續志云：

　中二千石二千石皆皁蓋，朱兩轓，其千石六百石朱左轓，轓長六尺，下屈廣八寸，上業廣尺二寸，九文十二初，後謙一寸，若月初生，示不敢自滿也，景帝中

（註）石刻諸使者車多有從騎，制見後書廉范傳。

元五年始詔六百石以上施車轓。

轓或謂之車耳（漢書桓帝紀中元六年，應劭注曰，車耳反出所以爲之藩屏翳塵泥也，……軨以簟爲之，或用革），或謂之軬（見前應劭注，又說文軬車耳反出也），或謂之篗篿（玉篇篗篿轓也），或謂之較（說文較車輢上曲鉤也，崔豹古今注曰車較重耳也在車輿上重起如兩角然），或謂之藩（詩韓奕箋『鞗鞅，漆皆以爲車蔽，今之藩也』），其名雖異，其實則一。　蓋以長六尺廣二尺之簟或革，施於輢外，當輪上者廣尺二寸，屈於下者廣八寸。　因其在車兩側故謂之車耳，因其反出於輢外故又謂之軬也。　阮氏車制圖考謂輢上反出謂之軨，非是，說文云『輢車兩輢也』，軨自輢之別名，輢爲木製方可倚，而車耳則應注及鄭箋明言以簟或革爲之；則車耳非輢，而爲輢外之物明甚。

漢制六百石以上，卽縣令以上，方有車耳，然亦有特例。　黃覇傳『覇爲潁川太守秩比二千石居官，賜車蓋，特高一丈，別駕主簿車，緹油屛泥於軾前，以章有德』。　續志注引謝承書『孔恂字巨卿，新淦人，州別駕從事，車前舊有屛星，如刺史車曲翳儀式；是時刺史行部，發去日晏，刺史怒，欲去別駕車屛星；恂諫曰，「明使君傳車自發晚，而欲徹去屛星，毀國舊儀，此不可行；別駕可去，屛星不可省」，卽投傳去；刺史追謝請，不肯還；於是遂不去屛星。』　此州郡掾屬亦有車耳，然曰車前或式前，則車後無之；大抵僅有使者車車耳之半（因輢較式高，故輢可不障，而障式之兩旁也），因之不曰轓而曰屛泥或屛星。　至陳遵初除河南太守，乘藩車入閭巷過寡婦飲，則使者車矣。

武氏祠前石室第三石第四石左石室第九石後石室第七石其主車均有物若布帛垂於車後，案此卽飛軨也。　續志注『薛綜曰（乘輿）飛軨以緹油廣八寸長注地，畫左蒼龍右白虎繫軸頭，二千石亦然，但無畫耳。』　文選東京賦注引蔡邕獨斷『飛軨以緹紬廣八尺長拄地』。　曲禮『君車將駕，則僕執策立於馬前，已駕，僕展軨效駕』。　注『盧云軨轄頭軜也，舊云車闌也。』　是鄭注蓋從盧說。　按車闌卽車軨間橫木，此軨字別解；說文『軨車軨間橫木』，桂氏義證『車軨間橫木者，後漢書趙壹傳，張衡傳注引竝同，玉篇軨車闌也』，又尚書大傳『未命爲士，車不得有飛軨』，鄭注『如今窗車也』，說文軨之重文作轜，與窗櫺同意之故，以釋軨字本

不誤，惟以釋飛軨及釋禮記之展軨則不可耳。　蓋君車法駕非窗車，不得有檻，且車窗木闌亦不似緹油可以舒展，疏云『從車軨左右四面看視之，上至於闌』，乃曲解也。　軨自漢以來即兼二義，故漢人釋飛軨者有時不免彼此牽強，然飛軨之制固在，緻志所說自有所本。（宣紀：『大僕以軨獵車來迎曾孫』，軨自當作檻解，非飛軨也。　車制之名往往兼二義，『軌』字亦然，見段玉裁集。）

【輶車】立乘大車為大使車，立乘小車則為輶車，車之大小由於馬數而不同，大抵四馬為大車，而一馬二馬為小車。　平紀元始三年注引服虔曰『輶音遙，立乘小車也』；高紀五年注如淳曰『律，四馬高足為置傳，四馬中足為馳傳，四馬下足為乘傳，一馬二馬為輶傳』，皆是。　因其為立乘，故可四望，隋書禮儀志『輶車，柴六輅一名遙車，蓋言遙遠四顧之車也』；釋名『輶車，輶遙也，遠也，四向遠望之也』。　蓋輶車立乘與大使車同，均可遙遠四顧，後漢書賈琮傳『以琮為冀州刺史，舊典傳車驃駕，垂赤帷裳，迊於州界，及琮之部，升車言曰：「刺史當廣聽糾察美惡，何有反垂帷裳以自掩塞乎？」乃命御者褰之。』大使車褰帷即可望遠，此即其證。　惟大使車因加儀飾更有專名，其後乃僅以無專名之小立車為輶車；若究其原始，則輶車本為兵車所改（晉書輿服志輶車古之時兵車也），兵車馬數多於二馬或一馬，則輶車之原義亦不當僅指一馬矣（輶車可駕三馬，王莽傳『巨毋霸輶車不能載，三馬不能勝，即日以大車四馬……詣闕』，鹽鐵論論儒『故輶車良馬無所馳之』亦非僅指一馬而言）。　故輶車之準則，至為無定，今依漢律定二馬及一馬立乘者皆為輶車。　如武氏祠中主車以外之導車及從車，武梁祠之閔子騫父車，前石室十石十一石之行亭車皆是。　導車從車緻志稱為兩大車，大者對一馬之小車而言（二馬者單輈，一馬者變勢，標誌亦自不同），然既僅有二馬，按之漢律仍當在輶車之範圍也。　至後漢晚期則輶車似專指一馬之車，書抄七十七引謝承書『許慶家貧為郡督郵，乘牛車，鄉里號為輶車督郵』。大抵督郵行亭應乘二馬車，與太守導車同，許慶只乘一牛，猶之一馬，故以輶車比附之，其實輶車非牛車，亦非專指一馬之小車也（史記季布傳索隱『輶車謂輕車一馬車也』，即據後漢俗稱，與漢律不同）。宋書禮志：『漢代賤輶車而貴輜軿，魏晉賤輜軿而貴輶車』，桂馥發證引晉制中書令乘輶車，傅暢故事尚書令輶車黑耳後戶，僕射但後戶無耳為說，甚是，蓋輜軿指

凡衣車不論牛駕馬駕者皆是。晉代馬少，通用牛車（已見後），故一馬之輕車已為賞矣。

【安車及輜軿】凡坐乘者曰安車，而有衣蔽者曰輜軿。　禮記曲禮：『大夫七十而致事，適四方，乘安車』。　注：『安車，坐乘，若今小車』　疏：『古者乘四馬之車，立乘，此臣已老，故乘一馬小車坐乘也』。　周禮春官王后五路有安車，注：『安車，坐乘車，凡婦人車皆坐乘』。　續漢輿服志：『太皇太后皇太后法駕皆御金根，加交路帳裳，非法駕則乘紫罽軿車……駕三馬。　長公主赤罽軿車。大貴人，貴人，公主，王妃，封君油畫軿車，大貴人加節畫輈，皆右騑而已。公，列侯，中二千石，二千石，夫人會朝若蠶，各乘其夫之安車，右騑，加交路，惟裳皆皁，非公會不得乘朝車，得乘漆布輜軿車』。　故輜軿者安車之一種，特供婦人所乘也。　安車本駕一馬，故有二轅，加兩驂則為三馬，加右騑則為二馬，不能駕四馬也（疏廣傳『賜安車駟馬，黃金六十斤罷』，此自恩澤特例，故鄉人以為榮，而懸其安車也）。　又安車有兩轅，故有時亦以駕牛，釋名『輜車載輜重臥息其中之車也；輜廂也，所載衣物雜廂其中也；軿車軿屏也，四面屏蔽，婦人所乘牛車也』。然劉熙之時代，據畢沅所考已當建安之際，是亦未可以三國分崩之俗上概炎世矣。

今輜軿見於畫象者，有武氏西闕南面，北面，武梁祠第一石，前石室第七石，前石室第十一石，後石室第二石，後石室第四石，孔子見老子象。　其有主名者則為後石室第二石之西王母車，孔子見老子象之老子車，皆老者及婦人也。　蓋老者畏風塞，故亦乘衣車，漢書張良傳：『上雖疾，強載輜車，臥而護之』；注，師古曰：『輜車衣車也』；後漢書桓榮傳：『榮為少傅，賜以輜車乘馬』；皆其事矣。

【牛車】馬車之輈曲，牛車之轅直，考工記云：

今夫大車之轅縶，其登又難，既克其登其覆車也必易。　此無故，惟轅直且無撓也。　是故大車平地既節軒縶之任，及其登阤，不伏其轅，必縊其牛，此無故，惟轅直且無撓也。　故登阤者，倍任者也，猶能以登，及其下阤，不援其邸，必縊其牛後，此無故，惟轅直且無撓也。

故牛車為直轅者。

在武氏祠畫象中，惟武梁祠第二石之處士車爲牛車，其餘如前石室第十一石所畫二車，其構造亦與牛車相同，卽輈較直，上以席爲蓬（現在牛車亦以席爲蓬與此相類），惟以馬駕之而已。　在漢代牛車爲賤者所乘，宣紀『地節三年，求得外祖母王媼，媼男無故，弟武，皆隨使者詣闕，時乘黃牛車，故百姓謂之黃牛嫗』；食貨志『賈人不得衣絲乘馬』是也。　貧者亦乘之，高五子傳：『其後諸侯貧者或乘牛車』；張湯傳：『載以牛車，有棺而無椁』；朱雲傳：『雲自是後不復仕，常居鄠田，時出乘牛車，從諸生所過皆敬事焉』；游俠傳：『朱家……衣不兼采，食不重味，行不過軥牛，專趨人之急，甚於已私』；是也。　至劉寬父崎雖曾爲司徒，然寬尚隱居鄉里，故亦乘牛車，劉寬傳：『寬嘗行，有人失牛者，就寬車認之，寬無所言，下駕步歸，有頃認者得牛送還，叩頭謝』，則以處士不願駕馬，非盡由貧賤也。

漢以來每值亂事則馬減少，及休養平息則馬增多。大抵西漢初年馬少，西漢中葉馬增多，東漢初年馬減少，至三國時馬又減，於是牛車爲貴冑所乘矣。　食貨志云：『天下旣定，民無蓋藏，自天子不能具醇駟，而將相或乘牛車』，足徵漢初馬少也。　至武帝時則如食貨志所云：『初七十年間國家無事，非遇水旱，則民人給家足，……衆庶街巷有馬，仟陌之間成羣，乘牸牝者擯而不得會聚』，此漢中葉馬多之證也。　其後征匈奴，馬稍減，然尚足用，故宣帝本始中伐匈奴發騎尚以萬計（見本紀）。　及東漢初年光武初起馬尚少，光武初騎牛，殺新野尉乃得馬。　至東漢中葉馬已減於西漢，如竇憲出師時與耿秉僅各將四千騎，餘則匈奴左谷蠡王萬餘騎，匈奴南單于萬騎，度遼將軍鄧鴻及羌胡義從八千騎，皆非中國本土之所有也（竇憲傳）。　至三國時馬愈少，魏志鍾繇傳：『太祖在官渡與袁紹相持，繇送馬二千餘匹給軍；太祖與繇書曰，「得所送馬，甚應其急，關右平定，朝廷無西顧之憂，足下之勳也」』；是又與東漢不侔矣。

蓋西漢猶承秦人養馬故習，漢書景紀如淳注引漢舊儀『太僕牧師諸苑三十六所，分布北邊西邊，以郎爲苑監官，奴婢三萬人分養馬三十萬頭，擇取教習；牛羊無數，以給犧牲』。　又官本漢舊儀：『天子六廐，未央廐，承華廐，騊駼廐，路軨廐，騎馬廐，大廐，馬皆萬匹』。故王朗奏云：『若夫西京雲陽汾陰之大祭，千有五百

之羣祀，上通天之臺，入阿房之宮，中廄則騑騄鮒馬六萬餘匹，外牧則屈養二萬，而馬十之，執金吾從騎六百，走卒倍焉』（魏志注引魏名臣奏）；即謂此也。　束漢則西邊既虛，北邊亦賦與南虜，例諸西京，食不猶矣。至於魏世，邊郡愈廢，盡括西北戶口，僅得新奧一郡，馬之出產，尤不及束漢。　晉代魏政，創設未聞，武帝方崩，大亂繼起，而馬政遂不堪問矣，安得不將相乘牛車乎？

　魏世以還，乘牛車已成通習，其事甚多，不可悉舉。　略舉數端，以見其例。　魏志韓暨傳：『徙監冶謁者，舊時冶作馬排，每一熟石，用馬百匹，更作人排，又費功力，暨乃因長流爲水排，計其利三倍』，是舊時用馬者，此時已更用人。　倉慈傳注引魏略：『顏斐爲京兆太守，始京兆從馬超破後，民多不專農殖。……是時民多無車牛，斐又課民以閒月取車材使轉相教匠作車，又課民無牛者，令畜豬狗，賣以買牛』，是當時牛尚不足，無論馬矣。　此雖京兆特情，亦自亂後通象，故人臣乘牛，至求之天子外廄，晉書劉超傳：『超後須純色牛，市不可得，啓買官外廄牛，詔便以賜之』，無怪富如石崇，貴如王導，亦皆駕牛不駕馬。　此風所播，直至隋唐，故今日除西洋之馬車外，更無曲輈痕迹。（石崇王導事，各見晉書本傳）。

（2）宮室

　武梁祠第二石及第三石，前石室第三石，前石室第十四石，左石室第九石，左石室第一石，左石室第七石，孝堂山第一石第二石均有宮室之圖畫，其最可注意者爲武梁祠第三石，前石室第三石，左石室第九石，及孝堂山二石之樓前二柱形物。

　在其他石刻中如兩城山石刻，及美國紐約Metropolitan博物院所藏石刻，有與此相類之物，惟此二石所畫者較寬，而武氏祠及孝堂山所繪者較狹而已，其地位及結構仍大略相同。　中國營造學社論文漢代的建築式樣與裝飾（彙刊五卷二期），認爲紐約所藏石刻爲闕，當無問題；若此石所繪者爲闕，則此其他諸石亦當然爲闕。

　闕之實物現存者有山東及四川二省諸石闕　及嵩山之啓母闕。　明器中單間高樓亦甚多，如所謂『捕鳥塔』，『望樓』之類，大抵亦闕之變體。蓋闕爲多層而高聳者，有波士頓博物館所藏石刻可資證明也。　然漢制天子有闕，丞相有闕，城門有闕，廟墓有闕，士大夫未聞有闕之制。　則石刻之闕雖實際爲闕，而其名當不爲闕。

爾雅釋宮：『陝而脩曲者曰樓』，注：『脩長也』，是樓乃長而曲者，長而曲則似以閣道與他樓相連者矣。　月令：『可以居高明』鄭注：『高明謂樓觀』也，『觀』不可居，是『樓』亦可稱『觀』；『觀』卽『闕』，則『樓』之名亦可施諸『闕』矣。（註）故其制同闕，其名當仍爲樓。

武氏祠所繪中樓有閣道可與兩旁相通，紐約所藏石刻中樓之闌干伸出兩旁，其交通之跡尤顯。　按漢世富貴之家多爲樓閣，王鳳傳：『大治第室，起土山漸臺，洞門高廊，閣道相屬』。　酷吏黃昌傳：『再遷陳相，縣人彭氏舊豪縱，起大舍，高樓臨道，昌每出行，彭氏婦人輒登樓而觀；昌不喜，遂勑收付獄案殺之』。　樊宏傳：『其所起廬舍，皆有重堂高閣』。　侯覽傳：『起第宅十有六區，皆有高樓池苑，堂閣相望，飾以綺畫丹漆之屬』。　由此證之，則樓固多有閣道，故樓閣後世常並稱也。　武氏祠樓，上有婦人，亦與陳豪彭氏之婦人上高樓者大略相同。

武氏祠及孝堂山皆爲四注屋，此亦較爲尊貴之制。四注屋殷人已有，見考工記。至周凡士大夫以上皆有之，見焦循羣經宮室圖所考（焦氏又謂諸侯以下但有四霤，無四阿，是其式非如今之歇山式不可，然今所見漢之歇山屋頂皆重檐，似今之單檐歇山時當尚未有，焦氏又云不得重屋，便不知所云矣。　焦氏之證無四阿，僅據左成二年宋公樽有四阿爲侈一事，然樽固不必同於宮室也）。　漢大抵亦然，今石刻及明器仍以四注屋爲多，非如現在僅施於宮殿及廟宇也。

諸石刻宮室之中皆施有帷帳。　蓋漢代窗紙未行，故以帷帳蔽風日也。　然帷帳實可以示豪貴。張良傳：『沛公入秦宮室幃帳狗馬重寶婦女以千數』。陳勝傳：『其故

（注）閣道常卽稱爲樓，三輔黃圖：『建章宮鳳凰闕漢武帝造，高七十丈五尺，……在圓闕門內二百步。　……楊震關輔古語云長安民俗謂鳳凰闕爲貞女樓』。　是闕亦道謂之樓，其天子與恆人異者，則天子之闕當門，而恆人之樓不當門。公羊定二年注『禮天子諸侯臺門，天子外闕兩觀，諸侯內闕一觀』。　禮器云『天子諸侯臺門……家不臺門』。　正義『兩邊築闕爲基上起屋曰臺門』。　皆指當門者而言，若只當樓前，則雖其形同闕，自不得謂之闕。　又文窮所起天子之闕低者亦二十丈，若恆人與樓略等者，則高不過漢尺四五丈，尤不侔矣●

人常與備耕⋯⋯勝出，遮道而呼涉，乃召見與歸，見殿屋帷帳，客曰夥涉之爲王沈沈者』。　晉書何曾傳：『性奢豪，務在華侈，帷帳車服，窮極綺麗』皆可見之。　至唐窗牖猶有不施紙者，如沈佺期侍宴安樂公主應制：『粧樓翠幌教春住，舞閣金鋪昔日懸』；王邵冬晚對雪憶胡處士：『寒更傳唱晚，清鏡覽衰顏，隔牖風驚竹，開簾雪滿山』，李商隱對雪：『旋撲珠簾過粉牆，輕於柳絮重於霜』。簾當牖，無窗紙可知，然此猶可謂承六朝遺習，如宋代已有紙窗，而簾櫳綺戶猶常見於題詠之事。　至若陶舉花萼樓賦（英華四九），完全爲寫實，則可證明唐初猶不用窗紙也。　其祠云：

前卷珠簾，後卻疏牖，分渭北之川光，別終南之峯首。　千門迴露，百陌微明，翠幄疑烟，煥青軒以靄映，紅荷浸水，嬌綠浦以縈盈。

其所言適切與慶池旁面對南山之景，則珠簾翠幄，未必爲藝增也。

　因用帷帳而不用紙窗，故窗較現在爲低。諸畫象中，因須露出室內之人物，故不用窗櫺。　然在明器中，則窗多爲斜交之窗格，成爲菱形之窗格孔。　其窗並未見門扇式之檻窗或支摘窗之痕迹。蓋門扇式檻窗或支摘窗亦用紙以後之現象，因窗櫺糊紙卽不能再通風，非開窗不可，若在用帷帳時，則啓閉不牽涉窗櫺也。

　宮室之排列，自殷墟所發見之基礎以迄近世之宮室，皆是長方形之房屋，集中排列。儀禮宮室之制雖聚訟紛紜，然其爲集中式之長方形房屋，則無人反對。　明器之房屋，雖因材料關係甚爲單簡，然大致亦是如此。　則漢代普通房屋之排列大致與今同，蓋中國式之房屋，確爲本土者，一種文化苟無絕大之原因，不致驟變也。若是則武氏祠及孝堂山高樓所處之地位亦可推測而得。

　作宮室圖者，清任啓運之朝廟宮室圖較爲明晰，今更斟酌朱熹弟子之家山圖書，作平面圖如下。　所以不盡從前人者，則以凡一種建築在現在建造爲不可能者，在古代亦斷無實現之理，前人宮室圖，往往卽係不能建造者，故更定之。　至於所以如此改定之詳細節目與理由，爲避繁複，不具述，蓋宮室之平面圖應較車制易於明瞭也。

　依此圖，凡釋儀禮宮室之制者，自李如圭以下，皆無大衝突，故暫決定如此。　漢代去古未遠，當不少共通之點，故對武氏祠及孝堂山之宮室制度，亦依此解釋之。

武氏祠及孝堂山所繪之宮室，大抵爲朝而非寢，則其闕式之樓閣，大抵亦即東西廂

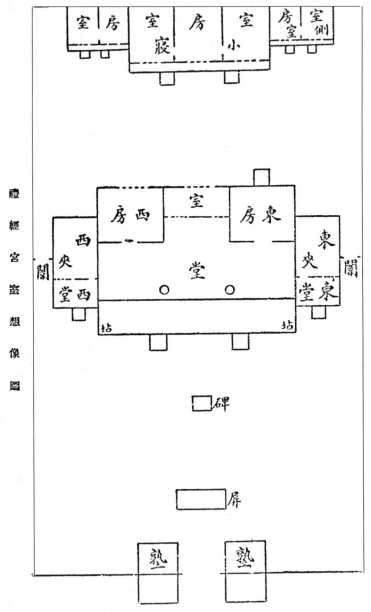

禮經宮室想像圖

之變形；蓋東西廂當前望之爲其側面，故較狹，更加縮小，便成柱形。 在紐約所藏
石前兩闕較闊，尚存西廂形式。 孝堂山所繪，則大抵三庭相絡，兩廂爲公用者，
東庭之西廂即中庭之東廂，西庭之東廂即中庭之西廂也（兩廂駁正殿爲高者，今尚
有此種形式，如大同善化寺之文殊普賢閣，此雖遼金建築，其所承受當仍有較早
之範本也）。

附記：

此稿作成在南京失守以前，中經遷徙數次，寄稿付印又經周折，故今日方出版，其中有亟須訂正者，具列於下：

(一)禮經宮室之制，應爲堂三間，其後爲東西房， 及室。堂之左右牆爲東西序，堂室房合爲一單位。東西序外爲東西夾，東夾之北牆達於與東房中部相當之處，其北不達於北階，故東西夾爲堂之附屬建築。兩夾之前爲東堂西堂， 其前有小階謂之東西垂或側堦。廊廡之制爲禮經所無也。

東西夾亦謂之閣，漢之天祿閣即此類。漢畫兩旁之屋有高於中間之屋，且有兩層者，即此種制度。

以上詳見最近拙著之『禮經制度與漢代宮室』，在北大紀念刊發表。

(二)武梁祠及孝堂山及南陽等畫象 ， 貴人之後及左右 ， 皆有人執半圓形之

武梁祠畫象（穆王見四王母及車馬畫像）

南城山畫像之一（宮庭）

物，此爲扇。前過安南時，那廉君先生曾得一具，圖附入，至其證據，此處不能詳舉，當另爲文論之。

二十七年十二月，昆明。

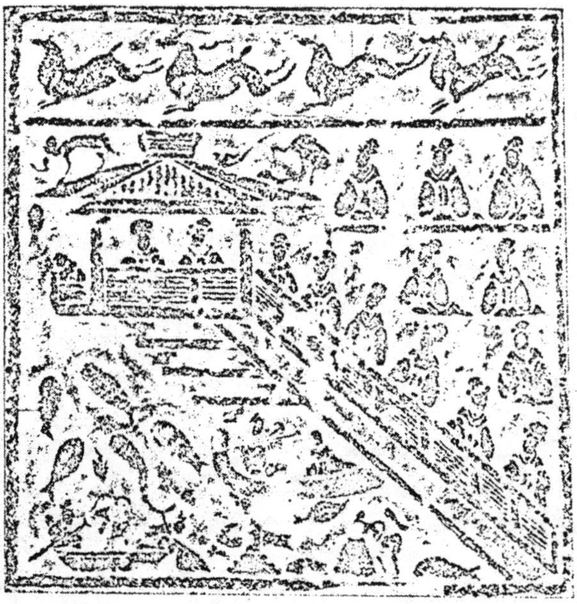

南城山畫象之二（軒榭）

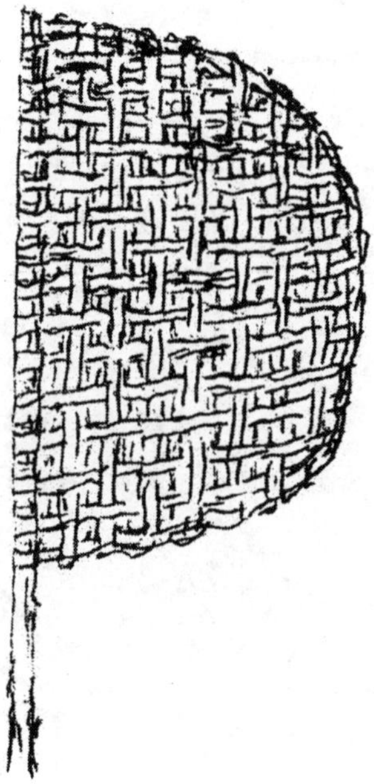

安南竹扇

禮經宮室想像圖

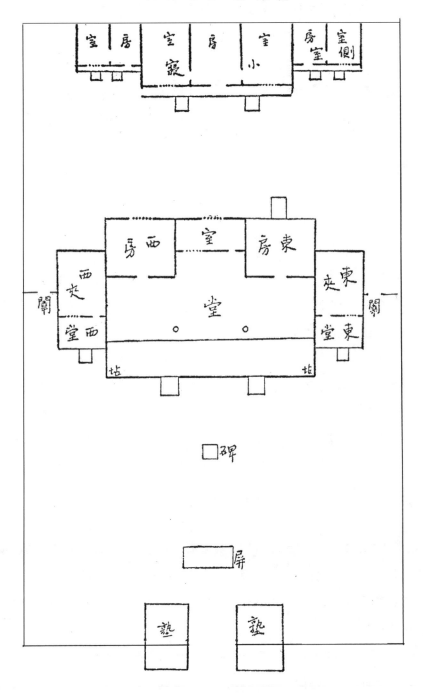

敦煌長史武斑碑校釋

　　敦煌長史武斑碑與武梁祠石刻爲同組之石刻，此碑集古錄及金石錄均著錄。隸釋亦錄其全文。今此碑尙存，而文多漫漶，又遠不如隸釋所錄。然據拓本猶有可以補釋前人未及者，則拓本不同，往往清晰之度有所同異也。

　　敦煌長史武斑碑，據中央研究院史語所藏劉惠之小校經閣拓本，高市尺五寸廣二尺六寸，其文如下，其括弧中字則據隸釋所補。

　　建（和）元年，大歲在丁亥（二月）辛巳朔，廿三日癸卯，長史同□□□□□□□□□□□□□□□敦（煌）長史武君諱斑字宣（張。昔殷王）武丁克伐鬼方，元功章（炳，勳）藏王府，（官族分析，因以爲）氏（焉。武）　蓋其後也。商周假（藐），歷（世壞遠，不隕其）美。漢興以來，爵位（相）踵，□□□□□（朝）忠臣。君幼爲顏閔之淑質，長敷游夏之文（學，慈惠寬□，孝友）玄妙，苞羅術藝，貫洞（聖）□，博（探書）□，旒綜典籍。□（思）□純，求（福不）回。（清聲美行，闔行遠近。州郡貪其）高賢，□（少請以）□□（歲舉）。□□□□翼紫宮□之□。（詔除）□□。（光顯王室，有□于國。帝庸嘉之，掌司古）□，領校祕書，鄭研幽徹，追昔劉向辯賈之徒，比□□（震矣。時戎）□□（匡正一）□□，（朝廷惟憂），□□（有司）□□（舉君斑），到官之日，□屬吏士哮虎之怒，薄伐□□□□□□□□□（並）□（百姓）賴之。邦域旣寧，（久勞）于外，（當還）本朝，（以紱左）右，以永嘉元年十月□日（遭疾不□，哀□。於是金鄉長）河間高陽（史）恢等，（追惟）昔日（同歲郎）署，咸□（爲自古在）昔，先聖（與仁），□□（興替），□□（人存，生榮）死哀，是（爲萬）年。伊君（遺德，□孔之珍）。故□（石銘碑，以）旌（明德焉。其）辭曰：

　　於惟武（君，允德允恭，）受天休命，（積祉所鍾。其）在孩（提），歧嶷發蹤，謙光守約，唯詣是從。孝深凱風，志潔羔羊，樂是□□，（恬此榮光。荸荸臨）川，闚見（宮）牆。（拱）仰（箕）首，微妙玄通。□（然清邈，□□□

□。□□（升）□，爲帝股肱。　扶助大和，（萬民遹蒙）。顯宗□□，史官書功。昊天上帝，降（此）鞠凶。晻（忽殂）逝。□□□宮。不享（耆）考，大命□□，百遼惟□，（后）帝（感傷）。學夫（喪師，士女）悽愴。　（旌）表金石，（令問）不忘。垂□後昆，億載（歎誦）。

尙書丞沛國蕭（曹芝）□宜。

成武令中（山安熹曹）種□□。

豐令下邳良成徐崇□□。

故陳留府丞魯（國魯）□□□□，（防東長齊國臨菑）□（紀伯允書此碑。）嚴祺字伯魯。

旁加圈者爲今據拓本新釋之字。　此爲中央研究院歷史語言研究所所藏劉惠之舊本，當稱精拓也。此碑文辭爾雅，其中多有可以注釋者，今略取大要，列之如下：

（一）　殷王武丁克伐鬼方，元功章炳，勳藏王府，官族分析，因以爲氏焉。此言武氏出於殷之武丁。　廣韻九麌引風俗通云：「宋武公之後，漢有武臣。」雖同言武氏出於殷後，而或商或宋，仍自不同。元和姓纂云：「周平王少子生而有文在手曰武，遂以爲氏。漢初武臣爲趙王，又有武涉，功臣表梁鄒侯武彪，封六代，後居沛國。漢又有祭酒武忠，望出太原。」其沛國之武則：「武彪裔孫周魏南昌侯生陜，晉左僕射，薛侯；五代孫洽晉陽公，始封居太原永水，或號太原武氏；　洽曾孫居常，北齊鎮遠將軍；生儉，永昌王諮議；儉生華，隋東都丞；華生士稜，士讓，士逸，士𧖴。」士𧖴爲武后之父，武后自以爲系出自周，故改唐爲周，與漢世所指武氏出於殷商者又不同矣。

（二）　漢興以來，爵位相踵。漢書百官公卿表：「梁鄒孝侯武虎，兵初起以謁者從，擊破秦，入漢，定三秦，　出關，以將軍擊定諸侯。比博陽侯二千七百戶。」史記表虎作儒，姓氏書作彪，仍爲一人也。封四代，元鼎四年坐酎金免。當以漢書爲是。

（三）　州郡貪其高賢，請以□□歲舉，□翼紫宮。歲舉指孝廉而言。漢書武帝紀：「元光元年冬，初令郡國舉孝廉一人。」後漢書丁鴻傳：「時大郡五六十萬舉孝廉二人，小郡口二十萬並有蠻夷者亦舉二人，（和）帝以爲不均，下公卿會議。鴻與司徒劉方上言。凡口率之科，宜有階品。蠻夷錯雜，不得

為數。自今郡國率二十萬口歲舉孝廉一人。四十萬二人，六十萬三人，八十萬四人，百萬五人，百二十萬六人。不滿二十萬二歲一人，不滿十萬三歲一人。帝從之。」故歲舉者，孝廉之歲舉也。紫宮即紫微垣，王者之居也。開元占經引黃帝占曰：「天皇大帝名魄耀寶。」爾雅：「北極謂之北辰。」　鄭注：「天皇北辰魄耀寶佐助期，紫宮，天皇魄耀之所居也。」　春秋元命苞：「紫宮為太帝，太微為天庭。」淮南天文篇：「紫宮，太微，軒轅，咸池，四守天河。」高誘注：「皆星名」，天文篇又云：「太微者太乙之庭也，紫宮者太乙之居也。」易林：「北辰紫宮，衣冠立中，含和建德，常受天福。」注：「北辰，北極，天之極也。紫宮即紫微星。」　後漢書皇甫規傳：「臣生長邊遠，希涉紫庭。」惠棟注曰：「紫庭謂王室。」此所謂「□□歲舉，□翼紫宮」。即指察舉孝廉，奉職郎署而言。郎官執戟宮庭，故有輔翼紫宮之義，至其校書祕閣，則為以後之事。王昶金石萃編直謂紫宮為祕書之職，尚未為允當也。

（四）　追昔劉向辯賈之徒。

漢隸拾遺云：「追昔劉向辯賈之徒，辯字即班字也。　外黃令高彪碑亦云：「章文檐袨，類乎班賈。」班斑，辯古字通。荀子君道篇：「善班治人者也。」韓詩外傳班作辯，字亦作辨。士虞禮：「明日以其班祔。」鄭注：「古文班或為辨。」今案其言是也。然班賈之班為姓，其書體東漢時早已固定，不可輒改。此改班為辯者，蓋碑主名斑，應諱斑字，而班字與斑通用，故直改為辯耳。

（五）　永嘉元年十月

據今拓本，嘉字尚可略辨，非是憙字，金石書或以為永憙者，誤也。孫詒讓籀高述林曰：「碑載武君卒年，據洪釋是永嘉元年，范書沖帝紀有此紀元。　然史繩祖學齋佔畢，據邛州所出公乘校官掾王幽題名石刻書永憙元年，謂今本范書本紀永嘉為字誤。何義門又據左雄傳以證其說。然則漢本無永嘉元號，今拓本永下一字極模粘，蓋亦當作永憙。盤洲叟以為永嘉者，習憶范書誤本，遂不復諦審耳。劉球婁機書隸韻，並引此碑嘉字，然據洪釋，則碑中尚有『帝庸嘉之』之語，則此碑自別有明塙之嘉字，不必宋時拓本永嘉元號果明晰可摹也」。今按古人年號非可輕改。僅據邊鄙題名之單文孤證，未可輕率校易正史。漢宣帝年號正史作本始，漢簡中亦多作本始，與正史正可相為參證，但敦煌簡亦有偶作平始，斷不能以此數簡而輕為立異也。且永嘉之嘉字今拓本優者，尚大略可辨，顯非憙字，若果作憙，則字源隸韻，何竟在憙字下不收此碑

乎？況舊籍作永憙者，僅有後漢書左雄傳一處，而范書本紀及五行志並作嘉。今存後
漢紀亦作永嘉，而續漢書地理志注亦作永嘉，非僅范書爲然也。校勘之事遇有異文，
當取較爲鄭重者，邛州石刻及左雄傳之嚴肅性，顯非范書本紀及袁宏後漢紀之比，輕
重相權，自應以范書爲是，若再拓本殘文證之，益爲明確，無復疑問也。若但求立異
如何義門之屬，非所敢知矣。

（六）　敦煌長史

敦煌長史，部領西域之官，雖以屬敦煌即爲銜名，而其事則在西域也。王國維流沙墜
簡考釋曰：「司馬與將卒長吏皆統兵之官。將卒長吏即將兵長史，古史吏二字通用。
漢書百官公卿表：郡守有丞，邊郡又有長史，掌兵馬，秩皆六百石。續漢書百官志，
郡當邊戍者，丞爲長史，是邊郡有長史，又稱將兵長史。後漢書和帝紀永元十四年，
五月丁未，初置象郡將兵長史官。班超傳：建初八年，拜超爲將兵長史（章帝紀稱爲
西域長史），班勇傳：元初六年，敦煌太守曹宗遣長史索班將千餘人屯伊吾，蓋皆敦
煌之將兵長史也。後漢延光二年，以班勇爲西域長史，自是訖於漢末，常置此官以領
西域各國如都護故事。實則本敦煌郡吏，後乃獨立，不屬敦煌，然長史之名猶郡吏之
故號也。」按史吏二字古文通用，然在漢時，已有分別，長吏指縣令長丞尉而言，於
長史無與。　王氏所考與原簡「將卒長吏」原不相符，但考訂西域長史之制，所言則
是。武斑以永嘉元年（一四五）十月卒，卒前始由西域返朝，其時當在順帝之季年。
自順帝永建二年（一二七），西域長史班勇擊降焉耆，以後期徵還。至元嘉元年（一
五一）長史趙評在于闐病癰死」（見後漢四十七班勇傳及八十八西域傳）。其間凡二
十四年。所有西域長史之名見於後漢書者，惟有班勇與趙評，而武斑卒於永嘉元年（
一四五），距班勇之去職，不過十七年。則武斑之爲長史，即在此時。在此時中之戰
事，惟有對匈奴呼衍王之役。　據後漢書西域傳車師後王傳，陽嘉四年（一三五）「
春，北匈奴呼衍王率兵侵後部，帝以本師六國，接近北虜，爲西域蔽扞，乃令敦煌太
守發諸國兵及玉門關候，伊吾司馬，合六千三百騎救之，掩擊北虜於勒山，　漢兵不
利。秋，呼衍王復將二千人攻後部，破之。」此役漢兵不利，與碑文不合。惟敦煌太
守裴岑碑：「惟漢永和二年（一三七）八月，敦煌太守雲中裴岑，將郡兵三千人，誅
呼衍王等，斬馘部衆，克敵全師，除西域之寇，蠲四郡之害，邊郡乂安，振威到此，
立海祠以表萬世。」則武斑之出師，當以與裴岑合擊呼衍王爲近。中國在西域置吏，

至西晉時尙與漢世一脈相承，所以能守而弗失者，正賴互有勝負，若如後漢書西域傳所記，漢與呼衍王之戰，幾皆有敗而無勝，殆不然也。

跋高句麗大兄冉牟墓誌兼論高句麗都城之位置

一　緒言

　　冉牟塚在遼寧輯安縣東北二十里距下羊漁渡頭約一里，其大致狀況見於日本人所出版的通溝。據云：

> 封土之徑約六丈，高一丈（日本一尺合○九○九一市尺），今略呈圓形，故疑方而帶圓……其石室分主室與前室，羨道西南出，偏南約三十度。　前室平面作橫長矩形，主室四方而頂各異構。　前室之頂若四削，玄室則三角重替，上蓋大石，壁皆塗堊。　主室地上貼左右壁爲棺座各一，原葬二棺也。前室上部似嘗有鉤版，壁上遺有釘孔。　二室皆簡樸，蓋初欲作壁畫而未果也。　前室正面壁上一見若張有寫經者所葬高句麗人牟頭婁之墓誌也。　壁堊黃赤，縱橫界格文七十九行，行十字。　墨書作寫經體。　首二行題目無界格。　縱格墨，橫格以錐畫，若右碑。　格高一寸至一寸二，寬九分，起首去正壁右隅一尺二寸，凡長七尺三寸二分，達於左隅，又折而連於左壁右隅又三寸三分。　前壁無格之題首二行，正壁七十八行，後幷尾餘三行，總凡八十有一行（見通溝中卷錢稻孫譯文）。

日本人因爲前面一行有牟頭婁三字，卽斷爲牟頭婁的墓，這是錯的。　因牟頭婁官雖爲大使者，但誌中屢稱爲奴客，決不是應當對於碑主的稱謂。　又誌文雖不完備，但其頌揚的人爲大兄冉牟，且明說大兄冉牟壽盡。　對牟頭婁只說在遠。　可見死者爲大兄冉牟，撰文的當爲牟頭婁。　死時牟頭婁未在側，所以發出遠離一類的話

（見後釋文）。

又按周書高句麗傳云：『大官有大對盧，次有太大兄，大兄，小兄，意俟奢，烏拙，太大使者，大使者，小使者，褥奢，翳屬，仙人，並褥薩。 凡十三等，分掌內外事焉。』所以大兄的官階是較大使者爲高。 按高句麗王墓如將軍塚，太王陵，千秋塚等，雖遠較此爲大（將軍塚據通溝云，底邊日本尺百〇二尺，高三八尺；太王陵邊長二一二尺，高約四五尺；千秋塚邊長一九〇尺，高不詳）。 但其餘陪塚及其他小塚，多與此不相上下，所以此類的墓塚，在高句麗遺跡中要算次於王塚的大塚，決不應不屬於較高官階的大兄的。（大使者據三國史記及東國通鑑職位雖亦高，但以誌文而言，自以屬之大兄冉牟爲是）（註1）。

二 釋文（新釋的字在字下加圈）

1	大使者牟頭婁□□奴客	12	禮儀賓□□□□□□
2	文□□□□□□□□	13	非寵技□□□□□□
3	河泊之孫日月之子鄒牟	14	叛逆綏□之益□□□兄
4	聖王元出北夫餘天下四	15	冉牟□世□□衣之□□
5	方知此國都最聖信□□	16	遺招□□□□□□□
6	治此郡之嗣治□□□聖	17	狗雞□□□□□□□
7	王奴客祖先□□□□□	18	暨農□□□□□□□
8	餘隨聖王來奴客回□是	19	悅□□□□□□□□
9	之故坐□□□□□□□	20	恩信□昌□□□□□
10	世遭官恩□□□□□	21	官客之□□□□□□
11	聖太王之世隨□□□□	22	牟令冊靈□□□□□

（註1） 張楚金翰苑引高麗記，與此不同。 但大兄及使者仍均爲顯職，又高句麗官制，後漢書三國志略同，魏書周書隋書略同，新舊唐書則與高句麗記略同。 今不悉引。 又按泉男生墓誌，男生以先人爲小兄大兄，兼將軍，爲莫離支，可知大兄地位不低。 男生雖在此誌一百年以後，但大兄仍爲高位是可以說的。

23　慕容鮮卑□滅使人□知
24　河泊之孫日月之子所生
25　之地來□北夫餘大兄冉
26　牟推□□公義□□□□
27　處省□□□□□□□□
28　牟婁□□□□□□□□
29　命遣□□□白□□□□
30　□□□□□□世守□□
31　□□□□□存□□□□
32　□□□□□造世人□□
33　□□□□□苑岡□□□
34　□□□□□易□□□□
35　□□苑命□間□□□□
36　□三日□□□□□□□
37　□夫餘□□□□□□□
38　□河泊日月之孫□□冉
39　□□在祖大兄冉牟壽盡
40　□□於彼喪亡終日祖父
41　□□大兄慈惠大兄□□
42　悲世遭官恩恩賜祖之□
43　道城民谷民並命前王□
44　育如此遝至國岡上大□
45　聖地好大聖王緣祖父□
46　爾恩教奴客牟頭婁□□
47　牟教遣令北夫餘守事河
48　泊之孫日月之子聖王□
49　□□族昊天不弔奄便□
50　□□奴客在遠襄切知若

51　□不□□月不□男肇□
52　□□□□朝神□□□□
53　□□□□□圖□□□□
54　知□奴客在遠之□□□
55　還□教之□□□□
56　□潤太隊踊躍□□□□
57　使人教老奴客□□□□
58　官恩緣□□道□□□
59　使至無□□□□□
60　竊極言教一心□□□□
61　□□□免□□□□□述
62　□□□□□□□□□
63　□□□喪不□□□□□
64　□□三人相□□□□□
65　□□□一□□□□□□
66　□公依如若□拜□□□
67　知之轍□□法□□□□
68　可知之□如幾□□□□
69　□□□朔月□□□□□
70　□□□池海□□□□□
71
72
73
74
75
76
77　（畫格至此行止）。

此後約有三四行最後一字爲遷字（第 54 行原缺未釋，今補入。）

此文因爲殘缺太甚不甚明瞭，只有大致的意義尚可看出來，今略加推測如下：

第一行第二行　奴客大使者牟頭婁的題識。

第三行至第六行　敍高句麗的開國和建都。

第七行至第十行　敍奴客（牟頭婁）的祖先到都，及受大兄的先世官恩事。

第八行至三十六行　敍奴客的祖先，當太王綏靖叛逆之時，大兄冉牟遣其招撫農人，幷撫慕容鮮卑滅人之屬，而世守大兄的苑岡。

第三十七行至末篇　敍大兄冉牟壽盡而死，葬於好大聖王之聖地，當時奴客牟頭婁守在他處，未及在側。　及後因受恩甚重，乃致其悲哀之意。

究以上所舉的，雖然不敢說沒有斷章取義或誤解的地方，但大致文義總不致太錯。而且至少碑主爲大兄冉牟墓誌，作者爲使者牟頭婁，也不致有多少問題的。

三　立誌的時代

誌言『還至國岡上大□聖地好大聖王緣祖父□』可知葬在好太王的墓側，緣祖父的墓，則此墓必逮於好太王旣卒以後。　又依三國史記長壽王十五年遷都平壤。冉牟旣官爲高句麗之大兄，其官職本不算小，若其死在未遷都之時，葬在京城丸都，本無問題。　卽令在長壽王遷都平壤之後，丸都仍爲高句麗的舊都，和北方的重鎮，所以並仍然有用着重臣留守的必要。　因此從大兄的官職而論，在遷都之前或其後死去，都可葬在丸都。　不過現在按第八行至三十六行大概的意義看來，似乎大兄冉牟的職守，竟是留守舊都，安撫邊境。　則其死去的時代儘可在長壽王遷都之後。（註 1）

又按誌有慕容鮮卑之語，似慕容鮮卑與大兄冉牟同時（二二，二三，二四行）。　慕容應指與高句麗接界的前燕慕容，或後燕慕容。　但前燕爲苻堅所滅，當高句麗故國原王之世，遠在廣開土王之前。　與大兄冉牟時代不相接，後燕慕容垂自立，當晉太元十一年，卽高句麗故國壤王三年。　又後燕於晉義熙三年爲高雲

（註 1）高句麗以大兄爲太守，見三國史記，及東國通鑑岺上王五年。

所纂，當高句麗廣開土王（好太王）十六年。 又至晉義熙五年馮跋復自立爲天王，當廣開土王十八年。 此後卽爲馮跋的北燕，與高麗接境，無復有慕容氏的勢力。大兄冉牟若與後燕時代相及，則應及廣開土王之世。 又廣開土王之後爲長壽王，在位有七十九年，所以冉牟只能下接到長壽王初年。 縱令遷都之後，仍守丸都，長壽王在位時間太長了，其時代不但到不了長壽王之子文咨明王之世，就是長壽王但的下半段，冉牟也決趕不上。

四 奴客

在此誌中屢言奴客，如：

大使者牟頭婁……奴客文（1,2）。

王奴客祖先（7）。

餘隨聖王來奴客回（8）。

恩教奴客牟頭婁（46）。

奴客在遠襄功（50）。

知……奴客在遠（54）。

使人敎老奴客（57）。

都有奴客字樣，此外在好太王碑亦有關於奴客的，如：

百殘王困逼，獻□男女生白一千人，細布千匹歸王，自誓從今以後永爲奴客。

新羅遣使白王云，倭人滿其國境，潰破城池，以奴客爲民。

好太王碑碑文較完，所以意義比較明顯。 卽奴客爲臣僕或奴隸之義，但『奴』爲奴隸，『客』爲傭工，此原中國漢魏時通語，例如：

漢書五行志，『成帝鴻嘉之間，好爲微行出遊，選從期門卽有材力者，及私奴客多至十餘，少五六人。』

後漢書竇憲傳，『雖俱驕縱，而景爲尤甚，奴客緹騎，依倚形勢，侵陵小人。』

後漢書廉范傳，『與客步負喪歸葭萌。』

魏志董昭傳『又聞或有使奴客名作，在職家人，冒之出入，往來禁奧，交通
書疏，有所探問。』

太平經——一四卷，『時以行客賃作富家，爲其奴使，一歲數千，衣出其中，
餘少可視積十餘歲，可得自用。』

列仙傳，『朱璜者，廣陵人也。　少病毒瘕，就睢山上道士阮丘，丘憐之。
……璜曰：「病愈當爲君作客三年，不致自還。」』

所以客爲備工，因其地位與奴相類，故與奴總稱奴客，而奴客遂成一專名。　此名
詞傳到東北的部族雖以專指奴隸或臣僕，但此名詞係借自中國，大致是無問題的。
按照此誌及前引好太王碑奴客的含義，爲奴隸，部衆，或家臣。　則在高句麗民族
中，奴隸，部衆和家臣，三者當有相關的含義的。　大約奴隸制度，在高句麗中甚
爲普遍，後漢書及魏志高句麗傳俱云，『無牢獄，有罪諸加評議，便殺之，沒入妻
子爲奴婢。』　又好太王碑云，『好太王存時，……慮舊民轉當羸劣，若吾萬年之後，
安守墓者但取吾躬率所略來韓濊，令備洒掃，言教如此，是以如教令取二百廿家，
慮其不知法，則復取舊民一百十家……又制守墓之人，自今以後，不得更相轉賣。
……其有違令賣者刑之，買者制令守墓。』　所以守墓者亦略與奴隸相同。　牟頭
婁和冉牟的關係，不可詳知，但以『世遭官恩』及『世守……苑囿』等語看來，則
牟頭婁或竟是世冉牟的家臣（註1）。　世爲家臣，應當可以說爲一種奴隸式的編隸，
如後世包衣之比。　如是則不論大使者牟頭婁的官職大小，但對於冉牟的關係是不
能解除的。

五　高句麗都城的推論

此誌曾言及都邑事，如：

河泊之孫，日月之子，鄒牟聖王，元出北夫餘，天下四方，知此國都最聖，
信……治此郡之嗣治……聖王奴客祖先……餘隨聖王來。

（註1）魏志東夷傳，『諸大家亦自置使者，皂衣先人，名皆達於王，如卿大夫之家臣，會同坐
　　　起，不得與王家使者衣皂先人同列。』

若據此，則似乎鄒牟以來，皆都在冉牟的葬地，卽輯安附近。不過文辭殘缺，不能
全據。又按好太王碑云：

> 惟昔始祖鄒牟王之創基也，出自北夫餘，天帝之子，母河伯女郞，刮卵降出
> 生子有聖□□□□□命駕巡車南下路由夫餘奄利大水，王臨津言曰，『我
> 是皇天之子，母河伯女郞，鄒牟王爲我連葭，』浮龜應聲，卽爲連葭，浮龜
> 然後造渡於沸流谷，忽本西城上而建都焉。

據此則鄒牟所都之處，本名忽本。　三國史記，三國遺事，東國通鑑，朝鮮史略，
皆作卒本。　魏書北史則作紇升骨城。　北周書作紇斗骨。　北史作紇升滑。　但所
言均爲鄒牟東明，或朱蒙所都之處。　當係所指爲一處地方。　據三國史記及三國
遺事並云『未遑作宮室，但經廬於沸流水上居之。』　沸流水據一般的日本人的意
見，認爲輯安以西的渾江。　現在並無如何反證說他們錯誤。　假設沸流水爲渾江，
則其處距輯安甚近，卽鄒牟雖建都在沸流水上。　鄒牟的部衆此時自然要在環繞沸
流水附近的原野居住，以爲鄒牟的拱衞。　則冉牟祖先，和牟頭婁祖先，在鄒牟時
已定居輯安附近，甚有可能。

又按高句麗除長壽王時遷都平壤以外，自鄒牟至長壽王時，都只在輯安附近，
其見於紀載的，如：

> 三國史記，『東明四年，秋七月，營作城郭宮室。』
>
> 又，『琉璃明王二十一年，春三月，郊豕逸，王命掌牲薛支逐之，至國內尉
> 那巖得之，拘於國內人家養之。　返見王曰「臣逐豕至國內尉那巖，見其山
> 水深險，地宜五穀又多麋鹿魚鼈之產，王若移都，則不唯民利之無窮，又可
> 免兵革之患也。」　……九月王如國內觀地勢。』
>
> 又，『琉璃明王二十二年冬十月，王遷都於國內，築尉那巖城。』
>
> 又『太祖大王九十年，秋九月，丸都地震。』
>
> 又『山上王二年，春二月，築丸都城。』
>
> 又，『山上王十三年，春三月，王移都丸都。』（東國通鑑作冬十月）
>
> 又，『東川王二十年，秋八月，魏將到肅愼南界，刻石紀功。　又到丸都山，
> 銘不耐城而還，（注引括地志云『不耐城卽國內城也，城累石爲之，此卽丸

都，與國內城相接。』）（註1）

又，『東川王二十一年，春二月，王以丸都經亂，不可復都，築平壤城，移民及廟社。』

東國通鑑『故國原王四年，秋八月，高句麗增築平壤城。』

三國史記，『故國原干十二年，春二月，修葺丸都城，又築國內城。 秋八月，移居丸都城。 ……十一月慕容皝……乘勝遂入丸都……收其府庫累世之寶，虜男女五萬餘口，燒其宮室，毀丸都而還。』 又，『故國原王十三年，秋七月，移居平壤東黃城。』（東國通鑑曰，『城在西京東木覓山中』。）

又，『廣開土王二年，秋八月，創九寺於平壤城。』

又，『長壽王十五年，移都平壤』（東國通鑑作十二月）。

據以上所記，高麗之都城凡有：（一）沸流水上，卽卒本；（二）尉那巖城，卽國內；（三）丸都；（四）平壤；（五）平壤黃城。 其中卒本城可逐家至國內，則其距離之近可以知道。 國內和丸都的距離，據三國史記云，『丸都山與國內城相接，』則相距亦近。 大致自高句麗立國以後，至東川王二十一年（魏齊王芳正始八年），其遷移的範圍，皆不出輯安的附近。又據三國史記，東川王二十一年以後，因爲丸都經母邱儉的破壞而遷平壤，此時以後卽爲平壤時代。 中間故國原王十二年（晉康帝咸康八年），曾遷丸都，但是年又爲慕容皝所毀， 至故國原王十三年，遂移居平壤的東黃城。長壽王十五年，移居平壤城。

但朝鮮最古的史書，只有金富軾的三國史記（富軾宋徽宗時人）。 其所根據

（註1）漢志遼東不而爲東部都尉治，又三國史記引括地志，及翰苑引高麗記，均言丸都爲不耐城。 不而續志作不耐，三國志東沃沮傳亦作不耐。 若果丸都卽是不耐舊縣，則高句麗建國丸都，應在東漢之棄地之後。 在此之前， 不過不耐縣附近的土部酋長罷了。按傅孟真先生東北史綱云，『後書魏志所謂濊者，乃純粹之濊民部落，直隸於漢官者。所謂夫餘句驪沃沮者，固以濊人爲底子， 其上另有他族統治者 ，以轉隸於漢庭耳。』是高句麗主要民族，仍由濊人組之。 三國志東夷濊傳，魏正始時不耐尚自有士。 又三國史記新羅南解次次雄紀，『華麗不耐，連謀貊國結好』是不耐或族類之名，爲濊之一種。 在這種互相交混狀態之下，所以高句麗發源地可以在不耐城。 而嶺東濊族，又另外有不耐城及不耐國，二者似不可混爲一談的。

的，則爲海東古記一類的書，並參以中國的正史，中間一定有不少拼湊的地方。
關於東川王遷平壤一事，卽有問題。 後漢書及三國志所記的高句麗本屬玄菟（東
夷句麗傳）。單單大嶺以東七縣的地方， 屬樂浪東部都尉， 建武時始棄去（東夷
濊傳）。至魏正始六年，樂浪太守弓遵以嶺東濊屬句驪，興師伐之，不耐侯等舉邑
降，八年更封不耐國王（三國志東夷濊傳）。 是魏時樂浪東部故地，尚不得任屬高
句麗，何得樂浪的郡治平壤，聽高句麗作都城。 且此時魏強高句麗弱，高句麗原
來的都城丸都，尚不得自守，又何得略樂浪的平壤而有之？惟此時丸都破毀，于理
應當已經遷都，至遷往何處，高句麗舊記載雖然不詳，但決不能說在平壤。 又據
資治通鑑，『晉愍帝建興元年，遼東張統據樂浪帶方二郡與高句麗乙弗利相攻，連
年不解，樂浪王遵說統帥其民千餘家歸廆，廆爲之置樂浪郡以統爲太守。』樂浪之
失乃在此時。 卽此時高句麗方得據有樂浪。 但據三國史記，美川王十四年僅有
侵樂浪郡，虜獲男女二千餘口之文，所得不大。 因此可知三國史記作者並未注意
樂浪領土之移轉，僅因資治通鑑是年有事而臆造不十分重要的事實。 所以三國史
記關於都邑之記載，並不能十分憑信。 卽長壽王之前曾否有遷都平壤之事，甚有
問題。 就中惟故國原王遷至平壤東黃城一則，並非不可能。 但故國原王是葬丸
都的，亦疑其後曾返丸都，而爲三國史記所漏。

又按好太王碑云『六年……將殘王弟我大臣十人旋師還都』，『九年己亥百殘違
誓與倭和通，王巡下平壤，』對都城曰還，對平壤曰巡，可見好太王之世，平壤並
非都城，與三國史記的紀載並不相合。 其餘碑中分年所載的事，亦甚少可與三國
史記及三國遺事東國通鑑等書廣開土王紀可互相映證之處。 因此關於高句麗的史
籍究竟有若干流傳下來眞實紀載，甚可懷疑。 除長壽王十五年遷都平壤一事，比
較可以證實而外，丸都城卽在輯安，亦當無問題。 但輯安附近有兩個城，一個是
山上的山城， 一個是平原的通溝， 二者的關係，都不能卽行解決。 這也應當就
是卒本，國內，和丸都的關係。 現在除卒本尚無法懸定外，國內所在的位置固然
日本人白鳥庫吉，鳥居龍藏，關野貞等在史學雜誌及朝鮮古蹟調查報告，都有種種
的揣測。 但謂國內卽丸都， 終不免失之含混。 而謂國內非丸都，亦不能更覓得
國內城的蹤跡。 只有根據三國志毋邱儉傳的『束馬縣車以登丸都，屠句驪所都，』

以證丸都爲山城，而指通溝爲國內。　但這個證據，並不太夠。

　　總之，東明，鄒牟，朱蒙原爲神話上的人物；且並非高句麗一族的神話上人物，其事蹟斷難認爲歷史。　卽對高句麗較早的幾個王的紀載，也並不可靠。　現在朝鮮最古歷史，三國史記並非全據舊史。　其中採取傳說和臆斷的部分，雖然不能全爲分出。　但試將廣開土王碑（好大王碑）和高句麗的歷史比看，又以此誌的前段和早期對於部邑的傳說比較，便有很大的不同。　用金石證歷史而持以碑爲碑的成見，固然往往陷於謬誤。　不過在文化較低的民族，早期並無史官，後世追記的歷史，除王系及在位年數等項儻有所據而外，其餘多難憑信。　加之作史的人以意求全，以致眞僞雜糅，便更遠不如金石的史料更爲可靠了。

　　附記：作此篇時，三兒延愷方在病中，一日赴所研究工作，及歸而殤。　附

　　以志悼。　　　　　　　　　　　　　　　　　二十九年七月。

國家圖書館出版品預行編目資料

勞榦先生學術著作選集（三）/ 勞榦
--初版-- 臺北市：蘭臺出版社：2020.9
ISBN：978-986-99137-0-6(全套：精裝)
1.中國史 2.學術研究 3.文集

617   109006855

勞榦學術研究叢書1

勞榦先生學術著作選集（三）

作　　者：勞　榦
總 編 纂：何雙全
編　　纂：盧瑞琴
主　　編：盧瑞容
封面設計：塗宇樵
出 版 者：蘭臺出版社
發　　行：蘭臺出版社
地　　址：台北市中正區重慶南路1段121號8樓之14
電　　話：(02)2331-1675或(02)2331-1691
傳　　真：(02)2382-6225
E —MAIL：books5w@gmail.com或books5w@yahoo.com.tw
網路書店：http://5w.com.tw/
　　　　　https://www.pcstore.com.tw/yesbooks/
　　　　　博客來網路書店、博客思網路書店
　　　　　三民書局、金石堂書店
經　　銷：聯合發行股份有限公司
電　　話：(02) 2917-8022　　傳　真：(02) 2915-7212
劃撥戶名：蘭臺出版社　帳號：18995335
香港代理：香港聯合零售有限公司
電　　話：(852)2150-2100　　傳　真：(852)2356-0735
出版日期：2020年9月　初版
定　　價：新臺幣一套18000元整（精裝不分售）
ISBN：978-986-99137-0-6

版權所有・翻印必究

蘭臺出版社

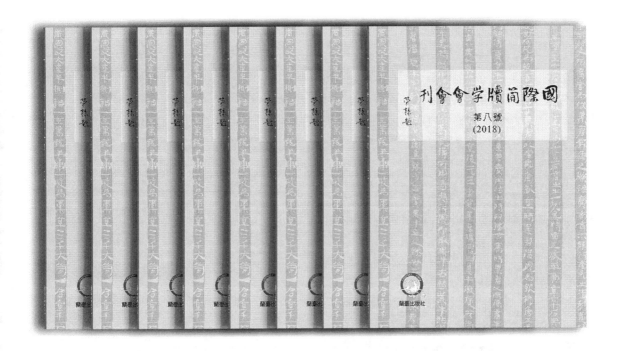

刊會會学牘簡際國
第八號
(2018)

國際簡牘學會會刊

　　國際簡牘學會會刊以簡牘研究為主，是由台北大學研究簡牘研究專家馬先醒教授和甘肅省文物保護研究所所長，甘肅省簡牘博物館副館長何雙全教授在1991年甘肅國際簡牘學大會後共同成立，組成國際簡牘學會會刊編委會，編輯簡牘論文，由台灣蘭臺出版社出版。國際簡牘學會會刊每期收錄來自兩岸三地之簡牘學著名學者、專家所發表論文，如何雙全、楊劍虹、吳昌廉、陳松梅、周建、謝曉燕、黃輝陽、許道勝、南玉泉、王子今、盧瑞琴等，是研究簡牘學不可錯過之重要學術期刊。

書名	ISBN	出版日期	頁數	定價
簡牘學會會刊第一號		1974/6/1	324	$1,800
簡牘學會會刊第二號	957-9154-10-4	1978/8/1	314	$1,800
簡牘學會會刊第三號	957-9154-66-X	1977/7/1	496	$2,500
簡牘學會會刊第四號	978-957-9154-80-2	2002/5/1	404	$1,500
簡牘學會會刊第五號	978-986-7626-75-2	2008/11/1	178	$1,500
簡牘學會會刊第六號	ISSN 2220-2498	2011/8/1	445	$1,500
簡牘學會會刊第七號	ISSN 2220-2498	2013/4/1	180	$1,500
簡牘學會會刊第八號	ISSN 2220-2498	2017/12/1	104	$880

簡牘學報

蘭臺出版社

台北大學史學系馬先醒教授師承勞榦先生潛研「簡牘學」多年，並於民國63年初（1974）自創組「簡牘社」。馬教授更結合中外同道，以互相交流為宗旨，籌組「台北市簡牘學會」，期以研究簡牘為主，在簡牘相關新史料、簡牘時代史中廣搜各專題研究成果，將論文彙集成《簡牘學報》，強化簡牘學研究的深度與廣度，是為台灣研究簡牘第一人。

《簡牘學報》於民國63年（1974）6月發行創刊號，現任主編陳鴻琦教授、副主編吳昌廉教授，簡牘學報編委會編製，迄今已發行二十二期。除收錄著名學者、專家之研究成果外，更包含勞貞一先生、張曉峰先生、黎東方先生等論文集專號，以及居延漢簡出土五十年之專號，為簡牘學研究重要學術期刊。

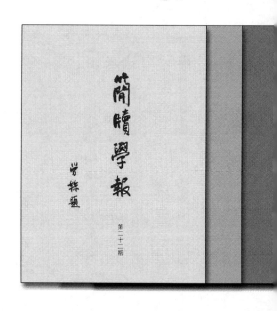

書名	ISBN	出版日期	頁數	定價
簡牘學報第一卷（一、二、三期合訂本）		1974/6/1	324	$1,800
簡牘學報第二卷（四、六期合訂本）		1978/10/1	314	$1,800
簡牘學報第三卷（第五期，勞貞一先生七秩榮慶論文集）		1978/10/1	314	$1,800
簡牘學報第四卷（第七期）		1992/12/1	442	$1,800
簡牘學報第五卷（第八期，張曉峰先生八秩榮慶論文集）		1993/12/1	390	$1,800
簡牘學報第六卷（第九期，居延漢簡出土五十年專號）		1997/12/1	616	$1,800
簡牘學報第七卷（第十期）		1997/12/1	616	$1,500
簡牘學報第十一期		1999/12/1	388	$1,800
簡牘學報第十二期（黎東方先生八秩榮慶論文集）		2002/12/1	388	$1,800
簡牘學報第十三期		2006/11/1	629	$1,800
簡牘學報第十四期		2008/12/1	410	$1,800
簡牘學報第十五期		2011/12/1	352	$1,800
簡牘學報第十六期（精）（勞貞一先生九秩榮慶論文集）	959-915-414-7	1997/1/1	616	$2,500
簡牘學報第十六期（平）（勞貞一先生九秩榮慶論文集）	957-915-415-5	1997/1/1	616	$2,500
簡牘學報第十七期		1999/1/1	388	$1,800
簡牘學報第十八期	986-80347-01	2002/1/1	389	$1,800
簡牘學報第十九期		2006/11/1	630	$2,000
簡牘學報第二十期	977-2074-003	2008/12/1	408	$2,000
簡牘學報第二十一期	ISSN 2074-0743	2013/12/1	616	$2,000
簡牘學報第二十二期	ISSN 2074-0743	2018/6/1	312	$2,000